Couvertures supérieure et inférieure manquantes.

LES QUARANTE-HUIT
QUARTIERS DE PARIS

PAR L'AUTEUR

DU DICTIONNAIRE DES COMMUNES DE FRANCE.

Paris. — Imprimerie Schneider, rue d'Erfurth, 1.

LES QUARANTE-HUIT
QUARTIERS DE PARIS

BIOGRAPHIE
HISTORIQUE, ARCHÉOLOGIQUE ET ANECDOTIQUE
DES RUES, DES PALAIS, DES MONUMENTS, DES JARDINS, DES MUSÉES,
DES BIBLIOTHÈQUES, DES THÉATRES, DES HÔTELS,
LIEUX ET MAISONS CÉLÈBRES DE PARIS,

PAR

GIRAULT DE SAINT-FARGEAU.

—

TROISIÈME ÉDITION.

PARIS.
CHEZ E. BLANCHARD ET Cie,
ANCIENNE LIBRAIRIE HETZEL,
Rue Richelieu, 78.
—
1850

LES QUARANTE-HUIT
QUARTIERS DE PARIS,

Nouvelles recherches sur Paris ancien et moderne.

Il n'est aucune ville sur laquelle on ait autant écrit que sur Paris; cependant, quelque volumineuse que soit la bibliographie de cette ville (bibliographie qui ne comporte pas moins de douze cents ouvrages formant plus de trois mille cinq cents volumes), on est loin, nous ne dirons pas d'avoir épuisé, mais d'avoir seulement effleuré la partie la plus intéressante de l'histoire de cette grande capitale, celle concernant les divers quartiers de Paris où se sont passés des événements remarquables, et les localités qui ont été habitées à diverses époques par des personnages célèbres ou fameux.

Qui sait en effet aujourd'hui où vécurent, où habitèrent, où moururent l'historien Philippe de Commines, le président Jeannin, le chancelier de l'Hôpital, Juvénal des Ursins, le grand Corneille, Racine, Molière, Regnard, Ninon, Voltaire, Jean-Jacques Rousseau, Saint-Lambert, Bailly, Condorcet, Mirabeau, Tallien, Lafayette, Benjamin Constant, Lamarque, Casimir Périer, et tant d'autres? Qui connaît la modeste chambre où le prince de la Paix, aux pieds de qui fut pendant si longtemps toute la grandesse d'Espagne, vécut pendant plusieurs années, n'ayant pour tout domestique qu'une vieille femme de ménage? Qui connaît la place où, au milieu de la nuit, Louis XVI, prêt à partir pour Varennes, attendit si impatiemment, pendant deux heures, la reine qui s'était égarée sur la rive gauche de la Seine, au lieu de se diriger vers le lieu du rendez-vous assigné sur la rive droite? Qui n'a pas passé cent fois devant la porte d'un hôtel de la rue de la Victoire, sans savoir que de là Bonaparte sortit le matin du 18 brumaire, pour aller à St-Cloud jouer sa gloire et sa vie contre la puissance consulaire? Qui peut indiquer les rues, les hôtels où se tenaient les bureaux d'esprit de Mme Geoffrin, de Mme Dudeffand, de Mme de Tencin, de Mme Fanny de Beauharnais, de Mme de Staël, de Mme Tallien, de Mme Récamier, et autres? Qui sait où était le fameux cabaret de la Pomme-de-pin, où se rassemblaient, une fois par semaine, les quatre plus grands poëtes du siècle de

Louis XIV : Molière, Racine, Boileau et Lafontaine? Qui sait où était le restaurant fréquenté par les joyeux convives de l'ancien caveau ; où tenaient leurs séances les membres du caveau moderne, et ceux des diners du Vaudeville? Dans quelle histoire trouve-t-on indiqué chronologiquement des détails historiques et circonstanciés sur les victimes immolées aux halles de Paris, à la croix du Trahoir, sur la place de Grève, sur la place de la Révolution, sur la place du Carrousel, à la barrière du Trône, etc., etc.? Que sont devenus et dans quels lieux étaient situés les jardins Beaujon, Marbeuf, Frascati, les deux Tivolis, Paphos, Idalie, etc., etc.?

Dans notre France, si oublieuse des faits passés, on indiquerait à peine aujourd'hui avec certitude où furent commis les crimes de Jean Chatel, de Ravaillac, de Louvel, de Fieschi ; où furent sacrifiés Ney et Labédoyère ; peu de personnes savent où siégeait le redoutable tribunal révolutionnaire, où habitaient Fouquier Tinville, Amar, Marat, Danton, Camille Desmoulins, Charlotte Corday, Mme Roland, etc., etc., etc.; où s'assemblait le terrible comité de salut public ; où siégeait la convention, où se tenaient les clubs des jacobins, des cordeliers, de la bouche-de-fer, etc., etc., etc.

Ces faits, et mille autres que nous aurons occasion de signaler en parcourant les quarante-huit quartiers de Paris, sont ou totalement inconnus, ou entièrement oubliés, et c'est tout au plus s'il en est resté quelques traces dans la mémoire des érudits. L'étranger et le Parisien lui-même les ignorent, et ils ne se doutent guère que, dans une course de moins d'une demi-heure, ils peuvent faire un cours d'histoire ancienne ou contemporaine des plus intéressants. Cela n'a rien d'étonnant, cependant, car, à quelques exceptions près, dans toutes les Histoires de Paris, on s'est beaucoup plus occupé de faits généraux que de détails particuliers. Dulaure nous a initiés aux infamies de la police, aux désordres des moines et des nones, nous a dévoilé les turpitudes des grands seigneurs et des grandes dames des siècles antérieurs à la révolution ; Sainte-Foix a soulevé un coin du rideau derrière lequel se sont passés certains événements ; quelques auteurs d'une moins grande renommée ont jeté çà et là dans leurs ouvrages sur Paris des anecdotes plus ou moins intéressantes. Mais aucun écrivain ne s'est occupé jusqu'à ce jour d'explorer méthodiquement, par arrondissement et par quartier, toute la superficie de la capitale ; aucun n'a entrepris d'en parcourir toutes les rues, ne s'est astreint à s'arrêter sur chaque place, à chaque carrefour, devant chaque maison, pour en interroger les souvenirs et en raconter l'histoire. Cette tâche, nous essayons aujourd'hui de l'accomplir en publiant le résultat de vingt-cinq années de recherches et d'observations.

Paris est l'une des plus grandes, des plus belles, des plus riches et des plus florissantes villes du monde; c'est la première ville de l'Europe pour le nombre, la beauté et la variété de ses monuments publics; la seconde pour la population, et la quatrième pour l'étendue.

Capitale de la France, résidence du chef de l'Etat, des ministres et des ambassadeurs. Siége de la chambre des pairs et de la chambre des députés, cette ville est aussi le chef-l. du département de la Seine, de douze justices de paix ou cantons et de douze mairies. Elle est le siége des directions générales des différentes branches de l'administration, de la cour de cassation, de la cour des comptes, d'une cour royale (d'où ressortissent les tribunaux des départements de la Seine, de l'Aube, d'Eure-et-Loir, de la Marne et de Seine-et-Marne); d'un tribunal de 1re instance et d'un tribunal de commerce; d'un archevêché qui a pour suffragants les évêchés de Chartres, Meaux, Orléans, Blois et Versailles. Chef-l. de la 1re division militaire. Institut. Université. Académie universitaire. Facultés de médecine, de droit, des lettres, des sciences et de théologie. Colléges royaux de Louis le Grand, Henri IV, Bourbon, Charlemagne, St-Louis. Ecole polytechnique. Ecole militaire. Ecoles spéciales des beaux-arts, des ponts et chaussées, des mines, d'application des ingénieurs-géographes, d'application du corps d'état-major, d'équitation. Conservatoire de musique. Athénée. Institution des sourds-muets. Bureau des longitudes. Archives du royaume. Chancellerie de la Légion d'honneur. Préfecture de police. Banque de France. Bourse et chambre de commerce. Conseil général des manufactures. Conseil de prud'hommes. Entrepôts réels des douanes. Mont-de-piété. Caisse d'amortissement. Hôtel des monnaies (lettre A). Société centrale d'agriculture. Société d'encouragement pour l'industrie nationale, et nombreuses sociétés savantes, etc., etc., etc. Bureau et relais de poste. Petite poste. Population 935,261 habitants, non compris la garnison et les étrangers résidant à Paris temporairement.

La position de *Lutetia*, capitale des *Parisii*, à Paris moderne, se trouve prouvée par les mesures de l'Itinéraire d'Antonin et de la Table de Peutinger, pour les routes qui s'y joignent en partant d'*Agedincum*, Sens, *Rotomagus*, Rouen, *Genabum*, Orléans. D'ailleurs les descriptions détaillées données dans les Commentaires de César, soixante ans avant J.-C.; celles de Strabon et celles de l'empereur Julien au ive siècle, jointes à une suite non interrompue de monuments historiques, ne laissent aucun doute sur la position de *Lutetia*, lors même qu'on serait privé du secours des mesures de Pline. Ptolémée, Ammien Marcellin et Zozime ont aussi fait mention de cette ville; mais elle fut peu considérable du temps des Romains, et *Agedincum*, Sens, a toujours été sa métropole jusque sous Louis XIII, qui, en 1622, en fit le siége d'un archevêché, et lui donna pour suffragants Meaux, Chartres, Blois et Orléans. — Dans les derniers temps de la puissance romaine, *Lutetia* prit le nom des *Parisii*, dont elle était la capitale, et de là est venu le nom moderne, Paris.

De toutes les villes des Gaules, Paris est une des plus anciennes. Les historiens s'accordent peu sur son origine; celle qui paraît la plus vraisemblable est l'émigration de quelques étrangers originaires de la Belgique, qui, sous le nom de *Parisii*, s'établirent sur les bords de la Seine, et occupèrent la plus grande des cinq îles que formait alors le fleuve, à l'endroit où est aujourd'hui la Cité. Cette île reçut le nom de *Lutèce* ou de *Lucotèce*, et n'avait pour défense que le cours de la Seine. Le gouvernement des habitants, comme ceux de tous les Gaulois de cette époque, était républicain, et il y a tout lieu de penser qu'ils formaient un peuple nombreux adonné à la pêche et à la navigation, brave et jaloux de son indépendance.— L'an 700 de la fondation de Rome (54 ans avant notre ère), la nation des Parisii figure pour la première fois sur la scène historique. Jules César, pressé par le besoin de continuer ses conquêtes, de renforcer sa cavalerie, convoqua dans un lieu, qu'il ne nomme pas, une assemblée générale des nations gauloises : celles des *Treviri*, des *Carnutes*, des *Senones*, n'y députèrent point, ce qui ayant mis obstacle aux projets du conquérant, il convoqua une nouvelle assemblée à Lutèce, forteresse des Parisiens, située dans une île de la Seine (lib. III), où se réunirent les principaux chefs des Gaulois. Quant au territoire occupé par les Parisiens, César dit « qu'ils étaient sur les confins des Senonnais, avec lesquels, du souvenir des plus anciens, ils avaient fait alliance. » L'année suivante, presque toutes les nations gauloises se soulevèrent contre la tyrannie du conquérant romain; les Parisiens entrèrent dans cette ligue, et repoussèrent avec perte Labiénus, qui s'était présenté devant leur cité. Cet avantage ne fut pas de longue durée; Labiénus, maître des rives de la Seine, s'apprêtait à faire une descente dans l'île de la Cité, lorsque les Parisiens, voyant l'impossibilité de défendre leur position, mettent le feu à leurs habitations et se retirent sur les hauteurs voisines, où bientôt s'engage un combat terrible. Les Parisiens portent la mort dans les rangs des légions et combattent avec le courage que donne le désespoir, mais ils sont forcés de succomber devant le courage et la tactique des Romains ; leur vieux général Camulogène est tué dans le combat, et n'a pas la douleur de voir ses compatriotes, ses fidèles compagnons d'armes, subir la loi du vainqueur.

César, devenu maître de Lutèce, fit rebâtir la ville, la fortifia de murailles, l'embellit de nombreux édifices, la ferma, dit-on, par deux tours ou châteaux forts, placés à la tête de deux ponts de bois jetés sur la Seine à l'endroit où l'on voit aujourd'hui le Pont-au-Change et le Petit-Pont. — L'histoire ne parle plus ensuite des Parisiens ni de leur île. Lorsque Auguste, tenant les états de la Gaule, l'an 27 avant l'ère chrétienne, fit un nouveau partage des provinces, Lutèce se trouva comprise dans la province lyonnaise.

Pendant les cinq cent trente années que les Romains possédèrent cette ville, ils l'agrandirent au nord et en dehors de l'île, ce qui fit donner le nom de cité à l'ancienne ville; ils en firent la capitale des Gaules, où résidaient les gouverneurs, et y transportèrent la diète générale de cette province. Quelques empereurs mêmes y établirent leur séjour; Constantin et Constance la visitèrent. Julien y passa deux ou trois hivers, embellit ou même rebâtit le palais des Thermes, où il fut proclamé auguste en 360; il l'appelle sa chère Lutèce, décrit sa situation avec complaisance, vante la gravité de ses habitants, qui déjà faisaient mûrir sur les coteaux environnants les fruits de la vigne et du figuier : il paraît que ce fut vers ce temps que Lutèce reçut le titre de cité et le nom de Parisii. Valentinien y composa plusieurs des lois contenues dans son code; Gratien, son fils, y fit quelque séjour, et perdit près de ses murs, en 383, contre le tyran Maxime, une bataille qui lui coûta l'empire et la vie. A cette époque, Jupiter était honoré à Paris, à la pointe orientale de la Cité; Mars, à Montmartre; Isis, à Issy, et Mercure sur la montagne Ste-Geneviève. On présume que, vers l'an 245, saint Denis vint prêcher la foi chrétienne à Lutèce, et qu'il fut martyrisé avec ses compagnons sur la colline de Montmartre : une suite d'évêques, parmi lesquels on compte saint Marcel et saint Landry, lui succédèrent, et tout porte à croire que, dès le règne de Valentinien, on avait élevé sur une partie du terrain occupé aujourd'hui par Notre-Dame, une petite basilique dédiée à saint Etienne.

Childéric Ier, fils de Mérovée et chef des Francs, chassa les Romains de Paris en 465. Clovis, son fils, après la défaite de Syagrius devant Soissons, et sa conversion au christianisme, y établit le siége de son empire vers 509. sous son règne mourut sainte Geneviève, près du tombeau de laquelle il fit élever la basilique de St-Pierre et de St-Paul, nommée plus tard abbaye de Ste-Geneviève. — Quoique Paris fût alors une ville peu considérable, elle ne laissait pas toutefois d'être une place importante, puisque, dans le partage que les quatre enfants de Clovis firent des seigneuries que leur père avait laissées après sa mort, ils convinrent entre eux que Paris demeurerait neutre, sans appartenir à aucun des quatre, et que celui d'entre eux qui entreprendrait d'y entrer sans le consentement des trois autres, perdrait la part qu'il pouvait y prétendre.

A cette époque, Paris, circonscrit dans la Cité, avait une enceinte qui probablement datait de la fin du ive siècle. D'après les chartes et les diplômes, tout porte à croire que cette île était traversée par une voie se dirigeant du Petit-Pont, jeté sur le bras méridional de la Seine, au Grand-Pont, qui conduisait à la rive septentrionale. Cette voie suivait le terrain sur lequel fut bâti depuis le marché Palud jusqu'au lieu où viennent s'y joindre les rues St-Christophe et de la Calandre, puis, formant à gauche un angle presque droit, allait aboutir au Grand-

Pont. A l'est se trouvait la cathédrale, la maison de l'église, le baptistère, l'école de l'hospice des pauvres matriculaires, qui, longtemps après, devint l'Hôtel-Dieu ; l'enceinte où ces établissements étaient compris portait le nom romain d'*Atrium*. Au côté septentrional de l'île et sur une partie de l'emplacement du marché aux Fleurs s'élevait un édifice qu'un ancien chroniqueur nomme prison de Glaucin. Entre l'église cathédrale et le palais se trouvait la place du Commerce. L'île était environnée d'un mur d'enceinte avec deux portes : l'une au nord et l'autre au sud, communiquant avec les ponts.

En 524, Childebert prit le titre de roi de Paris, où il mourut en 558 : on lui doit la fondation de l'église Notre-Dame, celle de l'abbaye St-Germain-des-Prés et de St-Germain-l'Auxerrois. Paris passa ensuite successivement sous la domination de Charibert, de Chilpéric, de Clotaire II, de Dagobert, et de la suite des rois-fainéants qui furent dépossédés en 752 par le maire du palais Pepin le Bref.—Sous les princes de la première race, la langue latine fut remplacée par le langage celtique, les lois romaines par les coutumes saliques. Un dur servage pesa sur les campagnes ; mais Paris eut toujours l'avantage d'être le patrimoine particulier des rois. Ses bourgeois conservèrent leur liberté, les priviléges de leur commerce sur la Seine, et leur administration municipale.

Les rois de la dynastie carlovingienne résidèrent peu à Paris. Charlemagne visita plus d'une fois cette ancienne capitale de Clovis, mais il n'en fit jamais son séjour habituel : toutefois son règne eut sur cette ville une heureuse influence. Il y établit, vers 779, avec l'assistance de ce qu'il y avait de moins ignorant parmi le clergé, une école où l'on enseignait à lire, à écrire, quelques éléments de calcul, et l'art, fort honoré alors, de chanter au lutrin.

Sous les faibles successeurs de ce monarque, Paris devint le patrimoine particulier de comtes héréditaires. En 845, les Normands, attirés par la richesse de cette capitale, de ses églises et de ses monastères, se précipitèrent dans la ville, pillèrent tout ce qu'on n'avait pu soustraire à leur rapacité et la livrèrent aux flammes. En 856, ces mêmes brigands débarquèrent dans la Neustrie vers le mois de décembre, s'avancèrent encore jusqu'à Paris, dont les habitants abandonnèrent de nouveau leurs habitations, qui furent encore réduites en cendres. — Les invasions normandes paraissant toujours imminentes, les grands vassaux firent élever dans leurs seigneuries des forteresses, qui cependant n'empêchèrent pas ces barbares de reparaître à Paris en 861. Mais, comme cette ville avait été ruinée par leurs dernières incursions, ils furent peu satisfaits du butin qu'ils y firent, et conçurent le projet de piller les villes situées sur la haute Seine ; ils détruisirent le Grand-Pont qui s'opposait au passage de leurs barques, remontèrent le fleuve sans obstacle, entrèrent dans la Marne, saccagèrent en passant l'abbaye de St-Maur, et, se divisant ensuite, allèrent piller en même temps Meaux et Melun. Effrayés de ces calamités, les Parisiens entourèrent leur ville de tours et de bonnes fortifications qui n'étaient pas entièrement terminées lorsque les hordes normandes, fortes d'environ 30,000 hommes et commandées par Sigefride, s'arrêtèrent sous les murs de Paris. Les Parisiens se défendirent avec une constance, une ténacité que les Normands ne purent lasser, malgré la persistance et les efforts multipliés de leur mobile tactique. Une année entière de vaines tentatives n'avait point découragé la constance des assiégeants ; mais cette même année, comble de souffrances et de privations, n'avait pu lasser la constance des assiégés. Les Normands, fatigués d'un si long siége, étaient sur le point de se retirer, lorsque Charles le Gros entra en négociations avec le chef normand et signa la plus honteuse capitulation qui jamais ait été conclue ! Le méprisable Charles consentit à payer aux barbares quatorze cents marcs d'argent, à condition qu'ils lèveraient immédiatement le siége ; il leur permit de transporter par terre leurs barques au-dessus de Paris, et de les remettre ensuite à flot pour continuer leur expédition dans le pays arrosé par la haute Seine.

La déposition de Charles le Gros, sa mort et l'extinction de la race carlovingienne, renversèrent le colosse que Charlemagne avait élevé sous le nom d'empire d'Occident. Le comte Eudes, nommé tuteur de Charles le Simple, battit les Normands sous les murs de Paris, les chassa du pays, et les poursuivit jusque dans le Cotentin et la Bretagne, où leurs hordes furent vaincues par ce brave guerrier, auquel on décerna la couronne de France, qui devint héréditaire dans sa famille, en la personne de Hugues Capet, élu roi en 987.

Paris fut longtemps à se remettre des ravages commis par les Normands sur son territoire. Les premiers princes de la troisième dynastie et leurs successeurs y fixèrent leur séjour dans l'édifice appelé aujourd'hui Palais de justice ; pour rendre leur capitale digne d'un grand royaume, ils accordèrent à Paris d'importants priviléges, et firent exécuter pour son embellissement des travaux immenses. Quelques auteurs prétendent que ce fut sous le règne de Hugues Capet que l'on construisit un mur de clôture autour des faubourgs qui s'étaient formés au nord et au midi de la Cité, mais il paraît aujourd'hui prouvé que cette seconde enceinte de Paris doit être attribuée à Louis VI.

Voici la description, certaine en quelques points, conjecturale en quelques autres, de cette enceinte : le mur devait partir de la rive droite de la Seine, dans le voisinage de St-Germain-l'Auxerrois ; il enserrait cette église et ses dépendances, devait s'étendre jusqu'à la rue des Fossés-St-Germain-l'Auxerrois, suivre la direction entière de cette rue, celles de Béthizi, des Deux-Boules, de la rue et place du Chevalier-du-Guet, enfin de la rue Perrin-Gosselin, et aboutir à la rue St-Denis : là était une porte située au nord, en face et à peu de distance du Grand-Châtelet. De cette porte, qui devait être au point où la rue d'Avignon débouche dans celle de St-Denis, le mur se dirigeait le long de la première rue, celle des Ecrivains, enserrait l'église St-Jacques-de-la-Boucherie, et aboutissait à la rue des Arcis, où se trouvait une porte de ville. Comme on passait par cette porte pour arriver à l'église St-Méry, elle fut nommée l'Arche de St-Méry. De cette porte, le mur d'enceinte se continuait dans la direction des rues Jean-Pain-Mollet et Jean-l'Epine, et aboutissait à la place de Grève ; de cette place il allait jusqu'au bord de la Seine, où se terminait, du côté du nord, la seconde enceinte. — Il paraît que dans la suite l'enceinte fut de nouveau, du même côté, prolongée dans la rue St-Antoine jusqu'en face de la rue Geoffroi-Lasnier, où était une porte appelée porte Baudet.

L'enceinte de la partie méridionale présente aussi plusieurs incertitudes. Il paraît que sur l'emplacement du couvent des Grands-Augustins, aujourd'hui halle à la volaille, et sur le bord de la rivière, commençait cette partie de mur : ce point correspondait alors à la pointe de l'île de la Cité, et servait à la défense. Deux rues, situées dans le voisinage du couvent des Grands-Augustins, portaient le nom de la Barre, nom indicatif d'une porte de ville, porte qui devait être placée dans la rue St-André-des-Arts, vers le point où la rue des Grands-Augustins vient y aboutir. De cette porte, le mur devait se prolonger à travers le massif des maisons situées en face de la rue des Grands-Augustins, atteindre le cul-de-sac du Paon, aboutir à la rue Hautefeuille, presque en face de la rue Pierre-Sarrazin ; il se pourrait qu'en cet endroit fût une porte, la rue Hautefeuille étant, dans un grand nombre d'actes, nommée rue de la Barre. Le mur devait suivre la direction de la rue Pierre-Sarrazin, et traverser la rue de la Harpe. De ce point il devait se diriger à peu près comme la rue des Mathurins, et aboutir à la rue St-Jacques, où se trouvait une porte. Le mur d'enceinte suivait évidemment de cette porte la direction de la rue des Noyers jusqu'à la place Maubert, où se trouvait une autre porte qui s'ouvrait sur la voie qui conduit à Ste-Geneviève, à St-Marcel, etc. ; de là le mur se prolongeant entre les rues Perdue et de Bièvre, aboutissait à la rive gauche de la Seine, vers le point de cette rive appelé les Grands-Degrés, point qui correspondait à l'extrémité orientale de l'île de la Cité. En cet endroit de la rive était une tour nommée Tour de St-Bernard et Tournelle des Bernardins, qui devait terminer l'enceinte.

Dès cette époque Paris fut divisé en trois parties : la ville au nord de la Seine, la Cité au milieu, et l'Université au midi.

La troisième enceinte de Paris est due à Philippe Auguste qui, craignant de voir la capitale insultée par les Anglais au moment où il s'embarquait pour une croisade, ordonna d'environner les faubourgs d'un mur de sept à huit pieds d'épaisseur, défendu par cinq cents tours et muni d'un fossé profond. On commença en 1190 par la partie septentrionale de Paris. Le mur partait de la rive droite de la Seine, à quelques toises au-dessus de l'extrémité septentrionale du pont des Arts. Là s'élevait une grosse tour ronde qui, pendant plusieurs siècles, a porté le nom de Tour-qui-fait-le-Coin. De cette tour, le mur traversait l'emplacement actuel de la cour du Louvre, longeait la façade occidentale de cette cour, et se prolongeait, en suivant la direction de la rue de l'Oratoire jusqu'à la rue St-Honoré, qui portait vers ce temps le nom de la Charonnerie. Là le mur interrompu présentait une entrée fortifiée par deux tours rondes, et qui se nommait porte St-Honoré. De cette porte l'enceinte s'étendait entre les rues de Grenelle et d'Orléans jusqu'au carrefour où aboutissent les rues Grenelle, Sartine, J.-J. Rousseau et Coquillière. Là était une porte de ville appelée Bohaigne ou Bohême, et porte Coquiller ou Coquillière. La muraille se prolongeait entre les rues J.-J. Rousseau et du Jour jusqu'à la rue Montmartre, où était un passage appelé porte Montmartre ou porte Ste-Eustache, à peu près entre les n°ˢ 15 et 32. De là le mur traversait le massif de maisons qui est en face, se continuait derrière le côté septentrional de la rue Mauconseil, suivait la direction de cette rue et traversait la rue Française. Presque à l'angle formé par les rues Mauconseil et St-Denis était une porte de ville appelée porte St-Denis ou porte aux Peintres ; entre cette porte et la porte Montmartre, il en existait une autre, rue Comtesse d'Artois, dite porte Nicolas Arrode et porte au comte d'Artois. De la porte St-Denis, le mur perçait le massif des maisons qui sont directement en face de la rue Mauconseil, enserrait l'emplacement de la rue aux Ours, traversait la rue Bourg-l'Abbé, et allait aboutir à l'angle méridional que forme la rue Grenier-St-Lazare, en débouchant dans la rue St-Martin; là était la porte St-Martin, nommée aussi porte St-Méry. — Un peu au-dessous était une fausse porte ou poterne, nommée porte de Nicolas Huidelon. Le mur traversait le massif des maisons situées entre les rues Michel-le-Comte et Geoffroy-Langevin, allait aboutir à la rue Ste-Avoie, entre le coin de la rue de Braque et l'hôtel de Mesmes, traversait l'emplacement des bâtiments et jardins de cet hôtel et aboutissait à la rue du Chaume, à l'angle que forme avec cette rue celle de Paradis. Là était une porte appelée porte du Temple et porte de Braque, parce que la rue du Chaume était ainsi nommée. On la nommait aussi Porte-Neuve ou Poterne-Neuve. — De cette porte le mur suivait à peu près la direction de la rue et du couvent des Blancs-Manteaux, se détournait un peu de la ligne de cette rue à son extrémité orientale et aboutissait dans la rue Vieille du Temple, entre les rues des Francs-Bourgeois et des Rosiers. Entre ces deux rues et sur celle du Temple se trouvait une entrée nommée porte ou plutôt poterne Barbette, à cause de l'hôtel Barbette, situé dans le voisinage. — De cette porte et sans aucune interruption jusqu'à la porte St-Antoine, qui était située sur la place de Birague, le mur décrivait une courbe peu sensible, traversait les emplacements qui se trouvent entre la rue Vieille du Temple et la rue Culture-Ste-Catherine, et

1.

aboutissait presque à l'extrémité méridionale de cette dernière rue, en face l'église de Ste-Catherine-du-Val-des-Ecoliers. Près de là était la porte St-Antoine dite aussi Baudet ou Baudoyer. — Le mur traversait l'emplacement de l'église et autres bâtiments de St-Louis, puis passait à travers l'enclos du couvent de l'Ave-Maria, traversait l'emplacement de la rue des Barres, où l'on perça dans la suite une petite porte appelée fausse poterne St-Paul, et aboutissait à la rive droite de la Seine. Là, entre les rues de l'Etoile et St-Paul, vers le milieu du massif de bâtiments qui sépare le quai des Ormes du quai des Célestins, et rétrécit le quai en s'avançant vers la Seine, s'élevait la tour de Billy, fortification où dans la suite on pratiqua une porte nommée porte Barbelle ou Barbéel-sur-l'Yeau. Cette fortification terminait à l'est de Paris l'enceinte de la partie septentrionale de cette ville. Entre la porte St-Antoine et la porte Barbéel étaient deux fausses portes ou poternes ; l'une ouvrait dans la rue des Prêtres-St-Paul, et portait le nom de porte St-Pôl ou de porte des Béguines et de l'Ave-Maria ; l'autre, nommée porte des Barres, aboutissait à la rue de ce nom.

L'enceinte de la partie méridionale fut commencée vers l'an 1208. En face de la Tour-qui-fait-le-Coin, sur la rive droite de la Seine, à l'endroit même du pavillon oriental du collège Mazarin, s'élevait une haute tour qui, d'abord appelée de Philippe Hamelin, reçut ensuite le nom de Nesle ; c'est le point où commençait, du côté de l'ouest, l'enceinte méridionale. De la tour de Nesle, le mur, laissant en dehors l'emplacement de la rue Mazarine et du collège Mazarin, en suivant la direction jusqu'au point où le côté oriental de cette rue cesse d'être en alignement, traversait l'emplacement de la rue Dauphine, suivant la ligne de la rue Contrescarpe, et aboutissait à la rue St-André-des-Arts. Là se trouvait la porte dite porte de Bussi. — De cette porte, le mur, laissant en dehors le passage connu sous le nom de Cour du Commerce, se dirigeait parallèlement à sa ligne entre ce passage et l'hôtel de Tours et aboutissait rue des Cordeliers, aujourd'hui de l'Ecole-de-Médecine, jusqu'à l'endroit de cette rue où se voit encore la fontaine des Cordeliers. En cet endroit était une porte appelée porte des Cordelles ou des Cordeliers, porte des Frères mineurs, et ensuite porte St-Germain.

En partant de cette porte, l'enceinte traversant les rues de Touraine, de l'Observance et les emplacements intermédiaires, se prolongeait en droite ligne entre la rue des Fossés-de-Monsieur-le-Prince et l'enclos du couvent des Cordeliers, où se voient encore de grandes parties de ce mur, puis aboutissait à la place St-Michel et à l'extrémité supérieure de la rue de la Harpe. A l'endroit même où cette rue débouche sur cette place était une porte de ville nommée Gibert ou Gibard, ou porte d'Enfer. En 1304 Charles VI lui donna le nom de porte St-Michel. Le mur longeait l'enclos du couvent des Jacobins. Vers le milieu de l'espace qui se trouve entre les rues Soufflot et des Fossés-St-Jacques, était une porte appelée de St-Jacques ; on la nomma aussi porte de Notre-Dame-des-Champs. De là le mur se prolongeait sur les emplacements qui sont au nord, et à environ 20 m. du côté septentrional des rues des Fossés-St-Jacques, de l'Estrapade, et, ayant enserré la maison, l'église et les jardins de Ste-Geneviève, aboutissait à la rue Bordet, où se trouvait une porte de ce nom. On l'appelait aussi Bordel et Bordelle ; elle était située à environ 24 m. du point où cette rue débouche dans celle de Fourci. — Le mur d'enceinte suivait la direction de la rue des Fossés-St-Victor ; il traversait l'enclos de l'Ecole polytechnique, s'étendait jusqu'à la rue St-Victor, où était une porte de ville appelée St-Victor. De là le mur traversait l'emplacement du séminaire des Bons-Enfants, ceux de divers chantiers, et s'étendait en droite ligne jusqu'au bord de la Seine, dans une direction parallèle à celle de la rue des Fossés-St-Bernard. A l'endroit où le mur aboutissait à la rive de la Seine était une porte et fortification appelée Tournelle ; là se terminait l'enceinte de la partie méridionale de Paris.

Philippe Auguste jeta les fondements de la basilique actuelle de Notre-Dame, fit construire la tour du Louvre et commencer à paver les rues : Gérard de Poissy contribua pour 8,000 marcs d'argent à cette utile entreprise. Sous le règne de ce prince on bâtit les églises St-Honoré, St-Thomas et St-Nicolas du Louvre, l'hôpital de la Trinité et un port au-dessus du Pont-au-Change.

Un mois après l'affligeant résultat de la bataille de Poitiers, le 18 octobre 1356, sous les ordres du prévôt des marchands, Etienne Marcel, commencèrent les travaux de la quatrième enceinte. Dans la partie méridionale de la ville, le plan de l'enceinte n'éprouva point de changement ; mais de grandes réparations s'opérèrent aux murailles qui tombaient en ruines. Les portes, munies de tours et d'autres ouvrages de fortifications, et les fossés, pour la première fois profondément creusés, et dans quelques parties remplis par les eaux de la Seine, mirent de ce côté les Parisiens en sûreté. — Dans la partie septentrionale l'enceinte reçut un accroissement considérable. De l'ancienne porte Barbette partait une muraille flanquée de tours carrées, qui remontait sur le bord de la rivière jusqu'au point où le fossé actuel de l'Arsenal y débouche. A l'angle formé par le fossé et par le cours de la Seine fut élevée une tour ronde très-haute, appelée tour de Billy. La muraille suivait la direction du fossé jusqu'à la rue St-Antoine, où fut construite une porte fortifiée de tours, et nommée la bastille St-Antoine. De cette porte, le mur laissait le boulevard actuel en dehors, et suivait à peu près sa direction jusqu'à la rue du Temple, où fut construite, avec fortifications, une porte nommée bastille du Temple. La muraille se dirigeait ensuite parallèlement à la rue Meslay, qui a porté anciennement le nom de rue du Rempart, jusqu'à la rue St-Martin, où fut bâtie une porte dite de St-Martin. Elle suivait ensuite la ligne de la rue Ste-Apolline jusqu'à la rue St-Denis, où était une porte fortifiée, nommée bastille de St-Denis. De cette bastille, le mur d'enceinte continuait en suivant la direction de la rue Bourbon-Villeneuve, qui anciennement se nommait rue St-Côme-du-milieu-des-Fossés, puis celle de la rue Neuve-St-Eustache. A l'endroit où cette rue aboutit à la rue Montmartre était une porte nommée de Montmartre. Le mur se prolongeait entre la rue des Fossés-Montmartre et le cul-de-sac St-Claude, jusqu'à la place des Victoires, qu'il traversait ; puis il coupait l'emplacement de l'hôtel de Penthièvre, aujourd'hui banque de France, celui de la rue des Bons-Enfants, et pénétrait dans le jardin du Palais-Royal, vers le milieu de sa longueur. La ligne du mur continuant à travers ce jardin et la rue Richelieu, jusqu'à l'endroit où vient aboutir la petite rue du Rempart, suivait sa direction jusqu'au point où cette petite rue aboutit dans celle de St-Honoré : là, sur cette dernière rue, se trouvait une porte fortifiée, nommée porte St-Honoré. De la porte St-Honoré le mur, en suivant la direction de la rue St-Nicaise, se prolongeait jusqu'au bord de la Seine, où s'élevait une haute tour qui a subsisté jusque sous le règne de Louis XIV : elle était nommée la tour du Bois. — En 1368 cette enceinte fut réparée et les fortifications augmentées. Du côté du midi on entoura les anciens murs d'un fossé profond ; sur les bords de la Seine étaient quatre tours : la tour du Bois, près du Louvre ; la tour de Nesle, vis-à-vis, sur l'emplacement actuel du palais des Beaux-Arts ; au levant étaient la Tournelle et la tour Billy, proche des Célestins : un fort en bois défendait la tête de l'île St-Louis. L'entrée de Paris par la Seine était en outre défendue, tant du côté d'amont que du côté d'aval, par de fortes chaînes en fer supportées par des bateaux.

Le commencement du xve siècle fut extrêmement funeste à Paris, car la première année y vit régner une épidémie qui fit périr la plus grande partie de ses habitants. Dix-huit ans après, le massacre des Armagnacs, la disette, la peste, la mortalité emportèrent, dans l'espace de quelques mois, plus de cent mille personnes.

En 1418 une grande partie des habitants de Paris fut massacrée par l'horrible troupe des Cabochiens.

En 1420 Paris fut pris par les Anglais, qui n'en furent chassés qu'en 1436.

Paris doit à saint Louis la fondation de la Ste-Chapelle ; la création du Châtelet, où il ne dédaignait pas d'aller lui-même rendre la justice ; l'établissement de l'école de chirurgie et de l'hospice des Quinze-Vingts ; l'accroissement et la dotation de l'Hôtel-Dieu ; l'institution de la police du guet faite par la bourgeoisie.

Sous Philippe le Hardi on s'occupa de l'alignement et de la propreté des rues. Le parlement fut rendu sédentaire à Paris en 1313, et y attira les plaideurs et les suppôts de la justice : l'établissement de la cour des comptes, des cours des aides et des monnaies, du grand conseil et d'une foule de juridictions subalternes, y forma un corps de magistrats respectables par leurs vertus et par leurs lumières.

Sous Louis XI Paris compta plus de 300,000 habitants, et cet accroissement devint de plus en plus sensible. La ville s'étendait chaque jour, et, malgré les défenses de bâtir qui furent renouvelées, elle s'accrut beaucoup dans la partie méridionale. L'établissement de l'imprimerie et de la poste aux lettres datent du règne de ce monarque, qui augmenta par plusieurs réunions les livres de la bibliothèque royale.

Charles VIII posa la première pierre de la Ville-l'Evêque, établit une confrérie de la Madeleine et réunit à la bibliothèque royale celle des rois de Naples.

Louis XII s'occupa peu de l'embellissement de Paris ; mais il fit bénir son pouvoir par la modération des impôts et par la réforme de nombreux abus. Il fit transporter au château de Blois les livres du Louvre, et y réunit plusieurs collections qui enrichissent cette bibliothèque.

François Ier s'occupa beaucoup des fortifications de Paris : il fit creuser plus profondément les fossés et fit raser la porte aux Peintres, située dans la rue St-Denis. En 1566 on étendit l'enceinte du côté de l'ouest, et on y comprit le jardin des Tuileries. Cette partie d'enceinte fut nommée boulevard des Tuileries.

Ce monarque suivit les exemples donnés par les Médicis à Florence, par le pape Léon X à Rome. D'après les conseils du savant Guillaume Budé et de son confesseur, Guillaume Parvi, il attira un grand nombre d'artistes et plusieurs savants à Paris. Sous son règne, plusieurs rues furent ouvertes sur le terrain d'immenses hôtels de gothique structure. Les monuments publics devinrent plus magnifiques, les demeures des particuliers plus agréables et plus commodes ; les ordres grecs furent employés pour la première fois dans les édifices ; les tableaux des meilleurs peintres de l'Italie décorèrent les palais, qu'embellirent les sculptures de Jean Goujon. Les églises de St-Gervais, de St-Germain-l'Auxerrois, de St-Merri, l'hôtel de ville, furent bâtis ou restaurés. La grosse tour du Louvre fut abattue. Le Louvre fut démoli entièrement, et on en recommença la construction sur un nouveau plan. Le faubourg St-Germain, depuis les guerres du xve siècle, était presque entièrement ruiné, et la charrue passait dans des lieux jadis couverts d'habitations : en 1540 on commença à le rebâtir, et en 1544 à paver quelques-unes de ses rues.

Le corps de bâtiment qu'on nomme aujourd'hui le vieux Louvre fut terminé sous le règne de Henri II, en 1548 : l'hôpital des Petites-Maisons, aujourd'hui l'hospice des Ménages, est aussi une construction de cette époque.

Un seul établissement public, l'hôpital de l'Oursine, aujourd'hui jardin des apothicaires, fut fondé sous le règne de François II.

Sous le règne de Charles IX Paris languit, tourmenté par les horreurs de la discorde provoquée par les intrigues de la cour de Rome et des Guises. Le massacre des protestants fut arrêté dans l'entrevue que Catherine de Médicis eut à Bayonne, en 1565, avec le duc d'Albe, et sept années après cet infernal projet fut mis à exécution.

La reine mère en fixa l'exécution au point du jour de la St-Barthélemy, 24 août 1572 (deux jours après la tentative d'assassinat sur l'amiral de Coligny). La résolution en fut prise dans le château des Tuileries, entre la reine, le duc d'Anjou, le duc de Nevers, le comte d'Angoulême, Birague, les maréchaux de Tavannes et de Retz... On hésita si l'on envelopperait dans la proscription le roi de Navarre, le prince de Condé et les Montmorency... Afin de prévenir jusqu'à l'ombre du soupçon, les princes lorrains feignirent de craindre quelques violences de la part de leurs ennemis, et, sous ce prétexte, ils vinrent demander au roi la permission de se retirer. « Allez, leur dit le monarque d'un air courroucé ; si vous êtes coupables, je saurai bien vous retrouver... » Tavannes fit venir en présence du roi les prévôts des marchands, Jean Charron et Marcel, son prédécesseur, qui avaient grand crédit auprès du peuple. Il leur donna l'ordre de faire armer les compagnies bourgeoises, et de les tenir prêtes pour minuit à l'hôtel de ville. Ils promirent d'obéir. Mais, quand on leur dit le but de l'armement, ils tremblèrent et commencèrent à s'excuser sur leur conscience. Tavannes les menaça de l'indignation du roi, et il tâchait même d'exciter contre eux le monarque, trop indifférent à son gré. « Les pauvres diables ne pouvant pas faire autre chose, répondirent alors : Hé ! le prenez-vous là, sire, et vous, monsieur ? Nous vous jurons que vous en aurez nouvelles ; car nous y mènerons si bien les mains à tort à travers, qu'il en sera mémoire à jamais. Voilà, ajoute Brantôme, comme une résolution prise par force a plus de violence qu'une autre, et comme il ne fait pas bon acharner un peuple ; car il y est après plus âpre qu'on ne veut. » Ils reçurent ensuite les instructions, savoir, que le signal serait donné par la cloche de l'horloge du Palais ; qu'on mettrait des flambeaux aux fenêtres ; que les chaînes seraient tendues ; qu'ils établiraient des corps de garde dans toutes les places et carrefours, et que, pour se reconnaître, ils porteraient un linge au bras gauche et une croix blanche au chapeau. Tout s'arrange, selon ces dispositions, dans un affreux silence. Le roi, craignant de faire manquer l'entreprise par trop de pitié, n'ose sauver le comte de la Rochefoucauld, qu'il aimait... Triste et morne, le roi attend avec une secrète horreur l'heure fixée pour le massacre. Sa mère le rassure et l'encourage. Il se laisse arracher l'ordre pour le signal, sort de son appartement, entre dans un cabinet tenant à la porte du Louvre, et regarde dehors avec inquiétude. Un coup de pistolet se fait entendre... Le vindicatif Guise avait à peine attendu le signal pour se rendre chez l'amiral. Au nom du roi, les portes sont ouvertes, et celui qui en avait rendu les clefs est poignardé sur-le-champ. Les Suisses de la garde navarroise, surpris, fuient et se cachent. Trois colonels des troupes françaises, accompagnés de Petrucci, Siennois et de Bême, Allemand, escortés de soldats, montent précipitamment l'escalier, et fonçant dans la chambre de Coligny : *A mort !* s'écrient-ils tous ensemble d'une voix terrible. Au bruit qui se faisait dans sa maison, l'amiral avait jugé d'abord qu'on en voulait à sa vie : il s'était levé, et, appuyé contre la muraille, il faisait ses prières. Bême l'aperçoit le premier. « Est-ce toi qui es Coligny ? » lui dit-il. « C'est moi-même, répond celui-ci d'un air tranquille. Jeune homme, respecte mes cheveux blancs. » Bême lui enfonce son épée dans le corps, la retire toute fumante, et lui coupe le visage : mille coups suivent le premier. L'amiral tombe nageant dans son sang. « C'en est fait ! » s'écrie Bême par la fenêtre. « M. d'Angoulême ne le veut pas croire, répond Guise, qu'il ne le voie à ses pieds. » On précipite le cadavre. Le duc d'Angoulême essuie lui-même le visage pour le reconnaître, et on dit qu'il s'oublia jusqu'à le fouler aux pieds. Aux cris, aux hurlements, au vacarme épouvantable qui se fit entendre de tous côtés, sitôt que la cloche du palais sonna, les calvinistes sortent de leurs maisons, à demi nus, encore endormis et sans armes. Ceux qui veulent gagner la maison de l'amiral sont massacrés par les compagnies des gardes, postées devant sa porte. Veulent-ils se réfugier dans le Louvre, la garde les repousse à coups de pique et d'arquebuse ; en fuyant ils tombent dans les troupes du duc de Guise et dans les patrouilles bourgeoises, qui en font un horrible carnage. Des rues on passe dans les maisons, dont on enfonce les portes ; tout ce qui s'y trouve, sans distinction d'âge ni de sexe, est massacré ; l'air retentit des cris aigus des assassins et des plaintes douloureuses des mourants. Le jour vient éclairer la scène affreuse de cette sanglante tragédie. « Les corps détranchés tomboient des fenêtres ; les portes cochères étoient bouchées de corps achevés ou languissants, et les rues, de cadavres qu'on traînoit sur le pavé à la rivière. » Ce qui se passait au Louvre ne démentait pas les fureurs de la ville... Les gardes, ayant formé deux haies, tuaient à coups de hallebarde les malheureux qu'on amenait désarmés, et qu'on pressait au milieu d'eux, où ils expiraient les uns sur les autres, entassés par monceaux. La plupart se laissaient percer sans rien dire ; d'autres attestaient la foi publique et la parole sacrée du roi. « Grand Dieu ! s'écriaient-ils, prenez la défense des opprimés. Juste Juge, vengez cette perfidie... » Des enfants de dix ans tuèrent des enfants au maillot ; et on vit des femmes de la cour parcourir effrontément de leurs yeux les cadavres nus des hommes de leur connaissance, cherchant matière à des observations licencieuses, qui les faisaient éclater de rire. Le fougueux Charles, une fois livré à son caractère impétueux, ne connut plus de bornes. On l'accuse d'avoir tiré lui-même sur les malheureux calvinistes qui fuyaient !...

Ce tableau, emprunté à Anquetil (*Esp. de la Ligue*), est plein de vérité et de force. Mezeray peut servir à le compléter. « Pour faire en petit l'histoire de cet horrible massacre, dit-il, il dura sept jours entiers : les trois premiers, savoir : depuis le dimanche, jour de St-Barthélemy, jusqu'au mardi, dans sa grande force ; les quatre autres, jusqu'au dimanche suivant, avec un peu plus de ralentissement. Durant ce temps, il fut tué près de 5,000 personnes, de diverses sortes de morts, et plusieurs de plus d'une sorte, entre autres 5 à 600 gentilshommes. On n'épargna ni les vieillards, ni les enfants, ni les femmes grosses ; les uns furent poignardés, les autres tués à coups d'épée, de hallebarde, d'arquebuse ou de pistolet, quelques-uns précipités par les fenêtres, plusieurs traînés dans l'eau, et plusieurs assommés à coups de croc, de maillet ou de levier !... »

Les principaux édifices construits ou commencés sous le règne de Charles IX sont : le palais des Tuileries ; l'hôtel de Soissons, dont l'emplacement est aujourd'hui occupé par la halle au blé ; le collége de Clermont ou des Jésuites ; l'hôpital St-Jacques du Haut-Pas, démoli en 1823, etc., etc.

Henri III succéda à Charles IX le 30 mai 1574. Aussi persécuteur, aussi perfide, aussi superstitieux, mais moins sanguinaire que son frère, il fut plus que lui livré à la débauche la plus honteuse, et sut comme lui associer le libertinage à la dévotion.

Voici les établissements qui se formèrent à Paris pendant son triste règne : le couvent des Capucins, la plus vaste de toutes les capucinières de France, démolie en 1804 ; les Jésuites de la rue St-Antoine, aujourd'hui église de St-Louis et de St-Paul ; le monastère des Feuillants, démoli en 1804, et remplacé par la belle rue de Rivoli ; la fontaine de Birague, située rue St-Antoine, en face le collége Charlemagne ; l'hôtel de Bourgogne et le théâtre Italien. La première pierre du Pont-Neuf fut posée par Henri III, le 31 mai 1578.

Henri de Bourbon, roi de Navarre, le plus proche héritier de la couronne, fut reconnu roi de France au camp de St-Cloud, le 2 août 1589, sous le nom de Henri IV ; mais ce ne fut qu'après cinq ans d'une guerre déplorable qu'il parvint à se rendre maître de Paris, que Brissac lui vendit pour un million six cent quatre-vingt-quinze mille livres.

Les principaux établissements exécutés sous le règne de ce monarque sont : l'hôpital St-Louis ; le Pont-Neuf, commencé sous Henri III et achevé en 1607 ; les quais de l'Arsenal, de l'Horloge, des Orfévres, de l'Ecole, de la Mégisserie, Conti et des Augustins ; la rue et la place Dauphine, les rues d'Anjou et Christine ; l'achèvement du palais des Tuileries et de la galerie qui joint ce palais au Louvre ; les fontaines du Palais ; la Samaritaine, machine hydraulique, détruite en 1813 ; la place Royale, qui remplaça le palais des Tournelles, etc., etc.

Louis XIII, placé fort jeune sur le trône, régna, mais ne gouverna jamais ; trois hommes, pendant la durée de son règne, exercèrent successivement le pouvoir suprême : Concini, de Luynes et Richelieu.

Un grand nombre d'édifices et d'établissements publics furent exécutés ou entrepris sous son règne. Marie de Médicis fit bâtir le palais du Luxembourg et planter le cours la Reine ; le Palais-Royal fut construit par Richelieu ; les maisons, les quais de l'île St-Louis furent bâtis, ainsi que le pont Marie, le pont de la Tournelle, le pont Rouge (détruit en 1795), le Pont-au-Change ; on éleva le portail de St-Gervais, l'église St-Roch, l'Oratoire de la rue St-Honoré, le Val-de-Grâce, les Madelonnettes, les hôpitaux des Incurables, de la Pitié, de la Salpêtrière, des Enfants-Trouvés. L'aqueduc d'Arcueil conduisit à Paris les eaux de Rungis. On construisit la Sorbonne et le collége de Clermont, qui porta depuis le nom de collége Louis-le-Grand. Le jardin des plantes date aussi de cette époque. Pour la première fois les places publiques furent décorées de statues : celle de Henri IV orna le terre-plein du Pont-Neuf, et celle de Louis XIII la place Royale. Les seigneurs, qui jusqu'alors s'étaient tenus dans leurs châteaux, briguèrent au Louvre les plus chétifs logements ou firent bâtir de magnifiques hôtels dans le faubourg St-Germain. L'accroissement des faubourgs Montmartre et St-Honoré, et des quartiers St-Roch et Feydeau, obligea de les ceindre d'une clôture presque sur la ligne actuelle des vieux boulevards, depuis la porte St-Denis jusqu'à celle St-Honoré ; de nouvelles rues s'ouvrirent dans tous les lieux vacants de cette enceinte ; de riches particuliers firent bâtir un si grand nombre de maisons au dehors de la porte St-Honoré, que ce faubourg se trouva joint aux villages du Roule et de la Ville-l'Evêque. En même temps, la franchise de maîtrise, dont jouissaient les ouvriers établis dans la censive de l'abbaye St-Antoine, fit construire la grande rue de ce faubourg et les rues adjacentes, qui, se réunissant bientôt aux villages de Popincourt et de Reuilly, formèrent un immense faubourg aussi commerçant qu'industrieux.

En 1626, on commença la construction de l'enceinte septentrionale de Paris, dont les travaux furent bientôt suspendus, pour n'être repris qu'en 1631. Charles Trogec se chargea de faire construire une enceinte qui commencerait à la porte St-Denis, suivrait le long des fossés Jaunes jusqu'à la nouvelle porte St-Honoré, placée à l'extrémité de la rue de ce nom, entre le boulevard et la rue Royale. L'ancienne porte St-Honoré, située à l'intersection de la rue de ce nom et de la rue Richelieu, fut démolie, ainsi que l'ancienne porte Montmartre ; la nouvelle porte Montmartre fut élevée sur la rue de ce nom, entre la fontaine et la rue des Jeûneurs.

Après la mort de Louis XIII, le parlement déféra la régence à Anne d'Autriche, sa veuve, mère de Louis XIV, alors âgé de cinq ans. La régente remit les rênes de l'Etat entre les mains du cardinal Mazarin, Italien aimable et galant, auquel Anne d'Autriche n'avait plus rien à offrir que le partage de sa puissance. — Louis XIV saisit les rênes de l'Etat à la mort de ce ministre, arrivée en 1681, et commença son règne réel à l'âge de vingt-deux ans. Colbert, homme austère, insensible aux séductions de la vie, laborieux, infatigable, fut appelé à la surintendance des bâtiments, et porta principalement son attention sur les arts, le commerce et les manufactures. Un règne de gloire commença pour la France : des hommes de génie étonnèrent l'Europe par leurs talents et par leur savoir. Des académies se formèrent pour le perfectionnement de la langue française, des belles-lettres, des sciences et des beaux-arts.

En 1662, Colbert fit accueillir au roi quelques projets d'embellissement pour la ville de Paris. Les rues étaient toujours fangeuses, infectes, malsaines, éclairées seulement par les lanternes allumées devant les boutiques ; plusieurs n'étaient pas pavées. Vis-à-vis du château des Tuileries s'élevait un vilain pont en bois, appelé pont Barbier. On voyait encore, dans presque tous les quartiers, ces lourdes chaînes qui, durant la Ligue et la Fronde, servaient aux barricades. La malpropreté de la voie publique était telle que, même en été, les hommes devaient ne sortir qu'en bottes, et que les femmes d'une certaine condition ne pouvaient faire à pied cent pas hors de leurs maisons. On respirait à Paris un air si insalubre que, chaque matin, les ustensiles en cuivre étaient couverts d'une couche de vert-de-gris. Du reste, au commencement de ce règne non moins que sous les précédents, on avait à craindre dans les rues après la nuit close : dès huit heures du soir, les voleurs circulaient avec une entière impunité, enlevant les manteaux, coupant les bourses, battant les gens volés et les assassinant s'ils résistaient.

Mais bientôt Colbert et Louvois impriment l'essor à toutes les intelligences, et portent partout l'étincelle et l'émulation. Un magistrat fut chargé, en 1667, de la police, et fit cesser en partie les désordres de la capitale ; les pages et les laquais furent désarmés ; des lanternes, renfermant chacune une grosse chandelle, furent suspendues au milieu des rues (on n'imagina les réverbères qu'en 1745). L'enceinte de Paris fut portée à 3,227 arpents, et le village de Chaillot devint un de ses faubourgs. Les remparts furent abattus et remplacés, sur les boulevards du Nord, par de magnifiques promenades plantées d'arbres. La butte St-Roch fut aplanie, les anciens quais furent réparés, quatre nouveaux ports construits pour la commodité du commerce. Plus de quatre-vingts rues nouvelles furent ouvertes ; la plupart des anciennes élargies et reconstruites. Au lieu de tristes poternes, de guichets étroits, s'élevèrent des arcs de triomphe aux portes St-Antoine, St-Bernard, St-Denis et St-Martin. Paris fut décoré des magnifiques places Vendôme, des Victoires et du Carrousel. Perrault éleva la superbe colonnade du Louvre. On construisit l'hôtel des Invalides, où la vertu guerrière trouva un honorable et décent asile. Les infirmes furent soulagés dans l'hôpital général. L'amour de la science fit fonder l'Observatoire, construire le collége des

Quatre-Nations et organiser la bibliothèque royale. La protection accordée aux arts utiles fit établir la manufacture des glaces et celle des Gobelins. St-Sulpice fut commencé, le Val-de-Grâce achevé. Le pont Royal ouvrit une communication facile entre les Tuileries et le faubourg St-Germain. Le bâtiment du Châtelet fut élevé pour y placer d'une manière convenable le tribunal spécial de la ville de Paris. Le jardin des Tuileries fut tracé par le Nôtre. La plantation des Champs-Elysées procura aux habitants de Paris une promenade vaste et commode. La statue de Louis XIV orna la place des Victoires. Les fontaines des Cordeliers, des Capucins, d'Amour, de Ste-Avoie, de Richelieu, des Petits-Pères, de l'Echaudé, de la Charité, de St-Séverin, de la place du Palais-Royal, de la Brosse, de Louis-le Grand, de Montmorency, de St-Martin, de Garencière, furent bâties ou reconstruites, et fournirent abondamment l'eau nécessaire aux besoins des habitants, etc., etc.

Louis XIV mourut le 1er septembre 1715, laissant un prince royal, son arrière-petit-fils, âgé de cinq ans, et un déficit de deux milliards soixante millions. Le 12 septembre, le parlement déféra la régence à Philippe d'Orléans, petit-fils de Louis XIII et fils de Philippe, frère unique de Louis XIV. Placé à la tête des affaires et revêtu de toute l'autorité, Philippe pardonna généreusement à tous ses ennemis, et montra dans le commencement de son règne d'excellentes intentions. Mais, quoique doué d'un esprit supérieur, il était le gouvernant le moins propre à fermer l'abîme financier creusé par Louis XIV. Partisan des innovations, il adopta avec ardeur le système de Law, fondateur d'une banque générale où chacun pouvait échanger son argent contre des billets payables à vue, hypothéqués sur le commerce du Sénégal, du Mississipi et des Indes orientales. Les Parisiens changent follement leur argent contre les décevantes espérances que Law, devenu contrôleur général, montre en perspective. Le gouvernement, obéré par son énorme dette, augmente l'émission des billets; mais bientôt la contrainte qu'on est obligé d'exercer pour soutenir le système en révèle la faiblesse; le papier-monnaie est discrédité, et sa décadence devient aussi rapide que l'a été sa fortune. Alors le mécontentement se manifeste de toute part; une révolte est près d'éclater dans Paris. Pour satisfaire à la vindicte publique, le régent destitue le contrôleur général; il quitte le royaume chargé de la malédiction de plusieurs millions de citoyens, qui, en échange de leur argent, avaient entre les mains pour deux milliards sept cents millions de papier sans valeur.

L'abbé Dubois, ancien précepteur de Philippe, fut tout à la fois le conseiller intime et le pourvoyeur de ses plaisirs. A sa mort tout le poids fut abandonné au duc d'Orléans, qui lui survécut peu. Les rênes du gouvernement tombèrent alors dans les mains de l'incapable duc de Bourbon, ou plutôt de la marquise de Prie. A l'âge de seize ans, Louis XV voulut s'en saisir, mais incapable de les tenir, il les remit dans les mains de l'abbé Fleury, son précepteur, prêtre sexagénaire qui ne sut que recrépir l'édifice ébranlé de la monarchie; avec lui commence le règne des favorites. Louis XV, marié à Marie Leczinska, lui resta fidèle jusqu'en 1741, époque où Fleury, pour l'éloigner des affaires, le lança dans les bras du vice, en lui livrant la lascive comtesse de Mailly, laquelle partagea avec sa sœur, Mme de Vintimille, les affections du roi, qui se plut, dit-on, à les posséder ensemble dans une même nuit. A ces deux premières maîtresses succéda Mme de Châteauroux, qui fut remplacée par Mme de Pompadour. Celle-ci, faiblement constituée et peu capable de soutenir le rôle des femmes lascives qui l'ont précédée dans les bonnes grâces du roi, se fait la pourvoyeuse de ses plaisirs, lui procure toutes les belles qui peuvent exciter ses désirs, et lui suggère l'idée du *Parc-aux-Cerfs*, où le roi faisait élever de petites filles de neuf à dix ans, impudemment ravies à leur famille désespérée!... La Dubarry, née sous le chaume et élevée dans la fange d'une maison de prostitution, succéda à la Pompadour; le reste du règne de Louis XV s'écoula dans le plus honteux déréglement.

Cependant, sous ce règne où toutes les corruptions se confondaient, on vit naître et grandir cette philosophie qui devait rasséréner les mœurs, corriger les abus et renouveler la société. Calas et Labarre périssent pourtant encore sacrifiés par le fanatisme; mais ce double meurtre porte à l'intolérance elle-même un coup terrible. Les jésuites, véhémentement soupçonnés d'avoir voulu faire assassiner le roi par Damiens, convaincus de friponnerie par une instruction judiciaire, d'immoralité et d'irréligion, furent expulsés de France. La propagation rapide de l'Encyclopédie achève d'anéantir la confiance accordée au sacerdoce, en expliquant d'une manière claire, précise, probante, tous les ouvrages de l'esprit humain. — Louis XV finit sa carrière dégradée le 10 mai 1774. Son corps, tombé en dissolution par une hâtive et insupportable putréfaction, fut emporté en poste à St-Denis, et sa pompe funèbre saluée d'un transport scandaleux mais mérité.

L'enceinte de Paris fut fixée de 1726 à 1728, et comprenait 3,919 arpents : elle commençait au jardin de l'Arsenal, et suivait les boulevards actuels jusqu'à la porte St-Honoré, passait au boulevard des Invalides, coupait les rues de Babylone, Plumet, de Sèvres (près de l'Enfant-Jésus), des Vieilles-Tuileries, et allait en droite ligne jusqu'à la rue de la Bourbe, d'où elle suivait les murs du Val-de-Grâce, les rues des Bourguignons, de l'Oursine, Censier, et aboutissait en droite ligne sur le bord de la rivière, vis-à-vis du jardin de l'Arsenal.

Parmi les principaux travaux exécutés sous le règne de Louis XV, nous citerons la construction du Garde-Meuble, du Palais-Bourbon, de l'École militaire, de l'École de droit, de l'École de chirurgie, de l'hôtel des Monnaies, de la nouvelle église Ste-Geneviève (aujourd'hui le Panthéon), de l'église St-Philippe du Roule, du portail de l'église St-Roch, de la halle au blé, de la halle aux veaux, des marchés d'Aguesseau et St-Martin, de l'hospice du Gros-Caillou, des fontaines des Blancs-Manteaux, de Grenelle et du marché St-Martin. La statue équestre de Louis XV décora la place de ce nom ; l'hôtel d'Armenonville fut réparé pour en faire l'hôtel des postes ; la petite poste établit des communications promptes et régulières ; les premières inscriptions en gros caractères noirs sur des feuilles de fer-blanc furent placées au coin de chaque rue ; les réverbères furent substitués aux lanternes ; les faubourgs St-Honoré et St-Germain se décorèrent d'hôtels somptueux ; de nouveaux boulevards furent tracés au midi de Paris ; les Champs-Elysées furent replantés, etc., etc., etc.

Louis XVI monta sur le trône dans des circonstances difficiles. Effrayé des troubles qui commençaient à agiter l'Etat, il convoqua, en 1787, l'assemblée des notables du royaume, qui se sépara sans avoir pris aucune détermination. Une deuxième assemblée des notables eut lieu à Versailles, le 6 novembre 1788, et n'eut pas un meilleur résultat. Enfin, après cent soixante-quinze ans d'interruption, l'ouverture des états généraux, demandés avec instance depuis tant d'années, eut lieu le 5 mai 1789. Le lendemain, le tiers état invita les deux autres ordres à se réunir à lui pour la vérification des pouvoirs ; le clergé et la noblesse se refusèrent à cette invitation. Les instances du tiers état pour éviter une scission ayant été repoussées, il se constitua, le 17 juin, en assemblée nationale.

Louis XVI, espérant intimider les députés, fait rassembler autour de Versailles une armée de 10,000 hommes, sous le commandement du maréchal de Broglie. L'assemblée envoie au roi, pour lui demander le renvoi des troupes, une députation qui ne reçut qu'une réponse négative : une seconde députation n'ayant pas eu plus de succès, on propose d'en envoyer une troisième ; cette proposition ayant été adoptée, Mirabeau monte à la tribune, et, s'adressant aux membres de la députation, prononce le discours suivant : « Dites au roi que les hordes étrangères dont nous sommes investis ont reçu hier la visite des princes, des princesses, des favoris, des favorites, et leurs caresses, et leurs exhortations, et leurs présents ; dites-lui que toute la nuit ces satellites étrangers, gorgés d'or et de vin, ont prédit, dans leurs chants impies, l'asservissement de la France, et que leurs vœux brutaux invoquaient la destruction de l'assemblée nationale ; dites-lui que dans son palais même les courtisans ont mêlé leurs danses au son de cette musique barbare, et que telle fut l'avant-scène de la St-Barthélemy ; dites-lui que ce Henri, dont l'univers bénit la mémoire, celui de ses aïeux qu'il voulait prendre pour modèle, faisait passer des vivres dans Paris révolté qu'il assiégeait en personne, et que ses conseillers féroces font rebrousser les farines que le commerce apporte dans Paris fidèle et affamé. »

Voici, d'après le Moniteur, quel était le but de la conjuration ourdie par la cour : « L'assemblée nationale devait être dispersée, ses arrêts déclarés séditieux, ses membres proscrits, le Palais-Royal et les maisons des patriotes livrés au pillage, les électeurs et les députés aux bourreaux. Cinquante mille hommes, cent pièces de canon et six chefs dirigeant leurs coups, devaient renverser sur ses ministres le sanctuaire de la liberté. » Cette nouvelle ne fut pas plutôt connue, que la terreur se répand parmi les citoyens ; les cris redoublés : « Aux armes ! aux armes ! » se répètent dans tout Paris ; quelques épées brillent ; on sonne le tocsin dans toutes les paroisses ; on court à l'hôtel de ville, on se rassemble, on s'arme ; un régiment allemand et un corps suisse, commandés par le prince de Lambesc, chargent sur le peuple ; les gardes françaises s'échappent de leur caserne, se mêlent avec le peuple, et, déployant une marche plus régulière, impriment ainsi le premier mouvement de la révolution.

Le 14 juillet, la garde nationale, formée seulement de la veille, comptait déjà plus de cent cinquante mille défenseurs.

Le lendemain, le régiment des gardes françaises se réunit à la garde nationale aux cris de : «Vive le tiers état ! » Les autres troupes suivent cet exemple, et les murs de la Bastille tombent sous les coups des citoyens. Paris s'était affranchi de la dépendance royale ; une nouvelle organisation municipale avait remplacé l'ancienne ; Bailly fut nommé maire, et la Fayette chef de la garde nationale.

Le 16 juillet, le roi donne l'ordre aux troupes de s'éloigner de Paris et de Versailles, et vient à Paris recevoir de Bailly la cocarde tricolore. L'assemblée nationale continue ses travaux. Dans la séance de nuit du 4 août, elle décrète les droits de l'homme et l'abolition de la vénalité des charges, des priviléges et des droits féodaux. Le roi refuse son assentiment à la déclaration des droits, et appelle à Versailles de nouvelles troupes, dont les officiers foulent aux pieds, dans une orgie, la cocarde nationale. Aussitôt des groupes se forment dans tous les quartiers de Paris ; une masse effrayante de peuple, armée de piques, de bâtons, de fourches, se rassemble, marche sur Versailles et force Louis XVI de venir à Paris. — Le roi arriva sur les neuf heures à l'hôtel de ville, et annonça qu'il était résolu de fixer son séjour dans la capitale.

Le 8 juin 1790, l'assemblée nationale adopta la proposition d'une fédération générale fixée au 14 juillet, anniversaire de la prise de la Bastille. Des commissaires nommés par la commune de Paris choisirent le Champ-de-Mars comme le lieu le plus convenable.

Le 14 juillet, tous les fédérés, députés des provinces et de l'armée, rangés sous leurs bannières, partent de la place de la Bastille et se rendent au jardin des Tuileries, où ils reçoivent dans leurs rangs la municipalité et l'assemblée nationale : un bataillon d'enfants la précédait ; un groupe de vieillards marchait à sa suite. Le cortége passa la Seine en face du Champ-de-Mars sur un large pont de bateaux établi à l'endroit même où se voit aujourd'hui le beau pont d'Iéna.

A l'entrée du Champ-de-Mars, du côté du pont, s'élevait un arc de triomphe d'une très-grande dimension, percé de trois vastes portiques égaux en hauteur. A l'autre extrémité était un amphithéâtre destiné à recevoir l'assemblée nationale et les autorités locales. Le roi et le président étaient assis à côté l'un de l'autre sur des siéges pareils ; les députés étaient rangés des deux côtés : la reine et la cour étaient sur un balcon élevé derrière le roi. Au centre de l'enceinte, s'élevait un vaste autel, dont trois cents prêtres, vêtus de blanc et portant des écharpes tricolores, couvraient les marches : c'était l'autel de la patrie. Soixante mille fédérés étaient rangés autour, séparés par des poteaux indiquant la place de chaque département, et sur l'amphithéâtre de la circonférence se pressaient environ quatre cent mille spectateurs.— Le général la Fayette, en sa qualité de major général de la confédération, prêta serment en ces termes : « Nous jurons d'être à jamais fidèles à la nation, à la loi et au roi ; de maintenir de tout notre pouvoir la constitution décrétée par l'assemblée nationale et acceptée par le roi ; de demeurer unis à tous les Français par les liens indissolubles de la fraternité. » Au même instant, tous les fédérés crient : *Je le jure*. Le président de l'assemblée nationale fit serment d'être fidèle à la nation, à la loi et au roi, et de maintenir de tout son pouvoir la constitution. Le roi jura d'employer tout son pouvoir pour maintenir la constitution et de faire exécuter les lois. — Le 28 février 1791, on ouvre et l'on expulse du château des Tuileries une troupe contre-révolutionnaire qui se glorifie du titre de *chevaliers du poignard*. — Le 2 avril, Mirabeau, dont la santé est détruite par tous les excès, expire dans les bras de Cabanis : son corps, porté d'abord à l'église St-Eustache, fut le même jour déposé dans la basilique de Ste-Geneviève à côté du tombeau de Descartes.— Le 4 avril, l'assemblée nationale décrète que le nouvel édifice de Ste-Geneviève serait destiné à réunir les cendres des grands hommes. — Le 23 avril, le roi ordonne à ses ambassadeurs auprès des diverses puissances, de leur notifier le serment irrévocable qu'il fait de maintenir la constitution, et, le 21 mai suivant, il prend la fuite avec sa famille vers la frontière du Nord. Arrêté à Varennes, il est ramené à Paris, où il est reçu avec la plus froide indifférence ; nul cri menaçant, nulle expression d'attachement, nul témoignage de respect ne l'accueillent sur son passage ; un profond silence, une absence complète d'émotion, prouvent à ce monarque la désaffection du peuple.

Le 17 juillet, un attroupement se forme au Champ-de-Mars pour demander que le roi soit mis en jugement relativement à sa fuite à Varennes ; l'émeute acquérant à chaque instant plus de violence, Bailly part de l'hôtel de ville avec le drapeau rouge et proclame la loi martiale ; les insurgés lancent sur la force armée un grand nombre de pierres ; les soldats font une première décharge, qui ne produit aucun effet parce que l'on ne voit tomber personne ; provoqués par de nouveaux outrages, ils font feu sur les groupes, tuent vingt-quatre personnes et dissipent le rassemblement.

Le 13 septembre, le roi accepte la constitution dite de 1791. Le 20 juin 1792, anniversaire du serment du jeu de paume, les habitants du faubourg St-Antoine organisent une fête pour cette époque, et manifestent l'intention de planter un arbre de la liberté sur la terrasse des Feuillants, et d'adresser en armes une pétition au roi et à l'assemblée. La municipalité, apprenant que la pétition devait être portée par un nombre très-considérable d'hommes armés, fit des dispositions nécessaires pour maintenir la tranquillité, et donna l'ordre de doubler les postes des Tuileries. Dès le point du jour, des rassemblements d'hommes armés de piques, de faux, de haches, portant des bannières chargées d'inscriptions tour à tour patriotiques et menaçantes, se forment dans les faubourgs St-Antoine et St-Marceau; vers les huit heures ils commencent à défiler en plusieurs colonnes, à la tête desquelles étaient Santerre et le marquis de St-Hurugues. Cette multitude, qui s'élevait à environ trente mille individus, pénètre de vive force dans l'assemblée législative, où elle vocifère des imprécations contre le roi; puis défilant autour de la salle en chantant *Ça ira*, elle sort de l'enceinte de l'assemblée et se rend au château des Tuileries. Les grilles sont abattues, les portes enfoncées à coups de hache; les cours, les escaliers, les appartements sont en un instant envahis par vingt mille révoltés au visage farouche, aux intentions sinistres, qui brandissent des piques, des coutelas, des couperets de boucherie, etc. Un canon monté à force de bras dans la salle des Cent-Suisses, y roule en ébranlant les planchers qu'il surcharge. On menace de briser la porte du cabinet où Louis XVI est retiré : lui-même l'ouvre et se présente avec calme devant la menaçante agglomération populaire. On prodigue à ce prince tous les genres d'outrages; on l'interroge, on l'interpelle, on le tutoie, on l'injurie; puis on lui prescrit, d'une voix tonnante, de sanctionner le décret du 24 mai, qui prononce la déportation des prêtres insoumis, et celui du 8 juin, qui ordonne la formation d'un camp de 20,000 hommes. Le roi, sans se troubler, jure qu'il ne se dessaisira pas du droit que lui donne la constitution.

Le 11 juillet, la patrie est déclarée en danger, et, dans un seul jour, quinze mille volontaires s'enrôlent à Paris, aux accents de l'hymne de la *Marseillaise*. — Le 25 juillet, un décret de l'assemblée met toutes les sections de Paris en permanence, et la population tout entière se trouve ainsi appelée à délibérer sur les affaires publiques. La première question mise en délibération est la déchéance du roi; dans toutes les sections, la majorité fut pour la déchéance. — Pendant qu'on préparait ainsi le renversement du gouvernement monarchique, l'armée de la coalition, composée de soixante-dix mille Prussiens et de soixante-huit mille Autrichiens, Hessois et nobles émigrés, se disposait à envahir la France et à marcher sur Paris par plusieurs points en même temps. Au moment où cette armée se mit en marche, le prince de Brunswick publia, au nom de l'empereur d'Autriche et du roi de Prusse, un manifeste qui arriva à Paris dans le moment de la plus grande fermentation. — Le 3 août, Pétion demanda à l'assemblée nationale, au nom de la commune de Paris, la déchéance du roi, que différentes villes de France demandaient également. A ces demandes faites paisiblement, viennent se joindre des signes de trouble et de rébellion ouverte. De son côté, la cour armait, sous le prétexte de repousser l'agression ; elle croyait s'être assurée de la plus saine partie de la garde nationale. Mandat, qui la commandait, était dans ses intérêts. On avait réuni au château douze cents Suisses, hommes sûrs, auxquels s'étaient joints, sous le même uniforme, plusieurs jeunes gens de la garde du roi. Six cents personnes, la plupart officiers retirés, gardaient les appartements.

Le 9 août au soir, le roi fit appeler Pétion, qui trouva le château garni de gens armés. Le roi lui demanda quel était l'état de Paris. Pétion ne lui en cacha pas la fermentation ; mais tous ces interrogats n'étaient qu'un prétexte. On avait appelé ce maire pour le retenir en otage, et en effet on le gardait de près ; on le força, dit-on, à signer un ordre qui autorisait le commandant de la garde nationale à repousser la force par la force. Cependant des amis de Pétion sollicitent et obtiennent de l'assemblée nationale, qu'on envoie aux Tuileries réclamer le maire de Paris. Un décret est rendu, par lequel l'assemblée mande Pétion à sa barre. Des huissiers, précédés des grenadiers du corps législatif, viennent signifier ce décret, et Pétion sort ainsi des mains de la cour. A minuit le tocsin sonne sur les deux bourdons de la cathédrale, dont un n'existe plus aujourd'hui. La municipalité est suspendue, et un conseil général de la commune provisoire, nommé, dit-on, par les sections de Paris, est installé et remplace la municipalité légale. Pétion, Manuel et Danton étaient maintenus dans leurs fonctions. — En même temps Mandat, commandant général de la garde nationale et dévoué aux Tuileries, fait armer plusieurs légions de la garde parisienne ; il place des forces devant la colonnade du Louvre, dans l'intention, dit-on, de fondre sur le derrière de ceux qui attaqueraient les Tuileries, et ordonne au commandant du poste de l'hôtel de ville de tirer sur les bataillons du faubourg St-Antoine, lorsqu'ils déboucheront par l'arcade St-Jean. On l'accuse aussi d'avoir, sans autorisation, fait conduire sur le Pont-Neuf les canons de plusieurs sections. Manuel, procureur de la commune, ordonne à ce général de se rendre à l'hôtel de ville ; il y arrive : on l'accuse d'abandonner les intérêts du peuple, il se justifie mal ; les nouveaux officiers municipaux arrêtent qu'il sera conduit à l'Abbaye. En sortant, il est assailli, massacré par la multitude, et son corps jeté dans la Seine. — Le 10 août, vers quatre heures du matin, des colonnes, composées de Marseillais, de Bretons et d'individus de différentes sections, et principalement de celles des faubourgs St-Marcel et St-Antoine, mises en mouvement dès trois heures du matin, se portent vers les Tuileries. A cinq heures, le roi, la reine et Madame Elisabeth descendent dans les cours et passent la revue de la garde nationale. Pendant ce temps, on introduisait au château une foule de nobles, qui se répandit dans les appartements. Cette foule de courtisans, au nombre de six ou huit cents, déployèrent chacun leurs armes, les uns des espingoles, les autres des poignards, des sabres courts, des pistolets, des couteaux de chasse, etc. Mais bientôt les Marseillais se présentent au Carrousel, en face du château, et s'y rangent en bataille. Les hommes du faubourg St-Antoine les rejoignent plus tard. En même temps, un bataillon du faubourg St-Marcel pénètre par la terrasse des Feuillants dans le jardin des Tuileries, et un bataillon de la Croix-Rouge se saisit du Pont-Royal. — A sept heures du matin, la cour, persuadée que l'attaque n'aurait pas lieu ce jour-là, mais inquiète de la présence des Marseillais, adresse une pétition à l'assemblée pour demander leur éloignement. — Vers huit heures, un officier municipal entre au château et annonce la nouvelle que les colonnes rassemblées se portaient de tous les points de Paris sur les Tuileries. « Eh bien ! que veulent-ils ? » dit le garde des sceaux Joli. » Le municipal répond : « La déchéance. — Eh bien ! que l'assemblée la prononce donc ! » La reine dit : « Mais que deviendra le roi ? » L'officier municipal se courba sans répondre. En ce moment le procureur général Rœderer, à la tête du département, et revêtu de son écharpe, entre, et demande à parler au roi et à la reine seuls ; il leur déclare que le péril est à son comble, que la famille royale sera infailliblement égorgée, et causera en outre la perte de tous ceux qui se trouveront près d'elle, si le roi ne prend pas sur-le-champ le parti de se rendre à l'assemblée nationale. La reine s'opposa à ce départ ; elle avait déjà dit qu'elle préférait se faire clouer aux murs du château, plutôt que d'en sortir. Le roi, au contraire, persuadé, d'après le discours de Rœderer, que toute résistance était inutile, se résolut à suivre le conseil du procureur général. Le roi, accompagné des six ministres et de quelques personnes de sa cour, ayant été introduit, parla ainsi : « Messieurs, je suis venu ici pour éviter un grand crime qui allait se commettre, et je pense que je ne saurais être plus en sûreté qu'au milieu de vous. » Guadet, président en l'absence de Merlet, répondit : « Sire, vous pouvez compter sur la fermeté de l'assemblée nationale ; ses membres ont juré de mourir en soutenant les droits du peuple et les autorités constituées. » Le roi s'assit alors à côté du président ; mais, sur l'observation de quelques membres, que la constitution interdisait au corps législatif toute délibération en présence du roi, l'assemblée décida que LL. MM. et leur famille se placeraient dans une loge située derrière le fauteuil du président. Cette loge était celle du journal intitulé le Logographe.

A peine le roi avait-il quitté le château, qu'une douzaine de sans-culottes, avec un officier municipal à leur tête, s'avancèrent jusqu'au pied du grand escalier; ils y saisirent le premier factionnaire suisse et successivement cinq autres. Bientôt la masse entière se porte au pied du grand escalier, et l'on y massacre à coups de massue les cinq Suisses déjà saisis et désarmés. A ce moment tous les Suisses de ce poste se mettent en bataille aux ordres des capitaines Turler et Castelberg, qui ordonnent de repousser la force par la force et de faire feu. L'explosion inattendue des Suisses, les décharges redoublées qui partent des fenêtres du château, et même de ses combles, mettent en fuite les fédérés marseillais, bretons, etc., en tuent et en blessent un grand nombre, et nettoient en un instant la cour des Tuileries et la place du Carrousel. Le capitaine Turler s'avance même sur cette place avec cent vingt Suisses, et s'empare de deux pièces de canon. Du côté opposé, les trois cents Suisses qui défendaient le Pont-Tournant font avec succès un feu roulant sur environ dix mille hommes postés sur cette place, et la fortune semble favoriser les assiégés. Mais bientôt toutes les troupes assaillantes, revenues de leur première stupeur, et animées par quelques chefs, se rallient et se portent à la fois sur les différents points. Quelques partis entrent dans le jardin et attaquent le château de ce côté, pendant qu'il est battu de l'autre par plusieurs pièces de canon placées aux angles des rues aboutissant à la place du Carrousel. Tout fut alors décidé : les cinq ou six cents nobles qui n'avaient point combattu déposent les uniformes qu'ils avaient endossés, s'évadent précipitamment par la galerie du Louvre, où ils s'étaient ménagé des issues, sortent en criant *Vive la nation!* et abandonnent ainsi les femmes qui étaient demeurées au château et huit cents Suisses environ qui ne pouvaient plus le défendre. Ceux-ci se rallient sous le vestibule, y sont vivement attaqués, et périssent presque tous après une résistance aussi inutile que courageuse.

Pendant que la demeure royale offrait l'image de la désolation, la royauté elle-même recevait au sein de l'assemblée une atteinte d'autant plus dangereuse que les formes en étaient légales. La séance du 10 août avait commencé à deux heures du matin; mais l'agitation qui y régnait n'admit aucune délibération suivie avant midi. Après avoir rendu quelques décrets urgents, l'assemblée entend le rapport de Vergniaud, qui, au nom de la commission extraordinaire, présente un projet de décret, dont le premier article contient la convocation d'une convention nationale; le second porte la suspension *provisoire* du pouvoir exécutif, jusqu'au moment où la convention nationale aura décrété des mesures convenables aux circonstances. Ce projet porte en outre la suspension de la liste civile et la nomination d'un gouverneur pour le dauphin : enfin, il dispose que le roi et la famille royale demeureront dans l'enceinte du corps législatif, et que le département fera dans le jour préparer au Luxembourg un appartement pour les loger. Ce projet est adopté et converti en décret. Le 12, l'assemblée, revenant sur son premier décret, ordonne que Louis XVI et sa famille seront logés dans l'hôtel du ministre de la justice, place Vendôme ; qu'il leur sera donné une garde pour leur sûreté, et alloué 500,000 francs pour la dépense de leur maison jusqu'au jour de la réunion de la convention nationale. Mais, presque au même instant, une députation de la commune de Paris réclame contre ces dispositions ; dit que la garde du roi ne peut être assurée dans un hôtel entouré de maisons particulières, et demande que la famille royale soit transférée au Temple, édifice isolé et entouré de murailles.

L'assemblée rapporte séance tenante son décret et adopte la proposition de la municipalité.

Aussitôt s'établit un gouvernement provisoire : on abat sur les places publiques de Paris toutes les statues des rois. Les assemblées primaires sont convoquées pour le 16 août ; elles nomment des électeurs, et ceux-ci nomment les députés qui doivent composer la convention nationale. Tandis que le nouveau régime s'élabore, la commune de Paris, pour faire peur aux ennemis de la liberté, et craignant que les patriotes ne soient exposés aux feux de l'étranger placés au dehors et à ceux des royalistes placés au dedans, organise les horribles massacres de septembre, dont nous ne croyons pas devoir rapporter les détails. Il suffit de dire qu'ils durèrent pendant trois jours, et qu'ils furent successivement exécutés dans toutes les prisons, à la Force, à l'Abbaye, au Châtelet, à la Conciergerie, à Bicêtre, à la Salpêtrière, etc.

Le 20 septembre 1792, la convention nationale, appelée par une loi de l'assemblée législative pour donner une nouvelle constitution à la France, tient sa première séance. Le lendemain de son installation, sur la motion de Collot-d'Herbois, cette assemblée décrète l'abolition de la royauté, et proclame la république.

Le 7 novembre, Louis XVI est mis en accusation sur la proposition de Mailhe.—Le 26 décembre il comparaît à l'assemblée, où Desèze établit sa défense dans un plaidoyer de trois heures.—Le 17 janvier, le nombre des votants est de 721 ; 387 votent pour la mort immédiate, et 334 pour diverses peines. Louis XVI est condamné à mort à une majorité de 53 voix. — Le 21 janvier, dès l'aube du jour, on dispose l'apprêt du supplice. Une double haie de soldats était placée sans intervalle sur quatre de hauteur ; des réserves stationnaient aux carrefours avec de l'artillerie, et une escorte de cavalerie, conduite par Santerre, commandant de la garde de Paris, entourait une voiture de place, où était Louis XVI avec l'abbé Edgeworth. Arrivé au lieu de l'exécution, Louis ôte son habit, monte sur l'échafaud sans hésiter. Les exécuteurs font leur office... et Louis XVI a cessé d'exister.

Les embellissements et les monuments de Paris commencés sous le règne de Louis XV furent continués sous celui de Louis XVI. Une enceinte de 9,910 arpents renferma les anciens faubourgs, à l'entrée desquels on construisit cinquante-huit barrières, ornées de pavillons de diverses structures, qui changèrent l'aspect hideux de leur extrémité en abords magnifiques. Les faubourgs du Roule, St-Honoré, St-Lazare, Poissonnière, la nouvelle Chaussée-d'Antin, les rues de Provence et des Mathurins se peuplèrent d'habitations d'un goût élégant. Le palais de justice fut restauré. Les galeries du Palais-Royal et ses élégantes boutiques offrirent au milieu de la capitale l'un des plus beaux bazars de l'univers. La fontaine des Innocents parut isolée au milieu d'une vaste place. — Parmi les autres constructions dignes de remarque, nous citerons l'hôtel de Salm, aujourd'hui palais de la Légion d'honneur; les écoles de médecine, des ponts et chaussées et des mines; le collége royal de France; les théâtres Français et Italien, Feydeau, de l'Odéon et de la Porte-St-Martin; le pont Louis XVI; la chapelle Beaujon; les hôpitaux Cochin, Necker, Beaujon; la rotonde du Temple; les halles aux draps, aux cuirs, à la marée; les marchés des Innocents, Beauveau, Boulainvilliers; les fontaines de l'Arbre-Sec, des Petits-Pères, du Château-d'Eau ou Palais-Royal, etc., etc.

Le 13 juillet 1793 Marat meurt assassiné par Charlotte Corday, qui est arrêtée et condamnée à la mort, qu'elle subit avec un courage héroïque. — Le 16 octobre, Marie-Antoinette, épouse de Louis XVI, est condamnée à mort et exécutée. — Le 1er novembre, vingt et un députés, dits girondins, montent à l'échafaud en chantant la Marseillaise. Le duc d'Orléans y fut conduit le 6 novembre. Bailly, président de la mémorable assemblée du jeu de paume et ex-maire de la ville de Paris, subit le même sort le 19 du même mois, avec un raffinement de barbarie que nous n'avons pas le courage de décrire. Le tribunal révolutionnaire poursuit le cours de ses sanglants et cadavéreux exploits, frappe indistinctement dans tous les rangs et remplit les fosses mortuaires.

Cependant la domination du terrorisme touche à son terme. Le 6 ventôse an II, la commune de Paris se trouve attaquée par Robespierre et Danton; mais bientôt ce dernier et son parti sont livrés aux bourreaux. Le parti triomphant dresse fièrement la tête au sommet de la montagne: Robespierre, St-Just et Couthon, triumvirat dirigeant du fameux comité du salut public, absorbent au mois de floréal le pouvoir législatif et exécutif; mais sur la fin du mois de messidor ce comité se divise; désuni, ses membres donnent prise à leurs ennemis: Robespierre, attaqué avec violence dans le sein de la convention par Tallien, Fréron, Legendre, Barras, Féraud, Rovère, Lecointre, dont il demande les têtes, essaye de se justifier dans un discours écrit qu'on ne lui permet pas d'achever. Le lendemain, Billaud-Varennes renouvelle les attaques contre Robespierre. Le député Lozeau demande contre lui le décret d'accusation; son arrestation est mise aux voix et unanimement décrétée, et le 9 thermidor il porte sa tête sur l'échafaud.

Le 1ᵉʳ prairial an III des rassemblements se forment dans tous les quartiers de Paris; les tribunes de la convention sont envahies par une foule d'hommes, de femmes en furie qui repoussent les représentants sur les gradins supérieurs. Le député Féraud essaye de faire rétrograder ces furieux, de les ramener à la raison. Le président Boissy-d'Anglas est mis en joue : l'intrépide Féraud, voyant le danger qui le menace, le couvre de son corps et est atteint d'un coup mortel. On l'accable d'insultes, de coups de sabre; on le traîne dans un couloir hors de la salle; sa tête est séparée de son corps, placée au bout d'une pique et présentée au président Boissy-d'Anglas qui, à cette horrible vue, frémit et fait une inclination profonde pour honorer la mémoire de son brave collègue tué en le défendant.

La constitution de l'an III fut adoptée le 5 fructidor. Sous différents prétextes les sections de Paris prennent les armes; mais l'assemblée, pour maintenir la liberté de ses délibérations, se fait garder militairement. Barras, nommé général de l'armée de l'intérieur, choisit pour commandant en second le général de brigade Bonaparte, qui, en peu d'heures de nuit qui lui restent, fait avec rapidité des dispositions, soit d'attaque, soit de défense. Avant l'aurore, quarante pièces de canon sont en batterie au Pont-Tournant, à la tête du pont Louis XVI, à celle du Pont-Royal, au Carrousel, au débouché des rues qui aboutissent aux Tuileries. Le général Danican, commandant des sections, avait réuni plus de trente-six mille hommes. Les forces du général Bonaparte n'excédaient pas huit mille combattants. Il monte à cheval, fait avancer ses pièces en face de l'église St-Roch et ordonne une première décharge : les insurgés répondent par un feu de mousqueterie. En moins de deux heures toutes les avenues du château sont libres. Le lendemain le calme était complétement rétabli.

Le directoire fut installé le 10 brumaire. Sous ce gouvernement, Paris jouit d'une tranquillité dont il était privé depuis longtemps. Après être parvenu à délivrer le gouvernement de toute opposition intérieure, il imposa la paix continentale à l'Autriche par le traité de Campo-Formio, et à l'empire par le congrès de Rastadt. Mais bientôt le manque d'un plan général et unique de gouvernement se fit sentir par des irrésolutions continuelles et des demi-mesures dont les conseils cherchaient à tirer parti pour augmenter leur pouvoir et leur popularité. De ces divisions du directoire et des conseils naissait une inquiétude qui tourmentait toutes les classes de la société, et qui fut encore augmentée par les dissensions qui éclatèrent entre les directeurs. Tout à coup on apprend que le général Bonaparte, débarqué à Fréjus, hâte son arrivée à Paris. Circonvenu par Siéyès, il n'hésita pas à se charger de la responsabilité du coup d'État qui transforma, le 18 brumaire, le gouvernement directorial en gouvernement consulaire.

Les consuls et les deux commissions furent installés le 21 brumaire.

Quarante-cinq jours après fut publiée la constitution de l'an viii, qui dépouilla la nation de ses droits au profit du premier consul; elle créa un sénat conservateur, composé de 80 membres inamovibles, chargé de maintenir ou d'annuler tous les actes qui lui étaient déférés par le tribunat ou par le gouvernement; un tribunat, composé de cent membres, chargé de discuter les projets de loi proposés par le gouvernement; un corps législatif muet, à qui il n'était pas permis de discuter, et dont le rôle se bornait à voter la loi au scrutin secret. Le pouvoir exécutif se composait de trois consuls nommés pour dix ans. Un sénatus-consulte, en date du 8 mai, nomma Bonaparte consul pour dix années, après les dix fixées par l'acte constitutionnel; et deux mois après un second sénatus-consulte le nomma premier consul à vie.

La guerre avec l'Angleterre et la conspiration de Georges et de Pichegru servirent bientôt d'échelon à Bonaparte pour monter du consulat à l'empire. Le 10 floréal an x, le tribun Curée, inspiré par le second consul Cambacérès, fit la motion de convertir la république en empire, le premier consul en empereur, et de rendre héréditaire cette dignité dans la famille de Napoléon Bonaparte: un seul membre du tribunat, Carnot, ne craignit pas de s'y opposer; tous les autres adoptèrent la proposition. Le 14 floréal, elle fut officiellement transmise au sénat, qui l'adopta à une grande majorité; trois membres seuls, Grégoire, Lambrechts et Garat, refusèrent d'y adhérer.

Proclamé empereur des Français sous le nom de Napoléon Ier, Bonaparte modifia le même jour, par un sénatus-consulte, la constitution.

Le 11 frimaire an xiii (1er décembre 1804), le canon retentit avant le point du jour pour annoncer aux Parisiens que la royauté, immolée le 21 janvier 1793, était ressuscitée, et qu'on allait couronner la première tête d'une dynastie nouvelle. L'église Notre-Dame de Paris fut choisie pour le théâtre principal de cette solennité.

Paris jouit d'une prospérité croissante pendant toute la durée de l'empire. La victoire d'Austerlitz et la paix de Presbourg; les victoires d'Iéna, d'Eylau, de Friedland et la paix de Tilsit; la victoire de Wagram et la paix de Vienne augmentèrent l'étendue et la puissance de l'empire; et chaque nouvelle victoire fut l'occasion d'une multitude de fêtes que nous n'entreprendrons point de retracer. Après la paix de Vienne, Napoléon, revêtu du pouvoir absolu et maître du plus vaste empire, aspira à devenir chef de dynastie, sentit le besoin d'appuyer ce pouvoir sur l'avenir et de le transmettre à sa postérité. La stérilité de l'impératrice étant un obstacle à ses vues, il lui fit la proposition de consentir au divorce, et, quoique Joséphine en éprouvât une peine cruelle, elle se soumit de bonne foi. Dans une assemblée de famille tenue aux Tuileries, les deux époux déclarèrent leur assentiment au divorce, qui fut prononcé par le sénat le 16 décembre 1809. Moins de deux mois après, la convention du mariage de l'empereur avec l'archiduchesse Marie-

Louise fut signée à Vienne. Le mariage civil fut célébré à St-Cloud le 1er avril; le lendemain l'empereur et l'impératrice firent leur entrée à Paris, se rendirent aux Tuileries, où, dans le second salon du Muséum, on célébra le mariage religieux.

Le 20 mars 1811, l'impératrice mit au monde un fils à qui Napoléon donna le nom de roi de Rome. La ville de Paris célébra sa naissance par des fêtes magnifiques, et fit présent au jeune roi d'un berceau en vermeil, figurant un vaisseau, emblème des armes de cette capitale.

Vers la même époque, la Russie, au mépris des traités, renoua ses relations commerciales avec la Grande-Bretagne. Le restant de l'année se passa en négociations qui n'aboutirent à rien, et, de part et d'autre, on se prépara à la guerre. Le 9 mai 1812, Napoléon partit des Tuileries et se dirigea sur Dresde, Kœnigsberg et le Niémen. Le 7 septembre se donna la bataille meurtrière de la Moscowa, où 80,000 hommes furent mis hors de combat, et le 14 du même mois l'avant-garde de la grande armée entra à Moscou.

Tandis que, dans cette capitale, qui devenait la proie de l'incendie allumé par les Russes, Napoléon hésitait entre la continuation de son expédition ou un retour sur ses pas, éclatait à Paris une conspiration dont le succès, quoique de peu de durée, ne laissait pas d'être inquiétant. Le général Mallet, qui déjà en Espagne avait conspiré contre l'empereur, et était pour cette cause en état d'arrestation à Paris, après s'être muni d'ordres et d'autres écrits qu'il avait fabriqués, et s'être échappé du lieu où il était retenu, se présente à la prison de la Force, vêtu de son uniforme de général de brigade; il s'annonce comme porteur d'ordres du sénat, met en liberté les généraux la Horie et Guidal, déclare que le 7 octobre l'empereur est mort devant Moscou, et sort avec ces deux généraux. Ainsi accompagné, il va au premier corps de garde, et, répétant la nouvelle de la mort de l'empereur, ordonne aux soldats de se lever et de le suivre. Il dirige un détachement commandé par le général la Horie sur l'hôtel du ministre de la police, qui enlève ce ministre et le conduit à la prison de la Force; il envoie un autre détachement commandé par le général Guidal chez le préfet de police, qui est saisi et conduit pareillement à la Force. Après ces exploits, Mallet va s'installer au quartier général de la place Vendôme. Le général Hulin, chef de la force armée de Paris, veut s'opposer à son entreprise, Mallet lui tire un coup de pistolet qui le blesse grièvement à la mâchoire. Muni de son ordre du sénat, qui annonçait la mort de Napoléon et ordonnait l'établissement d'un gouvernement provisoire, Mallet compose le gouvernement, nomme des ministres, et c'est en montrant cet ordre qu'il entraîne plusieurs militaires, et qu'il trompe même le préfet du département, M. Frochot, et plusieurs de ses employés. Mais bientôt les premières autorités de Paris, instruites de ce qui se passait, prennent des mesures promptes pour arrêter le mouvement insurrectionnel; des détachements de la garde impériale et le chef de bataillon Laborde se saisissent de Mallet, le reconduisent dans sa prison, et tout rentre dans l'ordre. Les généraux Mallet, Guidal et la Horie furent traduits le 29 octobre devant un conseil de guerre, condamnés à mort, et fusillés le lendemain dans la plaine de Grenelle; plusieurs autres officiers, entraînés dans cette conspiration, subirent le même sort.

Le 18 décembre suivant, Napoléon, que les désastres de la campagne de Russie avaient forcé à la retraite, arriva à Paris, obtint une levée de 300,000 hommes, donna l'élan des sacrifices, et refit en peu de temps, avec sa prodigieuse activité, une nouvelle armée. Bientôt l'empire est envahi sur tous les points. L'empereur partit pour aller se mettre à la tête de ses valeureuses et fidèles phalanges. Au moment où il quitta Paris, les deux armées de Schwartzenberg et de Blücher étaient sur le point d'opérer leur jonction dans la Champagne. Privé de l'appui du peuple, qui demeurait en observation, Napoléon restait seul contre l'Europe entière, avec une poignée de vieux soldats et son génie, qui n'avait rien perdu de son audace et de sa vigueur. Il est beau de le voir, dans ce moment, non plus oppresseur, non plus conquérant, défendre pied à pied, par de nouvelles victoires, le sol de la patrie en même temps que son empire et sa renommée. Il marcha en Champagne contre les deux grandes armées ennemies, et ne désespéra point de rejeter, au moyen d'une puissante réaction militaire, cette foule d'ennemis hors de la France, et de reporter ses drapeaux sur le territoire étranger. Il se plaça habilement entre Blücher, qui descendait la Marne, et Schwartzenberg, qui descendait la Seine; il courut de l'une de ces armées à l'autre, et les battit tour à tour. Blücher fut écrasé à Champ-Aubert, à Montmirail, à Château-Thierry, à Vauchamps; et lorsque son armée eut été détruite, Napoléon revint sur la Seine, culbuta les Autrichiens à Montereau, et les chassa devant lui. Ses combinaisons furent si fortes, son activité si grande et ses coups si sûrs, qu'il parut sur le point d'atteindre la désorganisation entière de ces deux formidables armées, et d'anéantir avec elles la coalition. Mal soutenu de ses généraux, et débordé par la coalition, il conçut le hardi dessein de se porter sur St-Dizier pour fermer à l'ennemi la sortie de la France. Cette marche audacieuse et pleine de génie ébranla un instant les généraux confédérés, auxquels elle devait interdire toute retraite; mais, excités par de secrets encouragements, sans s'inquiéter de leurs derrières, ils s'avancèrent sur Paris.

Cette grande ville, la seule des capitales du continent qui n'eût point été envahie, vit déboucher dans ses plaines les troupes de toute l'Europe. On se battit le 30 mars sous ses murs; mais, le 31, les portes en furent ouvertes aux confédérés. Le peuple garda un morne silence en voyant défiler l'étranger dans ses murs. Mais dans les beaux quartiers, des rubans, des fleurs, des couronnes furent jetés à profusion sur les hordes du Nord. Toutefois l'intrépide population des faubourgs, surtout celle qui avait si vaillamment concouru la veille à la défense de la ville, conserva devant ces soldats étrangers une expression de physionomie assez hostile pour leur inspirer de l'inquiétude; il est même hors de doute que si elle avait cru pouvoir compter être secondée par la bourgeoisie, elle les aurait attaqués dans les rues et sur les boulevards.

Cependant Napoléon, pressé par ses alentours de secourir la capitale, avait abandonné sa marche sur St-Dizier, et accourait à la tête de 50,000 hommes, espérant y empêcher encore l'entrée de l'ennemi. Mais, en arrivant le 1er avril, il apprit la capitulation de la veille, et il se concentra sur Fontainebleau, où il fut instruit de la défection du sénat et de sa déchéance. Voyant alors tout plier autour de lui sous sa mauvaise fortune, il se décida à abdiquer, et le 20 avril à midi il partit de Fontainebleau pour se rendre à l'île d'Elbe.

Ainsi tomba ce colosse qui pendant quinze années remplit l'Europe de sa renommée, et dont la grande figure historique vivra éternellement dans l'imagination des hommes. Ce héros sera dignement apprécié par la postérité, lorsqu'on le comparera à ceux qui l'ont précédé et à ceux qui viendront après lui : guerre, diplomatie, organisation intérieure, institutions diverses, finances, législation, agriculture, industrie, sciences, lettres, arts, tout reçut l'impulsion de son génie. A travers les désastreux résultats de son système, il donna une prodigieuse impulsion au continent; ses armées ont porté derrière elles les usages, les idées et la civilisation plus avancée de la France; les sociétés européennes ont été remuées jusque dans leurs vieux fondements; les peuples se sont mêlés par de fréquentes communications; les ponts jetés sur les fleuves et les grandes routes pratiquées au milieu des Alpes, des Apennins et des Pyrénées, ont rapproché les territoires, et Napoléon fit par ces moyens pour le matériel des Etats ce que la révolution avait fait pour l'esprit des hommes.

Ce grand génie des temps modernes suspendit aux voûtes de nos temples les drapeaux de toutes les puissances du continent; il vit les papes, les empereurs et les rois briguer dans ses antichambres la faveur de ses courtisans; il prodigua les édifices que réclamait l'utilité, et accorda tous ceux que désirait l'embellissement des villes du vaste empire soumis à sa domination. Qui peut dire où se seraient élevées les créations de ce génie, si la fortune des rois vaincue dans cent batailles ne se fût résignée à combattre au nom de la liberté des nations l'homme qui avait révélé à l'univers le secret de la force des nations armées au nom de la liberté? Dans un espace de dix à douze années, il fit élever dans la seule ville de Paris un grand nombre de monuments, plus magnifiques les uns que les autres, sans qu'il en coûtât rien au trésor public; la liste civile et le domaine extraordinaire pourvurent à tous les frais. Toutes les maisons qui existaient encore sur les ponts et sur les bords des quais disparurent ; on jouit dans sa totalité de l'aspect du cours de la Seine ; 3,000 m. de nouveaux quais tinrent plus longtemps ses eaux captives ; des ports magnifiques y facilitèrent le commerce ; les ponts d'Austerlitz, de la Cité, des Arts, d'Iéna, unirent les rives du fleuve devant le jardin des plantes, l'île St-Louis à la Cité, le Louvre à l'Institut, le quai de Chaillot au Champ-de-Mars. De toutes parts des rues nouvelles sont percées, un quartier brillant s'élève depuis la rue de Rivoli jusqu'aux vieux boulevards. Le canal de l'Ourcq se commence pour amener les eaux de cette rivière de 60 k. sur le plateau de la Villette, à 28 m. au-dessus du niveau de la Seine ; les fontaines abondantes de Desaix, de l'Ecole de Médecine, de l'Esplanade des Invalides, du marché St-Honoré, du Châtelet, de Popincourt, du Gros-Caillou, du marché St-Germain, de la place Royale, du marché aux fleurs, et plusieurs autres, jaillissent à Paris. Des halles vastes et commodes s'élèvent tout à la fois pour le commerce des vins, de la volaille, du gibier et la vente des effets de hasard ; en même temps l'on construit les marchés St-Martin, des Blancs-Manteaux, St-Germain et des Carmes. Cinq abattoirs, placés aux extrémités de la ville, la délivrent du dangereux passage des animaux de boucherie, de la vue hideuse de leur sang souillant les ruisseaux de leur voisinage, des miasmes délétères s'exhalant des tueries. Un vaste grenier de réserve se construit ; le Louvre s'achève ; il reçoit dans son musée les chefs-d'œuvre de peinture et de sculpture conquis dans l'Europe entière, qui viennent s'y réunir aux meilleures productions de l'école française. La place du Carrousel est débarrassée d'une partie des masures qui l'obstruaient, 15,000 hommes peuvent y manœuvrer, un arc de triomphe y sert d'accès au château des Tuileries, une grille permet d'en considérer l'ensemble, une nouvelle galerie commence de s'y prolonger vers le Louvre ; le jardin des Tuileries est embelli : on aperçoit par la rue Castiglione une colonne triomphale magnifique, élevée à la gloire de l'armée française, s'élevant sur la place Vendôme ; sur l'autre rive de la Seine, un portique superbe annonce la salle des séances du corps législatif. Le palais du Luxembourg recouvre l'éclat de sa fraîcheur primitive, son intérieur embelli étonne par sa magnificence ; ses tristes jardins prennent l'aspect le plus riant, une longue avenue les unit à l'Observatoire. Les fondements d'un palais pour la bourse et le tribunal de commerce sont jetés ; la banque de France s'établit sur des bases solides ; les églises, dévastées pendant la tourmente de l'Etat, commencent à se réparer et s'embellir ; l'archevêché s'agrandit. Le muséum le plus riche et le plus superbe de l'univers offre à l'admiration des Français et des étrangers les chefs-d'œuvre des grands maîtres de toutes les écoles. Le Panthéon est restauré. Le conservatoire de musique et l'hospice des Incurables sont fondés, etc., etc. L'histoire dira que tout cela fut accompli au milieu de guerres continuelles, sans aucun emprunt, et même lorsque la dette publique diminuait tous les jours, et qu'on avait allégé les taxes de près de cinquante millions. Des sommes considérables demeuraient encore dans le trésor particulier de l'empereur : elles lui étaient assurées par le traité de Fontainebleau, comme résultant des épargnes de sa liste civile et de ses autres revenus privés ; elles furent partagées, et n'allèrent pas entièrement dans le trésor public, ni entièrement dans celui de la France !!!

Après l'abdication de Napoléon, quelques jours suffirent aux coalisés pour préparer le retour des Bourbons ; déjà le 12 avril, le comte d'Artois avait été reçu aux portes de Paris par le gouvernement provisoire et par plusieurs maréchaux et officiers généraux. Le 23 avril, ce prince signa la convention de Paris, par laquelle il abandonna aux étrangers cinquante-deux places fortes, douze mille pièces de canon, vingt-cinq vaisseaux de ligne, trente frégates, pour un milliard d'approvisionnements ; en un mot, le fruit de vingt années de gloire. Le 3 mai, Louis XVIII fit son entrée dans la capitale, d'où, sans tenir compte de vingt-cinq ans de notre histoire, il date ses ordonnances de la dix-neuvième année de son règne. Le 30 du même mois, il signe la convention du 23 avril, et consomme la honte de la France, en lui enlevant ses limites naturelles. Bientôt les premiers actes de la nouvelle royauté démontrèrent clairement l'intention de reconstituer la monarchie absolue. L'anathème est prononcé par les prêtres sur le protestantisme; sept à huit mille officiers pris parmi les chouans et les émigrés sont imposés à l'armée, dont les vieux officiers sont abreuvés de dégoûts et de vexations ; on rétablit les gardes du corps, les mousquetaires noirs et gris, les chevau-légers, les Cent-Suisses ; les fêtes religieuses sont observées avec une extrême rigueur, et des amendes redoublées pèsent sur les malheureux commerçants qui se permettent d'entr'ouvrir leurs magasins le dimanche ou les jours de fête ; on parle ouvertement de remettre en discussion l'inviolabilité des biens nationaux. Le peuple, qui s'était flatté que le besoin d'union et de paix aurait engagé les Bourbons à suivre une politique différente, récapitule tous ces griefs, et l'indignation nationale se soulève contre un gouvernement imposé par l'ennemi. Napoléon, qui aperçoit et juge la situation réelle de la France, s'élance de l'île d'Elbe, entouré d'une poignée de braves ; il touche le sol de la Provence ; la population devient son cortége de triomphe ; il trouve les éléments d'une armée partout où se rencontrent des soldats, et arrive à Paris, porté sur les bras d'un peuple enivré. Louis XVIII, abandonné des défenseurs du trône et de l'autel, avait quitté cette capitale la veille pour se réfugier à Gand.

Aussitôt son arrivée, l'empereur, qui ne se faisait point illusion sur les desseins des puissances étrangères, s'occupa avec une incroyable activité de se composer une armée. Une chambre de représentants librement élue est convoquée, et se compose d'une majorité loyale dans sa popularité. Une assemblée du champ de mai fut convoquée pour le 1ᵉʳ juin; elle avait pour but de faire accepter l'acte additionnel aux constitutions de l'empire par les électeurs de tous les départements de la France.

Napoléon quitta Paris le 12 juin pour aller combattre les Anglais et les Prussiens. Il eut d'abord quelques avantages à Ligny-sous-Fleurus, à St-Amand et aux Quatre-Bras; mais le 18 juin, l'armée française, après avoir triomphé toute la journée, succomba à Waterloo. Napoléon arriva à Paris le 20 juin, en même temps que la nouvelle du désastre. Le 22 juin la majorité de la chambre fut disposée à adopter la résolution de demander à Napoléon d'abdiquer le pouvoir, et, en cas de refus, de prononcer la déchéance. La nouvelle en fut portée à l'empereur, qui aima mieux user lui-même de l'initiative que de la laisser prendre aux chambres. Le 3 juillet, il fut décidé que Paris serait livré à l'armée anglaise et à l'armée prussienne. Le 5, la chambre des représentants, prévoyant que les troupes étrangères pourraient exécuter ou faire exécuter sa dissolution, fit une déclaration de principes, proclama tous ceux qui doivent servir de règle au gouvernement d'un peuple libre, et protesta d'avance contre la violence de l'usurpation.

Le 8 juillet, Louis XVIII fit son entrée dans Paris, à trois heures après-midi. L'armée de ligne tout entière avait été renvoyée au delà de la Loire; la garde nationale ne s'était point rassemblée; la douleur de voir Paris occupé par les soldats anglais et prussiens, et la crainte des dangers au milieu desquels on se voyait placé, tenait les habitants de la capitale enfermés dans leurs maisons.

Nous avons indiqué précédemment les importants travaux commencés ou entièrement exécutés sous l'empire. Sous le règne de Louis XVIII, les canaux de l'Ourcq, St-Denis, St-Martin, furent achevés; la ville de Paris y a dépensé plus de 14 millions; leurs eaux assainissent les quartiers du nord. La construction de l'entrepôt général des vins, dont les frais s'élèveront à 21 millions, s'est continuée ainsi que le grenier de réserve; un nouveau grenier a été construit pour servir à l'entrepôt des sels; une halle de déchargement pour la visite des marchandises sujettes au payement des octrois; les marchés St-Martin, St-Germain, des Blancs-Manteaux, des Carmes ont été terminés; 5 millions ont été dépensés pour subvenir aux frais des hôpitaux, des hospices; de nouveaux bâtiments ont augmenté les colléges de Henri IV et de St-Louis; on acquit le collége Ste-Barbe; les anciennes prisons furent améliorées, et on en construisit de nouvelles; l'embellissement de la voie publique, son éclairage, sa propreté, son entretien, ont chaque année employé des fonds considérables.

Sous le règne bigot de Charles X, la sollicitude de l'administration s'est portée spécialement sur les édifices sacrés qu'elle a décorés de tableaux, de statues; la vieille basilique de St-Germain des Prés a été préservée par d'immenses travaux d'une ruine imminente; l'église de

St-Pierre s'est élevée pour le quartier du Gros-Caillou ; de nouvelles basiliques ont remplacé les vieux bâtiments des paroisses de Bonne-Nouvelle, du St-Sacrement, de Notre-Dame de Lorette ; l'église nouvelle de St-Vincent de Paule a été commencée. On éleva la statue de Louis XIII sur la place Royale, et celle de Louis XIV sur la place des Victoires, et l'on orna le pont de la Concorde de statues des plus illustres guerriers que l'ancienne France a produits, et de ses ministres les plus habiles. Les ponts d'Arcole, de l'Archevêché et d'Antin, furent construits de 1827 à 1830.

— Sur l'espace compris dans les Champs-Elysées, entre le Cours-la-Reine et l'Allée des Veuves, on traça quatre rues aboutissant à une place publique décorée d'une fontaine, et on éleva quelques maisons à la réunion desquelles on imposa le nom de ville ou de quartier de François Ier : une maison qui porte son nom y fut transportée ; les noms des artistes les plus fameux de son règne furent donnés à ses rues. — Sur l'emplacement de l'ancien jardin de Beaujon, à droite de l'avenue de Neuilly, s'éleva le quartier de la Nouvelle-Athènes, d'où l'on jouit de points de vue magnifiques.

Depuis la révolution de juillet, d'importants travaux d'assainissement ont été entrepris et exécutés ; les quais Pelletier, de la Mégisserie et de l'Ecole, naguère trop étroits pour la foule qui se presse incessamment vers le centre de la capitale, deviennent les plus beaux de Paris ; le quai du Port au blé a été achevé. Un nouveau pont suspendu réunit Bercy à la Gare : un autre pont réunit les deux rives de la Seine vis-à-vis le Port au blé, en s'appuyant sur l'extrémité occidentale de l'île St-Louis ; un pont de nouvelle construction est jeté entre le pont des Arts et le pont Royal. Un autre pont suspendu a été construit pour joindre le quartier des Champs-Elysées au Gros-Caillou. L'église de la Madeleine a été terminée ainsi que l'église St-Vincent de Paule. L'hôtel du quai d'Orsay s'est élevé avec une rapidité remarquable. L'arc de triomphe de l'Etoile a été achevé. D'importants travaux, ont été exécutés au jardin des plantes ; la galerie de minéralogie a été construite en entier ; de nouvelles serres d'une construction élégante et légère ont été achevées et ont reçu les plantes destinées à y être enfermées. Les travaux du palais des Beaux-Arts ont été achevés. Le bâtiment de l'établissement des Sourds-Muets a été restauré ; de nouveaux amphithéâtres ont été construits au collège de France, où ont été exécutés en outre de grands travaux. D'importantes constructions ont été entreprises pour compléter certaines parties accessoires du Panthéon. Le monument de Juillet a été achevé ; la statue de Napoléon a été replacée sur la colonne de la place Vendôme ; un magnifique tombeau se construit dans l'église des Invalides, où ont été déposés les restes du plus grand capitaine des temps modernes, qu'un des fils du roi est allé chercher à Ste-Hélène. L'hôtel de ville a été achevé. La place de la Concorde, où s'élève un magnifique obélisque égyptien, a été embellie et décorée de fontaines. La place Louvois a été décorée d'une superbe fontaine, élevée sur l'emplacement d'un monument destiné à perpétuer le souvenir de l'assassinat du duc de Berry. Une autre fontaine magnifique se construit sur la place St-Sulpice. Une statue a été érigée à l'immortel auteur du Tartufe, à l'intersection des rues Fontaine de Molière et de Richelieu. La cour du Louvre a été décorée d'une statue équestre en bronze du duc d'Orléans. Sur l'emplacement de l'archevêché s'élève une jolie fontaine de style gothique. La barrière du Trône a été achevée et décorée des statues colossales de saint Louis et de Philippe Auguste. L'établissement des Jeunes-Aveugles a été construit. De magnifiques gares pour les chemins de fer de l'Ouest, d'Orléans, de Lyon, du Nord, de Strasbourg ont été édifiées ou sont en voie de construction. Un puits artésien, qui donne environ trois mètres cubes d'eau par minute, a été foré dans l'enceinte de l'abattoir de Grenelle, et un réservoir destiné à en recevoir les eaux a été élevé près de la place du Panthéon. Non loin de là, on construit en ce moment un bâtiment destiné à l'école normale. Un musée a été formé dans les anciens bâtiments de l'hôtel de Cluny. Enfin la ville de Paris a été entourée de fortificatoins, protégées par quatorze forts, qui ont nécessité une dépense d'environ 500 millions, etc., etc., etc.

Paris. De même que la France est le pays du monde le mieux centralisé, de même aussi Paris est la ville capitale par excellence, le lieu de rendez-vous, et, comme on l'a dit, le salon de la France. Comparée aux autres capitales de l'Europe, sa supériorité n'est pas moins incontestable. Il n'est pas une ville que les étrangers préfèrent à Paris ; il n'en est pas une qu'ils adoptent plus facilement pour leur seconde patrie. Enfin, celui qui n'a pas vu Paris n'a pas voyagé, eût-il parcouru le reste du monde.

Pourquoi cet amour et cette préférence universelle. Paris cependant n'est pas la plus belle ville que l'on connaisse ; pour la beauté du paysage ou pour la salubrité du climat elle n'a rien que doivent lui envier Naples, Rome ou Constantinople. Mais à Paris les étrangers rencontrent la France entière, c'est-à-dire le peuple le plus social, le plus généreux, le plus spirituel, celui qui regarde les autres peuples comme des frères, qui les a toujours associés à ses triomphes, et qui sait leur faire avec le plus d'amabilité les honneurs de sa maison et de son pays. Londres est une ville plus opulente, mais elle est égoïste et superbe ; elle n'est que la capitale de l'industrie, tandis que Paris est le foyer des lumières, le cœur de l'Europe, en un mot, la capitale de la civilisation. On n'y vient souvent qu'attiré par les appas des fêtes et des plaisirs ; il est rare qu'on n'en sorte pas plus éclairé ; et on ne quitte jamais ses habitants sans regrets.

Paris a à peu près la forme d'un ovale dont le grand axe va de l'O.-N.-E. à l'E.-S.-E. Sa plus grande longueur est de 8,400 m., de l'arc de triomphe de la barrière de Neuilly, à l'O.-N.-O., à la barrière de Picpus, à l'E.-S.-E.; sa plus grande largeur est de 6,000 m. de la barrière de la Villette, au N.-N.-E., à celle d'Enfer, au S.-S.-O. La méridienne tirée par l'Observatoire donne 5,505 m. de longueur d'un point de la clôture méridionale à un point de la clôture septentrionale; la perpendiculaire à cette méridienne a, de la barrière de Fontarabie à l'E. à celle de Passy à l'O., une étendue de 7,809 m. Le circuit marqué par un mur élevé en 1787, dans le but d'éviter la fraude des douanes, est d'un peu plus de 24,000 m.; la superficie est de 3,439 hect. 68 ares, ou 34,396,800 m. carrés: de cette superficie environ 800 hect. appartiennent aux rues, quais, places, boulevards, rivières, marchés, avenues, et 700 hect. aux terres consacrées aux labours, à la vigne, au jardinage, aux pépinières et aux jardins d'agrément. Sa superficie renfermée par l'enceinte continue bastionnée est de 267,558,000 m. carrés.

La partie de la vallée de la Seine où se trouve cette capitale est circonscrite par des collines plus ou moins élevées, et constituant deux chaînes. Celle qui est au nord du fleuve présente une forme demi-circulaire, et commence à l'est avec la colline de Bercy près de la droite de la Seine, continue par les hauteurs de Charonne, de Ménilmontant, de Belleville (dont la partie la plus occidentale se nomme butte Chaumont), de la Villette et de Montmartre; s'abaisse de là jusqu'au plateau de Monceau, puis se relève jusqu'à la colline de Chaillot, située près du fleuve; les buttes de Montmartre, de Ménilmontant et de Chaumont, parties les plus élevées de cette rangée, ont de 80 à 90 m. au-dessus du fond de la vallée. La chaîne du sud est moins haute que l'autre : en partant de la rive gauche de la Seine au sud-est, le sol s'exhausse jusqu'à la barrière d'Italie, près de laquelle sont le plateau d'Ivry et la butte des Cailles; un peu plus loin il est profondément sillonné par la petite rivière de Bièvre, qui afflue à la Seine, dans le sud-est de Paris; le terrain s'élève ensuite sensiblement, et forme la montagne Ste-Geneviève, qui est couverte de maisons : cette hauteur se joint vers le S.-S.-O. au plateau de Mont-Souris, à l'ouest duquel le sol s'abaisse doucement jusqu'au Petit-Montrouge, pour s'exhausser ensuite près des barrières du Mont-Parnasse et du Maine; de là, il éprouve une déclivité peu sensible jusqu'à Vaugirard, où il s'unit à la vaste plaine de Grenelle, qui sépare cette ville de la Seine. Au delà et à 4 et 8 k. de cette chaîne, il en est une autre plus élevée qui se compose principalement des hauteurs de Villejuif, de Rungis, de l'Hay, de Bagneux, de Meudon, de St-Cloud et du mont Valérien ou montagne du Calvaire, la plus haute des éminences qui environnent Paris. Quelques-unes de ces élévations permettent d'embrasser d'un coup d'œil le magnifique ensemble de la capitale : c'est principalement de la butte Montmartre, de celles de Chaumont et de Ménilmontant que le tableau de cette immense cité se déploie facilement devant l'observateur. Le terrain que couvre la ville a été longtemps plus inégal qu'aujourd'hui, à cause des amas d'immondices et de gravois formés sur différents points, sous les noms de buttes, voiries, monceaux et mottes, et qui la plupart offrent l'image de petites montagnes : dans la partie septentrionale on signalait le monceau St-Gervais, la butte de Bonne-Nouvelle ou de Villeneuve de Gravois, la butte St-Roch, etc. ; on les a successivement aplanis. Une vaste superficie de la ville, vers le sud, repose sur le vide d'immenses carrières, dont une grande partie, nommée catacombes, renferme des ossuaires composés des ossements de plusieurs cimetières.

La Seine divise Paris en deux parties : l'une, septentrionale, la plus considérable, et l'autre, méridionale ; elle entre dans la ville par l'E.-S.-E., décrit dans son sein une légère courbe, dont la convexité est tournée au nord, et en sort à l'ouest, après avoir parcouru depuis la barrière de la Rapée jusqu'à celle de Passy, une longueur de 8,000 m. ; elle forme dans cet espace deux îles : la première, depuis que l'île Louviers, qui servait de chantier de bois à brûler a été réunie au quai, est l'île St-Louis, formée de la réunion de deux petites îles, celle de Notre-Dame, à l'ouest, et celle aux Vaches, à l'est ; et l'île du Palais ou de la Cité, la plus grande des deux.

Avant 1789, Paris était divisé en CITÉ, VILLE et UNIVERSITÉ, et subdivisé en 20 quartiers :

1. Quartier de la Cité.
2. — St-Jacques de la Boucherie.
3. — Ste-Opportune.
4. — du Louvre.
5. — du Palais-Royal.
6. — Montmartre.
7. — St-Eustache.
8. — des Halles.
9. — St-Denis.
10. — St-Martin.
11. — de la Grève.
12. — St-Paul.
13. — Ste-Avoie ou de la Verrerie.
14. — du Temple ou du Marais.
15. — St-Antoine.
16. — de la place Maubert.
17. — St-Benoit.
18. — St-André.
19. — du Luxembourg.
20. — St-Germain des Prés.

Lors de la convocation des états généraux en 1789, une ordonnance de Necker divisa Paris en 60 districts pour l'élection des députés du tiers état ou des communes. L'ancienne administration municipale, s'étant trouvée impuissante pour réprimer les troubles occasionnés par les premiers événements de la révolution, abdiqua le 12 juillet 1789 l'autorité qu'elle ne pouvait plus exercer, et laissa agir le peuple. Le même jour, les électeurs se réunirent spontanément à l'hôtel de ville, se saisirent de l'autorité, et nommèrent, pour remplacer provisoirement l'ancienne municipalité, un comité permanent composé en grande partie de députés choisis parmi eux.

A cette époque, la garde nationale fut composée de soixante bataillons, qui portaient le nom de chacun des soixante districts, dont voici les noms :

1. St-Jacques du Haut-Pas.
2. St-Victor.
3. St-André des Arts.
4. St-Marcel.
5. St-Louis en l'île.
6. Val-de-Grâce.
7. St-Etienne du Mont.
8. La Sorbonne.
9. St-Nicolas du Chardonnet.
10. Les Mathurins.
11. Les Prémontrés.
12. Les Barnabites.
13. Les Cordeliers.
14. Notre-Dame.
15. St-Séverin.
16. Les Petits-Augustins.
17. L'Abbaye St-Germain.
18. Les Jacobins St-Dominique.
19. Les Théatins.
20. Les Carmes déchaussés.
21. Les Récollets.
22. St-Nicolas des Champs.
23. Ste-Elisabeth.
24. St-Méry.
25. Les Carmélites.
26. Les Filles-Dieu.
27. St-Martin des Champs.
28. Les Enfants rouges.
29. St-Laurent.
30. Les Pères de Nazareth.
31. St-Jacques l'Hôpital.
32. Bonne-Nouvelle.
33. St-Leu.
34. St-Lazare.
35. Ste-Opportune.
36. St-Jacques la Boucherie.
37. Les Petits-Pères.
38. St-Eustache.
39. St-Magloire.
40. St-Joseph.
41. Ste-Marguerite.
42. Les Minimes.
43. Le Petit-St-Antoine.
44. St-Gervais.
45. St-Jean en Grève.
46. St-Louis la Culture.
47. Les Blancs-Manteaux.
48. Trainel.
49. Les Capucins du Marais.
50. Les Enfants-Trouvés.
51. L'Oratoire.
52. Les Feuillants.
53. Les Filles-St-Thomas.
54. St-Philippe du Roule.
55. St-Germain l'Auxerrois.
56. Les Jacobins St-Honoré.
57. St-Honoré.
58. Les Capucins de la Chaussée-d'Antin.
59. Les Capucins de la rue St-Honoré.
60. St-Roch.

Cette organisation subsista jusqu'au 21 mai 1790, époque où un décret de l'assemblée constituante substitua aux soixante districts quarante-huit sections, qui reçurent chacune un nom de localité, dont quelques-uns furent changés pendant la république en des noms analogues aux circonstances, que nous reproduirons en décrivant chaque quartier. — En l'an IV, Paris fut divisé en douze arrondissements ou municipalités, et en quarante-huit quartiers, dont l'administration fut confiée au département de la Seine, composé de sept administrateurs. La loi de pluviôse an VIII substitua à ces administrateurs douze maires et deux préfets, l'un chargé de l'administration du département et l'autre de la police.

VILLE DE PARIS.

Paris est encore aujourd'hui divisé en douze arrondissements et en quarante-huit quartiers, comprenant, savoir :

1ᵉʳ ARRONDISSEMENT.	N° 1. Quartier du Roule.
	N° 2. Quartier des Champs-Elysées.
	N° 3. Quartier de la place Vendôme.
	N° 4. Quartier des Tuileries.
2ᵉ ARRONDISSEMENT.	N° 5. Quartier de la Chaussée-d'Antin.
	N° 6. Quartier du Palais-Royal.
	N° 7. Quartier Feydeau.
	N° 8. Quartier du Faubourg Montmartre.
3ᵉ ARRONDISSEMENT.	N° 9. Quartier du Faubourg Poissonnière.
	N° 10. Quartier Montmartre.
	N° 11. Quartier St-Eustache.
	N° 12. Quartier du Mail.
4ᵉ ARRONDISSEMENT.	N° 13. Quartier St-Honoré.
	N° 14. Quartier du Louvre.
	N° 15. Quartier des Marchés.
	N° 16. Quartier de la Banque de France.
5ᵉ ARRONDISSEMENT.	N° 17. Quartier du Faubourg St-Denis.
	N° 18. Quartier de la Porte St-Martin.
	N° 19. Quartier de Bonne-Nouvelle.
	N° 20. Quartier Montorgueil.
6ᵉ ARRONDISSEMENT.	N° 21. Quartier de la Porte St-Denis.
	N° 22. Quartier de St-Martin des Champs.
	N° 23. Quartier des Lombards.
	N° 24. Quartier du Temple.
7ᵉ ARRONDISSEMENT.	N° 25. Quartier Ste-Avoie.
	N° 26. Quartier du Mont-de-Piété.
	N° 27. Quartier du Marché St-Jean.
	N° 28. Quartier des Arcis.
8ᵉ ARRONDISSEMENT.	N° 29. Quartier du Marais.
	N° 30. Quartier de Popincourt.
	N° 31. Quartier du Faubourg St-Antoine.
	N° 32. Quartier des Quinze-Vingts.
9ᵉ ARRONDISSEMENT.	N° 33. Quartier de l'île St-Louis.
	N° 34. Quartier de l'Hôtel de ville.
	N° 35. Quartier de la Cité.
	N° 36. Quartier de l'Arsenal.
10ᵉ ARRONDISSEMENT.	N° 37. Quartier de la Monnaie.
	N° 38. Quartier St-Thomas d'Aquin.
	N° 39. Quartier des Invalides.
	N° 40. Quartier du Faubourg St-Germain.

11ᵉ ARRONDISSEMENT. N° 41. Quartier du Luxembourg.
N° 42. Quartier de l'Ecole de médecine.
N° 43. Quartier de la Sorbonne.
N° 44. Quartier du Palais de justice.
12ᵉ ARRONDISSEMENT. N° 45. Quartier St-Jacques.
N° 46. Quartier St-Marcel.
N° 47. Quartier du Jardin du roi.
N° 48. Quartier de l'Observatoire.

PREMIER ARRONDISSEMENT.

Les limites de cet arrondissement sont, en partant de la barrière de Passy : les murs de Paris jusqu'à la barrière de Clichy, et en continuant à droite la rue de Clichy nᵒˢ impairs, la rue de la Chaussée-d'Antin nᵒˢ impairs, la rue Louis-le-Grand nᵒˢ impairs, la rue Neuve-des-Petits-Champs nᵒˢ pairs, la place Vendôme nᵒˢ impairs, la rue St-Honoré nᵒˢ pairs, la partie méridionale de la place du Palais-Royal, la rue du Musée nᵒˢ impairs, la place du Musée jusqu'au guichet le plus voisin de cet établissement, la rive droite de la Seine, à droite, jusqu'à la barrière de Passy.

N° 1. QUARTIER DU ROULE.

Ci-devant *section des Champs-Elysées.*

Les limites de ce quartier sont, à partir de la barrière du Roule : le mur d'enceinte à droite jusqu'à la barrière de Clichy, la rue de Clichy nᵒˢ impairs, la rue de la Madeleine nᵒˢ pairs, la rue de l'Arcade nᵒˢ impairs, la rue du Faubourg du Roule nᵒˢ pairs. — Superficie : 1,890,000 m. carrés, équivalant à 0ᵐ,057 de la superficie totale de Paris.

On remarque principalement dans ce quartier :

L'église St-Philippe du Roule, située rue du Faubourg du Roule, nᵒˢ 8 et 10. Cette église a été bâtie sur l'emplacement d'une chapelle qui dépendait autrefois de la maladrerie du Roule, et qui fut érigée en paroisse le 1ᵉʳ mai 1699, sous l'invocation de saint Jacques et de saint Philippe. L'accroissement de la population de ce quartier et le peu d'étendue de cette chapelle firent sentir la nécessité de construire un plus vaste édifice. Cette construction fut décidée par arrêt du conseil du roi de 1769, et l'architecte Chalgrin fut chargé de fournir les plans et dessins de l'édifice, qui fut commencé en 1769 et achevé en 1784. — Le plan de cette église est simple et beau. Sur un perron de sept marches s'élèvent quatre colonnes doriques de forte dimension, formant avant-corps et supportant un entablement et un fronton orné de bas-reliefs représentant la Religion et ses attributs, sculptés par Duret. Au fond de l'avant-corps est la porte principale, et aux deux côtés de la colonnade deux portes moins grandes. L'intérieur est d'une noble simplicité. deux péristyles ioniques de six colonnes chacun séparent la nef des bas côtés, à l'extrémité desquels sont deux chapelles, l'une dédiée à la Vierge et l'autre à saint Philippe. La voûte n'est construite qu'en charpente ; mais cette construction économique est exécutée avec tant d'art et de soin qu'elle fait illusion. On exécute en ce moment d'importantes constructions pour l'agrandissement de cette église.

Le monument de Louis XVI. Au n° 48 de la rue d'Anjou-St-Honoré était le cimetière de la Madeleine de la Ville-l'Evêque, qui s'étendait jusqu'à la rue de l'Arcade. C'est dans ce cimetière que furent inhumées les victimes étouffées dans la nuit du 30 au 31 mai 1770, après le feu d'artifice tiré sur la place Louis XV à l'occasion des fêtes célébrées à Paris pour le mariage de Louis XVI, alors dauphin, et de Marie-Antoinette. Vingt-deux ans plus tard ce cimetière reçut les dépouilles mortelles des nombreuses victimes de la journée du 10 août 1792. Le 21 janvier 1793, les restes de Louis XVI, enfermés dans une mannette d'osier, y furent conduits dans une charrette et placés entre deux lits de chaux vive. Le 16 octobre de la même année, les restes mortels de Marie-Antoinette furent réunis à ceux de son époux dans ce même cimetière, qui reçut aussi les corps de la plupart des nombreuses victimes du tribunal révolutionnaire. En 1815, Louis XVIII fit faire des recherches pour retrouver ce qui restait des dépouilles mortelles du roi son frère et de la reine ; mais on ne put retrouver que quelques parcelles de leurs restes consumés par la chaux vive. Ces débris furent solennellement transportés à St-Denis, et, pour perpétuer le souvenir des journées des 21 janvier et 16 octobre, une chapelle expiatoire fut érigée sur le lieu même où les restes des victimes avaient été déposés.

Le monument de Louis XVI, construit par les architectes Percier et Fontaine, est situé au bout d'une avenue de cyprès formant une espèce de cour, où l'on entre par trois issues donnant rue d'Anjou, rue de la Madeleine et rue de l'Arcade. Des deux côtés règnent deux sortes de galeries, représentant deux suites de tombeaux, où l'on parvient par un portique qui forme l'entrée d'une chapelle en forme de croix, éclairée par le haut, dont les trois branches sont terminées par des hémicyles. Dans l'hémicycle du milieu est placé un autel en marbre blanc, ayant pour tout ornement un christ en cuivre doré et six flambeaux. — Dans l'hémicycle de droite est un groupe en marbre blanc, par Bozio, représentant l'apothéose de Louis XVI, dont le testament est gravé en lettres d'or sur un socle en marbre noir. — Dans l'hémicycle de gauche est un autre groupe en marbre blanc, représentant Marie-Antoinette et la Religion, sous l'emblème d'une femme voilée tenant une croix. Sur le socle en marbre noir est gravée la dernière lettre adressée par cette princesse à Madame Elisabeth. — A droite et à gauche, des escaliers conduisent à des caveaux souterrains éclairés par une lampe sépulcrale, où l'on voit deux cénotaphes érigés à la mémoire du roi et de la reine. Un caveau particulier renferme les nombreux ossements exhumés lors de la construction du monument. — La chapelle expiatoire de la rue d'Anjou est ouverte tous les jours, de 8 à 10 heures du matin. On lit sur le fronton l'inscription suivante :

> Le roi Louis XVIII a élevé ce monument pour consacrer ce lieu où les dépouilles mortelles du roi Louis XVI et de la reine Marie-Antoinette, transférés le 21 janvier 1815 dans la chapelle royale de St-Denis, ont reposé pendant vingt et un ans.
> Il a été achevé la deuxième année du règne de Charles X, l'an de grâce M. D. CCC. XXVI.

L'hôpital Beaujon, situé rue du Faubourg du Roule, n° 54. Il a été fondé en 1784 par le receveur général des finances de ce nom, pour vingt-quatre orphelins de la paroisse St-Philippe du Roule : douze garçons et douze filles, et six places étaient destinées aux enfants qui annonçaient d'heureuses dispositions pour le dessin. La fondation de l'hospice Beaujon est un des plus beaux souvenirs qu'ait laissés cet opulent financier ; il acheta le terrain et fit construire la maison à ses frais, et la dota ensuite de 20,000 livres de rentes sur l'Etat. — L'hospice Beaujon a été bâti sur les dessins de Girardin ; l'exécution et les détails en ont été très-soignés ; il est distribué avec intelligence, construit avec solidité et décoré avec goût. Le bâtiment a 32 m. de face sur 48 m. de profondeur, sans y comprendre le jardin ; il est élevé d'un rez-de-chaussée, de deux étages au-dessus et d'un troisième dans le comble. Une grande arcade entourée de bossages forme l'entrée de cet édifice, et lui donne un certain caractère. — Un décret de la convention nationale, du 17 janvier 1795, changea la destination de cet hospice, qui fut nommé *hôpital du Roule*, et devint un hôpital pour les malades et les blessés ; il a conservé depuis lors cette destination et repris le nom d'*hôpital Beaujon*. — Depuis 1813 cet hôpital est desservi par les sœurs de Ste-Marthe ; il est pourvu de quatre cents lits pour les blessés des deux sexes et pour les autres malades. Cinq médecins ou chirurgiens en chef y sont attachés. — En juillet 1830, on y reçut quatre-vingt-neuf citoyens, dont trente et un y moururent de leurs blessures.

L'abattoir du Roule, situé au centre d'une petite place à laquelle aboutissent les rues de la Bienfaisance, des Grésillons, de Miromesnil et l'avenue de l'Abattoir. Avant 1808, la plupart des anciennes boucheries de Paris contenaient un abattoir particulier et des étables. Cet usage était pour la capitale la source d'une foule d'inconvénients on ne peut plus graves, tant par l'infection que répandaient ces établissements dans leur voisinage que par le danger que couraient les habitants lorsque les bœufs s'échappaient à la masse qui devait les frapper. Napoléon, pour remédier à ces graves désordres, ordonna, en 1809, la construction de cinq abattoirs publics, qui ont été établis près des barrières du Roule, de Villejuif, de Grenelle, de Rochechouart et de Popincourt. Ces utiles établissements se composent de vastes hangars, de logements pour les préposés de l'administration, et renferment plusieurs bergeries et bouveries. — La surface totale renfermée dans l'enceinte des cinq abattoirs est d'environ 157,000 m. carrés; celle des constructions d'environ 43,000 m. En 1839, ils ont rapporté à la ville un bénéfice de 1,074,475 fr. 50 c. — L'abattoir du Roule, construit en 1810, sous la direction de l'architecte Petit-Radel, renferme trente-deux échaudoirs, des fonderies de suif, des triperies; il occupe une superficie de 23,000 m.

Le jardin de Monceau, dit aussi de Monceaux, dont l'entrée se trouve au n° 4 de la rue de Chartres-du-Roule. Ce délicieux jardin a été créé en 1778 par le duc d'Orléans, père du roi Louis-Philippe I*ᵉʳ*, alors duc de Chartres, sur l'emplacement d'un quartier qui portait le nom de *Petite-Pologne*. Le pavillon et le parc ont été élevés et tracés sur les dessins de Carmontel; les sommes énormes que le prince dépensa pour les constructions et embellissements firent donner à cette coquette maison de plaisance le nom de *Folies de Chartres*. Rien de tout ce qui peut contribuer à embellir un jardin anglais ne fut épargné ; on y voyait tout ce que l'imagination peut enfanter de merveilleux : des ruines grecques et gothiques, des tombeaux, un ancien fort à créneaux, des obélisques, des pagodes, des kiosques, des serres chaudes formant un agréable jardin d'hiver, éclairé le soir par des lanternes en cristal suspendues aux rameaux des arbres; des grottes, des rochers, un ruisseau avec son île, un moulin avec l'habitation rustique du meunier, des cascades, une laiterie, des balançoires, des jeux de bagues, etc., etc., disséminés çà et là au milieu d'un terrain accidenté où croissaient des arbres indigènes et exotiques de toute beauté. L'abbé Delille, dans son poëme, en parlant des jardins où l'art fait régner le printemps même au milieu des frimas, cite Monceau pour modèle :

> J'en atteste, ô Monceau, tes jardins toujours verts;
> Là, des arbres absents les tiges imitées,
> Les magnifiques berceaux, les grottes enchantées,
> Tout vous charme à la fois. Là, bravant les saisons,
> La rose apprend à naître au milieu des glaçons ;
> Et les temps, les climats, vaincus par des prodiges,
> Semblent de la féerie épuiser les prodiges.

Le 16 floréal an II (mai 1794), la convention nationale décréta que

Monceau ne serait point vendu, mais entretenu pour être affecté à divers établissements ; il fut alors exploité comme jardin public, ainsi que Tivoli, Beaujon, Marbœuf, etc. Napoléon, à son avénement au trône impérial, en fit cadeau à l'archichancelier Cambacérès ; mais celui-ci trouvant que l'agrément de cette propriété ne compensait point la dépense que nécessitait son entretien, la rendit quatre ou cinq ans après au donateur. Napoléon réunit alors Monceau à son domaine particulier. En 1814, Louis XVIII rendit cette propriété au duc d'Orléans.

Le parc de Monceau est le seul parc qui existe dans Paris. Lors de sa construction, il était sur le territoire du village de Monceau, dont il a pris le nom, et ce n'est que depuis la construction des murs de clôture, qu'il se trouve compris dans l'enceinte de la capitale ; mais, afin que ce mur d'enceinte ne privât pas de la vue des campagnes environnantes, le mur a été bâti dans le fond d'un vaste fossé. — Malgré les changements qu'il a subis lors de ses diverses transformations, le parc de Monceau est resté un des plus délicieux jardins qu'il soit possible de créer ; la plupart des fabriques dont il était décoré ont disparu, mais il a conservé ses sites romantiques, son ruisseau, ses gazons et ses beaux ombrages. Du sommet d'un coteau que couronne un pavillon gothique, on domine une grande étendue de pays, qui n'a de bornes que l'horizon ; on découvre successivement Montmartre, Belleville, l'Observatoire, Vanvres, Issy, Meudon, Bellevue, Sèvres, St-Cloud, l'arc de triomphe de l'Etoile, le mont Valérien, les hauteurs de Marly et de St-Germain, et les flèches de l'antique abbaye de St-Denis.

Le parc de Monceau est la propriété de Sa Majesté Louis-Philippe Ier, qui en accorde l'entrée tous les jeudis, dans la belle saison, aux personnes munies d'un billet que l'on refuse rarement aux sociétés qui en adressent la demande à l'intendant des domaines du roi au Palais-Royal.

M. de la Fosse a publié dix-sept vues du parc de Monceau avec les explications. Une description très-détaillée de toutes les merveilles qu'il renfermait se trouve dans le premier volume du *Voyageur à Paris*, par Thiéry, p. 64 et suiv.

VARIÉTÉS HISTORIQUES ET LITTÉRAIRES.

Rue de l'Arcade, n° 12, était la petite maison du maréchal DE SOUBISE, qui avait quitté depuis longtemps son palais de représentation de la rue de Chaume, pour se livrer avec plus de liberté au plus scandaleux libertinage. Cette petite maison où il entretenait un sérail, et où il mourut le 5 juillet 1786, était remarquable par ses décorations intérieures ; la salle à manger, qui a été conservée, est décorée avec autant de magnificence que de goût ; les sculptures sont considérées comme des chefs-d'œuvre. Cet hôtel a été réparé, et tout ce qui intéressait les arts a été parfaitement conservé.

Rue de Clichy, les nos 17 et 19 occupent l'emplacement du premier jardin dessiné en France dans le genre anglais, par M. Boutin, l'un des trésoriers généraux de la marine ; il avait réuni aux délicieuses fabriques de ce jardin un riche cabinet d'histoire naturelle et une belle collection de minéralogie.

Pendant la révolution, le jardin Boutin reçut le nom de Tivoli, et fut transformé en un jardin public, où se réunissait le dimanche et le jeudi, sous le consulat et sous l'empire, l'élite de la société parisienne : le prix d'entrée était de 2 fr., sans aucune rétribution pour la danse, les jeux, les courses sur l'eau et autres récréations. Dans les premières années de la restauration, on établit au jardin de Tivoli des montagnes russes, où tout Paris voulut dégringoler, et l'on y donna plusieurs fêtes remarquables par leur magnificence. Les femmes n'étaient pas admises en bonnets ni en robes de toile; les hommes, en général, étaient en bas. Les exercices et les jeux d'artistes étaient magnifiques. Ce jardin de Tivoli, qu'il ne faut pas confondre avec un autre Tivoli qui existait naguère à l'extrémité de la rue de Clichy, après avoir fait les délices des agréables de la précédente génération, a été détruit en 1826 ; sur l'emplacement de ses promenades agrestes et de ses riants ombrages, on a construit le quartier de la Nouvelle-Athènes ; il n'en est resté que la partie donnant rue St-Lazare, où est aujourd'hui l'établissement des eaux minérales de Tivoli.

A l'extrémité de la rue de Clichy est la barrière de ce nom, dernier point où les Français résistèrent à l'invasion des armées étrangères lors du siége de Paris en 1814. Les gardes nationaux, commandés par le maréchal Moncey, combattirent avec vigueur à tous les postes qui leur avaient été confiés, lorsque les armées avaient cessé de combattre dans la plaine et sur les hauteurs : les tirailleurs ennemis, chassés par la 2e légion, postée à la barrière de Clichy, s'étaient réfugiés dans les maisons environnantes. La 1re légion était sortie par la barrière de Monceau, et combattit sur le terrain où sont aujourd'hui les Batignoles. C'est là que fut tué le célèbre ventriloque Fitz-James. Le maréchal Moncey, pour ménager une retraite à nos braves Parisiens, fit élever à la hâte un second retranchement au bas de la rue de Clichy, et l'on continua à combattre jusqu'à l'arrivée du trompette qui annonça la reddition de Paris, signée par le maréchal Marmont.

Rue de la Ville-l'Evêque, n° 54, demeurait en 1793 le farouche Amar, de funèbre mémoire. Député de l'Isère à la convention nationale, il vota la mort de Louis XVI dans les vingt-quatre heures et sans appel. Membre du comité de salut public, les plus habiles orateurs de la convention furent décrétés d'accusation sur ses dénonciations, et envoyés à l'échafaud. Au 10 thermidor, il parvint à éviter le sort de Robespierre et de ses complices. Cet homme, qui a demandé et obtenu les têtes de tant d'hommes vertueux, est mort à Paris paisiblement dans son lit en 1816.

Au n° 28 de la même rue demeurait en 1831 le marquis DE FORBIN DES ISSARTS, un des officiers de l'émigration. Après avoir servi en Espagne contre la France, il porta encore les armes contre son pays au siége de Toulon. En 1814, il fut un des premiers à faire entendre au milieu de Paris le cri de Vive le roi ; dans sa colère, le peuple le jeta à bas de son cheval. On le comptait aussi, avec M. Sosthène de la Rochefoucauld, au nombre de ces royalistes insensés qui firent attacher une corde au cou de la statue de l'empereur afin de renverser la colonne d'Austerlitz.

Rue du Faubourg St-Honoré, n° 57, est l'HÔTEL DE CASTELLANNE, où se sont agitées bien des intrigues au sujet de comédies bourgeoises.

Au n° 90 est l'HÔTEL DE BEAUVEAU, bâti sur les dessins de l'architecte Camus de Mézières. La porte d'entrée s'annonce par un péristyle dorique, fermé de grilles ; une vaste cour précède le corps de logis, derrière lequel est un jardin. — ST-LAMBERT, l'ami de Voltaire, de Diderot, de J.-J. Rousseau, l'amant heureux de Mme du Châtelet et de Mme d'Houdetot, est mort dans cet hôtel le 9 février 1803. Ses principaux titres à la célébrité sont : le *Poëme des saisons* et le *Catéchisme universel*, ouvrage couronné par le jury des prix décennaux en 1806, acte de justice rendu au mérite de ce livre que nous proposons de consacrer par l'inscription suivante :

> Dans cette maison est mort,
> le 9 février 1803,
> Charles-François DE SAINT-LAMBERT,
> membre de l'Institut, auteur du Catéchisme universel,
> auquel le jury nommé pour décerner les prix décennaux
> adjugea le grand prix de morale en 1806.

Une autre inscription devrait aussi être placée sur la façade d'une maison du même faubourg qui porte le n° 118, où demeurait et est mort le célèbre géomètre LAGRANGE, dont les restes mortels, placés par la reconnaissance publique au Panthéon, le 13 avril 1813, furent indignement enlevés de cet asile sacré par les réacteurs de la restauration. Nous proposons donc de consacrer à la mémoire de l'auteur de la *Mécanique analytique* l'inscription suivante :

> Dans cette maison
> est mort, le 10 avril 1813,
> à l'âge de 76 ans,
> Joseph-Louis LAGRANGE,
> le plus grand géomètre des temps modernes.

Au n° 30 demeurait, en 1793, M. E. GUADET, député de la Gironde à l'assemblée législative et à la convention nationale, dont il fut un des plus grands orateurs ; dans le procès de Louis XVI, il vota pour la mort et le sursis. Décrété d'accusation dans la fameuse journée du 31 mai, il se réfugia avec Salles et Barbaroux aux environs de St-Emilion, où ils furent arrêtés le 15 juillet 1794, condamnés à mort et exécutés.

Au n° 110 demeurait (1843) feu le marquis DE LOUVOIS, alors membre de la commission des théâtres royaux. Pendant la révolution, il se présenta à l'Opéra, où il fut reçu sur sa bonne mine, et en qualité d'aide-machiniste au service des cintres. M. de Louvois racontait avec beaucoup de bonne grâce et d'esprit cet épisode de sa vie, et il disait gaiement que c'était là son meilleur titre à faire partie de la commission de l'Opéra, dont nul ne pouvait connaître les rouages mieux que lui.

Rue St-Lazare. Dans la partie de cette rue comprise dans le quartier du Roule, demeurait, en 1793, le conventionnel DE LACROIX, membre du comité du salut public, qui contribua puissamment à faire monter les Girondins sur l'échafaud révolutionnaire, où il porta lui-même sa tête peu de temps après.

Grande Rue Verte, n° 26, on lit une inscription indiquant que cette maison a été habitée par FRANCKLIN. C'est aussi dans cette rue qu'habitait LUCIEN BONAPARTE avant le 18 brumaire.

Rue de Valois du Roule demeurait, en 1783, le marquis de CHAMPCENETZ, officier aux gardes françaises en 1789. Ses aventures galantes, ses duels, ses chansons satiriques et ses mordantes saillies lui ouvrirent plusieurs fois les prisons d'Etat. Lié avec Rivarol, le vicomte de Mirabeau, Pelletier, Sutteau, il coopéra à la rédaction du journal intitulé les *Actes des Apôtres,* au *Petit Journal de la cour et de la ville,* au *Petit Almanach des grands hommes.* Condamné à mort par le tribunal révolutionnaire, il demanda avec le plus grand sang-froid à l'accusateur public, Fouquier Tinville, s'il ne lui serait pas permis de se faire remplacer comme pour le service de la garde nationale ; il mourut avec courage le 23 juillet 1794.

Le duc de Chartres, père du roi Louis-Philippe Ier, avait dans cette rue une petite maison où il donna, le 25 mars 1779, au duc de Fitz-James, son cousin, à l'occasion de son mariage, un souper appelé le souper des veuves. On y avait réuni les maîtresses de ce prince et de différents seigneurs mariés ou sur le point de se marier. Tout était tendu de noir. Les femmes et les hommes étaient en deuil ; les flambeaux de l'amour s'éteignaient et se trouvaient remplacés par ceux de l'hymen ; en un mot tout caractérisait dans cette fête le tombeau des plaisirs et l'empire de la raison.

Plus tard, à la suite d'une orgie, le duc de Chartres gagna dans cette même maison huit cent mille francs au duc de Fitz-James, qui fut obligé de vendre pour se libérer l'hôtel de l'Infantado, rue St-Florentin, et plusieurs autres propriétés.

Rue de la Pépinière, n° 66, demeurait, en 1822, M¹¹ᵉ Volnais, actrice célèbre, qui fit pendant vingt et un ans les délices du Théâtre-Français. De beaux yeux noirs, une taille médiocre, mais un ensemble gracieux, l'habitude de la bonne compagnie, une intelligence rare, une sensibilité profonde et un organe enchanteur, lui concilièrent tous les suffrages dans les rôles qui exigent une voix flexible, de l'âme et du charme dans la physionomie.

Rue d'Anjou-St-Honoré, n° 6, demeurait et est mort le général Lafayette, dont toute l'existence fut vouée au culte de la liberté. Indiquons en passant sa demeure par cette courte inscription :

> Ici est mort
> LAFAYETTE,
> le 20 mai 1834.

Au n° 11 est l'ancien hôtel de Créquy où demeurait, en 1820, Arm. Dartois de Bournonville, chantre de tous les anniversaires et l'un des plus féconds auteurs dramatiques.

Au n° 15 de la même rue habitait et est mort un digne ami de Lafayette, l'illustre Benjamin Constant.

Au n° 19 demeurait, en 1793, l'ex-capucin Chabot, député à l'assemblée législative et à la convention, mort sur l'échafaud révolutionnaire en 1794.

L'hôtel qui porte le n° 27 a été habité par le marquis de Bouillé, dont l'impéritie fit échouer l'évasion de Louis XVI ; par l'abbé Morelet, et par le marquis d'Aligre, fils du président de ce nom, si connu par son avarice.

Au n° 28 habitait sous l'empire Ch.-Jean Bernadotte, qui débuta dans la carrière militaire comme simple soldat et qui est mort roi de Suède. C'était la maison de Moreau. Après son jugement, l'empereur l'acheta et en fit cadeau à Bernadotte.

Rue du Rocher, n° 4, est mort, en 1837, Michel Buonarotti, républicain austère, impliqué sous le directoire dans la conspiration Babeuf, et proscrit depuis lors par tous ceux qui gouvernèrent la France jusqu'à la révolution de juillet. Son ami, le marquis de Voyer d'Argenson, lui avait donné un asile dans son hôtel, où il est mort lui-même en 1843.

Rue Lavoisier, n° 13, est une charmante retraite habitée par M¹¹ᵉ Mars, actrice inimitable du Théâtre-Français, où elle débuta en 1798. On a dit avec raison qu'elle possédait le secret de tous les caractères, et que son talent était le type du vrai ou du beau sous quelque forme qu'ils existent; ingénue dans le rôle de Betzy, naïve dans le *Secret du mariage*, coquette dans les *Jeux de l'amour et du hasard*, digne dans Elmire du *Tartufe*, profonde dans Célimène, pleine d'âme dans *Valérie*, ces admirables qualités étaient encore relevées par un timbre de voix admirable qui envahissait pour ainsi dire l'âme du spectateur. Mlle Mars, fille de Monvel et d'une actrice célèbre par sa beauté, s'est retirée, comme elle devait le faire, sans avoir dérogé; elle n'a pas voulu prendre le rôle de Mme Pernelle dans une maison où elle avait rempli celui d'Elmire, et a gardé jusqu'à la fin le prestige de jeunesse que l'art a mis dans son talent.

Rue de la Madeleine et rue de la Ville-l'Evêque, n° 2, était l'église de la Madeleine de la Ville-l'Evêque dont il est fait mention dans les pouillés du XIIIe siècle et dans des titres de 1238, 1284 et 1386. Elle doit son origine au roi Charles VIII, qui fit construire une chapelle sous l'invocation de sainte Madeleine, où il institua, en 1491, une confrérie à la tête de laquelle il se fit inscrire ainsi que la reine son épouse. Cette chapelle fut érigée en paroisse en 1639; mais, comme elle était trop petite pour contenir tous les paroissiens de ce quartier qui commençait alors à prendre un grand accroissement, on fit construire sur son emplacement une église dont la première pierre fut posée, le 8 juillet 1651, par Anne-Marie-Louise d'Orléans, princesse souveraine de Dombes. L'église de la Madeleine de la Ville-l'Evêque fut démolie au commencement de la révolution, et la paroisse transférée en 1802 à l'Assomption, d'où elle a été transférée de nouveau dans l'église paroissiale de la Madeleine après l'achèvement de ce magnifique monument.

N° 2. QUARTIER DES CHAMPS-ÉLYSÉES.

Ci-devant *section de la République*.

Les limites de ce quartier sont, à partir du pont de la Concorde : la rive droite de la Seine jusqu'à la barrière de Passy, le mur d'enceinte, à droite, jusqu'à la barrière du Roule, la rue du Faubourg du Roule n^{os} impairs, la rue du Faubourg St-Honoré n^{os} impairs, la rue Royale-St-Honoré n^{os} impairs, et la moitié occidentale de la place de la Concorde jusqu'au pont. — Superficie : 2,629,800 m. carrés, équivalant à 0^m,076 de la superficie totale de Paris.

Les monuments, édifices, emplacements et établissements les plus remarquables de ce quartier sont :

Le palais de l'Elysée, situé rue du Faubourg St-Honoré, n° 69. Ce palais a été construit en 1718, sur les dessins de Mollet, par Louis d'Auvergne, comte d'Evreux, dont il reçut le nom. La marquise de

Pompadour en fit l'acquisition et l'habita jusqu'à sa mort; on sait qu'elle eut le privilége de mourir au château de Versailles le 15 avril 1764. Lorsqu'elle sentit que sa dernière heure allait sonner, elle fit prévenir le curé de la Madeleine, paroisse de son hôtel à Paris, qui vint lui administrer les sacrements. Au moment où il se disposait à se retirer pour retourner à Paris : « Un instant, monsieur le curé, lui dit-elle, nous nous en irons ensemble. » A peine eut-elle rendu le dernier soupir qu'elle fut portée sans bruit, sans pompe, à son hôtel à Paris. Quelques années après sa mort, Louis XV acheta cet hôtel du marquis de Marigny pour y loger les ambassadeurs extraordinaires. Il servit ensuite de magasin pour le mobilier de la couronne, jusqu'à l'achèvement des bâtiments destinés à servir de garde-meuble dans une des colonnades de la place Louis XV. En 1773, le financier Beaujon en devint propriétaire et y fit faire par l'architecte Boullée des embellissements considérables. En 1786, Louis XVI acheta cet hôtel de M. Beaujon, qui s'en réserva la jouissance sa vie durant, moyennant 1,100,000 livres et 200,000 livres pour les glaces et les tableaux. A la mort de Beaujon, la duchesse de Bourbon lui donna le nom d'*Elysée Bourbon*, et l'habita jusqu'à l'époque de son arrestation en 1793. Devenu à cette époque propriété nationale, il fut loué à divers entrepreneurs qui lui donnèrent le nom d'*Elysée*, et ensuite celui de *Hameau de Chantilly*. Sous ces deux dénominations ses beaux jardins, rivalisant avec ceux de l'ancien Tivoli, de Monceaux, d'Idalie, de Marbeuf, de Paphos, etc., etc., servirent de théâtre à des fêtes champêtres, tandis que ses appartements étaient changés en salles de bals et de jeux de hasard. On y trouvait plusieurs chalets couverts en chaume, dont l'assemblage et la manière dont ils étaient groupés, dans un des côtés de cette agréable enceinte, rappelait le délicieux hameau que le prince de Condé avait fait construire dans son parc de Chantilly, et c'est de cette ressemblance que cette belle propriété avait pris le nom de hameau de Chantilly : le prix du billet d'entrée était de 24 sous, dont 15 sous étaient admis en consommation. — En 1803 l'Elysée fut vendu au prince Murat, qui y tint sa petite cour jusqu'à son départ pour Naples, en 1808, époque où il fut cédé à Napoléon. Cet édifice reçut alors le nom d'*Elysée Napoléon*. L'empereur l'avait pris en affection et y vint souvent résider : c'est à l'Elysée qu'il se retira après la bataille de Waterloo; c'est là qu'il abdiqua l'empire en faveur de son fils, le 22 juin 1815. — L'empereur de Russie, Alexandre, occupa ce palais en 1814 et en 1815. Sous la restauration il reçut le nom d'*Elysée Bourbon*. Le duc et la duchesse de Berry l'habitèrent en 1816; mais à la mort du prince, en 1820, il fut abandonné par sa veuve. Plus tard ce palais fut habité par le duc de Bordeaux. Depuis 1830 il fait partie des palais dépendants de la liste civile.

Le palais de l'Elysée jouit, avec raison, d'une sorte de réputation parmi les édifices construits à Paris pendant la première moitié du xviii° siècle. Le plan en est singulièrement heureux ; les distributions intérieures sont faites avec intelligence, et ajoutent beaucoup à l'agrément de cette habitation, qui doit à sa situation tant d'avantages précieux. Le style de l'architecture y est généralement d'un bon goût : la décoration du principal corps de logis, tant sur la cour que sur le jardin, est d'une belle proportion et d'une exécution soignée. Ce palais a eu une destinée remarquable et peut-être unique ; c'est que, ayant appartenu à un grand nombre de personnes différentes, tous les travaux qui y ont été faits successivement, loin de le déformer, n'ont servi, au contraire, qu'à l'embellir. Le jardin, dont on aperçoit la vaste étendue des Champs-Elysées, est réellement magnifique.

La chapelle Beaujon, située rue du Roule, n° 59. C'est un joli monument, sous l'invocation de saint Nicolas, dû à la munificence du receveur général des finances Beaujon, qui le fit bâtir en 1780 pour servir de succursale à la paroisse de St-Philippe du Roule et pour en faire le lieu de sa sépulture. La disposition heureuse de cette chapelle, élevée sur les dessins de l'architecte Girardin, et la richesse de sa décoration en font une des plus agréables productions de l'architecture moderne. La nef est ornée de deux rangs de colonnes isolées, formant galeries latérales, auxquelles des murs ornés de niches au-dessus d'un stylobate servent de fond ; la voûte est décorée de caissons et éclairée par le haut par une lanterne carrée. A l'extrémité de cette nef est une rotonde également ornée d'un péristyle d'ordre corinthien, qui reçoit aussi le jour d'en haut ; l'autel, circulaire, est placé au centre. — RAPP fut marié dans cette chapelle en 1815, avec Mlle Vanderbergh.

La chapelle St-Nicolas était une dépendance de la petite maison du financier Beaujon, dite le *pavillon de la Chartreuse,* dont les jardins s'étendaient jusqu'à la barrière de l'Etoile ; le luxe, l'élégance et l'heureuse distribution des appartements de ce pavillon, le jardin, l'orangerie, les cuisines, la ferme, ne laissaient rien à désirer ; tout y respirait l'abondance et la volupté. Le plafond et les lambris de la salle de billard avaient été peints par Barbier ; le salon, de forme octogone, était orné de tableaux précieux ; de petits amours, peints dans le milieu d'un plafond en voussure, supportaient les draperies de la chambre à coucher du rez-de-chaussée ; au-dessus une autre chambre représentait un bosquet charmant, au milieu duquel était placée une corbeille de fleurs renfermant un lit ombragé par quatre arbres supportant les rideaux du lit suspendus à leurs rameaux ; toutes les pièces étaient ornées de superbes vases de porcelaine de Sèvres et de bronzes dorés du meilleur goût. Cette charmante habitation fut vendue en 1787 au receveur général des finances Bergerac ; plus tard elle a passé à une autre famille et a été divisée ; la partie comprenant le jardin anglais, le belvéder et les anciens bâtiments, fut acquise par la famille Vanderbergh. Le parc fut converti en jardin public et affermé à divers entrepreneurs : on y voyait des montagnes, des théâtres, une salle de concert, un très-beau café et un élégant restaurant, une salle de bal champêtre, etc., etc. Ce jardin, où furent données plusieurs belles fêtes militaires et où se pressa longtemps la foule des promeneurs parisiens, a été complétement détruit et morcelé vers 1824 ; sur son emplacement a été construit un nouveau quartier traversé par les avenues Fortunée, Byron, Châteaubriand, et par la rue de la Chartreuse.

L'église St-Pierre de Chaillot, située grande rue de Chaillot, n° 50. C'est une paroisse fort ancienne, qui fut donnée au xi° siècle au prieuré de St-Martin des Champs. Elle a été reconstruite vers 1750, à l'exception du sanctuaire, beaucoup plus ancien, terminé en demi-cercle sur la pente de la montagne, et porté de ce côté par une tour solidement construite. L'église a une aile de chaque côté, mais ces deux ailes ne se rejoignent point derrière le grand autel. La voûte du chœur se trouvant plus basse que celle de la nef, on a recouvert cette partie surbaissée par un Jéhovah en sculpture, entouré d'une gloire, qui cache cette difformité. La chaire et le banc d'œuvre sont décorés des attributs de St-Pierre et d'un écusson surmonté d'une tiare.

La maison de retraite de Ste-Périne, située grande rue de Chaillot, n° 99. C'était autrefois une abbaye de chanoinesses de l'ordre de St-Augustin, établie originairement à Nanterre en 1638 sous le nom de STE-GENEVIÈVE, et transférée à Chaillot en 1659, où elle prit le nom de NOTRE-DAME DE LA PAIX, titre qu'elle changea en celui de STE-PÉRINE en 1746, époque où les religieuses de l'abbaye de Ste-Périne de la Villette furent réunies à cette communauté. L'abbaye de Ste-Périne fut supprimée en 1790. Vers 1806, M. Duchayla fonda et établit dans ses bâtiments une institution remarquable en faveur des personnes honorablement élevées et tombées dans l'adversité. C'est aujourd'hui une grande maison où, pour 6,000 fr. une fois payés, ou au moyen d'une pension annuelle de 600 fr., les vieillards septuagénaires de l'un et de l'autre sexe trouvent une chambre convenable, une bonne nourriture, et tous les égards qu'ils pourraient exiger d'enfants les plus tendres et les plus dévoués. En cas de maladie, le traitement est fourni gratis. — L'institution de Ste-Périne compte cent quatre-vingts lits.

Plusieurs personnages remarquables ont terminé leurs jours à Ste-Périne : le marquis DE CHAMBONNAS, maréchal de camp, ministre de la guerre sous Louis XVI, y est mort en 1807 ; CHATEAU-NEUF, auteur d'une *Vie des grands capitaines de la république et de l'empire*, de la traduction de l'*Ecole du scandale* de Shéridan, y est mort en 1842, à l'âge de soixante-dix-sept ans ; COLOMBEL DE LA MEURTHE, député aux états généraux, membre du conseil des cinq cents et du conseil des anciens, qui s'opposa avec une grande énergie, le 18 brumaire, au renversement de la constitution, y est mort le 25 janvier 1841 ; FLAMEN GRÉTRY, neveu et exécuteur testamentaire de Grétry, est mort à Ste-Périne en 1843, etc., etc.

La maison dite de François Ier, située Cours de la Reine, au coin de la rue Bayard. Cette maison, transportée de Moret à Paris en 1823, est un chef-d'œuvre de la renaissance dû au ciseau de Jean Goujon, qui y a prodigué toutes les ressources de son imagination. Elle forme un carré parfait, et se compose de deux étages élevés sur caves voûtées. La façade principale donne sur le Cours ; les angles sont ornés de petits pilastres avec chapiteaux historiés ; l'attique est décoré de bas-reliefs représentant des génies supportant des écussons aux armes de France, enlacés dans des guirlandes de fleurs et de fruits. Au-dessus des arcades du rez-de-chaussée règne une frise en bas-relief représentant des scènes de vendanges, et dans la travée du milieu sont sculptés des médaillons représentant Louis XII, Henri II, François II, la reine Marguerite, Anne de Bretagne et Diane de Poitiers. Dans la corniche supérieure de la façade postérieure se trouve l'inscription suivante :

Qui scit frenare linguam sensumque donare
Fortior est illo qui frangit viribus urbes.

La manutention des vivres de la guerre, située quai de Billy, 26. C'est un vaste établissement bâti par le génie militaire sur une partie de l'emplacement occupé autrefois par l'établissement royal de la Savonnerie. La manutention des vivres de la guerre contient l'approvisionnement nécessaire pour plus de 40,000 hommes pendant trois mois ; on y fabrique plus de 40,000 rations de pain par jour. Un moulin à vapeur, pourvu de treize paires de meules et organisé d'après le meilleur système, est continuellement en activité, et peut produire 140,000 quintaux métriques de farine par année, ce qui équivaut à la nourriture de 56,000 hommes pendant le même temps. Un sac de blé reçu dans l'établissement n'en sort que converti en pain.

Champs-Elysées. On nomme ainsi une admirable promenade publique, située au delà du jardin des Tuileries, dont la grande allée s'aligne avec la longue avenue des Champs-Elysées, et qui n'est séparée de ce jardin que par la place de la Concorde. C'est un vaste terrain planté d'arbres alignés, limité au sud par le Cours-la-Reine, qui longe la rive droite de la Seine, au nord par les jardins du Faubourg St-Honoré, à l'est par la place de la Concorde, et à l'ouest par l'allée des Veuves. C'était autrefois une grande plaine couverte de jardins, de prés, de garennes, de champs, sur laquelle étaient bâties quelques maisons isolées. En 1670, ce terrain fut planté d'arbres formant plusieurs allées, au milieu desquelles on avait ménagé des tapis de verdure, et reçut le nom de promenade du *Grand-Cours,* pour la distinguer du Cours-la-Reine; plus tard on donna à cette promenade le nom de *Champs-Elysées.* En 1764, le surintendant des bâtiments, Marigny, fit arracher tous les arbres, aplanir la hauteur de l'Etoile, exhausser les parties les plus basses, et niveler entièrement le terrain, qui fut replanté dans l'état où nous le voyons aujourd'hui, à l'exception de quelques percements faits en 1819, dans le but d'obtenir des perspectives. La belle direction des allées; la distribution des espaces laissés au milieu des arbres et ornés de belles fontaines; les beaux édifices récemment construits pour des cafés et autres établissements publics; le vaste et beau cirque destiné aux exercices équestres, un majestueux panorama, la belle gerbe d'eau et le bassin du rond-point, et surtout l'admirable avenue terminée par le gigantesque arc de triomphe de l'Etoile, font de cette vaste plantation une des plus belles promenades du monde, et l'entrée la plus magnifique d'une grande capitale. Rien n'égale surtout le coup d'œil qu'offrent le soir la place de la Concorde avec ses fontaines, ses candélabres et ses colonnes rostrales d'où jaillissent des faisceaux de lumière, et surtout la grande avenue de Neuilly, éclairée par un double rang de becs de gaz dans toute sa longueur, depuis la place de la Concorde jusqu'à l'arc de triomphe de l'Etoile.

La convention nationale s'occupa d'embellir les Champs-Elysées; c'est sur les plans arrêtés par le comité de salut public que l'entrée de cette promenade a été élargie du côté de Paris, et que les chevaux de Marly ont été placés sur des piédestaux construits d'après les dessins de David. La convention avait aussi décrété que la statue de J.-J. Rousseau, en bronze, serait placée aux Champs-Elysées; ce monument fut mis au concours, mais il ne fut jamais exécuté.

Les Champs-Elysées ont souvent été le théâtre d'événements politiques que l'histoire a enregistrés. C'était là que se réunissaient, au commencement de la révolution, les corps d'artisans pour réclamer l'abolition des entraves au libre exercice des arts et métiers. C'est aux Champs-Elysées que se réunirent, le 5 octobre 1789, ces milliers de femmes du peuple qui, sous la conduite du fameux Maillard, se portèrent à Versailles. — A l'occasion de la fédération générale du 14 juillet 1790, la ville de Paris y donna, le 18 du même mois, une fête brillante aux fédérés de tous les départements. — A l'époque de l'acceptation de la constitution de 1791, la ville de Paris donna aux Champs-Elysées une autre fête pour célébrer cet événement. — Le 30 juillet 1792, une rixe sanglante s'engagea entre le bataillon des fédérés marseillais et les gardes nationaux du bataillon des Filles-St-Thomas, qui furent mis en fuite et dont le commandant fut tué sur la place. Cette affaire fut le prélude de la célèbre journée du 10 août. Ce jour-là, une des fausses patrouilles organisées par la cour et par le commandant Mandat se présenta aux Champs-Elysées, où se trouvait la garde nationale, sur laquelle cette fausse patrouille fit feu. Il en résulta un combat, à la suite duquel plusieurs royalistes furent pris et conduits au corps de garde des Feuillants : six d'entre eux, au nombre desquels était le journaliste Suleau, furent mis à mort par un tribunal populaire. — Après la mort de Marat, les jacobins et les cordeliers lui élevèrent aux Champs-Elysées, en commun avec Lepelletier, un tombeau de verdure qui fut dévasté nuitamment par les royalistes, restauré par un décret de la convention du 11 brumaire an II, et totalement détruit lors de la réaction thermidorienne par la jeunesse dorée.

Sous le règne de Napoléon, les Champs-Elysées furent aussi destinés aux grandes fêtes publiques. — Aux mauvais jours de 1814 et 1815, cette promenade devint le bivouac exclusif des Anglais, qui la dévastèrent tellement qu'on fut obligé de la replanter en partie en 1818 et 1819.

C'est aux Champs-Elysées et dans les carrés adjacents à l'avenue de Neuilly qu'ont lieu les réjouissances publiques. Dans tout le cours de l'année c'est le lieu de rendez-vous ou de passage des promeneurs qui parcourent l'avenue dans toute sa longueur ou qui se rendent au bois de Boulogne. Là se montrent en passant, en courant, les amateurs de beaux chevaux et d'élégants équipages. Là se réunissent sur divers points les plus forts joueurs de boule, de ballon, de paume. Les ouvriers y viennent jouer aux quilles et à d'autres jeux les dimanches et les lundis. On y voit en tous temps des cafés, des estaminets, des restaurants, des salles de danses et de concerts, des jeux d'escarpolette, des dynamomètres, des balances, où l'on peut constater les forces de son poignet et le poids de son corps. On y rencontre des escamoteurs, des physiciens, des baladins et des charlatans de toute espèce ; on y entend une musique enragée, des chanteurs français, allemands et italiens. — Par un soleil de printemps, toute l'histoire de Paris passe aux Champs-Elysées sous les yeux de l'observateur. Sur les bas côtés de la promenade, pendant que la foule plébéienne se presse autour de quelques bateleurs, on voit se promener le grave bourgeois, quelques jeunes femmes malades, quelques vieillards qu'on réchauffe sous cette favorable influence, et les enfants qui se disputent les voitures traînées par les chèvres. Mais sur le milieu de la chaussée, c'est le monde opulent qui court avec une rapidité image fidèle de ses destinées. D'abord on voit défiler les équipages diplomatiques, que suivent ordinairement ceux de la banque ; puis viennent les attelages fringants, les élégants cavaliers, les antiques et lourds équipages ; les voitures de place numérotées, de toutes les formes et de toutes les dimensions, qui roulent la moyenne propriété, qu'on n'a pas encore déshéritée de sa part du soleil. Dans quelques carrosses vieux et sans valets se promènent des souffrances et des regrets. Les omnibus, ces tyrans de la voie publique, transportent les individus de toutes les classes que réclament le plaisir, le travail ou les affaires. La charrette ne s'émeut pas du luxe qui l'entoure ; la carriole du campagnard, orgueilleuse comme on l'est au village, ne cède point sa part à la voiture armoriée. Enfin les tilburys, les briskas conduisent le plus joyeusement du monde des jeunes gens, dont les Champs-Elysées et le bois de Boulogne ne sont fort souvent que la première étape du château de leurs pères à la prison de Clichy.

C'est aux Champs-Elysées qu'a lieu la promenade dite de Longchamps, dont l'origine remonte au temps où les Parisiens allaient en foule pendant les mercredi, jeudi et vendredi de la semaine sainte, entendre les chants religieux des filles de l'abbaye de Longchamps. Plus tard, les voix mélodieuses des acteurs et des actrices de l'Opéra, qui venaient chanter aux ténèbres, y attirèrent un concours immense de spectateurs. L'abbaye de Longchamps disparut en 1790, et la promenade fut interrompue pendant tout le cours de la révolution ; mais elle reprit une nouvelle activité à l'avénement au trône de Napoléon ; elle attire encore de nos jours la foule, selon que le temps est plus ou moins favorable.

Cette belle promenade est pleine de périodes brillantes et de curieuses anecdotes, entre lesquelles nous choisirons la suivante : « Un soir d'une belle journée d'été, Martin de l'Opéra-Comique, Lafont le célèbre violoniste et la belle M™* B..., après avoir fait plusieurs tours dans la principale allée, s'arrêtèrent devant un pauvre vieil aveugle qui jouait du violon depuis deux heures sans avoir reçu la moindre aumône : les trois artistes prirent en pitié leur infortuné confrère. Lafont lui emprunta son violon et accompagna Martin, qui chanta ses plus beaux airs. La foule accourut, et M™* B... fit la recette, qui fut assez abondante pour que le vieillard fût à l'abri du besoin pour le reste de ses jours. »

Les Champs-Elysées, qui faisaient autrefois partie du domaine de la couronne, furent réunis au domaine national en 1792. Ils ont été concédés à titre de propriété à la ville de Paris en 1828, ainsi que la place de la Concorde. En 1838 et 1839, la ville y a fait établir cinq fontaines, et a concédé pour trente-six années à plusieurs particuliers dix emplacements, à la charge d'y construire des pavillons qui ont été exécutés d'après les plans fournis par l'administration. Il y a en outre une vaste rotonde construite pour un panorama, et un magnifique cirque occupé pendant l'été par le Cirque olympique.

Place de la Concorde. Elle est située entre le jardin des Tuileries, le pont de la Concorde, le Cours-la-Reine, les Champs-Elysées et la rue Royale-St-Honoré. La partie gauche de cette place, à partir du pont de la Concorde jusqu'à la rue Royale, est seule du quartier des Champs-Elysées, et il n'y a qu'une série de numéros pairs, de 4 à 10, qui sont sur la paroisse de la Madeleine. La partie droite est du quartier des Tuileries.

Cette place, considérée sous le rapport de l'architecture monumentatale, et comparée à celles dont nous aurons occasion de parler, est peut-être moins une place proprement dite, qu'un vaste emplacement qui sépare dans un sens le jardin des Tuileries des Champs-Elysées, et dans un autre le faubourg St-Honoré du faubourg St-Germain. En 1748, la ville de Paris ayant décidé de faire élever une statue équestre à Louis XV, on choisit l'esplanade entourée de fossés qui séparait alors les Champs-Elysées du jardin des Tuileries pour l'édification de ce monument. Cet emplacement était, à la fin du xvi° siècle, hors de l'enceinte de de Paris; on y pénétrait par le pont tournant du jardin des Tuileries, la porte St-Honoré, la porte de la Conférence et les Champs-Elysées; en 1748 il servait de magasin aux marbres, situé alors où est aujourd'hui l'abreuvoir; deux grands égouts découverts en traversaient les deux extrémités, l'un coulant dans les fossés des Tuileries, l'autre le long des Champs-Elysées. L'architecte Gabriel fut chargé de rendre cet emplacement digne de recevoir la statue du monarque; le projet de cet architecte fut soumis à l'agrément du roi, qui permit son exécution par lettres patentes du 21 juillet 1757, et fit don du terrain. Dans le projet de cette place, l'architecte sembla s'être proposé de lui donner un caractère différent de celui des autres places de la ville. Eloignée alors du centre de la population et des routes habituelles du commerce et de l'industrie, et ne pouvant être entourée d'habitations particulières, on voulut qu'elle fût environnée dans tous ses aspects d'objets agréables, riches et variés; qu'elle fût plutôt un centre de points de vue divers, qu'un ensemble symétrique de monuments d'une architecture uniforme; aussi fut-elle disposée de manière, non-seulement à ne pas former d'interruption entre le jardin des Tuileries et les Champs-Elysées, mais à prolonger au contraire pour le spectateur les dépendances du palais. Fermée au levant et au couchant par deux belles masses de verdure que forment les deux promenades publiques auxquelles elle sert de communication, elle offre, au midi, le pont de la Concorde et le palais de la chambre des députés; au nord, l'architecture riche et pittoresque des bâtiments du Garde-Meuble, et le percé de la rue Royale bornée par le majestueux édifice de la Madeleine; enfin cette décoration théâtrale est heureusement complétée par quatre beaux groupes de marbre, placés aux entrées du jardin des Tuileries et des Champs-Elysées, et par l'obélisque et les deux fontaines monumentales qui occupent le centre de la place.

Cette place fut commencée en 1754 et entièrement achevée en 1763. Au centre fut élevée la statue équestre en bronze de Louis XV, dont la place reçut le nom; cette statue avait été fondue d'un seul jet par Gor, sur le modèle exécuté par Bouchardon. Le monarque y était représenté en costume romain et couronné de lauriers; aux quatre angles du piédestal étaient placées quatre figures en bronze, par Pigale, représentant la Force, la Prudence, la Paix et la Justice. Deux des faces du piédestal étaient chargées d'inscriptions; sur les deux autres étaient deux bas-reliefs, dont l'un représentait le roi dans un quadrige, couronné par la

Victoire et conduit par la Renommée ; et l'autre le monarque assis sur un trophée formé par les emblèmes de la paix.

L'inauguration de la place Louis XV eut lieu le 20 juin 1763.

Peu d'années après cette inauguration solennelle, Louis XV, qui avait cessé d'être l'objet de l'amour du peuple, fut audacieusement insulté par de nombreux placards que l'on affichait sur sa statue. Un particulier monta pendant la nuit sur le cheval, banda les yeux du roi, et lui passa en écharpe une corde à l'extrémité de laquelle était attaché un tronc en fer-blanc, et lui plaça sur la poitrine un écriteau portant ces mots : *N'oubliez pas ce pauvre aveugle*, allusion à l'aveuglement du roi pour la comtesse du Barry, qui devait plus tard perdre la vie sur cette même place. On n'avait même pas attendu l'inauguration de la statue pour insulter le monarque qu'elle représentait ; car, dès le 6 juin, on y avait placé pendant la nuit un placard portant cette inscription latine : *Statua Statuæ*. Les quatre figures placées aux quatre coins du piédestal furent aussi l'objet de plusieurs mauvaises plaisanteries, dont nous ne citerons qu'une des plus acérées :

O la belle statue ! ô le beau piédestal !
Les vertus sont à pied, le vice est à cheval !

En 1782 on trouva sur la statue un autre placard portant : *Arrêt de la cour des monnaies qui ordonne qu'un Louis mal frappé soit refrappé*.

La place Louis XV est tristement fameuse par le funeste événement dont elle fut le théâtre à l'époque du mariage du dauphin (depuis Louis XVI) avec Marie-Antoinette, archiduchesse d'Autriche. Les finances étaient épuisées ; la disette produite par l'infâme pacte de famine désolait les provinces, au point que plus de quatre mille personnes étaient mortes de faim dans la Marche et le Limousin seulement. On fit si bien cependant, que l'archiduchesse ne put s'apercevoir de la misère publique ; elle traversa la France au milieu d'une continuelle série de fêtes, et l'on en disposait de plus éclatantes encore pour son arrivée. Celle que la ville de Paris donna à cette occasion le 30 mai 1770 fut en effet superbe ; le bouquet seul du feu d'artifice était composé de plus de trente mille fusées, qui, à un écu pièce, représentait une somme de quatre mille louis ; l'effet qu'il produisit fut magnifique, mais les suites en furent bien funestes. Ce feu d'artifice avait attiré sur la place Louis XV un nombre immense de curieux ; à peine fut-il tiré que chacun chercha à se frayer un passage sur la rue Royale, seule issue alors de cette place du côté de la ville ; mais un fossé qui n'avait point été comblé, et des matériaux qui obstruaient la voie publique formèrent un obstacle au prompt écoulement de la foule qui se portait en masse du côté du boulevard, d'où arrivait aussi un grand nombre de voitures. En un moment, la presse devint si forte et si affreuse, que plus de quatre mille personnes (d'autres portent ce nombre à dix mille) furent instantanément étouffées. On voyait des personnes culbutées dans le fossé, froissées contre les pierres, foulées aux pieds des chevaux ; d'autres, l'épée nue à la main, essayant de se faire jour à travers la foule, blessant et tuant ceux qui s'opposaient à leur passage. Le nombre des personnes blessées, estropiées ou qui moururent des suites de cette presse fut incalculable et n'a jamais été bien connu ; plusieurs familles entières disparurent, et l'on compta peu de maisons dans Paris où l'on n'eût à pleurer un parent ou un ami. Les victimes mortes ou mourantes furent exposées dans les maisons de la rue Royale, où chaque famille allait reconnaître son père, son frère, sa mère, sa sœur, son fils ou son ami. — Trois circonstances concourent au malheur de cette journée : 1° un complot formé par les filous, qui organisèrent un engorgement, une presse et un tumulte considérable, afin de pouvoir, au milieu du désordre, faire leurs coups de main et voler impunément ; plusieurs cadavres de ces scélérats, reconnus après l'événement, attestèrent leur crime ; 2° la négligence de l'architecte de la ville de Paris à faire aplanir le terrain par où devaient s'écouler environ six cent mille spectateurs, et à écarter les divers obstacles qui pouvaient resserrer ou gêner la circulation ; 3° l'insuffisance de la garde et la lésinerie du bureau de la ville, qui refusa d'accorder au régiment des gardes françaises une gratification de mille écus, comme l'exigeait le maréchal de Biron, pour les mettre sur pied ce jour-là et suppléer à la faiblesse et à l'incapacité des archers de la garde bourgeoise.

Lorsque par une belle journée de printemps ou d'été les insoucieux Parisiens quittent leur logis pour aller respirer le grand air aux Champs-Elysées ou au bois de Boulogne, la plupart d'entre eux ne se doutent guère, en passant près de l'obélisque, qu'ils foulent un sol où fut élevé et resta en permanence pendant des mois entiers l'inexorable instrument de supplice qui mit fin à tant d'existences. Il n'est cependant pas une saison, pas un mois, pas une semaine, presque pas un jour de l'année où plusieurs têtes ne soient tombées sur cette place, que les victimes elles-mêmes avaient sans doute traversée avec autant d'indifférence que la foule qui s'y presse aujourd'hui. — Là, cependant, devant la statue de la Liberté, s'est accomplie la plus terrible hécatombe humaine dont fasse mention l'histoire des nations civilisées. Là furent sacrifiés des individus diamétralement opposés de système et de parti : Louis XVI et Fabre d'Eglantine, Chaumette et Charlotte Corday, Marie-Antoinette et le général Custine, Brissot et Olympe de Gouges, Vergniaud et Adam Lux, Mme Rolland et Philippe Egalité, Barnave et la comtesse du Barry, Malesherbes et Rabaut St-Etienne, Hébert et le duc de Lauzun, Danton et Hérault de Séchelles, Westermann et Camille Desmoulins, Lavoisier et Madame Elisabeth, Robespierre et les membres de la commune de Paris, en tout plus de quinze cents victimes !

Le 21 janvier 1793, la plus illustre de toutes ces victimes, l'ex-roi

Louis XVI, condamné à mort la veille par la convention nationale, fut conduit dans la voiture du maire de Paris sur la place de la Révolution, où il arriva à dix heures du matin. Le silence le plus profond régnait de tous côtés. Il descendit de la voiture et fut remis entre les mains de l'exécuteur; il ôta son habit et son col lui-même, et resta couvert d'un simple gilet de molleton blanc; il ne voulait pas qu'on lui coupât les cheveux, et surtout qu'on l'attachât : quelques mots dits par son confesseur le décidèrent à l'instant. Il monta sur l'échafaud, s'avança du côté gauche, le visage très-rouge, considéra pendant quelque temps les objets qui l'environnaient, et demanda si les tambours ne cesseraient de battre : il voulut s'avancer pour parler; plusieurs voix crièrent aux exécuteurs, qui étaient au nombre de quatre, de faire leur devoir : néanmoins, pendant qu'on lui mettait les sangles, il prononça distinctement ces mots : *Je meurs innocent, je pardonne à mes ennemis, et je désire que mon sang soit utile aux Français et qu'il apaise la colère de Dieu.* A dix heures dix minutes, sa tête fut séparée de son corps, et ensuite montrée au peuple : à l'instant les cris de *Vive la république!* se firent entendre de toutes parts. Ses restes furent placés dans une mannette d'osier et conduits au cimetière de la Madeleine.... Après l'exécution, quantité de volontaires s'empressèrent de tremper dans le sang le fer de leurs piques, la baïonnette de leurs fusils ou la lame de leur sabre. Un citoyen monta sur la guillotine même, et plongeant tout entier son bras nu dans le sang qui s'était amassé en abondance, il en prit des caillots plein la main, et en aspergea par trois fois la foule des assistants!.... « On ne manquera pas, imprimait le lendemain de cette exécution l'auteur des *Révolutions de Paris*, de calomnier le peuple à ce sujet; mais la réponse la plus péremptoire qu'on puisse faire aux imputations odieuses dont on va s'efforcer de noircir Paris à cette occasion, c'est le calme qui régna la veille, le jour et le lendemain du supplice de Louis Capet, c'est la docilité des habitants de Paris à la voix du magistrat. Les travaux ont été un moment suspendus, mais repris presque aussitôt, comme si de rien n'eût été. Comme de coutume, la laitière est venue vendre son lait, les maraîchers ont apporté leurs légumes, et s'en sont retournés avec leur gaieté ordinaire, chantant les couplets d'un roi guillotiné. Les riches magasins, les boutiques, les ateliers n'ont été qu'entr'ouverts toute la journée, comme jadis les jours de petite fête. La bourgeoisie commença un peu à se rassurer vers les midi, quand elle vit qu'il n'était question ni de meurtres, ni de pillage, malgré les prédictions charitables de quelques gens officieux. Il n'y eut point de relâche aux spectacles; ils jouèrent tous (1) : on dansa sur l'extrémité

---

(1) On donnait au théâtre de la République, *les Folies Amoureuses, l'Enfant prodigue;* au théâtre Montansier, *les Événements imprévus, le Sourd ou l'Auberge pleine;* à

du pont ci-devant de Louis XVI.... On parlait de tirer le canon du Pont-Neuf au moment de l'exécution. Cela n'eut pas lieu ; et en effet la tête d'un roi, en tombant, ne doit pas faire plus de bruit que celle de tout autre scélérat!!! » (*Révolutions de Paris*, n° 185, p. 202-207.) La convention siégea comme les jours précédents, et décréta ce jour-là que les honneurs du Panthéon seraient accordés à Michel Lepelletier de St-Fargeau, assassiné la veille par le garde du corps Pâris.

Le 17 juillet périt Charlotte Corday, jeune vierge dont la main dévouée plongea le fer dans le sang impur de Marat. Pendant le trajet de la Conciergerie au lieu de l'exécution, une sérénité vraiment céleste brillait sur le charmant visage de la victime ; seulement, elle rougit à l'aspect de l'échafaud. Le calme de ses traits ne se démentit qu'au moment où l'exécuteur Legros lui arracha le fichu qui couvrait son sein. A ce moment, la pudeur outragée se trahit chez la jeune vierge en un mouvement de colère bientôt réprimée. Quand sa belle tête fut tombée, l'exécuteur la montra au peuple, et eut l'infamie de la frapper sur les deux joues, qui se couvrirent, dit-on, d'une rougeur qui frappa tous les regards ; mais cette action infâme provoqua une explosion d'indignation parmi ce même peuple qui avait accompagné la charrette avec d'atroces imprécations. Ainsi périt, à sept heures du soir, à l'âge de vingt-cinq ans, cette fille sublime, dont le nom, ainsi que l'a si bien exprimé l'infortuné Chénier, est un immortel honneur pour notre histoire. — Ce sacrifice humain fut accompli dans une des plus belles saisons de l'année. La chaleur, qui avait été accablante pendant tout le jour, était alors tempérée par la brise légère du soir, qui invitait à jouir des agréments de la promenade. La foule se dispersa sous les ombrages des Tuileries ou des Champs-Elysées ; les plus insouciants furent au spectacle. On donnait ce jour-là, à l'Opéra, *Orphée et Euridice* et *le Jugement du berger Pâris ;* au théâtre de la Nation, *le Comte de Comminge* et *le Conciliateur ;* à l'Opéra-Comique, *Azémia ou les Sauvages* et *le Droit du Seigneur ;* au théâtre de la République, *la Métromanie* et *le Deuil prématuré ;* au Vaudeville, *Arlequin Cruello, l'Apothéose, Favart aux Champs-Elysées ;* A Feydeau, *les Visitandines* et *le Club de Sans-Souci*. A chacun de ces spectacles il y avait foule !

Le 10 août 1793, jour anniversaire de l'abolition de la royauté, on célébra sur la place de la Révolution une fête publique pour l'inauguration de la constitution de la république française. Un immense bûcher, formé de tout ce qui avait servi à la représentation et au faste de la royauté était dressé sur cette place. Hérault de Séchelles, président de la convention et de cette fête nationale, en arrivant au pied du bûcher,

---

Feydeau, *le Médecin malgré lui, l'Histoire universelle ;* aux Italiens, *l'Amant jaloux, l'Ami de la maison ;* à l'Académie de musique, *Roland*.

s'adressa d'une voix forte à la foule immense qui l'entourait, et, après avoir rappelé que c'était là qu'avait été couronné le grand sacrifice de la révolution (il était loin de prévoir que dix mois après lui-même périrait sur cette même place), il s'empressa d'ajouter : « Qu'ils périssent aussi ces signes honteux d'une servitude que les despotes affectaient de reproduire sous toutes les formes à nos regards, que la flamme les dévore ! » En disant ces mots, il prit une torche enflammée, l'appliqua contre le bûcher, et, à l'instant, trône, couronne, sceptre, fleurs de lis, manteau ducal, écussons, armoiries, tout disparut au bruit petillant des flammes et au milieu des acclamations de plus de cent mille personnes.

Le 16 octobre à dix heures du matin, Marie-Antoinette, veuve de Louis XVI, monta dans la fatale charrette, les mains liées derrière le dos; après deux heures de marche, elle arriva sur la place de la révolution. Elle était vêtue de blanc, et s'était elle-même coupé les cheveux. En montant à l'échafaud, elle marcha par mégarde sur le pied de l'exécuteur Sanson, qui en ressentit quelque douleur : *Monsieur*, lui dit-elle en se retournant, *je vous demande excuse, je ne l'ai pas fait exprès*. A midi elle avait cessé de vivre et de souffrir ! — L'histoire dira ce qui précipita le supplice de cette reine; on en connaît peu les détails, mais on est autorisé à croire que les auteurs de la mort de Louis XVI, menacés dans leur existence, réagirent avec audace, et voulurent prouver à leurs ennemis qu'ils n'avaient pas peur et qu'ils pouvaient les braver. — On remarqua que ce jour-là les spectacles furent plus suivis que les jours précédents : on jouait à l'académie de musique (Opéra) : *l'Offrande à la liberté*, *Fabius*, *le Ballet de Télémaque*; à l'Opéra-Comique, rue Favart, *Guillaume Tell*, *la Fête civique*; au théâtre de la République, rue Richelieu, *première représentation du Jugement dernier des rois*, *le Méchant*; au théâtre Feydeau, *Tulipano*; *le Club des Sans-Soucis*; au théâtre Montansier, *Eustache pointu*; au théâtre National, rue Richelieu et Louvois, *l'Amant jaloux*; au Vaudeville, *la Gageure inutile*; au Théâtre-Français, Comique et Lyrique, rue de Bondi, *Nicodème dans la lune*, *la Servante maîtresse*.

Le 30 octobre furent exécutés vingt et un députés à la convention nationale; ils marchèrent au supplice en chantant la *Marseillaise*, et moururent tous avec courage. — On jouait ce jour-là au théâtre Feydeau, *Allons, ça ira*; au Vaudeville, *la Revanche forcée*; au théâtre de la République, *le Modéré*.

Le 7 novembre périt sur l'échafaud Louis-Philippe-Joseph, dit Egalité, duc d'Orléans, père du roi Louis-Philippe I", député à la convention nationale. Le peuple accabla ce prince de huées sur son passage, mais il se trouva plus fort contre ses insultes qu'il ne l'avait été contre ses caresses décevantes. De toutes les victimes moissonnées par la faux révolutionnaire aucune n'alla plus tranquillement, plus courageusement à l'échafaud.

Le 9 novembre vit périr Mme Roland, femme de l'ex-ministre de ce nom, l'une des plus regrettables victimes du tribunal révolutionnaire. Elle était vêtue de blanc, symbole de la pureté de son âme. La foule émue de pitié, ou saisie d'admiration, gardait un morne et profond silence. Cependant, de loin en loin, quelques scélérats gagés pour insulter au malheur criaient : *A la guillotine ! à la guillotine !* Mme Roland, avec sa douceur mêlée de fierté, répondait : « J'y vais ; tout à l'heure j'y serai. » Arrivée sur la place de la Révolution, elle s'inclina devant la statue de la Liberté, et dit : *O liberté, comme on t'a jouée !* Parvenue au pied de l'échafaud, où par faveur on lui avait accordé de monter la première, elle eut la générosité de céder ce triste privilége à son compagnon de voyage S.-F. Lamarche, ci-devant directeur des assignats. L'exécuteur s'opposait à ce changement : elle lui dit avec un sourire : « Vous ne pourriez pas, j'en suis sûre, rejeter la dernière demande d'une femme. »

Le 29 périt Barnave, ex-membre de l'assemblée nationale. Arrivé sur l'échafaud, le calme et l'impassibilité dont il avait fait preuve au tribunal révolutionnaire ne l'abandonnèrent pas. Il mourut avec fermeté, et s'écria en tournant les yeux vers le ciel : « Voilà donc le prix de tout ce que j'ai fait pour la liberté. » — Avec lui fut immolé l'ex-ministre de la justice Duport du Tertre.

Le 6 décembre monta sur l'échafaud la comtesse du Barry. Cette courtisane, que l'on avait vue sortant du lit de Louis XV, se faisant donner une de ses pantoufles par le nonce du pape et l'autre par le grand aumônier de France, jetait des cris douloureux pendant le trajet de la Conciergerie à la place de la Révolution. De toutes les victimes de son sexe frappées par la hache révolutionnaire, ce fut celle qui montra le plus de faiblesse : « M. le bourreau, s'écriait-elle avec l'accent du plus violent désespoir, encore un moment ! encore un moment ! » Elle se débattait avec tant de force que les valets de l'exécuteur furent obligés d'employer tous leurs efforts pour la fixer à la fatale planche.

Le 21 janvier 1794, anniversaire de la mort de Louis XVI, la société des jacobins et la garde nationale de Paris s'étant rendus en masse à la convention nationale pour demander que la mort de Louis XVI fût consacrée par une fête, Couthon proposa d'aller au pied de l'arbre de la liberté fêter cette grande journée. Un décret d'enthousiasme fut rendu à ce sujet ; la convention tout entière se joignit aux jacobins et aux sections, et se porta sur la place de la Révolution pour y jurer mort aux tyrans. Cette fête, quoique improvisée, dit un auteur contemporain, n'en fut pas moins une des plus extraordinaires de l'époque.

Le 16 germinal an II (8 avril 1794) fut un jour des plus néfastes par le grand nombre d'illustres victimes qui furent sacrifiées. En ce jour périrent Danton et Hérault de Séchelles, Camille Desmoulins et Lacroix, Philipeaux et le général Westermann ; avec eux furent exécutés Chabot, Fabre d'Eglantine, les fournisseurs d'Espagnac, Junius et Emmanuel Frey, l'Espagnol Gusman et le Danois Diederichs. Tous moururent avec la plus grande fermeté ; la troupe infâme payée pour outrager les victimes suivait les charrettes ; à sa vue Camille, indigné, se livra aux plus violentes imprécations. Danton, promenant sur cette multitude un regard calme et plein de mépris, dit à Camille : « Reste donc tranquille, et laisse là cette vile canaille. » Arrivé au pied de l'échafaud, Danton allait embrasser Hérault de Séchelles, qui lui tendait les bras ; l'exécuteur s'y opposant, il lui adressa avec un sourire ces expressions terribles : « Tu veux donc être plus cruel que la mort ! Va, tu n'empêcheras pas que dans un moment nos têtes ne s'embrassent dans le panier ! »

Le 21 floréal (10 mai 1794) fut offert en holocauste à la révolution Madame Elisabeth, sœur de Louis XVI, à laquelle on donna pour cortége dans cette hécatombe humaine vingt-quatre autres victimes des deux sexes, où se trouvaient l'ex-ministre de la guerre Loménie de Brienne, le coadjuteur Martin de Loménie, le chanoine Charles de Loménie et le comte Alexandre de Loménie, la veuve de l'ex-ministre des affaires étrangères Montmorin, Mégret de Serilly, ex-trésorier de la guerre, et son épouse. Lorsque Madame Elisabeth fut conduite au supplice, les plus abjectes et les plus infâmes créatures se pressaient autour de la charrette en vociférant les plus atroces injures ; mais ces clameurs insultantes ne purent ternir un seul instant la noble sérénité du visage de l'illustre victime. Arrivée au pied de l'échafaud, les amis de sa cause qui allaient mourir avec elle l'environnèrent de leur respect ; en passant devant elle, car on l'avait réservée pour la fin de l'exécution, ils s'inclinèrent en la regardant avec attendrissement. Lorsque son tour fut arrivé, l'exécuteur s'empara brusquement de sa personne, et le fichu qui couvrait son sein tomba. « Au nom de votre mère, monsieur, couvrez-moi ! » dit-elle avec une expressive peine ; le bourreau obéit à cette voix ; elle sourit et mourut. — Madame Elisabeth était âgée seulement de trente ans et huit jours (elle était née le 3 mai 1764) ; c'était une superbe femme, d'une taille noble et gracieuse, d'une figure charmante qu'encadraient les plus beaux cheveux noirs. — Le sacrifice fut consommé à deux heures après midi, par une magnifique journée de printemps ; la plupart des femmes, confondues dans la foule qui se pressait sur la place de la Révolution, avaient à la main un bouquet de roses, au point que l'air était imprégné de leur parfum ! Le soir il y avait foule à tous les théâtres. — Une des dernières victimes du tribunal révolutionnaire, fut le comte de Thiard, le dernier des cordons-bleus nommés par Louis XVI. Il avait été blessé assez grièvement le 10 août en défendant ce monarque des outrages du peuple.

Le 10 thermidor an ii (28 juillet 1794), dans l'après-midi, furent exécutés Maximilien Robespierre, Robespierre jeune, Couthon, St-Just, députés à la convention nationale ; Dumas, président du tribunal révolutionnaire; Gombeau, substitut de l'accusateur public; Payan, agent national de la commune de Paris; Vivier, président de la société des jacobins; Henriot, général en chef de la force armée de Paris; Lavalette, ex-général de l'armée du Nord; Lescot Fleuriot, maire de Paris; Simon, cordonnier, ex-geôlier de Louis XVII, membre du conseil général de la commune de Paris, et dix autres membres de la commune de Paris, mis hors la loi par la convention dans la séance du 9 thermidor. Dans ce jour, la place de la Révolution, les quais, les ponts, toutes les rues adjacentes étaient couverts d'hommes et de femmes qui faisaient éclater une joie qui avait quelque chose de sinistre; jamais exécution criminelle n'avait attiré une foule aussi considérable. Couthon et Henriot furent portés à moitié morts sur l'échafaud; Robespierre jeune, grièvement blessé, mourut avec un sang-froid stoïque; Maximilien Robespierre brava avec une impassibilité rare les insultes de la populace, et supporta avec courage les douleurs atroces que lui causait sa blessure: une dernière et horrible souffrance l'attendait à ses derniers moments; après avoir été bouclé sur la planche, l'exécuteur arracha brusquement l'appareil mis sur sa blessure, les deux mâchoires se détachant tout à coup lui arrachèrent un cri affreux, qui fut le seul et le dernier qu'on lui entendit proférer; deux secondes après il avait cessé d'être. Il prouva en mourant la justesse du mot de Cromwell; on vit plus de monde entourer son échafaud que l'on n'en avait vu à l'autel où il s'érigea en pontife de l'Etre suprême.

Le 11 thermidor, soixante-dix individus, tous membres de la commune de Paris, mis hors la loi par la convention, furent exécutés. L'on s'était borné à constater par témoins l'identité de leur personne, seule formalité qui précéda leur supplice.

Le 18 eut lieu l'exécution de Coffinal, vice-président du tribunal révolutionnaire.

Le 22 thermidor on exécuta onze individus mis hors la loi, pour la plupart membres de la commune de Paris, dont on se borna à constater l'identité.

Le 17 floréal, Fouquier-Tinville et quinze de ses complices sont exécutés.

Il est temps de détourner les yeux de ces meurtres froidement ordonnés avec l'apparence de la justice, de ces scènes sanglantes qui ne laissent pas que d'être un grand enseignement pour l'histoire, mais dont profiteraient peu ceux appelés à gouverner dans des moments difficiles.

En 1814, la place de la Concorde reçut de nouveau le nom de place Louis XV. Le 10 avril de la même année, un *Te Deum* y fut chanté, suivant le rit grec, sur un autel dressé au milieu de la place, et les souverains étrangers y passèrent la revue des armées russes, prussiennes et autrichiennes. Le 19 janvier 1815, les chambres votèrent une loi qui prescrivait un deuil général dans toute la France, en expiation de l'exécution de Louis XVI. La cérémonie funèbre qui eut lieu le surlendemain du jour où cette douleur publique avait été imposée ne produisit qu'une impression de simple curiosité sur le peuple. Malgré la pompe et l'éclat dont la cour s'était étudiée à la rehausser, elle ne parvint pas à tirer des yeux de ce peuple une larme de repentir. Son indifférence à cette occasion sembla même prouver qu'il avait deviné que le but secret de cette solennité religieuse était de lui faire renier le grand principe de la révolution qui avait brisé ses fers.

L'arc de triomphe de l'Etoile. Après la campagne d'Austerlitz, Napoléon eut l'idée d'ériger au milieu du vaste rond-point de la barrière de l'Etoile une colonne triomphale à la gloire de la grande armée. Un grand arc de triomphe ayant paru préférable à celui d'une colonne, parce que dans une position aussi élevée il était de toute nécessité que le monument fût d'une grandeur colossale, l'érection en fut décrétée le 18 février 1806, et l'on n'apprendra pas sans étonnement qu'un monument de cette importance fut commencé sans qu'aucune cérémonie de pose de première pierre servit à en constater l'origine et le but ; seulement, le 15 août 1806, les ouvriers employés à cette construction voulurent en fixer la date lorsque déjà il y avait quatre assises posées en fondations. Ils taillèrent une pierre en forme de bouclier hexagone, où ils gravèrent cette inscription :

L'AN 1806,
LE 15 AOUT, JOUR ANNIVERSAIRE
DE LA NAISSANCE DE S. M. NAPOLÉON LE GRAND,
CETTE PIERRE EST LA PREMIÈRE QUI A ÉTÉ POSÉE
DANS LA FONDATION DE CE MONUMENT.
MINISTRE DE L'INTÉRIEUR
M. DE CHAMPAGNY.

Les événements de 1814 trouvèrent l'arc de l'Etoile élevé jusqu'aux voûtes. Sous la restauration il fut tout à fait abandonné, et l'on enleva même jusqu'à l'échafaudage, dont le bois fut employé à l'achèvement du grenier d'abondance. En 1823 on pensa à faire servir l'arc élevé à la gloire de la république et de l'empire pour transmettre les faciles succès de l'expédition d'Espagne ; mais les travaux n'eurent jamais une grande activité, et la révolution de 1830 surprit ce monument à peu près au point où l'avait laissé l'empire. Les travaux furent repris en 1831, et l'arc de triomphe achevé, moins le couronnement, en 1833. — Plusieurs architectes ont successivement dirigé les travaux. Chalgrin fut le premier ; après sa mort, en 1811, Goust continua les travaux jusqu'en 1814. En 1823 ils furent repris sous la direction de M. Huyot, auquel succéda une commission de quatre membres : MM. Gisors, Fontaine, Labarre et Debret. Plus tard M. Huyot fut de nouveau chargé de la direction des travaux, dont l'achèvement a été confié, en 1832, à

M. Blouet, qui a fait élever les constructions supérieures, en suivant en partie les projets de M. Huyot. — Ce monument, qui surpasse de beaucoup, par la grandeur de ses proportions, toutes les constructions de ce genre, et dont tous les frais se sont élevés à près de dix millions, est établi sur une fondation en pierres de taille de 18 m. 50 c. de profondeur. Sa principale largeur est de 44 m. 82 c.; sa hauteur au-dessus du sol de 45 m. 33 c.; sa profondeur de 21 m. 83 c. Le grand arc a 29 m. 19 c. de hauteur sur 14 m. 62 c. de large ; l'arc percé dans l'axe du boulevard extérieur a 17 m. 86 c. de hauteur sur une largeur de 8 m. 45 c. Les deux faces principales sont tournées vers les Champs-Elysées et Neuilly ; celles de côté vers Passy et le Roule. — A l'intérieur du monument sont ménagées de grandes salles nécessitées par les combinaisons des voûtes et la décoration extérieure. Des escaliers pratiqués dans les constructions donnent accès aux grandes salles ; ainsi qu'à la plate-forme qui les surmonte. L'attique est orné de pilastres, sur lesquels sont sculptées des palmes avec des épées ; entre les pilastres sont des boucliers sur lesquels sont gravés des noms de batailles. Au-dessus du socle, qui surmonte la corniche de l'attique, est une galerie ou ornement en pierre, formant appui et couronnement, composé de têtes de Méduse, correspondantes à chacun des pilastres inférieurs, et reliées entre elles par des palmettes et des écussons. La voûte du grand arc et celles des petits arcs sont décorées de caissons avec rosaces, et les arcs doubleaux sont ornés d'entrelacs. — La frise du grand entablement est ornée d'un grand bas-relief continu. Le côté de Paris (est), compris la moitié des deux faces latérales, représente la distribution des drapeaux et le départ des armées. Les auteurs de cette partie sont : M. Brun pour le milieu, M. Jacquot pour la partie gauche et M. Laitié pour la partie droite. Le côté de Neuilly (ouest), compris les deux autres moitiés des faces latérales, représente la distribution des couronnes et le retour des armées. Les auteurs sont : M. Cailloueté pour le milieu, M. Rude pour la partie gauche et M. Seurre aîné pour la partie droite. — Au-dessous du grand entablement sont six bas-reliefs : les deux de la face de Paris (est) représentent, celui de gauche, la victoire d'Aboukir, par M. Seurre aîné; celui de droite, les funérailles de Marceau, par M. Lemaire ; celui de la face latérale du nord représente la bataille d'Austerlitz, par M. Gechter, et celui de la face latérale du sud la bataille de Jemmapes, par M. Marochetti ; les deux de la face de Neuilly (ouest) représentent, celui de gauche, la prise d'Alexandrie, par feu Chaponnière, et celui de droite le passage du pont d'Arcole, par M. Feuchère. — Les quatre grandes renommées des tympans du grand arc, faces de Paris et de Neuilly, sont de M. Pradier. Les tympans des petits arcs représentent, face latérale du Roule (nord), l'infanterie, par M. Bra ; face latérale de Passy (sud), la cavalerie, par M. Valois ; au sud, sous le grand arc, l'artillerie, par M. Debay père, et au nord, aussi sous le grand arc, la marine, par M. Seurre jeune. — Sous les petits arcs sont quatre bas-reliefs représentant : les victoires du Sud, par M. Gérard ; les victoires de l'Ouest, par M. Espercieux ; les victoires de l'Est, par M. Valcher ; et les victoires du Nord, par M. Bosio neveu. Enfin les quatre grands trophées, ou plutôt groupes allégoriques, représentent, côté de Paris (est), à droite, le Départ, par M. Rude ; à gauche, le Triomphe, par M. Cortot ; côté de Neuilly (ouest), à droite, la Résistance, par M. Etex ; à gauche, la Paix, par le même.

Le pont d'Iéna. Il est situé vis-à-vis du Champs-de-Mars, et fait communiquer le quai de Billy avec le quai d'Orçay. Ce pont fut commencé en 1809 et achevé en 1813. Il a 150 m. de long sur 13 m. 65 c. de large, et offre un plan parfaitement horizontal ; il consiste en six arches de forme elliptique, entre lesquelles sont des corniches imitées du temple de Mars à Rome, ornées de guirlandes de lauriers et de la couronne impériale ; aux extrémités des parapets et à chaque côté de l'entrée du pont, sont des piédestaux destinés à recevoir des statues. — Le *pont d'Iéna* doit son nom à la célèbre bataille gagnée par les Français sur les Prussiens le 14 octobre 1806. Une ordonnance de Louis XVIII substitua à ce nom, en 1815, celui de *pont des Invalides* ; mais sa première dénomination lui fut rendue après 1830.

VARIÉTÉS HISTORIQUES ET BIOGRAPHIQUES.

Place de la Concorde, n° 6, demeurait M. le marquis DE PASTORET, chancelier de la chambre des pairs en 1830, où il n'a plus reparu depuis cette époque, ayant refusé de prêter serment au nouvel ordre de choses. On lui attribue l'inscription placée sur le fronton de l'ancienne église Ste-Geneviève, devenue le Panthéon : AUX GRANDS HOMMES LA PATRIE RECONNAISSANTE. Le 28 juillet 1830, pendant que la population armée brisait les réverbères par mesure de précaution, un homme, qui allait abattre la lanterne placée près de l'hôtel de Pastoret, en fut empêché par un passant qui lui lui dit : « *Laissez celle-ci, c'est une maison où l'on donne du pain au pauvre tout l'hiver.* » La lanterne fut respectée.

Rue Royale-St-Honoré, n° 13, demeurait et est mort en 1817 J.-B.-A. SUARD, membre de l'Académie française, censeur royal, chevalier de St-Michel, etc., etc., homme adroit et de beaucoup d'esprit, qui sut sans aucun titre littéraire se placer à la tête de la littérature française. Sans avoir rien produit de remarquable, il jouissait cependant en Allemagne et en Angleterre d'une grande réputation, et sa maison était sans cesse fréquentée par tous les étrangers de marque et de distinction qui venaient à Paris ; il fut même de mode, à une certaine époque, de ne pas venir à Paris sans se faire présenter à Suard. Mais sa conduite pendant la révolution le rendit justement l'objet de l'animadversion publique, à l'occasion de la proscription de Condorcet. Cet infortuné législateur, errant aux environs de Paris, se rappela qu'il avait à Fontenay-aux-Roses un ancien ami, Suard. Excédé de fatigue et de besoin, il fut lui demander un repas et un peu de tabac. Suard ne lui refusa pas ce léger service. Condorcet passa deux heures dans un entretien d'amitié, qui fut le dernier de sa vie ; puis on se hâta de le congédier, et le lendemain il fut arrêté. En vain les amis de Suard ont voulu pallier cette conduite ; en admettant même leur interprétation favorable, elle restera toujours comme tache indélébile de sa vie.

C'est aussi rue Royale que demeurait la marquise DE COISLIN, la plus méchante femme de son siècle.

Rue des Champs-Elysées, n° 1, est l'hôtel construit par le fermier et l'administrateur général des postes, GRIMOD DE LA REYNIÈRE. Ce financier avait rassemblé dans son hôtel une belle galerie de tableaux de l'école française, et une précieuse collection d'estampes, classées par école, de tous les graveurs, depuis l'origine de cet art. — Son fils ALEXANDRE GRIMOD DE LA REYNIÈRE, auteur célèbre de l'*Almanach des gourmands*, du *Manuel des amphytrions*, et de plusieurs autres ouvrages sur l'*art de la gueule* (ainsi que l'appelle Montaigne), a habité cet hôtel jusqu'en 1814, époque où, dégoûté de toute espèce de fumée, il s'est retiré à la campagne, où il est mort en 1838. C'était un homme d'esprit, qui avait d'assez fréquents accès d'originalité et souvent de grossièreté parfois voisine de la folie. Tout Paris a été instruit du tour qu'il fit pour humilier l'orgueil de son père, charcutier enrichi, en invitant à souper une réunion hétérogène de convives roturiers de tous états, où tout un service fut servi en charcuterie, qui avait été, disait-il, fourni par un de ses parents. — Voulant savoir avant sa retraite quels étaient parmi ses amis ceux sur l'affection desquels il pouvait compter, il feignit d'être gravement malade, puis fit répandre le bruit de sa mort et distribuer des billets de faire part. L'heure indiquée pour le convoi était celle du dîner. Les vrais amis arrivèrent à l'heure dite, peu nombreux, il est vrai. Ils furent introduits dans une salle à manger, et virent debout, près d'une table somptueuse, Grimod, qui les remercia d'un dévouement aussi magnanime, et leur fit les honneurs d'un des plus délicieux repas dont il eût dirigé la préparation.

Au n° 4 habitait en 1815 le maréchal SERRURIER, membre du sénat conservateur, gouverneur des Invalides, membre de la chambre des pairs, où il vota pour la mort dans le procès du maréchal Ney, son ancien frère d'armes. — En 1830 demeurait dans cet hôtel le maréchal MARMONT, duc DE RAGUSE, dont nous aurons occasion de parler en mentionnant l'hôtel Brunoy, rue du Faubourg St-Honoré. Dans ce même hôtel, demeurait et est mort en 1841 le comte PELET

DE LA LOZÈRE, député de ce département à la convention nationale où il se fit remarquer par la modération de ses principes ; nommé par soixante et onze départements au conseil des cinq cents, il fut dans ce conseil l'un des plus ardents défenseurs de la liberté de la presse et des journaux. — Cet hôtel est aujourd'hui habité par son fils aîné le baron PELET DE LA LOZÈRE, membre de la chambre des pairs.

Au n° 6 est l'hôtel qu'habitait avant 1814 le général JUNOT, duc D'ABRANTÈS, gouverneur général des provinces illyriennes. Dans un accès d'aliénation mentale, il se précipita d'une fenêtre à Trieste, et mourut en 1813 des suites de cet accident à Montbard, près de Dijon, où sa famille l'avait fait transporter. Il avait rassemblé dans cet hôtel une bibliothèque riche en gravures rares et précieuses, qui a été dispersée et vendue après sa mort. Le général Junot avait épousé Mᵐᵉ de Permont, qui s'est fait un nom dans la littérature, et dont il sera parlé à l'article CHAILLOT.

Rue du Faubourg St-Honoré, n° 31, est l'HÔTEL MARBEUF, ci-devant de MONTBAZON, où est mort le maréchal duc D'ALBUFÉRA, auquel l'empereur avait donné cet hôtel pour présent de noces. JOSEPH BONAPARTE l'habitait sous le consulat.

Au n° 41 habitait en 1814 M. DE MORFONTAINE, époux de Mˡˡᵉ LEPELLETIER DE ST-FARGEAU, proclamée fille adoptive de la nation, après l'assassinat du conventionnel Michel Lepelletier, par le garde du corps Pâris. C'est dans cet hôtel que ce même M. de Morfontaine présida en 1814 l'assemblée des royalistes purs, chargés d'envoyer une députation à l'empereur Alexandre pour lui demander le rappel des Bourbons. Cette députation était composée de MM. Sosthène de la Rochefoucauld, César Choiseul, Ferrand, et un autre dont le nom a été oublié. On sait que ces messieurs rencontrèrent en chemin le vicomte de Châteaubriand, qu'ils emmenèrent avec eux ; mais on sait aussi que l'empereur Alexandre ne leur fit pas même l'honneur de les admettre auprès de lui. — L'HÔTEL PONTALBA, remarquable par son architecture du style de la renaissance, occupe l'emplacement des nᵒˢ 41, 43 et 45. Cet hôtel a trois portes cochères ; celle du milieu est ornée de colonnes d'un beau style et ne déparerait pas un palais.

L'ex-marquis ANTONNELLE, juré au tribunal révolutionnaire, où il se vanta de n'avoir jamais voté que pour la mort, habitait en 1793 aux Ecuries d'Artois. Accusé de complicité dans la conspiration de Babeuf, il fut acquitté, abandonna la scène politique, et ne reparut que sous la restauration de 1814, où il publia un écrit dans lequel il soutenait qu'il ne pouvait y avoir de liberté sans la maison de Bourbon !... Et cependant il a déshérité tous ceux de ses parents qui avaient émigré, disant que ceux qui n'avaient pas partagé les dangers de la patrie ne devaient pas avoir part à sa succession.

Au n° **49** est l'hôtel Bruxoy, dont l'architecture offre un modèle de grâce et de simplicité. La principale façade donne sur un charmant jardin d'où l'on jouit de la vue des Champs-Elysées ; elle offre un seul étage de sept arcades, au-dessus desquelles règne une longue frise en bas-relief, précédées d'un péristyle de six colonnes ioniques, élevé sur un grand nombre de marches, et couronné par un amortissement en gradins au sommet duquel la statue de Flore paraît mystérieusement entourée de hautes masses d'arbres. — En 1815, cet hôtel était habité par le maréchal Marmont, duc de Raguse, qui commença sa carrière militaire comme sous-lieutenant en 1789, et devint successivement chef de bataillon et aide de camp du général Bonaparte dans la campagne d'Italie, chef de brigade en 1797, général de brigade d'artillerie à l'armée d'Egypte, général de division après la bataille de Marengo, maréchal de France après la bataille de Wagram. Son nom est tristement fameux par la capitulation de Paris en 1814, par son vote pour la mort du maréchal Ney à la chambre des pairs, et par le mitraillement des Parisiens qu'il fit exécuter en 1830 par ordre de Charles X. — Cet hôtel est habité aujourd'hui (en 1843), par la princesse Bagration.

Au n° **51** demeurait et est mort en 1821 le comte de Beurnonville, qui fut successivement major de la milice de l'île de Bourbon, lieutenant général à l'armée du Nord en 1793, ministre de la guerre, commissaire de la convention à l'armée de Dumouriez, où il fut arrêté et conduit dans les cachots d'Olmutz, qu'il ne quitta que pour être échangé contre la fille de Louis XVI. Il a été ensuite commandant de l'armée de Sambre et Meuse et de l'armée de Hollande, ambassadeur à Berlin et à Madrid, sénateur, comte de l'empire, ministre d'Etat et pair de France en 1814. Pendant les cent jours, il émigra à Gand ; au retour des Bourbons, il siégea à la chambre des pairs, lors du procès du maréchal Ney, où il vota avec les maréchaux Marmont, Macdonald, de Bellune, Pérignon, Serrurier, et les généraux Maison, Dessolle, Monnier et autres, la mort de son ancien frère d'armes. Il a été nommé maréchal en 1816, et est mort en 1821.

A l'extrémité de l'avenue des Champs-Elysées était la Folie-Beaujon, converti en jardin public au commencement de la révolution, et où furent construites dans les premières années de la restauration ces dangereuses montagnes russes, causes de tant de graves accidents. Ce jardin, où furent données plusieurs belles fêtes militaires, et où se pressa longtemps la foule des promeneurs parisiens, a été complètement détruit. Sur son emplacement il s'est formé un nouveau quartier, où l'on a construit de charmantes habitations.

Presque en face du jardin Beaujon était le jardin Marbeuf, transformé en jardin public par ordre de la convention, et disposé en hippodrome, dans lequel on donna pendant quelque temps des fêtes publiques, alors très-fréquentées; on y voyait un cèdre du Liban contemporain de celui du jardin des plantes. Ce jardin avait été acheté par le comte de Choiseul-Gouffier, favori de l'impératrice Catherine, qui lui avait donné de grands biens en Russie; il y avait réuni tous les monuments antiques qu'il avait recueillis pendant son ambassade à Constantinople en 1788.

Allée des Veuves, n° 31, dans une petite maison à un seul étage surmonté d'une mansarde, est mort dans l'indigence, le 16 novembre 1820, J.-L. TALLIEN, qui fut successivement clerc de notaire, commis dans un bureau des finances, secrétaire du député Broustaret, prote de l'imprimerie du *Moniteur*, rédacteur du journal *l'Ami des citoyens*, qui s'affichait deux fois par semaine sur les murs de Paris, membre actif dans la journée du 10 août, secrétaire-greffier de la commune de Paris à l'époque des massacres de septembre, député du département de Seine-et-Oise à la convention nationale, où il vota la mort de Louis XVI sans appel et sans sursis, envoyé en mission à Bordeaux, où il déploya toutes les fureurs de la révolution, dénonciateur de Robespierre dans la journée du 9 thermidor, membre du comité de salut public, membre du conseil des cinq cents, membre de l'Institut d'Égypte, et enfin consul de France à Alicante. Ayant été atteint dans cette ville de la fièvre jaune, qui lui occasionna la perte d'un œil, il revint à Paris, où son traitement lui fut continué jusqu'à la restauration. A sa mort, il était dans un état voisin de la misère, ayant été obligé de vendre sa bibliothèque pour vivre!

Au n° 89 est le JARDIN MABILLE, où affluent dans la belle saison les lions et les lorettes qui tiennent un rang intermédiaire entre les habitués du Ranelagh et ceux de la Grande-Chaumière.

Rue d'Angoulême, n° 2, est un hôtel que le comte d'Artois a fait bâtir pour Mlle CONTAT, qui l'a habité jusqu'à l'époque de son mariage avec M. de Parny. En 1809, le comte MARESCHALCHI, chargé d'affaires et ministre des affaires étrangères du royaume d'Italie, a demeuré dans cet hôtel pendant tout le cours de son séjour à Paris. Il y donna (en 1809) à l'empereur Napoléon, une des plus magnifiques fêtes de l'empire, où l'on en donnait de si belles. Le bal masqué, qui le disputait en magnificence aux plus admirables bals de Venise, fut ouvert par un quadrille dansé sur une toile à carreaux figurant un jeux d'échecs : Mme de Barras et Mme la duchesse de Bassano étaient les deux reines ; les seize pions étaient figurés par seize jeunes femmes, parmi lesquelles on remarquait la reine de Naples, la princesse de Neufchâtel, la duchesse d'Abrantès, Mme Regnauld de St-Jean-d'Angely, Mme Duchâtel, la duchesse de Rovigo, Mlle Colbert, la princesse de Ponte-Corvo, Mme de Couizy, et plusieurs autres ; les rois, les cavaliers, les tours et les faces étaient représentés par MM. de Beausset, de Brigode, Anatole et Eugène de Montesquiou, de Septeuil, Jules et Ernest de Canouville,

Fritz Portalès, de Ponte, etc.— M. de Flahaut, un des beaux de l'empire (le mot lion n'était pas encore employé), habitait cet hôtel en 1843.

Rue neuve de Berry, n° 12, demeurait en 1831 la comtesse DE GENLIS dont on connaît le goût pour les déménagements, et à laquelle M. d'Ormensenne demandait un jour très-sérieusement : « Où logez-vous cette semaine, madame? » Fille d'un gentilhomme de province ruiné, elle vint à Paris à l'âge de seize ans, où une jolie figure, une bonne éducation et un talent remarquable sur la harpe la lancèrent dans le monde. Par l'entremise de sa tante, Mme de Montesson, épouse du duc d'Orléans, Mme de Genlis devint gouverneur-gouvernante des enfants du duc de Chartres, charge qui prêta à mille quolibets outrageants : la correspondance de Grimm et les Mémoires de Bachaumont sont remplis d'anecdotes où elle est traitée avec une sévérité que sa qualité de femme nous interdit de rapporter. Nous citerons seulement les vers suivants, dont on multiplia des copies à cette époque :

> Aujourd'hui prude, hier galante,
> Tour à tour folle et docteur,
> Genlis, douce gouvernante,
> Deviendra dur gouverneur,
> Et toujours femme charmante,
> Saura remplir son destin :
> On peut bien être pédante,
> Sans cesser d'être c....

Lorsque le duc de Chartres l'institua gouverneur des princes ses enfants, et qu'il fut suivant l'usage prendre les ordres du roi à cet égard, Louis XVI lui dit : « J'ai un dauphin ; Madame pourrait être grosse, le comte d'Artois a plusieurs princes... vous pouvez faire ce que vous voudrez, » et lui tourna le dos.— Madame ne fut pas grosse ; les fils du comte d'Artois furent évincés de la couronne, et l'élève de la gouvernante est monté sur le trône.

Quai de Billy, n° 4, est la POMPE A FEU dite DE CHAILLOT, machine hydraulique à vapeur, construite par MM. Perier frères ; elle alimente d'eau tout le quartier nord-ouest de Paris.

Au n° 6 habitait en l'an XII GEORGES CADOUDAL, qui y cacha pendant quelque temps le comte ARMAND DE POLIGNAC. C'est aussi dans cette maison que PICHEGRU et le général MOREAU se réunirent à Georges Cadoudal, pour concerter le renversement du gouvernement consulaire.

Au n° 22 est le DÉPÔT DES MARBRES INDIGÈNES ET EXOTIQUES destinés à l'exécution des travaux ordonnés par le gouvernement.

Au n° 30 était la manufacture royale des tapis de la couronne, connue sous le nom de la SAVONNERIE, parce que le local où elle fut établie était jadis affecté à une savonnerie. Cette manufacture, qui fut pendant longtemps un des établissements industriels les plus importants de Paris, fut établie pour imiter les tapis de Perse, sous le règne de Henri IV, en faveur de Pierre Dupont, qui en avait conçu l'idée et qui en eut la direction, et auquel Simon Lourdet succéda en 1626; l'un et l'autre réussirent si parfaitement dans la fabrication des tapis de pied, qu'ils obtinrent des lettres de noblesse. Sous le ministère Colbert, la manufacture de la Savonnerie reçut une nouvelle organisation. Abandonnée ensuite momentanément, elle reprit une nouvelle activité en 1713, époque où le duc d'Antin en fit restaurer les bâtiments. Cette manufacture a été réunie récemment à la manufacture royale de tapisserie des Gobelins.

Attenant la manufacture de la Savonnerie était une chapelle sous l'invocation de St-Nicolas, sur la porte de laquelle on lisait l'inscription suivante, qui indique l'objet de cette pieuse fondation :

> La très-auguste Marie de Médicis,
> mère du roi Louis XIII,
> pour avoir, par sa charitable magnificence, des couronnes
> au ciel comme en la terre, par ses mérites, a établi
> ce lieu de charité, pour y être reçus, alimentés,
> entretenus et instruits, les enfants tirés des hôpitaux
> des pauvres enfermés; le tout à la gloire de Dieu,
> l'an de grâce 1615.

Lors des massacres de la St-Barthélemy un amas immense de corps morts fut enseveli dans la Seine, qui en rejeta dix-huit cents sur le quai de Billy (alors quai des Bons-Hommes), où le prévôt des marchands les fit couvrir à la hâte d'un peu de terre.

Sur les hauteurs qui s'élèvent au-dessus du quai de Billy était le COUVENT DES BONS-HOMMES. Au XIVe siècle les ducs de Bretagne possédaient une maison de plaisance sur l'emplacement même de l'ancien village de Nijon, dont elle avait conservé le nom. En 1496 cette maison, à laquelle avait été réuni l'hôtel de Ceusy et les terrains environnants, contenant sept arpents entourés de murs, fut destinée par la reine Anne de Bretagne, femme de Charles VIII, à l'établissement d'un couvent de minimes, appelés communément les *Bons Hommes*, parce qu'à la cour de Louis XI on donnait le nom de bon homme à saint François de Paule, fondateur des minimes : ce fut le premier couvent que cet ordre posséda dans les environs de Paris. La reine y fit bâtir une église sous le nom de *Notre-Dame de Toutes-Grâces*, qui ne fut entièrement achevée que sous le règne de François Ier. Cette église, bâtie dans une belle position, sur une terrasse élevée, renfermait plusieurs tombes remarquables, parmi lesquelles était celle de Françoise de Veyne, veuve du chancelier Duprat, et celle du maréchal de Rantzau. Le fronton du portail était orné de trois figures dont les attitudes n'étaient rien moins que pieuses. Le monastère des Bons-Hommes était dans une des plus belles positions des environs de Paris; les jardins, d'où l'on jouissait d'une vue magnifique, étaient bien plantés et disposés en terrasses, qui s'étendaient jusqu'au bord de la Seine; ils étaient renommés par l'abondance et par la qualité des fruits qu'ils produisaient. Le monastère des Bons-Hommes fut supprimé en 1790 et vendu comme propriété nationale; une partie des vastes bâtiments fut affectée à une filature de coton; le surplus a été démoli. Le mur d'enceinte, depuis la barrière de Franklin et le mur qu'on longe à droite, un peu après le pont d'Iéna, en allant à la barrière de Passy, formait du côté de l'est, et du côté de la rivière, la clôture du monastère, dont l'emplacement se trouve en dehors des murs de Paris.

Chaillot. On désigne sous ce nom un village très-ancien, qui existait déjà du temps des rois de la première race sous le nom de *Nimio*, dont plus tard on a fait *Nijon*. Chaillot, cité pour la première fois dans un acte du xie siècle, porta successivement les noms de *Caleio*, *Callevio*, *Challoio*, *Challoel*, *Chailliau* et enfin *Chaillot*. Ce village fut de bonne heure érigé en paroisse; en 1097 la cure était à la nomination du prieur de St-Martin-des-Champs. A différentes époques, il s'y établit plusieurs communautés religieuses, dont les plus célèbres furent les minimes, connus sous le nom de Bons-Hommes de Chaillot, et les religieuses de la Visitation de Ste-Marie.

Chaillot était une seigneurie avec haute, moyenne et basse justice, qui fit retour au domaine de la couronne en 1450, et dont Louis XI disposa en 1472 en faveur de Philippe de Comines. Plus tard la haute justice revint de nouveau à la couronne, appartint ensuite au maréchal de Bassompierre, et enfin aux religieuses de la Visitation de Ste-Marie de Chaillot.

Chaillot fut érigé en faubourg de Paris en 1659, sous le nom de *Faubourg de la Conférence*, et enclavé dans l'intérieur de cette capitale lors de la construction du mur d'enceinte par les fermiers généraux, en 1786, 1787 et 1788. C'est aujourd'hui, pour ainsi dire, une petite ville comprise dans l'intérieur de Paris, et séparée de la grande cité, d'un côté par la Seine et de l'autre par les Champs-Elysées; il semble que cet espace d'arbres et d'eau mette plusieurs lieues entre le Palais-Royal et lui. C'est au point que les habitants de Chaillot disent : Je vais à Paris, et font vraiment un voyage pour venir dans l'intérieur de la ville; tandis que le Parisien proprement dit loue une chambre à Chaillot pour aller le dimanche *à la campagne*. C'est du reste un joli quartier à habiter; l'air y est vif, les points de vue charmants; presque toutes les maisons ont des jardins où l'on trouve le calme que permet trop rarement dans les cités une vie active et laborieuse.

Plusieurs personnages célèbres ont illustré Chaillot par leur séjour, entre autres le président Jeannin, l'historien Mézerai.—Le 1er juin 1838, à huit heures du matin, une femme, plus affaiblie par les souffrances que par l'âge, franchissait péniblement le seuil d'une maison modeste de la rue de Navarrin, et montait dans un fiacre qui vint s'arrêter à la porte d'une maison de santé de Chaillot, et huit jours après les nombreux amis que cette femme avait conservés parmi les artistes et parmi les gens de lettres apprirent qu'elle était morte ; cette femme c'était la duchesse D'ABRANTÈS. A l'exception du général Lallemand, pas un des frères d'armes de son mari, pas un des généraux de l'empire n'assistèrent à ses funérailles ! Les artistes seuls furent fidèles au triste et dernier rendez-vous qui leur était donné en son nom. — Trente ans auparavant, à la même époque de l'année, la même femme avait fait une entrée quasi royale dans la capitale du royaume de Portugal ; sa voiture était traînée par six chevaux magnifiques ; on la conduisit au palais des Necessitades, au palais Bragance, en possession du même appartement qu'habite aujourd'hui la reine dona Maria. Qui eût pu prévoir alors que cette pauvre femme, qui avait habité tant de palais, serait mise hors de chez elle, à la fin de ses jours, par autorité de justice, et qu'elle serait forcée de chercher un refuge dans une maison de santé d'où elle ne devait sortir que pour être conduite à sa dernière demeure. — Mme la duchesse d'Abrantès était une femme de tête, une femme de cœur et une femme d'esprit ; les livres qu'elle a publiés et sa conduite le prouvent. On sait qu'elle se refusa énergiquement à ce que ses fils fussent naturalisés prussiens, et cependant à cette condition on leur conservait les immenses domaines que l'empereur Napoléon avait donnés à Junot.

BARRAS mourut à Chaillot le 29 janvier 1829. A sa mort, les ministres de Charles X renouvelèrent la scandaleuse histoire des papiers de Cambacérès ; les scellés furent brisés et les papiers enlevés. Mais cette fois la chose fut moins paisible que lors de celle de Cambacérès. Un procès en fut le résultat, et le gouvernement a eu la honte de voir infirmer la décision des premiers juges, qui avaient eu la bassesse d'autoriser le bris des scellés pour recouvrer de prétendus registres de l'Etat.

Rue Ste-Marie à Chaillot était le COUVENT DE LA VISITATION DE STE-MARIE. Dès le XVIe siècle il y avait à Chaillot, à l'extrémité de l'avenue qui porta plus tard le nom de Cours-la-Reine, une maison somptueuse que la reine Catherine de Médicis avait fait bâtir, et à laquelle Marie de Médicis, qui en devint plus tard propriétaire, fit faire de grands embellissements. Le maréchal de Bassompierre, un des seigneurs les plus magnifiques et les plus polis de son temps, posséda ensuite cette maison, qu'il prêtait souvent au cardinal de Richelieu, qui venait y faire des retraites politiques et y méditer sur ses grands projets ; c'est lui qui fit commencer le quai de la Conférence, qu'il avait fait border de bornes en pierres liées entre elles par des chaînes de fer. Dans la suite, cette maison fut vendue par décret sur le comte de Tilliers et acquise par Marie de France, fille de Henri IV et épouse de

Charles Ier, roi d'Angleterre. Cette princesse malheureuse, dont le père fut assassiné, et le mari détrôné et décapité en 1649, y établit en 1631 un monastère de religieuses de la Visitation de Ste-Marie, qui a été supprimé en 1790. L'église avait été bâtie en 1704, sur les dessins de l'architecte Gabriel, aux frais de Nicolas Fremout, garde du trésor royal.

Palais du roi de Rome. Sur les hauteurs où s'élevaient le monastère et les jardins de l'ancien couvent des religieuses de la Visitation de Ste-Marie, Napoléon fit commencer la construction d'un palais dont l'étendue et la beauté auraient éclipsé les plus magnifiques habitations de tous les souverains de l'Europe. Il était difficile de trouver dans Paris un plus beau site et une position plus admirable que celle qui avait été choisie. Du rez-de-chaussée de l'édifice qui aurait été élevé sur trois rangs de soubassements : du côté du midi, en face de l'école militaire, en face du Champ-de-Mars, et dans l'axe du pont d'Iéna, on aurait découvert les quatre extrémités du Champ-de-Mars et ses belles avenues d'enceinte : au levant, près de la rivière devaient être placées les archives de l'État, le palais des Arts, l'Université, le palais du grand maître, les habitations des professeurs émérites, des savants et des hommes célèbres qui, par des services importants ou par leurs talents ont mérité les respects et la reconnaissance nationale ; au couchant, de l'autre côté du Champ-de-Mars, une caserne de cavalerie et des magasins pour les dépôts des sels, des tabacs et autres marchandises de l'octroi ; à l'extrémité, vers Vaugirard, un hôpital militaire et une caserne d'infanterie ; plus loin, vers le boulevard neuf, l'abattoir de Grenelle, des maisons de retraites et d'autres monuments d'utilité publique. Ces différents édifices réunis à ceux des Invalides, du Corps législatif et aux belles habitations de ce quartier, auraient fait du Gros-Caillou et de la plaine de Grenelle, comme le voulait l'empereur, la ville nouvelle, le quartier des monuments, au-dessus desquels devait s'élever le palais du roi de Rome. De là on aurait joui du coup d'œil de la Seine qui, vers le levant, semble se replier pour laisser apercevoir les ponts nombreux qui la traversent, les beaux quais qui bordent son cours et la longue perspective des édifices magnifiques, parmi lesquels brillent le château des Tuileries et son jardin, la colonnade avec les statues de la place de la Concorde, les nouvelles rues qui y aboutissent et la superbe promenade des Champs-Elysées. De l'autre côté, au couchant, la Seine offrait un tableau non moins magnifique et beaucoup plus riant. Toujours aperçue dans ses différents détours, on la voyait serpenter jusqu'au pied des riches coteaux de Sèvres, de Meudon et de St-Cloud. Des appartements du palais, sur la face nord, on aurait eu pour point de vue le bois de Boulogne qui aurait été lié aux plantations de la plaine pour former le grand parc ; au couchant, on aurait vu les belles allées qui environnent Paris de ce côté ; enfin, le devant de ce magnifique tableau aurait été terminé par l'arc colossal de l'Etoile. Le château de la Muette serait devenu le chef-lieu de la vénerie; le pavillon de Bagatelle aurait servi de rendez-vous de chasse. — On serait arrivé au palais du côté du midi par trois rangs de pentes douces à droite et à gauche du pont d'Iéna jusqu'au sol de la cour d'honneur. La construction de ce palais, qui aurait été aussi étendu que celui de Versailles, aurait été l'ouvrage le plus vaste et le plus extraordinaire de notre siècle.

N° 3. QUARTIER DE LA PLACE VENDOME.
Ci-devant *section des Piques*.

Les limites de ce quartier sont : rue de la Madeleine n°° pairs, rue de l'Arcade n°° pairs, rue St-Lazare n°° impairs, rue de la Chaussée-d'Antin n°° impairs, rue Louis-le-Grand n°° impairs, rue Neuve des Petits-Champs n°° impairs, place Vendôme n°° impairs jusqu'à la moitié de la place, rue St-Honoré n°° pairs, rue du faubourg St-Honoré n°° pairs jusqu'au point de départ. — Superficie 630,000 m. carrés, équivalant à 0,019 de la superficie totale de Paris.

Les édifices, monuments, établissements et emplacements les plus remarquables de ce quartier, sont :

L'église de la Madeleine, située place et boulevard du même nom.
Cet édifice n'était dans le principe qu'une chapelle de confrérie, dont Charles VIII posa la première pierre en 1493. Cette chapelle, érigée en paroisse en 1639, étant devenue trop petite pour la population croissante du faubourg St-Honoré, Anne-Marie-Louise d'Orléans, princesse souveraine de Dombes, posa en 1660 la première pierre d'une église plus grande, qui a subsisté au coin des rues de Surène et de la Madeleine, et qui fut vendue nationalement en 1795, démolie et convertie en chantiers. Longtemps avant cette démolition, le curé de la Madeleine ayant fait observer que son église était trop petite pour contenir le nombre toujours croissant de ses paroissiens, le gouvernement chargea M. Contant d'Ivry, architecte du roi, de faire des projets. Il en présenta plusieurs, et il se plaignit lui-même de ce qu'on avait choisi le plus mauvais. Néanmoins, la première pierre en fut posée et bénite le 3 avril 1764. C'est donc de cette époque que commencèrent les travaux sous les ordres de Contant d'Ivry; l'architecte Couture lui fut adjoint, et, par des dispositions tout à fait capricieuses, dont on n'a jamais compris les motifs, cet artiste, à son retour de Rome, changea la forme d'abord adoptée, et ajouta au monument un porche de huit colonnes avec sept colonnes en retour; les constructions continuèrent avec activité jusqu'en 1789; elles avaient déjà coûté deux millions lorsque la révolution les fit suspendre.

La belle position de ces constructions et surtout le grandiose du péristyle dont les colonnes étaient élevées à la hauteur de leurs astragales, déterminèrent plusieurs architectes à présenter des projets pour les utiliser. En 1806, ces projets ayant fixé l'attention de Napoléon, il conçut l'idée de convertir ces constructions en un temple dédié à la gloire des armées françaises; à cet effet il fit publier un programme et ouvrir un concours. Les dispositions de cet édifice, d'un genre tout nouveau, étaient détaillées dans ce programme : intérieurement il devait être décoré des statues des maréchaux et généraux qui s'étaient plus particulièrement distingués, et les murs devaient être revêtus de tables d'or, d'argent, de bronze et de marbre, pour y inscrire les noms des braves des armées françaises, suivant le mérite de leurs actions. Plus de cent vingt projets furent produits dans ce concours et exposés dans la grande galerie du Louvre. Une commision de l'Institut fut chargée d'en faire le rapport : quatre de ces projets y furent désignés comme ayant approché le plus près du but qui avait été proposé. Le rapport fut adressé à Napoléon, qui était alors en Prusse; en même temps il reçut particulièrement la réclamation de l'auteur d'un des quatre projets désignés, qui se plaignait d'avoir été mal jugé. Cette circonstance le détermina à ordonner au ministre de l'intérieur, alors M. de Champagny, de faire appeler en sa présence les quatre architectes dont les plans avaient été le plus avantageusement mentionnés, et d'établir entre eux une discussion contradictoire sur chacun de leurs projets, d'en dresser un procès-verbal et de le lui faire parvenir de suite avec les plans et mémoires à l'appui. On ne peut se dissimuler que l'introduction d'un pareil mode de jugement, en paralysant tous les moyens d'intrigues, laissa aux concurrents qui avaient bien fait les moyens de défendre leurs ouvrages, car qui, mieux que ceux qui ont étudié et approfondi un problème, peuvent sinon juger, du moins relever les erreurs qui ont pu être commises pour parvenir à sa solution. Le résultat de cette réunion fut de faire obtenir le prix d'exécution à M. P. Vignon, auteur du deuxième projet désigné dans le rapport. Il fut chargé de suite de faire les dispositions nécessaires pour en commencer les travaux.

Le plan de cet architecte n'avait d'autre ressemblance avec celui de M. Couture, que par les huit colonnes du péristyle; encore ces colonnes n'étant ni espacées également, ni assez élevées du sol de la place, furent démontées, et toutes les autres constructions démolies, à l'exception des fondations au-dessous de ces colonnes. Une fois la démolition effectuée, les reconstructions en ont été suivies avec plus ou moins d'activité jusqu'au moment des grands événements politiques de 1814 et 1815, époque où les travaux furent suspendus. Le monument était alors totalement fondé et élevé jusqu'à la hauteur du stylobate extérieur; de plus les grandes colonnes étaient érigées jusqu'à leurs astragales. La chute de l'empire apporta aux travaux du Temple de la Gloire la même interruption que la révolution de 1789 avait fait subir à l'église à croix latine. Pierre Vignon reçut en 1816 la mission difficile de remanier, au moins quant aux détails, son plan originaire et d'adapter aux besoins compliqués du service religieux un monument qui n'avait pas été entrepris dans cette vue. La construction, religieuse par sa base, nationale dans la période qui avait vu élever ses murs, redevint religieuse quand elle atteignit presque son couronnement. — L'église dont Marie Madeleine avait de nouveau pris possession était fort avancée quand Vignon mourut, en 1828. Le monument était alors à la fin de ses vicissitudes ; d'abord église en forme de croix, puis temple grec, c'était définitivement une basilique chrétienne ; cette dernière transformation de l'œuvre de Vignon profita en quelque chose à l'artiste, car ses restes mortels obtinrent l'honneur d'être ensevelis sous le péristyle, devenu portail, qu'il avait construit. Après la mort de Vignon, M. Huvé fut chargé de l'achèvement des travaux ; un seul changement fut apporté par lui au plan de son devancier ; les fenêtres cintrées des murs latéraux furent murées et remplacées par des jours percés dans la voûte. C'est dans cet état que l'église de la Madeleine, maintenant terminée, et où il ne reste plus que quelques œuvres d'art à placer, se présente à la curiosité publique comme une imitation correcte et savante de l'architecture antique.

Ce vaste monument forme un parallélogramme de 100 m. de long sur 42 de large hors d'œuvre. Il s'élève sur un soubassement de 4 m. de hauteur. Il est entouré de cinquante-deux colonnes cannelées, d'ordre corinthien, de 15 m. de hauteur, de 5 m. de circonférence et 2 m. et demi de diamètre. Ces colonnes sont isolées et ont beaucoup d'élégance. Le péristyle est formé par un double rang de colonnes. Chaque extrémité de l'édifice présente huit colonnes de front, et chaque côté dix-huit colonnes. Le devant de l'édifice offre un perron de trente marches, divisé en deux parties par un palier. Rien de plus magnifique que le coup d'œil que présente cette façade. L'intérieur étant éclairé par en haut, aucun jour n'est pratiqué dans les murs ; mais des niches placées dans l'axe de chaque entre-colonnement sont destinées à recevoir des statues. La frise, qui règne tout autour de l'édifice, offre sur tout son développement des anges qui tiennent des guirlandes entremêlées d'attributs religieux. La cymaise supérieure ou la partie qui est à l'extrémité de la corniche est ornée de têtes de lions et de palmettes ; un bas-relief de dix-neuf figures décore le fronton. Ce bas-relief a 40 m. de longueur sur 7 m. 33 c. de hauteur à l'angle ; il représente le Christ accordant le pardon à sainte Madeleine ; cette pécheresse, à genoux aux pieds du Sauveur, est plongée dans la douleur de la pénitence, et reçoit de la clémence divine la miséricorde de ses fautes. A la droite du Christ, l'ange des miséricordes, appuyé sur le trône de Dieu, contemple avec satisfaction la pécheresse convertie. Chargé d'appeler les justes, il laisse approcher l'Innocence, que la Foi et l'Espérance soutiennent. La Charité, assise et groupée avec deux enfants dont elle prend soin, ne peut suivre ses sœurs ; mais elle indique d'un regard la place réservée dans les demeures célestes à la vertu triomphante.

Dans l'angle, un ange accueille une âme pieuse sortant du tombeau ; il lui lève son voile et lui montre le séjour qui l'attend, la vie éternelle. Cette partie du bas-relief, remarquable par la douce sérénité de toutes les figures, se termine par cette inscription : *Ecce dies salutis*. A gauche du Christ, l'ange des vengeances repousse les vices ; l'Envie au regard sombre ; l'Impudicité, représentée par un groupe qu'on reconnaît au désordre de ses vêtements, et qui entraîne l'objet de sa passion impure ; l'Hypocrisie, au maintien équivoque, et dont la tête est surmontée d'un masque qui est levé ; l'Avarice, pressant contre elle-même ses inutiles trésors ; tout ce cortége s'enfuit devant la flamboyante épée. Un démon, qui précipite dans les flammes éternelles une âme impie, termine avec vigueur cette partie du fronton, au bout de laquelle on lit sur un socle : *Væ impio*. Au bas du fronton est placée l'inscription suivante :

D. O. M. SUB INVOCATIONE SANCTÆ MAGDALENÆ.

L'autre fronton est resté lisse ; un espace, ménagé intérieurement dans cette partie de l'édifice, est destiné à recevoir la sonnerie ; nouveau moyen reconnu très-ingénieux pour remplacer le clocher.

L'intérieur de l'église est une nef simple, éclairée par trois coupoles ; on y arrive par un porche intérieur dont les extrémités seront occupées par deux chapelles : celle des fonts baptismaux et celle des mariages. Un petit ordre ionique orne les divisions de la nef, qui présente six chapelles latérales, trois de chaque côté : ce petit ordre garnit également le rond-point par lequel la nef se termine et dont le centre est occupé par le maître-autel. — Le parti pris de trois grands arcs rappelant par leurs dimensions ceux du temple de la Paix à Rome, est d'un effet puissant. Les dorures multipliées avec prodigalité sur la voûte, sur la frise du grand entablement et sur les colonnes, donnent à ce vaste vaisseau non pas assurément le caractère austère des édifices gothiques, mais du moins une physionomie splendide qui s'allie bien avec les pompes du catholicisme. Des plaques de marbre de diverses couleurs qui recouvrent de leurs compartiments les murs latéraux et l'hémicycle du chœur ont été imaginées comme un mode d'ornementation propre à cacher l'aridité de la pierre ; mais l'effet obtenu n'est pas satisfaisant. C'est la partie la plus défectueuse de ce monument. — Quoi qu'il en soit, comme œuvre d'architecture, décorée à l'envi par les sculpteurs et les peintres, la Madeleine est un témoignage de l'activité de nos arts et de la fécondité de notre école. Pour donner un aperçu de la profusion de ses richesses, nous traçons ici le résumé des travaux de sculpture et de peinture qui s'y trouvent réunis : au sommet de la façade principale, le fronton sculpté par M. Lemaire ; sous la colonnade qui fait le tour du monument, trente-quatre statues en pierre. Pour ornement de la porte d'entrée principale, dix bas-reliefs en bronze par M. Triquetti ; à l'intérieur, près de l'emplacement de l'orgue, trois médaillons, par MM. Guersant, Lequin, Brion ; dans la première chapelle de droite, un groupe de trois figures, par M. Pradier (le mariage de la Vierge) ; dans la première chapelle de gauche, un groupe de M. Rude (le baptême du Christ) ; dans les chapelles suivantes, à droite et à gauche, six statues de MM. Raggi, Seurre, Etex, Bra, Duret, Barye ; dans le chœur, un groupe de deux figures d'anges, par Marochetti ; sur les pendentifs des trois coupoles de la nef, les douze apôtres, bas-relief de MM. Pradier, Foyatier et Roman ; à l'entrée de l'église, deux bénitiers en marbre blanc, par M. Moine. — Dans toute la longueur de la nef on a pratiqué de petites mais élégantes chapelles qui sont entourées de balustrades, et au-dessus desquelles, dans des espaces demi-circulaires, des peintres habiles (MM. Schnetz, Abel de Pujol, Coignet, Signol et Bouchot) ont représenté par épisodes la vie de sainte Madeleine. Une peinture plus remarquable encore, du moins par la place qu'elle occupe et par la richesse de son sujet, est celle qui décore la voûte en rond-point, autrement dit le chevet de l'église. C'est le résumé historique des événements qui ont le plus contribué à établir et à maintenir la religion chrétienne. L'ordonnance de ce tableau, qu'il était si difficile d'exécuter, suivant toutes les lois de la perspective, sur une surface concave en forme d'abside, est en quelque sorte échelonnée et pyramidale. Sur le point le plus élevé et le plus fuyant, on distingue le Christ assis sur un nuage ; il est entouré des apôtres, et la Madeleine, à ses pieds, paraît lui adresser de ferventes prières ; au-dessous, et sur les degrés de l'échelle cyclique, l'artiste a diversement groupé les grands personnages qui ont eu le plus d'influence sur le sort de la religion chrétienne depuis les premiers temps de l'Eglise jusqu'au règne de Napoléon, qui reçoit sa couronne impériale des mains du vénérable Pie VII.

L'église St-Louis-d'Antin, située rue Ste-Croix-d'Antin, n° 5. Cette église tient au collége Bourbon, qui occupe les bâtiments d'un couvent de capucins établis originairement en 1613 au faubourg St-Jacques, et qui furent transférés rue Ste-Croix en 1782. L'architecte Brongniard fut chargé de fournir les dessins et de diriger la construction de cette capucinière, où l'on remarque les progrès de l'architecture et son affranchissement des règles routinières du passé. La façade, simple, convenable à l'humilité séraphique, tire toute sa beauté de l'harmonie des proportions ; à ses extrémités figurent deux pavillons couronnés chacun d'un fronton surmonté d'un attique et percé par une porte ornée de deux colonnes sans bases : l'une de ces portes sert d'entrée à l'église St-Louis-d'Antin. Au centre de cette façade est une troisième porte, autrefois surmontée de bas-reliefs qui ont été détruits lors du changement de destination de cet édifice. Le cloître est décoré d'une ordonnance de colonnes sans bases, à l'exemple de quelques monuments antiques. — Ce couvent fut supprimé en 1790, et ses bâtiments furent occupés par un hospice destiné aux personnes affectées de mal vénérien. En 1800, le gouvernement y fit exécuter de grandes réparations et y établit un des quatre grands lycées de Paris, nommé lycée Bonaparte, qui a été remplacé en 1814 par le collége royal de Bourbon.

L'église St-Louis est fort simple ; au fond du chœur est une grande peinture à fresque de Gibelin, représentant saint François prêchant une grande multitude. On y remarque aussi un tableau de Gassier, représentant saint Louis visitant les soldats malades de la peste ; et dans l'angle de la première chapelle, à gauche, un cippe de marbre noir surmonté d'une urne cinéraire renfermant le cœur du comte Choiseul-Gouffier.

La Place Vendôme. Cette place forme un octogone régulier, qui a quatre grandes faces et quatre petites. Sur son emplacement, les ducs de Retz avaient fait construire vers 1562 un vaste hôtel accompagné de jardins, où Charles IX logea en 1566 et 1574. Cet hôtel passa en 1603 à la duchesse de Mercœur, qui le fit abattre pour en construire un plus vaste, ainsi qu'une église et un couvent destiné au logement des capucines nouvellement instituées. Elle en posa la première pierre le 29 juin 1604 ; les bâtiments furent construits avec tant de promptitude que le 18 juin 1606 l'église fut dédiée, et que les religieuses y furent installées vers la fin du mois de juillet suivant. L'hôtel de Mercœur passa ensuite dans la maison de Vendôme, dont il prit le nom, par le mariage de Françoise, fille unique du duc de Mercœur, avec César, duc de Vendôme, fils légitimé de Henri IV et de Gabrielle d'Estrées. — Vers 1684 Louvois ayant inspiré à Louis XIV le dessein de faire construire dans le quartier St-Honoré une place qui ouvrirait une communication avec la rue Neuve-St-Honoré et la rue Neuve-des-Petits-Champs, proposa pour l'exécution de ce projet le vaste emplacement de l'hôtel Vendôme, qui occupait dans ce quartier un espace de dix-huit arpents. L'acquisition en fut faite le 22 août 1687 moyennant 660,000 livres. Le plan de cette nouvelle place devait former un carré de 78 toises (148 m. 24 c.) de large sur 86 toises (48 m. 07 c.) de long ; elle ne devait avoir que trois côtés, l'entrée du côté de la rue St-Honoré restant ouverte dans toute sa largeur. Le couvent des Capucines nuisant à l'exécution de ce projet, on en fit bâtir un autre dans la rue Neuve-des-Capucines, où les religieuses furent transférées en 1689, et d'où elles ont été expulsées cent ans plus tard. On éleva simultanément sur les trois façades des bâtiments d'une apparence magnifique, formant une longue ordonnance d'arcades, ornées de pilastres qui portaient un grand entablement d'un aspect majestueux ; ces bâtiments étaient destinés à la Bibliothèque du roi, aux différentes académies, à l'hôtel des monnaies et à l'hôtel des ambassadeurs extraordinaires. — La mort de Louvois fit suspendre, en 1691, l'exécution de ce grand projet, et huit ans après, par une déclaration royale, le terrain et les matériaux furent concédés à la ville de

Paris, à la charge de faire construire au même endroit une place conforme au nouveau plan arrêté, et de faire bâtir à ses frais, au faubourg St-Antoine, un hôtel pour la compagnie des mousquetaires. Pour s'indemniser des frais de cette construction, la ville vendit l'emplacement et les bâtiments à plusieurs riches particuliers. Les constructions commencées furent démolies, et la place rétrécie de 10 toises (9 m. 70 c.) en tous sens vers le centre; les angles du carré furent fermés en pans coupés et formèrent un octogone irrégulier. Cette place a 37 m. 50 c. de long sur 35 m. de large; les façades uniformes des bâtiments qui l'environnent sont décorées d'un grand ordre corinthien en pilastres, qui comprend deux étages; elles ont été élevées sur les dessins de Jules Hardouin Mansard. Plusieurs années s'écoulèrent toutefois avant l'entière construction de ces édifices. En 1719, Law, contrôleur général des finances, acheta tout ce qui restait d'emplacement disponible, sur lequel il fit construire plusieurs belles maisons.

Le centre de la place était décoré par une statue équestre en bronze de Louis XIV, fondue d'un seul jet par Keller, d'après le modèle de Girardon, et inaugurée le 13 août 1699. Ce monarque était représenté en héros de l'antiquité, à cheval sans selle et sans étriers; le piédestal était en marbre blanc, orné de trophées et de cartels.

Dans l'origine cette place porta le nom de place des Conquêtes, auquel on substitua celui de Louis-le-Grand. En 1793 on la nommait place des Piques, nom que l'on changea sous le consulat en celui de Vendôme, que portait le vaste hôtel sur l'emplacement duquel on la construisit.

Des souvenirs historiques de plus d'un genre se rattachent à la place Vendôme. C'est là que demeurait en 1720 l'Irlandais Law, génie malheureux, qui, après avoir un moment rempli l'Europe de son nom, mourut à Venise pauvre et oublié; il avait acheté le comté d'Evreux pour 800,000 livres, le comté de Tancarville en Normandie; il avait offert au prince de Carignan 1,400,000 liv. de l'hôtel de Soissons, à la marquise de Beuvron 500,000 liv. de sa terre de Lillebonne, au duc de Sully 1,700,000 liv. de son marquisat de Rosny. Lorsque la rue Quincampoix fut devenue trop étroite pour contenir l'affluence de ceux qui s'empressaient d'échanger leur argent contre les billets du système, on transféra l'agiot sur la place Vendôme : « Là, dit Duclos, s'assemblaient les plus vils coquins et les plus grands seigneurs, tous réunis et devenus égaux par l'avidité. » Mais le chancelier, incommodé du bruit qui se faisait sur cette place, demanda et obtint que le marché des billets fût transféré ailleurs; nous le retrouverons à l'hôtel de Soissons. — Le 15 juillet 1720, Law, intimidé par les menaces des porteurs de billets que son système avait ruinés, se réfugia au Palais-Royal, où résidait le régent, qui lui procura plus tard des moyens d'évasion.

En 1665, le pape ayant envoyé aux Capucines de la place Vendôme le prétendu corps de saint Ovide, ces religieuses célébrèrent la fête de ce saint, et exposèrent sa relique, qui attira chaque année un grand concours d'amateurs. Des marchands ayant étalé divers objets devant l'église des Capucines, une ordonnance de police les obligea en 1764 à s'établir sur la place Vendôme où on leur construisit des baraques en charpente qui furent l'origine de la Foire St-Ovide. Cette foire s'ouvrait le 30 août, et était très-fréquentée depuis la fin du jour jusqu'à minuit; il y avait deux jolies salles de spectacle, des bateleurs, des marionnettes et des marchands de bimbeloterie, de toute espèce. En 1771 la foire St-Ovide fut transférée de la place Vendôme sur la place Louis XV, malgré les clameurs des marchands qui se plaignirent vivement de cette translation.

Louis XVI, en sortant du bâtiment des Feuillants, où il avait séjourné le 11 et le 12 août, pour aller habiter la tour du Temple, traversa la place Vendôme, sur laquelle sa voiture fut arrêtée pendant quelque temps par la foule; il put y contempler la statue équestre de Louis XIV, renversée la veille de son piédestal par un décret de l'assemblée législative.

Le 24 janvier 1793, jour des funérailles de Lepelletier de St-Fargeau, assassiné par le garde du corps Pâris, le lit de mort de ce conventionnel fut placé sur le piédestal où s'élevait précédemment la statue de Louis XIV. Quatre candélabres de forme antique entouraient ce piédestal, sur lequel on voyait un lit, des draps ensanglantés, et le corps de Michel Lepelletier découvert jusqu'à la ceinture, et laissant voir la large blessure qu'il avait reçue : la convention tout entière assista à son convoi.

Le général Bonnaire, qui défendit si vaillamment la place de Condé en 1815, traduit devant un conseil de guerre comme ayant participé au meurtre du colonel hollandais Gourdon, qui s'était introduit dans Condé avec des proclamations des transfuges Bourmont et Clouet, et que les habitants de la ville avaient fouillé, fut condamné à la déportation et dégradé sur la place Vendôme, en présence de la colonne dont les bas-reliefs représentaient aux yeux de ses exécuteurs quelques-uns de ses glorieux faits d'armes. Le brave général Bonnaire ne put résister au chagrin que lui causa cette humiliation; il mourut deux mois après dans la prison de l'Abbaye.

Le piédestal mutilé de la statue de Louis XIV restait encore au milieu de la place Vendôme, lorsque Napoléon conçut la pensée d'y ériger un monument triomphal pour perpétuer les exploits de la grande armée dans la campagne de 1805. Le projet adopté fut celui d'une imitation de la la colonne Trajane dans des proportions plus fortes d'un douzième. Cet admirable monument fut commencé le 25 août 1806, sous les ordres et par les soins de MM. Denon, Goudouin et Lepère, et inauguré le 15 août 1810, jour de la fête de Napoléon. La colonne de la grande armée a

71 m. de hauteur, y compris le piédestal, et 4 m. de diamètre ; le piédestal a 7 m. d'élévation, et est entouré par un pavé et des gradins en granit de Corse. Le noyau, en pierre de taille, est revêtu de deux cent soixante-seize plaques de bronze ornées de bas-reliefs et disposées en spirale, représentant par ordre chronologique les principaux exploits qui signalèrent la glorieuse campagne de 1805, depuis le départ des troupes du camp de Boulogne, jusqu'à la conclusion de la paix, après la bataille d'Austerlitz. Dans l'intérieur est pratiqué un escalier à vis de cent soixante-seize marches, par où l'on monte à une galerie pratiquée sur le chapiteau, au-dessus duquel s'élevait une espèce de lanterne qui supportait la statue pédestre de Napoléon en empereur romain, exécutée par Chaudet et fondue par Lemot. C'est avec le bronze de douze cents canons pris sur l'ennemi que furent exécutés, sur les dessins de Bergeret, tous les bas-reliefs, dont plusieurs figures sont des portraits. Les quatre faces du piédestal offrent des trophées composés d'armes diverses, de drapeaux et de costumes militaires ; aux angles sont placés quatre aigles qui soutiennent des guirlandes de chêne et de laurier. Au dessus de la porte, deux Victoires tiennent une tablette sur laquelle on lit :

NEAPOLIO IMP. AUG. MONUMENTUM BELLI GERMANICI
ANNO M. D. CCC. V. TRIMESTRI SPATIO DUCTU SUO PROFLIGATI.
EX ÆRE CAPTO GLORIÆ EXERCITUS MAXIMI DICAVIT (1).

Par sa masse imposante et son heureuse position, cette colonne produit un effet étonnant ; elle offre au centre d'un des plus beaux quartiers de Paris un point de vue superbe, lorsqu'on la regarde des Tuileries et du boulevard ; si l'on s'en approche pour en examiner les détails, l'œil étonné reporte sur ce riche monument toute la magnificence des palais qui l'entourent. C'est un ensemble nouveau chez les peuples modernes, et, si l'on excepte Rome, aucune capitale de l'Europe n'en offre même l'équivalent.

Le 31 mars 1814, les royalistes purs qui étaient allés au-devant des souverains étrangers, dont les premières phalanges entrèrent à Paris par le faubourg St-Martin, se portèrent sur la place Vendôme, avec l'intention d'arracher de la colonne la statue de Napoléon, pour la traîner dans la fange des rues. M. Sosthènes de la Rochefoucauld réclama et obtint l'ignoble tâche d'attacher la corde au cou de cette image, qui devait lui rappeler son bienfaiteur et celui de sa famille : pendant cette opération, Maubreuil versait à boire et distribuait de l'argent aux royalistes que dirigeait M. de Semallé. Mais, plus zélés qu'intelligents, les chefs de la bande s'étaient imaginé que lorsque le câble serait fixé

---

(1) Qui peut se traduire ainsi : « Avec le bronze pris sur l'ennemi, Napoléon a fait élever ce monument à la gloire de la grande armée qui, en 1805, a, sous ses ordres, vaincu l'Allemagne en trois mois. »

à la statue, il leur suffirait de le faire tirer par des chevaux et de s'y atteler eux-mêmes pour en amener la chute. Ils se trompèrent ; la statue résista à leurs sacriléges efforts. Des tentatives infructueuses pour la faire tomber se renouvelèrent sans succès pendant plusieurs jours de suite. Exaspérés à la fin par leur impuissance, les royalistes allaient employer la mine et faire sauter le monument tout entier, lorsque l'autorité étrangère crut de son honneur d'intervenir et d'empêcher cet acte de vandalisme. Toutefois l'intention des souverains étrangers n'était pas de respecter la statue ; instruits que l'artiste qui l'avait fondue possédait seul le secret de sa résistance, ils lui ordonnèrent sous peine de mort de procéder à cette opération, et le 7 avril la statue de Napoléon, descendue de son glorieux piédestal, rentra dans les ateliers du fondeur. L'ordre qui enjoignait au sieur Delaunay, *sous peine d'exécution militaire*, de procéder sur-le-champ à l'enlèvement de la statue, porte la date du 4 avril 1814, et est signé du comte de Rochechouart ; au bas on avait ajouté ces mots : à exécuter sur-le-champ, signé PASQUIER, préfet de police.

Une ordonnance royale du mois d'avril 1831, rendue aux applaudissements de la nation, décida que la statue de Napoléon serait replacée sur la colonne. Le programme enjoignait aux concurrents de représenter le héros vêtu à la moderne, en redingote et coiffé d'un chapeau à trois cornes, costume que le grand homme affectionnait et qu'il a rendu si célèbre. L'exécution en fut confiée à M. Seurre. La statue, coulée en bronze par Crozatier, fut élevée sur la colonne le 20 juillet 1833, et pompeusement inaugurée le 28 du même mois, en présence de la famille royale et aux acclamations d'une foule immense.

VARIÉTÉS HISTORIQUES ET BIOGRAPHIQUES.

Rue de la Chaussée-d'Antin, n° 9, Mlle GUIMARD, danseuse de l'Opéra, célèbre par son luxe, sa maigreur, ses grâces et les actes de bienfaisance de ses amants, avait fait bâtir, par l'architecte Ledoux, une maison et un théâtre qu'on nommait le temple de Terpsichore. Maîtresse en titre alors du prince de Soubise, le seigneur le plus dissolu de la cour, Mlle Guimard attirait dans son hôtel, par son luxe et par l'excellence de son goût, une foule nombreuse de philosophes, de beaux esprits, d'artistes et de gens à talents de toute espèce ; elle y recevait, non la meilleure, mais la plus brillante société de Paris, et l'on s'y pressait surtout pour la voir jouer la comédie avec les premiers sujets de grands spectacles, qui, ces jours-là, laissaient leurs doublures amuser le public payant. Elle avait trois soupers par semaine ; l'un, composé des premiers seigneurs de la cour, et de gens de toute sorte de considération ; l'autre, d'auteurs, d'artistes et de savants ; enfin un troisième, véritable orgie, où étaient invitées les filles les plus séduisantes et les plus lascives, et où la débauche et la luxure étaient portées à leur comble. — La maison de cette actrice représentait le temple de la déesse de la danse ; le porche était décoré de quatre colonnes, au-dessus desquelles un charmant groupe isolé représentant Terpsichore couronnée par Apollon. Derrière les colonnes on voyait un délicieux bas-relief représentant le triomphe de la muse de la danse, traînée sur un char par des amours, précédée de bacchantes et suivie des grâces accompagnées de la musique. — Le théâtre, dont l'ouverture eut lieu en décembre 1772, par la Partie de chasse de Henri IV, malgré l'opposition de l'archevêque de Paris, était placé au-dessus de la grande porte. On n'y entrait que par billets, et c'était ordinairement le rendez-vous des plus jolies filles de Paris et des plus aimables libertins ; il y avait des loges grillées pour les honnêtes femmes, pour les gens d'Eglise et pour les personnes graves qui craignaient de se compromettre parmi cette multitude de folles et d'étourdis.

Mlle Guimard, qui portait le raffinement des voluptés à un point que l'on aurait peine à croire aujourd'hui, avait adopté au temps de sa prospérité pour armes parlantes un marc d'or, d'où sortait un gui de chêne supporté par les grâces et couronné par les amours. — En 1786, cette courtisane recevait en même temps une pension du prince de Soubise, une pension du financier Laborde et une pension de l'évêque d'Orléans, entre lesquels elle partageait ses faveurs ; mais, comme elle menait depuis plusieurs années un train de vie capable de ruiner les princes les plus opulents, elle se vit obligée de vendre sa maison, qui fut mise en loterie y compris les meubles : deux mille cinq cents billets à cent vingt francs, formant un capital de trois cent mille francs, furent distribués (le tout avait coûté bien davantage). Le tirage eut lieu le 22 mai dans une des salles des menus plaisirs. Une comtesse Duleau, qui n'avait pris qu'un seul billet, gagna cet hôtel. Avant d'en sortir, Mlle Guimard y fit essayer l'opéra de Nina, de Marsollier et Dalayrac, par Mme Dugazon et autres acteurs, qui le jouèrent quelques jours après sur le Théâtre-Italien. Mlle Guimard est morte en 1816, à l'âge de soixante-treize ans ; elle avait épousé en 1787 le célèbre chorégraphe Despréaux, professeur de danse, sous le directoire et sous l'empire, de toutes les jeunes filles dites comme il faut, qui se réunissaient chez lui pour y danser en toute gaieté, ce qui voulait beaucoup dire alors. — L'hôtel de Mlle Guimard fut acheté vers 1796 par le banquier Péregaux ; c'est là que M. Jacques Laffitte commença sa fortune.

Au n° 7, dans cette même rue de la Chaussée-d'Antin, à l'extrémité d'une espèce de longue avenue, est un grand hôtel construit originairement par l'architecte Cherpitel pour le directeur des finances NECKER. Dans cet hôtel demeurait, sous le consulat et dans les premières années de l'empire, Mme RÉCAMIER, la plus belle, la plus aimable, la plus gracieuse et la meilleure des femmes de Paris, qui n'inspira jamais d'amour sans respect ni d'amitié sans passion. Mariée très-jeune à un homme qui était à la tête d'une des premières maisons de banque de France, sa beauté, les grâces de son esprit et le charme infini de ses entretiens attirèrent constamment près d'elle les hommes les plus marquants de tous les partis. En peu de temps, son hôtel, où elle donna durant plusieurs années des fêtes charmantes, devint le rendez-vous de tout ce qu'il y avait de distingué en Europe. Là se pressaient les diplomates et les hommes marquants de tous les régimes ; les savants et les littérateurs les plus illustres ; les jeunes gens les plus en renom pour les grâces de leurs manières et l'amabilité de leur esprit. Rien surtout ne peut être comparé au goût exquis et à la distinction des bals de l'hôtel Récamier, où l'on poussait l'attention jusqu'à mettre à la disposition des danseuses, des chaussures nouvelles de toutes couleurs, de toutes les formes et pour tous les pieds ; jusqu'à renouveler les bouquets des dames après chaque contredanse ou après chaque tour de valse ; jusqu'à changer les éventails qui avaient pu se briser, et que l'on remplaçait par tout ce qui se faisait alors de plus riche et de plus élégant en ce genre. On a donné et on donne encore de nos jours des bals beaucoup plus nombreux et peut-être plus fastueux ; mais jamais depuis lors on n'en a donné qui aient réuni à une aussi grande distinction tout ce qui peut contribuer au plaisir et à l'agrément des invités. — En 1805, une crise financière ayant porté une funeste atteinte au crédit commercial, la maison de M. Récamier succomba comme plusieurs autres. Mme Récamier, par la manière dont elle supporta un événement si cruel et si imprévu, sut inspirer un intérêt général : quoiqu'elle fût dans tout l'éclat de la jeunesse et de sa beauté, elle cessa d'aller dans le monde ; mais non-seulement elle conserva tous ses amis, elle continua encore d'être le centre de la même société. — Exilée sous l'empire pour ses liaisons avec la célèbre Mme de Staël, Mme Récamier ne revint à Paris qu'à l'époque de la restauration. Peu après son retour, elle fut chercher la paix et la tranquillité à l'abri des murs de l'Abbaye-aux-Bois, où nous la retrouverons en décrivant le dixième arrondissement. Ce parti, qui semblait devoir la séparer entièrement du reste du monde, n'a fait que prouver davantage l'attrait de son esprit et le charme de sa société. C'est là que des amitiés puissantes lui ont permis d'être utile aux victimes des factions et des partis, même d'en sauver quelques-unes, car son crédit n'a jamais été employé qu'à protéger le malheur et à soulager l'infortune.

Rue Basse-du-Rempart, n° 68, existait naguère une maison (elle a été démolie au commencement de 1843), qui fut avant 1789 le rendez-vous de tout ce que la cour, l'épée, la finance avaient de jeune, de riche, de brillant en hommes à la mode. C'était une maison élégante, coquette, mystérieuse, construite tout exprès pour l'intrigue ; toute composée de dégagements secrets, de couloirs obscurs et d'escaliers dérobés. Elle était habitée par M⁽⁾ˡˡᵉ Duthé, célèbre dans les fastes de la galanterie, qu'un prince qui régna depuis avait mise à la mode. C'était une beauté régulière, grande, bien faite, un peu fade, blonde et bête à faire plaisir. En voyant son appartement, on avait peine à concevoir que le temple suffit à l'idole. Cet appartement se composait de quatre petites pièces, d'un grand salon formant demi-cintre et d'une terrasse donnant sur le boulevard, qui était la pièce principale, et où M⁽⁾ˡˡᵉ Duthé se montrait presque tous les jours. C'est là qu'assise sur une causeuse elle étendait sur un tabouret le pied le plus élégamment chaussé, ou qu'appuyée sur un bras complaisant elle faisait admirer le mol abandon de sa taille. Là se tenait une cour qui inquiétait quelquefois celle de Versailles ; là se débitaient des propos peu mesurés et des vérités hardies contre les personnages du rang le plus élevé. — Plus tard, cette maison a été habitée par le compositeur de musique Blangini.

Rue Basse-du-Rempart, n° 6, demeurait et est morte le 15 janvier 1815 Mˡˡᵉ Raucourt, actrice célèbre du Théâtre-Français. On prétend que, se sentant mourir, elle conserva assez de sang-froid pour dire en souriant : « Voilà la dernière scène que je jouerai ; il faut la jouer d'une manière convenable. » Elle était loin de prévoir les troubles auxquels devaient donner lieu ses funérailles. L'entrée de l'église St-Roch, à laquelle elle avait fait des dons considérables, lui ayant été refusée, le peuple, justement indigné, enfonça les portes et commençait à remplir lui-même les cérémonies d'usage, lorsque Louis XVIII envoya un de ses aumôniers ; l'ordre fut rétabli, et la foule accompagna paisiblement le convoi au cimetière de l'Est.

Passage Saudrier, n° 11, au quatrième étage au-dessus de l'entresol, dans le plus modeste des appartements, demeurait seul en 1841, servi par une femme de ménage, un homme qui par le fait a été roi des Espagnes et des Indes, le célèbre Godoï, prince de la Paix. Cet homme si grand et si fier, qui a vu toute la grandeur d'Espagne à ses pieds, vivait là très-retiré, et presque oublié, après avoir occupé le monde entier de son nom pendant les quinze années qu'il gouverna l'Espagne en maître absolu.

Rue Neuve-des-Mathurins, n° 1, demeurait en 1808 le célèbre chanteur P.-J. Garat, mort en 1823, à l'âge de soixante ans. Il avait la faiblesse de cacher son âge, et était on ne peut plus ridicule dans son costume, dans sa tournure, dans ses manières et jusque dans son langage, où il affectait de ne pas prononcer les *r*. Sous ce rapport *Ga-at* donna le ton et fut chef d'école. Avec son habit carré, sa grosse cravate et ses cheveux en oreilles de chien, c'était le modèle des incroyables.

Il a été inhumé au cimetière de l'Est près de Grétry, de Méhul, de Delille et de Ginguené.

Rue Neuve-St-Augustin, n° 55, demeurait et est mort en 1824 le célèbre peintre Girodet Triosson, que David appelait son plus bel ouvrage.

Rue St-Honoré, n° 404 ou 406, demeurait Maurice Duplay, juré au tribunal révolutionnaire, dont Maximilien Robespierre fut l'hôte et le commensal depuis le jour où la loi martiale fut proclamée au Champ-de-Mars jusqu'à sa mort. Son appartement n'était certes pas somptueux, et pourtant, dans cet appartement presque misérable, il recevait ce que la France avait de plus redoutable après lui, St-Just, Couthon, etc., etc. On connaît l'issue fatale pour Robespierre de la séance du 9 thermidor ; on sait qu'il succomba avec St-Just, Couthon, Lebas, et tous ceux qui s'étaient déclarés ses partisans. — Le jour de son supplice, le peuple fit arrêter la fatale charrette devant la maison qu'il habitait, où des femmes, indignes de ce nom, exécutèrent des danses aux battements de mains de la multitude. Trois ans auparavant, il avait parcouru cette même rue St-Honoré sur un char de triomphe : le 30 septembre 1791, le jour de la dernière séance de la constituante, au moment où il sortait de l'assemblée, la foule, qui l'attendait à la porte, lui posa sur la tête une couronne de chêne, et le porta en triomphe jusque dans une voiture qui stationnait à la cour des Feuillants ; il y fut placé avec Pétion, et le peuple, attelé au char des deux triomphateurs, le reconduisit à sa demeure aux cris redoublés de : *Vive Pétion! Vive Robespierre!....*

Rue St-Honoré demeurait aussi à la même époque, dans la partie de cette rue comprise dans le quartier qui nous occupe, Robespierre jeune, Panis, Soubrany, Robert Lindet, Jean Debry, Antoine, etc. — Vis-à-vis de la rue St-Florentin demeurait et est mort, en 1803, le célèbre mais non impartial critique Laharpe, que Delille qualifiait de l'épithète de chien hargneux qui mord sans relâche, et qui voudra mordre encore quand il n'aura plus de dents.

Rue Neuve-des-Mathurins demeurait, en 1783, le marquis de Louvois, un des seigneurs les plus scandaleux de la cour de Louis XVI. Devenu veuf de sa première femme, dont il avait dissipé toute la fortune, il se remaria avec une laide et riche Hollandaise, qui le rendit veuf une seconde fois en lui laissant une fortune considérable, dont il vit promptement la fin ; le marquis de Courtenvaux lui laissa à sa mort une succession immense, qui fut bientôt dissipée ; s'étant remarié en troisièmes noces, et ayant plus de dettes que jamais, Louis XVI prit le parti de l'exiler pour ne plus entendre parler de ses excès.

Rue de la Ferme-des-Mathurins, n° 24, habite l'honorable député Odillon Barrot, préfet de la Seine en 1830, et l'un des trois commissaires qui accompagnèrent Charles X à Cherbourg.

Rue Louis-le-Grand, n° 33, a longtemps demeuré M. Labat, opulent gentilhomme, qui dépensait annuellement à Paris une dizaine de mille francs le jour du mardi gras. Il se promenait sur les boulevards à la tête d'une nombreuse cavalcade montée à ses frais, remplissait de masques éblouissants trois calèches attelées chacune de six chevaux, et en le voyant passer la foule ignorante disait : « Voilà lord Seymour et sa bande joyeuse. » Il se ruinait pour se faire un nom, et jamais le sien n'a dépassé le cercle de ses intimes amis : humilié, accablé d'ennui, désespéré, il alla mourir à Florence.

Place Vendôme, n° 7, est l'hôtel de l'état-major de la place de Paris, construit par Bullet. — Vergniaud, l'un des plus grands orateurs qui aient illustré la tribune française, demeurait dans cet hôtel en 1793. Député à l'assemblée législative et à la convention nationale, il occupa le fauteuil le jour du jugement de Louis XVI, dont il vota la mort sans sursis, avec l'appel au peuple. Il s'opposa à la création du tribunal révolutionnaire, résista avec courage aux accusations des sections de Paris, fut décrété d'accusation après le 31 mai, condamné à mort par le tribunal révolutionnaire, et exécuté avec vingt de ses collègues le 30 octobre 1793.

Au n° 9 est un autre hôtel construit par Bullet pour le comte d'Evreux, gendre du receveur des finances Crozat. Le maréchal d'Estrées a habité longtemps cet hôtel, qui est occupé aujourd'hui par l'intendance de la liste civile.

Aux n°s 11 et 13 est l'hôtel de la Chancellerie, construit en 1702 par le fermier général Luillier, et vendu en 1706 au traitant Bourvalais, sur lequel il fut saisi pour payement de la taxe que la chambre de justice avait imposée à ce traitant, ainsi que l'hôtel contigu, qui appartenait à un autre traitant du nom de Willemarec. Ces deux hôtels réunis sont occupés aujourd'hui par la Chancellerie et par le ministère des cultes. Sous le directoire et le consulat, l'hôtel de la Chancellerie fut affecté à la préfecture de Paris ; la société d'agriculture y tint sa première séance en l'an VI, sur l'invitation du directoire.

Au n° 19 est un hôtel qui a été pendant longtemps affecté au logement du président de la chambre des députés.

Au n° 21 habitait, en 1788, le trésorier des états de Languedoc Joubert, amateur éclairé des arts et des sciences, qui avait formé dans cet hôtel un riche cabinet d'histoire naturelle. — Dans ce même hôtel demeurait et est mort, en 1807, le célèbre Berthoud, membre de l'Institut, qui a porté à un haut degré l'art de l'horlogerie. — Là habitait, vers 1808, le marquis DE MÉJANES, le plus fameux *bouquineur* des temps modernes (après M. Boulard toutefois). Il avait formé des dépôts de livres à Aix, à Arles, à Avignon, et avait tellement encombré de livres son appartement de Paris, que sa femme était obligée de passer avec peine entre deux longues palissades de livres pour aller se coucher dans une alcôve entourée de rayons garnis de bouquins. Tous ces livres forment aujourd'hui la bibliothèque publique d'Aix, l'une des plus considérables des départements, à laquelle ils ont été légués par M. de Méjanes.

La **rue Neuve-des-Capucines** doit son nom au COUVENT DES CAPUCINES, qui était situé rue St-Honoré en face de celui des Capucins. Il dut sa fondation à Louise de Lorraine, veuve du roi Henri III, qui laissa par son testament en 1601 la somme de soixante mille livres pour fonder à Bourges un couvent de capucines, dont elle fit choix pour le lieu de sa sépulture. Marie de Luxembourg, duchesse de Mercœur, sa belle-sœur, se chargea de l'exécution du testament, et suppléa à la somme insuffisante laissée par la reine; mais des difficultés ayant été élevées pour la fondation d'un couvent de capucines à Bourges, elle obtint la permission de le fonder à Paris, et acheta à cet effet l'hôtel de Retz, appelé alors l'hôtel du Perron, situé vis-à-vis du couvent des Capucins, dans un quartier qui portait alors le nom de faubourg St-Honoré. On posa en 1604 la première pierre de ce monastère, qui fut achevé en 1606, et consacré le 18 juin de la même année par l'évêque de Digne. Vers la fin du mois de juillet, la duchesse de Mercœur fit venir les douze novices qui devaient former le noyau de la communauté, à l'hôtel de Mercœur, qui prit plus tard le nom d'hôtel de Vendôme, où se trouvait le cardinal de Gondi, assisté de l'évêque de Paris. Le cardinal mit à chacune une couronne d'épines sur la tête, et présenta à chacune des dames les plus qualifiées qui assistaient à cette cérémonie une religieuse à conduire au nouveau monastère. Les capucins, au nombre de quatre-vingts, et ayant à leur tête le P. Ange de Joyeuse, alors gardien du couvent des Capucines, allèrent les prendre en procession et les conduisirent à l'église, où le cardinal officia pontificalement, et les introduisirent dans leur couvent, où elles firent profession le 21 juillet 1607. La construction de la place Vendôme ayant nécessité la suppression du couvent des Capucines, Louis XIV en ordonna la démolition, et en fit ériger un nouveau, plus vaste et plus commode, à l'endroit où finit la rue Neuve-des-Petits-Champs, et où commence aujourd'hui la rue de la Paix et la rue Neuve-des-Capucines, dont les religieuses prirent possession en 1688. La façade de l'église correspondait à l'axe de la place Vendôme, et servait de perspective et de décoration à cette belle place; elle n'était pas très-grande, mais somptueuse, surtout les chapelles, qui renfermaient les magnifiques mausolées du ministre Louvois, du maréchal de Créqui, de la marquise de Pompadour et de sa fille, et les tombes de Louise de Lorraine, femme de Henri III, du duc et de la duchesse de Mercœur. — Les capucines étaient au nombre de quarante; leur règle était des plus austères, et, bien que logées dans le quartier le plus mondain de Paris, elles marchaient toujours nu-pieds. — Après la suppression des ordres monastiques, en 1790, le couvent des Capucines devint l'hôtel des Monnaies de la révolution; c'est là que furent établies les presses de ces assignats d'une valeur depuis dix sous jusqu'à dix mille francs, des mandats, des bons territoriaux et de tant d'autre papier-monnaie dont la somme s'éleva à près de cinquante milliards. Après la chute des assignats, l'église sur l'emplacement de laquelle a été percée depuis la rue de la Paix fut occupée par le célèbre physicien Robertson, qui y avait établi en l'an XI son théâtre de fantasmagorie, où l'on vit longtemps l'étonnant ventriloque Fitz-James, tué le 30 mars 1814, dans les rangs de la 1re légion de la garde nationale de Paris à la barrière de Monceau. Le cloître et les autres bâtiments furent remplacés par les bureaux du timbre. Le jardin fut transformé en jardin public, où l'on établit des jeux de toute sorte, le théâtre des Jeunes comédiens, deux panoramas et un cirque où commença en 1802 la fortune de Franconi; enfin ce jardin, sans être beau, était une foire perpétuelle et un lieu de promenade pour les flâneurs. Tout cela a disparu lors du percement de la magnifique rue à laquelle on donna le nom de Napoléon, qu'elle conserva jusqu'en 1814, où elle a reçu le nom de rue de la Paix.

Au n° 10 est l'HOTEL DES anciens LIEUTENANTS GÉNÉRAUX DE POLICE, dont le dernier fut M. Thiroux de Crosne, et l'avant-dernier M. Lenoir, qui s'est rendu recommandable par la fondation de plusieurs établissements philanthropiques, notamment par l'institution du Mont-de-Piété, et par la manière dont il exerçait la police intérieure secrète, sans agents provocateurs d'aucun genre : son nom s'associe honorablement à celui de M. de Sartine, qui fait époque dans les fastes de la police. Il est mort paisiblement à Paris en 1807. — En 1789 l'hôtel des lieutenants généraux de police devint la mairie de Paris, et fut occupé par Bailly, premier maire de cette capitale, condamné à mort et exécuté au Champ-de-Mars. (V. 10e ARRONDISSEMENT, article CHAMP-DE-MARS.) — Le second maire de Paris qui habita cet hôtel fut PÉTION, qui eut une fin non moins déplorable. — L'ancien hôtel de la police et de la mairie est aujourd'hui occupé par les archives du ministère des affaires étrangères et habité par M. MIGNET, directeur de ces archives, membre de l'Académie française et auteur d'une histoire de la révolution qui a obtenu un succès mérité, et dont il a été fait plusieurs éditions successives.

Au n° 16 est une maison qu'habitait le général BONAPARTE après le

13 vendémiaire. — Dans cette même maison demeurait en 1822 le vicomte Mathieu de Montmorency. Il prêta, lui cinquième, le serment du Jeu-de-Paume, et fut un des quarante-sept membres de la noblesse qu'on vit se réunir au tiers état le 14 août 1789 ; il avait soutenu la nécessité de placer en tête de la constitution une déclaration des droits de l'homme et du citoyen. C'est sur sa proposition que fut décrétée l'abolition des droits féodaux. En 1791 il fut un des quinze membres qui assistèrent à la translation des restes de Voltaire au Panthéon, et ce fut lui qui, un mois après, demanda que les mêmes honneurs fussent décernés à J.-J. Rousseau. Peu de temps après il s'expatria, rentra en France sous l'empire, et fut un des premiers à aller au-devant des Bourbons en 1814, ce qui lui valut la place de chevalier d'honneur de la duchesse d'Angoulême. Nommé en 1821 ministre des affaires étrangères, il défendit toutes les mesures liberticides proposées par le ministère, et prononça à la tribune de la chambre des députés, le 18 février 1822, une rétractation complète de ses anciennes doctrines, en donnant pour seule et unique raison *qu'il est difficile dans le jeune âge de se défendre des illusions ; qu'alors l'histoire ne l'avait pas assez instruit, et qu'il n'avait pas vu une révolution tout entière et ses abominables suites.* Cette rétractation lui attira une vigoureuse réponse du général Thiard, qui, s'élançant à la tribune, parodia avec esprit les paroles de M. de Montmorency, s'accusa d'avoir partagé un moment les erreurs de l'émigration, en témoigna le plus sincère repentir, et termina ainsi : « Mais quand j'ai vu la France, cette nation si généreuse, s'élever au milieu de l'Europe, rayonnante d'une gloire immortelle ; quand j'ai vu les triomphes de ses guerriers, les conquêtes de son génie, ses campagnes mieux cultivées, l'industrie florissante, le commerce honoré, les citoyens ne connaissant d'inégalité que dans les talents et les vertus, tous égaux devant la loi, ne réclamant d'autres privilèges que le mérite, et fournissant à l'administration, aux armées, aux sciences, à l'industrie des hommes supérieurs, qui honorent leur siècle et leur patrie, j'ai adopté avec franchise, avec enthousiasme les principes qui ont amené ces grands résultats. »

Au n° 20, formant l'angle de la rue Neuve et du boulevard des Capucines, est l'hôtel Bertin, occupé aujourd'hui par le ministère des affaires étrangères, dont les bureaux se trouvent dans la partie de cet hôtel qui porte le n° 18. Il a été bâti par le ministre d'état Bertin, qui y avait rassemblé un riche cabinet d'histoire naturelle et de curiosités chinoises. Sous l'empire il devint l'hôtel Wagram, et fut habité par le prince Alexandre Berthier, qui commença sa carrière militaire en Amérique sous les ordres des généraux Lafayette et Rochambeau.

Rue Neuve-Luxembourg, n° 27 bis, demeurait et est mort Casimir Périer, athlète infatigable de la chambre septennale, où il harcela constamment le président du conseil, dont il mit souvent en défaut l'assurance et l'habileté gasconnes. C'est dans son hôtel que fut rédigée, le 27 juillet 1830, la protestation des députés contre les ordonnances de Charles X : il est vrai de dire que les billets de convocation avaient été envoyés à son insu, et qu'il ne fut pas médiocrement surpris quand il vit arriver chez lui ses collègues.

Au n° 21 demeurait en 1793 le conventionnel GRANET, l'un des membres de la convention qui, dans leurs costumes, affichaient avec le plus d'ostentation le sanculotisme.

Au n° 15 demeurait CAMBON, ancien premier président au parlement de Toulouse, membre de l'assemblée des notables et de la convention. Proscrit sous le règne de la terreur, il s'était réfugié chez un rémouleur du faubourg St-Antoine, dont nous regrettons de ne pouvoir donner le nom : l'épouse de Cambon, modèle de toutes les vertus, préféra porter sa tête à l'échafaud plutôt que de découvrir l'asile de son mari, et périt le 8 thermidor, la veille de la chute de Robespierre. Cambon est mort en 1808. Sur la proposition du maire de Paris Pache, le conseil général de la commune arrêta : « qu'attendu le besoin urgent de souliers où se trouvent nos frères d'armes, les bons citoyens seront invités à donner des souliers, en proportion de leurs facultés, en portant des sabots ou des galoches en bois. » De tous les députés, Cambon fut le seul qui se soumit à l'arrêté : il siégeait en sabots à la convention.

Au n° 14 a demeuré longtemps M. de ROMIEU, loustic buveur, bambocheur, casseur de réverbères, rosseur du guet, spirituel auteur du roman *le Mousse;* devenu préfet, pour prouver que tous les Français sont admissibles aux emplois publics. Avant d'être fonctionnaire, M. de Romieu fut un viveur, un homme qui s'amusait et amusait les autres. Outre son aventure qui a fourni le sujet de la jolie pièce *Portier, je veux de tes cheveux*, on en cite une autre, quelque peu apocryphe peut-être, mais qui est fort populaire et si répandue qu'elle est devenue plus qu'une vérité. La voici. M. de Romieu traversant Paris à pied en pleine nuit, après un souper copieux, soutenait d'un bras M. de Montalivet qui lui rendait le même service. Après maints faux pas et maintes culbutes, M. de Romieu ne voulut plus faire un pas, et, dans sa résolution d'immobilité, il s'étendit tout de son long dans la rue auprès d'une borne, jurant qu'il restera là jusqu'à la fin de ses jours. Ne pouvant rien contre cette obstination, M. de Montalivet frappe à coups redoublés à la porte d'un épicier ; on ouvre ; il entre, paye vingt francs quatre lampions, les allume, les place autour de M. de Romieu endormi pour le préserver des coups de pieds des passants, des chevaux et des voitures, et disparaît. Quand le soleil se leva, les lampions brûlaient encore près du dormeur agité dans son sommeil.

Rue de Suresnes était le couvent des Bénédictines de la ville l'Évêque. Les premiers numéros pairs de cette rue ont été bâtis sur l'emplacement de ce monastère, fondé sous le titre de *Notre-Dame de Grâce*, le 12 avril 1613, par Catherine et Marguerite d'Orléans Longueville, qui donnèrent pour cette fondation deux maisons et un enclos de treize arpents qu'elles avaient acquis à la ville l'Évêque, et demandèrent à l'abbesse de Montmartre dix religieuses pour former le noyau de cette communauté. En 1615 ces religieuses adoptèrent la règle de St-Benoit, et en 1647 leur monastère fut érigé en prieuré indépendant de l'abbaye de Montmartre. Ce monastère fut supprimé et vendu comme bien national en 1790 ; les jardins s'étendaient jusqu'à la rue de l'Arcade, et communiquaient, au-dessus de cette rue, par l'arcade qui lui a donné son nom, avec un autre grand jardin que les bénédictines possédaient derrière l'église de la Madeleine de la ville l'Évêque.

Le boulevard de la Madeleine doit son nom à la nouvelle église de la Madeleine qui en est le plus bel ornement. A ce boulevard commence la longue ligne des boulevards du nord, qui décrivent une circonférence de 5,500 m. à droite de la Seine, et forment une rue large et magnifique, bordée de jardins, d'hôtels somptueux, de riches magasins, de brillants cafés, de restaurants, de théâtres et autres lieux publics : au milieu est une chaussée pavée destinée aux voitures, plantée d'arbres de chaque côté, qui ombragent de larges trottoirs dallés en laves ou recouverts en bitume. Cette chaussée, où se croisent en tous sens un nombre infini de voitures publiques et de brillants équipages ; ces allées, où se presse depuis les premiers rayons du jour jusqu'à minuit une foule sans cesse renaissante, sont regardées à juste titre comme les plus belles promenades du monde entier. C'est principalement sur cette partie des boulevards que se dirigent tous les cortéges dans les cérémonies civiles, militaires et religieuses ; là se réunirent les vainqueurs de la Bastille ; ce fut par ce chemin que Louis XVI fut conduit à l'échafaud ; ce fut sur ce boulevard qu'on célébra, peu de jours après, la pompe funèbre de Michel Lepelletier un de ses juges ; là passèrent les convois funèbres de Dulong, du général Lafayette, du général Lamarque, etc., etc., etc. C'est sur le boulevard de la Madeleine, du côté de la rue des Capucines, que Pichegru et Moreau, réunis par Lajolais, se rencontrèrent le 30 pluviôse an XII, à neuf heures du soir, pour concerter les moyens d'exécution de la conspiration ourdie par l'Angleterre pour renverser le gouvernement consulaire.

Rue Duphot, n° 10, demeurait et est mort en 1832, le comte Louis-Philippe de Ségur, ambassadeur près de l'impératrice Catherine, qui l'emmena dans son célèbre voyage en Crimée ; grand maître des cérémonies sous l'empire, auteur de l'*Histoire universelle* qui porte son nom. Peu d'hommes ont eu autant d'alternatives de bonheur et de malheur, de crédit et de disgrâce, de jouissance et de proscription, d'opulence et de pauvreté. « Le hasard, dit-il lui-même, a voulu que je fusse successivement colonel, officier général, voyageur, navigateur, courtisan, fils de ministre, ambassadeur, négociateur, prisonnier, cultivateur, soldat, électeur, poëte, auteur dramatique, collaborateur de journaux, publiciste, historien, député, conseiller d'Etat, sénateur, académicien et pair de France. »

N° 4. QUARTIER DES TUILERIES.
Ci-devant *section des Tuileries*.

Les limites de ce quartier sont : la partie orientale de la place de la Concorde, la rue Royale, n°s pairs, la place du Musée jusqu'au guichet le plus voisin de cet établissement, la rive droite de la Seine jusqu'au pont de la Concorde. — Superficie 666,800 m. carrés, équivalant à 0,019 de la superficie totale de Paris.

Les monuments, emplacements et édifices les plus remarquables de ce quartier sont :

Le palais des Tuileries. L'emplacement occupé anciennement par le château et le jardin des Tuileries portait dans les anciens titres le nom de la *Sablonnière*. Vers le milieu du XIII° siècle, on établit sur cet emplacement des tuileries, dont le nombre se multiplia considérablement. En 1343, Pierre des Essarts et sa femme occupaient près des Quinze-Vingts une maison appelée le *Logis des Tuileries*, qu'ils donnèrent à cet hôpital avec 42 arpents de terre labourable, environnés de murs qui en dépendaient. Au commencement du XVI° siècle, Nicolas de Neuville, secrétaire des finances et audiencier de France, avait en ce même endroit, du côté de la Seine, une grande maison, avec des cours et jardins enclos de murs, qui portait aussi le nom des Tuileries. La duchesse d'Angoulême, mère de François Ier, se trouvant incommodée au palais des Tournelles, résidence des rois de ce temps-là, vint habiter la maison de M. de Neuville et y recouvra la santé. François Ier en fit dès lors l'acquisition, et donna en échange au propriétaire de cette maison le château et le parc de Chanteloup, près Arpajon ; le contrat est du 12 février 1518. Six ans après, la duchesse d'Angoulême, devenue régente du royaume pendant la captivité de son fils, donna cette maison à Jean Tiercelin, maître d'hôtel du dauphin, et à Julie du Trot, en considération de leur mariage, pour en jouir l'un et l'autre leur vie durant. — Catherine de Médicis, veuve de Henri II, ayant fait démolir en 1564 le palais des Tournelles, qui lui était devenu odieux après la mort malheureuse de son époux, vint habiter le Louvre, et chargea Philibert Delorme de construire un château de plaisance sur l'emplacement de la maison des Tuileries ; elle acheta en même temps, pour augmenter l'étendue de cette habitation, différentes propriétés voisines, et environ 40 arpents de terre qui appartenaient aux Quinze-Vingts. — La forme extérieure du palais que Philibert Delorme éleva était agréable, la décoration élégante, la situation en belle vue. Tout l'édifice consistait en un seul corps de bâtiment, avec un pavillon au centre et deux autres à ses extrémités ; il était composé d'un rez-de-chaussée et d'un premier étage. Le pavillon du milieu, dans lequel se trouvait le grand escalier, était couvert d'un dôme de forme circulaire ; les appartements de réception et ceux d'habitation occupaient toute la partie à gauche de l'entrée ; la chapelle et un logement de dépendance remplissaient l'autre partie opposée vers le nord. Les logements de la suite, les écuries, le manége, où l'assemblée constituante et la convention tinrent leurs séances, étaient placés isolément, à une assez grande distance du château, près de la rue St-Honoré. Ces bâtiments existaient encore en partie en 1803, époque où ils ont été détruits pour le percement de la rue de Rivoli. Il paraît que Catherine de Médicis n'habita jamais le palais des Tuileries, qui n'était pas encore achevé en 1577 ; elle vivait ordinairement au Louvre et à l'hôtel de Soissons. — Jean Bullant, qui succéda à Philibert Delorme dans la direction des constructions du château des Tuileries, fit quelques changements aux dispositions du plan de son prédécesseur. — Henri IV, ayant trouvé les appartements des Tuileries insuffisants, chargea André du Cerceau, et par suite Etienne Dupeyrac, d'en augmenter l'étendue. Il fit construire deux corps de bâtiment en prolongation des pavillons d'angle, l'un au nord, l'autre au midi, afin de joindre la grande galerie du bord de l'eau et rattacher ainsi le Louvre aux Tuileries. Il ajouta beaucoup à l'habitation des Tuileries ; mais ce palais, à la construction duquel on a travaillé pendant plus de cent ans, n'a été entièrement achevé et convenablement habitable que dans les premières années du règne de Louis XIV. Anne d'Autriche, pendant la minorité de ce monarque, avait fait continuer, sur les dessins de Levau, les augmentations entreprises sous Henri IV, et, par suite, elle avait terminé les distributions intérieures des appartements. Il faut placer aussi à l'époque de la régence d'Anne d'Autriche la continuation de la grande galerie du bord de l'eau, en prolongation de celle de Henri II, et par conséquent l'entier achèvement de la réunion, du côté du midi, du Louvre aux Tuileries, qui fut exécutée d'après les dessins de Clément Métézeau.

Louis XIV et Louis XV habitèrent les Tuileries dans leur jeunesse. Avant la révolution, tous les appartements de ce palais étaient occupés par les grands officiers de la maison du roi. Ces appartements avaient été remis en état le 5 octobre 1789, pour y loger Louis XVI, lorsque le parti révolutionnaire l'obligea à venir habiter la capitale ; mais les travaux faits à cette époque avaient été exécutés à la hâte, et les mouvements populaires dont le château des Tuileries a été le théâtre l'avaient tellement dégradé, qu'il ne présentait de tous côtés que ruine et dévastation, jusqu'à l'époque où le général Bonaparte, premier consul, vint, avec le troisième consul Lebrun, y fixer son séjour. C'est alors que tout a été successivement rétabli. Le château, dégagé des bâtisses et des constructions étrangères que la faiblesse avait laissé élever jusque sur les façades, est aujourd'hui précédé d'une cour fermée d'une grille, avec un arc de triomphe à son entrée principale ; la place du Carrousel, agrandie, est devenue une place d'armes sur laquelle on a vu manœuvrer des armées entières ; les appartements intérieurs ont été restaurés, embellis et rendus plus commodes ; les peintures, les dorures des plafonds, celles de la galerie de Diane, ont été remises en bon état, sans altération dans leurs formes ou dans les sujets qu'elles représentent.

Du temps de Catherine de Médicis, le grand escalier se trouvait dans le vestibule du pavillon du milieu, qu'il occupait tout entier ; il fut déplacé sous Louis XIV, et Levau y substitua celui qui était naguère à droite en entrant dans le vestibule, qui a été remplacé, par M. Fontaine, par un escalier droit, aboutissant directement à la porte de la chapelle actuelle, en traversant toute la galerie nouvellement couverte ; puis, par une révolution du palier d'en haut, on rentre dans l'intérieur du pavillon du milieu, et de là dans la galerie de gauche, qui communique aux appartements. A la place du premier escalier on a construit une salle des gardes, de laquelle on aboutit à celle des cents-suisses, où était anciennement une chapelle qui ne fut jamais complétement achevée. Au-dessus règne la chapelle et une salle qui a été occupée par le conseil d'Etat ; cette chapelle a été réparée par l'empereur, elle est ornée de deux ordres de colonnes doriques en pierres et en stuc, formant des tribunes à trois faces, au premier étage; la tribune du roi est opposée à l'autel, au-dessus duquel est placé l'orchestre. Cette chapelle, la salle où le conseil d'Etat tenait ses séances, et la salle de spectacle actuelle ont été construites sur l'emplacement de la grande salle des machines, construite en 1662, sous le règne de Louis XIV, sur les dessins de l'Italien Vigarani, pour la représentation de la *Psyché*, de Molière ; on lui donna alors le nom de salle des machines. Vers 1720, Louis XV, alors âgé de dix ans, dansa sur ce théâtre, avec plusieurs seigneurs de sa cour, dans la comédie de l'*Inconnu*. Cette magnifique salle était abandonnée, lorsque le célèbre architecte Servandoni, ingénieux décorateur, obtint de Louis XV, vers 1730, la permission de donner dans cette salle, à son profit, des pantomimes et des spectacles de simple décoration pour former des élèves en ce genre; pendant plus de quinze ans il donna sur ce théâtre des représentations qui obtinrent un grand succès, notamment les représentations de *St-Pierre de Rome, Pandore*, les *Travaux d'Ulysse*, la *Descente d'Enée aux enfers*, et surtout la *Forêt enchantée*, du Tasse. — En 1763, après l'incendie qui dévora une partie des bâtiments du Palais-Royal, l'Opéra fut installé aux Tuileries, où, pendant l'appropriation de la salle au jeu des machines, on donnait des concerts trois fois par semaine; l'ouverture de l'Opéra eut lieu le 24 janvier 1764, par la première représentation de *Castor* et *Pollux*, et les représentations continuèrent sur ce théâtre jusqu'à la reconstruction de la salle du Palais-Royal. — En 1770, les comédiens français ayant été obligés de quitter leur théâtre de la rue des Fossés-St-Germain-des-Prés, qui menaçait ruines, vinrent occuper la salle des Tuileries, en attendant la construction de la salle de l'Odéon. Ils y restèrent douze années ; c'est là que Voltaire, de retour à Paris, vint assister le 30 mars 1778, au triomphe qui précéda sa mort de fort peu de jours. Ce jour-là, la cour des Tuileries était remplie d'individus appartenant à toutes les classes de la société, qui s'y étaient rendus spontanément pour rendre hommage au patriarche de la littérature française. Dès que sa voiture parut, les cris de *vive Voltaire!* retentirent pour ne plus finir. Le marquis de Villette l'aida à descendre du carrosse dans lequel il était avec le procureur Glause. Tous les deux lui donnèrent le bras, et eurent peine à l'arracher à l'admiration de la foule. Son entrée dans la salle, que remplissait une foule élégante et choisie, excita un véritable enthousiasme ; chacun l'entourait et voulait le contempler un moment ; les femmes surtout se jetaient sur son passage et l'arrêtaient afin de mieux jouir du bonheur de le voir ; quelques-unes même s'empressaient de toucher ses vêtements. Voltaire se plaça dans la loge des gentilshommes de la chambre, en face de celle du comte d'Artois. A peine était-il assis, que d'une voix unanime on cria : *La couronne!* que le comédien Brizard vint aussitôt lui mettre sur la tête. *Vous voulez donc me faire mourir*, s'écria Voltaire, pleurant de joie et se refusant à cet honneur. Il prit cette couronne à la main et la présenta à *Belle* et *Bonne*; mais le prince de Beauveau s'empara du laurier et le replaça sur la tête de Voltaire, qui cette fois ne put résister. Les applaudissements ne discontinuèrent pas pendant toute la durée de la représentation d'*Irène*. La toile tomba, pour se relever un moment après, et l'on aperçut le buste de Voltaire, élevé sur un piédestal et entouré de tous les acteurs formant un demi-cercle, et tenant à la main des palmes et des guirlandes. Le bruit des fanfares et des tambours annonça la cérémonie. Mme Vestris s'avança et déposa sur le buste une couronne de lauriers. En ce moment la salle fut ébranlée par un tonnerre d'applaudissements longtemps prolongé; Mme Vestris lut ensuite les vers suivants, composés par le marquis de St-Marc.

> Aux yeux de Paris enchanté,
> Reçois en ce jour un hommage
> Que confirmera d'âge en âge
> La sévère postérité.
> Non, tu n'as pas besoin d'atteindre au noir rivage
> Pour jouir des honneurs de l'immortalité :
> Voltaire, reçois la couronne
> Que l'on vient de te présenter;
> Il est beau de la mériter,
> Quand c'est la France qui la donne!

Après cette lecture chaque acteur fut poser sa guirlande autour du buste, qui pendant toute cette cérémonie fut salué de bravos et de vivat prolongés. La toile fut baissée et relevée presque immédiatement pour la représentation de *Nanine*, qui fut jouée au milieu de continuels bravos ; le buste de Voltaire avait été placé sur la scène, à droite du théâtre, et il y resta pendant toute la représentation. Les bravos se continuèrent longtemps encore après la sortie du théâtre, et Voltaire put les entendre du pont Royal et même de son hôtel. Le comte d'Artois (depuis Charles X), qui assistait à cette solennelle représentation, avait envoyé le prince d'Hénin complimenter en son nom le chantre de Henri IV et de Jeanne d'Arc. — En 1789, une troupe de comédiens, venue d'Italie sous la protection de Monsieur (depuis Louis XVIII), débuta sur le théâtre des Tuileries, le 29 janvier, par un opéra buffa intitulé *Vicende amorose*. La journée des 5 et 6 octobre, qui obligea Louis XVI à occuper les Tuileries, força les bouffes à déménager, pour aller s'établir à la foire St-Germain. — La salle de spectacle des Tuileries fut entièrement détruite en 1792, ainsi que toutes les autres distributions faites dans le même local, lorsqu'on y établit la salle des séances de la convention nationale et ses accessoires, à laquelle on travailla dès que Louis XVI et sa famille eurent été transférés au Temple. — La salle construite aux Tuileries par Vigarani était regardée à cette époque comme la plus grande salle de spectacle de l'Europe, après celle de Parme : sept à huit mille personnes pouvaient y être convenablement placées ; elle occupait toute la largeur de l'aile du pavillon Marsan, d'un mur à l'autre ; la scène, depuis le rideau jusqu'au mur de refend du pavillon Marsan, avait 41 m. 83 c. de profondeur ; l'ouverture de la scène était de 10 m. 39 c. et la hauteur de 11 m. 4 c. ; la partie livrée aux spectateurs avait dans œuvre 16 m. sur 30 m. 20 c. ; la hauteur du parterre à la voûte était de 16 m. ; l'ordre d'architecture était composite.

C'est dans cet immense emplacement que l'on construisit la SALLE destinée aux séances DE LA CONVENTION NATIONALE, qui quitta la salle du Manége, et prit possession de la nouvelle salle le 10 mai 1793 ; les pièces adjacentes furent réservées pour les divers bureaux de cette assemblée. Toutes les dénominations qui pouvaient rappeler la royauté furent remplacées par des noms républicains ; le pavillon Marsan devint le pavillon de l'Egalité, celui du milieu reçut le nom de pavillon de l'Unité, le pavillon de Flore devint le pavillon de la Liberté. C'est dans ce pavillon que furent installés le comité de salut public, et les comités des finances, des assignats et monnaies, de liquidation et des comptes, de la marine et des colonies ; le comité de la guerre occupait le pavillon de l'Unité ; les comités de législation, d'agriculture et du commerce, des inspecteurs de la salle, occupaient le pavillon de l'Egalité. On entrait directement dans la salle de la convention par un perron qui donnait sur la terrasse des Feuillants. Cette salle, suivant les descriptions qui nous restent, était un mélange de grandeur, d'audace et de défauts de principes en architecture ; les amphithéâtres du peuple, placés aux extrémités de la salle, sur lesquels des milliers de citoyens venaient s'entasser tous les jours, n'avaient d'autre appui qu'un faible poteau de 9 m. 74 c. de portée et d'un seul morceau, et l'on ne peut concevoir comment cette partie de la salle ne s'est pas écroulée sous le poids de cette population toujours agitée, toujours trépignante. Depuis l'installation de l'assemblée conventionnelle aux Tuileries jusqu'à la réaction thermidorienne, la salle de la convention fut presque constamment le théâtre de combats que s'y livrèrent les partis qui divisaient si malheureusement la représentation nationale. C'est dans cette salle que défilèrent tous les bataillons de la levée en masse à mesure qu'ils partaient pour l'armée. La salle de la convention fut le théâtre des irruptions populaires pendant les journées de germinal an III; le 1er prairial de la même année, elle fut envahie par un peuple furieux de voir qu'on le conduisait à la contre-révolution ; dans sa fureur, il immola le représentant Ferraud, qui avait fait de grands efforts pour protéger la représentation nationale. Le peuple était maître de la convention, et déjà les représentants qui faisaient cause commune avec lui avaient rendu plusieurs décrets dans le sens de la révolution qui semblait s'opérer, lorsque les membres du parti contraire revinrent dans la salle, accompagnés des sections qui lui étaient dévouées ; une nouvelle lutte s'engagea, et eut pour résultat la condamnation à mort de cinq représentants qui avaient fait cause commune avec le peuple, et la déportation de plusieurs autres. Le 13 vendémiaire an IV, les sections armées, à l'instigation des royalistes, envahissent les abords de la salle de la convention, et sont dispersées par les troupes de ligne commandées par Barras et par Bonaparte, qui sauvèrent en ce jour la république du plus grand danger qu'elle eût encore couru. Le 4 brumaire suivant, la convention nationale déclara sa mission finie, et sortit des Tuileries qu'elle avait occupés pendant plus de trois ans.

Le conseil des Anciens remplaça la convention dans la salle des Tuileries, que ce conseil quitta, pour n'y plus rentrer, le 18 brumaire an VIII (9 novembre 1799).

Le 19 février 1800 (30 pluviôse), le premier consul Bonaparte quitta le palais du Luxembourg et vint s'installer aux Tuileries, que ses deux collègues devaient habiter avec lui. Le consul Lebrun fut logé au pavillon de Flore, qu'il céda au pape lorsqu'il vint sacrer l'empereur ; il habitait le petit appartement que la reine Marie-Antoinette avait fait arranger pour lui servir de pied à terre lorsqu'elle venait sans suite à Paris. Quant au consul Cambacérès, il refusa de prendre place dans ce palais des rois, et dit à son collègue Lebrun : « C'est une faute d'aller nous loger aux Tuileries; le général voudra bientôt y loger seul, il faudra alors en sortir ; mieux vaut ne pas y entrer. » Il n'y alla pas, et se fit donner le bel hôtel d'Elbeuf, situé sur la place du Carrousel, qu'il a gardé aussi longtemps que Napoléon a gardé l'empire. — Le premier consul se rendit aux Tuileries, précédé et suivi d'un cortége imposant. Arrivé au Carrousel, la voiture des consuls fut reçue par la garde consulaire, rangée en bataille dans la cour du palais, qui était loin d'être ce qu'elle est aujourd'hui : elle était entourée de planches et fort mal disposée ; deux corps de garde, qui avaient probablement été établis à l'époque de la révolution, existaient encore, et à leur entrée dans cette cour, les consuls purent lire sur le corps de garde de droite une inscription ainsi conçue : LE 10 AOUT 1793, LA ROYAUTÉ EN FRANCE EST ABOLIE ET NE SE RELÈVERA JAMAIS !.... Le 2 ventôse l'inscription avait disparu, et le même jour l'ordre fut donné d'abattre les deux arbres de la liberté qui avaient été plantés dans la cour. — Lors de l'attaque des Tuileries, au 10 août, plusieurs boulets étaient restés incrustés dans les murs de la façade du palais ; autour de ces boulets on avait écrit 10 *août*; ils disparurent, ainsi que l'inscription, lors de la construction de l'arc du Carrousel.

Sous l'empire, la salle de spectacle des Tuileries fut rendue à sa destination primitive, et restaurée sur les plans de M. Percier ; elle est en forme d'ellipse allongée, et décorée d'un rang de colonnes ioniques supportant quatre arcs doubleaux, sur lesquels s'appuie une voûte en calotte terminée en cul de four dans la partie opposée à la scène. La loge du roi, construite pour l'empereur, occupe le milieu, avec deux amphithéâtres en forme de corbeille à droite et à gauche pour les dames ; le parterre, la galerie de plain-pied et le premier rang de loges sont réservés pour les familiers du château ; au rez-de-chaussée est un rang de loges grillées, et deux autres au-dessus de la galerie pour les invités. Cette salle est une des salles de spectacle de Paris le mieux distribuées, la plus riche et du meilleur goût ; elle sert pour les bals et pour les festins de la cour, au moyen de constructions mobiles que l'on établit sur l'espace occupé par le théâtre, qui est beaucoup plus spacieux que la salle.

Le grand pavillon du côté du nord, appelé *pavillon Marsan*, doit son nom à la princesse de Marsan, sœur du maréchal de Soubise, gouvernante des enfants de France sous Louis XV ; il avait été disposé, sous la restauration, pour y loger le frère du roi, depuis Charles X, avec tout son service ; depuis la révolution de juillet, il a été approprié au logement du duc d'Orléans, et est aujourd'hui occupé par la veuve de ce prince. Il contient deux grands appartements, l'un au rez-de-chaussée et l'autre au premier, indépendamment de plusieurs autres étages supérieurs destinés au reste de la maison.

Retournons au grand escalier : on entre à gauche dans la salle dite des Maréchaux, qui occupe la totalité du pavillon du milieu. Cette salle a un balcon sur la cour et un autre sur le jardin ; elle renferme une suite de portraits en pied des maréchaux de France, et plusieurs bustes des généraux français morts sur le champ de bataille.

A la suite de la salle des Maréchaux est le salon dit des Nobles ou des Gardes ; il occupe six croisées de face. Vient ensuite le salon de la Paix, autrefois l'antichambre du cabinet du roi. Là, tous les dimanches matin, sous l'ancien régime, on dressait une petite table verte, et tous les particuliers qui avaient des placets à présenter pouvaient les remettre sur cette table ; ils étaient ensuite portés au roi, et le renvoi s'en faisait aux divers ministres. Tous les jours de la semaine on pouvait aussi donner des placets au roi, en les faisant parvenir par le capitaine des gardes de service. — La salle du trône, autrefois la chambre du roi, est éclairée de trois croisées sur la cour, et décorée de tentures en tapisserie des Gobelins. Après la salle du trône est le cabinet du roi, dont le plafond est décoré de peintures, de dorures et de sculptures d'une grande magnificence. A l'extrémité des grands appartements est la galerie de Diane, dont le plafond offre des copies de peintures du palais Farnèse, à Rome. Derrière cette galerie est l'appartement de service du roi, ayant vue sur le jardin, et dont l'entrée est par le grand escalier, près du pavillon méridional, nommé pavillon de Flore ; il se compose d'une antichambre servant de salle des gardes, de deux salons, du cabinet particulier du roi, d'un second cabinet, d'une chambre à coucher, et d'un cabinet de toilette avec ses dépendances. Ces pièces, dont la décoration primitive remonte à la régence, sont beaucoup moins riches que celles du grand appartement du côté de la cour. — L'appartement de la reine et des princesses d'aujourd'hui est au rez-de-chaussée ; il a été refait et décoré à neuf lors du mariage de Napoléon et de Marie-Louise, et offre une différence de style et une légèreté d'ornements qui contraste avec les décorations du siècle de Louis XIV. On trouve dans cet appartement : la salle à manger, la salle des concerts, dans laquelle on dresse un petit théâtre mobile pour les représentations de société ; le salon des Grâces, ainsi nommé d'un tableau de Blondel représentant les trois Grâces, et la salle de billard.

Sous l'empire, le cercle de la cour se tenait dans la salle du trône ; les danses et autres divertissements avaient lieu dans la salle de la Paix et dans la salle des Maréchaux ; ce cercle était d'une magnificence et d'un éclat véritablement magique. Observateurs qui parcourez les appartements de ce palais où se sont passés tant d'événements de fortunes si diverses, arrêtez-vous un moment dans cette salle du trône ; là, près de la profonde fenêtre du milieu, se tenait le groupe du corps diplomatique, dont les membres, couverts d'ordres de chevaleries, de plaques de diamants, *tremblaient* devant ce *petit homme*, sortant d'un pas rapide de son appartement, vêtu seulement d'un habit de colonel de chasseur à cheval. Tout ce que les mémoires du temps rapportent des fabuleuses magnificences de Marly et de Versailles n'approchent en rien, d'après leurs propres récits, de la cour de Napoléon de 1808 à 1809. Une des merveilles les plus attrayantes, et qu'aucune autre cour ne pouvait offrir, c'était surtout cette foule de belles personnes, de frais et charmants visages; et la chose est facile à comprendre, la presque totalité des généraux de l'armée et des officiers supérieurs de la garde impériale s'étant mariés par amour, soit en France, soit dans leurs campagnes; car jamais l'empereur n'a ordonné de presse d'odalisques pour les livrer à ses janissaires, ainsi que M. Alfred de Vigny a eu l'outrecuidance de l'affirmer dans son discours de réception à l'académie, dont a fait bonne justice M. Molé. — La salle des Maréchaux offrait un coup d'œil vraiment fantastique un soir de grand concert, lorsque les deux côtés étaient garnis de trois rangées de femmes presque toutes jeunes et jolies; couvertes de fleurs, de diamants et de plumes flottantes, et derrière elles cette haie formée par les officiers de la maison de l'empereur, ceux des princesses, puis les généraux aux habits étincelants d'or, les sénateurs, les conseillers d'État, les ministres, tous revêtus de riches costumes. Ajoutez les princes de la confédération du Rhin, tout ce que l'Allemagne, la Russie, la Pologne, l'Italie, le Danemarck, l'Espagne, l'Europe enfin, l'Angleterre exceptée, avait alors envoyé à Paris.

Il est utile toutefois de faire remarquer que la toute-puissance de Napoléon ne s'exerçait pas sans provoquer de temps en temps quelques velléités d'opposition. Nous avons dit qu'après le 10 août 1792 on plaça à l'entrée de la cour des Tuileries une inscription portant que la royauté ne serait plus rétablie en France. Cette inscription fut enlevée à l'époque où le premier consul établit sa demeure aux Tuileries. Lorsque l'empereur eut l'absurde idée d'improviser des trônes pour ses frères, on lut un beau matin, à l'endroit même où avait subsisté si longtemps l'inscription qui consacrait l'abolition de la royauté, ces mots tracés en gros caractères : *Fabrique de sires*, qui provoquèrent des réflexions mordantes sur la conduite ambitieuse de ce grand fabricateur de rois.

Les fêtes du mariage de Napoléon et de Marie-Louise furent célébrées au palais des Tuileries avec une grande magnificence; mais une tradition qui demeurera éternellement vivante sera celle du 20 mars 1811, lorsqu'à six ou sept heures du matin le premier coup de canon annonça que l'impératrice était mère. Comme l'événement était prévu, les quais, les rues, les places publiques étaient couverts de monde comme dans un jour de grande fête. Au premier retentissement de l'airain, tout ce qui marchait s'arrêta.... tout.... Dans une seconde la grande ville fut frappée du silence comme par enchantement. Le mot d'affaires le plus important, la parole d'amour la plus délirante, tout fut suspendu..... et sans le retentissement du canon, on aurait cru être dans cette ville des Mille et une Nuits, qu'un coup de baguette pétrifia.... Puis un vingt-deuxième coup tonna dans le silence!.... Alors un seul cri, un seul !... mais poussé par un million de voix, retentit dans Paris et fit trembler les murs de ce même palais où venait de naître le fils du héros.

Et les chapeaux volaient en l'air, les mouchoirs flottaient... on courait, on s'embrassait, on s'annonçait la grande nouvelle avec des larmes de joie. A onze heures, Mme Blanchard monta en ballon et partit de l'Ecole militaire pour aller annoncer autour de Paris la naissance du fils de l'empereur. — Trois ans après, le 29 mars 1814, à dix heures du matin, Marie-Louise et le fils de Napoléon sortaient du palais des Tuileries pour n'y jamais rentrer. — Le 23 avril 1814, le comte d'Artois, nommé par le gouvernement provisoire lieutenant général du royaume, signa dans ce palais avec les souverains alliés la convention par laquelle il abandonna cinquante-trois places fortes au delà des anciennes limites de la France, avec un matériel de douze cents bouches à feu, trente et un vaisseaux de guerre et douze frégates ; perte qui a été évaluée à plus de 260 millions de francs. — Le 3 mai, Louis XVIII fit son entrée à Paris et vint habiter les Tuileries, entouré d'un cortége d'anciens émigrés, et le 30 du même mois il signa dans ce palais l'infâme convention du 23 avril, et consomma la honte de la France en lui enlevant ses limites naturelles. — Une comédie ridicule fut jouée dans ce palais à l'époque où Napoléon poursuivait sa marche triomphale du golfe Juan à Paris ; le 10 mars 1815, au moment où le jardin des Tuileries était encombré de promeneurs discourant sur les curieuses nouvelles qui arrivaient chaque jour du midi de la France, parut au grand balcon de la salle des Maréchaux un officier des gardes du corps, qui annonça à haute voix à la foule assemblée que *Buonaparte* avait été complétement défait, lui et *sa bande*, dans la plaine de Bourgoing, par monseigneur le duc d'Orléans !... Le dénouement de cette parade, à laquelle personne ne crut, ne se fit pas longtemps attendre. — Le 19 mars 1815, Louis XVIII quitta les Tuileries, après avoir fait dans une proclamation ses adieux à la France. Accompagné d'un seul officier et de quelques gardes du corps qui l'escortaient à cheval, il monta en voiture et partit au galop. Minuit venait de sonner ; dans le trouble inséparable d'une telle fuite, il oublia son portefeuille de famille qui renfermait un grand nombre de lettres ; mais il n'oublia pas d'emporter les diamants de la couronne. Une heure après, le comte d'Artois et le duc de Berry partirent, suivis de la maison militaire et de quelques volontaires de tout âge et de toutes conditions. — Le lendemain 20 mars, à neuf heures du soir, Napoléon entra aux Tuileries. Ses officiers accoururent aussitôt. En un moment le palais impérial fut rempli d'uniformes. Applaudi par mille bouches, pressé par mille mains, l'empereur ne fit que passer des rangs de ses grenadiers dans les bras de ses anciens lieutenants ; ce fut de l'enthousiasme, de l'ivresse, comme au départ de l'île d'Elbe. — Le 12 juin 1815, l'empereur quitta, à trois heures du matin, pour n'y plus rentrer, le palais des Tuileries pour aller se mettre à la tête de l'armée. Après la perte de la bataille de Waterloo, il fut habiter le palais de l'Elysée.

Après l'abdication de Napoléon, un gouvernement provisoire, composé de Fouché, Carnot, Caulincourt, Grenier et Quinette, se réunit aux Tuileries le 23 juin 1815 : il y siégea jusqu'au 7 juillet, jour où il fut dissous de fait par l'occupation du palais par les troupes étrangères. Le lendemain Louis XVIII fit son entrée à Paris, et revint habiter les Tuileries, escorté d'un détachement de gardes du corps et de quelques autres personnes à cheval, au milieu d'une population attristée et muette. — Quinze années après, la résistance du peuple aux ordonnances liberticides du ministère Polignac força les ministres de Charles X, que la crainte avait chassés de leurs hôtels, à se réunir dans l'aile des Tuileries, occupée aujourd'hui par l'état-major de la garde nationale, où, de concert avec le maréchal Marmont, ils luttaient contre un orage qu'ils croyaient passager. C'est de ce palais que, dans la sanglante journée du 28 juillet 1830, ils donnaient des ordres contre le peuple; c'est là qu'ils mandaient le procureur général, et qu'ils voulaient installer la cour royale pour lui faire rendre des arrêts de mort contre les principaux patriotes; c'est là enfin que le maréchal Marmont reçut la députation composée de MM. Lafitte, Arago, Mauguin et quelques autres députés, chargés d'aller demander le retrait des ordonnances. Le lendemain 29, les vainqueurs du Louvre, après avoir fait leur jonction avec la cohorte des patriotes du faubourg St-Germain, commença l'attaque des Tuileries. La défense fut opiniâtre et acharnée; les troupes qui garnissaient cette importante position étaient nombreuses; des pièces d'artillerie étaient braquées à l'embouchure de la rue de l'Echelle, de la petite rue St-Louis et des différentes rues qui aboutissent au château. Bientôt la fusillade s'engage, le canon vomit la mort, le carnage devient effroyable. Au moment où le feu est le plus terrible, M. Joubert, portant le drapeau tricolore, s'avance au pas de charge, à la tête d'une forte colonne, vers l'arc de triomphe du Carrousel. La grille est enfoncée, et enfin, après une heure et demie d'un combat horrible, les défenseurs de la liberté sont maîtres du château, où MM. Joubert, Gauja, Picard, Thomas et Guinard font flotter le drapeau tricolore. Les vainqueurs se répandent comme un torrent dans le palais abandonné, où ils brisent les portraits de Charles X, de la famille royale et le tableau du sacre. Là se borna tout le désordre; aucun objet de valeur ne fut détourné; tous les objets précieux, en or, vermeil ou argent, furent déposés, soit à la Bourse, soit à l'Hôtel-de-Ville.

Le **Jardin des Tuileries** fut tracé à la même époque où commencèrent les constructions du palais. En 1566, lorsqu'on étendit l'enceinte de Paris du côté de l'ouest, on y comprit le jardin des Tuileries : cette partie d'enceinte fut nommée *boulevard des Tuileries*. L'extrémité occidentale du jardin fut alors fermée par un large bastion dont Charles IX posa la première pierre le 6 juillet 1566, qui protégeait la ville du côté de la rivière. Entre ce bastion et la Seine on établit ensuite une porte appelée de la Conférence. — Dans l'origine, ce jardin était séparé du château par une rue, dite des *Turteries*, qui conduisait des écuries au quai de la Conférence : selon plusieurs plans anciens, la façade au couchant sur le jardin aurait été celle d'entrée ; les jardins, qui par suite ont paru insuffisants, auraient occupé tout l'espace entre la façade du levant et le mur des fossés de la ville sur l'emplacement duquel fut percée la rue St-Nicaise. La description qui nous reste du jardin commencé sous Catherine de Médicis fait connaître qu'il renfermait un bois, un étang, l'hôtel de Mme de Guise, une volière, une orangerie, des parterres, des théâtres, des labyrinthes, un écho, une ménagerie, un chenil, etc., etc. La volière, située vers le milieu du quai des Tuileries, consistait en plusieurs bâtiments ; l'écho était au bout de la grande allée, caché par des palissades : c'était là que les galants de l'époque se rendaient pour donner des sérénades à leurs maîtresses. A peu de distance de cet écho, du côté de la porte St-Honoré, était placée l'orangerie, près de laquelle se trouvait une ménagerie. Dans la portion qui tenait à la porte de la Conférence, on avait ménagé un grand terrain qui servait de garenne, et à l'extrémité de ce terrain, entre la porte de la Conférence et la volière, était un chenil, que Louis XIII donna, en 1630, à Renard, valet de chambre du commandeur de Souvré, à la condition de défricher le terrain des alentours et d'y rassembler des fleurs rares. Renard fit de cet enclos un superbe jardin, au milieu duquel il bâtit un joli pavillon, qui a joui pendant longtemps d'une certaine célébrité : l'isolement du jardin, les agréments de toute espèce qui en faisaient un lieu de délices, et l'humeur commode du propriétaire, rendirent le jardin Renard le but des rendez-vous clandestins des roués et des grandes dames de l'époque. Cette habitation servait de rendez-vous, après les promenades du cours, aux seigneurs du bon ton pendant la minorité de Louis XIV ; elle devint célèbre dans les guerres de la Fronde, par les querelles et les petits combats dont le duc de Beaufort était le héros, et dont la maison Renard était le théâtre. Mais la plus grande illustration de la maison Renard est d'avoir logé le Poussin, qui y fut installé à la fin de 1640, par ordre de Louis XIII.

Vers 1665, Louis XIV chargea Lenôtre de dessiner le jardin des Tuileries sur un nouveau plan, et cet habile artiste en fit un chef-d'œuvre de bon goût, d'adresse et de génie. Lenôtre fit abattre l'hôtel de Mme de Guise, la volière et les autres bâtiments qui s'étendaient du côté de la rivière jusqu'à la barrière de la Conférence. Il environna le jardin de deux terrasses plantées d'arbres, celle du bord de l'eau et celle des Feuillants, qui encadrent le jardin des deux côtés de sa longueur, et qui, après un retour, s'inclinent en se rapprochant à l'extrémité occidentale, où chacune, décrivant une courbe, s'abaisse par une rampe à pente douce jusqu'au niveau du sol : ces deux terrasses laissent entre elles une vaste ouverture fermée d'une grille par laquelle la vue pénètre dans les Champs-Elysées, et en découvre la magnifique avenue. Au pied du palais est pratiquée une terrasse, qui, avec les deux autres terrasses latérales, semble contenir le jardin entier dans une espèce de boulingrin. Chacune de ces terrasses est accompagnée d'escaliers en pierre d'un beau dessin; on y arrive aussi par des pentes douces, dont les murs de revêtement sont remarquables par leur belle exécution; des charmilles couvrent agréablement tous les murs de soutènement. — Devant le château se développe un parterre de 240 m. d'étendue, formé de compartiments de gazons séparés par des allées, entourés d'une grille à hauteur d'appui, et autour desquels croissent, sur de légers ados, des arbustes et des fleurs. Ces parterres sont disposés de manière qu'on a pu placer entre eux trois bassins circulaires, formant un triangle terminé par le plus grand des trois; celui-ci s'aligne avec le grand bassin situé à l'extrémité de la grande allée percée directement en face du pavillon du milieu du château, à travers un vaste couvert qui s'étend au delà du parterre et se prolonge jusqu'à l'extrémité occidentale du jardin. Aux deux côtés de cette allée, dont la longueur est de 240 m., étaient distribuées des pièces de verdure entourées d'arbres à hautes tiges, de bois plantés régulièrement en quinconces, de bosquets, etc. Ces dispositions intérieures ont éprouvé divers changements, et ne ressemblent plus aux dessins de Lenôtre; mais la masse entière du couvert est restée toujours la même, et conserve l'aspect majestueux que lui donnent la beauté des arbres ainsi que les belles proportions qu'a tracées ce grand décorateur. — Le long de la terrasse des Feuillants régnaient autrefois de grands tapis de gazon entourés de plate-bandes de fleurs, qui furent détruits en 1793, et plantés en pommes de terre, ainsi que tous les autres parterres des Tuileries, par suite du décret qui ordonnait de semer et de planter en blé et en légumes tous les grands terrains affectés aux jardins de luxe et d'agrément; c'est sur la terrasse des Feuillants que se réunissaient, au commencement de mars 1815, tous ceux qui étaient restés fidèles à la mémoire de l'empereur, qui se distinguaient des autres promeneurs par le bouquet de violettes dont ils paraient ostensiblement leur boutonnière. Sur l'emplacement de ces tapis de gazon, on a formé depuis l'allée la plus fréquentée du jardin, désignée sous le nom d'allée des Orangers, du double rang de ces arbres en caisse que l'on y place dans la belle saison. C'est dans cette allée, l'Eldorado de la fashion et du dandysme, que Paris élégant se donne rendez-vous; là se réunissent tous les genres d'aristocratie, où une seule toutefois domine, celle du luxe et de l'élégance; mais, comme chaque chose a son bon et son mauvais côté, si l'on brille aux Tuileries, si l'on y goûte quelques jouissances de vanité ou d'amour-propre, le plus ordinairement on s'y ennuie; et, à l'exception de l'enfance folâtre qui trouve du bonheur partout où il y a de l'air à respirer, de la verdure à voir et des jeux à partager, les nombreux promeneurs s'en vont le corps fatigué, la tête lourde et le cœur vide.

Avant la révolution on entrait au jardin des Tuileries par un pont tournant, construit sur les anciens fossés de la ville. Anciennement, les rois donnaient tous les ans dans ce jardin, le soir de la St-Louis, un concert, et de tout temps il fut destiné à des fêtes publiques. Une de ces fêtes fut attristée, le 1er décembre 1783, par un événement malheureux : les physiciens Charles et Robert s'y élevèrent en ballon, et l'un d'eux fut victime de cette expérience ; il tomba d'une hauteur prodigieuse, et se fracassa le corps dans le jardin même. — Dans le cours de la révolution, le jardin des Tuileries fut le théâtre de divers événements politiques. Le 12 juillet 1789, le prince de Lambesc, employé dans l'armée que la cour avait voulu former près de Paris, se porta sur la place Louis XV, franchit le pont Tournant, et pénétra dans le jardin des Tuileries avec un détachement du régiment de cavalerie de royal allemand, pour balayer la foule qui s'y trouvait, et frapper de son sabre un malheureux vieillard trop lent à se retirer. Cet acte de violence excita contre le prince une indignation générale, et il eut à peine le temps de battre en retraite pour éviter un engagement avec les gardes françaises qui s'approchaient. En février 1790, le jardin des Tuileries fut envahi violemment par une émeute occasionnée par le départ des tentes du roi. Le 25 juin 1791, Louis XVI, arrêté à Varennes et ramené à Paris, rentra aux Tuileries par le pont Tournant à 7 heures du soir ; les grilles du jardin furent aussitôt fermées sur lui, et l'entrée en fut interdite jusqu'au 3 septembre, jour de l'achèvement de la constitution. Cependant, dans l'intervalle, l'assemblée constituante ayant déclaré que la terrasse des Feuillants était nécessaire à ses communications, se la réserva. Il y eut dès lors deux parties distinctes dans le jardin : la terrasse des Feuillants, qu'on appela *Terre nationale,* et le reste du jardin, à l'usage du roi et de sa famille, qu'on appela *Terre de Coblentz.* Pour marquer la limite de ces deux parties, on tendit, d'une extrémité à l'autre de la terrasse, un ruban tricolore supporté par les arbres qui la bordaient du côté du jardin ; ce fut comme une muraille de convention que personne n'eut jamais l'idée de franchir. — Le 18 septembre, en mémoire de l'achèvement de la constitution, le roi donna une grande fête dans le jardin des Tuileries, qui fut illuminé avec des bougies. — Dans la matinée du 10 août 1792, Louis XVI passa en revue les gardes nationales qui occupaient le jardin, et se rendit jusqu'au pont Tournant ; mais il ne reçut que des démonstrations de haine mêlées d'injures, et son retour ne fut même pas sans danger. Nous avons dit que, sur les représentations de Rœderer, il se décida à se rendre dans la salle des séances de l'assemblée législative, en traversant le jardin, où il fut en butte aux outrages du peuple, qui obstruait l'entrée de cette assemblée. Après les massacres de cette journée, commencés vers midi et terminés avant deux heures, on ne pouvait traverser sans horreur le jardin des Tuileries, où de dix en dix pas on rencontrait des cadavres entiers ou des portions de cadavres dans un état complet de nudité; il semblait que les Furies eussent choisi le plus beau jardin de Paris pour en faire le théâtre de leurs affreux exploits. — Le 2 juin 1793, la convention nationale, assiégée par quatre-vingt mille hommes qui entouraient les Tuileries, essaya sans succès de sortir du jardin par les issues du pont Royal et du pont Tournant, et fut obligée de rentrer dans la salle où elle tenait ses séances. On sait que ce fut dans cette journée que les jacobins et la commune enlevèrent le décret d'arrestation contre vingt-deux girondins et contre les membres de la commission des douze. — Le 10 août 1793, anniversaire de la chute du trône, une fête imposante fut célébrée dans le jardin des Tuileries pour l'acceptation de la constitution de 1793 ou de l'an 1er de la république. — Le 20 prairial an II (9 juin 1794) fut célébrée dans ce jardin la fameuse *fête de l'Etre suprême,* au milieu d'un concours immense de peuple accouru de toutes les parties des sections de la capitale. Les membres de la convention assistèrent à cette fête sur un vaste amphithéâtre adossé au pavillon du centre. Robespierre, récemment nommé président de l'assemblée, après avoir prononcé un discours sur les rapports des idées religieuses et morales avec les principes républicains, s'avança armé d'une torche jusqu'au bassin circulaire situé en face de l'entrée du palais, où on avait élevé une sorte de pyramide entourée de figures allégoriques de l'Athéisme, de l'Ambition, de l'Egoïsme, de la fausse Simplicité, qui, à travers les haillons de la misère, laissaient apercevoir les décorations et les ornements des esclaves de la royauté. Arrivé à ce groupe, Robespierre y mit le feu; toutes ces figures disparurent, et de l'épaisse fumée qui les enveloppait on vit sortir la statue de la Sagesse. Robespierre prononça ensuite une seconde harangue, après laquelle le peuple et la convention se rendirent au Champ-de-Mars, où la fête se termina par des hymnes chantés en chœur sur l'autel de la patrie. — On célébra encore dans le jardin des Tuileries la fête des victoires, la fête de l'humanité, la fête de l'agriculture, etc., etc., dont il sera parlé dans d'autres parties de cet ouvrage. — Le 19 vendémiaire an III (10 octobre 1794), le corps de J.-J. Rousseau, qui avait été exhumé de l'île des Peupliers à Ermenonville, fut déposé dans un des bassins du jardin des Tuileries, d'où il fut transféré le lendemain au Panthéon. « Il n'est pas un cœur sensible, dit Mercier, qui ne se rappelle avec délices cette belle soirée d'automne où les habitants d'Ermenonville amenèrent à Paris le cercueil de l'auteur d'*Emile,* sous un berceau d'arbustes en fleurs. L'air était calme, le ciel pur; un long rideau de pourpre voilait à l'horizon les rayons du soleil couchant; un vent frais agitait doucement les dernières feuilles. Bientôt les sons d'une musique simple et naïve se font entendre au loin. Une foule de citoyens se précipite au-devant du cortége; tous les cœurs palpitaient de joie. Le char funèbre entrait avec une majestueuse lenteur; une jeunesse nombreuse le suivait dans un respectueux silence. Les symphonistes laissaient entre chaque air un court intervalle, afin qu'on pût le recueillir et le chanter en soi-même ; on eût dit que les anges descendus sur la terre venaient pour l'enlever au ciel au milieu de leurs ravissants concerts. La pompe arriva au bassin qui représentait l'île des Peupliers, où il reçut les larmes des spectateurs rangés tout autour, et celles plus abondantes encore des femmes qui pensaient à Julie, à Sophie, à Warens si tendrement, si constamment aimée de son fils adoptif. Le cercueil fut déposé sur une estrade et recouvert d'un drap bleu parsemé d'étoiles. Tous les yeux s'y fixaient. La gloire du grand homme perçait les ténèbres de la mort et semblait le montrer tout vivant. Mille flambeaux éclairaient cette touchante cérémonie. Les pleurs embellissaient tous les visages ; ils offraient l'image, non de la douleur inconsolable de la perte d'un ami, mais de la tranquille espérance qui le voit revenir. — On termina les obsèques par l'air : *Dans ma cabane obscure;* et chacun en se retirant le chantait encore avec attendrissement. » — Nous aurions désiré pouvoir finir par cette citation, si propre à inspirer de douces émotions, cet article peut-être déjà trop long sur le jardin des Tuileries ; mais notre devoir d'historien nous impose l'obligation de rappeler à la mémoire de nos concitoyens, parfois un peu trop oublieux, les saturnales dont ce jardin fut le théâtre lors de la rentrée des Bourbons. Lorsque Louis XVIII fut revenu aux Tuileries, en juillet 1815, le jardin ne tarda pas à se remplir d'une foule bizarrement composée : on y voyait en même temps des soldats et des officiers prussiens à l'air grave, des soldats anglais à la démarche raide et à la face immobile, des suppôts de la police, et, parmi eux, quelques hommes à cocarde blanche, des femmes et des jeunes filles élégamment parées qui vociféraient le cri de *Vive le roi!* Tout à coup ces femmes forment des farandoles ; elles veulent danser en rond ; mais les hommes manquent ou se tiennent à l'écart : elles vont les inviter. Des mères, richement vêtues, ne croient ni déroger à leur noblesse héréditaire, ni manquer aux bienséances, en allant prendre hardiment des soldats anglais ou des agents de police. Elles placent dans leurs mains les mains de leurs jeunes filles, et donnent le signal du chant et de la danse. La nuit même n'interrompit point ces transports que son ombre semblait rendre plus vifs encore !..... Journée de honte, dont le peuple, saintement recueilli dans son deuil patriotique, ne partagea point l'ignoble délire.

Place du Carrousel. C'est un vaste parallélogramme allongé du nord au sud, situé à l'est des Tuileries, séparé de la cour de ce palais par une grille de fer terminée par des lances dorées. — Bordée au sud par la grande galerie du Louvre, et au nord par la galerie continuée jusqu'à la rue de Rohan et destinée à joindre de ce côté le Louvre aux Tuileries. Lorsque cette galerie sera achevée, cette place sera la plus vaste et la plus magnifique place de l'Europe ; malheureusement elle est encore encombrée sur une partie de son étendue de vieilles maisons, de masures et d'ignobles échoppes qui déshonorent le palais du souverain, et que la liste civile devrait bien s'empresser de faire disparaître.

Lorsque Catherine de Médicis fit bâtir le palais des Tuileries, il se trouvait isolé d'un côté, entre une rue qui, partant à peu près depuis la rue du Dauphin, régnait le long du palais, et aboutissait presque à la sortie actuelle du jardin; de l'autre côté se trouvait une place vide, sur laquelle on traça, en 1600, un jardin, dit le *Jardin de Mademoiselle*, que Louis XIV fit détruire et transformer en une vaste place publique, lorsqu'il voulut achever les bâtiments des Tuileries. Cette place, qui s'étendait alors jusqu'à la rue St-Nicaise, tracée sur la direction que suivait de ce côté l'enceinte de Paris sous Charles V, fut choisie par Louis XIV pour y donner, les 5 et 6 juin 1662, en réjouissance de la naissance du dauphin, une fête ou spectacle, composée de courses, de ballets, et d'une espèce de tournois où la cour étala un luxe extraordinaire dans les habits et les équipages. On avait à cet effet élevé sur la place une construction en charpente qui concourait à l'éclat du spectacle, un des plus magnifiques de ceux donnés par Louis XIV, et dont la dépense s'éleva, suivant les mémoires du temps, à douze cent mille livres: il y eut cinq quadrilles représentant cinq nations différentes; le roi était chef du quadrille des Romains; Monsieur, son frère unique, de celui des Turcs; M. le duc, de celui des Moscovites, et le duc de Guise de celui des Maures. Cette fête, nommée *Carrousel*, donna par la suite le nom à la place où elle fut exécutée. En 1798, le nom de cette place fut changé en celui de *place de la Réunion*, auquel on restitua en 1814 celui de *Carrousel*.

La cour du Carrousel, séparée de la place proprement dite, a subi depuis son origine diverses modifications. Elle était une quand le palais ne se composait que de trois pavillons et de deux galeries; elle fut ensuite divisée en trois cours bornées par une ligne de constructions dont le centre présentait deux pavillons situés aux angles de la séparation des cours, et deux guérites entre lesquelles était la grande porte d'entrée, en face du vestibule du château; ces pavillons étaient joints aux guérites par une galerie en bois, couverte et appuyée sur un mur crénelé : au milieu, était la cour royale; à gauche, la cour des princes; à droite, la cour des Suisses. De cette dernière on entrait dans la salle du concert spirituel, qui avait lieu tous les jours, depuis le dimanche des Rameaux jusqu'à celui de Quasimodo, et les jours de l'Ascension, de la Pentecôte, de la Trinité, de la Fête-Dieu, des fêtes de la Vierge, de la Toussaint, la veille et le jour de Noël. Il n'y avait pas moins de cinquante voix et quarante symphonistes. Le prix des places était de six livres aux loges et de trois livres aux secondes et au parquet. — Lors de la révolution du 10 août 1792, les pavillons de la cour du Carrousel furent incendiés et ne furent jamais relevés. Quelque temps après, les diverses constructions qui divisaient les cours et qui les séparaient de la place du Carrousel disparurent, ainsi que la caserne des Suisses et celle de la compagnie d'invalides, qui avait été incendiée au 10 août; les limites de la cour unique furent reculées de manière à la rendre assez spacieuse pour y faire manœuvrer plusieurs régiments de cavalerie et d'infanterie, et une belle grille en fer, à piques dorées, posée sur un mur à hauteur d'appui, remplaça les constructions qui obstruaient la vue de la façade du palais. C'est dans l'enceinte de cette cour qu'avait lieu, sous le consulat et l'empire, la grande parade le 15 de chaque mois.

C'est sur la place du Carrousel que fonctionna pour la première fois l'instrument de mort dont l'invention est attribuée au médecin Guillotin.

Au centre de cette place s'élevaient en 1793 deux arbres de la liberté, au pied desquels fut enterré (en avril 1793), avec toute la pompe républicaine, le fougueux Lazowski, directeur, au 10 août 1792, de l'artillerie des fédérés qui foudroya le château des Tuileries. Les jacobins lui rendirent les derniers honneurs, et Robespierre prononça son oraison funèbre au sein de la convention. Après le 9 thermidor on abattit le monument qui lui avait été élevé sur cette place; le corps de Lazowski en fut retiré et jeté à la voirie; toutefois, la section du Finistère, dont il faisait partie, demanda son cœur pour en faire un objet de culte, et la commune adopta sa fille.

Après la mort de Marat, on éleva en son honneur, sur la place du Carrousel, une espèce de pyramide, au-dessous de laquelle était un souterrain où fut placée son effigie, sa baignoire, sa lampe, son écritoire. Près de ce monument d'aspect sinistre, on posa une sentinelle, qui, une nuit, dit Mercier dans son Tableau de Paris, y mourut de froid ou d'horreur. Deux mois après, on décerna les honneurs du Panthéon à Marat, dont le cadavre fut plus tard traîné par les rues de Paris et jeté dans l'égout Montmartre par cette bourgeoisie, grande ou petite, sur laquelle Marat exerça pendant sa vie une si grande puissance, « et que l'on a vue tour à tour depuis 1789, dit M. du Rozoir, amie ou complice de tous les pouvoirs dans leur force, mais aussi leur cruelle ennemie dès qu'ils entraient en décadence. On l'a vue, on la verra toujours l'humble servante de toutes les majorités législatives, quels que soient leurs vues et leurs sentiments; car, indifférente pour le bien et pour le mal, cette population, qui se prétend d'élite, sert ou protège l'ordre ou le désordre, la justice ou le crime, selon l'intérêt du moment. Et pour elle cet intérêt n'est jamais réellement politique; c'est celui de la boutique ou de l'étude : que le sucre ou le drap se vende, que les chalands viennent, que les minutes et les procès aillent leur train, l'homme de loi, l'épicier, le bonnetier de Paris, sont contents, et la garde nationale ne fait jamais faute, soit pour figurer à l'apothéose ou à l'exhumation de Marat et de Lazowski, soit pour assister, l'arme au bras, au supplice de Louis XVI ou à la proclamation de l'Être suprême, soit pour porter le bouquet aux processions de Charles X, soit pour recueillir les poignées de main à l'ordre du jour, soit pour aller cauarder quelques dizaines de concitoyens moins épris qu'elle pour l'ordre de choses qu'elle protége. »

C'est au coin de la place du Carrousel et de la rue St-Nicaise qu'eut lieu, le 2 nivôse an ix, l'explosion de la machine infernale, au moment où le premier consul Bonaparte allait à l'Opéra, et dont une minute de retard fit manquer l'effet. La place du Petit-Carrousel a été supprimée de fait à cette époque; de vieilles masures, des écuries, des remises, qui la séparaient de la grande place du Carrousel, ayant été renversées en partie par l'explosion, de deux places irrégulières on en fit une seule. C'est sur la place du Petit-Carrousel, au coin de la rue de l'Echelle-St-Honoré, que la famille royale s'était donné rendez-vous pour la fuite si brusquement interrompue à Varennes; V. Rue de l'Échelle.

La place du Carrousel a été l'un des premiers théâtres des événements de la révolution de 1830. Le 27 juillet, à six heures et demie du soir, de forts détachements de lanciers, de cuirassiers, de gendarmes des chasses et d'infanterie de la garde royale furent passés en revue sur cette place. Les chefs firent charger les armes aux cris de *Vive le roi!* et dirigèrent la troupe du côté de la rue St-Honoré, où, dix minutes après, trois feux de peloton tirés à bout portant firent un horrible carnage des gens sans armes qui s'étaient réfugiés à l'endroit où existe aujourd'hui la place de Rivoli. — Sur la place du Carrousel, près de la maison isolée qui porte pour enseigne *hôtel de Nantes*, fut tué, le 29 juillet Farcy, rédacteur du *Globe*. En mémoire de cet événement on a encastré dans le mur de cette maison l'inscription suivante :

>A cette place a été tué
>Jean-Georges Farcy,
>âgé de vingt-neuf ans,
>élève de l'école normale,
>le 29 juillet 1830,
>en combattant pour les lois.

Cette maison, remarquable aujourd'hui par son isolement, faisait jadis le coin de la rue de Chartres et de la rue St-Nicaise. Elle a été habitée, entre autres personnages, par les conventionnels Cavaignac, Laurent, Delbrel. Le comte de Montlosier, l'un des plus fougueux orateurs du côté droit de l'assemblée nationale, y demeurait en 1822.

Sur la place du Carrousel était l'hôtel de Brionne, où était établi en 1793 le fameux comité de sûreté générale. C'est là qu'habitait sous l'empire M. Maret, duc de Bassano; avant la démolition de cet hôtel, vers 1808, c'était là que se plaçait le corps diplomatique, et tous les fashionables de l'époque, pour assister aux célèbres revues que passait le premier consul.

Depuis vingt-cinq ans on s'afflige du spectacle d'abandon que présente la galerie interrompue, laissée à l'état de ruines, qui devait joindre le Louvre. On s'étonne, à une époque où l'on s'occupe avec une si louable persévérance de terminer, de restaurer les monuments inachevés ou mutilés que nous a légués le passé, de voir cette vaste place qui s'étend devant l'habitation royale encore encombrée de masures, d'indignes baraques dont on ne voudrait pas dans une foire de village : cet espace immense, boueux en tout temps, mal pavé, mal éclairé, fait un triste contraste avec tout ce qui l'environne, et on a hâte de le voir mettre en harmonie avec cette splendide rue de Rivoli, avec ces quais, avec le palais des Tuileries, qui l'encadrent de leur magnificence et font ressortir son misérable délaissement.

De la place du Carrousel on entre dans la cour d'honneur des Tuileries par trois portes; en face celle du milieu est l'ARC DE TRIOMPHE élevé en 1806 par Napoléon à la gloire des armées françaises, sur les dessins de MM. Percier et Fontaine. Construit sur le modèle de l'arc de triomphe de Septime Sévère à Rome, ce monument porte 14 m. 61 c. de hauteur sur 19 m. 49 c. de largeur et 6 m. 81 c. d'épaisseur; présente trois arcades sur sa face principale; celle du milieu a 4 m. 54 c. d'ouverture, les arcades latérales ont 2 m. 75 c.; ses flancs sont percés de deux arcades qui traversent les trois premières, et se trouvent dans l'alignement des guichets, donnant d'un côté sur le quai des Tuileries et de l'autre sur la rue de Rivoli. Chacune des deux faces est ornée de huit colonnes de marbre rouge du Languedoc, dont les bases et les chapiteaux, d'ordre corinthien, sont en bronze; elles soutiennent un entablement en ressaut, qui a sa frise en marbre griotte d'Italie. A l'aplomb des colonnes, au-devant de l'attique et au-dessus des bas-reliefs, sont des statues représentant les différents corps qui se trouvaient à la bataille d'Austerlitz : un cuirassier, un dragon, un chasseur à cheval, un carabinier de la ligne, un canonnier de la ligne, un sapeur. Dans la frise on a sculpté des figures allégoriques et des enfants portant des guirlandes. Quatre statues ont été placées dans les amortissements : une Victoire tenant d'une main une couronne et de l'autre une enseigne ; une Victoire tenant une palme et une épée ; une France victorieuse ; une Histoire tenant une table et son burin. L'attique était surmonté par un double socle sur lequel s'élevait un char antique attelé de quatre chevaux de bronze conquis à Venise, conduits par la Victoire et la Paix. Ce quadrige fut enlevé par l'ennemi lors de l'envahissement de la capitale en 1815; il a été remplacé par un char triomphal traîné par quatre chevaux en bronze modelés par Bosio. Six bas-reliefs en marbre, représentant les événements mémorables de la campagne de 1805, décorent les faces de ce monument; du côté de la place du Carrousel, celui placé à droite de la grande arcade représente la bataille d'Austerlitz, à gauche la capitulation d'Ulm; du côté des Tuileries, à droite, l'entrevue des empereurs Napoléon et Alexandre à Tilsit ; à gauche, l'entrée à Munich ; sur la face du midi, la paix de Presbourg ; sur la face du nord, l'entrée à Venise. — Durant la restauration, tous ces bas-reliefs avaient été remplacés par des sujets tirés de l'intervention en Espagne, que la révolution de 1830 a fait disparaître pour replacer les bas-reliefs primitifs.

Place de la Concorde est le bâtiment du GARDE-MEUBLE, décoré du côté du nord par deux grandes façades de 96 m. de longueur chacun, formant l'entrée de la rue Royale, magnifique édifice connu autrefois sous le nom de *Colonnades des Tuileries*, et ensuite sous celui de Garde-Meuble de la Couronne. Construits en même temps que la place, sur les dessins de Gabriel, ces deux bâtiments forment chacun un péristyle d'ordre corinthien, composé de douze colonnes posées sur un soubassement de 18 m. de hauteur, ouvert en portique et formant des galeries publiques. Au-dessus de la corniche de ce soubassement règne une balustrade de 1 m. de hauteur. Les extrémités de chacune des deux façades sont composées d'un grand avant-corps, en forme de pavillon, couronné d'un fronton ; les arrière-corps sont ornés de niches ou médaillons et de tables saillantes, et sont couronnés par de gros socles sur lesquels sont posés des trophées ; une balustrade couronne ces bâtiments dans toute leur longueur. — Ces deux édifices furent destinés dans l'origine à la réception des ambassadeurs et des personnages de distinction. Plus tard, on établit dans celui qui avoisine le jardin des Tuileries le garde-meuble de la couronne. L'autre bâtiment était occupé à l'époque de la révolution par l'ambassadeur d'Espagne, auquel succéda le limonadier Corraza ; c'est aujourd'hui l'hôtel Crillon. — Le Garde-meuble, où est établi aujourd'hui le ministère de la marine, occupait toute la colonnade qui s'étend de la rue Royale à la rue St-Florentin. On y entrait par l'arcade du milieu de la façade ; un escalier orné de bustes, de termes et de statues antiques, conduisait dans plusieurs salles où le public était admis le premier mardi de chaque mois depuis Quasimodo jusqu'à la St-Martin. Il était divisé en plusieurs parties, dont chacune contenait des objets différents : la première salle était consacrée aux armes anciennes ; la salle suivante contenait plusieurs belles tapisseries exécutées par les plus habiles ouvriers de l'Europe. Dans les armoires de la troisième salle on voyait une immense quantité d'objets précieux et de présents envoyés aux rois de France par des princes étrangers. Une de ces armoires renfermait la chapelle d'or du cardinal de Richelieu, dont toutes les pièces étaient d'or massif et garnies de diamants. Les diamants de la couronne étaient renfermés dans des armoires dont les clefs étaient confiées au chef de cet établissement.

Dans la nuit du 16 au 17 septembre 1792, les nommés Cambon et Douligny, aidés d'une douzaine d'autres voleurs et de vingt à trente filous revêtus de l'uniforme de la garde nationale, tentèrent de s'emparer de ce dépôt précieux. Le rendez-vous de ces voleurs était sur la place Louis XV, à l'entrée des Champs-Elysées ; l'heure était minuit ; chacun fut exact. Cambon et Douligny formèrent, sur la place, de ceux qui étaient revêtus de l'uniforme de la garde nationale une patrouille chargée de rôder le long des colonnades, pour faire croire aux passants que la police se faisait exactement. Ils placèrent ensuite à toutes les issues des surveillants chargés de donner l'alarme au moindre danger. Après toutes ces précautions prises, Cambon, Douligny et plusieurs autres grimpent le long de la colonnade en s'aidant de la corde du réverbère, coupent avec un diamant, un carreau qui facilite l'ouverture d'une croisée, par laquelle les voleurs s'introduisent dans les appartements du garde-meuble. Une lanterne sourde sert à les diriger vers les armoires, que l'on ouvre avec des fausses clefs et des rossignols. On s'empare des boîtes, des coffres qui contiennent les bijoux et les diamants, on se les passe de main en main ; ceux qui sont au pied de la colonnade les reçoivent de ceux qui sont en haut. Tout à coup le signal d'alarme se fait entendre. Les voleurs qui sont sur la place s'enfuient ; ceux qui sont en haut se laissent glisser le long de la corde du réverbère. Douligny échappe la corde, tombe lourdement sur le pavé et y reste étendu. Une véritable patrouille, qui avait aperçu la lumière que la lanterne sourde répandait dans les appartements, avait conçu des soupçons ; en s'approchant, elle entend tomber quelque chose ; elle accourt, trouve Douligny, le relève et s'assure de lui. Le commandant de la patrouille, après avoir laissé la moitié de son monde en dehors, frappe à la porte du garde-meuble, se fait ouvrir et monte aux appartements avec ce qui lui reste de soldats. Cambon est saisi au moment où il était sur le point de s'esquiver. Le commissaire de police arrive, interroge les voleurs, qui, se trouvant pris en flagrant délit et les poches pleines d'effets précieux, avouent avec franchise, mais ne dénoncent aucun de leurs compagnons. — Au moment de l'alerte la fausse patrouille se dispersa dans les Champs-Elysées et dans les rues qui y aboutissent. Du nombre des voleurs qui avaient reçu des boîtes de diamants, deux se retirèrent dans l'allée des Veuves, firent une excavation au fond d'un fossé, y enfouirent leur larcin, le recouvrirent de terre et de feuilles et se retirèrent tranquillement chez eux ; le plus grand nombre se réunit sous le pont de la Concorde, et après avoir posé un des leurs en sentinelle au-dessus du pont, ils s'assirent en rond. Le plus important de la bande fit déposer au centre les coffres volés ; il en ouvrit un, y prit un diamant qu'il donna à son voisin de droite, en prit un autre pour le suivant, ainsi de suite : il avait soin d'en mettre dans sa poche un pour lui et, après avoir fait le tour du cercle, un pour le camarade qui était en sentinelle. Lorsqu'un coffre était vidé, il en prenait un autre. Au moment où il était en train de faire la distribution du dernier, la sentinelle donna le signal de sauve-qui-peut. Le distributeur jeta dans la Seine le reste des diamants à distribuer, et chacun s'échappa comme il put.

Plusieurs répandirent en fuyant des brillants, qui furent trouvés et ramassés le lendemain par des particuliers. Cambon et Douligny furent condamnés à mort et dénoncèrent leurs complices ; on les arrêta presque tous, et l'on retrouva une quantité considérable de diamants. On n'a jamais su toutefois la quantité des diamants qu'on ne put retrouver, ni ce qu'étaient devenus les plus beaux.

On évalue ainsi les principaux joyaux de la couronne :

La couronne.	14,686,504 fr.
Parures de perles.	1,164,523
Glaive.	261,165
Epée.	241,874
Aigrette et bandeau	273,119
Bouton de chapeau.	240,700
Plaque du St-Esprit.	325,956
Parure en rubis et brillants	393,261
Collier.	133,900
Epée.	191,475

D'après l'inventaire fait en 1832, le nombre des joyaux était de 64,812, évalués 20,900,260 fr.

L'église de l'Assomption. Entre les n°s 369 et 377 de la rue St-Honoré était autrefois un couvent de filles dites de l'Assomption fondé en 1622 sur l'emplacement de l'hôtel du cardinal de la Rochefoucauld, par l'union que fit ce cardinal des biens de l'hôpital des Haudriettes à cette maison, où il mit des religieuses qui suivaient la règle de St-Augustin, et qui étaient soumises à la juridiction du grand aumônier de France. L'église, commencée en 1670, fut achevée en 1676 ; elle a la forme d'une tour surmontée d'un vaste dôme sphérique de 20 m. 14 c. de diamètre, orné intérieurement de beaux caissons dorés, et d'une Assomption de la Vierge par Charles Lafosse ; le portail, placé dans la cour, est élevé sur un perron de huit marches, et décoré de huit colonnes corinthiennes isolées, couronné d'un fronton dont la forme approche de celle du Panthéon de Rome. — Le couvent de l'Assomption fut supprimé en 1790, et sur une partie de son emplacement on perça la rue de Mondovi et on prolongea la rue Neuve-Luxembourg jusqu'aux approches du jardin des Tuileries. La partie des bâtiments conservés a été affectée à une caserne. L'église devint en 1802, sous le nom de la Madeleine, l'église paroissiale du premier arrondissement de Paris. C'est aujourd'hui une succursale de la Madeleine.

Le pont Royal. Il est situé vis-à-vis de la rue du Bac, et communique du quai des Tuileries aux quais Voltaire et d'Orsay. En cet endroit il n'y avait autrefois pour traverser la rivière et communiquer du Pré-aux-Clercs aux Tuileries qu'un bac établi en vertu de lettres patentes du 6 novembre 1550. Ce bac subsista jusqu'en 1632, époque où un sieur Barbier, qui possédait un clos à l'ouest du chemin du Bac, devenu depuis la rue du Bac, fit construire dans la direction actuelle de la rue de Beaune un pont qui reçut le nom de *pont Barbier*, et ensuite celui de *pont Ste-Anne*, en l'honneur de la reine Anne d'Autriche ; plus tard ce pont fut nommé *pont des Tuileries*, parce qu'il y aboutissait, et plus communément *pont Rouge*, parce qu'il était peint de cette couleur. Ce pont se composait de dix arches ; au milieu de sa longueur était placée une construction en bois, bâtie sur pilotis, qui paraissait être une machine hydraulique ; il fut endommagé et brisé plusieurs fois par la violence des eaux, toujours réparé, et enfin entièrement emporté par les glaces le 20 février 1684. Louis XIV ordonna de le reconstruire en pierres à ses dépens dans la direction des bâtiments du palais des Tuileries. Les premières fondations en furent jetées, le 25 octobre 1685, sur les dessins des architectes Mansard et Gabriel ; mais l'inspection et la conduite furent confiées à François Romain, moine dominicain, qui parvint à surmonter les difficultés que les localités opposaient à l'exécution. Ce pont reçut alors le nom de *pont Royal*, soit parce qu'il aboutissait à une maison royale, soit parce qu'il fut construit aux dépens du roi. En 1792 on lui donna le nom de *pont National*, et ensuite celui de *pont de la République*, qu'il changea en 1804 pour celui de *pont des Tuileries* ; le nom de *pont Royal* lui a été rendu en 1815. — Le pont Royal se compose de cinq arches à plein cintre, dont le diamètre moyen est de 22 m. ; sa longueur totale est de 128 m., et sa largeur, y compris les larges trottoirs qui règnent de chaque côté, est de 18 m. Il a été récemment élargi, et l'abaissement en a été combiné avec l'élévation des quais, de manière à rendre les pentes presque insensibles. Sur chacune des piles les plus rapprochées du quai des Tuileries et du quai d'Orsay on a tracé une échelle divisée en mètres et en centimètres qui marque la hauteur de la rivière ; le zéro de cette échelle indique l'état des basses eaux de la Seine en 1719, qui fut longtemps considéré comme étant à 33 m. au-dessus du niveau de l'Océan ; mais, à la suite d'un nivellement récent et d'observations relatives à des travaux géodésiques, il a été reconnu qu'il est seulement élevé à 24 m. 50 c.

Le pont de la Concorde. Il est dans l'axe de la chambre des députés, de la rue Royale, des Tuileries et de la Madeleine, et fait communiquer le faubourg St-Germain avec le faubourg St-Honoré. Un édit du mois de septembre 1786, qui ordonnait un emprunt de trente millions dont une partie devait être consacrée aux embellissements de Paris, autorisa la construction de ce pont, et affecta aux frais qu'elle devait nécessiter la somme de douze cent mille livres. Il a été commencé le 10 juin 1787, d'après le dessin du célèbre Perronnet, auquel on doit aussi le beau pont de Neuilly, et achevé vers la fin de 1790 ; on employa dans sa maçonnerie une partie des pierres provenant de la démolition de la Bastille. Ce pont consiste en cinq arches surbaissées qui offrent une portion de cercle; l'arche du milieu a 31 m. d'ouverture, les arches collatérales 27 m., les deux arches attenantes aux culées 26 m.: la longueur totale entre les deux culées est de 150 m. Les piles ont 3 m. d'épaisseur; leurs avant-becs et arrière-becs présentent des colonnes engagées au-dessus desquelles règne une corniche couronnée par une balustrade divisée par des piédestaux à l'aplomb des piles, qui supportaient naguère les statues colossales en marbre blanc de Bayard, Turenne, du Guesclin, Colbert, Dugay-Trouin, Condé, Sully, Tourville, Duquesne, Suffren, Richelieu et Suger, que l'on a transférées dans la grande cour du palais de Versailles. — Ce pont porta dans l'origine le nom de *Louis XVI*, parce qu'il fut construit sous son règne; en 1790 il fut nommé *pont de la Révolution*, nom auquel on substitua sous le consulat celui *de la Concorde*; en avril 1814 on lui rendit le nom de *Louis XVI*, qui a été remplacé en 1830 par celui *de la Concorde*.

Le pont des Champs-Elysées, pont d'Antin ou pont des Invalides. Il est dans l'axe de l'allée d'Antin, et communique du quai de la Conférence au quai d'Orsay. Ce pont élégant, livré à la circulation en 1829, se compose d'une travée de 67 m. 80 c. et de deux demi-travées de 27 m. 33 c. et de 24 m. 70 c. d'ouverture; le tablier est suspendu sur toute la largeur du cours de la Seine par des chaînes en fer forgé; sa longueur totale est de 119 m. 83 c., et sa largeur de 8 m. Il a été concédé pour quarante-cinq années, à partir du 1er janvier 1831, et sert au passage des plus lourdes voitures.

Le pont du Carrousel ou des Sts Pères. Il communique du quai Voltaire au quai du Louvre, et se compose de trois arches en fonte portées par des piles en pierres. C'est un des ponts les plus élégants de Paris. La construction de ce pont a été autorisée en 1831, avec concession d'un péage pendant trente-quatre ans et dix mois.

VARIÉTÉS HISTORIQUES ET BIOGRAPHIQUES.

Les Tuileries. Nous avons déjà fait remarquer que plusieurs grands seigneurs avaient, avant la révolution, des appartements aux Tuileries. Ces logements étaient très-recherchés, parce qu'ils affranchissaient de la nécessité d'avoir un grand état de maison, parce qu'on n'y payait point de capitation, et parce qu'on ne pouvait point y être arrêté pour dettes, ce qui n'était point du tout indifférent à quelques grands personnages. Entre autres personnes de marque qui y avaient leur logement, il convient de citer le prince DE GUÉMENÉ, qui friponna tout Paris pour fournir à l'extravagance des courtisannes qu'il entretenait, et dont la banqueroute scandalisa toute l'Europe en 1782: le passif se montait à un million huit cent mille livres de rentes viagères et à quatre millions de rentes perpétuelles ; l'actif n'était que de cinq cent mille livres de rentes perpétuelles. La princesse de Guémené était gouvernante des enfants de France et commettait aussi des infamies dans cette place : elle touchait l'argent pour payer les fournisseurs de son département, gardait cet argent, et leur donnait des contrats de rente viagère. — Sous l'empire, l'appartement qu'occupait le prince de Guémené était la salle d'attente du corps diplomatique, les jours de grande réception. Le général Thiard est né dans cet appartement, que Louis XV avait donné à son père, le comte de Bissy, mort en 1810 doyen de l'Académie française, dont il avait été membre pendant soixante ans, triste avantage qu'aucun autre académicien n'a partagé avec lui.

Rue St-Florentin, n° 2, est l'HÔTEL DE LA VRILLIÈRE, construit, en 1767, sur les dessins de Chalgrin, pour le duc de la Vrillière, ministre qui était fameux entre tous les courtisans sous le nom de St-Florentin. Toujours de l'avis du maître, il se perpétua au ministère, où il prodigua les lettres de cachet, et où il semblait que son principal emploi fût d'annoncer à ses collègues leur révocation. A la mort de Louis XV il fut enfin à son tour congédié, et sa disgrâce aurait eu des conséquences plus funestes pour lui, s'il n'eût été parent de M. de Maurepas, que Louis XVI plaça à la tête de son ministère. L'hôtel de la Vrillière appartenait vers 1776 au duc de Fitz-James, ami intime de Philippe-Egalité, qui le vendit vers la fin de 1787 à la duchesse de l'Infantado, dont il avait pris le nom, qui l'occupa jusqu'à la révolution. En 1793 on y établit la fabrique de salpêtre de la section des Tuileries ; plus tard il devint la propriété de H. Hervas, qui l'a vendu en 1812 à M. DE TALLEYRAND DE PÉRIGORD, petit-fils de la spirituelle princesse des Ursins, qui dirigea les conseils de Philippe V ; homme d'esprit et de coterie, membre sous l'ancien régime de cette cohorte clergéenne qui exploitait les boudoirs et les ruelles, évêque d'Autun et député aux états généraux, où il se montra le plus zélé protecteur de toutes les innovations. Après le 18 brumaire, la commission provisoire le nomma ministre des relations extérieures, poste dans lequel le confirma le premier consul. M. de Talleyrand épousa dans cet hôtel Mlle Grand, avec laquelle il vivait publiquement depuis son retour en France, ce qui fit dire alors que *l'évêque d'Autun avait pris femme.* Les témoins de ce mariage furent le prince de Nassau, fameux par sa flottille dans la mer Noire et sa faveur auprès de Catherine ; l'amiral Verhuel, le marquis de Saisseval et le comte de Choiseul-Gouffier. — A l'avènement de Napoléon à l'empire, M. de Talleyrand fut nommé grand chambellan, et, après la paix de Presbourg, prince de Bénévent. Remplacé au ministère par M. de Champagny, il reçut pour fiche de consolation la dignité de vice-électeur avec cinq cent mille francs de traitement annuel, qu'il conserva jusqu'à la chute de l'empire, ce qui ne l'empêcha pas, dès 1813, de se mettre en rapport avec les Bourbons et de conspirer contre Napoléon. Nommé au conseil de régence pour seconder Marie-Louise, lorsque cette princesse, indigne de l'honneur que lui avait fait en l'épousant le plus grand capitaine des temps modernes, prit la route de Blois, le prince de Talleyrand se fit arrêter à la barrière par un corps de cavalerie autrichienne, et rentra dans Paris pour travailler en grand à la chute de Napoléon. Il eut assez d'ascendant sur l'esprit de l'empereur Alexandre pour l'engager à venir habiter son hôtel de la rue St-Florentin, où fut assemblé le conseil qui décida du retour des Bourbons.

Rue Royale, n° 6, demeurait et est morte, le 14 juillet 1817, à l'âge de cinquante-deux ans, Mme DE STAEL-HOLSTEIN, qui s'est placée à la tête des auteurs de son sexe et a pris un rang élevé parmi les écrivains français. La postérité, déjà commencée pour elle, lui ayant confirmé ses justes titres à la célébrité, ne serait-il pas juste de placer sur la maison où elle rendit le dernier soupir cette simple inscription.

> Dans cette maison
> est morte Mme DE STAEL-HOLSTEIN,
> le 14 juillet 1817.

A l'extrémité de la rue St-Honoré et de la rue Royale des Tuileries était la PORTE ST-HONORÉ, construite de 1631 à 1633, lors de l'agrandissement de l'enceinte de Paris sous Louis XIII. Elle était bâtie en pierres de taille, en forme de pavillon couvert d'ardoises ; c'était la seule des anciennes portes de Paris qui fût restée sous les règnes de Louis XIV et de Louis XV. On en commença la destruction en 1733.

Rue de Rivoli, entre la rue des Pyramides et la rue Castiglione, était la COUR DU MANÉGE, qui devait son nom au manége contigu à la terrasse des Feuillants. C'est dans ce manége que l'assemblée constituante termina sa session, que l'assemblée législative tint la sienne tout entière. C'est dans la salle du manége que Louis XVI et Marie-Antoinette passèrent la journée du 10 août 1792, dans la loge du *Logographe*, où l'on servit à ce monarque un dîner copieux qu'il mangea avec appétit, oubliant en quelque sorte son danger personnel, le sort de sa famille et celui de ses malheureux serviteurs massacrés quelques heures avant. — L'assemblée législative fut remplacée au manége par la convention nationale, qui y siégea jusqu'en avril 1793. C'est dans la salle du manége que le président Vergniaud prononça, dans cette même journée du 10 août aux cris de *Vive la nation ! Vive la liberté ! Vive l'égalité !* le célèbre décret qui suspendait Louis XVI de la royauté ; c'est dans cette salle que le 21 septembre 1792, jour de l'installation de la convention, Pétion, président de cette assemblée, prononça le décret, rendu à l'unanimité, qui abolissait la royauté en France, décret qui fut proclamé dans toutes les sections de Paris au milieu des applaudissements universels : tous les citoyens à l'envi illuminèrent le devant de leurs maisons, comme à l'occasion d'une grande victoire. C'est encore dans cette salle que fut prononcée, le 17 janvier 1793, la sentence par laquelle la convention condamna à mort Louis XVI. La salle du manége, souvent réparée, servit encore aux séances du conseil des cinq cents, qui l'occupa jusqu'au 21 janvier 1798, époque où il fut s'installer au palais Bourbon. — Après les élections de l'an VII, deux cent cinquante députés du conseil des cinq cents organisèrent, dans le but de ramener le gouvernement dans les voies de la liberté, le *club du manége,* qui s'ouvrit le 18 messidor, et où se réunirent tous les patriotes sincères, au nombre desquels étaient Lucien Bonaparte, son frère et Salicetti. La salle du manége était alors fameuse par ses séances; c'était là que se réchauffaient les éléments de la constitution de 93. Le club du manége ayant été dénoncé au conseil des anciens, le conseil retira l'autorisation de se réunir dans la salle du manége, qui dépendait de l'enceinte où il tenait ses séances, et qui fut fermée le 7 thermidor. Les membres du club du manége allèrent s'installer dans l'ancienne église des Jacobins de la rue du Bac, nommée alors le temple de la Paix. Cependant le mauvais vouloir du directeur et du conseil des anciens finit par triompher, et le club du temple de la Paix fut définitivement fermé le 26 thermidor. — Plusieurs législateurs habitaient cour du Manége en 1793 et en 1794. Les plus connus étaient BERNARD, BORDAS, BORIE-CAMBORT, COUTHON, etc., etc.

Le manége des Tuileries était une des trois académies royales établie par le roi, sous les ordres du grand écuyer de France, pour l'éducation des gentilshommes. On y apprenait les mathématiques, à monter à cheval, la voltige, la danse, à faire des armes, et divers autres exercices.

Les deux autres manéges étaient rue de l'Université et rue des Canettes. Le prix du premier était de 3,428 liv.; celui du second de 3,406 liv.

La rue Castiglione a été percée sur l'emplacement de l'ancien monastère DES FEUILLANTS. Les feuillants étaient autrefois des religieux de l'ordre de Citeaux que Jean de la Barrière, abbé des feuillants dans le diocèse de Rieux, réforma vers 1575. Henri III, étonné de l'éloquence de cet abbé, qu'il avait entendu prêcher en 1583, le décida à venir se fixer à Paris, où il donna ordre de lui faire bâtir un monastère au faubourg St-Honoré, qui fut achevé en 1587. Jean de la Barrière arriva avec soixante-deux religieux de sa réforme, à la tête desquels il fit processionnellement son entrée à Paris le 9 juillet. L'Estoille parle ainsi de l'arrivée de ces religieux : « Venue des feuillants à Paris, espèce de moines aussi inutiles que les autres. » Henri IV accorda à ce monastère les priviléges et prérogatives dont jouissaient alors les maisons de fondation royale. L'église et les bâtiments conventuels furent rebâtis par les libéralités de ce monarque, auxquels on ajouta le produit des dons faits à l'occasion du jubilé en 1601. Le portail qui faisait face à la place Vendôme ne fut achevé qu'en 1676 ; il était décoré de quatre colonnes corinthiennes isolées, d'un entablement et d'un fronton où l'on voyait un bas-relief représentant Henri III recevant Jean de la Barrière et ses compagnons. — L'église, dont le portail avait été élevé sur les dessins de François Mansard, était élégante et très-ornée ; le maître autel était décoré de colonnes torses et de plusieurs figures. Autour de cette église se trouvait quatorze chapelles. Dans la première, à droite en entrant, se trouvait le mausolée en marbre blanc de Raymond Philippeaux, posé sur un piédestal de marbre noir et blanc ; la seconde appartenait à la maison Pelletier ; la troisième à celle de Vendôme ; la quatrième renfermait le buste de Guillaume de Monthelon, placé entre deux Vertus ; dans la cinquième était le mausolée du maréchal de Marillac, décapité en place de Grève le 10 mai 1631 ; vis-à-vis de la chaire était le cénotaphe de Henri de Lorraine, comte d'Harcourt ; la chapelle suivante renfermait un saint Michel, de Simon Vouet, regardé comme le chef-d'œuvre de ce peintre. Entre les sept autres chapelles, faisant face aux premières, on en distinguait principalement trois : l'une où l'on voyait un tombeau en marbre blanc en forme d'urne de 4 m. de longueur sur 4 m. de hauteur, renfermant les restes mortels d'Anne de Rohan, princesse de Guémené ; une autre où se trouvait le tombeau du maréchal d'Uxelles ; et la troisième renfermant le mausolée en marbre noir surmonté de deux figures à genoux de Tristan et Charles de Rostaing. — Le cloître avait été peint par Aubin Vouet, qui y avait représenté les traits édifiants de la vie de Jean de la Barrière. Le réfectoire était très-orné ; la pharmacie était citée pour son élégance. — Le monastère des Feuillants fut supprimé en 1790. Après la journée du 17 juillet 1791, où la municipalité de Paris et Lafayette avaient fait au Champ-de-Mars un usage si cruel de la loi martiale, une scission eut lieu dans la société des amis de la constitution. La partie républicaine de cette société continua de siéger dans le local des Jacobins, dont elle prit le nom. Les membres qui approuvaient la conduite de la municipalité se réunirent dans les bâtiments des Feuillants, où ils formèrent le club de ce nom, qui eut un instant une grande influence, et donna son nom au parti constitutionnel tout entier. Mais cette société, dont Lafayette était l'âme, ne tarda pas à s'apercevoir qu'elle était débordée par des faux frères, par des royalistes *quand même*, qui s'étaient glissés dans leurs rangs ; Lafayette et les vrais amis de la liberté se retirèrent, et peu après le club fut fermé. — C'est dans un appartement de l'ancien couvent des Feuillants que Louis XVI et sa famille couchèrent dans la nuit du 10 au 11 août 1793 ;

et c'est de là que le 13 au soir ils furent transférés dans la tour du Temple. — L'enclos du couvent des Feuillants occupait l'espace compris entre la rue St-Honoré et la cour du manége qui régnait le long de la terrasse du jardin des Tuileries, qu'on nomme encore terrasse des Feuillants; à l'est, il était contigu à l'enclos des Capucins. Les Feuillants ont été démolis en 1804, pour le percement des rues de Rivoli et de Castiglione. — Sous la minorité de Louis XV on avait ouvert dans l'enclos des Feuillants un passage qui communiquait aux Tuileries, pour faciliter à ce monarque le moyen de venir à l'office des Feuillants. C'est dans ce passage que demeurait en 1789 J.-F. MARMONTEL, historiographe de France, membre et secrétaire perpétuel de l'Académie française, mort à Abloville (*Eure*) le 31 décembre 1799, à l'âge de soixante-treize ans.

La rue St-Thomas-du-Louvre doit son nom à l'ÉGLISE COLLÉGIALE ET PAROISSIALE DE ST-THOMAS-DU-LOUVRE, qui était située au coin de la rue du Doyenné, dont il ne reste aujourd'hui qu'une partie en forme d'impasse. Elle fut fondée par Robert, comte de Dreux, quatrième fils de Louis le Gros, ainsi que le prouve une bulle du pape Urbain III de 1187, où il est dit que Robert de Dreux fonda avec cette église quatre prébendes et un hôpital pour les pauvres écoliers, lequel est devenu depuis l'église St-Nicolas-du-Louvre. En 1733, l'église St-Thomas, dont l'existence datait de près de six siècles, menaçant ruines, on s'occupa de la reconstruire, et les fondations en étaient déjà jetées lorsque, le 15 octobre 1739, le clocher tomba, écrasa la voûte, fit écrouler un des bas côtés du chœur et la salle capitulaire qui était au-dessus, et ensevelit sous ses ruines six chanoines, dont trois seulement purent être rappelés à la vie. Ce tragique événement fut l'occasion de la réunion des chapitres de St-Thomas et de St-Nicolas-du-Louvre en un seul chapitre, sous le nom de St-Louis-du-Louvre. L'église St-Nicolas fut alors supprimée, et sur l'emplacement de l'église St-Thomas on construisit une nouvelle église dont le célèbre orfèvre Germain fut l'architecte; elle fut dédiée en 1744, la veille de St-Louis, et reçut le nom de *St-Louis-du-Louvre*. Parmi les objets d'arts dont elle était décorée on remarquait dans la chapelle de la Vierge un bas-relief de Lemoine représentant l'Annonciation; et dans la chapelle opposée le mausolée du cardinal de Fleury, que le même artiste avait représenté expirant entre les bras de la Religion. — Lorsque l'assemblée nationale eut décrété la liberté des cultes, l'église St-Louis-du-Louvre fut occupée par le culte protestant, et l'on plaça au-dessus du portail cette inscription prescrite par la loi: *Edifice consacré au culte religieux par une société particulière*. Sous l'empire, l'église St-Louis fut abattue, ainsi que tous les bâtiments qui l'avoisinaient, pour agrandir la place du Carrousel.

L'église St-Nicolas-du-Louvre était située de l'autre côté de la rue

St-Thomas, vis-à-vis de l'église de ce nom. Elle devait son origine à un hôpital fondé par Robert de Dreux, qui était désigné au xiii® siècle sous le nom d'*hôpital des écoliers St-Nicolas-du-Louvre*. Cet hôpital, ou plutôt ce collége, était composé en 1350 de deux chapelains et de dix-huit boursiers. En 1541 l'évêque de Paris supprima le maître et les boursiers, et érigea le collége en un chapitre de chanoines, qui ont été réunis en 1740 à ceux de St-Louis-du-Louvre. L'église St-Nicolas fut démolie vers 1780.

Il y avait autrefois dans la rue St-Thomas-du-Louvre deux hôtels fort remarquables : l'hôtel de Rambouillet et l'hôtel de Longueville.

L'hôtel de Rambouillet occupait autrefois tout l'espace compris depuis les écuries du roi jusqu'à la place du Palais-Royal, et s'étendait sur l'emplacement où on a depuis percé la rue de Chartres jusqu'à l'enclos des Quinze-Vingts. Cet hôtel célèbre, qui a laissé dans l'histoire de la littérature française de si grands souvenirs, avait porté primitivement les noms d'*hôtel d'O, de Noirmoutiers, de Pisani*; le marquis de Rambouillet ayant épousé en 1600 Catherine de Vivonne, fille du marquis de Pisani, il reçut alors le nom d'*hôtel de Rambouillet*, sous lequel il est plus particulièrement connu. Jeune et jolie, spirituelle et riche, mariée à l'un des premiers gentilshommes du royaume, la marquise de Rambouillet sut échapper à toutes les séductions qui l'environnaient. Elle n'avait pas vingt ans lorsqu'elle s'éloigna par principe et par goût d'une cour vicieuse et corrompue. Ne voulant pas cependant renoncer à la conversation et aux honnêtes plaisirs d'une société choisie, elle prit la résolution d'attirer près d'elle une compagnie de ce genre, et ce projet, presque aussitôt mis à exécution que formé, réussit au delà de ses idées. Elle commença d'abord par faire reconstruire l'hôtel que M. Pisani, son père, lui avait laissé. Sauval, qui a donné dans ses Antiquités de Paris la description de cet hôtel, le dépeint comme une grande maison de briques rehaussée d'ornements d'architecture en pierre : à l'entrée se trouvait une cour, d'où l'on découvrait le jardin, placé à gauche le long des bâtiments, ce qui en rendait l'aspect très-gai. De là on passait dans une basse-cour, où se trouvaient toutes les superfluités nécessaires à une grande maison. A la grandeur des bâtiments et à l'agrément des jardins, M™° de Rambouillet sut joindre la richesse et l'élégance des ameublements. Voici ce que dit à ce sujet, en parlant de sa demeure, Mlle de Scudery. « L'ordre, la régularité et la propreté sont dans tous ses appartements et dans tous ses meubles. Tout est magnifique chez elle, et même en particulier les lampes sont différentes des autres lieux : ses cabinets sont pleins de mille raretés qui font voir le jugement de celle qui les a choisies ; l'air est toujours parfumé dans son palais. Diverses corbeilles magnifiques pleines de fleurs font un printemps continuel dans sa chambre, et le lieu où on la voit est si agréable, qu'on croit être dans un enchantement lorsqu'on y est près d'elle. »

L'hôtel de Rambouillet, ce salon des beaux esprits, qui régenta la littérature pendant la première moitié du xviie siècle, fut pendant tout ce temps l'arbitre du goût, le sanctuaire de la morale et l'académie du beau langage. Là présidait la marquise de Rambouillet et sa fille, la belle Julie d'Angennes, l'objet des hommages de tout ce qu'il y avait alors de plus renommé pour l'esprit et l'urbanité, et l'admiration de tout Paris pour sa conduite pendant la peste de 1632 : jeune, belle, délicate, elle s'était enfermée seule auprès de son frère mourant, et seule elle l'avait disputé vaillamment contre la mort, qui malheureusement avait prévalu. Ce fut pour elle que soupira pendant quatorze ans cet austère Montausier, dont elle devint l'épouse à l'âge de trente-huit ans ; ce fut en son honneur que fut composée cette guirlande de Julie, bouquet poétique auquel tous les beaux esprits de l'époque, et jusqu'à son époux lui-même, fournirent des fleurs dont l'éclat et le parfum ont disparu depuis longtemps. Là on vit figurer successivement les cardinaux de Richelieu et de la Valette, la princesse de Condé, son fils le grand Condé, et la duchesse de Longueville, sa fille ; Mmes de Lafayette et de Suze, Mlle de Scudery et son frère, le duc de la Rochefoucauld, Chapelain, Colletet, Gombauld, Malherbe, Bois-Robert, Conrart, l'abbé Cotin, Pelisson, Voiture, Benserade, Tallement des Réaux, Racan, Ménage, Vaugelas, le savant Huet, depuis évêque d'Avranches, Bossuet, Fléchier, des généraux, des ministres, des magistrats, enfin tout ce qu'il y avait alors d'hommes distingués par leur esprit et leur savoir. — « Là on a vu, dit la Bruyère, un cercle de personnes des deux sexes liées par la conversation et par un commerce d'esprit ; ils laissaient au vulgaire l'art de parler d'une manière intelligible ; une chose dite entre eux peu clairement en entraînait une autre encore plus obscure, sur laquelle on enchérissait par de vraies énigmes, toujours suivies par de longs applaudissements. » Le facétieux Scaron, dont le style outrait le naturel ; le sévère Boileau et surtout Molière, dans ses *Précieuses ridicules* et dans ses *Femmes savantes*, ont stigmatisé l'hôtel de Rambouillet, son jargon et ses ridicules. Après avoir joui longtemps d'une gloire incontestée, il a vu décliner son autorité sous le règne de Louis XIV ; et le xviiie siècle, qui l'avait surnommé les *Galères du bel esprit*, n'a plus eu pour lui que le sarcasme et le mépris. — L'héritage de l'hôtel de Rambouillet fut recueilli par les duchesses de Montausier et d'Orléans, et par Mme de Maintenon, qui conservèrent les traditions de la conversation spirituelle et polie, traditions qui se maintinrent au xviiie siècle à la petite cour de la duchesse du Maine et dans les salons de Mmes de Tencin et Geoffrin. — L'hôtel de Rambouillet perdit dans la suite jusqu'à son nom, pour prendre celui d'*hôtel d'Uzès*, parce qu'il devint la propriété du duc d'Uzès, dont la mère était fille unique du duc de Montausier; plus tard il fut démoli, et il n'en reste pas vestiges depuis longtemps.

L'hôtel de Longueville portait dans l'origine le nom d'*hôtel d'Alençon*, et avait été bâti par Nicolas Neufville de Villeroi, qui le vendit en 1568 à Henri de France, duc d'Anjou, qui plus tard fut roi sous le nom de Henri III ; c'est dans cet hôtel que ce prince reçut les ambassadeurs que les Polonais lui envoyèrent après son élection. Il le garda jusqu'en 1573, époque où il le donna à Marguerite de France, reine de Navarre, sa sœur. Plus tard cet hôtel porta les noms de *Luynes* et de *Chevreuse*, et devint le berceau de la Fronde et le foyer des intrigues politiques de ce fameux cardinal de Retz, qui eut tant de grandes qualités, hors celles d'un évêque, d'un citoyen et d'un honnête homme. La duchesse de Chevreuse le vendit au duc *d'Epernon*, qui lui donna son nom ; il devint ensuite la propriété de la maison de *Longueville*, nom sous lequel il était connu avant la révolution. Il passa ensuite au comte de Soissons, et, par le mariage de sa fille, rentra dans la maison de Luynes et de Chevreuse. L'hôtel de Longueville avait été bâti par l'architecte Métezeau, et orné de plafonds peints par Mignard ; il a été longtemps occupé par le cardinal Jeanson, et ensuite par le cardinal Polignac, connu par les négociations importantes auxquelles il a été employé. — Cette suite de princes et de grands seigneurs semblait promettre à cet hôtel une destinée des plus brillantes. Après avoir servi pendant quelques années d'entrepôt pour les voitures de la cour, il a été vendu aux fermiers généraux, qui l'affectèrent à la ferme générale des tabacs. L'hôtel Longueville a été en grande partie démoli pour agrandir la place du Carrousel.

Rue de Chartres St-Honoré. THÉATRE DU VAUDEVILLE. Entre les n°° 14 et 16 se trouvait autrefois la salle de bal du *Wauxhall* ou du *Panthéon d'hiver*, construite pour remplacer le Wauxhall de la foire St-Germain, abattu en 1784. Cette salle fut ouverte pour la première fois en 1785 : c'était là où les nymphes du Palais-Royal allaient principalement faire leurs recrues. Le *club des étrangers* y a tenu ses réunions jusqu'à l'époque de sa suppression en 1787. En 1790 le Wauxhall devint une espèce de musée, où, suivant l'Almanach des spectacles de la même année, les littérateurs qui n'avaient rien de mieux à faire, s'assemblaient à certains jours de la semaine pour lire leurs morceaux académiques. En 1791 les membres de la minorité royaliste de l'assemblée nationale formèrent dans cette salle, sous le nom de *Société des amis de la constitution monarchique*, un club composé en grande partie de nobles et de partisans de l'ancien régime. Chassés de ce local par une émeute, les membres de ce club se réfugièrent dans l'église de la maison professe des jésuites, rue St-Antoine, d'où ils furent encore chassés ; second échec qui entraîna la dissolution de cette assemblée monarchique. Les fondateurs de cette société, dont les membres étaient désignés sous le nom de *monarchiens,* étaient MM. Stanislas Clermont-Tonnerre et Malouet. — En 1792 l'architecte Lenoir construisit sur l'emplacement de la salle du Wauxhall d'hiver, une salle de spectacle où Piis et Barré fondèrent le THÉATRE DU VAUDEVILLE, dont l'ouverture eut lieu le 12 janvier 1792 par une pièce en trois actes à mourir d'ennui, de Piis, intitulée *les Deux Panthéons*, qui fut sifflée comme jamais on ne siffla de mémoire théâtrale, mais qui n'empêcha pas le Vaudeville de compter quarante-six années de prospérité. Les auteurs qui ont travaillé avec le plus de succès pour ce théâtre sont Piis, Barré, Radet, Desfontaines, les deux Ségur, Armand Gouffé, Prévôt d'Iray, Davrigny, Dieulafoy, Désaugiers, Théaulon, Dumersan, Dartois, Merle, Brazier, Dupaty, etc., etc. Parmi les acteurs qui ont jeté le plus d'éclat dans les premiers temps du Vaudeville on cite Rosières, Vertpré, Gonthier, Lepeintre aîné, Joly, Duchaume, Carpentier, Chapelle, l'arlequin Laporte, Mme Belmont, Mme Hervey, Mlle Rivière, Mme Desmares, Mlle Minette, Virginie Déjazet, Jenny Vertpré, Mme Perrin, etc., etc. — Après la révolution de juillet le Vaudeville prit le titre de *Théâtre national.* Sa jolie salle, où l'on avait vu passer tant de charmantes pièces, où l'on avait ri de si bon cœur, fut réduite en cendres le 18 juillet 1836, à quatre heures du matin. L'autorité ayant décidé que le théâtre ne pouvait être reconstruit sur l'emplacement qu'il occupait, les acteurs s'établirent provisoirement dans la salle des concerts du boulevard Bonne-Nouvelle, n° 26, qu'ils quittèrent pour aller occuper le théâtre de la place de la Bourse, lorsque l'Opéra-Comique fut s'installer à la salle Favart.

La rue de l'Echelle doit son nom à une échelle patibulaire qu'y avaient fait placer les évêques de Paris. — C'est au coin de cette rue, qui donnait alors sur la place du Petit-Carrousel, que la famille royale se rendit dans le milieu de la nuit du 20 juin 1791, lors de la fuite interrompue si brusquement à Varennes. Les deux enfants et Mme de Tourzelle, leur gouvernante, arrivèrent les premiers; puis Mme Elisabeth et son écuyer, M. de St-Pardoux; le roi et un garde du corps les suivaient à peu de distance. La reine se fit attendre près d'une heure. Au lieu de se rendre avec M. de Fersen qui l'accompagnait au lieu du rendez-vous, si peu distant du palais des Tuileries, ils avaient traversé le pont Royal, et ce n'est que lorsqu'ils étaient arrivés à la moitié de la rue du Bac qu'ils reconnurent leur méprise, et qu'ils se décidèrent à rétrograder et à demander leur chemin. Ils arrivèrent enfin à la voiture qui stationnait au coin de la rue de l'Echelle; mais ils avaient perdu un temps précieux, dans un moment où le prix de chaque minute était incalculable.

A l'intersection des rues de l'Echelle et de St-Louis est la FONTAINE DU

DIABLE. On ignore l'origine de son nom et l'époque de son érection. Reconstruite en 1759, elle est décorée d'un obélisque terminé par une boule, posé sur un piédestal au milieu duquel est un mascaron en bronze d'où jaillit l'eau. Le tour du piédestal est sculpté en feuilles de chêne ; au-dessus est une table destinée à recevoir une inscription où sont assis deux tritons portant la poupe d'un vaisseau.

La rue St-Nicaise doit son nom à une chapelle de *St-Nicaise* qui dépendait de l'hôpital des Quinze-Vingts. — Le THÉÂTRE GAUDON fut établi rue St-Nicaise en 1769, pour amuser le peuple du quartier trop éloigné des boulevards pour fréquenter les théâtres qui y étaient établis. On donnait sur ce théâtre, qui n'existait déjà plus en 1779, des farces et des parodies. — C'est dans cette rue que fut établie en 1782, sous le ministère de Calonne, par un sieur Boyer, la première réunion qui porta le nom de club. Cette réunion, désignée sous le nom de CLUB POLITIQUE, fut fermée en 1787 par ordre du lieutenant général de police. — Le 3 nivôse an IX (24 décembre 1800) une épouvantable explosion éclata dans la rue St-Nicaise et endommagea une partie des habitations. Le premier consul Bonaparte se rendait à l'Opéra à huit heures et demie du soir, et sa voiture était à peine arrivée à l'extrémité de la rue St-Nicaise, lorsque éclata l'explosion, produite par une machine infernale placée sur une mauvaise charrette arrêtée à dessein en travers de la rue, que le cocher du premier consul avait eu beaucoup de peine à éviter. Les glaces de la portière du premier consul furent brisées, mais heureusement il ne fut pas atteint. Quarante-six maisons furent fortement ébranlées ou endommagées ; huit personnes furent tuées, et vingt-huit autres blessées grièvement. Toutes les maisons de cette partie de la rue St-Nicaise furent démolies, et sur leur emplacement on construisit la galerie parallèle à celle du Louvre, qui a été prolongée jusqu'à la rue de Rohan.

Il y avait avant la révolution dans la partie de la rue St-Nicaise qui a été démolie plusieurs hôtels remarquables : l'HOTEL DE ROQUELAURE, devenu la propriété de M. de Beringhem ; l'HOTEL DE COIGNY, où l'on établit pendant la révolution le comité de législation, le comité des transports et des postes, et le comité des secours publics ; l'HOTEL D'ELBEUF, ci-devant hôtel de Créqui, où furent établis en 1793 le comité d'instruction publique, le comité d'agriculture et des arts et le comité de la division du territoire de la république ; plus tard cet hôtel fut habité par l'archichancelier Cambacérès, mort rue de l'Université en 1824 ; l'HOTEL DE LONGUEVILLE, qui avait son entrée principale rue Thomas-du-Louvre ; l'HOTEL DE L'ACADÉMIE ROYALE DE MUSIQUE.

Au nº 1 demeurait et est mort en 1817, dans un état voisin de la gêne, où son bon cœur l'avait réduit, et dont nulle main secourable n'eut la générosité de l'aider à sortir, J.-Cl. DE LA METHERIE, homme de bien dans toute l'étendue de ce mot, qui vécut plus sous l'empire de l'imagination que dans le monde des réalités, et qui se trompa souvent sur les hommes et sur les choses ; sa *Théorie de la terre* est l'exposé le plus complet qui eût encore paru en France des systèmes imaginés alors par les philosophes, et le recueil le plus méthodique en faits dont se composait alors la géologie.

Au n° 4 demeurait en 1811 le littérateur Esménard, membre de l'Académie française, où il succéda au comte de Bissy ; il est auteur, entre autres ouvrages, du poëme de *la Navigation* et de l'opéra lyrique du *Triomphe de Trajan* et de *Fernand Cortez*.

Rue St-Louis St-Honoré, n° 8, est le café flamand, où il se fait une grande consommation de bière, que l'on sert dans des pots et dans des petites cruches. Sous l'empire, les vaudevillistes se réunissaient dans ce café, où l'on était toujours sûr de rencontrer quelques bons vivants. « Que de pièces, que de chansons, que de couplets, dit Brazier, ont pris naissance au *café des Cruches !* »

La place du Palais-Royal, formée par le cardinal de Richelieu pour dégager les abords de l'entrée de son palais, était occupée autrefois par l'hôtel de Sillery, dont la démolition ne fut entièrement achevée qu'en 1643. Dans l'origine elle était bien moins grande qu'elle ne l'est aujourd'hui ; elle était environnée de vieilles maisons qui formaient au Palais-Royal une perspective désagréable. En 1719 le duc d'Orléans, régent du royaume, fit abattre ces vieilles constructions, et fit élever sur leur emplacement, par Robert Cotte, premier architecte du roi, un grand corps de bâtiment de 40 m. de face, qu'on nomme aujourd'hui Château-d'Eau, où est un grand réservoir d'eau de la Seine et d'eau d'Arcueil pour les bassins du Palais-Royal et des Tuileries. Ce bâtiment, dont l'architecture est en bossages rustiques vermiculés, est flanqué de deux pavillons de même symétrie. Au milieu est un avant-corps formé par quatre colonnes d'ordre toscan portant un fronton dans le tympan duquel étaient les armes de France. Au-dessus sont deux belles statues demi-couchées, de Coustou jeune, représentant la Seine et la fontaine d'Arcueil. Au bas de cet avant-corps est une niche où est le robinet de la fontaine ; on lit au-dessus, sur une plaque en marbre noir :

QUANTOS EFFUNDIT IN USUS !

Le 28 juillet 1830 le duc de Raguse fit occuper cette place par le 6ᵉ régiment de la garde royale, qui s'empara de toutes les issues qui y aboutissent ; l'artillerie fut braquée à tous les carrefours pour balayer avec de la mitraille les rues Richelieu et St-Honoré. Le 29, des actions partielles et très-meurtrières eurent lieu dans toutes les rues environnantes. L'infanterie de la garde, la troupe de ligne et les Suisses, obligés de se concentrer sur la place, se retranchèrent dans les maisons formant les coins des rues Richelieu, Jeannisson, Rohan, de l'Échelle, de Chartres, faisant par les fenêtres un feu soutenu et très-meurtrier. Ce fut en vain qu'on leur cria plusieurs fois de se rendre, ils ne discontinuèrent pas de tirer. L'artillerie et les Suisses surtout faisaient un feu terrible. Il fut fait sur ce point des prodiges de valeur : c'est là qu'un courageux citoyen nommé Benoît, cocher de cabriolet, voyant que l'artillerie faisait un ravage affreux dans les rangs des citoyens, se dévoue pour faire cesser ce carnage; en deux coups de feu il met hors de combat deux artilleurs, court sur les deux autres, les blesse ou les oblige à la fuite, et s'empare de la pièce de canon, aux applaudissements des patriotes. Enfin, après un combat acharné, qui se prolongea pendant plus de deux heures après la prise des Tuileries, les patriotes parvinrent à s'emparer de l'artillerie et de toutes les maisons occupées par les soldats. Presque tous payèrent de leur vie leur résistance désespérée. La perte des deux côtés fut immense : le dépôt des morts établi rue de Rohan ne comptait pas moins de cinq cents cadavres !...

Au n° 243 est le CAFÉ DE LA RÉGENCE, l'un des plus anciens cafés de Paris et le lieu de rendez-vous, depuis plus d'un siècle, des plus célèbres joueurs d'échecs de l'Europe, des descendants de Philidor, qui font la plus grande ou la seule affaire de leur vie d'un *pat* ou d'un *mat*. Les principaux joueurs étaient le comte de Bissy, l'amiral Bougainville, le marquis de Ximénès, etc., etc. — C'était jadis au café de la Régence que le théâtre de Paris tenait ses assises; c'est là que se plaidait chaque jour la cause de Rameau contre Lulli; qu'on prononçait en dernier ressort sur le mérite des airs de Mondonville et de Dauvergne, sur les poëmes de Danchet et de Cahuzac; le coin du roi et celui de la reine s'y livraient des assauts continuels dans l'intervalle des parties d'échecs, et, quatre heures sonnant, chacun courait au théâtre du Palais-Royal faire l'application de sa théorie. — Jean-Jacques Rousseau fréquentait beaucoup à une certaine époque le café de la Régence, et la foule des curieux qu'il y attirait était si considérable, que le lieutenant de police fut obligé d'y faire placer une sentinelle.

À côté du café de la Régence, au fond d'une longue cour, était le célèbre hôtel d'Angleterre, réceptacle de joueurs, de curieux, de débauchés et de filous; espèce de succursale du n° 113, où le joueur à moitié ruiné venait finir sa nuit.

Lorsque la patrie fut déclarée en danger, cette déclaration fut proclamée sur toutes les places publiques de Paris, et principalement sur la place du Palais-Royal, avec un appareil et une solennité propres à en rehausser l'importance et à frapper les esprits. Le bruit du canon l'annonça dès le matin du 12 juillet : les officiers municipaux à cheval, divisés en deux corps et précédés d'une musique militaire, sortirent à dix heures de l'hôtel de ville, faisant porter au milieu d'eux, par un garde national, une bannière tricolore où était écrit : *Citoyens, la patrie est en danger!* Devant et derrière eux marchaient des détachements de gardes nationaux, précédés et suivis par des pièces de canon. La bannière, signal du danger de la patrie, était ornée de quatre guidons sur chacun desquels était écrit l'un de ces mots : *Liberté, égalité, publicité, responsabilité.* C'est dans cet ordre que l'on parcourait les principales rues de Paris, s'arrêtant sur les places publiques pour y lire la formule de l'assemblée nationale qui déclarait la patrie en danger. Un vaste amphithéâtre était dressé sur la place du Palais-Royal et sur les autres places publiques : le fond en était fermé par une tente couverte de guirlandes de feuilles de chêne, chargée de couronnes civiques, et flanquée de deux piques surmontées du bonnet de la liberté. Le drapeau de la section flottait sur le devant de l'amphithéâtre garni de deux pièces de canon, et le magistrat du peuple, revêtu de son écharpe, assis à une table posée sur deux tambours, recevait les noms des citoyens qui venaient se faire inscrire pour marcher à la frontière.

Le 6 novembre 1793, la charrette qui conduisait au supplice le duc d'Orléans fut arrêtée quelques minutes sur la place du Palais-Royal; le prince promena ses regards avec sang-froid sur la façade de son palais; arrivé à la place Louis XV, il monta d'un pas ferme à l'échafaud, où il reçut le coup mortel, à quatre heures du soir.

Rue Saint-Honoré, entre les nos **351 et 369**, était le COUVENT DES CAPUCINS. L'origine de ces moines remonte à 1525, époque où François Baschi, religieux de St-François, introduisit la réforme parmi les religieux de son ordre, qu'il affubla d'un capuce ou capuchon dont plus tard est dérivé le nom de capucin. En 1564 le cardinal de Lorraine attira en France quatre de ces religieux, qui s'en retournèrent en Italie après sa mort. En 1572 le cordelier père Deschamps quitta son ordre pour embrasser la réforme des capucins, et fonda à Picpus en 1574, avec la permission de Charles IX et du pape Grégoire XIII, un couvent de capucins que Catherine de Médicis établit en 1576 dans le quartier qui portait alors le nom de faubourg St-Honoré. L'église fut achevée en 1610; le portail avait été rebâti en 1731, et le chœur en 1735. Le couvent des Capucins était le plus considérable de cet ordre en France; on n'y comptait pas moins de cent trente religieux. Le réfectoire était très-vaste; la bibliothèque occupait un magnifique local, et se composait de 25,000 volumes. L'église était ornée d'une belle Assomption de la Hire, et d'un beau Christ mourant peint par Lesueur. Dans la nef on voyait le tombeau du cardinal de Joyeuse, qui, après avoir servi avec distinction, se fit capucin sous le nom de père Ange, vingt-six jours après la mort de sa femme. Appelé par les révoltés de Toulouse, il quitta le froc pour le casque, fit ensuite sa paix avec Henri IV, et obtint le bâton de maréchal de France. En 1596 il reprit l'habit de capucin, dans lequel il mourut en 1608. — Le couvent des

Capucins fut supprimé en 1790; l'église et les bâtiments furent démolis, et sur leur emplacement on perça la rue du Mont-Thabor et partie de la rue de Rivoli; le jardin qui était très-vaste avait une porte de sortie sur la terrasse des Tuileries.

Aux n°º 373 et 374 demeurait Mme Geoffrin, que l'on doit distinguer entre toutes les femmes d'esprit qui, pendant le xviie et le xviiie siècle, se sont plu à réunir et à présider des coteries littéraires, et il n'en est pas une qui mérite plus qu'elle que la postérité lui continue l'estime et la considération dont elle a joui pendant sa vie. En effet, elle ne se contenta pas de donner des dîners aux gens de lettres et aux artistes. C'était pour elle un besoin de faire le bien, de recommander le mérite obscur; elle usait du crédit des personnages puissants qui la visitaient pour servir ses amis, et les aidait même de sa bourse.

Pendant plus d'un demi-siècle sa maison fut le rendez-vous des lettres et des arts, et il ne venait point à Paris d'étranger de distinction, ni même de prince ou de souverain voyageur, qui ne briguât l'avantage d'être présenté à cette simple bourgeoise. Elle compta parmi ses convives habituels le prince de Conti, Vien, Carle Vanloo, d'Alembert, Fontenelle, Helvétius, Morellet, Buffon, Marmontel, Thomas, Raynal, Mlle de l'Espinasse, etc., etc. Tout artiste qui n'était pas encore connu trouvait en elle un protecteur éclairé et, au besoin, des secours secrets et délicats. Son salon influait beaucoup sur les jugements qu'on portait des ouvrages et sur les réputations d'auteurs. Le volume publié par l'abbé Morellet sur Mme Geoffrin ajoute à l'opinion favorable qu'on avait déjà des excellentes qualités de cette femme célèbre.— L'hôtel de Mme Geoffrin devint à sa mort la propriété de la famille d'Estampes, par le mariage du maréchal de la Ferté-Imbault avec la fille de Mme Geoffrin. C'est dans le salon de cet hôtel, que nous avons encore vu il y a une dizaine d'années, que le Kain fit la lecture de *l'Orphelin de la Chine*, avant la représentation de cette pièce; il existe une gravure du temps où tous les personnages nommés ci-dessus, qui assistaient à cette représentation, sont représentés.

Entre les n°º 247 et 259, au coin de la rue St-Honoré et de la rue St-Nicaise, était l'hospice des Quinze-Vingts. Avant le règne de saint Louis les pauvres aveugles formaient une société ou congrégation, dont les membres vivaient en particulier des faibles ressources que leur procurait la charité des fidèles; mais les secours leur manquaient presque totalement lorsque l'âge et les infirmités ne leur permettaient plus de les aller chercher. Saint Louis, touché de compassion pour leur état, forma, vers 1254, le dessin de leur donner un asile commun, et acheta à cet effet une pièce de terre nommée *Champourri*, sur laquelle il fit construire un hospice pour trois cents aveugles, et non pas, comme l'ont avancé quelques auteurs, pour trois cents chevaliers auxquels les Sarrasins avaient fait crever les yeux. L'enclos des Quinze-Vingts formait une très-grande cour autour de laquelle on bâtit au xviii° siècle plusieurs belles maisons dont le revenu était d'autant plus considérable, qu'elles étaient habitées par des gens qui y travaillaient et y vendaient sous le privilége de la franchise, dont cet hôpital jouissait de toute ancienneté. — L'église était sous le vocable de saint Remy. Vers le commencement du xvi° siècle on y institua une confrérie royale dont Louis XV se déclara le protecteur et le chef en 1720, et à son exemple la reine, les princes, les seigneurs, et tout ce qu'il y avait de considérable à la cour et à la ville se firent inscrire dans cette confrérie. — De cet hôpital dépendait aussi un cimetière et une chapelle dédiée à saint Nicaise, qui a donné son nom à la rue sur laquelle donnait une partie des bâtiments des Quinze-Vingts. — Dans l'origine le nombre des aveugles admis à l'hôpital des Quinze-Vingts était de trois cents ; plus tard, il fut réduit à cent quarante frères aveugles avec soixante frères voyants pour les conduire, et quarante-huit femmes, tant aveugles que voyantes. Au xiii° siècle ces aveugles demandaient l'aumône par troupes, en criant tant que le jour durait dans les rues de Paris ; Louis XIV leur ordonna en 1656 de se tenir aux portes des églises, dans l'intérieur desquelles il leur permit ensuite de quêter. — En 1780, l'établissement des Quinze-Vingts fut transféré rue de Charenton, au faubourg St-Antoine ; les bâtiments furent en partie démolis, et sur leur emplacement on perça, en 1784, les rues de Chartres et de Valois. — Marché des Quinze-Vingts. La cour de l'enclos des Quinze-Vingts servait jadis de marché au pain le mercredi et le samedi, et de marché au poisson pendant le carême et les jours maigres. Ce marché, supprimé quelque temps avant la révolution, était si étroit, qu'une partie des marchandes de poisson et de légumes étaient obligées d'étaler dans la rue St-Honoré, depuis le Palais-Royal jusqu'à la rue de l'Echelle, ce qui embarrassait fort ce quartier. Près de là était la boucherie des Quinze-Vingts, construite en 1631 sur l'emplacement de l'ancienne porte St-Honoré. Quatre-vingt-quinze boulangers étaient tenus d'approvisionner en pain le marché des Quinze-Vingts.

Sur le quai des Tuileries, vis-à-vis du guichet Fromenteau, se trouvait la porte Neuve, contiguë à la *tour du Bois* ou *du Grand-Prévôt*, qui terminait à l'ouest, sous Henri IV, l'enceinte de la partie septentrionale de Paris. La tour du Bois avait été bâtie en 1382 par ordre de Charles VI, et était située vis-à-vis de la tour de Nesle ; c'était une tour d'une grande élévation entourée de fossés profonds, à laquelle était accouplée une autre tour de moindre dimension qui contenait l'escalier ; elle a subsisté jusqu'au règne de Louis XIV. La porte Neuve faisait partie de l'enceinte de Charles VI ; c'est par cette porte que se sauva Henri III, le 12 mai 1588, sur le point d'être assiégé dans son palais par le peuple, qui avait déjà poussé les barricades jusqu'à cinquante pas du Louvre; et c'est là que François de Richelieu, grand prévôt de France, père du cardinal, en conférant pendant quelque temps avec les insurgés, donna le temps au roi de gagner le jardin des Tuileries et le couvent des Feuillants, d'où il s'évada, pour aller coucher à Trappes, et de là à Chartres. Cette circonstance fit donner à la porte Neuve le nom de porte de la Conférence, que quelques auteurs ont confondue avec une autre PORTE DE LA CONFÉRENCE, située à l'extrémité du quai des Tuileries. Ces deux portes ont existé toutes les deux en même temps. La dernière devait son nom aux conférences qui se tinrent à Suresnes entre les députés du roi et ceux de la Ligue, le 29 avril 1593; elle a été démolie en 1730.

Près du quai des Tuileries existait dès 1753 un établissement particulier de bains de rivière, fréquenté par la société qui ne voulait pas se mêler à la foule qui affluait aux bains publics. A cette époque, les endroits désignés sous le nom de bains se composaient d'un bateau couvert d'une bâche, autour duquel étaient plantés une vingtaine de pieux dans une enceinte d'environ 24 m. de long sur 4 m. de large, fermé de planches et couvert aussi d'une bâche; on y descendait par une échelle, et il fallait avoir soin de garder ses habits. A l'établissement du quai du Louvre on trouvait des batelets couverts en toile dans lesquels on se faisait conduire en pleine rivière, à un endroit où les bateliers plaçaient de distance en distance quatre pieux sur lesquels ils posaient une toile formant une espèce de cabane au milieu de laquelle était planté un autre pieu pour se soutenir dans la rivière; les dames étaient conduites dans ces cabanes appelées *gores* par les femmes des mariniers. On voit qu'il y avait loin de ces modestes bains aux établissements de l'école de natation, des bains de Henri IV et autres qui existent aujourd'hui sur toutes les parties de la rivière.

DEUXIEME ARRONDISSEMENT.

Les limites de cet arrondissement sont : à partir de la barrière Clichy, en suivant à droite les murs de Paris jusqu'à la barrière Ste-Anne, la rue du Faubourg-Poissonnière n^{os} impairs, le boulevard Poissonnière n^{os} pairs, la rue Montmartre n^{os} impairs, la place de la Bourse, la rue Vivienne n^{os} impairs depuis la rue de la Bourse, la rue Neuve-des-Petits-Champs n^{os} pairs, du Péron à la rue Neuve-des-Bons-Enfants, la rue Neuve-des-Bons-Enfants n^{os} impairs, la rue St-Honoré n^{os} pairs.

N° 5. QUARTIER DU PALAIS-ROYAL.

Ci-devant *section de la Butte-des-Moulins*, et ensuite *section de la Montagne*.

Les limites de ce quartier sont : le côté septentrional de la place du Palais-Royal, la rue St-Honoré n°ˢ pairs jusqu'à la place Vendôme, la place Vendôme n°ˢ pairs, la rue Neuve-des-Petits-Champs n°ˢ impairs, la rue Neuve-des-Bons-Enfants n°ˢ pairs, la rue St-Honoré n°ˢ pairs jusqu'à la place du Palais-Royal. — Superficie : 280,000 mètres carrés, équivalant à 0,008 de la superficie totale de Paris.

Les édifices, établissements et emplacements les plus remarquables de ce quartier sont :

Le Palais-Royal fut bâti à la place de l'ancien hôtel de Mercœur et de l'hôtel de Rambouillet, qui, au xv° siècle, avait appartenu au fameux connétable d'Armagnac. Sous le règne de Charles V, et longtemps après, l'emplacement du jardin était traversé diagonalement par les murailles et les fossés de Paris. — En 1624 l'hôtel de Rambouillet appartenait à un sieur Dufrêne, et celui de Mercœur au marquis d'Estrées ; le cardinal de Richelieu acheta ces deux bâtiments et les fit abattre. Par ses ordres on démolit ce qui restait des murs de la ville, on combla les fossés, on nivela le terrain ; le cardinal fit de plus l'acquisition de quatre autres emplacements, qui lui permirent d'étendre son palais depuis la rue Richelieu, qu'il fit ouvrir, jusqu'à la rue des Bons-Enfants. Ce palais fut construit, en 1629, sur les dessins de Lemercier. Sur la principale porte d'entrée étaient les armoiries de Richelieu, surmontées du chapeau de cardinal ; au-dessus fut placée cette inscription : PALAIS-CARDINAL. — Richelieu légua ce palais à Louis XIII, qui, le 7 octobre 1642, vint avec la reine en prendre possession et y fixer sa demeure. Alors ce bâtiment prit le nom de PALAIS-ROYAL. Mais, sur les réclamations de la famille de Richelieu, on rétablit à sa place l'ancienne inscription de PALAIS-CARDINAL ; pourtant le nom de PALAIS-ROYAL prévalut. — Richelieu n'avait rien oublié pour faire de ce palais un lieu digne de loger un roi de France ; rien n'y manquait, pas même une salle de spectacle ; la chapelle surtout, et tous ses ornements, se faisaient remarquer par une extraordinaire magnificence. Une autre galerie, celle des *hommes illustres de France*, dont la voûte avait été peinte par Philippe de Champagne, réduits au nombre de vingt-cinq, et parmi lesquels figuraient le cardinal et Louis XIII, occupait l'aile de la seconde cour. Deux théâtres furent joints à ce palais : l'un, destiné aux privilégiés, contenait cinq cents spectateurs ; on y jouait les pièces que les comédiens représentaient ordinairement au théâtre du Marais ; l'autre en contenait trois mille environ.

Le cardinal de Richelieu termina ses jours dans ce palais en 1642.

Parti de Lyon malade le jour même de l'exécution de Cinq-Mars et de de Thou, il arriva à Paris dans un état d'épuisement tel qu'on dût prévoir sa fin prochaine. Il alla descendre au Palais-Cardinal, où se trouvait une foule de gens empressés, les uns de voir, les autres d'être vus. Sur son visage, jauni par la maladie, on aperçut un rayon de joie lorsqu'il se vit dans sa maison, au milieu de ses parents et de ses amis, qu'il avait appréhendé de ne plus revoir, et encore maître de cette cour où ses ennemis s'étaient flattés qu'il ne reparaîtrait plus. Louis XIII, instruit du danger qui menaçait le cardinal, lui rendit visite le 2 décembre 1642 ; il mourut le 4 décembre, à l'âge de cinquante-huit ans, et quelques mois après, le 14 mai 1643, Louis XIII descendit lui-même au tombeau.

Après la mort du cardinal de Richelieu, le Palais-Royal devint l'habitation ordinaire de la régente, Anne d'Autriche ; Louis XIV, alors âgé de cinq ans, occupa la chambre de Richelieu. — Le 5 novembre 1645, la régente donna dans ce palais une fête brillante à l'occasion du mariage du roi de Pologne, Vladislas VII, avec la fille du duc de Nevers. — Le 18 janvier 1650, le prince de Condé, le prince de Conty et le duc de Longueville, qui s'étaient rendus au conseil qui se tenait ordinairement dans la galerie du Palais-Royal, furent arrêtés par ordre de la reine Anne d'Autriche, et conduits au donjon de Vincennes, d'où ils furent transférés à Marcoussy et ensuite au Havre.

Le 26 août 1648, Broussel, conseiller de la grande chambre du parlement, et Blancmesnil, président aux enquêtes, ayant été arrêtés par ordre de la reine, le peuple se porta en foule au Palais-Royal, en demandant la liberté des deux prisonniers. Le premier président Molé, suivi de quelques conseillers, se rendit au Palais-Royal, où l'on n'était pas sans inquiétude. La reine, cédant à de pressantes sollicitations, enjoignit aux membres du parlement d'aviser à ce qu'il était à propos de faire ; ils s'assemblèrent dans la grande galerie, et le résultat de leur délibération fut la mise en liberté des prisonniers.

Dans la nuit du 5 au 6 janvier 1648, la reine quitta furtivement le Palais-Royal et se retira avec le roi à St-Germain, avec lequel elle jugea toutefois prudent de revenir à Paris.

Dans la nuit du 9 au 10 février 1651, le bruit s'étant répandu dans Paris que la reine voulait enlever le roi et le conduire une seconde fois à St-Germain, les rues se remplirent de bourgeois et d'artisans qui criaient : *Aux armes !* Le duc d'Orléans envoya de Souches, un de ses familiers, supplier la reine de faire cesser le tumulte en renonçant à son dessein. La reine fit passer de Souches chez le roi, qu'il trouva plongé dans un profond sommeil. En retournant près du duc d'Orléans, de Souches fit ce qu'il put pour apaiser les Parisiens, qui répondirent qu'ils voulaient voir eux-mêmes le roi ; il y en eut donc qui entrèrent jusque dans le Palais-Royal, criant qu'on leur montrât le roi. « La reine, dit Mme de Motteville, commanda aussitôt qu'on ouvrît toutes les portes et qu'on les menât dans la chambre du roi. Ravis de cette franchise, ils se mirent tous auprès du lit du roi, dont on avait ouvert les rideaux, et, reprenant alors un esprit d'amour, lui donnèrent mille bénédictions. »

Le roi revint de St-Germain à Paris après les troubles de la Fronde, le 21 octobre 1652, et, le même jour, abandonna la résidence du Palais-Royal pour aller habiter le Louvre.

En 1652, Henriette de France, veuve de Charles Ier, roi d'Angleterre, vint habiter le Palais-Royal ; mais elle y faisait rarement un long séjour, parce qu'elle passait la plus grande partie de son temps dans le couvent de Chaillot. — Au mois de février 1672, Louis XIV constitua la propriété du Palais-Royal à son frère, *Monsieur*, à titre d'apanage. Ce palais devint alors le séjour d'une cour brillante, dont Henriette-Anne d'Angleterre, première femme de Monsieur, faisait le charme et l'ornement.

Sous le régent, dont les orgies sont connues, les soupers du Palais-Royal devinrent une école de libertinage. Quand l'heure de ces soupers avait sonné, le prince et ses acolytes se barricadaient pour ainsi dire dans l'appartement, et le régent faisait défense de le déranger de toute la nuit, quelle que fut la gravité de l'affaire ou l'imminence du danger. « Les soupers du régent, dit St-Simon, étaient toujours avec des compagnies fort étranges, avec ses maîtresses, quelquefois des filles de l'Opéra, souvent avec la duchesse de Berry, quelques dames de moyenne vertu et quelques gens sans nom, mais brillant par leur esprit et leur débauche. La chère y était exquise ; les galanteries passées et présentes de la cour et de la ville, les vieux contes, les disputes, rien ni personne n'y était épargné. On buvait beaucoup et du meilleur vin ; on s'échauffait, on disait des ordures à gorge déployée, des impiétés à qui mieux mieux, et quand on avait fait du bruit et qu'on était bien ivre, on allait se coucher. »

Le 15 juillet 1720, l'Irlandais Law, intimidé par les menaces des porteurs de billets, se réfugia au Palais-Royal, où le régent lui donna un asile. Le peuple se porta dans la cour de ce palais, demandant à grands cris et avec menaces la mort de l'imposteur qui avait causé sa ruine. Le régent garda Law dans son palais pendant tout le mois de décembre ; puis il le fit conduire secrètement dans une de ses terres, où des princes enrichis favorisèrent son évasion en lui fournissant des relais jusqu'à la frontière.

Le 24 août 1773 le duc d'Orléans, petit-fils du régent, épousa, du consentement de Louis XV, Mme de Montesson, dans la chapelle de l'hôtel de Châtillon, contigu au Palais-Royal, et dont il faisait alors partie. Peu après ce mariage, Mme de Montesson détermina le duc d'Orléans à ne plus habiter le Palais-Royal, et à fixer sa résidence dans une maison qu'il avait fait bâtir rue de Provence, contiguë à celle qu'il avait donnée à Mme de Montesson, et dont l'issue était dans la Chaussée-d'Antin.

En 1778 Franklin visita le Palais-Royal, et fut reçu du duc d'Orléans; Voltaire y vint aussi dans la même année, quelques jours avant de jouir de son dernier triomphe.

Après la mort de son père, le duc d'Orléans Louis-Philippe-Joseph, qui habitait le Palais-Royal depuis 1780, forma le projet d'agrandir et d'embellir ce palais. La forme désagréable, et l'irrégularité des habitations qui bordaient le jardin de trois côtés, fit naître l'idée d'isoler la promenade, et de l'entourer de portiques surmontés de bâtiments dont la décoration et l'ordonnance devaient s'accorder avec celles de la grande façade du palais. Les propriétaires des maisons qui environnaient le jardin du Palais-Royal, et qui avaient toutes des vues, des terrasses, des portes, des escaliers, contestèrent au duc d'Orléans le droit de les priver de leurs jouissances; ils le citèrent devant le parlement de Paris, qui jugea le procès contre eux.

Voilà, suivant les on dit du temps, quelle fut l'origine de la construction des galeries du Palais-Royal. Le duc d'Orléans, quoique possesseur d'une fortune immense, ayant contracté des dettes, des engagements onéreux le jetèrent dans des spéculations qui faillirent lui enlever l'affection publique, à laquelle il attachait le plus grand prix. La nécessité de se créer des ressources nouvelles et d'augmenter son revenu lui fit faire autour du jardin du Palais-Royal des constructions élégantes destinées à être louées. Il ouvrit ensuite ce vaste bazar à tout le monde, et on vit bientôt la populace envahir les belles allées que remplissaient naguère un monde élégant et une société d'élite. Les maisons voisines perdirent ainsi une partie de leur valeur, ce qui exaspéra quelques propriétaires, dont la colère se trahit par des satires assez piquantes contre le duc, qu'une caricature du temps représente dans le costume d'un chiffonnier ramassant des *loques à terre* (des locataires). Le duc d'Orléans rit du jeu de mots qu'il trouva excellent, et n'en persista pas moins dans l'exécution de son plan.

L'ancien jardin du Palais-Royal, plus vaste que celui d'aujourd'hui, comprenait, outre le jardin actuel, tout l'emplacement qu'occupent les rues de Valois, de Montpensier et de Beaujolais, et l'emplacement des bâtiments qui entourent les trois côtés du jardin qu'on voit aujourd'hui. Son plus bel ornement était une large allée de marronniers plantés par le cardinal de Richelieu, d'une grosseur et d'une hauteur extraordinaires, vieux, touffus, toujours peuplée d'oisifs, de nouvellistes et de filles publiques. Le fils du régent fit replanter ce jardin sur un dessin nouveau. Deux belles allées, bordées d'ormes en boules, accompagnaient de chaque côté un grand bassin placé dans une demi-lune ornée de treillages et de statues en stuc. Au-dessus de cette demi-lune régnait un quinconce de tilleuls offrant de charmants ombrages; la grande allée surtout formait un couvert délicieux et impénétrable au soleil; toutes les charmilles étaient taillées en portiques. Parmi les beaux marronniers plantés par le cardinal de Richelieu, il en restait un fort remarquable par l'étendue de son feuillage : on l'avait surnommé l'*arbre de Cracovie*, parce que, lors des premières tentatives de la Russie pour subjuguer la Pologne, on prenait à Paris un grand intérêt aux efforts que faisaient les Polonais pour défendre leurs droits politiques et leur indépendance nationale. On se réunissait autour de cet arbre pour entendre la lecture du *Courrier de l'Europe* et de la *Gazette de Leyde*, qui étaient les journaux les plus répandus en ce temps-là.

Le jardin du Palais-Royal n'était public que pour les habitués du palais du duc d'Orléans; mais on y entrait par les diverses maisons donnant sur la rue de Richelieu, et en payant une rétribution aux propriétaires de ces maisons, qui n'admettaient que ce que l'on considérait alors comme l'élite de la société. Ce jardin était principalement fréquenté après la sortie de l'Opéra, qui finissait à neuf heures du soir, par la noblesse, les abbés, les hommes de lettres, les femmes entretenues ou qui désiraient de l'être. Le dimanche l'affluence était surtout considérable. De même que dans tous les palais royaux, il n'était pas permis à la police d'y entrer; mais, comme les bosquets ombragés de ce jardin étaient souvent le théâtre du libertinage, un piquet des gardes françaises y faisait de fréquentes rondes pour réprimer ces excès.

Louis-Philippe-Joseph fut arrêté au Palais-Royal, le 4 avril 1797, avec son troisième fils le duc de Beaujolais, âgé seulement de treize ans et demi. — Le 20 juillet 1793, les mandataires des créanciers du duc d'Orléans mirent en vente le Palais-Royal, qui fut adjugé pour la somme de huit cent seize mille livres en assignats. Les autres maisons et dépendances furent vendues le 22 octobre 1793; Gaillard et Dorfeuil, directeurs de la salle de spectacle, furent déclarés adjudicataires pour la somme d'un million six cent mille francs en assignats, non-seulement du théâtre dont ils étaient locataires, mais encore de la partie du palais qui s'y trouvait adossée.

Lorsque le gouvernement consulaire eut remplacé le directoire, le premier consul donna le Palais-Royal au tribunat pour en faire le lieu de ses séances. On expulsa des appartements du palais les tripots et les établissements de corruption qui l'avaient envahi, et l'on construisit la salle où siégea le tribunat depuis 1801 jusqu'à sa suppression en 1807. Cette salle fut démolie en 1827, pour la continuation des grands appartements, après avoir servi pendant treize ans de chapelle au palais. — Après la dissolution du tribunat, le Palais-Royal fut réuni au domaine extraordinaire de la couronne, dont il fit partie jusqu'en 1814. — La bourse et le tribunal de commerce y furent installés; ils occupaient le vestibule à colonnes de l'aile du milieu du rez-de-chaussée, sous la salle du tribunat.

En 1814 le duc d'Orléans fut réintégré dans la propriété du Palais-Royal, à l'exception de toutes les parties de ce palais qui avaient été aliénées à des particuliers, parmi lesquelles se trouvait la salle de spectacle. Le prince racheta le théâtre et ses dépendances pour le prix de douze cent mille francs, et s'occupa de la restauration du palais, entièrement achevée aujourd'hui, restauration qui occasionna une dépense de plus de douze millions.

Le 31 mai 1830 le duc d'Orléans donna, dans les appartements du Palais-Royal, une grande fête au roi de Naples François Ier, frère de la duchesse d'Orléans, aujourd'hui reine des Français, qui venait de conduire sa fille Christine à Madrid, où elle avait épousé Ferdinand VII. Cette fête fut terminée par un grand bal, où assista le roi Charles X, le dauphin son fils, la dauphine et la duchesse de Berry, et où avaient été invitées toutes les notabilités, sans distinction d'opinion. Le roi de Naples, un peu fatigué, se retira de bonne heure avec la reine son épouse. Charles X ne tarda pas à le suivre, mais la duchesse de Berry, après avoir assisté à un souper de douze cents couverts, servi dans les grands appartements de la duchesse d'Orléans, se mêla aux danses, qui ne finirent qu'avec le jour. Cette fête fut la plus remarquable qui ait été donnée depuis 1814; mais l'inquiétude occasionnée par les envahissements continuels du pouvoir fermentait alors sourdement dans tous les esprits; aussi, même au milieu de la fête, quelques personnes semblèrent-elles préoccupées de sentiments pénibles; et plusieurs fois on entendit circuler ce mot devenu célèbre : « C'est bien un bal napolitain, car nous dansons sur un volcan. » Pendant la fête, le peuple rassemblé dans le jardin donna quelques signes des sentiments dont l'explosion eut lieu deux mois après.

Le 30 juillet 1830 le duc d'Orléans arriva à dix heures du soir au Palais-Royal, où il entra par la maison de la rue St-Honoré n° 216. Le 31 le prince, auquel les députés avaient offert la lieutenance générale du royaume, partit du Palais-Royal, et se rendit au milieu d'une foule immense à l'hôtel de ville; son retour fut, comme son départ, une marche triomphale, et, lorsqu'il arriva sous la voûte du grand escalier, il fut enlevé de son cheval et porté dans ses appartements.

Le Palais-Royal fut pendant dix-huit mois l'hôtel provisoire de la royauté citoyenne, dont le trône s'apercevait facilement de la cour du palais que ferme d'un côté la belle galerie vitrée. Qui ne se rappelle avoir vu, dans les premiers jours d'août 1830, la foule immense des citoyens qui se réunissaient à cinq heures du soir dans cette cour pour y entendre chanter la *Marseillaise?* Qui n'a pas acheté les pamphlets concernant la naissance du duc de Bordeaux, que l'on vendait publiquement à toutes les issues du palais, et que les aboyeurs colportaient en criant : *Voilà le bâtard. Qui veut le bâtard? Achetez le bâtard.*

La façade de ce palais sur la rue St-Honoré fut bâtie en 1763 par l'architecte Moreau. Elle présente deux pavillons ornés de colonnes doriques et ioniques, couronnés de frontons, sculptés par Pajou, dans lesquels les armoiries de la maison d'Orléans sont accompagnées, sur celui de la gauche, de la Prudence et de la Libéralité; sur celui de la droite, de la Justice et de la Force. Ils sont unis par un mur formant terrasse, dans lequel sont percées trois portes d'entrée. Les deux ailes des bâtiments de la première cour sont ornées de pilastres doriques et ioniques. Son avant-corps est décoré de colonnes des mêmes ordres, supportant un fronton semi-circulaire, dans lequel est un cadran supporté par deux figures. Au-dessus de l'attique sont des trophées d'armes soutenus par deux génies. La façade du palais tournée vers le jardin est beaucoup plus étendue que celle du côté du château d'eau : deux avant-corps s'y présentent; ils sont ornés chacun de huit colonnes supportant huit statues. A droite et à gauche deux ailes s'avancent en retour d'équerre et joignent la façade à la galerie du fond en formant ainsi une cour carrée. Ces deux ailes présentent en saillie une terrasse supportée par des colonnes doriques de niveau avec le premier étage du château. A l'aplomb des colonnes sont placés des vases de fleurs. Sous la terrasse règne une galerie où le public circule, et dont le fond est occupé par des boutiques : ces ailes se terminent par deux pavillons carrés. La galerie à droite est décorée par des proues de navire, genre d'ornement qui existait sur la façade de l'aile avant la construction de la terrasse, et que l'on n'a pu reproduire dans la galerie de gauche où tout l'espace a été employé en boutiques. Sous l'ancien régime, le rez-de-chaussée de cette galerie était habité par le comte de Bissy, membre de l'Académie française, dont le salon était journellement fréquenté par les grands seigneurs de la cour, qui venaient y apprendre ou y raconter les nouvelles du jour.

Trois corps de bâtiments élevés de quatre étages, percés de cent quatre-vingts arcades, donnant le jour à une galerie étroite, environnent régulièrement trois côtés du jardin. Des pilastres corinthiens s'élèvent entre chacune de ces arcades. Une balustrade règne sur tout l'édifice; elle est ornée de vases à l'aplomb des pilastres. Des grilles pareilles ferment sur le jardin chacune de ces arcades; entre elles est un banc de pierre. La régularité de cet ordre n'est interrompue extérieurement que par une rotonde semi-circulaire, affectée à un café.

La galerie d'Orléans complète l'ordonnance de la seconde cour du palais : son intérieur est un large promenoir couvert d'une toiture vitrée, qui éclaire deux rangs de boutiques placées sur les côtés : l'ordonnance de ces boutiques séparées par des pilastres, leur décoration extérieure, leur grandeur sont pareilles; chacune d'elles possède une double façade, l'une sur la galerie, l'autre sur la cour ou sur le jardin. Le vestibule qui sépare les deux cours est décoré de colonnes doriques. A gauche est un vaste corps de garde; à droite se trouve le grand escalier, placé dans une espèce de dôme fort élevé et décoré de peintures.

La galerie d'Orléans remplace ce que l'on appelait autrefois les galeries de bois. Le duc d'Orléans, Louis-Philippe-Joseph, s'étant vu contraint d'ajourner l'achèvement de l'aile en colonnade à jour entre le jardin et la cour d'honneur, avait permis d'élever, sur l'emplacement qu'occupe aujourd'hui cette galerie, des hangars en planches qui formaient trois rangées de boutiques séparées les unes des autres par deux promenoirs couverts. Ces hangars, loués à Romain en 1786, furent appelés le *Camp des Tartares*, nom qu'ils durent à une épisode du roman de Faublas, alors fort en vogue, et dont l'auteur (Louvet de Couvray) avait ouvert sous ces galeries un magasin de librairie que tenait sa femme, qu'il appelait sa Lodoïska. Les dernières parties de ces ignobles échoppes, qui furent pendant quarante-trois ans la promenade spéciale des habitués et des filles du Palais-Royal, et où se trouvaient les célèbres librairies de Ladvocat, de Delaunay, de Barba, et le cabinet alors fort en vogue de la Tente, ont été démolies au commencement de 1829, et remplacées par la galerie neuve dite d'Orléans.

Ancienne salle de l'Opéra. Du côté de la rue des Bons-Enfants, le cardinal de Richelieu avait fait construire, pour les représentations de la tragédie de *Mirame*, qu'il avait composée avec Desmarets, une vaste et belle salle de spectacle, qui pouvait contenir trois mille spectateurs. Dans l'origine, on y représentait principalement des tragédies ou des comédies héroïques. Sous la régence, on y joua des pièces à machines mêlées de chant et de danse, dont le goût avait été importé par Mazarin. En 1660, Louis XIV accorda la salle construite par Richelieu à Molière et à sa troupe, qui y débutèrent le 5 novembre de la même année. Ce théâtre, illustré par les productions des Corneille, des Racine, des Molière, etc., se soutint avec un éclat toujours croissant jusqu'à la mort de Molière, qui y mourut le 17 février 1673, en prononçant le fameux *juro* du *Malade imaginaire*. Après la mort de l'inimitable auteur du *Tartufe*, Louis XIV, cédant aux sollicitations de Lulli, cessionnaire du privilége de l'Opéra, sous le titre d'*Académie royale de musique*, lui accorda le théâtre occupé par la troupe de Molière, qui fut obligée de se réfugier au théâtre de la rue Mazarine. Le 6 avril 1763, cette salle fut détruite par un incendie, qui dévora une aile entière du Palais-Royal avec une grande partie du corps principal. Forcé de rebâtir une partie considérable de ce palais, le duc d'Orléans se détermina à ordonner une réparation générale. Dans ce projet de réparation, la salle de spectacle devant être bâtie en dehors du palais, on acheta toutes les maisons qui se trouvent entre le palais et la rue des Bons-Enfants; l'amphithéâtre était adossé au corps principal du Palais-Royal, et le théâtre répondait à la porte du cloître St-Honoré. — Le 8 juin 1781, après une représentation d'*Orphée*, le feu prit à la salle de l'Opéra, qui fut consumée une seconde fois; le public était déjà sorti de la salle, mais il y avait encore beaucoup de monde sur le théâtre, dans les loges des acteurs et surtout des actrices ; les issues de ces foyers furent promptement obstruées par les flammes, ce qui y fit périr beaucoup de monde. Cet incendie servit de prétexte pour enlever l'Opéra au Palais-Royal. En six semaines de temps l'architecte Lenoir bâtit sur le boulevard St-Martin la salle qui subsiste encore aujourd'hui, dont l'ouverture eut lieu le 5 octobre 1781. La salle de l'Opéra se trouvait dans la partie du Palais-Royal qui donne sur la cour des Fontaines ; on y arrivait par un cul-de-sac nommé *Court-Orry*, sur l'emplacement duquel on a ouvert la rue de Valois en 1782.

Le Théâtre-Français, situé rue Richelieu, n° 6. La fondation de la salle actuelle des Français, destinée à remplacer la salle de l'Odéon, brûlée en 1781, fut commencée en 1786 sur une partie du terrain qui formait précédemment le jardin des Princes. Le 6 février 1787 le duc d'Orléans passa avec Gaillard et Dorfeuil un bail de trente ans de la salle en construction, moyennant vingt-quatre mille livres de location annuelle. Mais, en attendant qu'elle fût achevée, il leur permit d'élever à leurs frais une salle provisoire en charpente sur le terrain du jardin des Princes, non occupé par les constructions de la nouvelle salle. Lorsque ce théâtre provisoire fut construit, les directeurs s'y installèrent avec la troupe du *théâtre des Variétés amusantes*, qu'ils dirigeaient sur le boulevard du Temple. La nouvelle salle leur fut livrée vers la fin de l'année 1790, et ouverte au public, sous le nom de *théâtre de la Nation*, le 15 mai de la même année.

En 1791 Monvel, Talma, Michaud, Dugazon, Mme Vestris, Mlle Desgarcins, etc., fondèrent, sous la direction de Gaillard et Dorfeuil, le *Théâtre-Français de la rue de Richelieu*, qui prit en 1792 le nom de *théâtre de la Liberté et de l'Egalité*, et en janvier 1793 celui de *théâtre de la République*. La salle fut fermée le 16 février 1798, et la plupart des acteurs furent donner pendant cinq mois des représentations au Théâtre-Français de la rue Feydeau. Pendant ce temps on répara la salle de la rue Richelieu, alors dite rue de la Loi, dont l'ouverture se fit le 5 septembre 1798. Mais le directeur, n'ayant pas réussi, fut forcé de fermer le 6 nivôse an VII (26 décembre 1798). Après le premier incendie de l'Odéon, quelques acteurs de ce théâtre se réunirent à ceux du Théâtre-Français, et ouvrirent dans la salle actuelle de la rue Richelieu, le 11 prairial an VII (30 mai 1799), le Théâtre-Français de la République, où se tenait alors le *club* dit *cercle du Théâtre-Français*. Tous les acteurs de l'ancienne Comédie-Française, qui étaient absents lors de la réunion, rentrèrent successivement à ce théâtre, qui reçut sous l'empire le nom de *Théâtre-Français*, qu'il conserve encore aujourd'hui. Ce théâtre était riche en talents sous le consulat ; l'inimitable Mlle Mars était alors dans la fleur de son talent ; là brillait Mlle Contat, si charmante dans la comtesse du *Mariage de Figaro*, dans *la Mère coupable*, dans *les Femmes savantes, le Tartufe, le Misanthrope*, etc., etc.; venait ensuite Mlle Devienne, inimitable soubrette à la parole mordante, au sourire malin, au regard effronté, à la tournure agaçante; puis les mères étaient faites par Mme Thenard, par Mlle Lachassaigne. En hommes, ce théâtre était encore plus riche en beaux talents, à la tête desquels étaient Talma, Lafont, St-Prix, Larive, Monvel, Fleury, Molé, Armand, Dazincourt. Mlle Raucourt, Mme Vestris, Mlle Fleury, Mlle Georges, Mlle Duchesnois, Mme Volnois, Mlles Bourgoin, Préville, Michot, y ont brillé à différentes époques. Aujourd'hui Ligier, Prevost, Mlle Rachel, Mlle Doze, en font les principaux ornements.

La principale façade du Théâtre-Français, donnant sur la rue Richelieu, présente un péristyle d'ordre dorique, à onze entre-colonnements; la façade en retour offre une galerie de dix arcades qui portent sur des piliers carrés. Au premier étage est une ordonnance de pilastres corinthiens, dont l'entablement est coupé par un rang de petites croisées. Au rez-de-chaussée tout l'espace est entouré d'une galerie couverte, par laquelle on entre de trois côtés dans un vestibule intérieur de forme elliptique orné de la statue de Voltaire.

Le théâtre du Palais-Royal, situé péristyle de Joinville, n° 77. Ce théâtre occupe l'emplacement du théâtre des Beaujolais, construit en 1783 par le duc d'Orléans sur les dessins de Louis. Dans l'origine on y donnait des représentations devant une société choisie et peu nombreuse; plus tard le théâtre Beaujolais fut établi pour amuser l'enfance du comte de Beaujolais, le plus jeune des frères du roi Louis-Philippe Ier. Il fut affecté alors à des grandes marionnettes en bois d'un mètre de haut, que des mains invisibles faisaient mouvoir, tandis que des acteurs vivants cachés dans les coulisses parlaient pour eux. Aux marionnettes on substitua de jeunes enfants qui jouaient des pantomimes, tandis qu'on parlait et qu'on chantait pour eux dans les coulisses, genre de spectacle qui eut dans son temps un grand succès.

Louée d'abord par bail à Gardeur pour la somme de quinze mille livres, la salle des Beaujolais fut vendue le 24 juin 1787 à Desmarets, qui la céda pour la somme de cinq cent soixante-dix mille livres à Mlle Montansier, directrice privilégiée des théâtres et bals de Versailles, où elle avait fait bâtir la salle des Réservoirs. Mlle Montansier fit agrandir la scène de ce théâtre, de manière à pouvoir y jouer tous les genres de spectacles. L'ouverture eut lieu le 12 avril 1790. Le discours d'inauguration, composé par le Cousin Jacques (Beffroy de Rigny), fut prononcé avec âme par Baptiste cadet. « Il était, dit le rédacteur de l'*Almanach des spectacles* de 1791, analogue à la destruction des priviléges. » Tout Paris se porta à ce spectacle, où l'on ne joua d'abord que d'assez mauvaises comédies et des opéras parodiés sur la musique de compositeurs italiens. Jalouse de satisfaire la foule, et dans le désir de rivaliser avec les comédiens de l'Opéra-Comique, qui attiraient les véritables amateurs, Mlle Montansier fit agrandir et exhausser la salle, et engagea plusieurs acteurs distingués, ce qui lui permit de jouer avec succès la tragédie, la comédie et l'opéra-comique. Ce fut là qu'on joua pour la première fois *le Sourd ou l'Auberge pleine*, *le Désespoir de Jocrisse*, et qu'on osa refaire la musique des *Evénements imprévus*, du *Tableau parlant* et de quelques autres opéras de Grétry. C'est là que commencèrent leur carrière Baptiste cadet, Damas, Caumont, les deux Grammont (morts sur l'échafaud révolutionnaire), Mlle Sainval l'aînée, Mlle Mars et plusieurs autres, qui ont brillé longtemps sur la scène française. Vers 1798, Brunet, qui venait de quitter la salle de la Cité, débuta *au théâtre de la Montansier*, et c'est de son entrée que date la grande vogue dont cet établissement a joui pendant si longtemps. Au plus fort de la révolution, le *théâtre Montansier* devint une des succursales les plus fameuses des clubs révolutionnaires; il prit le nom de *Péristyle du jardin Egalité*, et, le 22 novembre 1793, celui de *théâtre de la Montagne*, qu'il quitta après le 9 thermidor pour celui de *théâtre des Variétés*. Ce théâtre faisait alors fureur, et son foyer devint aussi européen que le Palais-Royal lui-même, dont, à tout prendre, il eût pu passer pour le boudoir. Ce foyer, devenu historique, fut pendant dix ans le rendez-vous de ce que Paris avait de plus gai et de plus spirituel. Toutes les classes de la société avaient des places assignées à ce théâtre, il y en avait même quelques-unes de réservées pour les femmes honnêtes; toutes les autres étaient occupées par d'autres femmes, obligées par état d'être jeunes et jolies. Les entr'actes étaient le moment brillant de la soirée; alors se répandait dans le foyer une nuée de jeunes femmes éblouissantes de parure et de beauté; il y en avait de quoi peupler tous les harems de l'Asie et de l'Afrique. Le temps du directoire fut une époque d'orgies et de saturnales, et le foyer Montansier y occupa une grande place : la société n'était pas encore réformée, on cherchait surtout des réunions de plaisirs, on se montrait peu difficile sur la qualité. Il n'était pas rare de trouver au théâtre Montansier les femmes de la plus haute distinction dans les loges honnêtes, et des jeunes gens de la meilleure tenue dans le foyer, disputant les regards et les faveurs des belles habituées de ce foyer, des balcons et des avant-scènes, aux jeunes officiers des armées de la république. « Tout dans cette réunion, dit M. Merle, servait de prétexte à la gaieté et au plaisir; tout devenait spectacle, jusqu'à la galerie en forme de tribune qui dominait le foyer, occupée par les plus jolies femmes, et à laquelle on avait donné le nom d'un quai de Paris, dont la désignation un peu triviale exprimait spirituellement l'idée qu'on y attachait. Dans ce foyer on vit se réunir successivement, depuis 1793 jusqu'en 1806, toute la jeune littérature du directoire et de l'empire, composée de tout ce que Paris renfermait alors de jeunes gens pleins de verve, d'esprit, de talent et d'avenir; c'était l'arsenal d'où sortaient les traits décochés au gouvernement directorial ; les rédacteurs des petites feuilles légères, les plus hostiles au pouvoir d'alors, en étaient les habitués. Les vaudevillistes sont, par nature, de l'opposition ; les pièces de circonstances étaient la critique la plus mordante des événements et des hommes le plus haut placés ; elles ne devinrent louangeuses que sous Bonaparte. On avait loué le général par admiration, on loua le consul par reconnaissance et l'empereur par intérêt.... Chaque soir un nouvel épisode arrivait à point pour soutenir la joie intarissable des amateurs. Tantôt c'était la publication d'un nouvel *ana* sorti de la boutique de Barba, tantôt une nouvelle parade de Brunet ou de Tiercelin qui faisait fortune dans Paris, ou bien un bon tour joué au commissaire de police Robillard, que ses soixante ans, sa corpulence, sa coiffure de 87 et ses larges boucles d'argent ne mettaient pas à l'abri de quelques mystifications ou des espiègleries de quelques-unes de ses administrées. » Jamais aucun théâtre n'a joui d'une vogue aussi constante, aussi complète, aussi européenne que le théâtre Montansier ; pendant douze ans il a enlevé les spectateurs aux grands théâtres de la capitale. Son prodigieux succès, la vogue dont il jouissait, furent la cause de sa ruine ; il excita contre lui une jalousie qui en amena la fermeture. Pour satisfaire aux exigences de la Comédie-Française et de l'Opéra-Comique, on l'exila, en 1806, sur le boulevard Montmartre.

Quelque temps après sa fermeture, la salle Montansier servit à différents genres d'exploitation ; les fameux danseurs de corde Ravel et Forioso y étonnèrent la capitale par des tours de force et d'agilité. Plus tard on y ouvrit un spectacle de jeux forains. A ces spectacles succédèrent des chiens savants, qui jouaient des pantomimes d'une manière assez satisfaisante. En 1814 la salle Montansier fut vendue par expropriation et transformée en café ; des tables et des tabourets furent placés au parterre et dans les loges, et sur la scène on jouait, de quart d'heure en quart d'heure, des petits vaudevilles à deux et trois actes. La restauration y trouva, en 1814, ce café, qui devint bientôt la sentine du Palais-Royal. Pendant les cent jours c'était le lieu de réunion des fédérés. Il fut fermé, après la seconde rentrée des Bourbons, à la suite d'une équipée ridicule des gardes du corps, qui, à leur retour de Gand, se vengèrent de leur retraite précipitée au 20 mars sur les glaces inoffensives du café. Le courage de ces preux a été immortalisé par une chanson célèbre où, entre autres couplets, on remarquait les suivants :

> Braves guerriers, l'impartiale histoire,
> Consignera, qu'à vos princes soumis,
> Vous fîtes tout, pour soutenir la gloire,
>   Et de l'encensoir et des lis (*bis*).
> Que, précédés des Scythes et des Thraces,
> Nous avons vu leur glaive meurtrier,
> Conduit par vous, renverser jusqu'aux glaces
>   Du café Montansier (*bis*).

Honneur à vous, enfants de la victoire,
Sous ces drapeaux vous serez signalés ;
Et tous vos noms au temple de Mémoire,
    Par Clio seront burinés (*bis*).
Dans nos guérets vos imposantes masses,
Ont bien prouvé qu'à votre élan guerrier,
Rien ne résiste, pas même les glaces
    Du café Montansier (*bis*).

En 1831 a commencé une nouvelle transformation du théâtre Montansier, qui a été rendu au public sous le nom de *théâtre du Palais-Royal*. La salle s'ouvrit le 6 juin par un prologue de MM. Mélesville, Bayard et Brazier, intitulé : *Ils n'ouvriront pas*, et depuis ce jour la foule ne discontinue pas d'affluer aux représentations.

L'église St-Roch, située rue St-Honoré, entre les n°" 296 et 298.
Cette église a été rebâtie en 1653, sur les dessins de Jacques Mercier. Louis XIV en posa la première pierre, mais elle ne fut entièrement achevée qu'en 1750. Le grand portail a été construit sur les dessins de Robert de Cotte ; il est élevé au-dessus d'un grand nombre de marches, et se compose de deux ordonnances, l'une dorique, l'autre corinthienne : cette dernière est couronnée d'un fronton.

L'ordre d'architecture qui règne dans cette église est le dorique. La longueur de la nef est de 30 m., celle du chœur de 16 m., et leur largeur de 13 m. 66 c. Vingt piliers ornés de pilastres doriques, revêtus de marbre à leur base, soutiennent la voûte de la nef ; quarante-huit piliers engagés supportent ses bas côtés ; dix-huit chapelles lui servent de ceinture jusqu'au rond-point ; trois grandes chapelles sont placées en arrière, deux autres sous la croisée, et deux autres sont adossées aux piliers de l'entrée du chœur. Aux extrémités de la croisée sont deux autels, l'un en face de l'autre, décorés sur les dessins de Boullée. On y voit les statues de saint Augustin, de saint François de Sales, etc.; cette dernière est de M. Pajou. On y voit encore deux grands tableaux de 8 m. de haut : celui qui est sur l'autel à gauche représente saint Denis prêchant la foi ; il est de Vien : celui qu'on voit sur l'autel, à droite, a pour sujet la maladie des Ardents ; il a été peint par Doyen.

La chapelle de la Vierge, située derrière le chœur, fut bâtie en 1709 : sa forme circulaire est couronnée par une coupole qui représente l'Assomption de la Vierge, peinte par Pierre. L'autel de cette chapelle offre la scène de l'Annonciation, exécutée sur les dessins de Falconet. — La chapelle de la Communion vient ensuite : elle est moins grande que la précédente. M. Pierre a peint sur sa coupole le triomphe de la religion, composition très-simple : sur l'autel est un groupe, sculpté par Paul Slodtz, représentant deux anges. — La chapelle du Calvaire est située à la suite, sur la ligne des chapelles précédentes, et à l'extrémité de l'édifice. Elle a peu d'élévation. Une vaste niche, éclairée par une ouverture qu'on ne voit point, présente la cime du Calvaire, l'image de Jésus crucifié, et la Madeleine pleurant au pied de la croix. Sur le premier plan sont des soldats couchés, des troncs d'arbres, des plantes, parmi lesquelles rampe le serpent. Plus avant et au bas de cette espèce de montagne est un autel de marbre bleu turquin, en forme de tombeau antique, orné de deux urnes : au milieu s'élève le tabernacle, composé d'une colonne tronquée, et autour duquel sont groupés les instruments de la Passion. Cette composition sépulcrale et poétique a été conçue par Falconet. La sculpture des figures de la niche est l'ouvrage de Michel Auguier. — Une nouvelle scène sépulcrale a été récemment ajoutée à droite de cette chapelle, de vastes rochers présentent l'ouverture d'une grotte, devant laquelle sont deux groupes de figures, en ronde-bosse, plus grandes que nature : ces groupes représentent Jésus mis au tombeau.

Cette église est ornée du médaillon du maréchal d'Asfeld, du mausolée de Maupertuis, par d'Huez ; de celui du peintre Mignard, par J.-B. Lemoyne ; du buste de Barbezière ; du mausolée de Marillac. Mgr le duc d'Orléans, aujourd'hui roi des Français, à la sollicitation de M. Legrand, architecte distingué, a fait sculpter au-dessus d'un des bénitiers de la grande nef, à gauche en entrant, un portrait du grand Corneille, avec cette inscription : *Pierre Corneille, né à Rouen le 6 juin 1606, mort à Paris, rue d'Argenteuil, le 1er octobre 1684, est inhumé dans cette église.* A droite, au-dessus du bénitier, on a inscrit en lettres d'or sur une table en marbre blanc les noms de Louvois, de Mably, de Hénaut, de l'abbé de l'Epée, de Mme Deshoulières.

On remarque dans la nef la chaire du prédicateur, au-dessus de laquelle plane un ange déchirant le voile de l'Erreur. Elle est décorée de trois bas-reliefs dorés sur des fonds blancs, représentant la Foi, l'Espérance et la Charité.

C'est à St-Roch que furent célébrées, en 1806, les obsèques de Mme de Montesson, mariée secrètement au duc d'Orléans, aïeul du roi Louis-Philippe Ier. Une circonstance dramatique eut lieu lorsqu'on sortit le corps, qui devait être transporté à Ste-Assise, où il devait être enterré près du duc d'Orléans. Au moment où l'on descendait le cercueil pour le porter sur le corbillard, escorté de plus de cent personnes qui lui faisaient cortége, un autre convoi s'arrêtait au bas de l'escalier de l'église, et les deux cercueils se croisèrent dans leur marche funèbre. La dernière arrivée était Mlle Marquise, autrefois danseuse de l'Opéra, adorée jadis du duc d'Orléans, qu'elle avait rendu père de l'abbé de St-Far, de l'abbé de St-Albin, et de Mme Brossard. Le duc d'Orléans l'avait aimée avec passion, l'avait faite marquise de Villemonble. Et puis il avait aimé Mme de Montesson, et abandonné la mère de ses fils. Et ces deux femmes, jadis rivales, se retrouvaient ainsi sur le seuil du cimetière, de ce lieu où s'éteignent toutes les passions.

Sous le consulat, à une époque où il n'était pas encore question de rétablir officiellement le culte catholique, quelques anciens nobles récemment rentrés de l'émigration, et autres partisans de l'ancien régime, obtinrent en 1800, du ministre de la police, l'autorisation de faire dire une grand'messe à huis clos, le jour de Pâques, dans l'église St-Roch. Pour la première fois depuis huit à dix ans, on revit des prêtres en chasubles, des enfants de chœur, un suisse en costume, un bedeau, des cierges allumés en plein jour, etc., etc. La cérémonie fut imposante et les femmes éblouissantes de parure; la quête, faite par la belle Mme Récamier, que conduisait le comte de Thyard, produisit plus de trente mille francs.

Peu de temps après, l'église fut rendue au culte public, et un des premiers actes du curé qui la desservait fut un acte d'intolérance. Mlle Chameroy, célèbre danseuse de l'Opéra, ayant succombé à une maladie de poitrine, à l'âge de vingt-quatre ans, le 15 octobre 1800, fut présentée à St-Roch, où le curé de cette église refusa de la recevoir, ainsi que le nombreux cortége d'artistes en tous genres qui l'accompagnait. On fut obligé alors d'avoir recours au curé des Petits-Pères, qui ne refusa aucune des prières et des cérémonies d'usage.

Le 16 janvier 1815 l'entrée de l'église St-Roch fut refusée aux restes de Mlle Raucourt, morte la veille d'une maladie inflammatoire, bien qu'elle eût fait pendant sa vie des dons considérables à cette paroisse. Le peuple, justement indigné, enfonça les portes et commença à remplir lui-même les cérémonies d'usage, lorsque Louis XVIII, prévenu de ce scandale, envoya un de ses aumôniers pour faire le service. L'ordre fut promptement rétabli, et la foule accompagna paisiblement le convoi de cette célèbre tragédienne au cimetière de l'Est, où un buste en marbre indique le lieu de sa sépulture.

Le marché St-Honoré, ou des Jacobins, situé entre la rue St-Honoré et la rue Neuve-des-Petits-Champs. Ce marché, construit en 1810, consiste en quatre halles disposées au centre d'une place fort étendue, entourée de belles maisons. Au centre est une fontaine remarquable.

Le couvent des Jacobins a été construit en 1611 et supprimé en 1790. L'église, où l'on voyait le tombeau de Mignard, fut affectée pendant la révolution aux réunions de la société fondée sous le nom de *société des amis de la constitution*, qui, dès les premières années de 1790, prit le nom de *club des jacobins*, et exerça une si grande influence sur les événements de cette époque. Cet édifice semblait du reste destiné à cette célébrité populaire : c'était là en effet que, sous Henri III, s'étaient tenus les états de la Ligue. Le premier club fondé après la convocation des états généraux fut le *club breton*, réunion des députés de la Bretagne, qui s'assemblaient pour discuter les questions qui devaient être posées à l'assemblée nationale. Bientôt plusieurs députés des autres provinces y furent admis. On comptait parmi ses membres des ambassadeurs étrangers, des princes, et, ce qui l'honorait davantage, des hommes illustres par leurs talents, célèbres dans la littérature, et des savants qui ont honoré leur siècle : Chapelier, Goupil de Préfeln, Lanjuinais, Sièyes, Barnave, Lameth en faisaient partie en juillet 1789. Après le 6 octobre, le club breton, qui jusqu'alors avait siégé à Versailles, suivit à Paris l'assemblée nationale, et s'établit dans la bibliothèque du couvent des jacobins de la rue St-Honoré, où il changea son titre contre celui de *société des amis de la constitution*, et dès la première année prit le nom de *club des jacobins*. Sous l'assemblée législative, ce club acquit une importance extraordinaire ; l'église suffisait à peine à la foule de ses membres et de ses nombreux auditeurs. Un immense amphithéâtre s'élevait en forme de cirque, et occupait la grande nef de cette église ; un bureau se trouvait au centre, et était occupé par le président et par les secrétaires. On y recueillait les voix ; on y constatait les délibérations sur un registre. Une correspondance active entretenait le zèle des sociétés répandues sur la surface entière de la France. Ce club, par son ancienneté et une violence soutenue, l'avait constamment emporté sur tous ceux qui avaient voulu se montrer plus modérés ou même plus véhéments. — C'est dans la salle de correspondance des jacobins que se réunit, dans la nuit du 25 au 26 juillet, le comité central des fédérés, d'où fut tiré le directoire secret qui concerta le plan de l'insurrection du 10 août ; les cinq membres qui composèrent ce directoire étaient Vaugeois, grand vicaire de l'évêque de Blois ; Debessé, de la Drôme ; Guillaume, professeur à Caen ; Simon, journaliste de Strasbourg, et Galissot, de Langres. Un sixième membre, Pétion, maire de Paris, fut adjoint immédiatement à ce directoire, et quelques jours après on y invita Fournier l'Américain, Westermann, Kieulin, Santerre, Alexandre, Lazouski, Camille Desmoulins, Antoine (de Metz), Lagrey et Garin. La première séance de ce directoire se tint dans un petit cabaret, au Soleil d'or, rue St-Antoine, près la place de la Bastille ; ce fut là que Fournier apporta le drapeau rouge, dont Pétion avait donné l'idée. La seconde séance de ce directoire se tint le 4 août, au Cadran bleu, sur le boulevard du Temple, d'où l'on partit à huit heures du soir pour se réunir chez Antoine, ex-constituant, rue St-Honoré, dans la maison même où demeurait Robespierre. Dans cette séance, Pétion écrivit tout le plan de l'insurrection, la marche des colonnes et l'attaque du château. Enfin la troisième séance active de ce directoire se tint dans la nuit du 9 au 10 août, au moment où le tocsin sonna, dans trois endroits différents en même temps : 1° sous la direction de Fournier l'Américain, au faubourg St-Marceau ; 2° sous la direction de Westermann et de Santerre, au faubourg St-Antoine ; 3° sous la direction de Pétion et de Garin, dans la caserne des Marseillais, et dans la chambre même du commandant. — La société des jacobins a été fermée, le 24 juillet

1794, par le député Legendre. Depuis, l'église des Jacobins a été démolie, et sur son emplacement on a percé la rue St-Hyacinthe; le marché St-Honoré a été établi sur l'emplacement des jardins et des bâtiments conventuels du monastère.

Rue Richelieu, n° 41, à l'angle de la rue Fontaine-Molière (ci-devant rue Traversière), en face de la maison où il mourut, s'élève un monument consacré à Molière, et inauguré le 15 janvier 1844. — Sur le soubassement s'élève un ordre corinthien accouplé, au centre duquel est une niche circulaire ornée dans sa partie supérieure d'une clef portant une table de marbre où est inscrit le monogramme de 1844. Un riche entablement dont la frise est ornée de mascarons et de branches de laurier, surmonté d'un fronton circulaire, au centre duquel est assis un génie qui couronne le poëte, termine ce petit monument. Les lignes des faces latérales viennent se raccorder à celle de la façade principale, qui forme, pour ainsi dire, le frontispice au-devant duquel s'élève le piédestal en marbre blanc, portant la figure de Molière. Cette figure est en bronze et assise dans un fauteuil. — Au-dessous et de chaque côté du piédestal sont deux figures dont le regard se dirige vers le poëte; elles portent chacune une légende où se trouvent inscrites, par ordre chronologique, toutes les pièces de Molière. L'une est la muse grave, l'autre la muse enjouée, double expression du talent comique de Molière. Un bassin octogone est au bas, et reçoit l'eau qui jaillit de trois têtes de lion.

Le monument a 16 m. de haut sur 6 m. 50 c. de large; il a été composé par M. Visconti, architecte: la statue de Molière est de M. Seur aîné, et les deux muses, de M. Pradier. — Deux bornes, placées à 2 m. de distance au-devant du bassin, sont destinées au service des porteurs d'eau, afin que la vasque ne reçoive aucune atteinte.

Au n° 34 est la maison où est mort Molière. On sait que, s'étant trouvé mal pendant la quatrième représentation du *Malade imaginaire*, il fut porté chez lui dans sa chaise, du Palais-Royal à sa maison. Un instant après son arrivée, il lui prit une forte toux, et après avoir craché beaucoup de sang il demanda de la lumière. Baron, qui ne l'avait pas quitté, voyant le sang qu'il venait de rendre, descendit pour dire à la femme de Molière de monter. Molière resta assisté de deux sœurs religieuses qui venaient ordinairement quêter pendant le carême et auxquelles il donnait l'hospitalité. Elles lui donnèrent à ce dernier moment de la vie tous les secours édifiants qu'on pouvait attendre de leur charité. Quand Baron et la femme de Molière remontèrent, ils le trouvèrent mort. C'était le vendredi 17 février 1673, à dix heures du soir. Molière avait cinquante et un ans un mois et deux ou trois jours. Le curé de St-Eustache, sa paroisse, lui refusa la sépulture ecclésiastique. Toutefois il fut décidé qu'on accorderait *un peu de terre*, mais que le corps s'en irait directement, et sans être présenté à l'église. Le 21 février au soir, le corps, accompagné de deux ecclésiastiques, fut porté au cimetière St-Joseph, rue Montmartre. Deux cents personnes environ suivaient, tenant chacune un flambeau; il ne se chanta aucun chant funèbre. Dans la journée même des obsèques, la foule, toujours fanatique, s'était assemblée autour de la maison mortuaire avec des apparences hostiles : on la dissipa en lui jetant de l'argent.

On a placé sur la façade principale de cette maison, à l'origine du second étage, un très-beau cadre en marbre blanc, au milieu duquel on lit, sur un fond noir, écrit en lettres d'or :

MOLIÈRE EST MORT DANS CETTE MAISON,

LE 17 FÉVRIER 1673,

A L'AGE DE CINQUANTE ET UN ANS.

Cette inscription est surmontée du millésime 1844, encadrée dans une couronne de laurier.

VARIÉTÉS HISTORIQUES ET BIOGRAPHIQUES.

Le Palais-Royal. La renommée du Palais-Royal est universelle; c'est le premier endroit où se rendent l'habitant de la province ou l'étranger à leur arrivée dans la capitale. Tout ce qui n'a point à Paris une existence régulière vient se fondre et faire nombre parmi le public spécial du Palais-Royal, qui fréquente de préférence l'allée dite de la Rotonde : l'observateur y reconnaît pêle-mêle les étrangers de tous les pays, les voyageurs de tous les départements, les célibataires, les étudiants, les réfugiés, les officiers en congé ou à demi-solde, les intrigants, les agitateurs politiques, enfin, quiconque attend du hasard et d'une rencontre heureuse un repas, une entrée au spectacle ou une soirée agréable. On imagine facilement de quelles rencontres imprévues et bizarres la Rotonde doit être le théâtre. Combien de fois, sous l'empire et même sous la restauration, n'a-t-on pas vu des frères d'armes, l'un revenant d'Espagne et l'autre de la Russie, se retrouver à la Rotonde, et s'y presser les mains en roulant des larmes dans leurs paupières ! Nous pourrions citer les noms de deux personnes qui, au moment de se séparer à Pondichéry, se donnèrent rendez-vous à trois ans de là, jour et heure fixes, à la Rotonde, et eurent le bonheur, au jour et à l'heure indiqués, de se précipiter dans les bras l'un de l'autre. On part pour faire le tour du monde, et l'on se retrouve à la Rotonde. Que de milliers de gens, si on la supprimait, resteraient souvent la bouche béante au moment d'indiquer un rendez-vous! — Le rendez-vous annuel des comédiens, qui viennent à Paris après l'expiration de l'année théâtrale, durant la quinzaine de Pâques, rendez-vous qui était jadis au café Touchard, rue de l'Arbre-Sec, est maintenant dans le jardin du Palais-

Royal, dans l'allée à droite, en entrant par le perron, dans le bas et vis-à-vis du café de Foy : c'est là qu'ils tiennent leurs assises, et c'est là aussi que, en dépit de tous leurs efforts pour se parer d'allures fraîches et élégantes, on retrouve encore chez eux le type primitif, celui que Scarron a pris sur le fait, celui que Lesage a peint avec tant de verve et de bonheur. A leur arrivée à Paris, ils choisissent bravement ce qu'il y a de plus beau dans leur garde-robe pour se montrer à leurs camarades et donner une brillante opinion de leur position. On les reconnaît tous d'abord à ces toilettes étranges ; l'un porte une polonaise fourrée à brandebourgs sans tenir compte du soleil de mai ; celui-ci a choisi les couleurs les plus tendres, c'est son costume des amours élégants ; celui-là a revêtu sa redingote des jeunes officiers et un pantalon militaire ; tous ont une coquetterie bizarre que, de la meilleure foi du monde, ils prennent pour du goût et dont ils n'aperçoivent pas les travers. Ils se saluent, s'appellent à haute voix, courent bruyamment, forment debout ou assis des groupes qui règnent tyranniquement dans les allées, et dans lesquels chacun expose ses affaires avec une franchise dont personne ne douterait sans le maudit accent qui trahit l'origine de presque tous les orateurs. Les femmes ne se montrent presque pas dans ces groupes, où on ne les aperçoit que de loin en loin. Quelques-unes tiennent leur cour sur la première rangée de chaises et sont entourées d'hommages dont elles paraissent assez vaines, quoiqu'elles sachent à quoi s'en tenir. A l'heure du dîner, les comédiens s'éloignent un à un de ce centre d'attraction ; les dames restent seules un peu désappointées, mais une heure après le repas elles ont le plaisir de voir revenir leurs adorateurs. — Cette *grève* des comédiens, qui se tient tous les ans à Paris dans le jardin du Palais-Royal, dure environ six semaines ; le premier mois est joyeux et abondant : c'est le mois des avances ; l'indigence, l'oisiveté et la faim rendent longs et amers les quinze derniers jours.

Les Galeries du Palais-Royal. — Les galeries du Palais-Royal forment le plus magnifique bazar du monde. Elles sont garnies de boutiques brillantes où l'on trouve rassemblé tout ce que l'on peut inventer de plus recherché pour le luxe, la sensualité et les plaisirs. L'étranger, arrivant à Paris, peut en quelques heures y trouver tout ce qu'il faut pour monter complètement sa maison dans le dernier goût : les magasins y sont remplis des étoffes et des vêtements les plus nouveaux, d'argenterie, de bijoux, de modes, de chefs-d'œuvre d'horlogerie, de tableaux, de porcelaines, et d'une innombrable multitude d'autres objets de luxe en tout genre ; des bureaux de change de monnaies facilitent à l'étranger les moyens d'escompter le papier-monnaie de toutes les places de l'Europe ; les pâtissiers et les confiseurs y sollicitent les friands par leurs excellentes pâtisseries et leurs délicieuses sucreries ; chez les marchands de comestibles sont rassemblées les gourmandises de tous les climats ; les cafés sont sans contredit les plus brillants, les mieux fournis et les plus fréquentés du monde entier.

Le *club de Boston* ou *des Américains* fut établi au Palais-Royal en 1785 ; il s'en établit ensuite plusieurs autres sous les noms de *club des Orcades, club des Etrangers, club de la Société olympique*, etc. Toutes ces sociétés furent dissoutes par ordonnance en 1789.

Bonneville, auteur de l'*Esprit des religions*, fonda en 1789, au cirque du Palais-Royal, le *club du Cercle social* ou *Bouche de fer*, qui exerça à cette époque une grande influence sur les événements.

Au n° 59, ARTAU, censeur royal en 1790, tenait une maison de jeu où se réunissaient pour dîner plusieurs gens de lettres de l'époque, entre autres Chamfort, l'abbé Delille, Rivarol, qui par leur appétit et leurs bons mots étaient chargés d'achalander la maison. Artau ne gardait pas pour lui tout ce qui se disait dans ces salons ; on prétendait qu'il en faisait la confidence au lieutenant général de police ; il se chargeait aussi de procurer les pamphlets et libelles qui ne se vendaient que sous le manteau ; on a même prétendu que quelques-uns étaient de sa composition.

Plus tard des maisons de jeu autorisées par le gouvernement furent établies au Palais-Royal. Il y avait au n° 9 deux roulettes, un trente-et-un et un creps ; au n° 113, la plus infâme de toutes les maisons de jeu, deux roulettes, un passe-dix et un biribi ; au n° 129, un trente-et-un et une roulette ; au n° 154 une roulette et un trente-et-un.

Aux n° 56 et 60 est le CAFÉ DE FOY, plus ancien que les arcades du Palais-Royal, et aussi fameux que le Palais-Royal lui-même. Ce café fut fondé par un nommé Jousserand, dont la veuve est morte au mois de janvier 1842, laissant après elle à ses héritiers une fortune de cinq millions. Le café de Foy a partagé pendant plus de soixante ans la vogue avec le café du Caveau, devenu depuis le café de la Rotonde, et avec le café Valois, qui a fini si tristement en 1841. Le café de Foy a enrichi, depuis Mme Jousserand, d'une fortune de millionnaires le père Lenoir, son fils, et son successeur, M. Lemaître ; il en est aujourd'hui (1842) à faire une quatrième fortune, déjà en bon train, celle du propriétaire actuel, M. Questel.

Le café de Foy, célèbre par les discours de Camille Desmoulins, qu'on a si justement nommé le premier apôtre de la liberté, a eu, comme tous les vieux cafés de Paris, ses célébrités. Arnaud Baculard y a vécu, pendant trente ans, d'emprunts de petits écus qu'aucun provincial n'aurait osé refuser à l'auteur des *Epreuves du sentiment* et du *Comte de Comminges*. Le vieux marquis de Ximenès s'y roulait toute la journée de table en table, à la poursuite de tous les journaux, et racontait à tout venant l'histoire de ses tragédies. Le poëte Lebrun, qui s'était complaisamment laissé surnommé *Pindare*, vieux et aveugle, y venait tous les soirs, appuyé sur le bras de sa cuisinière, prendre son café. Un original, nommé Martin, fort bizarre, fort quinteux et fort spirituel, qu'on appelait Martin le Cynique, y prenait tous les matins son chocolat ; on citait alors dans tout Paris les traits caustiques de ce satirique de café, qui firent longtemps fortune. Nous ne devons pas oublier, au nombre des célèbres habitués du café de Foy, Carle Vernet, qui pendant plus de trente ans est venu y terminer toutes ses soirées, en y prenant après le spectacle un quart de punch, dont il assaisonnait chaque verre d'une douzaine de calembours. Vernet trônait au café de Foy jusqu'à deux heures du matin, entouré d'une société intime d'amis composée d'artistes, de gens de lettres et d'hommes du monde, qui y causaient en toute liberté et comme dans un salon, dès que les portes du café étaient fermées au public. Les habitués de cette petite académie de joyeux garçons se composaient de Barré, le directeur du Vaudeville ; de Celerier, l'architecte ; de Thévenin, le peintre ; de Ravrio, le fabricant de bronzes ; de Sourgis, un des écuyers de l'empereur ; de M. de Gontaut, et de quelques autres amis de Vernet, d'Horace, son fils, qui ne manquait jamais d'y venir trouver son père. Ce fut pendant une de ces réunions, une nuit que les peintres peignaient les boiseries du café, qu'Horace Vernet, pendant que son père faisait des calembours, prit la palette d'un des peintres, et, debout sur le poêle, peignit au plafond une hirondelle qui y est restée depuis plus de trente ans, et que tous les propriétaires du café ont religieusement conservée comme ayant porté bonheur à la maison. C'est au café de Foy que s'organisa la souscription pour les premières expériences aérostatiques de Montgolfier.

Au-dessus du café de Foy était le fameux salon des Échecs.

Au café Corraza se réunissaient sous l'empire quelques survivants de la secte des économistes.

Au n° 82 est le CAFÉ DE CHARTRES, aujourd'hui restaurant Véfour. Le second étage, situé au-dessus des arcades de ce café, fut longtemps habité par Mlle Montansier, propriétaire et directrice du théâtre auquel elle a donné son nom en 1790 : une vaste salle à manger, un grand salon, une chambre à coucher et quelques pièces de service et de dégagement en formaient le principal et les accessoires. Un défilé obscur conduisait au théâtre. Le salon était le véritable *pandémonium* de l'époque : on y a vu rassemblés dans une même soirée Dugazon et Barras, le père Duchêne et le duc de Lauzun, Robespierre et Mlle Maillard, St-Georges et Danton, Martainville et le marquis de Chauvelin, Lays et Marat, Volange et le duc d'Orléans. Toutes les combinaisons de l'intrigue ont trouvé place dans ce salon, depuis les intrigues amoureuses jusqu'aux intrigues politiques ; on y donnait la même importance à une nuit de plaisirs qu'à une journée de parti ; on s'y occupait aussi sérieusement des succès de la petite Mars que des événements du 31 mai ; la belle Mlle Lillier faisait autant d'impression que les discours de Vergniaud : au bout du même canapé de damas bleu de ciel, usé, fané et déchiré, sur lequel la Montansier arrangeait son spectacle de la semaine avec Verteuil, son régisseur, le comédien Grammont organisait à l'autre bout avec Hébert l'émeute du lendemain aux Cordeliers. Dans un coin du salon, Desforges perdait contre St-Georges, à l'impériale, l'argent qu'il empruntait à la Montansier sur ses droits d'auteur de la pièce en répétition ; une bruyante table de *quinze* rassemblait joyeusement après le spectacle les actrices du théâtre, qui délassaient par leurs saillies de coulisses tous les coryphées de la convention ; trois jours avant le 9 thermidor, Tallien, Collot-d'Herbois, St-Just et Robespierre avaient fait dans ce salon une partie de whist, qui avait duré jusqu'à trois heures du matin. A cette époque le salon de la directrice était dans tout son éclat. Barras, qui commençait cette fortune politique qui le tira de la convention pour le placer sur le trône républicain de la France, occupait, avant d'habiter le palais du Luxembourg, deux petites chambres situées tout au haut de la maison occupée par le café de Chartres, que lui louait Mlle Montansier ; ce modeste logement suffisait au général de la convention depuis qu'il avait quitté son logement de la rue Traversière-St-Honoré, qu'il était devenu commensal de son hôtesse et qu'il faisait les honneurs de sa maison : les conciliabules politiques se tenaient dans le petit logement de Barras ; les réceptions d'apparat avaient lieu dans le salon de la directrice des Variétés. — Mlle Montansier termina le 13 juillet 1820, à l'âge de quatre-vingt-dix ans, son aventureuse et romanesque carrière, dans le même appartement où pendant trente ans elle avait éprouvé tant de hasards divers, vécu au milieu de tant de célébrités et dépensé si follement une prodigieuse fortune.

A côté de l'entrée du théâtre Beaujolais était l'entrée du club, dont les salons d'assemblée donnaient sur le jardin.

C'est au restaurant de Février que Michel Lepelletier fut assassiné le 20 janvier 1793 à cinq heures du soir par le garde du corps Pâris.

N°s 89-92. — La société du Caveau, qui compte au nombre de ses fondateurs Piron, Collé, Duclos, Fuselier, Crebillon fils, Boucher, Rameau, Bernard, etc., etc., se réunissait au café de la Rotonde : jamais la gaieté, l'esprit et le goût n'érigèrent à la critique un plus singulier tribunal ; ses arrêts se rendaient en chansons, et portaient le plus souvent sur les productions de ses propres membres. Le besoin de rire, l'absence de toutes prétentions, l'alliance assez difficile d'une extrême malice avec une sûreté de commerce inaltérable, accrurent en peu de temps la célébrité du Caveau : des gens de la plus haute distinction, M. le comte de Maurepas lui-même, alors premier ministre, sollicitèrent la faveur d'y être admis.

Le club ou salon des arts était placé au-dessus du café du Caveau, et avait son entrée par la rue de Beaujolais, en face de la rue Vivienne ; il y avait un salon de conversation, un salon de lecture, une galerie pour l'exposition des ouvrages des artistes et une pièce pour faire de la musique.

Aux n°s 170, 171 et 172 était le CAFÉ VALOIS, un des plus anciens cafés du Palais-Royal, puisqu'il comptait soixante-huit ans d'existence. Ce café, tombé en déconfiture, et dont le mobilier fut vendu par autorité de justice en 1841, était du temps de la révolution le rendez-vous des royalistes qui se réunissaient au Palais-Royal, et le quartier général des nouvellistes, depuis que le médecin Metra s'y était réfugié, quand on abattit le fameux arbre de Cracovie, à l'ombre duquel il avait pendant quarante ans fait de la stratégie sur le sable, gagné des batailles et réglé le sort de tous les Etats de l'Europe. Au docteur Metra succéda le spirituel Journiac de St-Méard, connu par son *agonie de trente-six heures* pendant les massacres de septembre, et plus connu encore comme président de la société des gobe-mouches qu'il avait fondée. St-Méard était chevalier de St-Louis et capitaine au régiment du roi ; il fit les beaux jours du café Valois par la gaieté de son caractère et l'originalité de son esprit jusqu'à sa mort, arrivée en 1827. — Le café Valois compta aussi parmi ses habitués un grand nombre d'illustrations : Rivarol, Champcenez, le journaliste Peltier, le comte de Lauraguais, et des royalistes très-prononcés, tels que MM. d'Aubonne, Barruel-Bauvert, Beaulieu, Bergasse, l'abbé de la Bintinaye, etc., etc. Après le 18 brumaire, le café Valois devint le rendez-vous des émigrés rentrés et des débris de l'armée de Condé ; le marquis de Chauvron s'y faisait remarquer par la véhémence et la hardiesse de ses opinions. Sous l'empire le café Valois devint une succursale des frondeurs du faubourg St-Germain. Sous la restauration il était le centre des réunions de royalistes purs, qui désertèrent pendant les premiers mois qui suivirent la révolution de juillet. Dans ces derniers temps il n'était plus fréquenté que par quelques vieilles perruques, qui venaient y méditer les élucubrations de la *Gazette de France* et de la *Quotidienne*.

Le Palais-Royal a toujours été et doit rester le centre des mouvements politiques populaires : le café de Foy est célèbre par les discours de Camille Desmoulins ; celui de Chartres par les luttes violentes des deux cocardes verte et blanche, et ensuite des montagnards et des girondins ; le café Montansier par les réunions patriotiques des cent jours et par les vengeances du retour de Gand ; le café Lamblin par l'affluence constante, sous la restauration, de la jeunesse libérale et des militaires proscrits ; le café Valois comme le sanctuaire des têtes poudrées de l'ancien régime. C'est dans le cirque qui existait au milieu du jardin que la fameuse société des amis de la constitution, plus connue depuis sous le nom de jacobins, tint ses premières séances ; c'est de là que partirent les premières étincelles de la révolution de 1830. — Ce cirque, construit en 1787, s'étendait dans un espace équivalant à peu près à la moitié de la longueur et de la largeur du jardin ; la partie souterraine présentait une arène éclairée par le haut et séparée par soixante-douze colonnes d'une galerie qui communiquait à une autre par des portiques. La partie supérieure offrait une terrasse élevée de 7 m. au-dessus du sol, formant, au moyen de soixante-douze autres colonnes, un portique garni de treillage. Le cirque du Palais-Royal fut d'abord destiné à des exercices d'équitation qui n'eurent jamais lieu ; plus tard on y donna des fêtes, des repas, des jeux, des bals, des représentations scéniques, qui augmentèrent encore la foule dont le Palais-Royal se remplissait tous les jours. — Loué d'abord à Rose, restaurateur, au commencement de la révolution, le cirque du Palais-Royal fut loué ensuite à divers entrepreneurs qui y établirent un restaurant, une maison de jeu et des filles publiques. C'est en 1790 que le club du *cercle social* ou des *amis de la vérité*, dont l'évêque Fauchet était le principal orateur, vint s'y installer. Un théâtre y fut établi en 1791 et ne put s'y soutenir que quelques mois. L'année suivante, Desaudray y fonda le *Lycée*, établissement littéraire devenu l'*Athénée des arts*. En 1793, un théâtre y fut de nouveau installé sous le nom de *Lycée des arts*, et s'y soutint jusqu'en 1798, époque où le cirque devint la proie des flammes pendant la nuit du 25 frimaire an VIII.

Rue d'Argenteuil, n° 18, est la maison qu'habitait et où mourut PIERRE CORNEILLE, en 1684. C'est là où cet homme célèbre a composé des chefs-d'œuvre qui ont fait la fortune de tant de comédiens et de tant de libraires, en laissant à sa famille un nom glorieux pour tout héritage. C'est de cette maison qu'il sortait quelques jours avant sa mort, avec un de ses compatriotes qui nous a conservé ce fait singulier, quand il s'arrêta devant l'échoppe d'un savetier de la rue Neuve-St-Roch pour y faire raccommoder sa chaussure. En attendant que le conseil municipal de Paris fasse élever un monument au père de la tragédie française, nous proposons de placer au-dessus de la principale porte de cette maison, une inscription indiquant la dernière demeure de l'auteur du *Cid*.

Ici est mort
PIERRE CORNEILLE,
Le 1er octobre 1684.

Boulevard Montmartre, n° 10, demeurait et est mort, en 1831, le célèbre compositeur de musique BOIELDIEU, auquel Rouen, sa ville natale, plus reconnaissante que ne l'est la ville de Paris envers ses hommes célèbres, vient d'élever une statue.

Rue du Faubourg-Poissonnière, n° 19, demeurait et est mort, en 1842, Chérubini, savant compositeur de musique, qui a dirigé avec talent pendant dix ans le conservatoire de musique.

Au n° 4 habitait, en 1831, le fécond auteur dramatique Bazier, l'un des plus joyeux chansonniers du Caveau moderne, mort en 1838.

Rue St-Honoré, au coin de la rue du Marché-St-Honoré, était l'hôtel Joxsac, ci-devant du président Hénault, où se tenait le club de l'Entresol, fondé par l'abbé Alary, qui en était le président et qui recevait les membres chez lui, à l'entresol de l'hôtel du président Hénault, d'où est venu le nom de *club de l'Entresol*.

Rue Richelieu, n° 8, demeurait Mlle Charlotte Bourette, plus connue sous le nom de la Muse Limonadière. Elle y tenait un café qui était le rendez-vous des Français et des étrangers. Le roi de Prusse, Voltaire, le duc de Gesvres et plusieurs autres grands personnages lui firent des cadeaux en témoignage de leur admiration, et Dorat lui paya largement en monnaie de poëte son tribut d'admiration.

N° 6. QUARTIER DE LA CHAUSSÉE-D'ANTIN.

Ci-devant *section du Mont-Blanc*, et ensuite *section Grange-Batelière*.

Les limites de ce quartier sont : la rue de la Chaussée-d'Antin n^{os} pairs, la rue de Clichy n^{os} pairs, le mur d'enceinte à partir de la barrière de Clichy à la barrière des Martyrs, la rue des Martyrs n^{os} impairs, la rue du Faubourg Montmartre n^{os} impairs, le boulevard Montmartre n^{os} pairs, le boulevard des Italiens n^{os} pairs. — Superficie : 930,000 m. carrés, équivalant à 0,028 de la superficie totale de Paris.

On remarque principalement dans ce quartier :

L'église Notre-Dame de Lorette, située rue du Faubourg Montmartre, entre les n°s 64 et 66. L'ancienne église de Notre-Dame de Lorette, qui avait remplacé, en 1646, la chapelle des Porcherons, étant devenue trop petite pour recevoir la population toujours croissante des quartiers des faubourgs Poissonnière et Montmartre, la construction d'une nouvelle église fut mise au concours. Dix artistes distingués présentèrent des projets, parmi lesquels celui de M. Hippolyte le Bas fut adopté, le 23 avril 1823. La première pierre de la nouvelle église fut posée le 25 août 1823; les travaux ont été achevés en 1836, et l'église consacrée le 15 décembre de cette même année par l'archevêque de Paris.

La nouvelle église de Notre-Dame de Lorette peut contenir trois mille personnes, et a coûté 2,050,000 fr. Elle a dans sa plus grande longueur 70 m. sur 33 m. de large, et 19 m. dans sa plus grande hauteur, prise de la coupole. Quatre rangs de chacun huit colonnes d'ordre corinthien séparent la nef des bas côtés. Le portail est formé de quatre colonnes d'ordre ionique, surmonté d'un fronton et couronné par trois statues, représentant la Foi, l'Espérance et la Charité, par Foyatier, Laitié et Lemaire ; le fronton est décoré d'un bas-relief en ronde-bosse représentant un hommage à la Vierge, par Lebœuf-Nanteuil.

L'église Notre-Dame de Lorette est sans contredit la mieux décorée de toutes celles de la capitale. On y voit un grand nombre de tableaux exécutés par MM. Blondel, Caminade, Decaisne, Champmartin, E. Deveria, Drolling, Etex, Hesse, A. Johannot, Langlois, Monvoisin, Picot, Schnetz, Vinchon, etc., etc., et plusieurs belles sculptures dues au talent de MM. Cortot, Desbœuf, Dumont fils, Foyatier, Laitié, Lebœuf-Nanteuil, Lemaire, etc., etc.

L'Académie royale de musique, située rue Lepelletier, n° 10. L'établissement d'une académie de musique date du XVI° siècle. Baïf, né à Venise pendant que son père y était ambassadeur, fut le premier qui tenta l'accord de la poésie française avec la musique. Baïf, associé au musicien Courville, établit dans sa maison, rue des Fossés-St-Victor (n°° 23 et 25), une académie de musique autorisée par Charles IX, et protégée après lui par Henri III. En 1659 l'abbé Perrin hasarda une pastorale, que Cambert, beau-père de Lulli, mit en musique. Cette pièce obtint le plus grand succès, et fut d'abord représentée à Issy, et ensuite à Vincennes devant le roi. Ce succès engagea Perrin à s'associer avec le marquis de Sourdéac, homme fort riche et grand machiniste. Après une première représentation de l'opéra de *Pomone*, en 1671, qui fut joué dans un jeu de paume de la rue Mazarine, vis-à-vis de la rue Guénegaud (aujourd'hui passage du Pont-Neuf), le marquis de Sourdéac s'empara de la recette ; Perrin, piqué de ce procédé, consentit que le privilége fût transféré à Lulli, surintendant et compositeur de la musique de la chambre du roi. Par lettres patentes du mois de mars 1672, Lulli eut la permission d'établir une académie royale de musique, composée de tel nombre et qualité de personnes qu'il aviserait, et où les gentilshommes et les demoiselles pouvaient chanter et danser aux représentations des pièces de ladite académie, sans que pour ce ils fussent censés déroger au titre de noblesse (on sait qu'à cette époque le roi et les seigneurs de la cour figuraient dans les ballets sur le théâtre de Versailles). Bientôt après, par un scandaleux abus de pouvoir, il fut permis au séducteur puissant de soustraire à l'autorité paternelle la victime de ses séductions, en la faisant inscrire sur le registre de l'Opéra. — Lulli s'associa Quinault et Vigarini, et transféra l'Opéra au jeu de paume du Bel-Air, rue de Vaugirard; l'ouverture de ce nouveau théâtre eut lieu le 15 novembre 1672 par *les Fêtes de l'Amour et de Bacchus*. — Après la mort de Molière, la salle du Palais-Royal, qui occupait la partie méridionale de ce qui forme aujourd'hui la cour des Fontaines, fut accordée à Lulli. L'incendie de cette salle, qui eut lieu le 6 avril 1763, força les acteurs de l'Opéra de se réfugier dans la salle dite des Machines, au palais des Tuileries, où ils restèrent jusqu'en 1770, époque où ils prirent possession de la nouvelle salle construite au Palais-Royal, cour des Fontaines, dont l'ouverture se fit le 26 janvier. Cette salle ayant été de nouveau incendiée le 8 juin 1781, l'administration de l'Opéra obtint la permission de jouer sur le théâtre des Menus-Plaisirs, rue Bergère, dont l'ouverture eut lieu le 14 août 1781 par *le Devin du village* et *Myrtil et Lycoris.* — Le 27 octobre de la même année eut lieu l'ouverture de l'Opéra à la salle provisoire de la Porte-St-Martin, construite et décorée en soixante-quinze jours. Nous éprouvons quelque honte à dire que, pour démontrer la solidité de cette salle, on y donna une représentation gratis, en réjouissance de la naissance du dauphin... Les représentations continuèrent à la salle de la Porte-St-Martin jusqu'au 28 juillet 1794, époque où l'administration de l'Opéra prit possession du théâtre construit par Mlle Montansier, rue Richelieu. Le duc de Berry ayant été assassiné le 13 février 1820, à la sortie de l'Opéra, la salle de la rue Richelieu fut fermée et depuis a été abattue. Les représentations se continuèrent au théâtre Favart jusqu'à l'époque de la construction de la salle provisoire construite rue Lepelletier, et inaugurée le 19 août 1821.

La façade principale de cet édifice, élevée sur la rue Lepelletier, a 60 m. de longueur, dimension du foyer situé au premier étage. Du second vestibule du rez-de-chaussée on monte aux différents rangs de loges par six escaliers.

Un magasin de décorations longe la rue Pinon: il a 25 m. de longueur sur 17 m. 86 c. de hauteur. Il ne contient que le service de la semaine. Les loges d'acteurs, danseurs, comparses, choristes et figurants, occupent avec l'administration la totalité des bâtiments de l'hôtel Choiseul.

Deux galeries, jointes ensemble par deux petits passages obscurs, communiquent du théâtre de l'Opéra au boulevard des Italiens. L'une se nomme galerie du Baromètre, à cause d'un baromètre qui décore une de ses parties supérieures ; l'autre, par une raison analogue, se nomme galerie de l'Horloge.

VARIÉTÉS HISTORIQUES ET BIOGRAPHIQUES.

Chaussée-d'Antin. Sous le nom de quartier de la Chaussée-d'Antin on désigne toute la partie de Paris comprise entre l'ancien boulevard, au sud-est, et l'enceinte des nouvelles barrières, au nord et au nord-est, et borné à l'est par les rues du Faubourg Montmartre et des Martyrs, et à l'ouest par celles de l'Arcade et du Rocher. Toute cette vaste étendue de terrain était, il n'y a guère plus d'un siècle, occupée par des champs, des marais, des jardins, des maisons de campagne ; par une voirie, par le cimetière de St-Eustache et le village des Porcherons, par la chapelle Ste-Anne et celle de Notre-Dame-de-Lorette, et par la ferme nommée la Grange-Batelière. — Le séjour que fit Louis XV dans la capitale pendant sa minorité ayant attiré dans ce quartier un grand nombre de courtisans et de valets, il fallut songer pour loger tout ce monde à agrandir la ville. Les magistrats obtinrent en 1720 l'autorisation d'acquérir tous les terrains et bâtiments qui formaient l'emplacement ci-dessus indiqué pour y bâtir un nouveau quartier, y ouvrir une grande rue de huit toises de largeur depuis le boulevard jusqu'à la rue St-Lazare. L'exécution de ce plan fut commencée; on acquit les propriétés, on perça des rues, on bâtit quelques hôtels, mais fort peu de maisons. Ce quartier fut d'abord nommé *quartier Gaillon*, à cause de la porte de ce nom, puis *Chaussée-d'Antin*, parce que sa principale rue s'ouvrait en face de l'hôtel d'Antin. Au xviie siècle cette rue était le *chemin des Porcherons*, qui conduisait de la porte Gaillon aux Porcherons; elle fut nommée successivement de *l'Egout-Gaillon*, *Chaussée-Gaillon*, *Chaussée-de-la-Grande-Pinte* (d'une enseigne de cabaret), *Chaussée-de-l'Hôtel-Dieu* (parce qu'elle conduisait à la ferme de l'hôpital de ce nom, qui était en face de la rue St-Lazare), et enfin de la *Chaussée-d'Antin*. Lorsque Louis XV mourut, la Chaussée-d'Antin ne présentait encore que des constructions clair-semées, et entrecoupées de champs et de jardins. Ce n'est que sous Louis XVI et depuis la révolution qu'elle est devenue ce qu'elle est aujourd'hui, le plus beau et le plus riche quartier de Paris; elle doit surtout beaucoup aux entreprises de l'honorable financier Jean-Joseph de Laborde, auteur de constructions opulentes qui ont transformé en une ville nouvelle tous les terrains qui formaient alors une espèce de parc autour de l'hôtel Grange-Batelière, dont il était aussi propriétaire. — Les premiers édifices construits à la Chaussée-d'Antin furent occupés par des filles entretenues par des libertins opulents ou titrés, par des financiers et de riches parvenus. L'établissement du Parc-aux-Cerfs ayant donné l'idée des petites maisons, asiles mystérieux consacrés aux plaisirs faciles, d'où les femmes de la cour finirent par chasser les courtisanes, chacun voulut y avoir sa petite maison; la petite maison était alors le suprême bon ton; elle était surtout indispensable à un homme *né*; les grands seigneurs roués en outraient même la mode : Richelieu et le duc d'Orléans en avaient au moins une dans chaque quartier de Paris. C'est dans ces petits harems bien coquets, bien élégants que nos sultans poudrés du xviiie siècle venaient célébrer leur délire; les dames s'y rendaient dans de simples équipages qui ne pouvaient point attirer les regards; là, toute pudeur était oubliée, la licence y régnait encore plus que la volupté.

Au n° 42 est le petit hôtel où mourut Mirabeau, le 2 avril 1791 ; les funérailles qu'on lui fit furent vraiment royales; ses restes furent déposés dans l'église Ste-Geneviève, qu'on érigea en Panthéon avec cette inscription : *Aux grands hommes la patrie reconnaissante!* — Cette maison appartenait à Julie Careau, qu'avait épousée Talma. Deux grandes figures en relief, représentant la Nature et la Liberté, se voient encore à côté de la croisée octogone intermédiaire de l'entresol. Le distique suivant, composé par Chénier ou par Talma, fut gravé sur une table de marbre que ce dernier fit placer au-dessus de la porte :

> L'âme de Mirabeau s'exhala dans ces lieux ;
> Hommes libres, pleurez! tyrans, baissez les yeux!

Talma dut faire enlever cette inscription à la fin de 1792, lorsque les papiers trouvés dans l'armoire de fer eurent compromis la mémoire de Mirabeau et que le peuple eut pendu son buste en place de Grève. — Talma habita cet hôtel pendant plusieurs années ; son mariage avec Julie Careau, sa première épouse, lui donnait une existence brillante. Leur table et leur salon réunissaient une société nombreuse. Des gens de lettres, des artistes, des membres célèbres des assemblées législatives se plaisaient à s'y rencontrer. Laharpe, Chamfort, Pougens, Murville, de Vigny, Aubert de Vitry, Mlles Desgarcins et Simon, Rioufle, Langlès l'orientaliste, du Chosal, Allard, etc., etc., étaient les habitués du logis. Célèbre par son esprit, ses talents et ses grâces, Julie en faisait les honneurs ; on s'empressait autour d'elle, on captait son suffrage ; son amabilité ingénieuse était un aimant et un aiguillon pour tous ces esprits.

Au n° 36 habitait et est mort en 1821 FONTANES, grand maître de l'université sous l'empire.

Le général Foy habitait et mourut dans cette rue, au coin de la rue de la Victoire, le 28 novembre 1825. Les funérailles de cet honorable député eurent lieu le 30 novembre ; plus de cent mille personnes assistèrent à son convoi.

Rue de Provence, n° 40, sur l'emplacement où a été bâtie la Cité d'Antin, était l'hôtel de Mme DE MONTESSON, femme aimable, spirituelle et bienfaisante, que le duc d'Orléans, aïeul du roi Louis-Philippe, avait épousée secrètement le 24 août 1773. — Il y avait dans cet hôtel un théâtre, dont l'ouverture eut lieu en 1763, où l'on donna de brillantes représentations jusqu'en 1785, époque de la mort du prince. Mme de Montesson mourut aussi dans cet hôtel en 1806, mais déjà sa maison avait changé de face et de ton sous ses deux propriétaires successifs, le fournisseur Ouvrard et le banquier Michel. En 1810 l'hôtel Montesson était occupé par l'ambassade d'Autriche. Le 1er juillet 1810 le prince de Schwartzemberg y donna une grande fête à l'occasion du mariage de Napoléon et de Marie-Louise. Le rez-de-chaussée de l'hôtel ne se trouvant pas assez vaste, l'architecte du prince avait fait construire dans le jardin une grande salle de bal en bois, à laquelle on arrivait à la suite des appartements par une galerie également en bois. Les plafonds de cette galerie étaient figurés en papier vernis et parfaitement décorés de peintures et d'ornements ; les planchers, élevés au niveau des appartements, étaient supportés par des charpentes. Un lustre énorme était suspendu au milieu de la salle de bal ; les deux côtés des galeries et tout le pourtour de la salle étaient éclairés par des demi-lustres appliqués contre les murailles. — La fête commença par des danses exécutées dans le jardin par les premiers artistes de l'Opéra, au milieu d'une superbe illumination. On se rendit ensuite dans la salle de bal, où l'on dansait depuis une heure environ, lorsqu'un courant d'air, agitant un des rideaux placés aux croisées de la galerie en bois, le poussa contre les bougies : ces rideaux s'enflammèrent, le feu se communiqua instantanément au plafond de papier vernis, et en moins de trois minutes l'incendie gagna les plafonds de la salle et toutes les décorations dont elle était ornée. Cette frêle construction devint immédiatement la proie des flammes. Aidé du prince de Schwartzemberg, l'empereur parvint à sauver l'impératrice et la famille impériale. A peine quelques personnes étaient-elles parvenues à se sauver, que le grand lustre tomba avec fracas ; des cris de douleur et d'effroi se mêlèrent à cette scène d'horreur. La foule, qui se pressait et s'étouffait elle-même par ses propres efforts, rendait la sortie plus difficile encore ; le parquet de cette salle ne put y résister ; il s'entr'ouvrit et des victimes sans nombre y furent écrasées et dévorées par le feu qui les enveloppait de toutes parts. La présence de Napoléon, ses ordres, les secours qu'il fit donner à ceux qui survécurent à de graves blessures, contribuèrent beaucoup à sauver quelques victimes. Le nombre des personnes qui périrent fut considérable, la princesse de Schwartzemberg, épouse du frère de l'ambassadeur, fut de ce nombre. Elle était parvenue à sortir de la salle ; mais inquiète sur le sort d'un de ses enfants, elle y rentra et fut étouffée en essayant de s'échapper par une porte qui communiquait à l'hôtel.

Au n° 6 demeurait et est mort, le 24 juin 1841, Garnier Pagès, membre de la chambre des députés, où il se dévoua à la défense des droits du peuple. Son convoi funèbre fut accompagné par plus de soixante mille personnes de tous les rangs, de toutes les opinions, de toutes les classes, parmi lesquelles dominaient toutefois, en grande majorité, des ouvriers et des hommes du peuple, reconnaissants envers la mémoire de celui qui l'avait si bien servi, et qui pendant toute sa carrière législative s'était efforcé de faire prévaloir le principe de la souveraineté nationale.

Au n° 14 demeurait HOFFMANN, spirituel critique, rédacteur du *Journal des débats*, homme à paradoxes, qui faisait de longs voyages à pied, et qui avait la conscience de rédiger les articles auxquels il mettait son nom.

C'est sur le toit de cette maison que l'intrépide aéronaute, Mme BLANCHARD, fut précipitée et perdit la vie, lors de sa soixante-septième ascension, un soir du 6 juillet 1819.

Le boulevard des Italiens, dont la partie méridionale s'étend depuis la rue Grange-Batelière jusqu'à la rue de la Chaussée-d'Antin, avait reçu le nom de *boulevard de Coblentz*, qu'avait osé lui donner pendant la révolution l'opposition royaliste, par allusion au nom de la ville où se réunissaient les émigrés qui portaient les armes contre leur patrie. Après 1815 les légitimistes donnèrent à ce boulevard le nom de *boulevard de Gand*, qui perpétuera le souvenir de la fuite des Bourbons après le 20 mars.

Rue Laffitte, n° 19, est l'hôtel du comte DE LABORDE, banquier de Joseph II, un de ces hommes rares qui sont parvenus à une grande fortune par les voies les plus irréprochables, dont la probité et la bonne renommée augmentent à proportion de leurs richesses, et qui cependant ne put trouver grâce devant l'inexorable tribunal révolutionnaire. Transformé en un hôtel garni après la révolution, l'hôtel Laborde fut acheté en 1822 par M. Jacques Laffitte, et fut en 1830 l'un des foyers de la révolution de juillet. C'est là que se réunirent dès le 26 juillet les députés présents à Paris, pour y aviser au parti qu'il convenait de prendre dans les circonstances graves où l'on se trouvait.

L'hôtel Laffitte, où la révolution s'est accomplie, a été sur le point d'être vendu par suite de cette même révolution, le propriétaire n'étant pas assez riche pour le garder. Mais le pays, voulant offrir à M. Laffitte un témoignage d'estime, a racheté cet hôtel et le lui a rendu. Pendant plusieurs années on a vu sur la façade de l'hôtel une inscription portant ces mots en lettres d'or :

> A JACQUES LAFFITTE,
> SOUSCRIPTION NATIONALE.
> 29 JUILLET 1830.

Aujourd'hui le marbre que portait cette inscription est placé dans la cour de l'hôtel.

Au n° 13 est l'hôtel du baron de la finance ROTHSCHILD, qui prête à tout l'univers, commande bourse en main aux rois et aux peuples, et pourrait payer Jérusalem comptant. C'était autrefois l'hôtel du trésorier des états de Bourgogne St-Julien.

Au n° 1 est une maison moderne toute ciselée, toute dorée du haut en bas, dite la Maison-d'Or, dont le premier étage est occupé par un des plus élégants cercles de Paris. Cette maison a été construite sur l'emplacement du café Hardy, premier lieu de réunion des agioteurs, et le premier café où l'on ait donné des déjeuners à la fourchette.

Au n° 3 est l'hôtel STAINVILLE, où Cerutti, dont la rue Laffitte a longtemps porté le nom, avait établi le bureau de la *Feuille villageoise*, qu'il rédigeait au commencement de la révolution avec Talleyrand et Mirabeau. — C'est aussi dans cet hôtel que demeurait Mme TALLIEN, dont le cercle était fréquenté par des hommes d'esprit et par les femmes les plus à la mode. De même que le cercle de Mme Staël, il avait un caractère politique, et il n'était pas rare d'y voir non-seulement les chefs du directoire, mais on y trouvait aussi fréquemment les ambassadeurs des puissances amies de la république.

La partie de la rue Laffitte qui de la rue de Provence a été prolongée jusqu'à la rue des Victoires était occupée naguère par l'HÔTEL THÉLUSSON, qui s'ouvrait sur la rue Laffitte par une arcade hémisphérique à travers laquelle on apercevait un charmant jardin; au fond était un temple en forme de rotonde orné d'une élégante colonnade, et élevé sur une base de rochers groupés avec art et entremêlés d'arbrisseaux, de fleurs rares et de fontaines jaillissantes. — En tout temps ce magnique hôtel fut cité dans le grand monde parisien pour l'éclat de ses fêtes. Mme Thélusson y réunissait une brillante société, composée de tout ce que Paris comptait de personnages remarquables. — L'hôtel Thélusson fut un des premiers où l'on commença à donner des bals publics après la terreur; on le nommait dans l'origine le bal Thélusson, nom qu'il changea peu après pour celui de *bal des Victimes,* parce qu'on ne pouvait y être admis qu'en faisant preuve qu'un père, un frère, un oncle, une mère, une sœur ou une tante avaient été victimes de la révolution. — En 1796 les particuliers qui craignaient de montrer du luxe en recevant habituellement se bornaient à aller beaucoup dans des réunions d'abonnés où se trouvait alors la meilleure compagnie. On n'imagine guère aujourd'hui que les femmes élégantes allaient danser au bal Thélusson et au bal Richelieu où avaient aussi lieu de semblables réunions; et le plus curieux de tout cela, c'est que toutes les castes s'y trouvaient confondues et s'entendaient fort bien ensemble pour rire et sauter. — Sous l'empire l'hôtel Thélusson fut habité par Murat. Plus tard Napoléon le donna à l'empereur Alexandre pour la légation de la Russie. — Dans les dernières années de la restauration, Berchut, ex-tailleur du Palais-Royal, acheta l'hôtel Thélusson et le démolit, ce qui causa une véritable douleur et une indignation générale dans le quartier: la rue Laffitte a été prolongée sur son emplacement.

Rue St-Lazare, n° **76,** habitait en 1829 M. COTTU, auquel on est parvenu à faire un nom européen en le rendant parfaitement ridicule.

Rue de la Victoire, n° **21,** M. Gromaire, ancien machiniste de l'Opéra, a bâti une assez jolie salle de spectacle, dans laquelle des amateurs donnent quelquefois des représentations. — Dans cette maison demeurait et est mort en 1806 le célèbre botaniste Michel Adanson.

Au n° 6 demeurait en 1843 le journaliste Charles Maurice, qui pendant vingt-cinq ans, armé d'une plume comme d'un stylet, a audacieusement demandé à toutes les renommées de théâtre la bourse ou la vie.

L'hôtel n° 34 fut bâti par Mlle Dervieux, actrice de l'Opéra, qui l'habita jusqu'aux premières années de la révolution. Cet hôtel fut ensuite possédé par le banquier belge Vilain XIV, qui le vendit à Louis Bonaparte, grand connétable de l'empire ; dans la suite, la légation des Etats-Unis de l'Amérique septentrionale y fut établie.

Au n° 36 était le théâtre des Troubadours, des Victoires nationales, puis théâtre Olympique, qui a été remplacé par une maison de bains. — Les Italiens qui vinrent se fixer à Paris sous le consulat jouèrent d'abord sur le petit théâtre de la salle Olympique, qui n'était pas beaucoup plus grand qu'une salle de spectacle de société. Ce spectacle réunit dès son début la meilleure société de Paris ; les loges découvertes entre de hautes colonnes exigeaient une toilette tout à fait parée, et cette obligation, qui ne déplaisait pas aux jeunes et jolies femmes des généraux et des principaux administrateurs de la république, faisait ressembler les loges à un brillant parterre de fleurs habilement groupées et artistement nuancées de couleurs.

Au n° 52, à l'extrémité d'une espèce de longue avenue, s'élève au milieu d'un jardin paysager un joli hôtel construit par Ledoux pour le marquis de Condorcet. En 1791, cet hôtel était la propriété de Julie Carreau lorsqu'elle épousa Talma, qui y réunissait les artistes et les hommes politiques dont il partageait les opinions ; ce fut pendant quelque temps le rendez-vous favori des girondins.

A son retour de l'armée d'Italie, le général Bonaparte acheta cet hôtel de Talma pour le prix de cent quatre-vingt mille francs, et c'est de là qu'il partit pour frapper le coup d'Etat du 18 brumaire. Dès le matin, il avait réuni dans son hôtel tout ce qu'il y avait à Paris de généraux et d'officiers, qu'il avait fait prévenir de se rendre chez lui à la même heure ; Lannes, Murat, Berthier, Macdonald, Beurnonville, Leclerc, Marbot, Moreau y arrivèrent les premiers et furent suivis de beaucoup d'autres. Les salons du petit hôtel de la rue Chantereine étant trop petits pour recevoir autant de monde, Bonaparte fit ouvrir les portes, s'avança sur le perron et harangua les officiers. Il leur dit que la France était en danger, et qu'il comptait sur eux pour la sauver. Le député Cornudet lui présenta le décret du conseil des anciens qui transférait les conseils à St-Cloud, les y convoquait pour le 18 à midi, et nommait Bonaparte général en chef de toutes les troupes de la 17e division militaire. Bonaparte se saisit de ce décret, le lut, et demanda aux généraux s'il pouvait compter sur eux ; tous répondirent qu'ils étaient prêts à le seconder. Aussitôt Bonaparte monte à cheval et part escorté de tous les généraux de la république pour aller jouer sa tête contre le pouvoir souverain.

Lorsque le général Bonaparte quitta son hôtel de la rue de la Victoire pour aller s'établir au Petit-Luxembourg, il en fit cadeau au général Lefèvre Desnouettes, dont la veuve le possède encore aujourd'hui. Quelque mois après la mort de Napoléon, l'hôtel, qui maintenant porte le nom d'hôtel de la Victoire, fut habité par le général Bertrand lors de son retour à Paris. Il est occupé aujourd'hui par M. Jacques Coste, ancien fondateur du journal *le Temps*.

Rue Grange-Batelière, n° 6, est l'HOTEL D'AUGNY (naguère l'HOTEL AGUADO), où fut donné le premier bal des Victimes, et cité sous l'empire par ses réceptions splendides. C'était là qu'était le salon des étrangers, maison de jeu qui ressortissait de l'administration générale des jeux, et qui lui était imposée par le cahier des charges, dans le but d'attirer l'or des étrangers et d'exercer sur leurs actions un moyen de surveillance. C'est à ce cercle que se réunissaient les membres du corps diplomatique et tous les étrangers de haut parage ; là, chaque soir, on était sûr de rencontrer, lors du mariage de l'empereur, tous les princes souverains venus à Paris pour assister à ce mariage. Les Français qui y étaient admis appartenaient en grande partie à l'ancienne noblesse, ou à la classe des fournisseurs enrichis ; sous la restauration on y rencontrait chaque soir les sommités inscrites dans l'*Almanach royal*.— On n'était admis au salon des étrangers qu'après des formalités rigoureuses. Les commissaires étaient très-sévères sur le costume ; nul ne pouvait y entrer en bottes ni en redingote. Le premier commissaire fut le marquis de Livry, qui, par sa position sociale, les agréments de son esprit et le laisser aller de sa conduite, contribua beaucoup à la vogue de cet établissement ; après le couronnement, un Belge, le marquis de Rueil, lui succéda ; le dernier commissaire fut le marquis de Cussy. Chaque semaine il y avait deux ou trois diners renommés entre tous par leur somptuosité et leur délicatesse ; les membres du cercle y étaient invités par le commissaire, et il ne serait jamais venu à la pensée d'aucun d'entre eux de s'y présenter sans cette invitation. Dans l'origine, on donnait dans ce salon des bals masqués ; mais, sur la fin du consulat, une dame d'honneur de Mme Bonaparte ayant fait une perte considérable qui entraîna son expulsion des Tuileries, le premier consul les interdit et il n'en fut plus donné sous son règne. — Les plus fameux restaurateurs ont toujours été chargés du service de la table du salon des étrangers, table qui ne connaissait pas de rivale ; ce fut d'abord Robert, et ensuite Lointier, qui tenait en dehors du cercle un restaurant renommé, où se tinrent plusieurs réunions politiques ; c'est là qu'après les élections de 1827 toutes les diverses nuances de l'opposition purent se réunir et se concerter, et par un accord unanime la *réunion Lointier* porta à la présidence de la chambre M. Royer-Collard, résolution qui amena la chute du ministère Villèle ; c'est là que furent arrêtées toutes les mesures qui, sans que la plupart des membres s'en doutassent, amenèrent la révolution de juillet. La réunion Lointier, pour éviter toute jalousie, n'avait point de président ; les débats étaient dirigés par des commissaires, qui étaient le général comte de Thiard, le comte de Bondy, M. Clément, du Doubs, et M. Duvergier de Hauranne, père du député actuel. — C'est chez Lointier que les membres du parti républicain, parmi lesquels on remarquait MM. Guinard, Cavaignac, Bastide, Trélat, Degoussée, Chevalier, etc., se réunirent en 1830, après les journées de juillet. On sait que, lorsqu'il s'agit de déférer au duc d'Orléans la suprême puissance, la réunion Lointier, ne pouvant intervenir de son plein droit dans la délibération des pouvoirs, envoya à l'hôtel de ville une députation de quarante membres pour demander au nom des patriotes que les droits du peuple vainqueur fussent respectés.

Rue de Clichy, n° 8, se trouvait naguère une masure d'une étendue assez considérable, qui tombait en ruines faute d'entretien, et contrastait singulièrement avec les autres maisons du quartier. Là demeurait depuis plus de quarante ans un original dont on raconte ainsi l'histoire. M. R., jeune avocat, rechercha en mariage une demoiselle dont il ne put obtenir la main ; prenant dès lors en horreur le genre humain, il résolut de s'isoler du monde sans quitter Paris. Sa fortune s'élevait à plus d'un million en terrain seulement ; il donna congé aux locataires, et s'installa avec une vieille servante dans sa maison de la rue de Clichy, qui était prête de s'effondrer faute de réparations, lorsqu'il est mort en 1844.

Place St-Georges, n° 1, est une coquette maison où habite M. Thiers, auteur d'une des meilleures histoires de la révolution française dont il rédige avec talent la continuation.

Rue de la Rochefaucauld, n° 11, demeurait et est mort en 1820 le savant orientaliste et historien VOLNEY, qui consacra par son testament une somme de vingt-quatre mille francs pour fonder un prix annuel de douze cents francs, à décerner au meilleur ouvrage sur l'étude philosophique des langues.

Il fut le protecteur généreux des hommes de lettres peu fortunés, et mérite que l'on place sur cette façade de la maison cette simple inscription.

Ici est mort
VOLNEY,
Le 25 avril 1820.

N° 7. QUARTIER FEYDEAU.

Ci-devant *section de 1792*, puis *section Lepelletier*, et ensuite *section de la Bibliothèque*.

Les limites de ce quartier sont : la rue Louis-le-Grand n°s pairs, le boulevard des Italiens n°s pairs, le boulevard Montmartre n°s impairs, la place de la Bourse en entier, la rue Vivienne n°s impairs, la rue Neuve des Petits-Champs n°s pairs jusqu'à la rue Louis-le-Grand. — Superficie 330,000 m. carrés, équivalant à 0,010 de la superficie de Paris.

Les principaux édifices et établissements publics de ce quartier sont :

La Bibliothèque du Roi, située rue Richelieu, n° 58. En ...., le cardinal Mazarin acheta de Jacques Tubeuf, président à la chambre des comptes, un hôtel considérable et plusieurs maisons voisines, comprenant tout l'espace qui se trouve entre les rues des Petits-Champs, Vivienne et Richelieu. Sur la partie de cet emplacement qui s'étend de la rue Colbert à la rue Vivienne, il fit bâtir le palais Mazarin, qui, après les maisons royales, passait pour le plus magnifique qu'il y eût à Paris. Après la mort du cardinal ministre, le palais fut divisé en deux lots : celui qui était du côté de la rue Vivienne et de la rue des Petits-Champs échut au duc de la Meilleraye, et porta le nom d'hôtel Mazarin. En 1719, Louis XV fit l'acquisition de cet hôtel et le donna à la compagnie des Indes. Ce fut dans l'enceinte de cet immense hôtel que, par arrêt du conseil d'Etat du 24 septembre 1724, on établit la Bourse, dont l'entrée principale était dans la rue Vivienne. — L'autre lot échut au marquis de Mancini et reçut le nom d'hôtel de Nevers ; plus tard, les bureaux de la banque de Law y furent établis ; après la chute du système, l'abbé Bignon détermina le régent, en 1721, à acheter cet hôtel pour y placer la bibliothèque. Les lettres patentes relatives à cette acquisition et à son emploi ont été enregistrées au parlement le 18 mai 1724. La translation des livres, dont partie se trouvait dans une maison de la rue Vivienne et partie dans une maison particulière située rue de la Harpe, fut opérée par les soins de Colbert, ministre d'Etat et surintendant des bâtiments.

Les rois de France de la première et de la seconde race n'avaient point de bibliothèques ; ils ne possédaient que quelques volumes à leur usage particulier, où l'on remarquait des missels, des psautiers, des bibles, des traités des Pères de l'Eglise, des livres liturgiques et de plain-chant. Le roi Jean possédait huit à dix volumes, parmi lesquels se trouvaient la traduction de la Moralité des échecs, la traduction des trois Décades de Tite Live, un volume des guerres de la terre sainte, et quelques ouvrages de dévotion. Charles V, son successeur, qui aimait la lecture, et qui fit faire plusieurs traductions, porta sa collection jusqu'à neuf cent dix volumes : ils étaient placés dans une tour du Louvre, appelée *la Tour de la Librairie*. Gillet Mallet, valet de chambre, puis maître d'hôtel du roi, eut la garde de ces livres, et, en 1373, en composa un inventaire, encore conservé à la bibliothèque royale : ils consistaient en livres d'Église, de prières, de miracles, de vies de saints, et surtout en traités d'astrologie, de géomancie, de chiromancie, et autres productions des erreurs du temps; erreurs que ce roi adoptait. Après la mort de Charles V, cette collection de livres fut en partie dispersée et enlevée par des princes ou officiers de la cour. Deux cents volumes du premier inventaire manquèrent; mais, comme le roi recevait de temps en temps quelques présents de livres qui réparaient un peu les pertes, la bibliothèque se trouva encore composée, en 1423, d'environ huit cent cinquante volumes. Cette collection disparut pendant que le duc de Bedford, en qualité de régent de France, séjournait à Paris : ce prince anglais, en 1427, l'acheta tout entière, pour la somme de douze cents livres. Il paraît qu'il en fit transférer une partie en Angleterre. Ces volumes étaient pour la plupart enrichis de miniatures, couverts de riches étoffes et garnis de fermoirs d'or ou d'argent. — Louis XI rassembla les volumes que Charles V avait répartis dans diverses maisons royales, et y joignit les livres de son père, ceux de Charles son frère, et, à ce qu'il paraît, ceux du duc de Bourgogne. L'imprimerie, qui commença sous son règne à être en usage, favorisa l'accroissement de sa bibliothèque. Louis XII fit transporter au château de Blois les volumes que ses deux prédécesseurs, Louis XI et Charles VIII, avaient rassemblés au Louvre, où se trouvaient les commencements d'une précieuse collection de livres, dont plusieurs provenaient de ceux que le duc de Bedford avait tirés de la tour du Louvre, pour les transférer en Angleterre. Charles VIII avait réuni à la bibliothèque royale celle des rois de Naples; Louis XII l'augmenta de celle que les ducs de Milan possédaient à Pise. — François Ier, en 1544, avait commencé une bibliothèque à Fontainebleau; il l'accrut considérablement, en y transférant les livres que Louis XII avait réunis à Blois. Cette bibliothèque de Blois, dont on fit alors l'inventaire, se composait d'environ mille huit cent quatre-vingt-dix volumes, dont mille neuf cents imprimés, trente-huit ou trente-neuf manuscrits grecs, apportés de Naples à Blois par le célèbre Lascaris. — François Ier enrichit de plus la bibliothèque de Fontainebleau d'environ soixante manuscrits grecs, que Jérôme Fondul acquit par ses ordres dans les pays étrangers. Jean de Pins, Georges d'Armagnac, et Guillaume Pellicien, ambassadeur à Rome et à Venise, achetèrent pour le compte de ce roi tous les livres grecs qu'ils purent trouver. Deux cent soixante volumes en cette langue furent, d'après le catalogue dressé en 1544, le résultat de ces acquisitions. Depuis, François Ier envoya dans le Levant Guillaume Postel, Pierre-Gilles et Juste Tenelle; ils en rapportèrent quatre cents manuscrits grecs et une quarantaine de manuscrits orientaux. La bibliothèque de Fontainebleau s'accrut encore des livres du connétable de Bourbon, dont François Iᵉʳ confisqua tous les biens. — Henri II, en 1556, d'après les insinuations de Raoul Spifame, rendit une ordonnance qui serait devenue très-profitable si on l'eût exactement observée. Elle enjoignait aux libraires de fournir aux bibliothèques royales un exemplaire, en vélin et relié, de tous les livres qu'ils imprimeraient par privilége. — Henri IV, maître de Paris, ordonna, par lettres du 14 mai 1593, que la bibliothèque de Fontainebleau serait transférée à Paris, et déposée dans les bâtiments du collége de Clermont, que les jésuites, chassés de Paris et de la France, venaient d'évacuer. Mais cet ordre ne fut exécuté qu'au mois de mai 1595. La bibliothèque royale fut alors recueillie dans les salles de ce collége. Elle s'augmenta, vers cette époque, d'un grand nombre de livres précieux. Catherine de Médicis avait laissé une collection de manuscrits hébreux, grecs, latins, arabes, français, italiens, au nombre de plus de huit cents. Cette collection provenait de la succession du maréchal Strozzi, qui l'avait achetée après la mort du cardinal Ridolfi, neveu du pape Léon X. Catherine se l'appropria, sous le vain prétexte que ces livres provenaient de la bibliothèque des Médicis. Après sa mort, ils étaient restés en dépôt chez Jean-Baptiste Benivieni, abbé de Bellebranche, aumônier et bibliothécaire de cette reine. Henri IV ordonna l'acquisition de cette collection. Trois commissaires en firent l'estimation, en mars 1597, et la portèrent à la somme de cinq mille quatre cents écus. Les jésuites furent rappelés en 1604; on leur rendit leur collége de Clermont, et on transféra la bibliothèque du roi dans une salle du cloître du couvent des Cordeliers. Ces livres étaient alors sous la garde de Casaubon. — Sous Louis XIII, la bibliothèque royale fut enrichie des livres de Philippe Hurault, évêque de Chartres, au nombre de cent dix-huit volumes, dont cent manuscrits grecs; de ceux du sieur de Brèves, ambassadeur à Constantinople, qui consistaient en cent huit beaux manuscrits syriaques, arabes, persans, turcs, qui avaient été acquis et payés par le roi, pour faire partie de sa bibliothèque : mais le cardinal de Richelieu s'empara de cette collection, ainsi que de la bibliothèque de la Rochelle, dont il composa la sienne, qu'il légua à la Sorbonne. Sous le même règne, la bibliothèque du roi, restée au couvent des Cordeliers, fut transférée dans une grande maison appartenant à ces religieux, et située rue de la Harpe, au-dessus de l'église de St-Côme. Elle consistait alors dans environ seize mille sept cent quarante-six volumes, tant manuscrits qu'imprimés. — Sous le règne de Louis XIV et sous le ministère de Colbert, cette bibliothèque acquit une consistance et des richesses qu'elle n'avait jamais eues, et, pour la première fois, fut rendue accessible au public; elle favorisa puissamment les progrès des connaissances humaines. Elle s'accrut, 1° du fonds du comte de Béthune, composé de mille neuf cent vingt-trois volumes manuscrits, dont plus de neuf cent cinquante sont remplis de lettres et de pièces originales sur l'histoire de France; 2° dans le même temps, de la bibliothèque de Raphaël Trichet, sieur Dufresne, composée de neuf à dix mille volumes imprimés, d'une quarantaine de manuscrits grecs, de cent manuscrits latins et italiens, etc. ; 3° d'un recueil immense de pièces sur le cardinal Mazarin, en cinq cent trente-six volumes, etc. — Louvois succéda à Colbert dans la direction de cette bibliothèque; il continua son ouvrage, chargea ses ministres français dans les cours étrangères d'acheter des manuscrits et des imprimés; il en arriva de toutes parts. Le changement le plus notable qu'il éprouva sous le règne de Louis XIV fut sa translation de la rue de la Harpe dans la rue Vivienne. La bibliothèque était devenue trop nombreuse pour être contenue dans le local qu'elle occupait. En 1666, Colbert acheta des héritiers de M. de Beautru deux maisons voisines de son hôtel, rue Vivienne; il les fit disposer convenablement, et les livres y furent transportés. Sous la régence du duc d'Orléans, la bibliothèque fut transférée rue de Richelieu, dans l'hôtel immense qu'avait fait construire et qu'habitait autrefois le cardinal de Mazarin : la bibliothèque actuelle occupe encore une partie de ces bâtiments.

En 1684, la bibliothèque royale possédait cinquante mille cinq cent quarante-deux volumes; en 1775, près de cent cinquante mille et environ deux cent mille en 1790; elle est riche aujourd'hui de plus de neuf cent mille volumes imprimés, et de quatre-vingt mille manuscrits, sans compter plusieurs centaines de milliers de pièces relatives à l'histoire générale et surtout à l'histoire de France. Cette bibliothèque occupe quatre corps de bâtiments, au milieu desquels est une cour de 30 m. de largeur sur 300 m. de longueur. Elle est divisée en quatre départements : 1° livres imprimés; 2° manuscrits, chartes, diplômes, etc. ; 3° monnaies, médailles, pierres gravées et autres monuments antiques; 4° estampes, cartes géographiques et plans.

Les livres imprimés remplissent le premier étage des bâtiments qui environnent la cour, dans une étendue d'environ 260 m.; on y monte par un vaste escalier situé à droite du vestibule, qui se trouve à gauche de la porte d'entrée. Les diverses salles qui composent ce dépôt sont de plain-pied, de la même hauteur, larges de 8 m., et éclairées par trente-trois grandes croisées, entre de longues et hautes murailles de livres. Parmi plusieurs objets curieux, on remarque, dans la principale galerie, un monument appelé le *Parnasse français :* c'est une composition mesquine du sieur Titon du Tillet.— Une pièce qui se trouve en retour des principales salles, pièce spécialement destinée aux livres de géographie, a son parquet percé de deux ouvertures circulaires entourées de balustrades en fer. De ces ouvertures sortent les hémisphères de deux vastes globes, dont le pied en bronze est posé au rez-de-chaussée; l'un est terrestre et l'autre céleste. Ces deux sphères marquent l'état des connaissances géographiques et astronomiques de l'époque où elles furent fabriquées. Malgré leurs imperfections, elles sont remarquables comme objets de curiosité.

Les manuscrits sont déposés dans cinq pièces, dont quatre de moyenne grandeur, et la cinquième, la plus vaste, est l'ancienne galerie du palais Mazarin; le plafond, peint à fresque en 1651, par Romanelli, représente divers sujets de la fable, distribués en compartiments. Cette précieuse collection se compose d'un grand nombre de manuscrits orientaux et en diverses langues européennes.

Le cabinet des estampes et planches gravées occupe plusieurs pièces de l'entre-sol du bâtiment, et fut commencé par la collection de peintures d'objets d'histoire naturelle, de plantes du jardin botanique et d'animaux de la ménagerie de Blois, dont Gaston, duc d'Orléans, oncle de Louis XIV, avait fait présent à ce roi. Depuis, cette collection fut continuée par les plus habiles artistes de son temps; elle se compose de soixante volumes in-folio, qui furent, vers l'an 1717, donnés à la bibliothèque. Puis elle s'enrichit de deux cent soixante-quatre portefeuilles de l'abbé de Marolle, qui avait recueilli les gravures depuis 1470, époque de la naissance de cet art, jusqu'à son temps. On y joignit les gravures des événements militaires du règne de Louis XIV, des maisons royales, etc.; les planches gravées du cabinet de Gaignières, du sieur Beringhen, du maréchal d'Uxelles, des sieurs Fevret et de Fontette, de Begon, de Mariette et de Caylus, et la collection de différentes estampes faites pour orner une édition du Dante, de l'an 1481. — L'inventaire fait au 1er janvier 1841 a constaté la présence de 900,516 estampes. Il s'y trouve 1,805 pièces de Rembrandt et 2,498 de Callot; la collection de portraits, depuis celui d'Adam jusqu'à celui du comte de Paris, en renferme 90,565; il existe d'Henri IV 300 portraits différents et dix semblables; de Napoléon, 433; de Louis XIV, 531. La division consacrée aux costumes de tous les pays se compose de 36,973 pièces, dont 11,991 concernent la France; c'est le plus bizarre assemblage de travestissements, de modes originales, de singularités de costumes. On ne compte pas moins de 24,118 estampes historiques; 14,387 regardent l'histoire de notre patrie. Nous laissons de côté 7,831 caricatures, 36,859 pièces concernant l'architecture, 39,901 pour l'histoire naturelle, 41,840 sujets de piété et plus de 40,000 cartes.

Cabinet des médailles et antiques. La pièce principale de ce dépôt est éclairée par huit croisées; les trumeaux sont ornés de tables de marbre qui soutiennent des médailliers ou armoires; chaque armoire offre deux cents tiroirs dans lesquels sont rangées les différentes suites de médailles d'or, d'argent, de bronze, qui composent cette collection, une des plus riches de l'Europe. Cette salle est décorée de plusieurs tableaux de grands maîtres; mais sa plus précieuse décoration consiste dans les médailles rares et dans les autres objets d'antiquité conservés dans ce dépôt. Avant François Ier, aucun roi de France n'avait pensé à réunir des médailles antiques. Ce roi en possédait environ vingt en or et une centaine en argent, qu'il avait fait enchâsser dans des ouvrages d'orfévrerie comme ornement; il rassembla encore quelques autres médailles. Le goût des lettres faisant des progrès sous ce règne, tout ce qui s'y rapportait obtint faveur ; les médailles, qui servent à fixer les époques de l'histoire, à éclaircir ses points difficultueux, et souvent à suppléer à ses lacunes, commencèrent à trouver des amateurs zélés. Henri II aux médailles de François Ier joignit celles qu'il avait recueillies et celles qui composaient la riche collection que Catherine de Médicis, son épouse, avait apportée en France, avec les rares manuscrits de la bibliothèque de Florence. Charles IX accrut encore cette collection, lui destina un lieu particulier dans le Louvre pour la placer convenablement, et fut le premier qui créa une place spéciale de garde de ces médailles et antiques. Il accrut cette collection de celle du célèbre Groslier, mort en 1565. Pendant les troubles de la Ligue, cette collection fut presque entièrement pillée. Henri IV essaya de réparer ces pertes, et Louis XIII l'abandonna entièrement. Mais Louis XIV fit rassembler toutes les médailles et raretés qui se trouvaient dans les diverses maisons royales, y joignit celles qu'avait réunies dans le château de Blois Gaston, duc d'Orléans, et du tout composa ce qu'on nommait au Louvre *le cabinet des antiques.* En 1667, tout ce qui composait ce cabinet fut transféré à la bibliothèque royale. Par les soins de Colbert, ce dépôt s'accrut considérablement. Trois voyages faits par Vaillant en Egypte et en Perse l'enrichirent de beaucoup d'objets rares. Enfin depuis ce temps il n'a cessé d'être augmenté, et se compose aujourd'hui d'environ quatre-vingt mille médailles décrites, et la plupart gravées dans l'ouvrage de M. Mionnet. Au milieu de la salle est un grand et magnifique buffet couvert d'objets précieux, parmi lesquels on remarque un vase en ivoire en forme de calice, fait d'une seule dent d'éléphant, monté et doublé en vermeil, enrichi de pierres de diverses couleurs. Il a avec son couvercle 50 c. de hauteur sur 16 de largeur ; ses bas-reliefs représentent des combats des Turcs contre les Polonais. Dans un de ses tiroirs sont les objets précieux trouvés en 1653, à Tournai, dans un tombeau que l'on croit celui de Childebert, père de Clovis. On y voit encore deux disques, dont le premier, trouvé dans le Rhône en 1656, a 68 c. de diamètre, pèse quarante-deux marcs, est timbré d'un bas-relief représentant la continence de Scipion ; l'autre, trouvé par un laboureur du Dauphiné, en 1714, a 72 c. de diamètre, pèse quarante-trois marcs ; il a reçu des savants le nom de bouclier d'Annibal.

La Bourse, située place de la Bourse, entre les rues Feydeau et des Filles St-Thomas. Cet édifice, destiné aux assemblées de négociants, à tous les accessoires d'une réunion semblable, et au tribunal de commerce, est élevé sur l'emplacement du couvent des filles St-Thomas ; la première pierre en fut posée le 24 mars 1808. Son plan offre un parallélogramme, dont la longueur est de 69 m., et la largeur de 41 m. Un ordre corinthien de soixante-quatre colonnes embrassant deux étages dans sa hauteur, règne à tour de l'édifice et forme un promenoir couvert sur la façade principale; le portique prend une double profondeur, et présente un péristyle de quatorze colonnes de même ordre, supportant un attique; on y parvient par deux perrons de seize marches, occupant toute la largeur des façades occidentale et orientale; sur l'entrée principale on lit cette simple inscription :

BOURSE ET TRIBUNAL DE COMMERCE.

Du péristyle on arrive par un vaste vestibule à la salle de la Bourse, dont la superficie est de 40 m. de long sur 26 de large, y compris la profondeur des galeries en arcades qui règnent au pourtour. Cette salle reçoit son jour du comble, et peut contenir deux mille personnes. Rien n'est plus magnifique que sa décoration intérieure, où MM. Abel de Pujol et Meynier ont tracé avec une illusion parfaite en grisaille des compositions du plus grand mérite. — A l'extrémité de la salle est le parquet des agents de change et des courtiers de commerce; la gauche est occupée par un grand escalier conduisant au greffe et aux salles d'audience du tribunal de commerce. — Au premier étage, une galerie qui forme tribune règne autour de la grande salle, comme au rez-de-chaussée, et sert de communication aux différentes pièces.

L'hôtel de la Bourse est isolé sur ses quatre faces, et élevé sur un soubassement qui le fait dominer sur tous les bâtiments qui l'avoisinent, et est entouré d'une place plantée d'arbres.

Le théâtre de l'Opéra-Comique, situé place des Italiens. Vers 1780, la salle de l'hôtel de Bourgogne, où étaient établis les acteurs de la Comédie italienne, tombant en ruines, on choisit l'emplacement de l'hôtel Choiseul pour y construire un théâtre proportionné au goût de plus en plus prononcé que la population de Paris manifestait pour les spectacles. Les travaux, commencés en mars 1781, sur les dessins de l'architecte Heurtier, furent achevés en 1783. Le 28 avril de la même année, la comédie nommée improprement italienne, puisque depuis longtemps on n'y représentait plus que des pièces françaises, quitta son triste local de la rue Mauconseil, et vint débuter à la nouvelle salle, qui reçut le nom de salle Favart, en l'honneur de l'aimable auteur de *Ninette à la cour*, de *la Chercheuse d'esprit*, des *Trois Sultanes*, etc., etc. Toutefois, comme en parlant des acteurs pour lesquels le théâtre avait été construit on les désignait sous le nom des *Italiens*, la place sur laquelle donnait la façade de cette salle prit le nom de *place des Italiens*, nom qui fut aussi donné au boulevard par lequel on y arrive. L'ouverture de la salle Favart eut lieu le 28 avril par une petite pièce intitulée

Thalie à la nouvelle salle. Le fond du théâtre était adossé à la partie conservée de l'hôtel de Choiseul dont la façade donnait sur le boulevard, et où s'établit en 1782 le cercle ou la société dite du *Salon*, établissement où se réunissait ce que Paris renfermait alors d'hommes distingués. Ce salon était ouvert tous les jours depuis neuf heures du matin jusqu'à onze heures du soir; on y trouvait les papiers publics, les livres nouveaux, cartes géographiques, etc. Les jeux de société y étaient tolérés; mais les jeux de hasard y étaient absolument interdits, et chaque membre s'engageait d'honneur à ne pas contrevenir à cet engagement. — Les acteurs de l'Opéra-Comique jouèrent à la salle Favart jusqu'en 1797, époque où des réparations urgentes les obligèrent à l'abandonner pour aller occuper le théâtre de la rue Feydeau. Sous l'empire, une troupe permanente de chanteurs italiens que Napoléon avait fait venir à Paris, occupa ce théâtre alternativement avec les théâtres Louvois, de la rue de la Victoire et de l'Odéon. Sous la restauration et depuis la révolution de juillet, les Italiens furent remis en possession de la salle Favart, qui réunit pendant plus de vingt années l'élite de la société parisienne. — Lors de l'incendie qui consuma ce théâtre en 1838, les Italiens se réfugièrent à l'Odéon, d'où ils passèrent à la salle Ventadour, qu'ils occupent aujourd'hui. La salle Favart, reconstruite en 1839, est affectée depuis cette époque aux représentations de l'Opéra-Comique dont la destinée a été si brillante au théâtre Feydeau, aujourd'hui détruit et dont nous ne pouvons nous dispenser de dire un mot.

Le théâtre Feydeau, situé rue Feydeau, n° 19, avait été construit par MM. Legrand et Molinos pendant les années 1789 et 1790, par une troupe venue d'Italie sous la protection de Monsieur, depuis Louis XVIII, qui débuta dans la salle des Tuileries le 29 janvier 1789 par un opéra-bouffon intitulé *le Vicende Amorose*. La journée des 5 et 6 octobre 1789, qui obligea Louis XVI à occuper les Tuileries, força les bouffons à déménager; ils allèrent s'établir à la foire St-Germain dans le théâtre de Nicolet, qu'ils quittèrent pour aller occuper, sous la direction du célèbre violoniste Viotti, le théâtre de la rue Feydeau, qui prit le titre de *théâtre de Monsieur*, où ils débutèrent, le 6 janvier 1791, par un opéra intitulé *le Nozze de Dorina*. Outre l'opéra-bouffon italien, auquel ce théâtre était particulièrement consacré, il réunissait deux autres genres: la comédie française et l'opéra-comique, auxquels on ajouta un peu après le vaudeville. Dans le cours de la révolution, ce théâtre prit le nom de *théâtre Feydeau*, et les bouffons en disparurent pour n'y plus revenir. L'Opéra-Comique s'y installa en 1797, lorsqu'il fut obligé de quitter la salle Favart, pour cause de réparation. Après plusieurs années de décadence et de succès, le théâtre Feydeau fit sa clôture en 1801, époque où venait aussi d'être fermé le *théâtre Favart*. La fusion des troupes de ces deux théâtres s'étant opérée, le 16 septembre 1801 eut lieu le début de la nouvelle société, qui prit le nom de *théâtre de l'Opéra-Comique*, auquel elle ajouta sous l'empire le titre de *Comédiens de l'empereur*. La salle, qui menaçait ruine, fut irrévocablement fermée le 16 avril 1829, et démolie l'année suivante; elle était vaste, imposante, mais d'une élévation démesurée. Avec la salle a disparu le passage Feydeau, sur l'emplacement duquel a été bâti le théâtre des Nouveautés, devenu théâtre du Vaudeville.

« Aujourd'hui, dit l'un des spirituels auteurs des *Cent et un*, Feydeau est mort; mais qui ne se rappelle les joyeuses soirées d'artistes de son foyer dont Hoffmann était l'âme. Le foyer de Feydeau fut un des salons les plus agréables de Paris. Le bon ton y était de règle; non ce bon ton bégueule qui interdit à la causerie ses libertés, ses saillies, ses plaisanteries vives et mordantes, mais celui de quelques-uns des anciens bureaux d'esprit, moins la pédanterie. Hoffmann présidait ce petit club d'amis; Hoffmann, érudit, original, caustique, railleur, parlant de tout avec une grâce malicieuse. Auprès d'Hoffmann était Garat, grand conteur d'anecdotes de l'ancienne cour et de la révolution. Venait ensuite : Darcourt, vieux comédien du roi de Prusse, qui avait succédé au célèbre Carlin, celui qui appelait Elleviou l'Empereur, parce qu'il était le despote de l'Opéra-Comique; le spirituel et cynique Perpignan; Bouvier, musicien d'orchestre, faiseur d'excellentes charges; le poëte Emmanuel Dupaty; la spirituelle Mme Gavaudan, Juillet, si naturel sur la scène, si honnête, si bourru, si brusquement bonhomme dans ses relations sociales ; Chenard, gai à soixante ans comme il l'avait été à trente ; Martin, qui hasardait rarement sa voix précieuse dans la discussion; Nicolo, mort jeune épuisé d'amour et de mélodie; le gai et spirituel Brazier; la mère Goutier, bonne, naturelle, faisant en scène le signe de la croix avant de chanter un air dont elle se défiait ; Mme Belmont, spirituelle autant que Mme Gavaudan. Enfin Goutier, Ponchard, Chérubini, Elleviou, Darboville, Nanteuil, Etienne, Capelle, Berton, Carle Vernet, Talma, Bouilly, Boïeldieu, Picard, Alexandre Duval, Picot, Aubert, Hérold, Chollet, Vicentini, Planard, Panseron, Fétis, Scribe, etc., et Mmes Rigaud (Mlle Palar), Pradher (Mlle Môre), Regnault, Boulanger, Duret, Jenny Colon, Desbrosses, et tant d'autres... Jours de ces réunions délicieuses, qu'êtes-vous devenus? *Mais où sont les neiges d'autan?* »

Un péristyle de six colonnes ioniques forme la façade du théâtre de l'Opéra-Comique : les proportions en sont mâles, et l'artiste s'est abstenu d'y introduire aucun ornement de sculpture. Un acrotère lisse couronne le dessus de l'entablement, et les joints horizontaux de l'appareil sont la seule richesse qui décore le mur du fond, percé de baies carrées au rez-de-chaussée, et cintrées en arcades au premier étage. La place sur laquelle donne cette façade est régulièrement bâtie.

Le théâtre royal Italien, situé rue Marsollier. Ce théâtre, qui porta dans l'origine le nom de salle Ventadour, a été construit pour l'Opéra-Comique quand le théâtre Feydeau dut être détruit. L'Opéra-Comique occupa cette salle peu de temps ; il la quitta pour la salle de la Bourse, qu'il abandonna pour aller définitivement fixer son domicile à l'ancienne salle Favart, sur le boulevard des Italiens. La salle Ventadour servit ensuite à des concerts historiques, à des bals ; un théâtre nautique y fut installé, et ne s'y soutint pas longtemps. Plus tard, la jeune littérature fit de grands efforts pour y fonder un théâtre dit de la Renaissance, alimenté par des pièces de sa fabrique, qui n'attirèrent pas longtemps la foule. La salle Ventadour est aujourd'hui affectée aux représentations des acteurs italiens depuis le 1er octobre jusqu'au 31 mars.

La façade principale de ce théâtre présente une rangée de neuf arcades couronnées par un attique. Un portique formé par ces arcades conduit à un vestibule d'où l'on monte au théâtre, qui est de forme semi-circulaire.

Le théâtre des Variétés, situé boulevard Montmartre, n°s 5 et 7. En 1806, les acteurs des Variétés, ayant été forcés de quitter le théâtre Montansier au Palais-Royal, se réfugièrent au théâtre de la Cité, pendant qu'on leur construisait sur le boulevard Montmartre la salle où ils sont encore aujourd'hui. Ce théâtre s'ouvrit, le 24 juin 1807, par un prologue de MM. Désaugiers, Moreau et Francis, intitulé le *Panorama de Momus*. Dès les premiers jours la foule se porta aux Variétés ; et depuis lors ce théâtre a presque constamment joui d'une vogue sans égale. Au nombre des acteurs qui ont le plus contribué aux plaisirs du public, les principaux sont : Brunet, Tiercelin, Potier, Vernet, Lepeintre aîné, Bosquier, Gavaudan, Frédéric Lemaître, Odry, Arnal, Mmes Vautrin, Elomire, Pauline, Cuisot, Jenny Vertpré, etc., etc. Presque tous les auteurs dramatiques en réputation ont contribué à la dotation du nombreux répertoire de ce théâtre. — La façade de ce théâtre est décorée de deux rangées de colonnes d'ordre dorique et ionique, couronnées d'un fronton. Le rez-de-chaussée présente un vestibule dans lequel sont deux escaliers conduisant aux premières loges et au foyer. La salle est à peu près circulaire.

Le théâtre du Vaudeville, situé place de la Bourse. En 1826, M. Bérard, ancien directeur du Vaudeville, qui avait obtenu du ministre de l'intérieur Corbière le privilége d'un nouveau théâtre, avec l'autorisation de le bâtir là où il voudrait, s'associa avec M. Langlois, riche capitaliste, possesseur d'une partie des bâtiments du passage Feydeau. Sur une partie de l'emplacement de ce passage, ils firent construire une jolie salle de spectacle, flanquée à droite et à gauche de fort belles maisons avec des boutiques élégantes. La salle et les dépendances ont coûté trois millions quatre cent soixante-sept mille francs ; le tout a été revendu, en 1833, un million cent mille francs. Le théâtre prit le nom de *théâtre* *des Nouveautés;* l'ouverture eut lieu, le 1ᵉʳ mars 1827, par *Quinze et Vingt ans*, vaudeville en deux actes. Après une alternative de quelques beaux jours auxquels succédèrent un plus grand nombre de mauvais, le théâtre des Nouveautés fut fermé le 15 février 1832. Au mois de septembre de la même année, l'Opéra-Comique, qui venait de déserter la salle Ventadour, vint débuter au théâtre de la place de la Bourse, où il enregistra plusieurs beaux succès. Lors du retour de ce spectacle à la salle Favart, l'Opéra-Comique a cédé la place au théâtre du Vaudeville. (Voyez page précédente.)

La fontaine Richelieu, située place Richelieu, à l'endroit où était la salle de spectacle construite, en 1793, par Mˡˡᵉ Montansier, et démolie après l'assassinat du duc de Berry, en 1820. Elle se compose d'un vaste bassin de pierre de forme circulaire, avec un piédestal orné de bas-reliefs en bronze, supportant un bassin de bronze garni de gueules qui rejettent l'eau, au centre duquel sont quatre figures de bronze groupées ensemble, représentant la Seine, la Saône, la Loire et la Garonne, supportant une vasque d'où sort le jet principal dont l'eau descend en plusieurs filets dans le premier bassin.

La fontaine d'Antin, construite, en 1712, carrefour Gaillon, entre les rues de la Michodière et Port-Mahon. Elle est décorée de deux colonnes d'ordre dorique, dont l'attique est chargé de sculpture.

VARIÉTÉS HISTORIQUES ET BIOGRAPHIQUES.

Rue Neuve St-Augustin. A l'endroit où débouche aujourd'hui la rue d'Antin était l'entrée de l'hôtel de Richelieu, ci-devant hôtel d'Antin, construit sur les dessins de Pierre Levée, en 1707, pour un fameux agent d'affaires nommé la Cour des Chiens. Cet hôtel fut acheté en 1713 par le duc d'Antin. En 1737 il devint la propriété du maréchal de Richelieu, qui y fit faire de nombreux embellissements. Les jardins s'étendaient jusqu'au boulevard, et l'on voit encore au coin de la rue Louis-le-Grand la façade semi-circulaire d'une maison qui faisait partie de ce fameux pavillon de Hanovre, théâtre ordinaire des orgies du maréchal de Richelieu. On sait que cet atroce libertin, imbu d'un orgueil nobiliaire qui le rendait capable de la plus froide cruauté envers qui n'était pas de sa caste, fit enfermer à Bicêtre une femme du peuple qui se plaignait que son mari avait été battu jusqu'à mort d'homme par les gens du duc de Richelieu. Une autre fois il fit incarcérer au Fort-l'Évêque un de ses valets de chambre à qui une jolie ouvrière avait donné sur lui la préférence, et fit mettre pour six mois cette fille à l'hôpital, pour la punir, disait-il, de préférer un valet à un grand seigneur. A seize ans, il avait développé, dans une intrigue avec l'infortunée dame Michelin, une atrocité froide et monstrueuse à cet âge. Cependant, le croirait-on? Richelieu avait un tel charme pour se faire aimer, que la plupart des femmes qu'il a séduites lui sont restées constamment dévouées. — Le maréchal de Richelieu épousa dans la chapelle de cet hôtel le 15 février 1780, à l'âge de quatre-vingt-quatre ans, Mme de Rooth qui n'en avait que vingt, et à cette occasion il chassa tous les roués, tous les entremetteurs et toutes les coquines dont il avait été entouré jusqu'alors; il est mort dans son hôtel en 1788, à l'âge de quatre-vingt-douze ans. On sait qu'il eut un fils digne de lui dans le duc de Fronsac, qui n'ayant pu séduire par son or et ses caresses une jeune personne qui vivait avec sa mère, dans le délire de sa passion effrénée se rendit coupable de trois crimes à la fois dans une même nuit : l'incendie, le rapt et le viol!...

Pendant la révolution, l'hôtel de Richelieu fut loué à des entrepreneurs de fêtes publiques. Ce fut le premier local où l'on donna des bals après la terreur; on le nommait alors le bal des Victimes, nom qu'il partageait avec le bal Thélusson, et avec le bal qui avait lieu au Théâtre-Français, dont les acteurs étaient alors presque tous en prison ou dispersés. Sur l'emplacement du pavillon de Hanovre, le frère du comédien Juillet établit en 1797 le premier jardin café où l'on donna des bals et des concerts, qui deux ans après fut éclipsé par Frascati. — On a conservé le souvenir d'une fête donnée au pavillon de Hanovre en 1798, en commémoration de la fédération du 14 juillet. Les femmes les plus belles et les plus riches de Paris s'y rendirent couvertes de diamants : on remarquait surtout parmi elles mesdames Tallien et Beauharnais déjà mariée avec le général Bonaparte, et à laquelle on donna en cette occasion le surnom de Notre-Dame des Victoires.

A côté du pavillon de Hanovre sont les Bains-Chinois, connus dans l'origine sous le nom de Bains-Orientaux. Une construction bizarre, un emplacement heureux, un service bien entendu, et par-dessus tout cela le mérite de la nouveauté, procurèrent à cet établissement une vogue qu'il a perdue et reconquise plusieurs fois.

C'est à l'entrée de la rue d'Antin, du côté de la rue Neuve des Petits-Champs, qu'eut lieu le fameux duel de Beaufort et de Nemours, le 30 juillet 1652, vers 7 heures du soir. Le duc de Beaufort avait pour seconds Bury, de Ris, Brillet et Héricourt; le marquis de Villars, père du maréchal, le chevalier de la Chaise, Compon et de Serche accompagnaient le duc de Nemours, qui tira le premier comme offensé, et voulut fondre ensuite à l'épée sur son adversaire, qui le tua roide de trois balles dans la poitrine. Deux des tenants furent tués, et la plupart des autres blessés plus ou moins dangereusement.

Boulevard des Italiens demeurait et est morte en 1802 la célèbre Sophie Arnould, actrice de l'Opéra, où elle tint pendant vingt ans avec le plus grand succès les premiers emplois. C'est toutefois moins comme actrice qu'elle s'est rendue célèbre, que par son esprit et ses aventures galantes. (Voyez rue de Béthizy.)

C'est sur le boulevard et près du Théâtre-Italien, dans un café tenu par un nommé Chrétien, juré au tribunal révolutionnaire, que se rassemblaient une compagnie de coupe-jarrets, désignés sous le nom de *tappe-durs*, qui, armés de bâtons noueux de la grosseur du bras, auxquels ils donnaient par dérision le nom de *constitution de l'an* III, parcouraient le Palais-Royal et les promenades publiques, insultant et vexant les passants, qui n'osaient résister à ces terribles janissaires du comité de sûreté générale.

Rue Richelieu, n°s 110 et 112, et boulevard Montmartre, n°s 21 et 23, était autrefois l'hôtel Lecoulteux, où demeurait en 1793 l'illustre Lavoisier, transformé en jardin public sous le nom de Frascati. Cet établissement, qui pendant un temps a été le plus beau café de l'Europe, fut fondé sous le directoire par le Napolitain Garchi. Ses jardins, longeant le boulevard et bordés de terrasses qui s'étendaient jusqu'au passage des Panoramas, n'étaient d'abord qu'un lieu de plaisance où l'on allait se rafraîchir, danser, voir des feux d'artifice, et faire des connaissances dans des allées ombreuses éclairées çà et là par des verres de couleur. Peu de temps après sa fondation, Frascati fut exploité par des entrepreneurs sur une vaste échelle; Perrin y transporta la banque qu'il tenait rue de Richelieu n° 108, et se retira riche de seize millions, ce qui ne l'empêcha pas de mourir insolvable; à Perrin succéda Bernard, qui céda la place au marquis de Chalabre, mort récemment dans la plus profonde misère; Enfin Boursault y accrut son patrimoine considérable, et la famille Benazet y commença une fortune qu'elle achève à Baden-Baden. — Frascati n'était pas une maison de jeu ouverte au premier venu. On y était sévère pour la tenue et le costume. Le jeu commençait à quatre heures et se prolongeait jusqu'à deux heures du matin. C'était la seule maison de jeu ouverte aux femmes; plusieurs d'entre elles étaient même rétribuées par l'administration, et il n'était pas rare de leur voir perdre, avec le montant de cette rétribution, ce qu'elles gagnaient d'une autre manière. A deux heures du matin on servait un souper froid. — Le salon des étrangers, fondé primitivement hôtel d'Augny, rue Grange-Batelière, avait été transféré rue de Richelieu où existent aujourd'hui les n°s 106 et 108. Il y avait une porte de communication qui communiquait avec Frascati et qui s'ouvrait le soir pour les membres du salon seulement. Lorsque les jeux furent retirés à Perrin, il refusa de louer son hôtel, et le salon des étrangers retourna à l'hôtel d'Augny.

Au n° 62 était l'hôtel du marquis de Talaru. Pendant la révolution, l'hôtel de Talaru fut converti en maison de détention, où furent renfermés un grand nombre de personnes recommandables, parmi lesquelles trois victimes seulement furent moissonnées par l'échafaud révolutionnaire : l'ancien trésorier de la marine Boutin, créateur du jardin de Tivoli ; l'ancien valet de chambre de Louis XV Laborde, si connu par son goût passionné pour la musique, et le marquis de Talaru, propriétaire de l'hôtel de ce nom, qu'il avait fait bâtir. Par une de ces vicissitudes de la fortune, alors si communes, le marquis de Talaru avait été forcé de louer son hôtel à un particulier, qui l'offrit au comité révolutionnaire de la section de 1792, alors à la recherche d'un local pour en faire une maison de détention. Le marquis de Talaru y fut enfermé un des premiers, et payait dix-huit livres par jour pour la location d'une chambre dans son propre hôtel, qu'il ne quitta que pour aller à l'échafaud.

La porte Richelieu, démolie en 1701, était près de la rue Feydeau.

La rue Rameau doit sa dénomination au célèbre compositeur de musique de ce nom, mort en 1764, à l'âge de quatre-vingt-trois ans. Le roi lui avait accordé des lettres de noblesse, mais il était si avare qu'il n'avait pas voulu les faire enregistrer, pour ne pas dépenser une somme qui lui tenait plus à cœur que la noblesse. Il est mort avec fermeté : le curé de St-Eustache s'est présenté à son lit de mort et a péroré longtemps en vain, au point que le malade, ennuyé, s'est écrié avec fureur : *Que diable venez-vous me chanter là, monsieur le curé ! vous avez la voix fausse.*

Rue Favart, n° 4, habitait COLLOT D'HERBOIS.

Rue Gaillon, hôtel des Etats-Unis, demeurait ST-JUST.

Rue de Grétry, n° 1, demeurait BRISSOT.

Rue de Ménard habitait ANACHARSIS CLOOTS, baron prussien, député de l'Oise à la convention nationale en 1792. Dans le procès de Louis XVI il vota pour la mort *au nom du genre humain*. Compris dans la dénonciation portée par St-Just contre les hébertistes, il fut arrêté et condamné à mort le 24 mars 1794. En allant à l'échafaud, il ne cessa de prêcher l'auteur du *Père Duchesne*, pour le prémunir contre les réminiscences religieuses de son enfance, et demanda à être exécuté le dernier, afin d'avoir le temps de faire de nouvelles observations et de prolonger de quelques instants le cours de ses spéculations sur la nature humaine. Il reçut le coup fatal avec le courage d'un fanatique.

Rue de Ménard, n° 10, demeurait, en 1816, M¹¹ᵉ BOURGOIN, jeune et jolie actrice du Théâtre-Français, où elle débuta en 1800.

Rue des Filles-St-Thomas était le COUVENT DES FILLES-ST-THOMAS, dont le portail faisait face à la rue Vivienne, qui ne se prolongeait alors que jusqu'à la rue des Filles-St-Thomas. Ce couvent, détruit pendant la révolution, avait été fondé en 1626 par Anne de Caumont, épouse de Fr. d'Orléans Longueville, comte de St-Paul et duc de Fronsac, qui y fut inhumé en 1642. L'église était assez jolie, mais le portail du monastère, dont l'emplacement est occupé par la place de la Bourse, ne répondait point à la beauté de sa situation.

C'est au couvent des Filles-St-Thomas, d'où elle ne sortit pas une fois durant quarante ans, que demeurait Mme Doublet, célèbre par son goût pour les nouvelles politiques et littéraires et par ses liaisons avec beaucoup de gens de lettres et de savants distingués. Elle vit se renouveler chez elle, pendant soixante ans, la meilleure société de Paris : Coypel, Freret, Bougainville, Rigaud, Largillière, Fagon, Helvétius, Mirabeau, Lacurne Ste-Palaye, Marivaux, Mairan, Falconet, Foncemague, d'Argental, Piron, les abbés de Rothelin, de Chauvelin, Xaupi et de Voisenon ; Mme Lemarchand, Mlle Quinault, etc., enfin Bachaumont, le plus ancien de ses amis, auquel elle ne survécut que quinze jours, étant morte en 1771 à quatre-vingt-quatorze ans. — C'est à cette réunion que l'on doit la collection connue sous le nom *Mémoires secrets de Bachaumont*.

Rue des Filles-St-Thomas, HOTEL DE LA TRANQUILLITÉ, logeait en 1794 Mme de Permon, mère de la duchesse d'Abrantès.—A la même époque, Bonaparte avait dans cet hôtel un logement qu'il partageait avec Junot. Salicetti fut caché dans cet hôtel par Mme de Permon, et évita le sort fatal de ses collègues Romme, Goujon, Duquesnoi, Soubrani, Bourbotte, etc.

Au n° 23 demeurait en 1808 BRILLAT-SAVARIN, illustre auteur de la *Physiologie du goût*.

Au n° 9 habitait en 1811 le célèbre acteur de l'Opéra-Comique ELLEVIOU.

Rue St-Marc-Feydeau, n° 10, était l'HOTEL DE MONTMORENCY-LUXEMBOURG, bâti en 1704, sur les dessins de l'Assurance, dont les superbes jardins s'étendaient jusqu'aux boulevards. Cet hôtel a été démoli il y a quelques années, lors de la prolongation de la rue Vivienne et du percement d'une nouvelle galerie du passage des Panoramas.

Rue Chabannais demeurait en 1793 CHAMFORT. Dénoncé au comité de salut public, incarcéré et quelque temps après rendu à la liberté, le séjour de la prison lui avait été si pénible, qu'il jura de ne jamais tomber vivant au pouvoir de ses persécuteurs. Il tint parole : au moment où on vint pour l'arrêter une seconde fois, il passe dans son cabinet, se tire sur le front un coup de pistolet, se fracasse le nez et s'enfonce l'œil droit. Etonné de vivre, il essaye de se couper la gorge ; on entre, et on le trouve baigné dans son sang. Tandis qu'on prépare l'appareil nécessaire à ses blessures, il dicte aux officiers civils la déclaration suivante : « Moi, Sébastien-Roch-Nicolas Chamfort, déclare avoir voulu mourir en homme libre plutôt que d'être conduit en esclave dans une maison d'arrêt ; déclare que si par violence on s'obstinait à m'y traîner dans l'état où je suis, il me reste assez de force pour achever ce que j'ai commencé. Je suis homme libre ; jamais on ne me fera rentrer vivant dans une prison. » Après avoir souffert longtemps les douleurs les plus cruelles, Chamfort expira le 23 avril 1794.

Rue Notre-Dame-des-Victoires, vis-à-vis une porte du couvent des Petits-Pères, demeurait, en 1768, le sieur Roi de Chaumont, qui dirigeait avec Perruchot le bureau général du monopole des grains, connu sous le nom de *pacte de famine*, dont la caisse et les bureaux étaient rue de la Jussienne.

Le passage Feydeau, aujourd'hui détruit, communiquait de la rue des Filles-St-Thomas, entre les n°s 10 et 12, à la rue Feydeau, n° 19, et à la rue des Colonnes, n° 8. « C'était, dit Brazier, un passage triste, noir, enfumé, où jamais un rayon de soleil ne pénétrait ; les marchands étaient obligés d'allumer leurs quinquets à midi en hiver, et à cinq heures du soir en été. Deux établissements publics y ont *joui* d'une certaine célébrité : le café Chéron et le restaurant de la mère Camus. Le café Chéron était à l'Opéra-Comique ce que le café Procope avait été autrefois à la Comédie française ; c'était là que se réunissaient un grand nombre d'hommes de lettres : Moreau, Gosse, Évariste Dumoulin et le chantre de *Joconde*, Nicolo Isoard. Un savant très-regrettable, Cadet Gassicourt, homme gai, spirituel, était aussi l'un des fervents du café Chéron. Le restaurant de la mère Camus était le rendez-vous des commis marchands, des bons boutiquiers ; les employés surtout y affluaient. La carte était abondante, variée, l'hôtesse prévenante, gracieuse, le maître franc et rond, chaud partisan du vaudeville et des vaudevillistes. — A l'exception de ces deux spécialités, le passage Feydeau avait la même physionomie que beaucoup d'autres ; on y trouvait deux boutiques de libraires, Marchand et Dentu ; des marchands d'estampes, un débit de tabac, un mercier, des modistes, un magasin de briquets phosphoriques, une bouquetière, un marchand de marrons, enfin un estaminet au premier qui occupait presque toute la longueur du passage. » Le passage Feydeau a été supprimé en 1830, lors de la démolition du théâtre Feydeau.

Rue de Louvois, n° 6, était le THÉÂTRE LOUVOIS, construit en 1791 sur les dessins de Brongniart, et ouvert sous le nom de *théâtre des Amis de la patrie* le 1er juillet 1793, par la première représentation des *Trois Garçons* et de *la Fille mal gardée*. On y jouait la comédie et l'opéra. Plus tard Mlle Raucourt en eut pendant quelque temps la direction. Occupée ensuite par les Troubadours, puis par les danseurs Ravel et Forioso, la salle fut restaurée sur les dessins de Peyre et Clément, et rouverte, sous la direction de Picard, le 17 floréal an ix (7 mai 1801), par un prologue intitulé : *la Petite Maison de Thalie*. Ce spirituel auteur des *Marionnettes* et de *la Petite Ville* exploita ce théâtre jusqu'en 1808 ; c'est là qu'il donna ses plus jolies pièces. Depuis, le théâtre italien y fut établi. Il servit ensuite de magasin à l'Académie royale de musique, qui y communiquait par un pont en fer jeté au-dessus de la rue de Louvois. Après l'assassinat du duc de Berry en 1820, l'Académie royale de musique s'y installa pendant que l'on construisait la salle qu'elle occupe aujourd'hui. Ce théâtre a été transformé depuis en maison particulière.

La place Louvois doit son nom à l'ancien hôtel Louvois, sur l'emplacement duquel Mlle Montansier fit construire, en 1792, une vaste salle de spectacle qui reçut le nom de *théâtre national*, dont l'ouverture eut lieu le 17 août 1793, jour de l'exécution du général Custines, par *la Constitution à Constantinople*, pièce à laquelle succédèrent à peu d'intervalle les pièces révolutionnaires intitulées : *les Prêtres et les Rois, les Tu et les Toi, la Mort de Marat, les Montagnards*, etc., etc. La Montansier ayant été dépossédée de cette salle, le 19 août 1794, par le comité de salut public, l'Opéra fut installé à la salle de la rue Richelieu, sous le nom de *théâtre des Arts*, le 28 juillet 1794. — Le 13 février 1820, le duc de Berry ayant été assassiné par Louvel à la sortie de l'Opéra, la salle de la rue Richelieu fut fermée et peu après démolie. Sur son emplacement on construisit un monument funéraire en l'honneur du duc de Berry, qui était sur le point d'être terminé lors de la révolution de 1830. Quelques années après ce monument fut démoli ; la place a été déblayée en 1835, plantée de deux rangs d'arbres, et on éleva au centre, sur les dessins de Visconti, une des plus gracieuses fontaines de Paris.

N° 8. QUARTIER DU FAUBOURG MONTMARTRE.

Ci-devant *section du Faubourg Montmartre*.

Les limites de ce quartier sont : le boulevard Poissonnière n^{os} pairs, la rue du Faubourg Montmartre n^{os} pairs, le mur d'enceinte de Paris de la barrière des Martyrs à la barrière Poissonnière, la rue du Faubourg Poissonnière n^{os} impairs. — Superficie 780,000 m. carrés, équivalant à 0,024 de la superficie totale de Paris.

On remarque principalement dans ce quartier :

Le Conservatoire de musique, situé Faubourg Poissonnière, n° 11. L'intendance de la couronne fit, en 1783, l'acquisition des bâtiments et dépendances de l'hôtel des Menus-Plaisirs. Destinés au service de l'Opéra, ces bâtiments contenaient les magasins des machines, des décorations, et un théâtre où se faisaient les répétitions des pièces qui devaient être jouées sur celui de l'Opéra.

Gossec et Gavignies, qui dirigeaient alors le concert spirituel, proposèrent au baron de Breteuil d'y établir une école de chant. Cette école, fondée en 1784, par lettre patente du 3 janvier, fut effectivement ouverte en avril de la même année, sous la direction de Gossec; on y enseignait déjà le chant, la musique instrumentale et la danse, lorsqu'en 1786 le duc de Duras obtint la formation d'une école spéciale de déclamation pour le Théâtre-Français. Molé, Dugazon et Fleury en furent les professeurs; c'est à cette époque que s'est développé le talent de Talma.

Au commencement de la révolution, cette institution était connue sous le nom de Musique du dépôt des gardes françaises. Un homme qui n'était point musicien eut l'art d'empêcher la dispersion des maîtres et des élèves, et assez d'esprit pour faire entendre à ceux qui gouvernaient, que cette école pouvait être utile pour la musique des armées et des fêtes de la république. Lorsque toutes les institutions anciennes étaient abattues, celle-ci résista à tous les orages, et son guide, profitant de toutes les occasions favorables à son développement, sut l'environner de tous les appuis, de tous les germes de prospérité qui, au milieu de la guerre et au commencement de son existence, l'ont placée au rang des meilleurs conservatoires de l'Italie.

La façade du Conservatoire de musique est décorée de quatre figures allégoriques, représentant l'Opéra, l'Opéra-Comique, la Tragédie et la Comédie. Les deux premières, qui ornent la partie supérieure de la façade, sont appuyées de chaque côté sur un cadran circulaire destiné à recevoir une horloge à sonnerie, et dont les heures seront éclairées pendant la nuit; la Tragédie et la Comédie couronnent les colonnes qui encadrent la porte principale.

VARIÉTÉS HISTORIQUES ET BIOGRAPHIQUES.

Rue Bergère et presque en face du Conservatoire de musique, on remarquait naguère l'HÔTEL ROUGEMONT DE LOWEMBERG, magnifique habitation dont les jardins s'étendaient jusqu'au boulevard Montmartre, où une grille en fer permettait aux promeneurs de jouir de la fraicheur de ses gazons, de la beauté de ses ombrages. Cet hôtel, acquis, dit-on, au prix de six cent mille francs, a été vendu récemment la somme énorme de quatre millions à une société d'entrepreneurs; sur le terrain où il s'élevait a été percée une rue en voie de construction.

Rue Richer, n° 10, demeurait en 1841 le compositeur de musique BERTON, auteur du *Délire*, d'*Aline*, des *Maris garçons*, etc., etc.

Rue de Ménars, n° 9, a demeuré VIOTTI, célèbre violoniste et compositeur de musique, mort en 1824.

Rue Buffaut, n° **23**, habitait en 1845 M. B. Saintine, auteur du délicieux roman de *Picciola*.

Rue de la Tour-d'Auvergne, n° **11**, demeurait en 1822 le général Berton, chef de la conspiration de Saumur, décapité à Poitiers en 1825.

Rue du Faubourg Poissonnière, n° **76**, est la caserne de la Nouvelle-France, où deux grands hommes ont commencé leur carrière militaire : Hoche, soldat aux gardes françaises à dix-sept ans et général en chef à vingt-sept; Lefebvre, sergent aux gardes françaises en 1789, général en 1793 et maréchal de France en 1804. — Le 27 juillet 1830, le capitaine Flandin, à la tête de deux cents citoyens, dont il n'y en avait peut-être pas vingt qui fussent armés, attaqua cette caserne, fit mettre bas les armes à cent quarante jeunes soldats du 50° de ligne, et s'empara de ce poste important, où on trouva de précieuses ressources pour la défense.

Au n° 97 est l'une des plus importantes usines à gaz de Paris, établie dans le jardin de l'hôtel de François de Neufchâteau, dont les bâtiments ont été convertis en maison de santé.

C'est près de la barrière Poissonnière, dans une vaste tranchée creusée à cet effet, que furent jetés pêle-mêle les quatre à cinq cents cadavres des Suisses tués dans les escaliers, les cours et les jardins des Tuileries.

TROISIEME ARRONDISSEMENT.

Les limites de cet arrondissement sont : le mur d'enceinte de la barrière du Télégraphe ou Poissonnière jusqu'à la barrière St-Denis, la rue du Faubourg St-Denis n°˚ impairs, le boulevard Bonne-Nouvelle n°˚ pairs, les rues Poissonnière et du Petit-Carreau n°˚ impairs, les rues Montorgueil, de la Fromagerie et de la Tonnellerie n°˚ impairs, la rue St-Honoré n°˚ pairs jusqu'à la rue du Four, la rue du Four n°˚ pairs, la rue Coquillière n°˚ pairs, et à partir de cette rue la rue Croix-des-Petits-Champs n°˚ pairs, le pourtour de la place des Victoires de la rue Croix-des-Petits-Champs à la rue Neuve des Petits-Champs, et la rue Neuve des Petits-Champs n°˚ pairs jusqu'à la rue Vivienne, la rue Vivienne n°˚ pairs, la place de la Bourse n°˚ impairs, la rue Notre-Dame-des-Victoires n°˚ pairs, et la rue Montmartre n°˚ impairs jusqu'au boulevard.

N° 9. QUARTIER DU FAUBOURG POISSONNIÈRE.
Ci-devant *section de la rue Poissonnière*.

Les limites de ce quartier sont : la rue du Faubourg-Poissonnière nos pairs, le mur d'enceinte de la barrière Poissonnière à la barrière St-Denis, la rue du Faubourg St-Denis nos impairs, et le boulevard Bonne-Nouvelle nos pairs. — Superficie 800,000 m. carrés, équivalant à 0,024 de la superficie totale de Paris.

Les principaux monuments et établissements de ce quartier sont :

L'église St-Vincent de Paul, située place Lafayette. Cette église a été construite sur une éminence que dominait autrefois un belvéder dépendant du clos de St-Lazare, où se retirait souvent saint Vincent de Paul.

La base de ce nouveau monument est élevée à plus de 8 m. au-dessus du sol de la place Lafayette, laquelle déjà s'élève en terrasse sur les quartiers qui l'avoisinent. Pour arriver plus commodément au parvis de l'église, deux larges escaliers et de vastes rampes, disposées en amphithéâtre, formant un double fer à cheval, et avec des pentes douces, en facilite l'abord aux piétons ainsi qu'aux voitures. La façade de l'édifice a 37 m. de largeur, et est précédée d'un porche à six colonnes de front, d'ordre ionique, sur une profondeur de trois entre-colonnements.

La porte principale est revêtue de fonte, et offre dans douze niches les figures des apôtres, accompagnées d'anges au milieu d'enroulements de fruits et de fleurs. Les symboles des quatre évangélistes, et le Saint-Esprit, décorent la frise de l'imposte ; puis enfin, au-dessus, la figure du Rédempteur entre deux riches compartiments à jour. — Le fronton est destiné à recevoir, entre les statues de la Foi et de la Charité, au centre, l'image de saint Vincent de Paul. Des deux côtés de la colonnade s'élèvent à 54 m. au-dessus du niveau de la place Lafayette deux clochers ou tours carrées devant porter chacun un cadran, l'un indiquant les heures, l'autre le quantième du mois. — Au-dessus du fronton, entre les deux clochers, règne une vaste terrasse d'où l'œil domine sur toute la capitale, et forme un magnifique panorama. Le parapet, entrecoupé de quatre piédestaux, est décoré des statues des évangélistes, dues au ciseau de MM. Brion, Foyatier, Barre et Valois : deux autres statues de saint Pierre et saint Paul, par M. Ramey, ornent les niches pratiquées dans les deux clochers.

La largeur intérieure du monument est partagée en cinq parties par quatre rangs de colonnes distribuées deux par deux, de droite et de gauche, en entrant par la porte principale. Les deux divisions intermédiaires, les bas côtés et les deux dernières forment les chapelles, au nombre de huit, la partie centrale formant la nef.

L'abside occupe à la fois la largeur de la nef et des deux bas côtés. Tout autour de la nef et de l'abside, sur une longueur de 170 m., se développe une frise d'environ 3 m. de haut. Au-dessus, un second rang de colonnes corinthiennes forme, sur les deux parties latérales de la nef, de hautes tribunes, et au-dessus de la porte d'entrée un bel emplacement pour l'orgue : ce second ordre est décoré d'une suite de médaillons sur une frise de 2 m. de hauteur. La longueur intérieure de l'église est de 90 m. La hauteur du plafond de la nef approche de celle des voûtes de nos cathédrales gothiques. Il suit, dans sa forme, les deux rampants du comble. Ce plafond est divisé en douze compartiments décorés de caissons en forme de croix et d'étoiles, incrustés en bois de chêne sur sapin, rehaussés par des fonds rouges et azur ornementés en or. — De grandes verrières décorent l'église, savoir : la rose du grand portail ; la verrière du fond de l'abside ou chapelle de la Vierge, et les huit chapelles latérales. A droite, elles représentent la Résurrection, saint Denis, sainte Clotilde, saint Charles Borromée ; à gauche, le Baptême de Jésus par saint Jean, saint Martin, sainte Elisabeth et saint François de Sales ; au grand portail, dans un vitrail d'or, est l'apothéose de saint Vincent de Paul, au milieu d'une auréole de gloire.

La prison St-Lazare. St-Lazare était autrefois un prieuré d'augustins de fondation royale, où les rois faisaient leur séjour pendant quelques semaines pour recevoir le serment de fidélité et les soumissions des autorités. A leur mort, leur corps y était mis en dépôt pendant quelques jours avant de les porter à St-Denis pour y être inhumés. Plus tard ce prieuré fut uni à une léproserie.

La première charte où il est parlé de la maison de St-Lazare porte la date de l'an 1110 ; elle ne fait mention que des pauvres lépreux, en faveur desquels Louis le Gros érigea la foire St-Laurent, qui fut établie dans le même faubourg. Saint Vincent de Paul ayant institué l'ordre des missions en 1632, on lui donna la maison de St-Lazare pour y établir le chef-lieu de sa congrégation. Toutefois on imposa au pieux fondateur l'obligation de continuer à recevoir les lépreux, qui étaient encore à cette époque très-nombreux à Paris. Le corps de saint Vincent de Paul fut inhumé dans le chœur de l'église St-Lazare, au pied du maître-autel. On y voyait, avant 1789, sa tombe en marbre, sur laquelle on lisait :

> Ici repose
> le vénérable Vincent de Paul,
> prêtre, fondateur ou instituteur
> et supérieur général
> de la congrégation
> de la Mission et des filles de la Charité.
> Il mourut
> le XXVII septembre MDCLX,
> dans la quatre-vingt-cinquième année
> de son âge.

Ayant été béatifié par le pape Innocent XIII en 1729, ses restes mortels furent exhumés en présence de l'archevêque de Paris, et mis dans une châsse d'argent qui fut détruite en 1793, ce qui n'empêcha pas l'archevêque de Paris de faire renouveler cette châsse avec luxe en 1830. On sait qu'elle fut le sujet d'un procès entre M. de Quélen et M. Odiot, orfèvre, qui réclamait une somme de cinquante mille francs pour prix de son riche et beau travail.

En face de l'église St-Lazare on voyait, avant la révolution, un monument en pierres indiquant la première halte que fit Philippe le Hardi lorsqu'il porta, pieds nus, sur ses épaules, le cercueil de saint Louis depuis l'église Notre-Dame jusqu'à St-Denis. Les haltes que fit ce prince avaient été indiquées de distance en distance sur la route, afin de consacrer le souvenir de cet acte de piété filiale, par des espèces de tours d'un style gothique à quatre faces, surmontées d'une croix, ornées de fleurs de lis dans le soubassement, et ayant quatre niches qui contenaient les statues en pied et de grandeur naturelle de saint Louis, du roi Philippe III, du comte de Nevers et du comte de Clermont, ses fils. Ces tours, qui étaient au nombre de quatre, depuis St-Lazare jusqu'à St-Denis, ont été renversées en 1793.

Avant la révolution, St-Lazare était une maison de correction pour les hommes, qui imprimait à ceux qui y étaient enfermés une sorte de flétrissure; par suite des débats dans les journaux qu'avaient fait naître les représentations du *Mariage de Figaro*, Beaumarchais fut enlevé de sa maison et jeté dans cette prison, dont le nom était un opprobre. La vindicte publique se prononça d'une manière si imposante, que le pouvoir, quoique alors tout-puissant, se vit forcé, au bout de trois jours, de remettre en liberté le célèbre écrivain, contre lequel on n'avait pas même pu articuler un prétexte.

Le couvent des lazaristes était un des plus vastes de Paris. Le 13 juillet 1789, le peuple se porta à la maison de St-Lazare pour demander du blé et de la farine, dont on savait que ces moines avaient une provision considérable ; ils répondirent qu'ils n'en avaient tout au plus que pour leur consommation ; perquisition faite, on en découvrit cinquante voitures, qui furent conduites à l'hôtel de ville. Le peuple, indigné, mit au pillage la maison des lazaristes, qui n'eurent que le temps de fuir. Les caves furent enfoncées : on y trouva d'excellents vins ; les pillards ivres mirent le feu aux granges, et sans de prompts secours tout le quartier serait devenu la proie des flammes. — Aujourd'hui la maison de St-Lazare est affectée à une maison de détention préventive et à temps pour les femmes.

Les terrains immenses que possédaient les lazaristes missionnaires ont été vendus au profit du domaine public. On en a fait un nouveau quartier, qui a été percé de grandes rues aboutissant dans le faubourg Poissonnière ; on y a construit des maisons, un marché, une place, enfin une église. Ces terrains s'étendaient jadis de l'ouest à l'est, depuis la rue du Faubourg Poissonnière, appelée, du temps de Louis XIV et même de Louis XV, rue Ste-Anne, jusqu'à la rue du Faubourg St-

Denis, qui perdait son nom à la hauteur de la rue des Petites-Ecuries et prenait celui de rue du Faubourg St-Lazare ; ils étaient limités au sud par la rue de Paradis et au nord par le mur d'enceinte actuel, qui va de la barrière Poissonnière à la barrière St-Denis, et formaient le clos St-Lazare, le plus vaste de Paris. — Il y avait anciennement dans cet enclos un bâtiment appelé le *Logis du roi*, où se rendaient les rois et les reines pour y recevoir le serment de fidélité des habitants de Paris, avant de faire leur entrée dans cette ville, et l'on y déposait leurs cercueils avant de les porter à St-Denis. Le Logis du roi était construit sur la butte où les lazaristes élevèrent un belvéder, sur l'emplacement duquel a été construite l'église de St-Vincent de Paul.

Le théâtre du Gymnase dramatique, situé boulevard Bonne-Nouvelle, n° 38. Ce théâtre, construit sur un terrain qui avait fait partie de l'enceinte de Paris élevée en 1631, fut inauguré le 23 décembre 1820 par un prologue de MM. Scribe, Mélesville et Moreau. Des pièces agréables et le talent précoce de Léontine Fay y attirèrent la foule pendant les premières années. En 1824, ce théâtre prit le titre de *théâtre de S. A. R. Madame, duchesse de Berry*, qui le fréquentait souvent, et qui y attira à sa suite la haute aristocratie du faubourg St-Germain ; cette faveur, jointe aux pièces que M. Scribe écrivit pour complaire à cette partie privilégiée du public, fit la fortune du *théâtre de Madame*, qui reprit l'humble nom de *théâtre du Gymnase* après la révolution de 1830. Au nombre des acteurs qui ont le plus contribué à sa prospérité nous citerons : Potier, Perlet, Gontier, Bernard-Léon, Ferville, Legrand, Numa, Léontine Fay, Virginie Déjazet, Jenny Vertpré, Jenny Colon, Mlle Bérenger, etc., etc.

VARIÉTÉS HISTORIQUES ET BIOGRAPHIQUES.

Rue de l'Echiquier existait, au commencement de ce siècle, la jolie maison de Wenzel, un des plus célèbres fleuristes de France, dans laquelle on a donné des bals brillants, joué des proverbes et des comédies, et où Robertson avait établi ses expériences fantasmagoriques.

Au n° 29 habitait, en 1829, Casimir Delavigne.

Au n° 35 demeurait, en 1831, le baron Louis, qui assista comme diacre l'évêque d'Autun à la messe célébrée au Champ-de-Mars le 14 juillet 1790, et fut plus tard ministre des finances.

Rue Basse-Porte-St-Denis habitait et est mort, en 1805, le célèbre peintre Greuze. Unique dans son genre, il chercha les modèles de ses admirables sujets dans l'intérieur des pauvres ménages ; ses compositions sont de petits drames complets, pleins de vie et de mouvement, et il en est plus d'un qui émeuvent jusqu'aux larmes.

Rue des Petites-Écuries demeurait, en 1817, le célèbre compositeur de musique Méhul.

Rue de Paradis-Poissonnière était l'hôtel de Raguse, où fut conclue, dans la nuit du 30 au 31 mars 1814, à deux heures du matin, la capitulation de Paris, signée par les colonels Denys et Fabvier, aides de camp des maréchaux Mortier et Marmont.

Boulevard Bonne-Nouvelle, n° 34, demeure (en 1845) l'artiste dramatique Levassor, acteur du théâtre du Palais-Royal, où il débite ses mirifiques chansonnettes, qui lui rapportent bon ou mal an vingt-cinq ou trente mille francs.

N° 10. QUARTIER MONTMARTRE.

Ci-devant district de Saint-Joseph, district de la fontaine Montmorency, puis section Molière et Lafontaine, et ensuite section de Brutus.

Les limites de ce quartier sont : la rue Poissonnière à partir du boulevard n°s impairs, la rue du Petit-Carreau n°s impairs, la rue Montorgueil n°s impairs jusqu'à la rue Mandar, la rue Mandar n°s pairs, la rue Montmartre n°s pairs jusqu'au boulevard, le boulevard Poissonnière n°s impairs jusqu'à la rue de ce nom.

Il n'y a d'établissement remarquable dans ce quartier que :

Le marché St-Joseph, construit rue Montmartre n° 144, sur l'emplacement de la chapelle St-Joseph, autrefois succursale de St-Eustache, construite en 1640 et démolie en 1792. Suivant les actes mortuaires de St-Eustache, Molière avait été inhumé dans le cimetière de cette chapelle en 1673, et Lafontaine en 1695. Lors de la construction du marché St-Joseph, leurs corps furent relevés en présence des commissaires de l'autorité, et placés au musée des Petits-Augustins, d'où ils ont été enlevés en 1816 et transférés au cimetière du Père-Lachaise.

La chapelle St-Joseph fut convertie en 1793 en salle d'assemblée de la section qui porta successivement les noms de district St-Joseph en 1789, de section de la Fontaine-Montmorency en 1790, de section de Molière et Lafontaine en 1793, et ensuite de section de Brutus. Vendue en 1796 comme bien national, cette chapelle fut acquise par un particulier, qui l'a transformée en un marché couvert, ouvert tous les jours.

VARIÉTÉS HISTORIQUES ET BIOGRAPHIQUES.

Rue des Jeûneurs. C'est principalement dans cette rue et dans la rue du Sentier, qui en est voisine, que se trouvent les grands magasins et les vastes dépôts d'indiennes et de toiles peintes des manufactures de l'Alsace. Cette industrie, parvenue aujourd'hui à un degré de perfection si remarquable, qui livre à la consommation des étoffes depuis vingt-cinq centimes le mètre jusqu'à cinq francs et au-dessus, et dont les produits donnent lieu annuellement à un commerce de plusieurs millions, était entièrement inconnu en France au commencement du xviii° siècle. On exportait, il est vrai, à grands frais de l'Inde quelques pièces d'indiennes ; mais elles étaient spécialement réservées pour la noblesse, et il était défendu aux vilains d'en faire usage, sous des peines sévères, ainsi que cela est constaté par une ordonnance de police en date du 19 avril 1737, que nous croyons curieux de rapporter. « Vu les exploits d'assignations donnés le 13 du présent mois, aux ci-après dénommés, à comparoir devant nous en notre hôtel, pour répondre au rapport qui nous serait fait de la contravention par eux commise aux ordonnances du roi et aux arrêts du conseil qui défendent le port et usage des étoffes des Indes et des toiles peintes, et pour se voir condamner à l'amende portée en iceux ; savoir, la demoiselle de Lagny, demeurant rue de Condé, vue avec un jupon d'indienne à fond blanc et à fleurs violettes ; la femme du sieur Arnoult, écrivain, demeurant dans le passage du Riche-Laboureur, vue avec un jupon d'indienne à fond blanc et à fleurs rouges ; le sieur Brun, demeurant à l'hôtel du Languedoc, trouvé avec un portemanteau renfermant un casaquin d'indienne à fond blanc et à fleurs rouges, doublé de même ; les sieurs et dame, etc.; etc., etc. Après avoir entendu les susnommés en leur défense, disons que lesdits arrêts et déclarations du roi concernant la prohibition du commerce, port, usage et introduction des étoffes des Indes, seront exécutés selon leur forme et teneur ; et pour la contravention commise par les susnommés, les condamnons chacun en l'amende de trois cents livres, au payement de laquelle somme ils seront contraints, même par corps ; les condamnons en outre par les mêmes voies à rapporter, si fait n'a été, lesdits jupons, pour être acquis et confisqués au profit de la compagnie des Indes..... Fait en notre hôtel le 16 avril 1737. »

Rue de Cléry, n° 19, est l'hôtel Lebrun, ancien hôtel de Lubert, où le marchand de tableaux Lebrun avait formé une magnifique galerie renfermant plusieurs chefs-d'œuvre des grands maîtres de toutes les écoles. Son épouse, M°° Lebrun, si connue par ses admirables portraits, commença sa réputation dans cet hôtel. Les tableaux exposés par cette femme célèbre au salon du Louvre en 1783 et en 1785 décelèrent un goût exquis de dessin, une facilité et un coloris frais et séduisant, qu'elle porta plus tard au plus haut degré auquel un peintre puisse atteindre. Les productions de M°° Lebrun, qui partageait son temps entre la peinture et la musique, et que toutes les académies se sont empressées d'admettre au nombre de leurs associés, sont aujourd'hui placées dans toutes les galeries de l'Europe, où elles soutiennent avec éclat la comparaison avec les productions des grands maîtres des deux derniers siècles. —

Plus tard, Mᵐᵉ Lebrun eut son domicile rue du Gros-Chenet; c'est là qu'elle donna ce célèbre repas à la grecque dont on trouve la description dans les mémoires de cette artiste, l'une des grandes gloires de l'école française.

Au n° 23 demeurait en 1808 le poëte Ducis, dont nous aurons encore occasion de reparler.

Au n° 27 était un magnifique hôtel, dont la construction remontait à la fin du xviiᵉ siècle, et qui fut habité plus tard par Necker et par Mᵐᵉ de Stael. Cet hôtel a été abattu en 1842, et sur son emplacement on a percé la rue de Mulhouse.

Rue du Sentier, n° 11, demeurait en 1841 Guilbert de Pixérécourt, le plus grand dramaturge du xixᵉ siècle.

Au coin de la rue et du boulevard Poissonnière est une boutique qui porte pour enseigne : *Aux limites de Paris*; là, dans les murs de la maison, à la hauteur du premier étage, était encastrée une pierre monumentale. Cette pierre était gravée et des armes de France et d'un édit de Louis XV qui défendait de bâtir plus loin et d'étendre la ville au delà. La ville s'est gardée d'exécuter l'édit et a bien fait; mais il n'aurait pas fallu enlever la pierre, qui a été détruite vers 1839.

La rue St-Fiacre a été longtemps fameuse par les excès criminels du plus honteux libertinage, auxquels se livraient des hommes indignes de ce nom. C'était là que demeurait, vers le milieu du xviiiᵉ siècle, la célèbre courtisane Hecquet, où fut surpris le 2 avril 1760 l'avocat général Séguier, après y être retourné cinq nuits de suite.

Rue Montmartre, un peu au sud des angles méridionaux des rues des Fossés-Montmartre et Neuve-St-Eustache, était l'ancienne porte Montmartre. — La nouvelle porte était entre la fontaine et la rue des Jeûneurs, presque en face de la rue Neuve-St-Marc; elle a été démolie en 1700. — La première porte Montmartre, construite vers 1200 et démolie vers 1380, que l'on nommait aussi porte St-Eustache, faisait partie de l'enceinte de Philippe Auguste; elle était placée en face des nᵒˢ 15 et 32, entre les rues du Jour et Plâtrière.

En 1830, la rue Montmartre fut le théâtre de combats sanglants entre les Suisses, la garde royale et les patriotes. Le maréchal de Raguse ayant forcé ces derniers à évacuer la place des Victoires, ils se replièrent dans la rue Montmartre, où ils opposèrent la plus vigoureuse résistance. Les Suisses furent attaqués avec vigueur vis-à-vis du passage du Saumon et éprouvèrent des pertes cruelles; la garde royale fut forcée de battre en retraite et d'abandonner une pièce de canon, dont s'empara un élève de l'école polytechnique. Averti de cet échec, le duc de Raguse arriva à la tête des siens par la rue du Mail dans le haut de la rue Montmartre;

mais sur le point d'être cerné de toute part, il fut obligé de battre en retraite et de se retirer vers les Tuileries avec son état-major.

N° 11. QUARTIER ST-EUSTACHE.

Ci-devant *section du Contrat-Social*, et ensuite *section des Postes*.

Les limites de ce quartier sont : la rue Mandar n°ˢ impairs, la rue Montorgueil n°ˢ impairs, la rue Comtesse-d'Artois n°ˢ impairs, la pointe St-Eustache, la rue de la Tonnellerie n°ˢ impairs jusqu'à la rue St-Honoré, la rue St-Honoré n°ˢ pairs jusqu'à la rue du Four, la rue du Four n°ˢ pairs, la rue Coquillière n°ˢ pairs, la rue Coq-Héron et la place de la Jussienne n°ˢ pairs jusqu'à la rue Mandar. — Superficie 130,000 m. carrés, équivalant à 0,004 de la superficie totale de Paris.

On remarque particulièrement dans ce quartier :

L'église St-Eustache, située rue Trainée et rue du Jour. L'origine de cette église est fort ancienne. L'historien Dulaure dit qu'elle fut élevée sur l'emplacement d'un temple antique consacré à Cybèle. Ce n'était dans l'origine qu'une simple chapelle sous le vocable de sainte Agnès, construite vers l'an 1200, et dont le fondateur est inconnu. L'église actuelle fut bâtie en 1532 sur les dessins de David. Jean de la Barre prévôt des marchands, posa la première pierre, et ce n'est réellement qu'à cette époque qu'elle prit le nom de St-Eustache et qu'elle fut érigée en paroisse.

L'architecture de l'église St-Eustache est d'un genre neutre; la chapelle de la Vierge et le portail, ridicules travaux de Mansard, sont de deux ordres, le dorique et l'ionique. L'intérieur est d'architecture sarrasine. La voûte de la nef est haute de près de 33 m.; elle est soutenue par dix piliers carrés parallèles, qui s'élèvent ornés de listels et de feuilles d'acanthe jusqu'à 20 m. du sol. Puis, à cette hauteur, une galerie élégante, rehaussée d'une rampe à trèfles, fait le tour de l'édifice. Au-dessus, les piliers s'amincissent, s'allongent, entourés de légers entrelacs gothiques, jusqu'à 12 m. du dôme, où viennent se réunir les arcs-boutants sur lesquels il est appuyé. Le chœur, commencé en 1624, fut achevé en 1637, sous le règne de Louis XIII; c'est un morceau prodigieux, admirable d'architecture, admirable de forme, admirable par ses objets d'art. Immédiatement au-dessus de la galerie sont percées douze fenêtres cintrées, garnies de vitraux précieux, représentant les Pères de l'Eglise; rien n'est plus beau comme dessin, comme couleur : la majeure partie est du célèbre N. Pinagrier; le reste est attribué à Désaugives et à Jean de Nogare. La nef est décorée de l'ancienne chaire à prêcher de l'église métropolitaine de Paris, arrivée là par suite des événements de la révolution. A la partie orientale, dans l'intérieur de l'église, est une crypte ou chapelle souterraine dédiée à sainte Agnès. — Au chevet de l'église est la chapelle de la Vierge, ornée d'une statue en marbre blanc de la mère du Christ, placée au-dessus de l'autel; elle a été exécutée par Pigale pour l'hôtel des Invalides. Les côtés sont ornés de grands bas-reliefs : la Présentation au temple, et Jésus-Christ prêchant dans le temple. Cette église a été décorée en outre de deux autres bas-reliefs; l'un peint sur marbre blanc par Sauvage, et imitant le bronze, représente la Charité, la Moisson et la Vendange; l'autre, en simple pierre de liais, mais beaucoup plus précieux, offre Jésus-Christ au tombeau, par Daniel de Volterre.— Le buffet d'orgue, qui provenait de l'ancienne abbaye St-Germain, a été remplacé en 1843 par un grand orgue reconstruit sur des proportions telles, que cet instrument était regardé comme le plus considérable qui existait en Europe. Il contenait six claviers complets, soixante-dix-huit registres, et environ six mille tuyaux; il y avait dix-huit jeux seulement pour les claviers de pédales, au nombre de deux. Une soufflerie d'un nouveau système, des perfectionnements nombreux, faisaient de cet orgue, qui a été incendié par accident en 1845, une des curiosités de la capitale. On s'occupe en ce moment de la reconstruction de ce bel instrument.

Sous Louis XIII et au commencement du règne de Louis XIV, c'était un grand honneur d'être enterré dans les églises. St-Eustache paraît avoir eu la vogue, car avant la révolution on y comptait près de cent pierres tumulaires. Parmi les plus célèbres personnages inhumés dans cette église on cite : l'historien du Haillan ; les poëtes Voiture et Benserade; le grammairien Vaugelas ; Lamothe-le-Vayer, le maréchal d'Aubusson de la Feuillade; l'acteur Dominique, qui jouait les arlequins à la comédie italienne; le célèbre amiral de Tourville ; le grand Colbert, dont le monument y a été replacé sous la restauration : il est représenté à genoux sur un sarcophage de marbre noir, ayant devant lui un génie supportant un livre ouvert, et de chaque côté deux statues représentant la Religion et l'Abondance. On voit aussi dans cette église le tombeau du célèbre Chevert, avec cette épitaphe :

Ci-git François Chevert, commandeur, grand-croix de l'ordre de Saint-Louis, chevalier de l'Aigle blanc de Pologne, gouverneur de Givet et de Charlemont, lieutenant général des armées du roi.

Sans aïeux, sans fortune, sans appui, orphelin dès l'enfance, il entra au service à l'âge de onze ans; il s'éleva, malgré l'envie, à force de mérite; et chaque grade fut le prix d'une action d'éclat. Le seul titre de maréchal de France a manqué, non pas à sa gloire, mais à l'exemple de ceux qui le prendront pour modèle.

Il était né à Verdun-sur-Meuse le 2 février 1699 ; il mourut à Paris le 24 janvier 1769.

Le corps de Mirabeau fut déposé dans cette église le 3 avril 1791, et l'éloge de cet orateur célèbre fut prononcé à St-Eustache par Cerutti ; mais le même soir il fut transféré dans la basilique de Ste-Geneviève, qui, en vertu d'un décret de l'assemblée nationale du 4 avril suivant, fut destinée à recevoir les cendres des grands hommes.

En 1793 la fête de la Raison fut célébrée d'une façon triviale dans cette église, qui offrit à cette occasion le spectacle d'un grand cabaret. L'intérieur du chœur représentait un paysage décoré de chaumières, de bouquets d'arbres, de rochers entre lesquels on avait pratiqué des sentiers conduisant à des bosquets mystérieux, où se réfugiaient de jeunes filles poursuivies par leurs adorateurs. Autour du chœur étaient dressées des tables surchargées de bouteilles, de saucissons, de pâtés et de fruits. Les convives affluaient par toutes les portes, et quiconque se présentait prenait part au festin. — C'est dans le charnier de St-Eustache que se tenait le club des femmes, fondé par une jolie actrice nommée Lacombe, qui combattit avec courage à la journée du 10 août, et reçut une blessure au poignet. Elle présidait en bonnet rouge cette singulière société, qui fut dissoute par suite d'un discours prononcé aux Jacobins par Robespierre, qui fit sentir que cette société de *vraies sans-culottes*, prêtait au ridicule et aux propos malins.

Sous le directoire, les théophilanthropes tenaient leurs séances à St-Eustache, à des heures où le culte catholique n'était pas célébré.

A l'époque de la révolution de juillet, les corps de quarante-trois victimes furent déposés dans les caveaux de cette église.

Le marché des Prouvaires, situé entre les rues des Prouvaires, des Deux-Ecus et du Four-St-Honoré. Il consiste en quatre halles disposées au centre d'une vaste place. Il est spécialement destiné à la vente en détail du gibier, de la volaille, de la viande de boucherie et du porc frais.

L'hôtel des postes, situé rue Jean-Jacques-Rousseau, n° 9. Au xv° siècle c'était une grande maison, qui avait pour enseigne l'image de saint Jacques, et que firent successivement reconstruire le duc d'Epernon et le contrôleur général d'Hervart. Le bâtiment actuel a été élevé par M. Fleurieu d'Armenonville et par le comte de Marville, son fils, qui lui donnèrent le nom d'hôtel d'Armenonville. En 1757 cet hôtel fut acheté par le roi, réparé et distribué convenablement pour y établir les bureaux de l'administration générale des postes. Plus tard on a construit rue Coq-Héron, derrière l'hôtel d'Armenonville, un hôtel pour le directeur général des postes.

VARIÉTÉS HISTORIQUES ET BIOGRAPHIQUES.

Rue de la Jussienne, n° 16, est l'HÔTEL DUPLEIX, qui porta plus tard le nom d'HÔTEL DUBARRY, où demeurait en 1768 le sieur PERRUCHOT, régisseur général des armées du roi, directeur général du monopole des grains, flétri sous le nom de *pacte de famine*, dont le bureau central et la caisse étaient établis dans cet hôtel. Quatre intendants des finances, Trudaine de Montigny, Boutin, Langlois et Boulongne, se partageaient les provinces et correspondaient avec les agents, les intendants de chacune d'elles ; le lieutenant général de police s'était réservé l'exploitation de la capitale, des environs et de la Brie ; le magasin général était à Corbeil, où l'on avait construit à cet effet de vastes magasins qui existent encore.

Rue des Prouvaires. En 1476, Alphonse V, roi de Portugal, étant venu en France pour y solliciter des secours contre le fils du roi d'Aragon, Louis XI le fit loger chez le bourgeois, dans un des hôtels les plus élégants de Paris situé rue des Prouvaires. — Cette rue était autrefois coupée par une espèce d'impasse ou de bâtiments en retraite, qui composaient l'hôtel de Longueuil, où René de Longueuil trouva (vers le milieu du xvii siècle) un ancien caveau dans lequel on découvrit quarante mille pièces d'or au coin de Charles IX, qui servirent à la construction du château de Maisons.

Rue du Jour demeurait à l'époque de la révolution l'abbé POUPART, curé de St-Eustache. En 1793, lorsque les membres du comité révolutionnaire de la section du Contrat-Social voulaient faire une orgie sans bourse délier, ils allaient trouver l'abbé Poupart, et le conduisaient à la Râpée ou dans une autre guinguette. Le curé, qui chérissait sa liberté et qui craignait beaucoup la mort, ne les refusait jamais, se prêtait à leur plaisanterie et payait partout. Cette complaisance lui procura l'avantage, inappréciable à cette époque, de mourir tranquillement dans son lit.

Aux n°s 21 et 23 était l'HÔTEL DE ROYAUMONT, bâti en 1613 par Ph. Hurault, évêque de Chartres et abbé de Royaumont. Cet hôtel a été pendant deux ans le rendez-vous général des duellistes de Paris ; François de Montmorency, comte de Boutteville, l'occupait alors, et les bravaches de la cour et de la ville s'y assemblaient les matins dans une salle basse, où l'on trouvait toujours du pain et du vin sur une table dressée exprès, et des fleurets pour escrimer. — Un des cabinets littéraires les plus renommés de l'époque occupait cet hôtel en 1788.

Rue Jean-Jacques-Rousseau, n° 2, demeurait vers la fin de sa vie l'illustre écrivain dont cette rue porte le nom, qu'il vint habiter à la fin de juin 1770. On ne peut lire sans intérêt le tableau qu'a tracé de l'intérieur du ménage de ce philosophe le bon Bernardin de St-Pierre. « Au mois de juin 1772, dit-il, un ami m'ayant proposé de me mener chez J.-J. Rousseau, il me conduisit dans une maison rue Plâtrière, à peu près vis-à-vis de la poste ; nous montâmes au quatrième étage. Nous frappâmes, et madame Rousseau vint nous ouvrir la porte. Nous traversâmes une fort petite antichambre, où des ustensiles de ménage étaient proprement arrangés ; de là nous entrâmes dans une chambre où J.-J. Rousseau était assis, en redingote et en bonnet blanc, occupé à copier de la musique... Près de lui était une épinette. Deux petits lits de cotonnade rayée de bleu et de blanc comme la tenture de sa chambre, une commode, une table et quelques chaises faisaient tout son mobilier. Aux murs étaient attachés un plan de la forêt et du parc de Montmorency, où il avait demeuré, et une estampe du roi d'Angleterre, son ancien bienfaiteur. Sa femme était assise, occupée à coudre du linge ; un serin chantait dans sa cage suspendue au plafond ; des moineaux venaient manger du pain sur ses fenêtres ouvertes du côté de la rue, et sur celle de l'antichambre on voyait des caisses et des pots remplis de plantes telles qu'il plait à la nature de les semer. Il y avait dans l'ensemble de son petit ménage un air de propreté, de paix et de simplicité, qui faisait plaisir. » C'est dans cette modeste demeure que, cédant aux instances d'un noble comte polonais, il traça (vers le printemps de 1772), d'une main ferme encore, d'éloquentes considérations sur le gouvernement de Pologne ; c'est là qu'il écrivit ses douloureuses rêveries d'un promeneur solitaire, et ses dialogues.

Au n° 3 est l'HÔTEL BULLION, bâti en 1630, sur les dessins de Levau, pour le surintendant des finances Bullion, qui l'avait fait décorer de deux galeries où Philippe de Champagne, Simon Vouet et Sarrasin avaient prodigué à l'envi leur talent. Vers 1780 on changea une grande partie des dispositions de cet hôtel, qui fut consacré aux ventes publiques ; les galeries, dont on avait conservé avec soin les peintures, furent converties en une loge maçonnique dite du *Contrat-Social*, fermée depuis longtemps, où l'on entrait par la rue Coq-Héron. Avant la révolution, le concert d'émulation tenait ses assemblées dans la grande salle de cet hôtel, tous les dimanches, à onze heures du matin. — C'est à l'hôtel Bullion que demeurait TALMA lorsqu'il débuta aux Français, le 21 novembre 1787 ; quelques auteurs croient même qu'il est né dans cet hôtel.

Au n° 20 était autrefois la communauté des FILLES STE-AGNÈS, établie en 1678, pour l'instruction gratuite des jeunes filles pauvres, et supprimée en 1790.

Rue Verdelet, n° 4, est une maison où il y avait autrefois un jeu de paume. C'est dans cette maison que Jean-Jacques Rousseau fut se loger, pour se rapprocher de M. Francœuil, lorsqu'il quitta son hôtel St-Quentin de la rue des Cordiers.

Rue de la Tonnellerie, n° 3, est né MOLIÈRE, le 15 janvier 1620. Cette maison communiquait autrefois avec celle située rue St-Honoré, au coin des piliers des halles, ce qui a induit en erreur quelques auteurs, qui ont fait naître Molière rue St-Honoré, erreur d'autant plus excusable que la maison de la rue de la Tonnellerie n'avait pas d'entrée sur cette rue, et qu'on était obligé de passer par la boutique du marchand de la rue St-Honoré pour arriver à l'ancien appartement où est né notre grand comique. Cette boutique était naguère occupée par un fripier qui professait un grand respect pour la mémoire du sublime Poquelin. En 1789 M. Alexandre Lenoir fit placer, avec l'agrément de ce propriétaire, le buste de ce grand homme, avec cette inscription, gravée sur un marbre blanc : *J.-B. Poquelin de Molière est né dans cette maison le 15 janvier 1620.* Au-dessous on traça la devise que fit Santeuil pour le rideau du Théâtre-Italien : *Castigat ridendo mores.* Quelques années après, un autre marchand fripier ayant fait repeindre la devanture de la boutique, le buste de Molière, chef-d'œuvre de Houdon, fut barbouillé en noir avec cette indication : *A la tête noire.* La police, indignée de l'affront fait à la mémoire d'un homme de génie, ordonna au fripier mal appris de rétablir les choses dans leur ancien état. Plus tard, la maison ayant été vendue et la façade rebâtie, un nouveau buste de Molière, sculpté par Coysevox, fut mis à la place de celui de Houdon, si honteusement défiguré par le boutiquier vandale, et la niche fut ornée des attributs de Thalie, de plusieurs masques comiques et autres accessoires. Au-dessous du buste de Molière on lit l'inscription suivante :

J.-B. POQUELIN DE MOLIÈRE.
Cette maison a été bâtie sur l'emplacement de celle où il naquit
l'an 1620.

Un épicier occupe aujourd'hui le rez-de-chaussée de cette maison ; le premier étage est affecté à un hôtel garni, qui a pris le nom d'hôtel de Molière. — Par suite de démolitions opérées depuis quelques années, les piliers des halles ne commencent plus qu'au n° 9 de la rue de la Tonnellerie.

Dans la même maison, et probablement dans la même chambre, est né, le 8 février 1655, l'ingénieux et plaisant Regnard, celui des imitateurs de Molière qui s'est le plus rapproché de son modèle.

Rue Mandar, n° 2, est le fameux restaurant du Rocher de Cancale, célèbre dans les fastes de la gaieté et de la gastronomie.

Par suite de la coutume qui subsistait encore au milieu du xviii° siècle, dans les classes élevées de la société, de fréquenter les cabarets, plusieurs auteurs et beaux esprits, au nombre desquels on comptait Panard, Piron, Collé, Sedaine, Vadé, etc., etc., se réunissaient à jour fixe chez un traiteur pour se communiquer leurs ouvrages ; chaque séance finissait par un banquet où régnait la gaieté la plus franche et la plus spirituelle. Telle fut l'origine de la célèbre société du Caveau, au Palais-Royal, qui avait commencé carrefour Bussy, chez le fameux cabaretier Landelle, et qui fut dissoute par la mort successive de ses membres en l'an v.

A l'exemple des joyeux fondateurs des dîners du Caveau, les auteurs qui consacraient leurs productions au théâtre du Vaudeville, ouvert en 1792, formèrent le projet de se réunir de temps en temps pour dîner et chanter ensemble, et l'on se rappelle les charmantes chansons que les circonstances inspirèrent à ces joyeux auteurs. Le prospectus en couplets fut rédigé dans un dîner préparatoire, le 2 fructidor an IV, par Piis, Radet, Deschamps et de Ségur aîné. Les fondateurs furent Barré, Bourgueil, Chambon, Chéron, Demautort, Desfontaines, Despréaux, Desprez, Léger, Monnier, Prévôt, Rozière, Ségur aîné, auxquels s'adjoignirent Armand Gouffé, Philippon de la Madeleine, Prévost d'Iray, de Ségur jeune (dit Ségur sans cérémonie), Philippe de Ségur, Maurice, Séguier, Emmanuel Dupaty, Chazet et autres. — Il fut d'abord convenu que les chansons apportées à chaque dîner ne seraient pas publiées; mais, cédant aux instances de leurs amis, les auteurs se décidèrent à publier par mois un cahier contenant les chansons apportées au dîner du mois précédent. Le premier numéro parut en vendémiaire an V, et tous les mois un nouveau numéro présentait aux abonnés des chansons plus jolies les unes que les autres. A mesure que de nouveaux auteurs obtenaient des succès marqués au Vaudeville, ils étaient admis aux dîners, au même prix que les fondateurs, c'est-à-dire moyennant une chanson pour chaque dîner. C'est ainsi qu'on y vit paraître successivement Capelle, Désaugiers, Grimod de la Reynière, Marie de St-Ursin, la Réveillère, Antignac, Francis, Béranger, Moreau, Tournay, Jouy, de Rougemont, Longchamps, Ducray-Duminil, Eusèbe Salverte, Ourry, Gentil, Cadet Gassicourt, Théaulon, Bailleul, Brazier, Coupart, Jacquelin. Ces dîners, plusieurs fois suspendus et plusieurs fois repris, produisirent cinquante-deux numéros, dont la collection est extrêmement difficile à trouver.

Les convives se réunirent d'abord chez Juillet, acteur si vrai, si original, qui s'était fait restaurateur, et ensuite chez Baleine, au Rocher de Cancale. Les dîners s'appelèrent *dîners du Vaudeville*. La société, créée le 2 vendémiaire an V, cessa d'exister le 2 nivôse an IX. Aux dîners du Vaudeville succédèrent les *dîners du Caveau moderne*. Le dîner que Baleine servait aux convives, le 20 de chaque mois, était d'un luxe et d'une recherche qui rappelaient ceux d'Orchestrate à Athènes. — Le Caveau moderne fut longtemps présidé par Laujon, auquel succéda Désaugiers; c'est là que Béranger, qui devait porter la chanson à une hauteur où personne ne l'avait encore élevée, a risqué ses premiers essais. Des rivalités, des jalousies, nées hors du lieu où la Folie tenait ses assises, firent naître la division parmi les membres de la société du Caveau, et ils se séparèrent en 1817.

Quelques membres du Caveau moderne se rapprochèrent plus tard, et fondèrent, sous le nom de *Soupers de Momus*, une société nouvelle, qui fut dissoute après une existence assez courte et assez obscure.

N° 12. QUARTIER DU MAIL.

Ci-devant *section de la place Louis XIV*, et ensuite *section de Guillaume-Tell*.

Les limites de ce quartier sont : rue Coq-Héron et rue de la Jussienne n°^{s} impairs, rue Montmartre n°^{s} impairs jusqu'à la rue Notre-Dame-des-Victoires, la rue Notre-Dame-des-Victoires jusqu'à la rue Joquelet n°^{s} pairs, la place de la Bourse et la rue des Filles-St-Thomas n°^{s} impairs, la rue Vivienne n°^{s} pairs, la rue Neuve-des-Petits-Champs n°^{s} pairs, la rue de la Feuillade n°^{s} pairs, le pourtour de la place des Victoires à gauche jusqu'à la rue Croix-des-Petits-Champs, la rue Croix-des-Petits-Champs n°^{s} pairs, la rue Coquillière n°^{s} pairs jusqu'à la rue Coq-Héron. — Superficie 780,000 m. carrés, équivalant à 0,024 de la superficie totale de Paris.

Les édifices, établissements et emplacements les plus remarquables de ce quartier sont :

L'église Notre-Dame-des-Victoires ou des PETITS-PÈRES, située place des Petits-Pères. En 1608 la reine Marguerite de Valois, première femme de Henri IV, appela du Dauphiné à Paris des religieux augustins déchaussés, qu'elle établit au faubourg St-Germain à l'endroit où a été bâti plus tard le couvent des Petits-Augustins. En 1612 cette princesse, pour des raisons assez légères, força ces religieux de quitter la maison qu'elle leur avait fait bâtir ; ils en sortirent et retournèrent en Dauphiné. Quelques-uns d'entre eux, alors revenus à Paris en 1619, achetèrent un emplacement, alors inhabité, où ils firent construire le couvent dit des Petits-Pères, où ils entrèrent le 30 janvier 1625. Louis XIII posa la première pierre de l'église en 1629, et voulut qu'elle portât le nom de *Notre-Dame-des-Victoires*, en mémoire, dit Dulaure, des tristes victoires qu'il avait remportées sur des Français protestants : on y remarquait le tombeau du célèbre compositeur de musique Lully. — Le couvent des Petits-Pères fut supprimé en 1790 ; l'église a servi à des clubs et à des réunions électorales. Plus tard la bourse y fut installée ; elle a été rendue au culte vers 1808. Sous la restauration cette église a été le théâtre de quelques scènes scandaleuses provoquées par les prédications fanatiques des missionnaires.

L'ordre d'architecture qui règne dans cet édifice est l'ionique, surmonté d'une espèce d'attique composé, qui porte des arcs doubleaux et des arrière-corps, d'où partent des lunettes avec les archivoltes qui renferment des vitraux au-dessus des cintres des arcades des chapelles. Le portail, commencé en 1739, sur les dessins de Cartaud, est composé des ordres ionique et corinthien. L'église n'a point de bas côtés, mais la nef est accompagnée de six chapelles, parmi lesquelles on remarque, dans la croisée à droite, celle de Notre-Dame-de-Savone, toute revêtue de marbre. La troisième chapelle renferme le tombeau de Lulli et de son beau-père, ouvrage de Cotton . de chaque côté du monument sont des pleureuses en marbre, d'une proportion élégante, qui représentent les deux genres de musique, le tendre et le pathétique, parés des trophées d'instruments de musique. Au-dessus d'une pyramide en marbre est le buste en bronze de Lulli, accompagné de deux petits anges en marbre blanc. — On remarque encore dans cette église le tombeau du marquis de l'Hôpital.

La place des Victoires. François d'Aubusson, duc de la Feuillade, en reconnaissance des bienfaits qu'il avait reçus de Louis XIV, résolut de lui consacrer une place publique dans le centre de la ville de Paris. A cet effet il acheta l'hôtel de Senecterre, qu'il fit abattre en 1784; cet emplacement ne s'étant pas trouvé assez vaste, il engagea la ville de Paris à acheter l'hôtel d'Ennery et plusieurs autres maisons contiguës, qui furent immédiatement démolies. Les constructions qui entourent cette place furent commencées en 1685, et achevées vers l'an 1692, sur les dessins de J.-H. Mansard. Le 28 mars 1686 fut élevé sur cette place le monument le plus fastueux peut-être qui ait jamais été dédié à l'orgueil d'un roi. Au milieu s'élevait la statue pédestre de Louis XIV, revêtu de ses habits royaux et foulant aux pieds le monstre Cerbère. Au bas étaient écrits ces mots : *Viro immortali !* Derrière la statue était une victoire tenant d'une main une couronne de laurier dans l'action de la poser sur la tête du roi. Derrière les deux figures étaient un bouclier, un faisceau d'armes, une massue d'Hercule et une peau de lion ; au bas de ce groupe magnifique, en plomb doré, étaient quatre esclaves en bronze chargés de chaînes, qui faisaient allusion aux différentes nations dont la France a triomphé par la valeur de Louis XIV. Cette statue fut renversée en 1792. L'année suivante on y substitua une pyramide en planches sur les côtés de laquelle étaient écrits les noms des départements et les victoires remportées par les armées françaises. En 1800 le premier consul posa sur cette place la première pierre d'un monument de style égyptien consacré à la mémoire des généraux Desaix et Kléber. En 1806 on substitua à ce monument un piédestal uniquement destiné à Desaix, dont la statue en bronze, de 6 m. de haut, disparut en 1815.

Sous la restauration la statue de Desaix fut remplacée par la statue équestre en bronze de Louis XIV, par Bosio, érigée le 25 août 1822.

Le 27 juillet 1830 une femme tomba frappée d'une balle au front, après une décharge effectuée par les Suisses ou par la garde royale. Un garçon boulanger, les bras et les jambes nus, homme d'une stature colossale et d'une force herculéenne, saisit le cadavre, le transporte sur la place des Victoires en criant vengeance ! Là, après l'avoir étendue par terre, devant lui, et au pied de la statue de Louis XIV, il harangue la multitude dont il est entouré, avec une énergie qui faisait vibrer toutes les âmes ; puis, ramassant de nouveau le cadavre, il l'emporte vers le corps de garde de la Banque, et, à peine arrivé devant les soldats de la ligne, rassemblés sur la porte, il leur lance le cadavre sanglant à la tête, en leur disant : « *Tenez, voilà comme vos camarades arrangent nos femmes! en ferez-vous autant?* — Non, répond un de ces militaires, en lui serrant la main. *Mais venez donc avec des armes.* » Les autres soldats se taisent, mais leurs regards, leurs gestes, annonçaient vers quelle cause ils ne tarderaient pas à pencher. — Le lendemain 28 juillet, vers une heure après midi, le maréchal Marmont vint prendre position sur la place des Victoires, occupée par une forte colonne de citoyens. A l'arrivée des troupes, les patriotes évacuent la place et l'environnent à tous les débouchés. Le duc de Raguse, suivi de l'artillerie et d'un corps de lanciers, place ses canons en face des rues du Mail, des Fossés-Montmartre, du Reposoir, Croix-des-Petits-Champs, Neuve-des-Petits-Champs, et ordonne l'attaque simultanée sur tous les points ; elle a lieu ; d'horribles détonations se font entendre, le canon, chargé à mitraille, éclaircit les rangs des citoyens, qui se replient dans la rue Montmartre et se retranchent dans celles du Cadran, Mandar, Tiquetonne, vers la halle, dans les rues de traverse et au passage du Saumon.

Quelques jours après il fut question de renverser de nouveau la statue de Louis XIV, que des amis des arts préservèrent en y plaçant un drapeau aux trois couleurs, dont la hampe était assujettie par un lien en forme de bâillon sur la figure du monarque le plus absolu qui ait gouverné la France.

VARIÉTÉS HISTORIQUES ET BIOGRAPHIQUES.

Rue du Mail, n° 13, Olympe de Gouges, grande et belle femme, au tempérament de feu, dont les amants ne furent pas moins nombreux que les pièces de théâtre de sa composition, avait formé une société populaire de femmes, qui n'eut qu'une existence éphémère.

Au n° 19 était le club des Etrangers, qui vint s'y installer en 1791, époque où il quitta la rue de Chartres lors de l'établissement du théâtre du Vaudeville : c'était un véritable athénée, ouvert à des cours de géographie, de langues étrangères, etc.

Au n° 8 demeurait en 1824 Emile Brault, qui s'est fait connaître dans les lettres par des poésies brûlantes de patriotisme et d'amour de la liberté. Successivement sous-préfet de Forcalquier et de la Châtre, il donna sa démission en 1824 pour ne pas participer aux manœuvres que lui conseillait le ministère, relativement aux élections. Emile Brault, auteur de la *Colonne*, était un chansonnier aimable dans le carquois duquel on trouvait un galoubet, une trompette, et de ces reconnaissances pour lesquelles on n'a aucune gratitude. Sanctuaire de diogénisme, ce carquois ne contenait pas d'or, mais de l'esprit sans prétention, de la bonhomie, quelquefois de la profondeur, et toujours des cigares.

Rue Joquelet, n° 5, demeurait en 1837, le phalanstérien FOURIER.

Cette rue rappelle un des épisodes les plus remarquables de la révolution de juillet. C'est de là que le général Dubourg, revêtu d'un habit d'officier général, acheté chez un fripier pour le prix de 80 francs, et accompagné de quelques hommes de cœur, s'élança sur la place de la Bourse, où il rallia les plus intrépides patriotes, à la tête desquels il s'empara le 28 juillet, à une heure après midi, de l'hôtel de ville, dont il remit le commandement le 29 au général Lafayette.

Place des Victoires demeurait et est mort en 1806 le célèbre médecin BARTHEZ.

Au n° 6 (rue du Petit-Reposoir) est l'hôtel MASSIAC, où fut installée la banque de France en 1806, et qui plus tard devint l'hôtel du grand industriel TERNAUX.

La rue Vide-Gousset rappelle qu'il y a cent ans on y volait en plein jour. Lorsque la bourse se tenait aux Petits-Pères, c'était le rendez-vous des agioteurs en sous-ordre, et elle pouvait à juste titre revendiquer son ancien nom. — Sous le ministère de l'abbé Terray on trouva plaisant d'effacer le nom de cette rue et de lui substituer celui de ce ministre.

Rue des Fossés-Montmartre, hôtel de la Liberté, demeurait en 1794 FABRE D'EGLANTINE.

Au n° 4 demeurait, en 1822, le joyeux chansonnier BRAZIER, émule de Désaugiers et successeur de Vadé pour la farce et la grosse joie. *Les Cuisinières, la Marchande de goujons, le Coin de rue*, et une foule d'autres drôleries, lui ont dévolu le sceptre du gros rire.

Rue de la Jussienne, n° 23 et 25, au coin de la rue Montmartre, était la chapelle STE-MARIE-L'EGYPTIENNE. Elle existait déjà du temps de saint Louis, fut reconstruite au xiv° siècle, et appartenait à la communauté des drapiers de Paris. Vendue comme bien national en 1790, elle a été démolie en 1791.

Rue Coquillière, vis-à-vis des n°° 7 et 12, entre les rues Jean-Jacques-Rousseau et du Jour, était la porte Coquillière, qui faisait partie de l'enceinte de Philippe Auguste. Une partie de l'un des côtés de la rue Coquillière était autrefois occupée par l'hôtel de Flandre, qui s'étendait entre les rues des Vieux-Augustins, Coq-Héron et Platrière.

En 1540, les confrères de la Passion, forcés de quitter l'hôpital de la Trinité, vinrent s'établir à l'hôtel de Flandre, où ils restèrent jusqu'à l'époque de la démolition de cet hôtel en 1547 ; ils transférèrent alors leur théâtre à l'hôtel de Bourgogne, rue Mauconseil. Les fameux *Mystères de l'Ancien Testament, des Apôtres, de l'Apocalypse*, ont été représentés pour la première fois à l'hôtel de Flandre.

QUATRIÈME ARRONDISSEMENT.

Les limites de cet arrondissement sont : la rue Froidmanteau n^{os} pairs, depuis le guichet jusqu'à la rue St-Honoré, les rues des Bons-Enfants et Neuve-des-Bons-Enfants n^{os} pairs, la rue de la Feuillade n^{os} impairs, la place des Victoires jusqu'à la rue Croix-des-Petits-Champs, la rue Croix-des-Petits-Champs n^{os} impairs jusqu'à la rue Coquillière, la rue Coquillière n^{os} impairs, la rue du Four n^{os} impairs, la rue St-Honoré n^{os} pairs jusqu'à la rue de la Tonnellerie, la rue de la Tonnellerie n^{os} impairs, la rue Rambuteau n^{os} pairs jusqu'à la rue St-Denis, la rue St-Denis n^{os} impairs jusqu'au Pont-au-Change, le quai de la Mégisserie jusqu'au guichet Froidmanteau.

N° 13. QUARTIER ST-HONORÉ.

Ci-devant *section des Gardes-Françaises*, et ensuite *section de l'Oratoire*.

Les limites de ce quartier sont : la rue St-Honoré n^{os} impairs à partir du n° 1, la rue Froidmanteau n^{os} pairs, les places de l'Oratoire et du Louvre n^{os} pairs, la rue des Fossés-St-Germain-l'Auxerrois n^{os} pairs, la rue Béthizy n^{os} pairs, la rue des Mauvaises-Paroles n^{os} pairs et impairs, la rue des Lavandières-Ste-Opportune n^{os} impairs, la rue des Fourreurs n^{os} impairs, la rue des Déchargeurs n^{os} impairs jusqu'à la rue St-Honoré. — Superficie 130,000 m. carrés, équivalant à 0,004 de la superficie totale de Paris.

Le seul édifice remarquable de ce quartier est :

L'Oratoire du Louvre, construit de 1621 à 1630, d'après les dessins de Lemercier, pour les prêtres de l'Oratoire, sur l'emplacement de l'hôtel du comte de Clermont, sixième fils de saint Louis. En 1594 cet hôtel portait le nom d'hôtel d'Estrées, parce qu'il fut habité par Gabrielle d'Estrées, maîtresse de Henri IV; c'est là que ce monarque fut frappé d'un coup de couteau par Jean Chatel, ainsi qu'on le voit dans un registre de l'hôtel de ville, quoique la plupart des historiens disent que ce fut au Louvre. L'hôtel d'Estrées avait appartenu au cardinal de

Joyeuse ; il porta ensuite le nom d'hôtel de Montpensier, qu'il changea pour celui d'hôtel du Bouchage.

Les oratoriens ayant été supprimés, ainsi que toutes les autres corporations religieuses, en 1792, leur église servit pendant quelques années aux assemblées du district et de la section du quartier. — La société libre des sciences, lettres et arts de Paris, fondée en l'an III par les membres dispersés de la société des neuf sœurs et du musée de Paris, tenait ses séances à l'Oratoire, où s'assemblaient aussi les membres de la société des belles-lettres, ceux de la société académique des sciences, et ceux de la société de médecine. — L'Athénée des arts tint aussi ses séances à l'Oratoire après l'incendie du cirque du Palais-Royal.

En 1802 l'église de l'Oratoire a été concédée aux protestants de la confession de Genève, qui y célèbrent leur culte. On monte à l'église par un perron qui donne sur la rue St-Honoré. L'entrée est ornée de colonnes doriques avec pilastres, qui sont surmontés d'une rangée de colonnes corinthiennes couronnées par un soubassement. L'intérieur est d'ordre corinthien. La salle est richement ornée, et les galeries sont garnies de balustrades.

La maison des oratoriens, située rue de l'Oratoire, n° 1, est affectée aujourd'hui aux bureaux de la caisse d'amortissement. Les pères de l'Oratoire y avaient rassemblé une bibliothèque d'environ trente mille volumes, très-riche en manuscrits hébreux, grecs et orientaux.

VARIÉTÉS HISTORIQUES ET BIOGRAPHIQUES.

Rue St-Honoré, n° 111, est la FONTAINE DE LA CROIX-DU-TRAHOIR, construite sous François Ier, et réédifiée en 1776 sur les dessins de Soufflot. Elle était placée primitivement au centre du carrefour ; mais comme elle obstruait la voie publique, on la fit transporter à l'endroit où elle existe aujourd'hui.

La place de la Croix-du-Tiroir, que l'on nomma ensuite du Trahoir, servait autrefois à étendre et à tirer les étoffes. Elle était beaucoup plus vaste qu'elle ne l'est aujourd'hui ; au centre on avait planté une croix comme on en mettait ordinairement alors aux carrefours. — Cette place servait aux exécutions et principalement aux criminels convaincus de fabrication de fausse monnaie. On y voyait une échelle, un pilori et des fourches patibulaires. Quelques auteurs prétendent que la reine Brunehaut fut exécutée à la Croix-du-Trahoir ; mais il est avéré que cette princesse reçut la mort en Bourgogne. Nicolas Valton, receveur de Nantes, y fut brûlé vif comme hérétique en 1535.

Vers l'an 1400 la Croix-du-Trahoir était la seule place dans Paris où l'évêque pût faire faire justice, mais non pas jusqu'à la mort. L'abbé Lebeuf dit avoir vu un rouleau de ce temps-là contenant les pouvoirs du prévôt et du bailli de l'évêque où on lit ce qui suit : « Item ledit prévost a connaissance de pendre et ardoir hors la banlieue de Paris, et faire couper oreilles à Paris à la Croix-du-Tiroir, et doivent être faits tels jugements par le conseil des bourgeois dudit évêque, à ce présent et appelé son procureur. »

Le maréchal d'Estrées, lorsqu'il n'était encore que marquis de Cœuvres, faillit être assassiné à la Croix-du-Trahoir par le chevalier de Guise, qui était accompagné de quatre hommes; le marquis sauta de son carrosse, mit l'épée à la main et aurait infailliblement succombé, sans l'assistance des passants, qui séparèrent les combattants.

Rue de l'Oratoire du Louvre était autrefois la demeure du ROI DES RIBAUDS. En 1292 c'était un officier du roi, dont les attributions n'ont jamais été bien déterminées. On peut conclure de plusieurs passages cités par Ducange (au mot *Ribaldi*), que le roi des ribauds était un officier des gardes, qu'il était l'exécuteur des sentences du prévôt du roi, et qu'il avait des droits sur les jeux de la cour et sur les femmes et les maisons publiques.

Rue du Coq-St-Honoré habitait en 1793 le célèbre médecin VICQ-D'AZIR, qui est à l'histoire de la médecine ce que Buffon est à l'histoire naturelle, et qui a laissé la réputation justement méritée d'un illustre savant et d'un habile écrivain.

Dans le long et rigoureux hiver de 1783 à 1784, Louis XVI ayant écrit au contrôleur général qu'il l'autorisait à faire donner tous les secours qu'il jugerait nécessaires pour alléger la misère du peuple, les Parisiens lui érigèrent, en janvier 1784, au coin de la rue du Coq et de la rue St-Honoré, en face de la porte du Louvre, un singulier monument, consistant en une pyramide de neige, portant entre autres inscriptions, celle-ci :

> Louis, les indigents que ta bonté protège
> Ne peuvent t'élever qu'un monument de neige;
> Mais il plaît davantage à ton cœur généreux
> Que le marbre payé du pain des malheureux.

La rue Pierre-Lescot, située près du palais du Louvre, dans le quartier le plus brillant de Paris, à deux pas du Palais-Royal, n'a toutefois jamais cessé d'être et est encore un des plus complets échantillons de la misère et de l'abjection parisienne; il n'y a guère que des industriels nocturnes, des filles publiques et des logeurs à la nuit. Lorsque l'on a le courage de pénétrer dans quelques-unes des maisons de cette rue, on se trouve tout à coup transporté au milieu de chambres obscures, dont les murs noircis sont minés par le temps. A peine l'air se renouvelle-t-il dans ces sombres réduits, où de sales carreaux laissent pénétrer quelque peu d'un jour sombre qui glisse à travers les murs élevés d'une cour étroite, espèce de puits infect où viennent se dégorger les tuyaux de décharge des toits et des eaux ménagères. Là, souvent, un espace de moins de 2 m. carrés sert d'abri à toute une famille, composée d'habitants en rapport avec la demeure. Quelque repoussant que soit ce tableau, et bien qu'il semble qu'on ne puisse rien ajouter au dégoût de cette peinture, cependant elle ne représente pas encore le dernier degré d'une misère profonde. Pour avoir une idée de cette misère, beaucoup plus commune à Paris qu'on ne pense, il faut entrer dans les gîtes où se retirent pendant la nuit des mendiants, des vagabonds, des voleurs, dans ces repaires immondes, effrontément déguisés sous le nom de garnis, et qui ont pour enseigne une lanterne sur laquelle on lit : *Ici on loge à la nuit*. Le prix de la couchée dans ces repaires varie de dix à soixante-quinze centimes, suivant que l'on a pour tout lit le sol, un banc où on ne peut dormir qu'assis, ou un matelas dans le dortoir commun.

C'est dans une mansarde de l'une des plus chétives maisons de cette rue que demeurait et qu'est mort en 1842 Chodruc-Duclos, de cynique mémoire. — Après avoir habité Bordeaux, où il menait grand train et joyeuse vie, où il passait pour un des beaux esprits du pays, il vint habiter Paris, où, après un court séjour, il se montra tout à coup dans les galeries du Palais-Royal, où on l'a vu se promener pendant quinze ans, portant une longue barbe, à peine couvert d'habits en lambeaux. Il paraît qu'une grande déception l'avait indisposé contre la société et lui avait suggéré l'idée de son misérable accoutrement ; on prétend qu'il avait composé la musique et les paroles d'un grand opéra en cinq actes, qu'il ne put parvenir à faire représenter. Il y avait en effet sur le front de cet homme quelque chose qui inspirait le respect, et, chose remarquable, Chodruc, si bizarrement costumé, si déguenillé, n'a jamais été insulté par personne ; les enfants eux-mêmes, les enfants de Paris, n'ont jamais fui à son aspect, ne lui ont jamais adressé une seule injure.

Rue du Roule, n° 17, demeurait en 1829 le journaliste Martinville, surnommé le Marat de la restauration. Secrétaire de Legendre à la convention nationale, auteur dramatique et gai critique sous l'empire, après le retour des Bourbons il empêcha en 1814 la destruction du pont du Pecq, dont il était maire, et favorisa ainsi le passage de la Seine aux troupes de Blücher. Plus tard il fut ignoblement fameux par le cynisme de ses poésies, et par la rédaction d'un journal intitulé *le Drapeau blanc*, dans lequel, pendant plusieurs années, tout ce que la France patriote entourait de son estime fut insulté avec une impudeur dont rougissaient en secret les partisans de la légitimité, qui applaudissaient publiquement aux excès de cette feuille.

Rue de l'Arbre-Sec, tout près de la fontaine, existait naguère le café Touchard, où se réunissaient chaque année pendant la quinzaine de Pâques, des acteurs et des actrices sans emploi, venus de tous les coins de la France pour contracter des engagements avec les directeurs de province, qui viennent aussi à Paris à cette époque pour renouveler ou compléter leurs troupes. Le café Touchard, où venaient se reformer ou se recruter toutes les troupes du royaume, n'existe plus; il a eu le sort de presque toutes les formes saillantes et de toutes les nuances pittoresques de la société passée; il a disparu sous le frottement de l'activité nouvelle : l'égoïsme et le scepticisme ont tout effacé. Ce café célèbre, ce bazar enfumé, ce gymnase dans lequel se passaient si sérieusement les examens les plus plaisants qu'on puisse imaginer, et qui a vu marchander, vendre et acheter la plupart des acteurs dont le talent a illustré la scène française, est aujourd'hui tout à fait oublié. Le rendez-vous annuel des comédiens est dans le jardin du Palais-Royal; dans l'estaminet de la rue des Vieilles-Etuves se réunissent seulement les plus misérables d'entre eux.

Rue des Bourdonnais, n° 11, on a démoli en 1841 un ancien hôtel dit la MAISON DES CARNEAUX, qui avait pour enseigne la couronne d'or. Cet hôtel avait été habité en 1380 par Philippe, duc de Touraine, depuis duc d'Orléans, frère du roi Jean, qui en avait fait l'acquisition le 1ᵉʳ octobre 1363, et qui le vendit au fameux Guy de la Trémouille vers 1398. L'hôtel de la Trémouille s'étendait alors le long de la rue Béthizy jusqu'à la rue Tirechape. Il avait été reconstruit sous le règne de Louis XII, par Pierre le Gendre, trésorier de l'extraordinaire des guerres. Plus tard, il appartint au chancelier Dubourg, et ensuite au président de Bellièvre.

L'impasse des Bourdonnais était autrefois une voirie qui s'étendait jusqu'à la rue de la Ferronnerie, et se nommait le marché aux Pourceaux, la place aux Chats, la fosse aux Chiens. — Au XVIᵉ siècle c'était sur cette place qu'on faisait plus particulièrement périr les hérétiques et les faux-monnayeurs. Le genre de supplice en usage à l'égard de ces derniers consistait à les faire périr dans une chaudière d'eau bouillante. En 1379, une femme de la secte des turlupins, nommée Jehanne Dabentonne, fut brûlée dans ce marché avec une autre sectaire.

N° 14. QUARTIER DU LOUVRE.

Ci-devant *section du Muséum.*

Les limites de ce quartier sont : la rive droite de la Seine à partir du premier guichet du Louvre jusqu'au Pont-au-Change, la place du Châtelet nᵒˢ impairs, la rue de la Joaillerie nᵒˢ impairs, la rue St-Jacques-la-Boucherie nᵒˢ impairs, la rue St-Denis nᵒˢ impairs, la rue Perrin-Gosselin nᵒˢ impairs, la rue du Chevalier-du-Guet nᵒˢ impairs, la rue des Lavandières nᵒˢ impairs, la rue des Deux-Boules nᵒˢ pairs et impairs, la rue Béthizy nᵒˢ impairs, la rue des Fossés-St-Germain-l'Auxerrois nᵒˢ impairs, les places du Louvre, de l'Oratoire et du Musée du côté du

Louvre. — Superficie 284,000 m. carrés, équivalant à 0,008 de la superficie totale de Paris.

Les monuments et principaux établissements de ce quartier sont :

Le palais du Louvre. L'époque de la première construction du palais du Louvre est incertaine : quelques auteurs en font remonter l'origine au vii° siècle ; mais cette conjecture ne s'appuie sur aucun document authentique. Ce qu'il y a de certain, c'est que sous le règne de Philippe Auguste le Louvre était un château que ce prince dégagea de diverses redevances qu'il payait annuellement aux religieux de St-Denis, à l'évêque et au chapitre de Paris. Selon Piganiol, la situation isolée du Louvre, dans une grande plaine et sur les bords de la Seine, fait connaître que ce château avait été bâti dans la double intention de servir de maison de plaisance aux souverains, et de former une forteresse qui défendît la rivière et tînt les Parisiens en respect. Paris ayant continué à s'accroître, le Louvre se trouva environné de maisons et de rues ; cependant, lorsque Philippe Auguste fit tracer l'enceinte de Paris qui date de son règne, on évita d'y enclaver le château royal.

L'ensemble des bâtiments du Louvre offrait dans son plan un parallélogramme, qui avait dans sa plus grande dimension 117 m. 27 c. sur 113 m. Ce parallélograme, entouré de fossés alimentés par les eaux de la Seine, s'étendait depuis la rivière jusqu'à la rue de Beauvais (détruite depuis les projets de jonction du Louvre et des Tuileries), et depuis la rue Froidmanteau jusqu'à la rue d'Autriche, nommée aujourd'hui rue du Coq. Des bâtiments, des basses-cours, quelques jardins et la cour principale du Louvre en remplissaient la superficie. Les bâtiments étaient d'un extérieur si simple, que les façades ressemblaient à quatre pans de murailles, percées irrégulièrement de petites croisées les unes au-dessus des autres. Au milieu de la grande cour, qui avait en longueur 67 m. 27 c. sur 64 m. de large, s'élevait la tour du Louvre, fameuse dans l'histoire féodale, l'effroi des vassaux indociles. Construite en 1204 par Philippe Auguste, cette tour, centre de l'autorité royale, et d'où relevaient autrefois les grands fiefs et les grandes seigneuries du royaume, était de forme ronde, entourée par un large et profond fossé, et désignée sous le nom de tour Neuve, Philippine, forteresse du Louvre, tour Ferraud, etc. Ses murs avaient 4 m. 23 c. d'épaisseur près du sol, et 3 m. dans les étages supérieurs. Sa circonférence était de 46 m. 77 c., et sa hauteur, depuis le rez-de-chaussée jusqu'à la toiture, était de 31 m. 23 c. Elle communiquait à la cour par un pont, dont une partie, bâtie en pierre, était soutenue par une arche ; l'autre partie se composait d'un pont-levis, dont le pignon était surmonté par une statue de Charles V, tenant en main son sceptre. La tour du Louvre surpassait en hauteur tous les autres bâtiments, avec lesquels elle communiquait par le pont dont on vient de parler et par une galerie en pierre. On ignore le nombre de ses étages ; mais on sait que chacun était éclairé par huit croisées hautes de 1 m. 33 c. sur 1 m. de large, et garnies d'épais barreaux de fer. L'intérieur contenait une chapelle, un retrait et plusieurs chambres. On y montait par un escalier à vis ; une porte en fer, garnie de serrures et de verrous, en fermait l'entrée. — La tour du Louvre a servi pendant longtemps de prison d'État. Philippe Auguste y renferma Ferdinand, comte de Flandre, qu'il avait fait prisonnier à la bataille de Bouvines en 1214, et qu'il retint en prison jusqu'à ce qu'il eût consenti à lui céder tous ses États. Plusieurs princes eurent dans la suite un sort pareil : entre autres les comtes Guy et Louis de Flandre, Jean, duc de Bretagne, les comtes de Richemont et de Montfort, Enguerrand de Coucy, Enguerrand de Marigny, Charles le Mauvais, le fameux captal de Buch, Jean de Grailli, qui y mourut de chagrin. Sous Charles VI, les révoltés de Paris y renfermèrent Charles des Essarts, le duc de Bar, et le comte de Dammartin. Guichard, évêque de Troyes, contemporain du procès des templiers, et impliqué dans leur cause, fut retenu prisonnier au Louvre depuis 1308 jusqu'en 1313, époque où son innocence fut reconnue, dit l'abbé Fleury, par la confession du Lombard Noffé, lequel fut pendu à Paris pour d'autres crimes. Le dernier prisonnier de marque qui y ait été renfermé est Jean II, duc d'Alençon. La tour du Louvre fut aussi destinée à contenir les trésors des rois.

Les bâtiments qui entouraient la cour principale et fortifiaient la grosse tour étaient, ainsi que les clôtures des basses-cours et jardins, surmontés d'une infinité de tours et de tourelles, de diverses hauteurs et dimensions; les unes rondes, les autres quadrangulaires, dont la toiture en terrasse, en forme conique ou pyramidale, se terminait par des girouettes ou par des fleurons. Chacune de ces tours avait un nom, tiré de sa destination particulière; les principales étaient celles du Fer à cheval, des Portaux, de Windal, situées sur le bord de la rivière ; les tours de l'Étang, de l'Horloge, de l'Armurerie, de la Fauconnerie, de la grande et de la petite Chapelle, la tour où se met le roi quand on joute, la tour de la Tournelle ou de la Grand'chambre du conseil, la tour de l'Écluse, la tour de l'Orgueil, la tour de la Librairie, où Charles V avait réuni sa bibliothèque, etc. Presque toutes ces tours avaient leur capitaine ou concierge, emploi exercé par de très-puissants seigneurs du temps ; plusieurs d'entre elles étaient munies de chapelles et de chapelains. On pénétrait dans le Louvre par quatre portes fortifiées. La principale entrée se trouvait à l'aspect du midi et sur le bord de la Seine. Entre les bâtiments du Louvre et cette rivière était une porte flanquée de tours et de tourelles, qui s'ouvrait sur une avant-cour assez vaste. Une autre entrée se voyait en face de l'église St-Germain l'Auxerrois ; elle était fort étroite, flanquée de deux tours rondes, et ornée des figures de Charles V et de son épouse. Les deux autres portes, moins considérables, se trouvaient aux autres faces de l'édifice. Les pièces principales des bâtiments qui environnaient la cour intérieure consistaient en une grande salle, ou salle St-Louis ; on y trouvait la salle neuve du roi, la salle neuve de la reine, la chambre du conseil, etc. Il existait dans l'enceinte un arsenal, un grand nombre de cours et basses-cours entourées des bâtiments dits de la Maison du Four, de la Paneterie, de la Saucerie, de l'Epicerie, etc. Il y avait aussi quelques jardins, dont le plus grand était carré et n'avait que 12 m. de longueur. La chapelle basse, dédiée à la Vierge, était la plus considérable de toutes celles que contenait le Louvre.

Les rois de France ne logèrent que rarement au Louvre jusqu'à François Ier; l'hôtel St-Paul ou le château des Tournelles étaient leur demeure ordinaire. En 1400 Manuel, empereur de Constantinople, fut logé au Louvre par ordre de Charles VI. Le mariage de Henri VI, roi d'Angleterre, avec Catherine de France fut célébré dans la grande salle du Louvre en 1410. Il paraît que les bâtiments de ce château étaient en très-mauvais état en 1539, époque où l'on fut obligé d'y faire faire de grandes réparations pour y loger Charles-Quint. Dès 1528 François Ier s'était occupé d'élever sur son emplacement un nouvel édifice, sur les dessins de Pierre Lescot, qui commença le nouveau palais qu'on a depuis appelé le vieux Louvre, pour le distinguer des constructions nouvelles.

Catherine de Médicis vint habiter le Louvre en 1564 après la mort de Henri II.

Le 19 août 1572, lendemain du jour du mariage de Henri IV avec Marguerite de Valois, un grand tournois fut exécuté dans la grande place du Louvre; le roi Charles IX, ses frères, les ducs de Guise et d'Aumale combattirent à la lance contre Henri de Navarre et quelques seigneurs protestants. On sait que ces fêtes n'étaient qu'une déplorable déception, qu'un lâche guet-apens, et qu'elles précédèrent seulement de cinq jours les horribles massacres de la St-Barthélemy. On sait que le roi de Navarre était couché au Louvre pendant cette fatale nuit. Dès que les massacres eurent commencé, Nancey, capitaine des gardes, vint avec une troupe nombreuse dans les antichambres du roi de Navarre et du prince de Condé, enleva toutes les armes des personnes attachées au service de ces princes, chassa les serviteurs et les gentilshommes des appartements où ils étaient encore couchés, et les conduisit à la porte du Louvre, où ces malheureux furent massacrés. Le roi, placé à une des fenêtres du Louvre, prenait plaisir à les voir égorger par les Suisses, et criait aux bourreaux de n'en épargner aucun ; dès que le jour commença à paraître, il se mit à la fenêtre qui s'avance sur le bord de la Seine, et qui se trouve au-dessous de celle qui est à l'extrémité méridionale de la galerie d'Apollon, et avec des carabines qu'il faisait charger il tirait sur les malheureux échappés aux poignards, qui se sauvaient en traversant la rivière à la nage ! Dans la même matinée il fit venir auprès de lui le jeune roi de Navarre et le prince de Condé, leur promit leur pardon s'ils consentaient à renoncer à leur religion et à embrasser le catholicisme, et les menaça de mort s'ils balançaient à prendre ce parti. Ces deux jeunes gens cédèrent à la force, et promirent au roi de faire tout ce qu'il exigerait d'eux. — Il serait trop long et trop pénible de retracer ici les diverses scènes de l'horrible boucherie de cette journée ; nous rappellerons seulement que la plupart des protestants de la caste nobiliaire, arrachés de leurs lits, étaient traînés sous les fenêtres du roi, qui tenait en main une liste de tous les noms de ceux qu'il destinait à la mort. Il prenait plaisir à voir tomber sous les poignards ceux que la veille il avait comblés de caresses : à la fin du jour le Louvre fut environné de sang et de cadavres. C'est à deux pas de la rivière toute teinte du sang des protestants que fut tué le lendemain de la St-Barthélemy le célèbre sculpteur Jean Goujon. Il venait de terminer sa belle salle des cariatides et travaillait paisiblement au fronton extérieur, lorsqu'il fut atteint mortellement d'un coup d'arquebuse, à deux pas de la fenêtre d'où Charles IX tirait sur le peuple.

« Durant ce temps (en sept jours), dit Mézeray, il fut tué plus de cinq mille personnes de diverses sortes de mort et plusieurs de plus d'une sorte, entre autres cinq ou six cents gentilshommes. On n'épargna ni les vieillards, ni les femmes grosses, ni les enfants !... Les uns furent poignardés, les autres tués à coups d'épée, de hallebarde, d'arquebuse ou de pistolet, d'autres aussi précipités par les fenêtres, plusieurs traînés dans l'eau et plusieurs assommés à coups de crocs ou de maillets. Il s'en était sauvé sept à huit cents dans les prisons espérant y trouver un asile sous les ailes de la justice ; mais les capitaines destinés pour le massacre se les faisaient amener par une planche près de la vallée de *misère* (qui fait aujourd'hui partie du quai de la Mégisserie), où ils les assommaient à coups de maillet et puis les jetaient dans la rivière !... Ceux qui étaient logés dans le Louvre ne furent pas épargnés ; après qu'on les eut désarmés et chassés des chambres où ils couchaient, on les égorgea *tous* les uns après les autres, *et on exposa leurs corps tout nus à la porte du Louvre ;* la reine mère était à une fenêtre et se repaissait de ce spectacle. »

Pour consacrer la mémoire de l'exécrable forfait de Charles IX, le conseil général de la commune de Paris rendit et prit en l'an III un arrêté portant : « qu'un poteau de pierre sera placé à l'endroit du quai des galeries du Louvre où Charles IX tirait d'une des fenêtres de ce château sur le peuple, et qu'il y serait attaché une inscription infamante. » Pendant six ans tout Paris a vu au-dessous de la fenêtre de l'extrémité méridionale de la galerie d'Apollon un poteau sur lequel était cette inscription :

C'EST DE CETTE FENÊTRE
QUE L'INFAME CHARLES IX, D'EXÉCRABLE MÉMOIRE,
A TIRÉ SUR LE PEUPLE AVEC UNE CARABINE.

La police, n'ayant pas jugé utile de laisser plus longtemps cette inscription, la fit enlever le 23 ventôse an IX.

Le 3 décembre 1591, le duc de Mayenne condamna à mort de sa propre autorité, sans forme ni ordre de justice, neuf membres du conseil des seize, dont quatre seulement purent être saisis, les cinq autres s'étant soustraits au supplice par la fuite. Les quatre membres arrêtés étaient : Louchard, commissaire au Châtelet; Emmeline, procureur; Ameline et Auroux, l'un et l'autre avocats de la compagnie des seize; conduits au Louvre, ils y furent pendus et étranglés à une poutre de la salle basse du château (celle ornée des cariatides). — C'est dans la grande salle du Louvre que le duc de Mayenne présida le 27 janvier 1593 l'assemblée des soi-disant états généraux, où fut proposée l'élection d'un roi catholique.

Après l'assassinat de Henri IV par Ravaillac, le 4 mai 1610, le corps de ce monarque fut transporté sur-le-champ au Louvre, où il expira dans l'escalier à droite du pavillon du milieu, près de la porte de son appartement.

C'est sur le pont du Louvre que fut assassiné le 24 avril 1617 le maréchal d'Ancre, qui traversait ce pont accompagné de cinquante à soixante personnes, pour se rendre auprès du roi. Le baron de Vitry, qui l'attendait avec des Suisses armés de fusils, l'arrêta au nom du roi. Concini, étonné, fit un geste pour mettre la main à la garde de son épée; au même instant le baron de Vitry fit signe à ceux qui le suivaient, et Concini tomba mortellement blessé de plusieurs balles. Le roi, se montrant alors aux fenêtres du palais, cria aux conjurés : « Grand merci à vous, messieurs ; à cette heure je suis vraiment roi. » Le cadavre du maréchal d'Ancre, enterré sans pompe dans l'église de St-Germain-l'Auxerrois, fut exhumé par la populace, traîné à travers les rues de Paris jusqu'au Pont-Neuf, et brûlé devant la statue de Henri IV.

Henriette de France, fille de Henri IV, devenue reine d'Angleterre par son mariage avec le prince de Galles, depuis Charles Ier, ayant été forcée de venir chercher un asile en France en 1644, on lui assigna un logement au Louvre, où elle parut durant quelques mois en équipage de reine ; mais peu à peu son train diminua, au point que dans l'hiver elle était obligé de passer une partie de la journée au lit, ne pouvant se lever faute de feu. « La postérité aura peine à croire, dit le cardinal de Retz, qu'une reine, fille de Henri le Grand, ait manqué d'un fagot au mois de janvier, dans le Louvre et sous les yeux d'une cour de France. »

Le 21 octobre 1652, après les troubles de la Fronde, Louis XIV abandonna le Palais-Royal et transporta sa résidence au Louvre.

En 1658 Molière fit dresser un théâtre au Louvre, dans la salle des gardes, où il débuta avec une troupe exercée, en présence du roi et de toute la cour, par la tragédie de *Nicomède*, et par une farce intitulée : *les Docteurs amoureux*. Molière plut tellement au roi, qu'il en obtint de jouer alternativement avec les comédiens italiens, sur le théâtre du Petit-Bourbon, situé vis-à-vis St-Germain-l'Auxerrois, lequel fut démoli plus tard pour faire place à la colonnade du Louvre.

Lors de la révolution de 1830, le Louvre fut un des édifices qui furent défendus et attaqués avec le plus d'acharnement. Le 29 juillet, le duc de Raguse y avait placé son avant-garde. La lutte entre les troupes et les patriotes, suspendue un moment pendant la nuit du 28, recommença avec plus d'énergie que jamais à quatre heures du matin. Une colonne de la garde royale, ayant voulu pousser une reconnaissance dans la direction de la Grève, fut vivement attaquée et repoussée jusqu'au Louvre, où elle se retrancha. Presque immédiatement après, le Louvre fut attaqué sur trois points : par le général Gérard du côté du pont des Arts, et par M. Maduel, élève de l'école polytechnique, du côté de la rue du Coq et du côté de la colonnade. Il était défendu par les Suisses et par deux régiments de la garde royale, postés dans la cour, dans le jardin de l'Infante et les autres jardins voisins. Les troupes avaient des pièces de campagne, des munitions de toute espèce, et des moyens terribles de soutenir la lutte qui s'engageait. La résistance fut opiniâtre ; on sentait que c'était le dernier boulevard de la monarchie. Enfin, vers midi, un courageux citoyen s'élance, le drapeau tricolore à la main, jusqu'à la porte du Louvre, en criant : A moi ! et brave une décharge formidable. Cet élan fut bientôt suivi ; un élève de l'école polytechnique s'avance, suivi d'un grand nombre de citoyens ; trois montent sur la petite porte, et menacent de tirer si l'on n'ouvre pas ; mais bientôt la petite porte se brise, la grande est ouverte à ces héros, et on entre en foule, malgré les décharges qui partent de la cour. Presque au même instant, on escaladait la colonnade par une coulisse qui servait à descendre les gravois, placée dans le jardin de l'Infante, et un jeune homme de dix-huit ans, nommé Charles Bourgeois, y plantait le drapeau tricolore. Les autres portes du Louvre furent successivement ouvertes et forcées, l'une par le brave Garaud, sculpteur, l'autre par un enfant de seize ans, nommé Petit-Père, qui fut emporté criblé de douze ou quinze blessures, dans l'église de St-Germain-l'Auxerrois, où l'on avait établi une ambulance. Après des prodiges de valeur, où les plus beaux faits d'armes se renouvelèrent, le Louvre, assailli de toute part, tomba au pouvoir des patriotes. L'attaque avait été appuyée par une division de citoyens qui, depuis le pont des Arts jusqu'au pont Royal, tiraillait avec les Suisses et les forçait à reculer du côté du pont Royal. Les Suisses se réfugièrent vers les Tuileries en laissant la terre jonchée de leurs morts et de leurs blessés. — Malgré la rapidité avec laquelle furent exécutées l'attaque et la prise du Louvre, les Suisses se défendirent avec tant d'acharnement, qu'ils firent un grand nombre de victimes dans les rangs du peuple, qui ne vit pas sans une douleur mortelle tant de ses braves camarades privés de la vie. Toutefois une idée religieuse trouva place dans l'âme de ces hommes altérés de vengeance et ne respirant que le carnage ; ils désirèrent rendre à ces dépouilles mortelles les honneurs de la sépulture ; un prêtre de St-Germain-l'Auxerrois (M. Paravey) fut mandé à cet effet ; il consentit volontiers à bénir un terrain près de la colonnade du Louvre, où furent immédiatement déposés les restes de quatre-vingt-cinq braves citoyens qui avaient trouvé la mort dans l'attaque. Jusqu'à l'époque de la translation de leurs restes, sous la colonne de Juillet en 1840, la place où furent inhumées ces victimes n'était indiquée que par une croix ombragée de cyprès, sur laquelle on lisait cette modeste inscription : Aux citoyens morts pour la patrie.

Le Louvre, tel que nous le voyons aujourd'hui, fut continué sous Charles IX, Henri III et Henri IV ; le gros pavillon fut bâti sous Louis XIII. Une grande partie des bâtiments de la cour et la façade principale connue sous le nom de colonnade du Louvre furent élevées sous le règne de Louis XIV. Les travaux, continués pendant quelque temps sous Louis XV, furent abandonnés jusqu'en 1804, époque où ils furent repris par ordre de Napoléon avec une grande activité.

La façade occidentale du corps de bâtiment élevé par l'architecte Pierre Lescot, aujourd'hui nommé Vieux-Louvre, offre un dessin fort simple, si on le compare à celui de la façade orientale, où les ornements se montrent avec profusion. Cette différence provient de ce que cette façade occidentale était postérieure et donnait sur des cours de service, tandis que l'autre façade appartenait à la cour d'honneur. Celle-ci est plus riche d'ornements, plus chargée de bas-reliefs ; les yeux en sont fatigués, et le talent du sculpteur y brille plus que celui de l'architecte : l'accessoire surpasse le principal. — L'intérieur du Vieux-Louvre offrait un grand nombre de salles pareillement chargées de sculptures. Dans une d'elles, appelée salle des Cariatides, on admire les quatre statues colossales, en pierre, représentant des femmes, ou cariatides, qui supportent une tribune, ouvrage du célèbre Jean Goujon, et une des plus belles productions qu'offre en Europe l'art du statuaire, depuis la restauration de cet art. Outre ce principal corps de logis, l'architecte Pierre Lescot construisit une partie du bâtiment en retour du côté de la Seine, et une aile qui, communiquant au Louvre, s'avançait jusque sur le bord de cette rivière, et n'en est aujourd'hui séparée que par le quai. — Le gros pavillon contigu à ce dernier bâtiment est d'une construction plus récente ; c'est celui où se fait chaque année l'exposition des tableaux.

Ce corps de bâtiment qui s'étend depuis le Vieux-Louvre jusqu'au bord de la Seine, et qui fait angle avec la façade méridionale du Louvre, a longtemps porté le nom de palais de la Reine, de pavillon de l'Infante, et l'espace vide enfermé entre ces bâtiments et la nouvelle grille portait le nom de jardin de l'Infante. L'étage supérieur de ce corps de bâtiment forme aujourd'hui la galerie d'Apollon, ainsi nommée à cause des sujets des peintures de son plafond. C'est ce bâtiment, avancé jusqu'au bord de la Seine, qui a fait naître le projet d'établir une galerie qui, en longeant cette rivière, irait aboutir au château des Tuileries et formerait une communication entre le Louvre et ce château.

La façade principale du Louvre, commencée en 1666, sur les dessins de Claude Perrault, fut achevée en 1670 ; elle a 166 m. 87 c. de longueur, et se compose de trois avant-corps, deux aux extrémités et un au centre, où se trouve l'entrée principale. Les deux intervalles que laissent ces trois avant-corps sont occupés par deux galeries dont le fond, autrefois garni de niches, est aujourd'hui percé de fenêtres. La hauteur de cette façade, depuis le sol jusqu'à la partie supérieure de la balustrade, est de 27 m. 61 c. ; elle se divise en deux parties principales : le soubassement et le péristyle. Le soubassement présente un mur lisse, percé de vingt-trois ouvertures, portes ou fenêtres. Le péristyle se compose d'une ordonnance corinthienne contenant cinquante-deux colonnes et pilastres, accouplés et cannelés. — Cette façade éprouva des changements, et fut embellie sous le règne de Napoléon. Au-dessus de la porte d'entrée, placée à l'avant-corps du centre, on fit disparaître un grand cintre, et l'on établit entre les deux parties de la colonnade une communication qui n'existait pas. Au-dessus de cette même entrée étaient deux tables vides. On y a sculpté un grand bas-relief représentant la Victoire sur un char attelé de quatre chevaux ; et l'on y a joint, comme pendentifs, deux bas-reliefs qui existent dans les cintres de l'attique composé par Pierre Lescot. Le tympan du fronton qui couronne cet avant-corps était resté vide. Lemot fut chargé de le remplir ; il composa un bas-relief au centre duquel était placé, sur un piédestal, le buste de Napoléon. On voit à droite la figure de Minerve, et à gauche celle de la muse de l'histoire, qui écrit sur le piédestal ces mots : *Napoléon le Grand a achevé le Louvre.* Devant ce piédestal, la Victoire assise, Minerve, des muses, des génies figurent dans les autres parties de ce fronton. En 1815 on a fait disparaître le buste le Napoléon, et on lui a substitué celui de Louis XIV, et l'inscription a été remplacée par celle-ci : *Ludovico Magno.* — Cette façade doit sans contredit, par l'heureuse harmonie qui se trouve entre toutes les parties de l'ensemble, par le choix de la belle exécution de ses ornements la sage économie de leurs distributions, enfin par la majesté de son étendue, occuper le premier rang parmi les plus beaux morceaux d'architecture dont Paris puisse se glorifier.

Perrault fit aussi élever, sur ses dessins, la façade du Louvre qui donne sur le cours de la Seine ; façade moins magnifique que la précédente, et qui se trouve parfaitement en accord avec elle. Le soubassement, les pilastres corinthiens qui la décorent, sont dans les mêmes proportions : il ne la termina point. — La façade du côté de la rue du Coq fut en partie construite par Perrault ; sa décoration, qui diffère de celle de la façade du côté de la rivière, est moins riche.

Le plan de la cour du Louvre est un carré parfait dont chaque côté a

112 m. Les décorations des quatre façades de cette cour ne se ressemblent pas : voici les causes de cette dissemblance. — La façade occidentale de la cour appartient au corps de bâtiment appelé communément le Vieux-Louvre, bâtie par Pierre Lescot, sous François Ier et sous Henri II. Cette façade fut restaurée sous Louis XIII, par l'architecte Mercier, qui, s'écartant des dessins de Lescot, éleva le pavillon placé au centre, dont l'étage supérieur fut décoré de six cariatides colossales sculptées par Sarrasin, sur le comble duquel, avant le gouvernement de Bonaparte, était un télégraphe. On y voit aujourd'hui une horloge. Cette façade, malgré les changements qu'elle a éprouvés, conserve encore le caractère d'une construction du xvie siècle. — La façade méridionale fut construite en partie par les mêmes architectes, et par Mercier, qui, continuant l'ouvrage de Pierre Lescot, en conserva les dessins. Cette façade et tout le corps de bâtiment auquel elle appartient restèrent imparfaits. Commencée au xvie siècle, continuée au xviie, laissée dans un état de ruine, longtemps à demi enterrée sous des décombres, elle participait de la manière de l'une et de l'autre époque. — La façade du côté oriental, celle qui se trouve derrière la façade extérieure appelée colonnade, conserve, à plusieurs égards, l'ordonnance du bâtiment appelé Vieux-Louvre, mais en diffère dans plusieurs autres. Il en est de même de la façade septentrionale. Dans le Vieux-Louvre, l'ordonnance du rez-de-chaussée est corinthienne, celle du premier étage composite, et l'étage supérieur présente un ordre attique, couronné par une espèce de balustrade barbare, et par un comble très-élevé. — Les autres façades furent composées des mêmes ordonnances ; mais à l'ordre attique on substitua un troisième ordre, et à la balustrade barbare une balustrade moderne qui dérobe entièrement la vue du comble. — La façade septentrionale de la cour, depuis le Vieux-Louvre jusqu'à l'avant-corps, était construite d'après les dessins de Pierre Lescot. Sous Louis XV et sous la conduite de l'architecte Gabriel, l'autre moitié de cette même façade fut construite d'après les dessins de Claude Perrault, c'est-à-dire conformément à la façade orientale. — Les façades de cette cour, si l'on en excepte celle qui appartient au Vieux-Louvre, entreprises ou réparées sous Louis XIII, Louis XIV et Louis XV, ne furent jamais terminées. Les bâtiments qu'elles représentaient étaient en ruine avant d'être construits. La plupart manquaient de toitures, n'en avaient que de provisoires, ou établies à la hâte, et qui ne s'élevaient pas même à la hauteur des murs de façade. Napoléon, jaloux de toute espèce de gloire, conçut le projet de finir en peu d'années ce que plusieurs rois n'avaient pu faire en plusieurs siècles ; et ce projet fut exécuté. Les façades extérieures et intérieures furent entièrement ragréées, achevées, couronnées de balustrades, couvertes d'une toiture et terminées.

De vastes constructions, commencées sur la place dite du Vieux-Louvre, faisant le pendant des bâtiments qui sont en face, doivent se rattacher à la nouvelle galerie du côté de la rue St-Honoré, comme les bâtiments du côté opposé se rattachent à l'ancienne galerie qui borde le cours de la Seine. La nouvelle galerie commencée en 1807, et dont une grande partie est terminée; les salles du musée des antiques, établies en 1803, au rez-de-chaussée des bâtiments du Vieux-Louvre et de ceux qui s'avancent jusqu'au quai, disposées, embellies avec goût et magnificence; le superbe et pittoresque escalier qui, de l'entrée de ces salles, conduit à celles qui sont destinées aux expositions, à la galerie d'Apollon et à la galerie dite le musée des tableaux; cette dernière galerie, séparée, enrichie dans toute son immense longueur; la place du Carrousel, considérablement agrandie, débarrassée de plusieurs masses de maisons qui la rétrécissaient; une large rue ouverte entre cette place et celle du Vieux-Louvre, qui met ce palais en regard avec celui des Tuileries, et plusieurs autres travaux moins importants, qu'il serait fastidieux d'indiquer, concoururent à l'embellissement du Louvre, et furent aussi pour la plupart projetés et exécutés sous le règne de Napoléon.

Le rez-de-chaussée de la cour du Louvre était occupé en 1789 par des particuliers qui y avaient obtenu des logements, et par des ateliers accordés à différents sculpteurs de l'académie; le premier et le second étage de la galerie de la colonnade étaient aussi occupés en partie par des peintres de l'académie. — La salle des Cariatides, ci-devant des Cent-Suisses, servait du temps de Marie de Médicis à donner des festins, des fêtes magnifiques, des bals, des représentations de comédie; c'est dans cette salle que furent pendus neuf membres du conseil des seize, condamnés à mort par le duc de Mayenne. — Au-dessus de cette salle est la galerie d'Apollon, où se faisait tous les deux ans l'exposition des tableaux des membres de l'académie de peinture. — L'Académie française, l'académie des sciences et l'académie des inscriptions et belles-lettres tenaient leurs séances dans les salles du rez-de-chaussée donnant sur la place du Muséum. L'académie d'architecture occupait le dessus du passage situé en face de la rue du Coq. — Les ducs et pairs de France tenaient leurs assemblées dans une salle du rez-de-chaussée donnant sur le jardin de l'Infante. — La chapelle du Louvre occupait le dessus de la voûte ou passage de la porte Royale. Au-dessus était le dépôt des titres et états concernant les grands officiers de la maison du roi. — Le perron par lequel on entre aujourd'hui au musée conduisait aux salles d'audience du ministre de Paris, à la salle de l'académie de peinture, à la salle du grand conseil, et au jardin de l'Infante. — Le grand conseil tenait ses séances dans les pièces qui formaient autrefois l'appartement de la reine. A côté était la salle de juridiction, où la prévôté de l'hôtel du roi tenait ses séances. — Près du troisième guichet, sous la grande galerie du Louvre, était l'imprimerie royale. Au-dessus de ce guichet était la monnaie des médailles. Tout le reste du rez-de-chaussée de la galerie du Louvre jusqu'au pavillon des Tuileries était occupé par les écuries du roi.

Galerie du Louvre. Cette galerie, qui depuis l'aile du Louvre qui s'avance jusqu'au bord de la Seine se continue le long du bord de cette rivière jusqu'au château des Tuileries, fut commencée par le conseil de la reine Catherine de Médicis, sous le règne de Charles IX, qui en posa la première pierre. Androuet du Cerceau en fut l'architecte. Henri III la fit continuer, mais les travaux furent bientôt interrompus. Henri IV, en 1600, les fit reprendre ; ce fut ce roi qui fit aussi construire et peindre en partie la galerie d'Apollon, placée en retour de celle du Louvre. En 1604, ces travaux étaient fort avancés. Henri IV avait le projet de consacrer la partie inférieure de cette galerie à l'établissement de diverses manufactures, et au logement des plus experts artisans de toutes les nations. Les parties de cette galerie construites sous Charles IX et sous Henri III se reconnaissent facilement à la différence de leur dessin, à l'interruption et à la discordance des lignes. Elles se terminent à l'endroit où cette galerie forme un avant-corps, surmonté par un campanile. Depuis ce point jusqu'au pavillon des Tuileries, appelé pavillon de Flore, la façade de cette galerie présente une ordonnance de pilastres corinthiens, accouplés, cannelés et d'une majestueuse proportion, laquelle est couronnée par des frontons alternativement circulaires et triangulaires. Cette ordonnance n'est pas sans défaut : le bon goût est blessé par ces fenêtres qui s'élèvent jusque dans l'entablement et interrompent la continuité obligée de l'architecture de la frise. Cette violation des règles et les frontons de diverses formes sont les seules imitations qu'Androuet du Cerceau ait faites dans le dessin de l'ancienne partie de cette galerie.

Musée du Louvre. C'est à M. Thibaudeau que l'on doit l'établissement du musée des tableaux et des statues dans le local qu'il occupe aujourd'hui. La convention, d'après son rapport, ordonna, par décret du 10 thermidor an 1er (27 juillet 1792), qu'il serait établi un musée national, et elle en fixa l'ouverture au 24 thermidor suivant. Il se composait alors d'environ 500 tableaux des premiers maîtres des diverses écoles. Ce fut en l'an iv, que ce musée devint le premier de l'Europe, par cette profusion de trésors en tout genre qui furent envoyés d'Italie, des Pays-Bas, de la Hollande et du Piémont. Dans le printemps de l'an vii on fit une exposition qui fit connaître toutes nos richesses. Mais ce fut seulement en l'an ix (1800 et 1801) que, tous les travaux étant achevés, on put jouir de la riche collection dont le droit de conquête nous avait rendus possesseurs.

Sept divisions principales composent ce musée : la première comprend les statues ; la seconde les tableaux des écoles italienne, flamande et française ; la troisième le musée anglais ; la quatrième les dessins ; la cinquième les antiquités grecques, romaines et égyptiennes ; la sixième le musée espagnol ; la septième le musée naval.

Le musée des antiques est dans le rez-de-chaussée de la partie méridionale du bâtiment de l'Horloge. Les diverses salles se distinguent entre elles par des dénominations qui expriment le caractère des objets qu'elles contiennent, ou le morceau capital qui s'y trouve exposé. D'abord se présente le vestibule, puis la salle des Empereurs romains, la salle des Saisons, celle de la Paix, une autre des Romains ; la salle du Centaure, de Diane, du Candélabre, du Gladiateur, de Pallas, de Melpomène ; la salle d'Isis ; celle de l'Aruspice, d'Hercule et Télèphe, de Médée, de Pan ; la salle des Cariatides.

Les salles qui viennent d'être énumérées ne contiennent que des ouvrages antiques. Malgré les pertes qu'a éprouvées le musée, on y compte un bon nombre de chefs-d'œuvre. La décoration du local est ingénieusement appropriée à leur destination : les galbes de la Grèce et de Rome, le style égyptien et le goût athénien se manifestent dans les marbres, les colonnes et les ornements accessoires. Le temple est digne des dieux qui l'habitent.

La seconde classe des objets de sculpture occupe cinq salles qui ne contiennent que des productions des xvie, xviie et xviiie siècles. Elle n'est formée que depuis l'année 1824. L'ancien musée des Petits-Augustins lui a fourni une grande partie des objets qu'elle contient.

Les dessins et les tableaux sont au premier étage du Louvre, au-dessus du musée des Antiques et dans la galerie qui joint le Louvre aux Tuileries. La salle des dessins est dans la galerie dite d'Apollon. De cette galerie on passe à la salle appelée spécialement le Salon, puis dans la grande galerie. Un dégagement du superbe escalier qui prend son origine dans le vestibule du musée, conduit par une autre porte au salon. La grande galerie a 444 m. de longueur sur 10 m. de largeur. Elle est divisée en neuf parties faisant saillie sur la voûte, que soutiennent des colonnes et des pilastres corinthiens avec des chapiteaux et des embases en bronze doré. Au milieu des pilastres sont des glaces, et entre les colonnes des candélabres, des vases précieux pour la matière ou la forme, et des bustes. Les voûtes sont ornées de caissons. Des jours supérieurs et des fenêtres latérales éclairent alternativement cette galerie. Les portes placées aux deux extrémités sont dans des hémicycles dont les parois sont en stuc. La porte qui communique avec les Tuileries a pour ornement vingt-quatre colonnes de marbre précieux. Les trois premières divisions de la galerie sont consacrées aux productions de l'école française ; les trois secondes aux écoles allemande, flamande et hollandaise ; les trois dernières aux écoles d'Italie.

Le musée anglais, dit aussi musée Standish, est situé au deuxième étage, dans une salle qui contient environ deux cents tableaux des écoles française, flamande, italienne et espagnole. Cette collection a été léguée au roi des Français en 1838 par le chevalier Standish.

Le musée espagnol, ouvert au public en 1837, contient près de cinq cents tableaux des maîtres espagnols. On y voit plusieurs chefs-d'œuvre de Murillo, Velasquez, Zurbaran, Ribera, Cano, Moralès, etc., etc., etc.

Le musée royal est la plus vaste collection qu'il y ait en Europe ; elle renferme près de quinze cents tableaux, parmi lesquels on remarque un très-grand nombre de chefs-d'œuvre de toutes les écoles.

L'exposition des tableaux et sculptures des artistes français vivants a lieu tous les ans dans la galerie du Louvre. Le musée est ouvert au public le dimanche, de dix heures à quatre. Les étudiants y sont admis depuis le mardi jusqu'au samedi de chaque semaine. Les étrangers y sont toujours admis de dix heures à quatre, sur la présentation de leurs passeports.

Le musée des antiquités grecques, romaines et égyptiennes a été ouvert le 4 novembre 1827 ; il est composé de neuf salles de plain-pied, s'étendant au premier de la façade du Louvre voisine de la rivière ; elles communiquent entre elles par de larges ouvertures décorées de pilastres ioniques surmontés d'une archivolte.

Le musée naval renferme des modèles de toutes les espèces de bâtiments de mer, des machines à l'usage des vaisseaux, des plans en relief des ports et arsenaux maritimes, forges, usines, ateliers ; il doit être orné de tableaux, où seront représentés les plus beaux faits d'armes des marins français de toutes les époques.

L'église St-Germain l'Auxerrois, située place de la Colonnade du Louvre. L'église de St-Germain l'Auxerrois passe pour avoir été fondée par Chilpéric. Ruinée par les Normands, qui en avaient fait une forteresse entourée de fossés, elle fut reconstruite par le roi Robert ; le chœur fut rebâti dans le xive siècle ; le portail actuel date de 1435. Devenue la paroisse des rois depuis qu'ils habitèrent le Louvre, cette basilique subit de notables changements ; le jubé qui masquait l'entrée du chœur fut démoli ; ses piliers gothiques prirent une forme moderne ; plusieurs morceaux de sculpture, une grille à hauteur d'appui, en fer poli et bronze doré, donnèrent un riche aspect au chœur majestueux de ce temple. Le banc de l'œuvre, exécuté d'après les dessins de Perrault et de Lebrun, mérite de fixer l'attention ; la chaire a un dôme en forme de couronne royale. Les chapelles étaient ornées d'une multitude de beaux tableaux de Philippe de Champagne, Léonard de Vinci, Jouvenet, Pajou, etc.

Si cette église n'offre plus ses ornements intérieurs qui faisaient toute sa richesse et sa beauté, on voit encore avec plaisir son porche qui rappelle le goût arabe, et son portail tout à fait dans le style gothique. Dans la chapelle des Morts on voyait deux tombeaux en marbre, élevés à deux chanceliers de France de la famille d'Aligre. Plusieurs autres personnages remarquables furent aussi inhumés dans cette église ; on cite principalement : Claude Fouchet, premier président de la cour des monnaies, qui mourut dans un grenier et dont on vendit l'office pour payer les dettes ; le poëte Jodelle ; François Olivier, chancelier de France sous Louis XII ; Ponponne de Bellièvre, chancelier de France ; N. de Bellièvre et Ponponne de Bellièvre, premiers présidents au parlement de Paris ; Pierre Seguin, dont la belle collection de médailles se voit à la bibliothèque du roi ; le poëte Malherbe ; l'architecte Levau ; Guy Patin, savant médecin, qui a laissé un recueil de lettres estimées ; le sculpteur Desjardins ; le graveur Melan ; le peintre Stella ; le sculpteur Sarrasin ; François d'Orbay, architecte, maître de Levau, mort dans un état voisin de l'indigence ; Noël Coypel et Antoine Houasse, peintres célèbres ; Antoine Coyzevox, célèbre sculpteur ; Mme Dacier et André Dacier, célèbres par leurs traductions ; J.-B. Santerre, célèbre peintre de portraits ; le maréchal d'Ancre, dont le cadavre fut exhumé par le peuple, et brûlé en place de Grève ; le comte de Caylus.

C'est au signal donné par la cloche de l'église St-Germain l'Auxerrois le dimanche 24 août 1572 ; jour de la St-Barthélemy, que commencèrent les massacres de cette journée dans les quartiers voisins du Louvre. Ce fut le roi lui-même qui donna l'ordre de sonner le tocsin, signal auquel répondit peu de temps après la cloche de l'horloge du Palais. Durant les troubles de la révolution, cette église avait à peine subi quelques dégradations. Après la révolution de juillet, un service funèbre, célébré avec ostentation pour l'anniversaire de la mort du duc de Berry au mois de février 1831, excita l'indignation du peuple, qui livra l'église au pillage et qui l'aurait entièrement détruite si l'autorité n'y eût mis obstacle. Cette église resta fermée jusqu'en 1838, époque où on en a commencé la restauration.

Le pont des Arts. Il est situé entre l'Institut et le palais du Louvre, qui portait alors le nom de palais des Beaux-Arts. Commencé en 1802 et achevé en 1804, ce pont se compose de neuf arches de fer liées ensemble par des entretoises ; les culées et les piles sont en pierre. Sa longueur est de 167 m. 61 c. sur une largeur de 10 m. Les piétons seuls y passent, en payant un droit de 5 c.

Le pont des Arts réunit deux des plus beaux quartiers de Paris. Il offre un magnifique panorama, soit que la vue se porte du côté du Pont-Neuf, soit qu'elle embrasse l'étendue de la rivière du côté du Pont-Royal.

VARIÉTÉS HISTORIQUES ET BIOGRAPHIQUES.

La rue du Petit-Bourbon, qui forme aujourd'hui une partie de la place de la Colonnade du Louvre, était le prolongement de la rue des Poulies jusqu'à la Seine. Au coin de cette rue était le palais du fameux connétable Charles de Bourbon. Lorsque, par suite de sa révolte, il eut été déclaré traître et criminel de lèse-majesté, on y brisa ses armoiries, et on fit barbouiller de jaune les portes et les fenêtres de sa maison par la main du bourreau. C'est au palais du Petit-Bourbon que mourut, à l'âge de vingt-huit ans, la duchesse de Bedfort, femme du régent de France pour le roi d'Angleterre, le 13 novembre 1432. Ce palais fut en grande partie démoli en 1525, à l'exception de la chapelle et d'une vaste galerie où l'on établit un théâtre qui servait aux fêtes et aux ballets de la cour, où les princes et Louis XIV lui-même dansaient publiquement. Le 19 mai 1577, des comédiens italiens que le roi Henri III avait fait venir de Venise, et qui avaient donné des représentations à Blois, furent installés au théâtre du Petit-Bourbon; ils prenaient quatre sous par personne, et ils attiraient un grand concours de spectateurs. En 1584 et en 1588 il en parut une seconde et une troisième troupe. En 1645, le théâtre du Petit-Bourbon fut occupé par des bouffons italiens, que le cardinal Mazarin avait fait venir pour satisfaire la passion de la reine Anne pour les spectacles, et où il fit représenter *la Festa theatrale, Orphée et Euridice*, etc. En 1658, ce théâtre fut accordé à Molière, dont la troupe débuta en présence de Louis XIV, le 3 décembre, par *l'Étourdi* et *le Dépit amoureux*. Cette troupe donna des représentations sur ce théâtre jusqu'en 1660, époque où Molière quitta le théâtre du Petit-Bourbon pour aller occuper la salle du Palais-Royal.

A cette époque, des comédiens espagnols venus avec l'infante Marie-Thérèse, que Louis XIV venait d'épouser, donnèrent trois représentations sur le théâtre du Petit-Bourbon, dont la démolition fut commencée le 11 octobre. Sur son emplacement fut bâtie, du côté du quai, la partie de la colonnade du Louvre dont Louis XIV posa la première pierre le 17 octobre 1665. Les restes du palais du Petit-Bourbon qui n'avaient pas été occupés par le théâtre avaient été affectés au garde-meuble de la couronne, qui fut transféré à l'hôtel Conti en 1758. C'est dans la galerie de ce palais que furent réunis les états de 1614.

Rue Béthizy, n° 20, était L'HÔTEL DE MONTBAZON, où fut assassiné l'amiral de Coligny. Cet hôtel fut occupé ensuite par les seigneurs de Rohan-Montbazon, dont il portait encore le nom en 1772; Carle Vanloo l'habita longtemps. C'est dans la chambre où fut assassiné Coligny qu'est née, en 1740 ou 1744, la célèbre Sophie Arnould. Son père, qui tenait un hôtel garni, lui fit donner une éducation brillante. La princesse de Modène lui ayant reconnu une voix admirable, la fit entrer, malgré les résistances de sa mère, aux Menus-Plaisirs, et quelque temps après Sophie Arnould était la reine de l'Opéra. Son jeu expressif, sa physionomie pleine de grâce et de vivacité, sa voix délicieuse et ses spirituelles saillies lui attirèrent un grand nombre d'admirateurs et d'amants. Sa maison, comme celle d'une moderne Aspasie, était fréquentée par tout ce qu'il y avait de plus illustre et de plus élevé. La littérature y affluait presque tout entière : d'Alembert, Helvétius, Diderot, Mably, Duclos, J.-J. Rousseau lui-même, venaient s'y mêler aux Dorat, aux Rulhière, aux Bernard, etc., etc. Au commencement de la révolution, Sophie Arnould acheta le presbytère de Luzarches, dont elle fit une belle maison de campagne, où elle mourut en 1802.

Une première tentative d'assassinat avait eu lieu dans cette rue, le 22 août 1572, sur l'amiral de Coligny, qui y fut grièvement blessé d'un coup d'arquebuse chargé de deux balles, au moment où il venait de quitter le roi Charles IX et qu'il se retirait pour aller dîner dans son hôtel, rue Béthizy, où il fut si inhumainement massacré deux jours après.

Rue des Orfévres, n°ˢ 4 et 6, était l'hôtel des Trois-Degrés, sur l'emplacement duquel les orfèvres firent bâtir, en 1399, la CHAPELLE ST-ELOI et l'hôpital de ce nom, fondé pour recevoir et alimenter les pauvres orfèvres. Cette chapelle fut réédifiée sur les dessins de Philibert de Lorme; c'était un joli édifice, où l'on voyait d'assez bonnes figures de Germain Pilon.

Rue St-Germain-l'Auxerrois, n° 65, était la prison du FOR-L'ÉVÊQUE, siége de la juridiction temporelle de l'évêque de Paris, la résidence de son prévôt et la prison de ses justiciables. Les arrêts de ce juge étaient exécutés dans des lieux différents, suivant la gravité des délits. On pendait, on brûlait les condamnés à mort hors de la banlieue de Paris; mais s'agissait-il seulement de couper les oreilles, le délinquant subissait sa sentence sur la place du Trahoir, à l'entrée de la rue de l'Arbre-Sec, vers la rue St-Honoré, non loin par conséquent du *For-l'Évêque*. Cette prison, comme celle du Châtelet et plusieurs autres de ce temps-là, avait des *oubliettes,* espèces de cachots humides et noirs où les détenus mouraient sans consolations, perdus pour le monde entier. Cette prison fut en grande partie reconstruite en 1652; réunie au Châtelet par édit de février 1674, elle fut réservée aux détenus pour dettes et aux comédiens qui avaient manqué au public ou désobéi à l'autorité. C'était aussi le lieu de détention provisoire des jeunes gentilshommes surpris par le guet dans des lieux suspects. On y était envoyé sans jugement, suivant le caprice ou l'ordre d'un ministre, du lieutenant général de police, d'un premier gentilhomme de la chambre du roi. Les notabilités dramatiques, les talents supérieurs n'étaient pas exempts de cette correction illégale et arbitraire. Le 16 avril 1765, Brizard, d'Auberval, Molé, Lekain, furent conduits au For-l'Évêque pour avoir refusé de jouer dans *le Siége de Calais* avec Dubois, qui s'était rendu coupable d'une bassesse, mais qui était protégé par la favorite d'un premier gentilhomme de la chambre. Deux jours après la superbe Clairon subit la même peine; mais ce fut pour elle une sorte de triomphe. Conduite en prison dans la voiture et sur les genoux de la femme de l'intendant de Paris, elle reçut les visites de la cour et de la ville. Le soir, on faisait sortir les prisonniers pour jouer les marquis et les rois au théâtre, et on les ramenait après la représentation. Vestris et d'autres ont fait aussi un séjour plus ou moins long au For-l'Evêque. Sur un rapport du ministre Necker, une ordonnance de Louis XVI, du 30 août 1780, supprima cette prison et celle du petit Châtelet, et les détenus furent transférés à l'hôtel de la Force, qui fut alors converti et disposé en prison plus vaste et plus salubre. Mais le For-l'Evêque ne fut point alors démoli, comme l'a dit Dulaure dans son *Histoire de Paris*. Ce n'est que dans les premières années de notre siècle qu'il a été remplacé par la maison qui porte le n° 65, et dont les caves sont formées des anciennes oubliettes.

Rue des Prêtres-St-Germain-l'Auxerrois, n° 17, est l'imprimerie où, depuis le 27 août 1789, s'imprime le *Journal des Débats*. Pendant la révolution, cette imprimerie avait pour enseigne : *Au corps sans tête*. C'est là que s'imprimait *le Calculateur patriote, le Compte rendu aux sans-culottes de la république française par dame Guillotine*, contenant les noms de ceux à qui elle a accordé des passe-ports pour l'autre monde, ouvrage où, renchérissant sur le souhait de Caligula, on ne demandait pas que tout un peuple n'eût qu'une tête, on regrettait que chacune des victimes n'en eût pas dix, afin de multiplier d'infernales jouissances.

Le *Journal des Débats* était rédigé originairement par Barrère, puis par J. Bapt. Louvet et autres. Il a paru in-octavo jusqu'au 9 pluviôse an VIII, époque où il adopta le format in-folio et prit le titre de *Journal de l'Empire*, et inventa le feuilleton, que les autres journaux ont adopté depuis. Les rédacteurs principaux, depuis l'an VIII, sont : MM. Feletz, Mely-Jeannin, Fiévé, St-Victor, Lasalle, Auger, Geoffroy, Duviquet, Dussault, l'abbé Mutin, Boissonnade, Malte-Brun, Boutard, Charles Nodier, Etienne, Hoffmann, Delalot, Bertin de Vaux, etc., etc.

Quai de l'Ecole ont été élevés, de 1760 à 1765, les premiers bains particuliers sur la rivière où l'on ait été servi commodément et avec propreté. Plus tard, un sieur Poitevin fit élever sur le quai de la Grenouillère, aujourd'hui quai d'Orçay, un bâtiment considérable où l'on trouvait après le bain des lits pour se reposer. En 1801 le sieur Vigier, ancien procureur au parlement, fit construire par l'architecte Bellanger, sur un bateau de la longueur des plus grands navires, le beau bain qui se voit près des Tuileries, au bas du Pont-Royal, et successivement le bain placé au-dessous du Pont-Royal, du côté du quai d'Orçay, et ceux placés au bas du Pont-Neuf et du Pont-Marie. Le bain du quai de l'Ecole a été construit en 1840.

Les bains à domicile ont été établis pour la première fois, en 1809, par une société dite des thermophores. Aujourd'hui tous les établissements de bains distribuent des bains à domicile, en concurrence avec la société des hydrothermes, qui colporte des baignoires et distribue dans tout Paris de l'eau chaude et de l'eau froide à dix centimes la voie.

L'impasse Sourdis occupe une partie de l'emplacement d'un ancien hôtel où est morte GABRIELLE D'ESTRÉES. Ce fut au milieu du prestige des plus hautes espérances que la mort vint la frapper, le 10 avril 1599. Elle s'était logée chez Zamet, riche financier lucquois, chez lequel Henri IV donnait ses rendez-vous de galanterie. Peu de temps après son dîner, qu'elle avait terminé en mangeant une orange, elle fut prise subitement d'affreuses convulsions, qui précédèrent sa mort de vingt-quatre heures. Frappée de l'idée qu'elle était empoisonnée, elle exigea qu'on l'emmenât hors du logis de Zamet, et se fit transporter chez sa tante, cloître St-Germain-l'Auxerrois. Suivant Tallement des Réaux (t. I, p. 68, édit. in-8°), voici ce qui se passa au moment de sa maladie. « Elle dépêcha Puypeiroux vers le roi pour lui en donner avis, et le supplier de trouver bon qu'elle se fît mettre dans un bateau pour l'aller trouver à Fontainebleau. Elle espérait que cela le ferait venir aussitôt, et qu'en faveur de ses enfants il l'épouserait avant qu'elle mourût. En effet, aussitôt que Puypeiroux fut arrivé, le roi le fit repartir pour lui aller faire tenir prêt le bac des Tuileries, dans lequel il voulait passer pour n'être point vu, et incontinent il monta à cheval, et fit si grande diligence, qu'il rattrapa Puypeiroux, à qui il fit de terribles reproches. Auprès de Juvisy, le roi trouva M. le chancelier de Bellièvre, qui lui apprit la mort de madame la duchesse. Nonobstant cela, il voulut aller à Paris pour la voir en cet état, si M. le chancelier ne lui eût remontré que cela était indigne d'un roi. Il se laissa vaincre à ses raisons, et retourna à Fontainebleau. » Aucunes recherches ne furent faites sur la cause de cette mort, et la grande douleur de Henri IV trouva bientôt sa fin, car trois semaines après il s'attachait à une nouvelle maîtresse, Henriette d'Entraigues, qu'il fit plus tard marquise de Verneuil. — Aussitôt après la mort de Gabrielle d'Estrées, son corps fut apporté en cérémonie aux grands appartements du doyenné de St-Germain-l'Auxerrois ; on l'habilla d'un manteau de satin blanc, on le plaça sur un lit de velours rouge entouré de cierges allumés et de prêtres qui chantaient les psaumes de la pénitence ; ensuite on l'étendit dans un cercueil de plomb recouvert de son effigie, qu'on avait revêtue d'habits magnifiques ; enfin, pendant plusieurs jours, sa table fut servie par ses officiers, qui coupaient, tranchaient et lui versaient à boire comme de son vivant.

N° 15. QUARTIER DES MARCHÉS.

Ci-devant *section des Halles*, et ensuite *section des Marchés*.

Les limites de ce quartier sont : la rue St-Denis n°s impairs à partir de la rue Rambuteau, la rue Perrin-Gosselin n°s pairs, la place du Chevalier-du-Guet n°s pairs, la rue des Lavandières n°s pairs, la rue des Fourreurs n°s pairs, la rue des Déchargeurs n°s pairs, la rue St-Honoré n°s pairs jusqu'à la rue de la Tonnellerie, la rue de la Tonnellerie nos pairs, la rue Rambuteau nos impairs jusqu'à la rue St-Denis. — Superficie 80,000 m. carrés, équivalant à 0,002 de la superficie totale de Paris.

Au nombre des établissements importants de ce quartier on cite principalement :

Les Halles. Avant Philippe Auguste, le quartier des Halles était un vaste emplacement nommé Champeaux, où Louis le Gros avait établi vers 1136 un marché pour l'approvisionnement de Paris, et où bientôt affluèrent tous les marchands de denrées des alentours. Cet emplacement, qui appartenait à Saint-Denis de la Châtre, se trouvait alors dans un des faubourgs de Paris, limité par un fossé. En 1181, Philippe Auguste transféra à la Halle la foire St-Laurent, et deux ans après il y fit faire deux halles entourées d'une muraille et fermées de bonnes portes, où les marchands étaient à couvert pour vendre leurs marchandises. Non-seulement les marchands y venaient par intérêt, mais plusieurs métiers s'y rendaient par obligation. En effet, pour augmenter les revenus du roi, qui percevait un droit sur les étaux et sur toutes les huches, on forçait les changeurs, les pelletiers, les marchands de soie, de cire, les selliers et même les bouchers de fermer leurs boutiques et ouvroirs pendant toute la durée de la foire, et de n'étaler qu'aux halles et aux environs, dans les limites de la foire St-Ladre. — Au XIIIe siècle, c'était quelque chose de grand, de plein d'intérêt que les halles de Paris ; non-seulement chaque profession, chaque branche de commerce y avait sa place marquée, et même sa halle particulière ; mais beaucoup de lieux manufacturiers de France y étaient représentés par leurs fabricants, qui avaient également leurs sièges fixes dans ce bazar. Ainsi Beauvais, Cambrai, Amiens, Douai, Bruxelles, Aumale, Laon, Chaumont, Corbie, St-Denis, Avesnes, Pontoise, Lagny, Gonesse, etc., etc., avaient leur section de halles. — Le samedi, le marché au pain se tenait aux halles, accessibles aussi bien aux marchands forains qu'aux tomeliers (boulangers) de Paris.

Une charte de Philippe Auguste de 1222, avait accordé à l'évêque de Paris les revenus de chaque troisième semaine de la halle de Champeaux ; ce ne fut qu'en 1661 que Louis XIV racheta ce droit épiscopal. — Saint Louis fit construire deux halles aux draps, et permit en outre à divers marchands d'étaler le long des murs du cimetière des Innocents. Les cordonniers et les peaussiers obtinrent une halle de Philippe le Hardi. — En peu de temps la halle devint si grande et on en avait fait tant d'autres, que les marchands et artisans de Paris eurent chacun la leur ; on ne dit plus alors la halle, mais les halles. Ces halles subsistèrent jusqu'au règne de François Ier, époque où on commença à les reconstruire ; elles ne furent cependant achevées que sous Henri II. En 1533 on perça les rues qui sont aux environs de la halle aux draps, et dont les noms de la Tonnellerie, de la Cordonnerie, de la Friperie, de la Poterie, de la Lingerie, des Potiers-d'Etain, etc., attestent que plusieurs professions y avaient autrefois leurs halles particulières. On distingue principalement aujourd'hui sur cet emplacement : le carreau de la halle, la halle au poisson et à la marée, la halle au beurre et aux œufs, le marché aux fruits et aux légumes, dit marché des Innocents.

Le carreau de la halle, qui formait anciennement les halles proprement dites, est circonscrit entre les rues de la Tonnellerie, la partie de la rue Rambuteau qui portait autrefois le nom des Piliers-Potiers-d'Etain et le marché aux Poirées. Au milieu de ces halles était la place du Pilori, sur l'emplacement de laquelle on a construit depuis la halle au poisson et la halle au beurre. Cette place était destinée aux exécutions; au centre était un pilori, attenant auquel était un échafaud à demeure. Ce pilori, reconstruit en 1542 et dont on ignore l'origine, existait dès le XIIe siècle, était une tour octogone avec un rez-de-chaussée et un seul étage au-dessus, percé tout autour de hautes croisées; au milieu de cette tour était placée une roue de fer mobile, percée de trous où l'on faisait passer la tête des patients, qui pendant trois jours de marché étaient exposés aux regards du peuple trois heures par jour; de demi-heure en demi-heure on faisait tourner la roue, pour leur faire faire le tour du pilori. Ce genre de supplice barbare et féodal fut supprimé sous Louis XVI.

Olivier de Clisson fut décapité aux Halles, en 1344, ainsi que le chevalier Maletrois et quatre écuyers bretons.

Jean Montagu, surintendant des finances sous Charles V et Charles VI, fut décapité aux Halles le 17 octobre 1409, et son corps pendu à Montfaucon.

Le 12 novembre 1411 fut exécuté aux Halles avec six de ses complices Colinet de Pisex, qui avait livré aux Armagnacs le 13 octobre le pont de St-Cloud, dont il était commandant; cinq des complices de Pisex eurent la tête coupée, et le sixième fut pendu. Le corps de Pisex fut coupé en quatre et ses membres pendus au gibet; les six têtes furent exposées aux Halles sur six places différentes.

C'est sur la place du Pilori que Jacques d'Armagnac, duc de Nemours, chef de la ligue ou faction du Bien public, fut exécuté le 4 août 1477. Il avait été amené de la Bastille sur un cheval caparaçonné de noir. « Arrivé sur la place du Pilori, il fut conduit ès chambres de la halle aux poissons, lesquelles on avoit exprès tendues de serges de perse. On les avoit aussi arrosées avec du vinaigre et parfumées avec deux sommes de cheval de bourrées de genièvre, qu'on y avoit fait brûler pour ôter le goût de la marée, que lesdites chambres et greniers sentoient. Ce fut ici que le duc de Nemours se confessa, et pendant cet acte de religion on servoit une collation composée de douze pintes de vin, de pain blanc et de poires, pour messieurs du parlement et officiers du roi, étant ès dits greniers, laquelle collation coûta douze deniers parisis. Le duc de Nemours, s'étant confessé, fut conduit à l'échafaud par une galerie de charpente que l'on avoit pratiquée depuis lesdites chambres et greniers jusqu'à l'échafaud du Pilori, à l'heure de trois après midi, qu'il eut illec le cou coupé, et puis enseveli et mis en bière, et délivré aux cordeliers de Paris pour être inhumé en ladite église, et vinrent querir le corps ès dites halles, jusqu'à environ sept à huit heures, vingt cordeliers, auxquels furent délivrées quarante torches pour mener et conduire ledit corps dudit seigneur de Nemours en leur église. » Par ordre exprès du roi Louis XI, les plus jeunes fils du condamné furent attachés sous l'échafaud, et fixés perpendiculairement et directement sous le poteau de décollation, pour recevoir sur leur tête le sang de leur père! ils furent ensuite ramenés à la Bastille, où le gouverneur les faisait fustiger en sa présence chaque semaine, et leur faisait arracher une dent chaque mois : l'un perdit la raison et la vie en prison ; l'autre fut tué dans un combat.

Le bourreau de Paris était autorisé par ses lettres d'institution à loger sur la place du Pilori, et non ailleurs. « La place du Pilori, au carré de la halle aux poissons, dit Piganiol de la Force, est entourée de boutiques et d'échoppes que l'exécuteur de la haute justice a obtenu le droit de construire et de louer à des marchands. »

Le bourreau jouissait en outre à Paris d'assez nombreux priviléges qui compensaient jusqu'à un certain point les horreurs d'une pareille existence; il jouissait du droit de *havage*, c'est-à-dire qu'il pouvait exiger sur toutes les céréales exposées en vente autant de grain qu'on en pouvait prendre avec la main ; il prélevait un droit sur les légumes verts, sur les fruits, la marée, le poisson d'eau douce, les balais, les gâteaux de la veille de l'Epiphanie, le passage du Petit-Pont, les lépreux, les marchands forains (pendant deux mois), le foin, les œufs, la laine, etc. Il venait lui-même avec ses valets percevoir la part à laquelle il pouvait prétendre, et ses valets, à mesure qu'un débiteur se libérait, lui faisaient sur le dos une marque avec de la craie, afin de le reconnaître. Ce barbare usage subsistait encore vers la fin du xviiie siècle : il fut supprimé par arrêt du conseil du 3 juin 1775, à cause des rixes qu'il occasionnait entre les préposés du bourreau et ceux qui refusaient de payer ou de se laisser marquer. -- Le pilori fut reconstruit, en 1542, pour remplacer un plus ancien, brûlé, le 1er avril 1516, à la suite d'une exécution où le bourreau, nommé Fleurant, s'était repris à plusieurs fois pour trancher la tête à un patient. La vue des souffrances de la victime excita l'indignation du peuple, qui fit pleuvoir une grêle de pierres sur le bourreau, et finit par mettre le feu au pilori; le malheureux Fleurant ayant cherché un refuge dans la cave située sous le pilori, y périt étouffé. -- A l'extrémité de la place du Pilori était la fontaine du marché Carreau, ou du Pilori, construite en 1601.

Les piliers des halles, dont il ne reste plus qu'une partie, sont fort anciens; leur construction date du règne de Louis le Gros; ils furent augmentés sous Philippe Auguste, et s'étendaient à droite et à gauche de l'extrémité de la place de la Pointe-St-Eustache; les piliers de droite, qui bordent tout un côté de la rue de la Tonnellerie, étaient nommés les grands piliers; les piliers de gauche, dits petits piliers, ou piliers potiers-d'étain, s'étendaient depuis la pointe St-Eustache jusqu'à la rue de la Cossonnerie; ils entouraient la partie des halles où était autrefois le pilori. Les piliers des halles étaient le lieu où le peuple s'assemblait ordinairement; c'était le lieu où se fomentaient les émeutes. C'est aux piliers des halles que Charles V, encore dauphin, qui déclamait de toutes ses forces contre Charles le Mauvais, roi de Navarre, fut sifflé par le peuple, parce qu'il n'avait pas aussi bonne mine que son adversaire.

Les dames de la halle formaient, sous l'ancien régime, un corps qui jouissait de certains priviléges. Ces dames, ainsi que celles de la place Maubert, avaient, lors de la naissance d'un fils de France, lors d'un mariage ou d'une victoire remportée, ainsi qu'au premier jour de l'an, le droit dont elles usaient d'aller complimenter le roi, la reine, les princes, les princesses, et de leur présenter un bouquet. On leur servait ensuite un grand dîner, dont un des officiers du roi était chargé de leur faire les honneurs, et le roi leur faisait donner un cadeau en argent.

La halle au poisson et à la marée a été construite en 1822 sur l'emplacement de l'ancien pilori et sur la place qui portait le nom de Carreau-de-la-Halle, entre les rues de la Tonnellerie et du Pilier-d'Etain. Antérieurement à la construction de cette halle, les marchandes de poisson se tenaient sur le même emplacement, sous de vastes parapluies. Rien n'était plus dégoûtant autrefois que la halle à la marée: l'entrée était communément appelée la *porte Merdeuse*. Un étranger ne se doutait guère que c'était l'entrée du plus vaste garde-manger de Paris. Les égouts étaient alors beaucoup plus propres que les halles; des échoppes dont les ais pourris conservaient depuis plus de cent ans l'odeur infecte du poisson gâté; un sol imprégné de miasmes fétides, de petites places qui se communiquaient par d'étroits passages: tel était le cloaque placé dans le quartier le moins aéré de Paris. — Depuis le commencement de ce siècle, d'importantes améliorations ont été faites pour l'assainissement de ce quartier, qui laisse toutefois encore beaucoup à désirer sous le rapport de la propreté. On a donné à Paris telle fête, qui n'a pas duré deux heures, et qui a coûté plus que ne coûteraient les améliorations que réclament les halles pour les assainir entièrement.

La halle au beurre et aux œufs est située entre la halle au poisson et la rue du Marché-aux-Poirées. La vente ne s'y fait qu'en gros, depuis six heures du matin jusqu'à midi. Les beurres y arrivent de différentes contrées, et s'y vendent tous les jours excepté les dimanches. Les œufs s'y vendent aussi tous les jours à l'exception du dimanche et du mercredi.

D'après une délibération du conseil municipal de 1845, les halles centrales seront reconstruites dans l'emplacement qu'elles occupent aujourd'hui; elles auront un périmètre de 52,000 m. environ, qui sera limité:

A l'est, par la rue de la Lingerie prolongée;

A l'ouest, par la rue du Four-St-Honoré;

Au sud, par une ligne formée par la rue des Deux-Ecus, du Contrat-Social et de la Petite-Friperie;

Au nord, par le prolongement de la rue Coquillière et de la rue de Rambuteau vers la Pointe-St-Eustache.

Toutes les maisons comprises entre ces quatre grandes lignes principales seront abattues; sur cet espace devenu libre, et qui aura la forme d'un carré long, on construira huit corps d'abris, quatre petits et quatre grands, espacés entre eux de manière qu'on puisse établir dans les intervalles:

1° Les voies de service de ces abris;

2° Les voies de circulation générale;

3° Des dallages plantés et des trottoirs pour la vente en gros des légumes.

En outre il sera construit sous les corps des halles, ainsi que sous le marché des Innocents, des caves ou celliers destinés à servir de resserres. Les travaux commenceront immédiatement du côté de la halle aux blés; ils seront continués sans interruption et devront être achevés en huit années.

D'après les calculs présentés dans le rapport de la commission, la dépense totale s'élèvera à vingt millions environ.

Le marché des Innocents occupe l'emplacement du cimetière et de l'ancienne ÉGLISE DES INNOCENTS, construite par Philippe Auguste avec une partie des sommes confisquées sur les juifs lors de leur expulsion du royaume, sur l'emplacement d'une chapelle attenante au cimetière. Cette église fut reconstruite en 1445 et démolie en 1784; elle était située rue St-Denis, à l'angle que formait cette rue avec la rue aux Fers, dont il n'existe plus qu'un côté. A côté de l'église était une chambre étroite où des femmes et des filles dévotes s'emprisonnaient volontairement pour le reste de leur vie; on les nommait recluses; elles en faisaient murer la porte, et ne recevaient l'air et les aliments que par une petite fenêtre qui donnait dans l'église. On connait les noms de trois dévotes qui se sont ainsi séquestrées du monde dans ce triste réduit: la plus ancienne est Jeanne la Vodrière, qui s'y enferma le 11 octobre 1442; la seconde est Alix la Bourgotte, qui y mourut le 29 juin 1466. — Il s'y trouvait aussi des recluses forcées: telle était Renée de Vendomois, femme noble, adultère, voleuse, qui fit assassiner son mari nommé Marguerite de St-Barthélemy, seigneur de Souldai. Le roi, en 1485, lui fit grâce de la vie, et le parlement la condamna à demeurer perpétuellement recluse au cimetière des Innocents (1). — On connaît encore une autre recluse des Innocents postérieure à celle-ci, Jeanne Pannoncelle, pour laquelle l'official de Paris força les marguilliers de l'église des Innocents à bâtir une logette; sur leur refus, ils encoururent l'excommunication, qui ne fut levée qu'après qu'ils eurent obéi. A l'un des piliers de la chapelle de la Vierge était adossée une statue de bronze d'Alix la Bourgotte. — Une autre célèbre recluse était celle de l'église Ste-Opportune. — Le cimetière des Innocents, longtemps ouvert aux passants, fut clos de murs sous Philippe Auguste en 1186. Dans la suite on construisit tout autour de la clôture une galerie solidement voûtée, en forme de cloître, appelée les *charniers*; c'est là qu'on enterrait ceux qui pouvaient payer pour être séparés du commun des morts. Parmi les morts les plus distingués enterrés dans le cimetière ou dans les charniers on doit citer : Boulanger, premier président au parlement de Paris; Nicolas Lefebvre, habile critique; Mézeray, historiographe de France. — Le cimetière des Innocents servait à plus de vingt paroisses de Paris; depuis près de mille ans les générations venaient successivement s'y engloutir; M. Héricart de Thury a calculé que, pendant près de sept siècles seulement, ce cimetière a dû dévorer un million deux cent mille cadavres; le voisinage était infecté des exhalaisons méphitiques qu'il répandait. Les habitants de ce quartier portèrent plainte à différentes époques, et demandèrent la suppression de ce cimetière, qui fut enfin arrêtée en conseil en 1780. L'étranger aura peine à croire qu'on ait attendu jusque vers la fin du xviiie siècle pour combler ce vaste tombeau, et qu'il ait fallu des sollicitations pressantes et une foule d'écrits, que l'on traitait jadis de hardis, pour prouver que ce cimetière, au milieu d'une grande ville, dans un quartier où les habitations sont pressées et malsaines, était un attentat permanent à la santé et à la vie des citoyens.

La principale porte d'entrée du cimetière des Innocents était au coin de la rue aux Fers, la seconde se trouvait au coin de la rue de la Ferronnerie et la troisième, place aux Chats, quartier des Halles. Au centre du cimetière était une tour octogone fort élevée et fort ancienne nommée la tour des Bois. Vers l'extrémité du cimetière on voyait un petit édifice carré en pierre de taille, terminé en façon de pyramide, nommé le Prêchoir, parce que les fougueux prédicateurs de la Ligue s'y rendaient pour animer le peuple contre Henri III. Nicolas Flamel, qui exerça la profession d'écrivain sous les charniers des Innocents, et qui devint riche sans qu'on ait pu découvrir l'origine de sa fortune, avait fait construire une chapelle sous les charniers mêmes des Innocents, où il avait, ainsi que Pernelle, sa femme, un mausolée et leur statue en marbre. Dans la

---

(1) Registres manuscrits de la Tournelle, aux 20 mars et 19 septembre 1486.

partie des charniers qui se trouvait du côté de la rue St-Denis, on voyait une armoire fermée, renfermant un beau morceau de sculpture, attribué à Germain Pilon, représentant un squelette humain de 1 m. de haut, dont le bras droit était couvert d'une draperie : on ne laissait voir ce squelette que depuis le jour de la Toussaint jusqu'au lendemain à midi.

L'église et le charnier des Innocents ont été démolis en 1786. On enleva ensuite assez profondément les terres et les ossements du cimetière, qui furent transportés dans les carrières du sud de Paris, notamment dans celle située au-dessous de la maison dite de la Tombe-Issoire.

C'est au charnier des Innocents, du côté de la rue de la Ferronnerie, alors de la Charronnerie, que l'on dressait le théâtre où, au commencement du XVe siècle, on donnait au peuple le spectacle de la *Danse macabre ou Danse des morts*. On y représentait les hommes et les femmes dans les diverses conditions de la vie, leurs vains projets, leur espérance et leur fin inattendue. La mort en forme de squelette, jouait le principal personnage. Chaque acteur déplorait à sa manière la rigueur du destin qui allait les anéantir ; mais la mort restait inflexible. — Les enfants sans-souci, que Louis XII honora d'une protection particulière, dans la société desquels Clément Marot passa une partie de sa jeunesse, et dont le chef avait pris la qualité de prince des sots, avaient établi leur théâtre aux Halles, où ils jouaient des pièces de leur composition, nommées *sottises* ou *solties*, que le roi honora souvent de sa présence. Le mardi de l'année 1511, les enfants sans-souci jouèrent aux Halles une pièce satirique dirigée contre le pape Jules II.

Depuis la destruction du cimetière jusqu'en 1813, la place des Innocents était garnie, dans certains jours spécialement affectés à la vente de divers objets, de quatre à cinq cents parasols peints en rouge, de 4 à 5 m. de diamètre, formant chacun une boutique sous laquelle on vendait de la lingerie de hasard. Dans la partie de cette place qui porte encore aujourd'hui le nom de rue aux Fers, il se tenait le matin un petit marché de fleurs. — Le marché des Innocents forme aujourd'hui une vaste place de forme parallélogramme entourée d'une galerie légère où se placent les marchands de légumes et de fruits en détail. Au centre de cette place s'élève une des plus belles fontaines de Paris et l'un des monuments précieux de cette capitale, construite en 1551, sur les dessins de Pierre Lescot ; elle est ornée de bas-reliefs et de figures d'une grande beauté, dus au ciseau du célèbre Jean Goujon. Ce monument a 13 m. 65 c. de hauteur. Il se compose d'un grand bassin carré, élevé au-dessus du sol de trois gradins ; au milieu de ce bassin est un soubassement carré, qui supporte une construction quadrangulaire, percée sur chaque face d'une arcade dont les côtés sont ornés de pilastres corinthiens cannelés. Entre les pilastres on voit une figure de naïade ; l'entablement, riche en ornements, est surmonté d'un attique décoré de bas-reliefs ; au-dessus de l'attique est un fronton ; entre les quatre frontons s'élève une coupole recouverte en cuivre. Aux quatre angles du soubassement sont quatre figures de lions en plomb, et aux quatre façades quatre bassins en plomb et en saillie, destinés à recevoir les eaux supérieures...

Le quartier des Halles fut un de ceux où l'on se battit avec le plus de courage le 28 juillet 1830. La perte fut grande du côté des citoyens, dont le courage ne put résister au nombre des troupes qu'ils avaient à combattre ; mais, une colonne de patriotes étant arrivée à propos, on se rendit maître du champ de bataille. C'est là que le jeune Sébire planta l'étendard national sur la fontaine des Innocents : malheureusement ce brave eut les deux jambes fracassées par une balle tirée presque à bout portant. — Près de l'entrée du marché, du côté de la rue de la Tonnellerie, les yeux s'arrêtaient naguère sur une petite enceinte entourée de grilles ; au milieu était une colonne ornée de couronnes d'immortelles fréquemment renouvelées. C'est là que sont tombés et ont été inhumés soixante-dix combattants de juillet, dont les dépouilles mortelles ont été transportées sous la colonne de juillet en 1841.

VARIÉTÉS HISTORIQUES ET BIOGRAPHIQUES.

Dans la rue aux Fers était en 1763 le bureau de la communauté des crieurs de vieux fers, communauté établie en corps de jurande vers le milieu du VII° siècle. L'institution des crieurs est, comme on le voit, fort ancienne ; c'est une des plus importantes de ces siècles reculés : car alors les marchands parisiens, pour débiter leurs denrées et leurs marchandises, n'avaient point les ressources de ceux du siècle actuel. N'ayant ni journaux, ni affiches, ni écriteaux pour faire connaître ce qu'ils avaient à vendre et les nouveautés qui venaient de leur arriver, ils ne possédaient qu'un seul moyen de publicité, c'était de faire crier par la ville les avis qu'ils voulaient communiquer au public. Ce moyen, tout bourgeois l'employait pour avertir ses concitoyens de ce qu'il avait intérêt à leur transmettre. Ainsi on criait les denrées, les décès, les invitations aux obsèques, les effets perdus, et une foule de choses pour lesquelles les petites et les grandes affiches suffisent aujourd'hui. On lit en effet dans une ordonnance de Charles VI de l'an 1415 : « Auront les dis crieurs pour crier corps, confrairies, huilles, oingnons, pois, fèves, choses estranges, comme enfans, mules, chevaulx et toutes autres choses qui appartiendront à crier en ladicte ville, tant par nuit que par jour, réserve, bûche et foing, v sols parisis, et pour crier vinaigre et verjus xvj deniers parisis. Et se c'est aucune personne d'estat trespassé qu'il faille crier deux fois, ilz auront viij solz parisis. Et querreront les robes et manteaulx, sarges et chapperons qui appartiendront à querir pour les obsèques et funérailles, etc. »

Ce besoin de faire crier les avis d'intérêt particulier avait donné lieu à l'établissement de la corporation des crieurs, et à ce qu'on appelait les criages de Paris. Indépendamment des crieurs jurés, tous les objets de première nécessité, tels que fruits, jardinages, lait, falourdes, cotrets, etc., etc., étaient colportés par la ville, et annoncés par un cri particulier, qui retentissait à chaque instant du jour dans les quartiers, et formait une publicité bruyante dont les dernières clameurs cessaient avec les cris des porteurs de falots, qui conduisaient le soir à leur demeure les bourgeois attardés.

Rue St-Denis, entre les n°s 71 et 75, était la place Gastine, qui dut son nom à Philippe de Gastine, riche marchand de Paris, condamné par arrêt du parlement, avec son beau-frère Nicolas Croquet, pour avoir assemblé secrètement ses coreligionnaires dans sa maison, où ils célébraient leur culte. Ses biens furent confisqués, sa maison rasée, et sur le terrain qu'elle occupait on éleva une croix de pierre sur laquelle on avait représenté le triomphe du saint sacrement et les Pères de l'Église. « La croix de Gastines, dit une relation contemporaine insérée dans les *Archives curieuses de l'histoire de France* (t. VI, p. 475), estoit une haute pyramide de pierre, ayant un crucifix au sommet, dorée et diaprée, avec un récit en lettres d'or, sur le milieu, de ce que dessus, et des vers latins, le tout si confusément et obliquement déduit, que plusieurs estimoyent que le composeur de ces vers et inscriptions (on dit que c'estait Estienne Jodelle, poëte françois, homme sans religion, et qui n'eut onc autre Dieu que le ventre), s'estoit mocqué des catholiques et des huguenots... Toutes les pièces de la pyramide furent transportées au cimetière Sainct-Innocent, où le tout est demeuré debout, au grand proufit des prestres de ce lieu auxquels les biens vindrent en dormant, ceste nuict-là. » — Cette translation ne s'opéra pas toutefois sans obstacle ; la populace s'y opposa ouvertement ; mais cette sédition fut promptement apaisée par le supplice d'un vendeur d'oranges, qui fut pendu à une fenêtre de la maison la plus proche du lieu où il avait été pris.

Place Ste-Opportune, n° 8, était l'église de ce nom, supprimée en 1790, et démolie peu de temps après. Cette église renfermait une espèce de cul de basse-fosse, où des filles dévotes s'emprisonnaient volontairement et faisaient vœu de n'en sortir jamais. Le 5 octobre 1403, Agnès du Rochier, fille d'un riche marchand de Paris, qui demeurait rue Thibautodé, se fit recluse dans cette église à l'âge de dix-huit ans, et mourut dans sa cellule à quatre-vingt-dix-huit ans. — On voit encore quelques restes des murs du cloître Ste-Opportune et l'ancien puits, rue de la Tabletterie, n° 9. L'entrée de l'église était rue de l'Aiguillerie.

Rue de la Ferronnerie, et presque au coin de la rue de la Poterie, Henri IV fut assassiné par Ravaillac le 14 mai 1610 : « Il était sorti du Louvre en carrosse pour aller à l'arsenal, accompagné du duc de Montbazon, du duc d'Epernon, du maréchal de Lavardin, et n'était accompagné que d'un petit nombre de gentilshommes à cheval et quelques valets de pied. Les portières étaient ouvertes de chaque côté, parce qu'il faisait beau temps et que le roi voulait voir les préparatifs qu'on faisait dans la ville à l'occasion du couronnement de la reine. Son carrosse, en entrant de la rue St-Honoré dans celle de la Ferronnerie, trouva d'un côté un chariot chargé de vin et de l'autre un chargé de foin, lesquels faisant embarras, il fut contraint de s'arrêter, à cause que la rue était fort étroite par les boutiques bâties contre la muraille du cimetière des Innocents. L'un des valets de pied s'avança pour détourner cet embarras, lorsqu'un nommé Ravaillac, qui avait eu le temps de remarquer le côté où était le roi, monta sur la roue du carrosse, et d'un couteau tranchant des deux côtés lui porta un coup entre la seconde et la troisième côte, un peu au-dessus du cœur, qui a fait que le roi s'écria : *Je suis blessé*; mais l'assassin, sans s'effrayer, redoubla et frappa un second coup dans le cœur, dont le roi est mort sans avoir pu jeter qu'un grand soupir ; ce second coup fut suivi d'un troisième, qui ne porta que dans la manche du duc de Montbazon. L'assassin fut arrêté sur la place, et le carrosse reprit le chemin du Louvre (*Journal de l'Etoile sous Henri IV*, t. IV, p. 35).

On remarque, rue St-Honoré, n° 3, un buste de ce monarque et une table en marbre noir sur laquelle on a gravé en lettres d'or cette inscription :

>Henrici Magni regreat Parisentia cives
>Quos illi Æterno foedere junxit amor.

C'est rue de la Ferronnerie que demeurait jadis le poëte comique et lyrique LEPAGE, qui dès le printemps de sa vie s'est montré philosophe comme Platon, gastronome comme Epicure, et insouciant comme Duclos, et dont Ninon disait : « *Que du pain, du fromage et la première venue* formait toute l'ambition. »

La rue du Chevalier-du-Guet et la place de ce nom n'étaient connues en 1300 et jusqu'au milieu du XVI° siècle que sous le nom général de rue Perrin-Gosselin. Le nom de rue et de place du Chevalier-du-Guet vient d'une maison que le roi y avait acquise pour loger le chevalier ou commandant du guet, dont la charge fut supprimée en 1733. A cette époque disparurent les compagnies du guet, qui furent remplacées en 1771 par la garde de Paris, dont le commandant demeurait en 1789 rue Mêlée.

Il est parlé du guet de Paris dans les Olim du parlement ; il y avait le guet assis et le guet royal. Les marchands étaient forcés de fournir un certain nombre d'hommes réglé par le prévôt de Paris ; le guet royal était fourni par le roi. Voici, d'après la taille de Paris, quels étaient les métiers qui jouissaient de l'exemption du guet : « Les peintres et imagiers, chasubliers, selliers, parcheminiers, enlumineurs, écrivains, tondeurs de draps, tailleurs de pierres, bateliers, archers, haubergiers, buffetiers, faiseurs de gants de laine, faiseurs de chapeaux, de bonnets, faiseurs de nattes, braillers, faiseurs de haubergons, voirriers, déchargeurs de vin, sauniers, corroyeurs de robes de vair, corroyeurs de cordouan, monnoyers, brodeurs de soie, courtepointiers, faiseurs de corbeilles et vans, tapissiers de tapis à navette, filandriers, calendreurs, oubaiers, écorcheurs, tous orfévres de la ville de Paris, tous étuveurs, tous apothicaires, tous vendeurs d'auges, d'écuelles et d'échelles. Ce sont métiers francs qui ne doivent point le guet au roi.

« Les personnes qui étoient franches de guet : sergents de roi, d'évêques, d'abbés, de colléges, de baillis, de prévôts ; tous avocats, procureurs, clercs de notaires, tous convers et leurs hons ; les biaux marchois ; tous les jotes (juifs) ; les hons de l'encloistre ; tous bourgeois non marchandans ; tous les mesureurs de la ville de Paris ; rafreschisseurs de robes non marchans ; tous fenestriers ; tous courtiers de vin, de blé, de chevaux et de tous autres métiers ; tous vendeurs de vin à esteau ; plusieurs métiers servant le roy nostre seigneur et les royaux et nos autres seigneurs. Tous ceux qui ont passé soixante ans sont quittes ; tous boiteux, tous mehaigniez, tous ceux qui sont hors la ville, tous ceux à qui leurs femmes gissent d'enfant, tout homme lunage, tous hostieux de femmes veuves ; jurés et tous maistres de tous métiers de la ville de Paris. »

N° 16. QUARTIER DE LA BANQUE DE FRANCE.

Ci-devant *section de la Halle-au-Blé*.

Les limites de ce quartier sont : la rue des Bons-Enfants et la rue Neuve-des-Bons-Enfants n°s pairs, la rue de la Feuillade n°s impairs, partie de la place des Victoires, la rue Croix-des-Petits-Champs n°s impairs jusqu'à la rue Baillif ; la rue Coquillière n°s impairs, la rue du Four-St-Honoré n°s impairs, la rue St-Honoré n°s pairs jusqu'à la rue des Bons-Enfants. — Superficie 120,000 m. carrés, équivalant à 0,003 de la superficie totale de Paris.

On remarque principalement dans ce quartier :

La Banque de France, située rue de la Vrillière, n° 1. Cet établissement occupe l'emplacement de l'ancien hôtel de la Vrillière, construit vers 1620 pour le secrétaire d'Etat Phelippeaux de la Vrillière sur les dessins de François Mansard. Il passa en 1705 au fermier des postes Rouillé, et fut vendu en 1713 au comte de Toulouse, qui lui donna son nom et y fit faire des changements considérables par l'architecte Robert Cotte ; le duc de Penthièvre le posséda jusqu'en 1793, époque où il devint propriété nationale. L'imprimerie du gouvernement l'occupa jusqu'en 1811. Il fut alors vendu à la banque de France, qui le fit reconstruire sur un nouveau plan et y transporta son administration et ses bureaux, qui étaient établis provisoirement à l'hôtel Massiac, place des Victoires. — Avant la révolution l'hôtel de Toulouse était un des plus beaux palais particuliers de Paris ; la galerie et tous les principaux appartements étaient décorés d'admirables peintures et de tableaux des plus grands maîtres, tels que le Tintoret, le Poussin, Van-Eck, le Titien, Léonard de Vinci, Philippe de Champagne, le Guide, Alexandre et Paul Véronèse, Bourdon, le Bassan, le Caravage, le Guerchin, Pietre de Cortone, etc., etc.

La princesse de Lamballe, Florian et le duc de Penthièvre habitaient l'hôtel de Toulouse à l'époque de la révolution.

La Halle aux blés, située rue de Viarmes. La halle aux blés occupe l'emplacement d'un ancien hôtel qui a été habité, pendant une succession de plus de cinq siècles, par les personnages les plus considérables du royaume. Ce fut d'abord Jean de Nesle, duquel il reçut le nom d'hôtel de Nesle, qu'il ne faut pas confondre avec l'hôtel du même nom, situé au faubourg St-Germain ; puis St-Louis et la reine Blanche, sa mère, qui y avait fait construire une belle chapelle, où furent sacrés en 1399 l'évêque de St-Malo et celui de Lyon ; Philippe le Bel ; Charles de Valois ; Jean de Luxembourg, roi de Bohême, qui valut à cet hôtel le nom d'hôtel de Bohême ou de Bahaigne ; les comtes de Longueville et de Pézenas. — Le roi Jean habitait cet hôtel en 1350. Dans la nuit du 19 au 20 novembre de la même année il y fit décapiter le comte d'Eu, Raoul II, connétable de France, sans aucune forme de procès et en présence seulement de quelques grands personnages chargés de la triste mission de présider à son supplice. — Charles V habitait aussi l'hôtel de Soissons, ainsi qu'Amédée VI, comte de Savoie, et Louis, duc d'Orléans, qui régna plus tard sous le nom de Louis XII, dont la rue d'Orléans a pris le nom. Ce roi fonda dans cet hôtel, en 1494, une communauté de filles pénitentes, qui l'occupèrent jusqu'en 1572, époque où la reine Catherine de Médicis fit l'acquisition des bâtiments de cette communauté, qu'elle transféra rue St-Denis. Cette reine, ayant renoncé à faire achever les Tuileries, fit détruire ce qui restait de l'hôtel de Nesle et construire sur son emplacement, par Bullant, un hôtel, fort agréablement distribué, qui prit le nom d'hôtel de la Reine. Catherine de Médicis occupa cet hôtel pendant environ quinze ans. Si l'on peut s'en rapporter au portrait que l'historien Varillas nous a laissé de cette reine, « Elle avait la taille admirable, le visage d'une majesté qui n'en diminuait pas la douceur. Elle avait la jambe faite au tour et surpassait les autres femmes de son siècle par la blancheur de son teint et la vivacité de ses yeux. » « En quelque endroit qu'elle allât, dit Mézerai, elle traînait toujours avec elle tout l'attirail des plus voluptueux divertissements, et particulièrement une centaine des plus belles femmes de la cour, qui menaient en lesse deux fois autant de courtisans. » Catherine de Médicis mourut en 1589. Après sa mort, l'hôtel de la Reine passa à ses enfants, qui le possédèrent jusqu'en 1595. En 1601 il fut vendu à Catherine de Bourbon, sœur de Henri IV, et prit le nom d'hôtel des Princesses ; il passa ensuite à Charles de Soissons et prit le nom d'hôtel de Soissons : sous la régence, le prince de Carignan en était propriétaire. Nous avons dit, en parlant de la place Vendôme, que le marché des billets du système de Law y avait été transféré de la rue Quincampoix en 1720. Le chancelier, que le bruit de la foule incommodait, ayant obtenu que le marché des billets fût transféré ailleurs, le prince de Carignan offrit son hôtel de Soissons, et fit construire dans le jardin quantité de baraques, dont chacune était louée 500 liv. par mois, et il obtint une ordonnance qui, sous prétexte de police, défendait aux porteurs de billets de conclure aucun marché ailleurs que dans les baraques. Après la mort du prince de Carignan, ses créanciers s'étant emparés de ses biens, obtinrent la permission en 1748 ou 1749 de faire démolir son hôtel et de vendre les matériaux ; il n'en serait resté aucun vestige sans la générosité de Bachaumont, qui acheta à ses dépens et pour la conserver à la postérité la colonne monumentale connue sous le nom de colonne de Médicis, au bas de laquelle on a fait depuis une fontaine. A l'occasion de la conservation de cette colonne on fit alors une caricature qui en représentait l'extérieur avec la coupe intérieure et perpendiculaire. Dans le coin du dessin on voyait l'Ignorance en bonnet d'âne, qui amenait à sa suite des pionniers et autres ouvriers prêts à la démolir. Au pied de la colonne se trouvaient des sauvages prêts à la défendre, supportant les armes du prévôt des marchands Bignon. La colonne était décorée de couronnes, de trophées, des chiffres entrelacés de Catherine de Médicis et de Henri II, son époux, C et H (et non pas H et D, comme l'ont avancé Piganiol et ses copistes), entremêlés de miroirs brisés, de lacs d'amour rompus, emblèmes de sa viduité. Toutes ces sculptures ont disparu en 1793.

En 1755 la ville de Paris fit l'acquisition du terrain de l'hôtel de Soissons moyennant 2 millions 367 livres 10 sols, et se détermina en 1762, à y faire construire la halle aux blés, qui fut achevée dans l'espace de trois ans par les soins de M. de Viarmes, prévôt des marchands, d'après les dessins de Camus de Mézières.

L'hôtel de Soissons a vu naître, le 18 octobre 1660, le prince Eugène de Savoie. Le lendemain de la fédération du 14 juillet 1790, un bal populaire fut donné dans la rotonde de la halle.

Le plan de la halle aux blés est de forme circulaire, et a 68 m. 19 c. de diamètre; il est percé de vingt-huit arcades au rez-de-chaussée, et d'autant de fenêtres qui éclairent l'étage supérieur, auquel on monte par deux escaliers curieux composés d'une double rampe ; six arcades servent de passage, et conduisent à autant de rues terminées par des carrefours. La coupole, détruite en 1802 par un incendie, a été rétablie en fer coulé et couverte de lames de cuivre. — A cette vaste rotonde isolée est adossée une colonne d'ordre dorique de 10 m. de hauteur, que Catherine de Médicis fit construire en 1572, pour s'y livrer à des observations astronomiques ; vers le sommet est un cadran solaire, qui marque l'heure précise du soleil à chaque moment de la journée et dans chaque saison de l'année ; au bas de cette colonne est une fontaine publique.

L'hôtel des Fermes, situé rue de Grenelle-St-Honoré, n° 55, et rue du Bouloi. C'était autrefois l'hôtel de Jean de la Ferrière, vidame de Chartres, un des meilleurs amis de l'amiral de Coligny. Jeanne d'Albret, reine de Navarre, mère de Henri IV, y mourut le 8 juin 1572, peu de jours avant le massacre de la St-Barthélemy. Cet hôtel appartenait en 1573 à Françoise d'Orléans, veuve de Louis de Bourbon, en 1605 à Henri de Bourbon, duc de Montpensier, en 1612 au duc de Bellegarde. Le chancelier Séguier en fit l'acquisition en 1633 et l'augmenta considérablement ; on y remarquait alors une riche bibliothèque, une chapelle et de belles galeries décorées de peintures de Simon Vouet. — Cet hôtel fut le berceau de l'Académie française, qui y tint ses séances jusqu'en 1673, époque où le roi mit à la disposition de cette académie une salle du vieux Louvre ; Louis XIV et sa cour assistèrent à plusieurs séances de l'Académie française dans l'hôtel des Fermes. La reine Christine de Suède y reçut les honneurs de la séance en 1656.

Les fermiers généraux, ayant fait l'acquisition de cet hôtel vers la fin du XVII° siècle, en changèrent complétement la distribution ; les galeries furent partagées en différentes pièces pour y établir des bureaux ; la bibliothèque devint un magasin et un entrepôt de marchandises ; les appartements où se tenaient les séances de l'Académie furent occupés par des commis préposés au recouvrement des aides ; une partie de la grande cour fut affectée à la douane. Depuis la suppression de la ferme générale, l'hôtel des Fermes a subi une nouvelle transformation : pendant la révolution il fut converti en prison ; on y établit ensuite un théâtre, qui fut fermé en 1807. La partie qui donne sur la rue de Grenelle est occupée aujourd'hui par divers particuliers et par l'imprimerie de M. Paul Dupont ; celle qui donne sur la rue du Bouloi sert de remise aux voitures de l'administration des messageries Lafitte et Caillard. Un passage public traverse les deux cours de l'hôtel et communique de la rue du Bouloi à la rue de Grenelle.

VARIÉTÉS HISTORIQUES ET BIOGRAPHIQUES.

La rue des Vieilles-Etuves doit son nom aux nombreux bains chauds ou étuves qui y étaient établis. Dès les temps les plus anciens on trouve des étuves établies à Paris et dans les autres villes de France. Au XIIIe siècle elles étaient fort multipliées dans la capitale ; les étuveurs y faisaient tous les matins annoncer dans les rues, par des crieurs, que leurs fourneaux étaient prêts. Guillaume de la Villeneuve, dans son poëme des Crieries de Paris a signalé cet usage :

> Oiez c'on crie au point du jor :
> Seignor, qu'or vous alez baingnier
> Et estuver sans delacer ;
> Li bains sont chaut, c'est sans mentir !

Ces bains n'étaient pas toutefois les mieux famés de la ville : car, sans compter les périls qu'en se levant au cri des étuveurs on pouvait courir dans les rues obscures, les bains devenaient fort souvent des rendez-vous de débauches. Le Livre des métiers d'Etienne Boileau contient, sous le titre des estuveurs (LXXIII), les statuts suivants :

« Que nuls ne crie, ne face crier leurs estuves jusques à temps qu'il soit jour, pour les périlz qui peuvent avenir en ceus qui se lièvent audit cri.

» Que nuls ne soustiengne en leurs mesons bordiaus de jour ne de nuit, mesiaus ne mesèles (lépreux, lépreuses), ne autres genz diffamez de nuit.

» Que nuls ne chauffe estuves en jour de dimanche ne en jour de feste... Et paiera chascune personne pour soy estuver (pour prendre un bain de vapeur) deus deniers, et se il se baigne, il en paiera quatre deniers. »

On trouve des dispositions semblables dans les registres manuscrits de la chambre des comptes, où se trouvent des extraits des ordonnances relatives aux métiers : « Aucuns estuveurs, y est-il dit, qui tiendra estuves à hommes, ne pourra faire chauffer icelles pour femmes, ne au contraire, celui qui en tiendra pour femmes, etc., sous peine de XL sous parisis d'amende. Item, aucuns estuveurs ne laissera ou souffrera b..... Item, ne souffrera aucun enfant masle au-dessus de l'âge de VII ans aller aux estuves de femmes à peine de X sous d'amende. » (Ordonnance de 1498).

Cependant, malgré ces règlements, les étuves n'en furent pas moins des lieux de plaisirs, et quelques prédicateurs du XVIe siècle, Maillard et autres, les signalèrent, en termes assez cyniques, comme contribuant à la corruption des mœurs, et reprochèrent aux femmes de les fréquenter. C'est vers cette époque que les étuveurs furent incorporés dans la maîtrise des barbiers perruquiers, et prirent le nom de barbiers étuvistes. — Sauval, qui écrivait en 1660, a dit, tome II, p. 630 : « Vers la fin du siècle passé on a cessé d'aller aux étuves. Auparavant elles étoient si communes, qu'on ne pouvoit faire un pas sans en rencontrer. » Dès le XIIIe siècle on n'en comptait pas moins de vingt-six, qui étaient situées dans les rues suivantes : 1 rue de la Croix-Blanche, 1 rue des Trois-Chandeliers, 1 rue des Noyers, 2 rue St-Denis, 1 rue St-Paul, 2 rue Thibaut-aux-Dés, 1 rue des Vieilles-Etuves-St-Honoré, 1 rue St-Martin, 1 rue Simon-Lefranc, 2 rue de l'Hirondelle, 1 rue de la Cité (St-Barthélemy), 1 quai de la Mégisserie, 2 place du Marché-Neuf, 1 rue de Marivaux, 3 rue de la Bûcherie, 2 rue de la Vieille-Lanterne, 1 rue des Vieilles-Etuves-St-Martin, 1 rue des Poulies, 1 rue du Roi-de-Sicile.

C'est dans la rue des Vieilles-Etuves, à l'enseigne du Barillet, que demeurait et est mort en 1666 le poëte GOMBAULD.

Dans cette rue est un estaminet où se réunissaient pendant la quinzaine de Pâques les plus misérables d'entre les comédiens, pour se revoir, échanger quelques paroles dans une atmosphère empestée par la bière et le tabac, s'interroger sur leurs fortunes diverses, et causer de leurs espérances, de leur misère, de leurs tribulations, de leurs succès passés et de leurs triomphes à venir.

Rue St-Honoré, entre les n°° 178 et 186, était L'ÉGLISE ST-HONORÉ, dont dépendait le cloître St-Honoré. Cette église, fondée en 1204, agrandie et réparée en 1579, a été démolie en 1792. Le maître-autel était décoré d'un beau tableau de Philippe de Champagne, représentant Jésus-Christ au milieu des docteurs; dans la chapelle de la Vierge était le mausolée du cardinal Dubois, par Coustou jeune. — De l'église St-Honoré dépendait le cloître de ce nom, limité par les rues St-Honoré, des Bons-Enfants, Montesquieu et Croix-des-Petits-Champs, et sur les dépendances duquel a été ouverte la rue Montesquieu. — Le collége des Bons-Enfants, fondé par Jacques Cœur, occupait autrefois une partie du cloître St-Honoré.

Rue d'Orléans-St-Honoré, n° 13, est l'hôtel de Verthamont, aujourd'hui hôtel d'Aligre, bâti sous le règne de Henri II pour le contrôleur des finances de Roquencourt, qui le donna à la duchesse de Valentinois, dont la fille épousa le maréchal de Bouillon. Cet hôtel a porté successivement les noms d'hôtel d'Aligre, de Bouillon, de Puysieux, de Harlay et de Verthamont; il s'étendait jusqu'aux rues St-Honoré et de Grenelle; on voit encore en plusieurs endroits les armoiries de Bouillon et de la Mark.

Rue Croix-des-Petits-Champs, hôtel de Gesvres, habitait, en 1793, le citoyen Guillotin, inventeur de l'instrument de supplice qui fonctionnait alors avec le plus d'activité. C'était du reste un homme de mœurs fort douces, qui est mort avec la persuasion qu'il avait bien mérité de l'humanité en inventant la guillotine.

C'est rue Croix-des-Petits-Champs que furent assassinés le duc de Caumont la Force et ses fils pendant la nuit de la St-Barthélemy, et c'est là que fut miraculeusement sauvé le jeune Caumont par un marqueur du jeu de paume de la rue Verdelet.

La croix des Petits-Champs était placée un peu au-dessous de la rue du Pélican. Plus tard on l'adossa à la maison qui fait le coin de la rue du Bouloi.

Rue Croix-des-Petits-Champs a demeuré longtemps le célèbre critique Geoffroy, rédacteur de l'article spectacle du *Journal de l'empire*, où il donnait des éloges plus grands pour une écuelle de vermeil que pour une écuelle d'argent ; où l'actrice qui apportait un cachemire recevait une somme d'éloges bien supérieure à celle qui n'offrait qu'un tissu français. Beaucoup de journalistes aiment et reçoivent comme lui des cadeaux ; mais on ne les craint pas autant. Il était borgne.

CINQUIEME ARRONDISSEMENT.

Les limites de cet arrondissement sont : le mur d'enceinte de la barrière St-Denis à la barrière de Belleville, la rue du Faubourg du Temple n^{os} impairs, les boulevards St-Martin et St-Denis n^{os} pairs, la rue St-Denis n^{os} impairs jusqu'à la rue Rambuteau, la rue Rambuteau n^{os} pairs, la rue de la Fromagerie n^{os} pairs, la rue Montorgueil n^{os} pairs, la rue du Petit-Carreau n^{os} pairs, la rue Poissonnière n^{os} pairs, le boulevard Bonne-Nouvelle n^{os} impairs jusqu'à la porte St-Denis.

N° 17. QUARTIER DU FAUBOURG ST-DENIS.

Ci-devant *section du Faubourg-du-Nord*.

Les limites de ce quartier sont : le mur d'enceinte de la barrière St-Denis à la barrière de Belleville, la rue du Faubourg St-Martin n^{os} impairs, le boulevard St-Denis n^{os} pairs, la rue du Faubourg St-Denis n^{os} pairs jusqu'à la barrière de ce nom. — Superficie : 650,000 m. carrés, équivalant à 0,020 de la superficie totale de Paris.

Entre autres édifices et monuments de ce quartier on remarque :

L'église St-Laurent, située rue du Faubourg St-Martin, n° 123. C'était autrefois une abbaye dont il est fait mention dans Grégoire de Tours. L'église fut érigée en paroisse en 1280, sous le règne de Philippe Auguste, rebâtie en 1429, et presque entièrement reconstruite en 1595 ; le portail n'a été élevé qu'en 1622. Cette église offre un plan régulier, une nef et deux collatéraux environnés de chapelles. Le chœur a été décoré par Blondel, et l'autel par Lepeintre. On remarque parmi les tableaux le martyre de St-Laurent, par Greuze.

La porte St-Denis. Cet arc de triomphe fut construit en 1672, en mémoire des victoires de Louis XIV, sur les dessins de François Blondel, dont il est le plus bel ouvrage. Il est découvert à la manière des anciens arcs de Titus et de Constantin à Rome ; l'opinion générale est que Rome et la Grèce n'ont rien eu de plus parfait en ce genre. Il a 24 m. de hauteur sur autant de largeur. Le portique du milieu a 4 m. 66 c. sur 8 m. d'ouverture : il se trouve entre deux pyramides engagées dans l'épaisseur de l'ouvrage, chargées de trophées d'armes, et terminées par deux globes aux armes de France que surmonte une couronne. Au bas sont deux statues colossales, dont l'une représente la Hollande, sous la figure d'une femme consternée et assise sur un lion mourant, qui tient dans une de ses pattes sept flèches désignant les sept provinces unies. Celle qui fait symétrie avec celle-ci représente le Rhin tenant une corne d'abondance ; le fleuve repose aussi sur un lion. Dans les tympans du cintre sont deux renommées, l'une embouchant la trompette, l'autre tenant une couronne de laurier à la main ; au-dessus est un bas-relief représentant le passage du Rhin.

La première porte St-Denis était près de la rue de la Ferronnerie ; sous le règne de Philippe Auguste, elle était située entre la rue Mauconseil et celle du Petit-Lion ; sous Charles V et Charles VI, on la recula jusqu'au coin de la rue des Deux-Portes, maintenant rue Neuve-St-Denis ; et enfin, sous Louis XIV, à la place où elle est maintenant. La porte construite sous Charles VI se composait d'un édifice quadrangulaire, protégé à ses angles par des tours rondes surmontées de guérites en maçonnerie.

Toute la partie des boulevards qui s'étend principalement de la porte St-Denis à la place de la Bastille fut le théâtre de combats acharnés le 28 juillet 1830. Une colonne de troupes, que le maréchal Marmont avait été forcé d'abandonner dans la rue Montmartre, parvint à gagner les abords de la porte St-Denis, et commença sur ce point une suite non interrompue de décharges meurtrières ; des pavés lancés du haut de la porte St-Denis, où un drapeau rouge flottait depuis huit heures du matin, rendirent son approche redoutable aux troupes. Cette colonne fit sa jonction sur ce point avec une forte colonne accompagnée d'artillerie, qui était partie le matin des environs du palais des Tuileries, et qui se composait d'un bataillon du 1er régiment de la garde royale, de six cents hommes du 6e régiment, de deux bataillons du 5e, d'un escadron de cuirassiers et de lanciers, sous le commandement du général St-Chamant. Près de la porte St-Denis, un chef de pièce fut tué par un enfant de douze ans, au moment où l'ordre de faire feu allait sortir de sa bouche ; un autre enfant cassa la tête d'un coup de pistolet à un officier de lanciers, et eut le bonheur de se sauver. Mais bientôt tous les boulevards, depuis la porte St-Denis à la Bastille, furent balayés par la mitraille et la mousqueterie. Des pelotons furent placés devant chacune des rues qui se dirigent vers les barrières, y firent un feu très-vif, éloignèrent celui des assaillants et coupèrent ainsi les communications entre les faubourgs et la ville. Une foule de gens paisibles et sans armes, des femmes, des enfants, furent ajustés et tués aux fenêtres par la garde royale. Sur les boulevards, les cavaliers sabraient indistinctement tous les individus ; ce n'était pas un combat, mais un véritable massacre. Les officiers supérieurs des cuirassiers payèrent cet acharnement de leur vie : trois succombèrent : l'un d'eux fut tué d'un coup de pistolet par un enfant âgé de moins de quinze ans.

VARIÉTÉS HISTORIQUES ET BIOGRAPHIQUES.

La foire St-Laurent doit son nom à l'église St-Laurent. L'origine de cette foire remonte à 1181, époque où Philippe Auguste l'accorda aux religieux de St-Lazare. Elle se tenait depuis l'église St-Laurent jusqu'au Bourget, dans une campagne de trente-six arpents que l'on nommait le champ de St-Laurent. En 1661 elle fut transférée dans une place de cinq arpents entourée de murs, formant des grands chemins, située entre St-Lazare et les Récollets. A l'un des bouts était un grand espace découvert pour la gresserie ; le reste était entrecoupé de rues larges et tirées au cordeau, bordées de loges et de boutiques construites uniformément. Ces rues étaient claires, commodes, et plantées de chaque côté par de longues avenues de marronniers qui faisaient un très-bel effet. — Anciennement, lorsque la foire se tenait entre le faubourg St-Laurent et le Bourget, elle ne durait qu'un jour et finissait quand le soleil se couchait ; alors les sergents venaient fondre sur les loges et brisaient tout. Dans la suite, la durée de cette foire fut de huit jours, puis de quinze jusqu'en 1616 ; enfin, plus tard, elle commença le 28 juin et ne finit que le dernier jour du mois de septembre. On y voyait des jeux de toute espèce, une salle de danse, des cafés, des restaurants ; dès l'ouverture de la nouvelle foire, Lécluse y fit construire une salle de spectacle où se jouèrent les pièces les plus spirituelles du temps ; Lesage, Fuselier, Piron, Sedaine, Dorneval, Vadé, Favart, Laujon et plusieurs autres ont travaillé pour le théâtre de la Foire ; tous les théâtres des boulevards, ainsi que l'Opéra-Comique, avant sa réunion à la Comédie-Italienne, étaient obligés d'y venir donner des représentations. Le public, qui trouvait tout à la fois le charme de la plus agréable promenade et des divertissements de toute espèce, s'y portait en foule ; il faut dire aussi qu'à cette époque on ne rencontrait en aucun autre endroit de Paris une aussi grande variété de plaisirs réunis. On obligeait les acteurs à finir leurs jeux, en hiver, à quatre heures et demie du soir, à ne pas recevoir plus de cinq sous au parterre et douze sous aux premières. Cependant, comme le public parisien se blase de tout, la foire St-Laurent et ses théâtres furent abandonnés, en 1775, pour les boulevards du nord, sur lesquels on rencontrait également des bateleurs, des spectacles forains, des cafés et toutes sortes d'amusements. Aujourd'hui ceux qui passent dans l'enclos St-Laurent ou dans le marché St-Germain savent à peine que ces deux localités ont retenti de noms célèbres; qu'il y eut du mouvement, de la joie, des plaisirs; que là on a ri, on a battu des mains; que là Lesage, Piron, Favart, Sedaine, Panard faisaient applaudir leurs premières productions; que Dominique et Préville attiraient la foule; que de jolies actrices y recevaient les hommages de grands seigneurs à talons rouges; que là le duc d'Orléans et ses intimes allaient quelquefois incognito rire ou cabaler, selon leur bon plaisir. De toutes ces fêtes, de tout ce bruit, de toutes ces joies, il ne reste plus qu'un souvenir vague et confus (V. FOIRE ST-GERMAIN).

Boulevard St-Denis a demeuré le gros CAMBRY, préfet de l'Oise et membre de l'académie celtique, que Dieu avait créé et mis au monde pour prouver jusqu'où la peau de l'homme peut s'étendre; il est mort d'apoplexie en 1807.

Mlle Georges a habité aussi une petite maison qui donne sur ce boulevard; après avoir jeté un grand éclat sur la scène du Théâtre-Français, tout à coup, au plus beau de sa carrière, cette actrice fut obligée de quitter le Théâtre-Français, et cela pour des causes absolument indépendantes de son talent. La belle tragédienne n'avait pu contenir dans le silence de sa modestie le secret d'une fantaisie impériale (elle avait osé paraître sur la scène avec une tunique parsemée d'abeilles). Pour la punir de cette indiscrétion, un ordre souverain lui arracha le sceptre tragique, qu'elle vint plus tard disputer à Mlle Duchesnois.

C'est aussi sur le boulevard St-Denis que demeurait le bon et charitable MOESSARD, acteur de la Porte-St-Martin, dont la belle conduite mérita le prix de vertu, qui lui fut décerné en 1841, pour avoir recueilli chez lui la veuve d'un de ses plus pauvres camarades, avec laquelle il partageait le peu qu'il avait; et ce peu était souvent réduit à si peu que rien, notamment lorsque la caisse du directeur Harel était vide et que les appointements se perdaient dans la nuit d'un incalculable arriéré; circonstance qui forçait alors Moëssard à jouer sans avoir dîné.

N° 18. QUARTIER DE LA PORTE ST-MARTIN.

Ci-devant *section de Bondy*.

Les limites de ce quartier sont: le mur d'enceinte de la barrière de la Villette à la barrière de Belleville, la rue du Faubourg-du-Temple n^{os} impairs, le boulevard St-Martin n^{os} pairs jusqu'à la porte St-Martin, la rue du Faubourg-St-Martin n^{os} pairs jusqu'à la barrière de la Villette. — Superficie 1,448,600 m. carrés, équivalant à 0,043 de la superficie totale de Paris.

On remarque principalement dans ce quartier:

La porte St-Martin, arc de triomphe érigé, en 1674, à la gloire de Louis XIV par la ville de Paris. Il a 16 m. 24 c. de largeur sur autant de hauteur, et est percé de trois ouvertures dont celle du milieu est la plus considérable. Cet arc est orné de quatre bas-reliefs, représentant l'un la prise de Besançon, l'autre la rupture de la triple alliance, et les deux autres la défaite des Allemands par Louis XIV, sous la figure d'Hercule, la massue à la main, terrassant un aigle.

La fontaine du Château-d'Eau, située boulevard St-Martin. Sa construction et l'effet de ses eaux présentent une forme conique, dont la base est un bassin de 13 m. de rayon, au milieu duquel s'élèvent en gradins trois autres bassins concentriques, qui servent de base à une double coupe en fonte, composée d'un piédouche et de deux patères d'inégales grandeurs, séparées l'une de l'autre par un fût. Une gerbe volumineuse jaillissant de la patère supérieure y répand ses eaux, qui, débordant de ce vase, retombent en cascade d'étage en étage jusque dans le dernier bassin, où huit lions de fonte lancent encore de leurs gueules des jets d'eau par torrents.

Le théâtre de la Porte-St-Martin, situé boulevard St-Martin, entre les n°s 16 et 18. Après l'incendie de la salle de l'Opéra du Palais-Royal, le 8 juin 1781, l'architecte Lenoir s'engagea à bâtir en six semaines de temps, sur un terrain acheté par la ville de Paris, la salle qui existe encore aujourd'hui sous le nom de théâtre de la Porte-St-Martin. Les travaux commencèrent le 22 juillet 1781 : l'architecte fit travailler jour et nuit, et dans l'espace de soixante-quinze jours le théâtre fut construit et entièrement décoré. « La salle que M. Lenoir a bâtie, dit M. Fontaine, était moins magnifique, mais plus grande, d'une meilleure coupe, et plus commode que celle qui venait d'être brûlée au Palais-Royal : on en blâma le goût, mais on ne put s'empêcher de vanter l'adresse et l'habileté avec lesquelles, en moins de trois mois, cette grande entreprise avait été terminée comme par enchantement. » Le théâtre de la Porte-St-Martin n'avait été construit qu'en charpente ; il a été consolidé et réparé il y a plusieurs années par M. Debret.

Le théâtre de l'Ambigu-Comique, situé boulevard St-Martin, n° 2. Le fondateur de ce théâtre est Audinot, auteur et acteur de la comédie italienne. Ayant essuyé un passe-droit à ce théâtre en 1764, il loua à la foire St-Germain une baraque où il établit un spectacle de marionnettes, où il fit jouer, en 1769, une pantomime intitulée *les Comédiens de bois*, qui attira tout Paris : c'était un acte de vengeance contre les principaux acteurs et actrices de la comédie italienne, dont chacune de ses bamboches était la caricature très-ressemblante ; le gentilhomme de la chambre, distribuant des grâces et des faveurs, était représenté par Polichinelle avec un grotesque à faire pouffer de rire. La même année Audinot loua un terrain sur le boulevard du Temple, et fit élever le théâtre de l'*Ambigu-Comique*, dont l'inauguration eut lieu le 9 juillet 1769; il obtint la permission de faire jouer des enfants concurremment avec ses comédiens de bois. A force de soins et d'exercices, Audinot, homme actif et intelligent, parvint à rendre son spectacle intéressant : d'abord les oisifs et la basoche s'y portèrent; ensuite les femmes de la cour ne dédaignèrent pas de s'y montrer; en peu de temps ce petit spectacle devint le rendez-vous de la cour et de la ville. Audinot agrandit sa salle en 1772, où les marionnettes y parurent pour la dernière fois dans le *Testament de Polichinelle*. Petit à petit les acteurs enfantins avancèrent en âge, le répertoire s'augmenta de plusieurs nouveautés analogues à leur talent croissant, et le théâtre de l'Ambigu-Comique devint un théâtre comme un autre. Un genre qu'Audinot avait adopté, et qui y fit fureur, était celui de la grande pantomime historique ou romanesque; tout Paris voulut voir en son temps la pantomime du *Maréchal des logis*. — En 1786 la salle fut reconstruite dans la forme où elle est restée jusqu'en 1827. « C'est, dit l'*Almanach des spectacles de* 1791, une des plus belles et des plus vastes du royaume; l'intérieur est construit dans le goût gothique. La société y est mieux composée que dans la plupart des spectacles du boulevard. » Les pantomimes étaient montées à ce théâtre avec le plus grand soin. Vers 1792 on y donna celle de *Dorothée*, qui attira longtemps la foule, et dans laquelle il y avait une procession magnifique; les prêtres en aubes, les chantres portant chapes, les enfants de chœur, les châsses, les reliques, les évêques, les cardinaux, les pénitents blancs et noirs, les croix, les bannières, enfin tous les signes de la religion défilaient au milieu des cris et des applaudissements de la multitude. — Le théâtre de l'Ambigu-Comique tomba en décadence, et fut forcé de fermer en 1799. L'année suivante, Corse, ancien directeur du théâtre des Variétés à Bordeaux, traita de l'entreprise de l'Ambigu avec Audinot, qui mourut en 1801; il releva l'Ambigu de ses ruines : *Madame Angot au sérail de Constantinople, Tekeli, la Femme à deux maris*, etc., etc., y attirèrent la foule, et rapportèrent à Corse plus de onze cent mille francs de bénéfice en moins de quinze ans. Après avoir existé pendant plus d'un demi-siècle, le théâtre de l'Ambigu-Comique finit, comme finissent presque tous les théâtres, par le feu. Dans la nuit du 13 au 14 juillet 1827 l'incendie éclata après la répétition d'un mélodramme où l'on faisait l'essai d'un feu d'artifice, et en moins d'une heure le théâtre et la salle furent entièrement détruits. On s'occupa bientôt de le rééditier; mais, l'autorité ayant exigé qu'il fût isolé des deux côtés, l'ancien terrain fut jugé trop petit; on acheta alors l'hôtel de M. Murinais, situé rue de Bondy, au coin du boulevard, et le 7 juin 1829 le nouveau théâtre fut inauguré de la manière la plus brillante. La salle est une des plus jolies de la capitale. Sur l'ancien emplacement a été construit le théâtre des Folies-Dramatiques. — Les acteurs qui ont brillé sur le théâtre de l'Ambigu-Comique furent principalement Audinot, qui primait dans les *rôles à tablier;* Corse, qui était d'une bouffonnerie achevée dans *Madame Angot;* Bordier, qui jouait admirablement les petits-maîtres et les abbés, et qu'on avait surnommé le Molé des boulevards : il fut pendu à Rouen pour avoir pris part, disait-on, à une émeute de grains; Révalard, type des brigands passés, présents et futurs; Dorvigny, le père des Jeannots; Michelot et Damas, qui se sont distingués au Théâtre-Français; Thiemet, qui s'est rendu fameux par ses scènes de ventriloque; la fameuse Julie Diancourt, qui jouait la pantomime avec tant d'âme et de vérité; enfin Mlle Louise Masson, actrice d'une beauté remarquable, que tout Paris voulut voir dans *la Belle au bois dormant:* elle dissipa en folles dépenses des sommes considérables, et, après avoir passé par tous les degrés de l'infortune, on la vit en 1803, pauvre et misérable, affublée d'une robe de gaze en hiver, chanter avec un ancien comédien de province les duos du *Tableau parlant* et de *Blaise et Babet,* sur ce même boulevard témoin de ses triomphes.

L'hôpital St-Louis, situé rue Bichat 21. Cet hôpital, fondé par Henri IV, achevé en 1610, et où l'on a fait d'importantes augmentations en 1802, est un des plus beaux de Paris; il est construit dans une situation élevée et parfaitement aérée; le principal corps de bâtiment forme un quadrilatère à faces égales, élevé de deux étages, dont les angles sont flanqués de pavillons; il est entièrement isolé et séparé de la ville par de vastes cours environnées des bâtiments nécessaires aux divers services et au traitement externe des malades. Cet hôpital, parfaitement tenu et éclairé au gaz, possède un vaste établissement de bains simples et médicinaux de toute espèce, approprié à tous les besoins des malades. — L'hôpital St-Louis renferme huit cents lits affectés aux galeux et aux individus affligés d'ulcères, de dartres, etc.

VARIÉTÉS HISTORIQUES ET BIOGRAPHIQUES.

Montfaucon. On distinguait autrefois sous ce nom une butte située près de l'extrémité du faubourg St-Martin entre les rues des Morts et de la butte St-Chaumont, sur le sommet de laquelle était bâti le gibet de Montfaucon, masse de 5 à 6 m. de haut, composée de dix ou douze assises de gros quartiers de pierres brutes bien liées, bien cimentées et refendues dans leurs joints, formant une plate-forme carrée longue de 14 m. sur 8 ou 10 m. de large. On montait à cette plate-forme par une large rampe de pierre, dont l'entrée était fermée par une porte solide. Sur les trois côtés de cette plate-forme s'élevaient seize piliers carrés en pierres de taille unis entre eux à moitié de leur hauteur et à leur sommet par de doubles poutres de bois, qui s'enclavaient dans leurs chaperons et supportaient des chaînes de fer de 1 m. 50 c. de long, destinées à suspendre les condamnés. De longues échelles, perpétuellement dressées le long de ces piliers, servaient à monter les patients au gibet;

au centre de la masse qui supportait les piliers était une cave destinée à servir de charnier pour les cadavres des suppliciés, qui devaient y rester jusqu'à perte entière du squelette, et, pendant les temps de trouble, comme par exemple sous le règne de Charles IX, on y voyait s'y balancer ordinairement cinquante à soixante cadavres (1). Un peu en avant du gibet était une croix, au pied de laquelle les condamnés étaient confessés pour la dernière fois par les cordeliers, qui les accompagnaient. Non loin du gibet de Montfaucon se trouvait un gibet plus petit qui portait le nom de Montigny ; un autre gibet était aussi élevé à peu de distance au delà de l'église St-Laurent. En 1761 tout ce qui existait encore de l'ancien gibet de Montfaucon, ainsi que l'ancienne voirie, qui s'y était établie, fut transporté derrière la Villette. Le gibet ne servait plus alors à l'exposition des coupables, mais, comme il était toujours le signe de la haute justice royale, on éleva encore les piliers en pierres réunis par des pièces de bois et disposés en carré dans un enclos d'un demi-arpent, faisant l'angle nord de l'embranchement de la route qui va de la barrière du combat à la voirie actuelle. Une partie de cet emplacement était affecté à la sépulture des suppliciés, que le bourreau et ses aides amenaient au milieu de la nuit à la lueur des flambeaux. L'enclos des fourches patibulaires fut démoli en 1790.

De toutes les exécutions dont fut le théâtre le gibet de Montfaucon celle de Pierre de Brosse, médecin et favori de Philippe le Hardi, pendu avec grand appareil au gibet de Montfaucon le 30 juin 1278, est la première sur laquelle ait été appelée l'attention de l'histoire. Nous citerons parmi les autres exécutions célèbres celle d'Enguerrand de Marigny, condamné à une mort infamante sans avoir été entendu, et pendu à l'endroit le plus haut et le plus apparent du gibet ; l'exécution du prévôt de Paris Henri Tapperel, qui, chargé de la garde d'un meurtrier condamné à mort, le mit en liberté et lui substitua un homme innocent qui fut exécuté à la place du vrai coupable ; Tapperel fut condamné à être pendu et subit sa peine à Montfaucon en 1320 ; l'exécution de Gerard de la Guette, surintendant des finances sous le règne de Philippe le Long, mort au milieu de violentes tortures et exposé à Montfaucon en 1322 ; l'exécution de Jourdain, seigneur de l'Isle, coupable d'un grand nombre de crimes, condamné à être traîné à la queue d'un cheval et pendu au gibet de Paris : il subit son arrêt le 22 mai 1323 ; l'exécution de Pierre Remy, surintendant des finances, pendu le 25 mai 1328 ; l'exécution de Massé des

---

(1) Les fourches patibulaires étaient un signe de haute justice, et la qualité des seigneurs hauts justiciers était indiquée par le nombre des piliers : les simples gentilshommes en avaient deux, les barons quatre, les comtes six, les ducs huit ; le roi seul pouvait en avoir autant qu'il le jugeait convenable.

Maches, trésorier du roi, pendu en 1331 ; René de Siran, maître des monnaies, pendu à Montfaucon pour avoir abusé de la confiance du souverain en 1333 ; l'exécution de Hugues de Cuisy, président au parlement, convaincu de s'être laissé corrompre par des présents, pendu le 21 juillet 1336 ; l'exécution d'Adam de Hourdain, conseiller au parlement, convaincu de falsification de dépositions de témoins, pendu le 3 juillet 1348. Jean de Montagu, surintendant des finances, exécuté aux Halles, fut pendu par les aisselles au gibet de Montfaucon le 17 octobre 1409 ; Pierre des Essarts, ennemi de Jean Montagu, après avoir été traîné sur une claie, conduit aux Halles et décapité, fut conduit à Montfaucon, où son corps fut pendu à un gibet d'une élévation extraordinaire le 1er juillet 1413 ; Olivier le Dain, ministre et barbier de Louis XI, exécuté à Montfaucon en 1484 ; le surintendant des finances Semblançay, condamné à mort et pendu le 12 août 1524 : tous ses biens meubles et héritages furent confisqués ; après avoir été extrait à une heure après midi du donjon de la Bastille, il fut conduit à pied au milieu de la foule silencieuse au lieu patibulaire de Montfaucon, en passant par la rue St-Denis. Il était alors âgé de soixante-deux ans, et mourut avec un rare courage, tandis que le peuple couvrait ses juges de malédictions ; Jacques de Beaune, surintendant des finances sous François Ier, pendu à Montfaucon le 14 août 1527 ; Jean Poncher, trésorier du Languedoc, condamné à mort et pendu le 24 septembre 1533 ; ce fut le neuvième surintendant ou trésorier des finances que Montfaucon vit figurer entre ses piliers durant une période de deux siècles : ce qui prouve qu'autrefois les rois n'entendaient pas raillerie sur la malversation des finances de l'Etat. Dans le courant de l'année 1543 un membre du parlement, le président Gentil, fut encore pendu à Montfaucon. Le corps de l'amiral de Coligny, assassiné le jour de la St-Barthélemy, après avoir été insulté par des mutilations dégoûtantes à raconter, fut transporté aux fourches patibulaires de Montfaucon, où il fut pendu par les cuisses avec des chaînes de fer. « La reine mère, pour repaître ses yeux de la vue du corps mort et mutilé de l'amiral pendant au gibet de Montfaucon, y mena ses fils, sa fille et son gendre. » La tête de cet homme célèbre fut, par ordre de la cour, embaumée et envoyée, dit-on, à Rome en signe de triomphe. Charles IX en personne alla voir le corps de l'amiral et ceux de Briquemant et Cavagnes, pendus en Grève comme complices de l'amiral et exposés à Montfaucon.

Au nombre des autres individus fameux suppliciés à Montfaucon dont l'histoire nous a conservé les noms, on trouve un Laurent Garnier, pendu à ce gibet par arrêt du parlement, pour avoir tué un collecteur des tailles. Après qu'il eut resté pendu un an et demi, sa mémoire fut réhabilitée d'une manière assez singulière pour devoir être rapportée. Il fut détaché à la sollicitation de son frère. Son corps fut mis dans un cercueil et porté, avec tout l'appareil des pompes funèbres, par les rues de Paris. De chaque côté douze hommes vêtus de deuil marchaient en procession, torches et cierges en main. La marche était précédée par quatre crieurs, portant sur leurs dos les armoiries du défunt, faisant retentir leurs cloches, et criant par intervalle : « Bonnes gens dites vos patenostres pour l'âme de feu Laurent Garnier, en son vivant demeurant à Provins, qu'on a nouvellement trouvé mort sous un chêne : dites vos patenostres ; que Dieu bonne merci lui fasse. » Etienne Pasquier remarque que tous ceux qui se sont mêlés de la construction des fourches de Montfaucon ont eu du malheur.

Parmi les supplices autrefois en usage il en est dont la barbarie révolte l'imagination, tels que celui d'enterrer vifs les criminels. Ce supplice était infligé sous le gibet de Montfaucon ; les comptes de la prévôté de Paris mentionnent de semblables exécutions dans les années 1440 et 1447. Une femme appelée Perrette Mauger, accusée de vol et de recel d'objets volés, ayant été reconnue coupable, fut condamnée à *souffrir mort et à estre enfouye toute vive devuant le gibet,* ce qui fut exécuté en 1460.

Toutes les exécutions se faisaient à Montfaucon avant qu'il fût permis de les faire dans les villes. Les patients y allaient à pied. On faisait une pause d'environ une demi-heure dans la cour des Filles-Dieu, où l'on mettait sur une table du pain et du vin, dont le patient pouvait user.

Une erreur populaire, adoptée par plusieurs auteurs, assigne l'inauguration du gibet de Montfaucon au supplice d'Enguerrand de Marigny, pendu le 13 novembre 1314 au gibet que lui-même, dit-on, avait fait construire. Cette erreur a été réfutée par M. de Lavillegille, dans son écrit sur les anciennes fourches patibulaires de Montfaucon (in-8, 1836), où il cite deux actes de 1233 et 1249, où il est fait mention du gibet de Montfaucon, dont il est aussi parlé dans le roman de *Berte aux grands piés,* composé en 1270 ou 1274.

Depuis longtemps le gibet de Montfaucon n'existe plus. On désigne aujourd'hui sous ce nom un emplacement situé au delà de la barrière de la Villette couvert par une voirie où se font les opérations d'équarrissage et le dépôt des immondices de Paris ; véritable lieu d'horreurs et de dégoût, dont les habitants des faubourgs St-Denis et St-Martin ainsi que ceux de la commune de la Villette demandent depuis longtemps et avec raison la translation à une plus grande distance de Paris.

Rue de Bondy, n° 48, au coin de la rue de Lancry, un artificier italien, nommé Torré, ouvrit en 1764 un vaste théâtre sur lequel il donnait des pantomimes où les feux d'artifice jouaient un grand rôle. L'une de ces pièces, *les Forges de Vulcain,* eut le privilége d'attirer la foule en 1766. Deux ans après, Torré obtint le privilége de donner des bals et des fêtes foraines, où des bouffons jouaient des farces et chantaient des ariettes italiennes. En 1769 ce théâtre fut reconstruit et reçut le nom de Wauxhall d'été. En 1782, ce Wauxhall, connu sous le nom des *Fêtes de Tempé*, avait une vogue merveilleuse. C'était une espèce de bourse de l'amour où se concluaient les marchés de galanterie, et où se produisaient les effets commerciables en ce genre ; ceux qui cherchaient ou qui avaient des offres à faire y trouvaient des vendeurs et des acquéreurs de toute espèce. C'est là que le prince de Soubise fit l'acquisition d'une fort jolie fille, nièce de Mlle Lany, qui fut longtemps sa maîtresse.

A côté du théâtre de Torré un sieur de l'Ecluse fit bâtir, en 1779, un petit théâtre en bois, qui ouvrit le 12 avril par le *Jugement de Páris*, et auquel l'Ecluse donna le nom de *Théâtre des Variétés-Amusantes*. Plus tard ce théâtre ne put se soutenir et fut démoli. Vers 1789 de nouveaux administrateurs firent reconstruire une jolie salle, petite et commode, qui reçut le nom de *Théâtre français comique et lyrique* : on y jouait la comédie, l'opéra et des drames, dont quelques-uns obtinrent du succès ; mais sa destinée était d'attirer la foule par de grandes niaiseries : *les Battus payent l'amende*, où le célèbre Volanges jouait Jeannot, eut un succès prodigieux. Le 7 novembre 1797 Beffroy de Rigny, plus connu sous le nom du Cousin Jacques, y fit représenter *Nicodème dans la lune*, qui eut de 1790 à 1793 trois cent soixante-treize représentations; ce fut Juillet, devenu depuis une des gloires de l'Opéra-Comique, qui créa le rôle de Nicodème. Vers 1795 ou 1796 ce théâtre prit le nom de *théâtre des Jeunes-Artistes*. Désaugiers y débuta et y donna ses premières pièces, et Lepeintre aîné, aujourd'hui un de nos meilleurs comédiens, s'y fit remarquer dans les rôles d'Arlequin. Parmi les autres comédiens qui depuis se firent un nom nous citerons encore Monrose, Lepeintre jeune, Lafond, notre célèbre violoniste, qui débuta dans le rôle de *la Ruse d'amour*, Mme Toly, Mme Vautrin, Mlle Galathée, M. Elomire, etc., etc. Marlainville y fit jouer *les Assemblées primaires* et *le Concert de la rue Feydeau*, et Brazier y fit représenter *Caroline de Lichtfield* et *la Jardinière de Vincennes*. Le théâtre des Jeunes-Artistes fut supprimé par le décret du 9 août 1807, et transformé en une maison particulière, où sont établis aujourd'hui les ateliers de M. Jecker, fabricant d'instruments de mathématiques.

Rue du Faubourg St-Martin, n° 59, était l'HÔTEL DU TILLET, l'un des plus grands terrains bâtis au centre de Paris. — Il a successivement servi de demeure au président du Tillet et à ses successeurs, à l'entreprise des pompes funèbres, et à l'établissement des Dames-Blanches ; il réunissait naguère l'église catholique française, un roulage et un grand nombre de locataires.

Au n° 78 est la caserne St-Martin, qui rappelle un des épisodes les plus sanglants de la révolution de 1830. Le 28 juillet un détachement de gendarmerie qui occupait le carré St-Martin avait à combattre une masse compacte de citoyens armés et guidés par plusieurs élèves de l'école polytechnique. Ce détachement, voyant l'impossibilité de tenir plus longtemps, témoigne l'intention de se rendre et de fraterniser ; on acquiesce à son désir et on reconduit ces militaires à leur caserne, où ils promettaient de livrer toutes leurs armes ; mais à peine sont-ils entrés dans leur quartier qu'ils se saisissent de ces mêmes armes et font un feu terrible sur ceux qui les avaient accompagnés. Ceux-ci, exaspérés par l'indignation d'une si horrible trahison, envahissent la caserne, qui est prise et reprise plusieurs fois ; enfin, à onze heures du soir et après un carnage affreux, les patriotes deviennent maîtres de la place, où ils brûlent tout ce qui avait appartenu à leurs agresseurs.

Au n° 188 demeurait et est mort en 1817 le compositeur de musique Monsigny.

Au n° 92 demeurait en 1831 le célèbre économiste J.-Bapt. Say.

Au n° 150 était le monastère des Récollets, dont Marie de Médicis posa la première pierre en 1614, et dont l'église renfermait le mausolée de Mme de Créqui, femme du duc de Sully, ministre de Henri IV, et celui du duc de Roquelaure, connu par ses bons mots. Le couvent et l'église de Récollets ont été supprimés en 1790, et affectés à l'hospice des Incurables hommes, consacré aux vieillards indigents affectés d'infirmités graves et incurables (414 lits).

C'est par la **rue du Faubourg St-Martin** que les souverains des puissances coalisées contre la France firent leur entrée dans Paris le 31 mars 1814. A la tête d'une immense colonne de quarante mille hommes de toutes armes, et précédés seulement de quelques escadrons, marchaient l'empereur Alexandre, le roi de Prusse, le grand-duc Constantin et le prince Schwartzemberg. Aussitôt que ce cortége fut entré, une petite cavalcade de seize à dix-huit royalistes se porta à leur rencontre pour indiquer la route. Parmi eux figuraient MM. Sosthène de Larochefoucauld, d'Hautefort, de Theil, de Crisnoy, de Choiseul-Praslin (César), Maubreuil, qui avait attaché à la queue de son cheval la croix de la Légion d'honneur, de Vauvineux, auxquels se réunirent plus loin les ducs de Mouchy et de Fitz-James, MM. de Kergorlay, Maurice d'Adhémar et d'autres. Un nommé Morin, agent du comte d'Artois, conduisait une douzaine de misérables en haillons, qui offraient des drapeaux blancs, des cocardes blanches et des proclamations aux passants, que cet ignoble spectacle forçait de détourner les yeux !...

A l'extrémité du faubourg St-Martin commence la commune de Belleville, où s'était retiré Favart, un des auteurs les plus féconds et les plus distingués de l'Opéra-Comique ; c'est là qu'il s'éteignit paisiblement dans les bras de ses enfants le 12 mai 1792, à l'âge de quatre-vingt-deux ans, et c'est aussi là qu'il repose. — Favart était fils d'un pâtissier, chansonnier amateur, qui mettait la morale et la grammaire en couplets; c'est à lui qu'on doit l'invention des échaudés, et ce maître Adam du four ne manqua pas comme M. Jovial, de faire une *chanson là-dessus.*

Rue des Marais-du-Temple, n°...., est la demeure de l'exécuteur des hautes œuvres; elle est protégée par une grille en fer, et l'on y entre par une petite porte au milieu de laquelle se trouve une bouche en tôle, semblable à une boîte aux lettres, où l'on dépose les missives que le procureur général envoie à l'exécuteur pour le prévenir que l'on va recourir à son ministère.

Rue de Lancry. M. Génart a fait bâtir en 1832 une assez jolie salle de spectacle. C'est là que Mlle Plessis commença à attirer l'attention du public par ses talents précoces.

N° 19. QUARTIER DE BONNE-NOUVELLE.

Ci-devant *section Bonne-Nouvelle*.

Les limites de ce quartier sont : le boulevard Bonne-Nouvelle n°° impairs, la rue Poissonnière et la rue du Petit-Carreau n°° pairs, la rue Thévenot n°° pairs, la rue St-Denis n°° impairs jusqu'à la porte St-Denis. — Superficie 150,000 m. carrés, équivalant à 0^m,044 de la superficie totale de Paris.

On cite parmi ce qu'il y a de plus remarquable dans ce quartier :

L'église Notre-Dame de Bonne-Nouvelle, rue Beauregard, n° 21. Cette église a été bâtie sur l'emplacement d'une chapelle dédiée à saint Louis et à sainte Barbe, construite en 1551, et rasée en 1593, pendant les troubles de la Ligue, pour construire les fortifications lors du siége de Paris par Henri IV. En 1624 une nouvelle église fut construite pour remplacer cette chapelle sous l'invocation de Notre-Dame de Bonne-Nouvelle; elle a été remplacée elle-même par l'église actuelle, presque entièrement reconstruite sous le gouvernement dit de la restauration. Le portail, d'ordre dorique, ne présente qu'une lourde masse. L'intérieur est composé de trois nefs non voûtées, séparées par des colonnes ioniques.

VARIÉTÉS HISTORIQUES ET BIOGRAPHIQUES.

Rue des Filles-Dieu était le couvent de ce nom, fondé en 1226 près de St-Lazare pour y retirer des *pécheresses qui toute leur vie avaient abusé de leurs corps*, et transféré près de la porte St-Denis dans un hôpital fondé en 1316. Le couvent des Filles-Dieu a été démoli en 1798, et sur l'emplacement des bâtiments et des jardins on a construit le passage du Caire et percé la rue de ce nom. — Le couvent des Filles-Dieu était un lieu de station pour les criminels que l'on exécutait à Montfaucon. Le patient partait ordinairement du Châtelet, accompagné de son confesseur, d'un lieutenant criminel, du procureur du roi, etc., etc., et d'un certain nombre de sergents du Châtelet et d'archers. Il était nutête; quelquefois on le liait, mais ce n'était pas un usage constamment suivi. Lorsque le cortége était arrivé devant l'entrée du couvent des Filles-Dieu, on introduisait le condamné dans la cour, et on l'amenait au pied d'un crucefix de bois adossé à l'église du couvent et abrité par un dais. Là l'aumonier du monastère, après avoir récité quelques prières à son intention, lui donnait de l'eau bénite et lui faisait baiser une croix; les religieuses lui apportaient ensuite un verre de vin et trois morceaux de pain. Cette cérémonie terminée, on se remettait en marche dans le même ordre; on faisait faire encore une nouvelle halte au patient devant une croix de pierre élevée proche du gibet; il y était exhorté une dernière fois par le religieux qui l'assistait; puis le bourreau s'emparait de lui.

La rue et le passage du Caire occupent l'emplacement du couvent des Filles-Dieu, supprimé et démoli à l'époque de la révolution. Une compagnie se constitua alors, et décida qu'une rue allant de la rue Bourbon-Villeneuve à la rue St-Denis serait percée sur l'emplacement des anciens jardins des Filles-Dieu, et que des passages vitrés, dont l'usage commençait alors à se répandre à Paris, seraient construits sur les ruines du couvent. L'inauguration de ce quartier eut lieu en 1798, année où Bonaparte venait d'entrer au Caire; la compagnie, voulant perpétuer la mémoire de ce beau fait d'armes, donna à la rue et aux passages le nom du Caire, qu'ils conservent encore aujourd'hui. — L'entrée principale du passage donnant sur la place du Caire est décorée, on pourrait dire défigurée, par des mascarons en pierre offrant de bizarres figures de sphinx.

La cour des Miracles a sa principale entrée rue de Damiette, près de la place du Caire. On désignait autrefois sous le nom de cour des miracles, les repaires des mendiants et des filous, parce qu'en y entrant ils déposaient le costume de leurs rôles, et offraient chaque soir le miracle d'une guérison parfaite. Ces cours des miracles étaient nombreuses dans Paris; les principales étaient la cour du Roi-François, rue St-Denis, n° 328; la cour Ste-Catherine, rue St-Denis, n° 313; la cour Brisset, rue de la Mortellerie, entre les rues Pernelle et de Longpont; la cour Gentier, rue des Coquilles; la cour de la Jussienne, rue de la Jussienne, n° 23; la cour et passage du Marché-St-Honoré, entre les rues St-Nicaise, St-Honoré et de l'Echelle; la cour des Miracles, rue du Bac, n° 63; le passage et cour des Miracles, rue des Tournelles, n° 26, et cul-de-sac de Jean-Beausire, n° 21. — La plus fameuse de toutes ces cours, celle qui porte encore le nom de cour des Miracles, a son entrée dans la rue Neuve-St-Sauveur, et est située, ainsi que nous le disons ci-desssus, entre le cul-de-sac de l'Etoile et les rues de Damiette et des Forges. Voici la description que nous en a laissée Sauval : « Elle consiste en une place d'une grandeur très-considérable, et en un très-grand cul-de-sac puant, boueux, irrégulier, qui n'est point pavé. Autrefois il confinait aux dernières extrémités de Paris; à présent (sous le règne de Louis XIV) il est situé dans l'un des quartiers des plus mal bâtis, des plus sales et des plus reculés de la ville, entre la rue Montorgueil, le couvent des Filles-Dieu et la rue Neuve-St-Sauveur, comme dans un autre monde. Pour y venir, il se faut souvent égarer dans de petites rues vilaines, puantes, détournées ; pour y entrer, il faut descendre une assez longue pente, tortue, raboteuse, inégale ; de toutes parts on n'y voit que logis bas, enfoncés, obscurs, difformes, faits de terre et de boue. » Les huissiers ni les autres gens de police ne pouvaient y pénétrer sans y recevoir des injures et même sans danger pour leur vie. « On s'y nourrissait de brigandages ; on s'y engraissait dans l'oisiveté, dans la gourmandise, et dans toutes sortes de vices et de crimes : là, sans aucun souci de l'avenir, chacun jouissait à son aise du présent, et mangeait le soir avec plaisir ce qu'avec bien de la peine et souvent avec bien des coups il avait gagné dans tout le jour : car on y appelait gagner ce qu'ailleurs on appelait dérober ; et c'était une des lois fondamentales de la cour des Miracles de ne rien garder pour le lendemain. Chacun y vivait dans une grande licence ; personne n'y avait ni foi ni loi ; on n'y connaissait ni baptême, ni mariage, ni sacrement. Il est vrai qu'en apparence ils semblaient reconnaître un Dieu le Père, qu'ils avaient volé dans quelque église, et où tous les jours ils venaient adresser des espèces de prières. Des femmes et des filles, les moins laides, se prostituaient pour deux liards, les autres pour un double (deux deniers), la plupart pour rien. Plusieurs donnaient de l'argent à ceux qui avaient fait des enfants à leurs compagnes, afin d'en avoir comme elles, pour exciter la compassion et obtenir des aumônes. — Cette bande de voleurs avait quelques lois, et un chef suprême qui avait le titre de *coesre*. Tous ces brigands gueusaient dans les quartiers que le coesre leur assignait ; ils contrefaisaient les soldats estropiés, ou bien montraient au public leurs membres couverts d'ulcères factices ; souvent ils se plaignaient de malheurs imaginaires, ou bien amusaient la foule pour aider leurs camarades à couper des bourses, que, selon la mode du temps, on portait pendues à la ceinture. Ces faux aveugles et ces faux boiteux offraient chaque soir en rentrant le *miracle* d'une guérison parfaite. Toutes les supercheries, tous les crimes, toutes les entreprises hardies étaient tentées par eux ; la capitale était enveloppée de cette nuée de gens sans aveu comme d'un vaste réseau. » — Le gouvernement ferma longtemps les yeux sur ce monstrueux abus de la mendicité. Louis XIV, qui recevait des plaintes de toutes parts, se décida enfin à purger Paris des diverses cours des miracles, dont, suivant quelques historiens, la population s'élevait jusqu'à quarante mille têtes. — En 1787 on eut le projet de construire sur l'emplacement de la cour des Miracles une halle pour la vente en gros de tout le poisson qui arrive à Paris. Les constructions, qui devaient avoir 1,580 m. de superficie, furent interrompues à l'époque de la révolution, et les bâtiments qui environnaient cette cour furent occupés par un grand nombre d'artisans qui y exerçaient en chambre leur profession. — Aujourd'hui, la cour des Miracles forme une vaste cour, dont un des côtés est bordé par un immense bâtiment à six étages : au fond de cette cour, qu'une étroite et sale ruelle fait communiquer à la rue Thévenot, est une école primaire gratuite, qui était autrefois occupée par l'église des templiers. En face est la typographie Lacrampe, petite communauté qui a commencé par la réunion de dix-neuf ouvriers n'ayant pas entre eux tous dix-neuf mille francs, et qui possède aujourd'hui un matériel évalué à plus de huit cent mille francs.

C'est dans la cour des Miracles que demeurait en 1793 le folliculaire Hébert, dit *le Père Duchesne*, d'abord receveur de contremarques aux Variétés, puis rédacteur du journal *le Père Duchesne*, de cynique mémoire, qui commença sa popularité. Après le 10 août, il devint membre de la commune de Paris, puis substitut du procureur syndic de cette même commune. Sa conduite hideuse lors du procès de Marie-Antoinette révolta contre lui toute l'assemblée ; nommé commissaire pour interroger le jeune dauphin, il lui adressa des questions et lui dicta des réponses d'une telle monstruosité, qu'il fallait, pour en concevoir la pensée, la réunion du cœur le plus bas et de l'imagination la plus obscène. Dénoncé par Saint-Just à la convention comme chef d'une faction qui menaçait la tranquillité de l'Etat, il fut mis en accusation et condamné à mort avec Ronsin, Vincent, Momoro, Anacharsis Clootz, Kock, Deffieux, etc., et exécuté avec eux le 4 germinal an II. Ronsin et Clootz montrèrent jusqu'au dernier moment beaucoup de sang-froid ; Hébert fut hué le long de la route par le peuple, qui lui répétait avec ironie ces paroles du journal *le Père Duchesne :* Va, coquin, lui répétait-on de tous côtés, va jouer à la main chaude ; va mettre la tête à la fenêtre ; va éternuer dans le panier ! Il est en colère, aujourd'hui, le père Duchesne. » Il perdit plusieurs fois connaissance, et mourut lâchement. Hébert, dit un biographe, était petit, fluet, d'une figure jolie et spirituelle ; c'était un des élégants de l'époque révolutionnaire ; personne ne mettait plus de soin à sa toilette. Dans la vie privée, c'était un homme de mœurs douces ; ses écrits, à travers leur cynisme, ne manquaient ni de verve ni d'originalité.

N° 20. QUARTIER MONTORGUEIL.

Ci-devant *section de Bon-Conseil*, et ensuite *section Mauconseil*.

Les limites de ce quartier sont : la rue Thévenot n°s impairs, la rue du Petit-Carreau n°s pairs, la rue Montorgueil n°s pairs, la rue de la Tonnellerie n°s pairs, la rue Rambuteau n°s pairs, la rue St-Denis n°s impairs jusqu'à la rue Thévenot. — Superficie 150,000 m. carrés, équivalant à 0,044 de la superficie totale de Paris.

La Halle aux cuirs, située rue Française, n° 5, est le seul établissement public de ce quartier.

VARIÉTÉS HISTORIQUES ET BIOGRAPHIQUES.

Rue Rambuteau, n° 49, une maison élégante a été édifiée en 1842, par l'architecte Garnaud, sur l'emplacement d'une maison qui a été autrefois la propriété de Jacques Cœur, célèbre argentier du roi Charles VII, en 1450. Un buste colossal en pierre, fait d'après un dessin du temps, qui reproduit les traits de ce personnage éminent, a été placé au milieu de la façade de la nouvelle construction. On ne saurait trop encourager les architectes et les artistes de nos jours, au moment où le vieux Paris s'en va pierre par pierre, à léguer par des monuments durables, aux générations futures, des souvenirs de son histoire. On lit au-dessous de l'effigie de ce grand financier, qui fut aussi un habile diplomate, cette devise :

JACQUES CŒUR.
PROBITÉ, PRUDENCE, DÉSINTÉRESSEMENT.

Rue Mauconseil, n° 34, est la halle aux cuirs, construite en 1784, sur l'emplacement du THÉATRE DE L'HÔTEL DE BOURGOGNE, construit lui-même sur une partie du terrain qu'occupait l'hôtel d'Artois ou de Bourgogne, qu'habitèrent ces ducs de Bourgogne, princes du sang royal, qui firent tant de mal à la France par leur ambition. ROBERT DE FRANCE, comte d'Artois, frère de Louis IX, habitait cet hôtel et lui avait donné son nom, ainsi qu'au bas de la rue Montorgueil et à une des portes de la ville, située entre la rue Pavée et la rue Mauconseil ; c'était une des portes de l'enceinte de Philippe Auguste. Lorsque Robert d'Artois, arrière-petit-fils de Robert de France, eut pris parti pour Edouard contre Philippe de Valois, le roi confisqua ses biens et donna ce logis à Jean, son fils aîné. Devenu la propriété de Philippe le Hardi, duc de Bourgogne, on l'appela indifféremment hôtel d'Artois et hôtel de Bourgogne. Jean sans Peur y fit faire de nombreuses augmentations, et l'accrut d'un grand corps d'hôtel qui était couronné de grands frontons gothiques rehaussés d'armures. Cet assassin du duc d'Orléans avait fait construire dans cet hôtel une chambre formée de murs en pierres de taille, et à l'abri d'un coup de main, où il couchait toutes les nuits. A la mort de Charles le Téméraire, Louis XI réunit l'hôtel de Bourgogne à la couronne en 1477. Plus tard, cet hôtel fut abandonné, et il ne servait plus que de refuge aux voleurs de nuit, lorsqu'en 1543 François Ier le fit diviser par lots pour être vendu à des particuliers ; c'est sur une partie de son emplacement qu'on ouvrit la rue Française et qu'on prolongea la rue Mauconseil. — En 1543, les confrères de la Passion, qui s'étaient réunis en 1518 aux Enfants sans souci, et donnaient des représentations de leurs mystères à l'hôtel de Flandre, achetèrent ce qui restait de l'hôtel de Bourgogne et y firent construire une salle qui devint le berceau du Théâtre-Français, et qui a joui d'une grande célébrité sous le nom de théâtre de l'hôtel de Bourgogne. Le parlement ayant défendu aux confrères de jouer les mystères de la Passion, ni aucun autre mystère sacré, ils louèrent alors leur théâtre à une troupe de comédiens ambulants nommés les *Enfants sans souci*, dont le chef prenait le titre de prince des sots, sous réserve pour eux et leurs amis, de deux loges qui ont longtemps porté le nom de *loges des maîtres*. Ne pouvant plus puiser dans l'Ancien Testament, les Enfants sans souci exploitèrent les romans de chevalerie, qui devinrent pour eux une mine féconde. Sous le règne de Henri IV, ils jouaient alternativement des farces joyeuses, des mystères et des tragi-comédies. « A cette époque, dit Sorel, l'hôtel de Bourgogne n'était qu'une retraite de bateleurs grossiers et sans art, qui alaient appeler le monde au son du tambour, jusqu'au carrefour St-Eustache. » Sous Louis XIII, on commença à y jouer des comédies d'un genre un peu supérieur aux bouffonneries ordinaires ; on y représentait des pièces où l'on voyait figurer les divinités de la mythologie. A cette époque se rendirent célèbres quelques acteurs dont on a conservé les noms : Belleville dit Turlupin, qui passait pour n'avoir n'avoir pas son pareil dans le bas comique; Gauthier Garguille, qui jouait les vieillards et contrefaisait à merveille le Gascon ; Guéru dit Fleschelles et Robert Guérin dit Lafleur, qui faisait les rôles sérieux ; Gros-Guillaume était le fariné et le farceur par excellence ; Bruscambille dont l'emploi était de composer et de débiter des prologues. On ne payait alors que dix sous aux galeries et cinq sous au parterre. — En 1600, les comédiens de l'hôtel de Bourgogne jugèrent à propos, pour la commodité des spectateurs de se séparer en deux troupes : l'une conserva son premier théâtre ; l'autre en établit un au Marais. En 1658, Molière forma une troisième troupe et vint occuper le théâtre du Petit-Bourbon, et plus tard le théâtre du Palais-Royal. Ces trois théâtres subsistèrent jusqu'après la mort de Molière, arrivée en 1673, époque où une partie de sa troupe se réunit aux comédiens de l'hôtel de Bourgogne, et l'autre au théâtre du Marais, qui plus tard vint se fixer rue Mazarine, en face de la rue Guénégaud. Le 21 octobre 1680, les trois troupes furent réunies à ce dernier théâtre, qui fut transféré rue des Fossés-St-Germain des Prés, dont l'ouverture eut lieu le 18 avril 1689.

La première représentation gratis se donna en 1660 à l'hôtel de Bourgogne, à l'occasion de la paix des Pyrénées. Ce grand événement, qui terminait la guerre par le mariage de Louis XIV, produisit une vive sensation, que le cardinal Mazarin porta jusqu'à l'enthousiasme, en ouvrant au peuple l'hôtel de Bourgogne. Par un surcroît de galanterie sans exemple, ce fut une pièce nouvelle, le *Stilicon* de Thomas Corneille, qui fit les honneurs de cette représentation gratis, dont le journaliste-poëte Loret rend compte de cette manière dans sa *Muse historique*, du 21 janvier 1660 :

> Floridor et ses compagnons
> Sans être invités, ni sermons
> Que par la véritable joie
> Que dans le cœur la paix envoie,
> Pour réjouir grands et petits,
> Jeudi récitèrent gratis,
> Une de leurs pièces nouvelles
> Des plus graves et des plus belles,
> Qu'ils firent suivre d'un ballet
> Gai, divertissant et follet ;
> Contribuant de bonne grâce
> Aux plaisirs de la populace,
> Par cette générosité,
> Autrement libéralité,
> Qui fut une évidente marque
> De leur zèle pour le monarque.

En 1659, des comédiens italiens que le cardinal de Mazarin avait fait venir s'installèrent à l'hôtel de Bourgogne. Ils ne jouaient guère que des farces fort gaies, dont Scaramouche, Arlequin, Mezetin, Pantalon, Casandre, Isabelle et Colombine étaient les principaux personnages. Les comédiens italiens alternaient avec des comédiens français d'un grand mérite, parmi lesquels nous citerons Floridor, Baron père, la Béjart, Brécourt et sa femme, et surtout la fameuse Champmêlé et son mari. C'est à l'hôtel de Bourgogne que furent représentés les premiers chefs-d'œuvre du grand Corneille, depuis le *Cid* jusqu'à *la Mort de Pompée*; c'est là que furent applaudis tous ceux de Racine, depuis *Andromaque* jusqu'à *Phèdre*, dans l'intervalle de 1667 à 1677. Des comédiens italiens, qui avaient le titre de comédiens du roi, prirent possession de l'hôtel de Bourgogne en 1682 ; ils ne représentaient que de mauvais canevas, des scènes détachées ou arrangées.

Après la réunion de tous les comédiens français au théâtre Guénégaud en 1680, les comédiens italiens exploitèrent alors seuls le théâtre de l'hôtel de Bourgogne, où ils jouèrent jusqu'en 1697, époque où le roi fit fermer leur théâtre pour avoir joué *la Fausse Prude*, pièce où était désignée, dit-on, Mᵐᵉ de Maintenon. L'hôtel de Bourgogne fut fermé dix-neuf ans; il rouvrit le 1ᵉʳ juin 1716, et on y vit une nouvelle troupe de comédiens italiens. En 1762, on y réunit l'Opéra-Comique, et le répertoire, qui comprenait déjà des pièces françaises de Marivaux, Delisle, Ste-Foix, etc., s'enrichit des ouvrages de Sedaine, Favart, Monvel, etc., embellis par la musique de Philidor, Monsigny, Grétry, Dalayrac, etc. En 1779, on supprima les comédies italiennes, et l'on renvoya les comédiens italiens. Les derniers ouvrages représentés à ce théâtre furent des drames de Mercier, des vaudevilles de Piis et Barré, de petites comédies de Desforges, Florian, etc. Le théâtre de l'hôtel de Bourgogne fut fermé en 1783, et les comédiens, alors fort improprement nommés italiens, quittèrent l'hôtel qu'ils avaient occupé soixante-sept ans, et portèrent leur nom et leurs talents à la salle Favart. La salle de l'hôtel de Bourgogne fut détruite, et sur son emplacement fut élevée en 1784, la halle aux cuirs, qui offrait naguère encore des traces de loges et d'escaliers.

C'est depuis cette époque que les représentations gratis ont été mises au nombre des réjouissances publiques.

La rue St-Jacques-l'Hôpital doit son nom à une église fondée, suivant Fauchet, par Charlemagne, qui avait une grande dévotion à cet apôtre. Sous le régime de Philippe le Long, plusieurs bourgeois de Paris firent de grandes donations pour établir en cet endroit un hôpital, destiné à recevoir les pèlerins qui passaient par Paris pour aller à St-Jacques de Compostelle ou qui en reviendraient, ainsi que les pauvres passants. Lors de l'établissement de l'hôtel des Invalides, les revenus de l'hôpital St-Jacques furent affectés à cet établissement. L'église, supprimée en 1790, sert aujourd'hui de magasins.

Rue St-Denis, n° 277, était l'église St-Sauveur, démolie en 1787, et dont la révolution fit suspendre les travaux de reconstruction. Colletet, mauvais poëte qui n'est plus connu que par les vers de Boileau, a été enterré dans cette église, ainsi que les célèbres farceurs Gautier Garguille, Gros-Guillaume, Turlupin et Guillot-Gorju; Raimond Poisson, qui a créé l'emploi des Crispins; Jacques Vergier, auteur de *Contes agréables*, etc.

Rue Pavée-St-Sauveur, n° 3, est une vieille tour du XIIIᵉ siècle, haute de 28ᵐ, qui parait être l'unique débris du célèbre hôtel de Bourgogne; quelques auteurs pensent qu'elle faisait partie du mur d'enceinte construit sous Philippe Auguste.

A la jonction des rues de la GRANDE et de la PETITE TRUANDERIE, était une petite place dans le milieu de laquelle se trouvait un puits qui avait reçu le nom de *Puits d'amour*, à l'occasion de la fin malheureuse d'une jeune personne qui s'y précipita et s'y noya, se voyant trompée et abandonnée par son amant. Environ trois cents ans après, un jeune homme, désespéré par les rigueurs de sa maitresse, se jeta dans ce puits ; mais il eut le bonheur de survivre à cette chute, et sa maîtresse vaincue par cet acte de désespoir se laissa fléchir et lui donna sa main. Pour marquer sa reconnaissance envers ce puits, il le fit refaire à neuf.—L'auteur des *Evénements nocturnes*, dit Ste-Foix, prétend qu'un missionnaire, prêchant à St-Jacques-l'Hôpital, s'éleva avec tant de force et de zèle contre les rendez-vous qu'on se donnait tous les soirs à ce puits ; contre les chansons qu'on y chantait ; contre les danses lascives qu'on y exécutait ; contre les serments qu'on s'y faisait comme sur un autel, de s'aimer toujours, et contre tout ce qui s'ensuivait, que les pères et mères, les dévots et les dévotes s'y transportèrent à l'instant et le comblèrent.

Les rues MAUCONSEIL, des DEUX-PORTES-ST-SAUVEUR et TIREBOUDIN (autrefois Tire-V..) étaient autrefois affectées aux filles publiques, et des mieux fournies. La célèbre courtisane HERVIEUX habitait en 1770, rue Mauconseil ; la fameuse pourvoyeuse GOURDAN avait fondé dans la rue des Deux-Portes un temple peuplé de jeunes et jolies courtisanes qui fut longtemps fréquenté par les roués de toutes les nations. L'ancien nom de la rue Tireboudin était si déshonnête à prononcer, que lorsque Marie Stuart demanda le nom de cette rue, on en changea la dernière syllabe, et ce changement a subsisté. Ce n'est guère qu'après le XVe siècle, qu'on a pensé à bannir du dictionnaire des rues de Paris ces noms qui nous paraissent aujourd'hui si grossiers.

SIXIEME ARRONDISSEMENT.

Les limites de cet arrondissement sont : le mur d'enceinte de la barrière de Belleville à la barrière de Ménilmontant, la rue Ménilmontant n^{os} impairs, la rue des Fossés-du-Temple n^{os} pairs jusqu'à la rue des Filles-du-Calvaire, la rue des Filles-du-Calvaire n^{os} impairs, les rues de Bretagne et de la Corderie n^{os} pairs, la rue du Temple n^{os} impairs, la rue Michel-le-Comte et la rue Grenier-St-Lazare n^{os} pairs, la rue St-Martin et la rue des Arcis n^{os} impairs, la rue St-Jacques-la-Boucherie n^{os} pairs, la rue St-Denis n^{os} pairs, les boulevards St-Denis et St-Martin n^{os} impairs, la rue du Faubourg du Temple n^{os} impairs jusqu'à la barrière de Belleville.

N° 21. QUARTIER DE LA PORTE ST-DENIS.

Ci-devant *section des Amis de la Patrie*, et ensuite *section du Ponceau*.

Les limites de ce quartier sont : le boulevard St-Denis n^{os} impairs, la rue St-Martin n^{os} impairs, la rue aux Ours n^{os} pairs, la rue St-Denis nos pairs jusqu'à la porte St-Denis. — Superficie : 190,000 m. carrés, équivalant à 0,006 de la superficie totale de Paris.

VARIÉTÉS HISTORIQUES ET BIOGRAPHIQUES.

Rue Grenetat, nos 38 et 40, est l'entrée de l'ancien hôpital de la Trinité. Suivant du Breul, cet hôpital fut fondé en 1202 par deux frères de mère, nommés Wilhem Escuacol et Jean de la Paslée, qui, « voyant que plusieurs pauvres pellerins pour estre arrivez tard ne pouvoient entrer dans la ville (alors on fermait les portes de Paris après le coucher du soleil), et estoient contraints coucher par terre, achetèrent deux arpents d'une pièce tenant à la fontaine la Royne, hors Paris, pour estre lors la porte d'icelle ville au lieu que nous appelons maintenant la porte aux Peintres. » Ces deux frères bâtirent d'abord un hôpital assez étroit, dans lequel était néanmoins une assez grande salle où couchaient les pèlerins ; c'était une espèce de caravansérail qui porta d'abord le nom d'hôpital de la Croix-de-la-Reine, qu'il devait à la proximité de la croix de ce nom. Une chapelle érigée sous le vocable de la Trinité lui fit donner le nom d'hôpital de la Trinité ; dans un manuscrit de l'an 1280, il est nommé la *Trinité aux asniers*, à cause sans doute qu'il était défendu aux trinitaires, par leurs statuts, de monter à cheval, mais seulement sur des ânes. Moins d'un siècle après la fondation de cet hôpital, les religieux n'exerçaient plus l'hospitalité, qui était le but primitif de sa fondation.

Vers la fin du xive siècle, une des grandes salles destinées à recevoir les pèlerins fut concédée à titre de ferme à des comédiens réunis en société, sous le titre de *confrères de la Passion*, qui venaient d'être chassés de St-Maur-les-Fossés, où ils avaient établi un théâtre. Ayant eu occasion de jouer devant Charles VI, le roi fut si satisfait qu'il les autorisa, par lettres patentes du 4 novembre 1402, confirmées en 1518 par François Ier, à donner des représentations dans Paris et dans les environs de cette ville. Ils louèrent la grande salle de l'hôpital de la Trinité, prirent le titre de *maîtres gouverneurs et confrères de la passion et résurrection de Notre-Seigneur*, et dressèrent dans cette salle un théâtre où ils représentèrent les dimanches et fêtes divers sujets tirés de l'Ecriture sainte. Ces pieux amusements plurent tellement aux Parisiens, que les curés avançaient les vêpres pour donner aux fidèles la facilité de se rendre au spectacle, dont le prix était de deux sous par personne. La représentation des *Mystères* durait souvent plusieurs jours ; les acteurs étaient assis sur des bancs placés aux deux coins de la salle ; l'acteur qui avait besoin de parler se levait et venait se placer sur le théâtre, puis, lorsqu'il avait fini, il allait reprendre sa place. Les principales décorations étaient un paradis et un enfer : dans le *Mystère de la vie de Jésus-Christ*, on voyait la Vierge accoucher, fuir en Egypte, retrouver son fils dans le temple au milieu des docteurs, et enfin toutes les autres circonstances de la vie du Christ. Pour varier les plaisirs du public, et pour faire reposer les acteurs, il y avait un fou chargé d'amuser l'assemblée par ses bons mots. De là naquirent ces scènes burlesques, auxquelles on donna le nom de *pois-pilés*. Le succès qu'obtinrent ces scènes engagea les confrères de la Passion à s'associer avec une nouvelle troupe, formée de jeunes gens de famille ruinés, sous un chef auquel ils avaient donné le nom de *prince des sots*, et qui jouaient de petites pièces intitulées : *moralités*, *farces et soties*. Les confrères de la Passion abandonnèrent l'hôpital de la Trinité en 1540, pour aller s'établir à l'hôtel de Flandre, rue Coquillière.

En 1545, l'hôpital de la Trinité fut affecté au logement des enfants pauvres du quartier, qui y étaient reçus à l'âge de neuf ans, et auxquels on apprenait un métier ; les ouvriers qui venaient les enseigner étaient, pour leur récompense, reçus maîtres à Paris, et les enfants jouissaient de la qualité de fils de maîtres. Ces enfants étaient uniformément vêtus de gros bleu, ce qui les avait fait nommer les enfants bleus, et l'établissement lui-même portait vulgairement ce nom. A l'époque de la révolution, on recevait à l'hôpital de la Trinité cent garçons et trente-six filles. — L'église de cet hôpital était petite et d'une construction gothique ; elle a été démolie en 1817, et sur son emplacement on a construit une vaste maison qui porte le n° 266 de la rue St-Denis. Il ne reste de l'hôpital que la grande porte et les voûtes dont elle est accompagnée, rue Grenetat ; mais l'enceinte a été conservée . c'est ce qu'on nomme aujourd'hui l'enclos de la Trinité, autrefois un lieu privilégié, où les artisans et ouvriers pouvaient travailler pour leur compte, sans avoir été reçus maîtres dans les communautés des arts qu'ils exerçaient.

L'enclos de la Trinité est occupé aujourd'hui par des constructions, et plusieurs rues y forment une sorte de petite ville exclusivement industrielle, dont la population est considérable. Dès l'année 1551, le roi Henri II y avait établi toutes sortes de manufactures et fait bâtir des boutiques, qui furent données aux compagnons qui avaient pour apprentis les enfants bleus.

C'est dans une maison de la rue Grenetat que mourut, en 1812, de froid et de faim, le poëte Dorvigny, fils naturel de Louis XV, auteur dramatique dont les pièces eurent le plus grand succès ; fécond romancier, écrivain spirituel, il végéta dans la misère et mourut en mendiant.

Rue St-Denis, n°ˢ **372 et 374**, était la communauté des filles de St-Chaumond, institution fondée à Charonne en 1672, sous le nom de l'Union chrétienne, par une dame de Croze, et transférée à Paris en 1685 dans un hôtel bâti en 1630 pour le marquis de St-Chaumond. Louis XIV autorisa cette translation, à condition que jamais elle ne pourrait être convertie en maison de profession religieuse, et que les filles de l'Union seraient toujours en état de séculières, sous la direction des archevêques de Paris. La communauté des filles de St-Chaumond a été supprimée en 1790. La maison subsiste encore presque en son entier, et la chapelle, bâtie au coin des rues St-Denis et de Tracy, sert aujourd'hui de magasin à un marchand de nouveautés, sous l'enseigne de *Marie Stuart,* rue St-Denis, n° 372. Le passage St-Chaumond, rue St-Denis, n° 374, a été pratiqué dans une partie du jardin de l'hôtel St-Chaumond, habité autrefois par le maréchal de la Feuillade, qui fit fondre dans ce jardin la statue équestre de Louis XIV et les quatre esclaves qui décoraient, avant la révolution, la place des Victoires.

La rue aux Ours, ou aux *Oues,* qui signifie oies en vieux langage, doit son nom aux oies qu'on y faisait rôtir et dont il se débitait jadis un nombre considérable. Cette viande, assez méprisée à présent, était fort recherchée par nos pères, qui, moins sensuels et moins délicats qu'on ne l'est aujourd'hui, en faisaient leurs délices. Les chapons du Mans, les poulardes fines de la Bresse, les volailles truffées et mille autres raffinements gastronomiques étaient alors absolument inconnus; ce ne fut que vers le règne de Charles IX que les dindons parurent en France; le premier fut servi au repas de noces de ce monarque.

Avant la révolution, les habitants de cette rue faisaient fabriquer un mannequin d'environ 7 m. de haut, représentant un homme armé d'un poignard, qui était promené dans les rues de Paris et ensuite brûlé rue aux Ours en grande cérémonie. Voici l'origine apocryphe de cette cérémonie : le 3 juillet 1418, un soldat suisse frappa d'un coup de couteau une image de la Vierge placée au coin de la rue aux Ours et de la rue Salle-au-Comte; il fut pris, attaché à un poteau en face de l'image qu'il avait outragée, et frappé du matin au soir avec une telle barbarie que les entrailles lui sortaient du corps. On lui perça la langue avec un fer rouge, et ensuite on le jeta au feu. C'est, dit-on, en mémoire de ce crime qu'avait lieu la procession du mannequin que l'on brûlait rue aux Ours.

Rue St-Martin, n° 151, est l'hôtel de Vic, ancienne habitation du célèbre Guillaume Budé, prévôt des marchands et l'un des plus savants hommes de son siècle. Cet hôtel, bâti sous le règne de François Ier, était alors un des plus grands et des plus beaux de Paris. Il devint ensuite la propriété de Merri de Vic, garde des sceaux, qui détruisit entièrement l'hôtel de Budé, auquel il donna son nom. Cette maison a subi depuis lors de nombreuses transformations; elle est aujourd'hui occupée par des magasins.

Rue St-Martin, au coin de la rue Neuve-St-Denis, était la PORTE ST-MARTIN, construite sous Charles V et Charles VI. Elle présentait un édifice considérable, flanqué extérieurement de cinq à six tours rondes; on y arrivait par un pont de trois arches en maçonnerie et par un pont-levis. — La première porte St-Martin, qui faisait partie de la deuxième enceinte de Paris, était située rue St-Martin, à l'endroit que l'on nommait anciennement l'Archet-St-Merri. Philippe Auguste la fit reculer jusqu'en face de la rue Grenier-St-Lazare, et Charles V en face la rue Neuve-St-Denis.

La rue Ste-Appoline était limitée d'un côté par le mur de la quatrième enceinte de Paris, qui suivait la ligne de cette rue jusqu'à la rue St-Denis, où était une porte fortifiée nommée bastille St-Denis, qui s'étendait jusqu'à la rue Neuve-St-Denis. La porte St-Denis de l'enceinte de Philippe Auguste, démolie en 1535, était rue St-Denis, en face l'impasse des Peintres. La porte de la seconde enceinte était rue St-Denis, aux environs de la rue de la Ferronnerie.

N° 22. QUARTIER ST-MARTIN DES CHAMPS.

Ci-devant *section des Gravilliers.*

Les limites de cet arrondissement sont : le boulevard St-Martin n°˚ pairs, la rue du Temple n°˚ impairs, la rue Chapon et la rue du Cimetière-St-Nicolas n°˚ pairs, la rue St-Martin n°˚ pairs jusqu'au boulevard.

Parmi les souvenirs et établissements dignes de remarque qu'offre ce quartier, on cite :

L'église St-Nicolas des Champs, située rue St-Martin, n° 200. Tout porte à croire que cette église occupe l'emplacement d'un ancien oratoire élevé en l'honneur de saint Jean l'Evangéliste, qui prit plus tard le nom de St-Nicolas parce que le roi Robert aurait bâti une nouvelle chapelle sous l'invocation de ce saint sur les ruines de l'oratoire de St-Jean, saccagé par les dévastateurs de la première abbaye de St-Martin des Champs. Le premier document historique sur l'existence de la chapelle St-Nicolas, est une bulle du pape Calixte III, du mois de novembre 1119. Deux autres bulles de 1142 et 1147, font aussi mention de la chapelle St-Nicolas, dans le territoire de l'abbaye de St-Martin des Champs; ce n'est toutefois qu'en 1184 que cette chapelle prit le nom d'*ecclesia,* et fut desservie par un prêtre nommé par le prieur de l'abbaye St-Martin. Mais, dès la fin de XII° siècle, c'était déjà une église paroissiale complètement indépendante de tout autre cure. Charles V, par son édit de 1374, ayant ordonné que les faubourgs fussent regardés comme partie intégrante de la ville, St-Nicolas, dont le surnom *des Champs* n'était plus depuis longtemps qu'un souvenir de son ancienne position dans la campagne, devint paroisse de Paris; mais, avant cette époque, une partie de la circonscription paroissiale était dans l'intérieur de la ville : le livre de taille de l'année 1292 marque pour la paroisse St-Nicolas : « Les rues qui estoient dedenz les murs, telles que celles de Symon Frouque, de la Plastrière, des Etuves, des Jugléeurs, de Biau-Bourc, du Temple, de Quiquempoist, la rue où l'on cuit les oës. » En ce temps, la ville proprement dite finissait du côté du nord, en longeant la rue St-Martin, à la hauteur de la rue actuelle Grenier-St-Lazare, et par conséquent l'église St-Nicolas était hors des murs. Mais en 1383, sous Charles VII, une nouvelle enceinte recula cette limite jusqu'au delà de St-Martin des Champs, et, à dater de cette époque, St-Nicolas et toute sa paroisse se trouvèrent dans la ville. C'est alors que ce territoire se couvrit presque entièrement d'habitations, et que l'ancienne église devint absolument insuffisante. L'abbé Lebeuf dit qu'il paraît que, vers l'année 1420, le vieux édifice fut démoli, et qu'on en rebâtit un autre. Postérieurement à la fin du xve siècle, l'église St-Nicolas fut élargie, en sorte que le lieu où avaient été les chapelles devint la seconde aile, et les chapelles furent rebâties à côté ; une crypte ou voûte souterraine existe sous cette ancienne église. En 1560, le territoire de la paroisse s'étant couvert d'un grand nombre de nouvelles maisons, on prit la détermination de faire à l'église de nouveaux agrandissements qui commencèrent en 1575 ; à l'ancienne nef en ogive de xve siècle, l'architecte fonda des arcades à plein cintre, qui surpassèrent de quelques pieds l'élévation des premières. Le portail qui s'élève rue St-Martin est la partie la plus ancienne de l'édifice ; celui placé au centre du bas côté méridional est d'une architecture différente, il fait partie de l'agrandissement définitif de l'église. — La grande salle du presbytère de l'église est remarquable par ses boiseries sculptées et par les portraits incrustés aux panneaux de tous les curés de cette église depuis 1603.

A l'époque de la révolution, l'église St-Nicolas des Champs reçut différentes destinations ; elle a été rendue au culte le 4 octobre 1795. Le grand maître-autel est décoré d'une ordonnance corinthienne, avec attique surmonté d'un fronton ; il est orné d'un tableau en deux parties, de Vouet, représentant l'Assomption de la Vierge ; les deux anges adorateurs, en stuc, sont de Sarrazin.

Plusieurs personnages distingués ont été inhumés dans cette église : tels sont Guillaume Budé, Pierre Gassendi, les historiens Henri et Hadrien de Valois, Mlle de Scudéry, le poëte Viaud, etc., etc.

L'abbaye de St-Martin des Champs, rue St-Martin, n° 208, dont les bâtiments sont occupés aujourd'hui par le conservatoire des arts et métiers. On ne connaît pas bien précisément l'origine de ce monastère que quelques auteurs font remonter au vi^e siècle. Il paraît certain qu'à une époque fort éloignée il y avait des chanoines de la règle de St-Augustin, et que les rois de la troisième race y avaient un palais de temps immémorial. Robert le Pieux, fils de Hugues Capet y tenait sa cour vers la fin du xe siècle. Henri Ier, son fils, affectionnait aussi ce palais, qu'il fit rebâtir vers le milieu du xie siècle. Philippe Ier, son successeur, donna cette maison à l'ordre de Cluny en 1079, époque où le monastère de St-Martin fut converti en prieuré dépendant de cette célèbre abbaye. En 1130, l'abbaye de St-Martin fut entourée de murs et fortifiée; on la reconstruisit ou on la répara en 1273. Le cloître, commencé en 1702, fut achevé en 1720, et le grand dortoir fut achevé en 1742; enfin on ne cessa de l'embellir de 1775 à 1780. — L'église, le réfectoire et les bâtiments de cet ancien monastère peuvent figurer parmi les monuments les plus remarquables d'une ville qui en compte un si grand nombre. L'église, fermée au culte depuis la suppression des monastères, se compose d'une nef et d'une abside. La nef, qui est du xive siècle, étonne par la hardiesse de sa construction, la grandeur des dimensions, la beauté de l'appareil. Après la nef de St-Germain des Prés, l'abside est le plus ancien monument religieux de Paris; c'en est un des plus beaux, et pour les antiquaires c'est sans contredit le plus intéressant édifice de Paris et l'un des plus curieux de la France. Toutes les formes possibles et applicables à des baies s'y remarquent: quoique d'époque romane, les ouvertures offrent des ogives, des cintres non-seulement parfaits, mais surbaissés. Les voûtes sont portées sur des colonnes cylindriques, plates, prismatiques et taillées à pans, à section de tambour en ogive simple et même en ogive à contre-courbe. Les bases sont d'une rare fermeté de moulures, les chapiteaux sont sculptés avec énergie et grâce tout à la fois. La grande archivolte qui donne dans la nef est brisée en une multitude de zigzags continus, exemple unique à Paris et rare en France.— Le réfectoire, bâti par Pierre de Montreuil, est digne de l'architecte qui a bâti la sainte Chapelle de Paris; les bâtiments affectés aujourd'hui au conservatoire des arts et métiers, furent élevés sur les dessins de le Tellier en 1702; un beau jardin se déploie devant leurs trois façades, et une grille de fer le sépare de la grande place qui existe entre les deux halles du marché couvert achevé en 1817.

L'enclos St-Martin des Champs était un lieu privilégié où les ouvriers pouvaient travailler pour leur compte, sans avoir été reçus maîtres dans les communautés des arts qu'ils exerçaient; le prieur et les moines de St-Martin y avaient leur champ clos. Ce fut là que, le 29 décembre 1386, en vertu de l'autorisation du parlement, se donna un combat fameux entre Jacques Legris, écuyer, et Jean Carrouges, chevalier; combat où le vaincu, déclaré coupable par la barbare jurisprudence du temps, fut dans la suite reconnu innocent. Le clos ou coulture St-Martin s'étendait, dit Sauval, depuis le rempart jusqu'à la rue Grenier-St-Lazare et celle de Michel-le-Comte, entre la rue St-Martin et la rue du Temple; ce fut dans cette coulture que, par ordonnance du conseil du roi de 1418, les corps du connétable d'Armagnac, du chancelier de Marle, et autres, massacrés par les chefs des Bourguignons furent enterrés.

Le Conservatoire des arts et métiers, rue St-Martin, n° 208. Cet établissement, fondé en 1795, sur la proposition de M. Grégoire, ancien évêque de Blois, à qui les arts et les institutions scientifiques doivent tant de reconnaissance, renferme les modèles des machines, outils et appareils propres à tous les arts industriels et à l'agriculture. Cette vaste collection, qui n'a point d'égale en Europe, où l'histoire des découvertes de l'esprit humain est écrite parmi les instruments de tous les arts, de toutes les professions, occupe les vastes salles de l'ancien prieuré de St-Martin. Il serait impossible de trouver une collection plus complète, plus utile aux arts, à l'industrie, mieux distribuée, plus riche en modèles, et qui fût plus honorable pour ceux qui en ont conçu l'établissement, et qui l'ont améliorée.

Le conservatoire des arts et métiers est ouvert au public les dimanches et jeudis, de dix heures à quatre heures; les étrangers y sont admis les autres jours, de midi à quatre heures, sur la présentation de leur passe-port.

Une bibliothèque, composée exclusivement d'ouvrages relatifs aux sciences et aux arts, fait partie de ce précieux dépôt.

Une ordonnance royale du 24 novembre 1819 a établi au conservatoire des cours publics et gratuits de géométrie et mécanique, de chimie industrielle et d'économie politique, etc. Il y a aussi des cours de culture, de physique, de chimie agricole, et des écoles de dessin et de géométrie descriptive, où les élèves sont admis avec l'autorisation du ministre, sur la demande des préfets des départements et sur celle des maires de Paris.

L'église Ste-Elisabeth, située rue du Temple, entre les n°ˢ 107 et 109. Cette église dépendait autrefois de la communauté des dames de Ste-Elisabeth, fondée en 1613 sur l'emplacement d'une maison appartenant à Jeanne de la Grange, située rue Neuve-St-Laurent. La reine Marie de Médicis, s'étant déclarée la protectrice spéciale et la fondatrice de ce monastère, posa, le 14 avril 1628, la première pierre de l'église et de la maison, qui porta dès lors le titre de monastère royal. Les dames de Ste-Elisabeth appartenaient au tiers ordre de St-François; elles se vouaient à l'instruction des jeunes demoiselles, qui étaient toujours vêtues de noir. Ce couvent a été supprimé avec toutes les autres communautés religieuses en 1790. L'église fut affectée à un magasin à farines de 1793 à 1803, époque où, par suite d'une nouvelle circonscription des paroisses de Paris, elle fut assignée pour église à une nouvelle paroisse formée du démembrement d'une partie de la paroisse St-Nicolas des Champs et de la paroisse St-Laurent. L'édifice resta longtemps tel qu'il était depuis sa construction; un seul collatéral, celui de droite, accompagnait la nef, à gauche de laquelle se trouvait une grande chapelle carrée, qui servait de chœur aux religieuses. L'église ayant été reconnue trop petite pour la population considérable de la paroisse, on s'occupa de son agrandissement en 1823 ; un second collatéral fut ajouté à l'ancien, le chœur fut transformé en chapelle, les deux bas côtés se joignirent derrière l'ancien chevet qui fut percé d'arcades, et une chapelle de la Vierge prolongea l'enceinte derrière le maître-autel isolé, qui se trouve ainsi placé au milieu de l'église. Tous ces travaux ont été achevés en 1830.

La Synagogue des israélites, située rue Notre-Dame de Nazareth, n° 17. La partie de cet édifice située sur la rue n'offre qu'un corps de bâtiment composé d'un rez-de-chaussée, et recouvert d'une terrase qui surmonte la porte d'entrée donnant sur une cour où s'élève l'édifice consacré au culte. Son élévation est déterminée par un porche formé de deux colonnes d'ordre dorique, surmontées d'un entablement, au-dessous duquel est la porte qui donne entrée au temple : à droite et à gauche du porche sont deux petites portes conduisant aux galeries supérieures, spécialement destinées aux femmes. L'intérieur du temple se compose d'une grande salle entourée de colonnes d'ordre dorique, supportant une galerie supérieure, éclairée au moyen de grandes baies à plomb des entre-colonnements, et fermées par des grillages en bois. La voûte est à plein cintre et percée de dix ouvertures ou lanternes ; en face de la porte, et à l'extrémité du temple, s'élève le tabernacle, entouré d'une balustrade, et décoré de deux colonnes corinthiennes, dont l'entablement supporte les tables de Moïse ; entre ces deux colonnes est placé le Pentateuque, écrit sur des rouleaux en parchemin, et renfermé dans une armoire fermée par un rideau. A droite et à gauche du tabernacle sont deux tribunes destinées aux membres du consistoire central et du consistoire départemental. Le teïba, ou autel, est placé au centre de l'édifice ; on y arrive par trois marches : à l'extrémité, et vis-à-vis le tabernacle, est un chandelier à neuf branches. — Le reste de la nef, la partie comprise entre les colonnes, et le dessous de la galerie supérieure, sont garnis de banquettes en bois, divisées en stalles numérotées, au nombre d'environ cinq cents. — Le service commence, les jours de fête et de sabbat, à sept heures et demie du matin ; et le soir, en toute saison, une heure avant le coucher du soleil. Pendant les cérémonies du soir, le temple est éclairé par trente et une lampes, en forme de lyre antique, supendues entre chaque entre-colonnement, et par six lustres supportant des bougies.

Les Madelonnettes, situées rue Fontaine-du-Temple, n° 14. Cette maison religieuse doit son origine à Robert de Montry, marchand de Paris, qui, ayant rencontré, en 1618, deux filles publiques qui lui témoignèrent le désir de mener une vie régulière, les retira dans sa maison, près de la Croix-Rouge. Quelques-autres filles de la même espèce ayant suivi l'exemple des deux premières, Robert de Montry pourvut à leur nourriture, jusqu'à ce que la sœur du cardinal de Gondy acheta une maison rue des Fontaines pour les y placer, et leur légua cent un mille six cents livres. Louis XIII leur accorda une rente perpétuelle de trois mille livres. — Avant la révolution, le couvent des Madelonnettes était une maison de réclusion pour les filles débauchées. En 1793, il fut converti en prison publique. C'est aux Madelonnettes que furent détenus l'abbé Barthélemy, St-Prix, Dazincourt, Vanhove, Fleury et les autres acteurs de la comédie française ; l'ex-ministre de la marine Fleurieux; le général Lanoue, Boulainvilliers, etc.

En 1795, ce même couvent fut destiné à renfermer les femmes prévenues de délits, et cette destination lui fut conservée jusqu'en 1830, où le peuple ouvrit les portes à deux battants et amnistia ces pauvres victimes de la dépravation et de la misère.

Rien ne ressemble moins à une prison que les Madelonnettes. C'est en apparence un hôtel entre cour et jardin, un hôtel avec un vestibule charmant, où l'on s'imaginerait rencontrer toutes les commodités de la vie. Cette prison ne manque pas de régularité dans sa distribution; ses deux grandes cours sont plantées de tilleuls. — La cour des prévenus, la seule qui soit pavée, est encadrée sur trois faces par des bâtiments élevés qui portent le caractère du xvii° siècle. Au rez-de-chaussée des bâtiments règnent de deux côtés des arcades semblables à celles de la place royale, où les prisonniers peuvent se réfugier quand il pleut. Le milieu de la cour est occupé par une grande fontaine. — La cour des condamnés est moins agréable et plus solidement fermée.

L'église a été entièrement démolie, à l'exception d'une arcade donnant sur la rue des Fontaines. Cette église, bâtie en 1680, n'avait de remarquable qu'une chapelle exactement semblable à celle de Notre-Dame de Lorette, qui existe près de la ville de ce nom dans la Marche d'Ancône. De vastes cryptes, qui servaient de caveau de sépulture pour les religieuses du couvent, avaient été pratiquées au-dessous de l'édifice ; un petit bénitier de pierre, incrusté dans le mur, subsiste encore sous la première arche de cette église souterraine.

VARIÉTÉS HISTORIQUES ET BIOGRAPHIQUES.

Rue du Temple était autrefois le bureau des BROUETTES, espèce de voiture à deux roues traînée par un homme et dans laquelle une seule personne pouvait se placer. Les places où stationnaient ces brouettes (qu'on nommait vulgairement vinaigrettes) étaient : le Pont St-Michel, le Pont-Marie, la rue de Venise, la place du Palais-Royal, la croix du Trahoir, la barrière des Sergents, la rue de l'Echelle, la rue Richelieu, la rue Montmartre, la rue des Bons-Enfants, la rue des Petits-Champs, le portail St-Eustache, la place Ste-Opportune, la rue des Gravilliers, la rue Michel-le-Comte, la place Baudoyer et la rue du Temple.—Il paraît qu'on n'était pas très en sûreté dans cette espèce de véhicule, car il était recommandé, en cas d'insulte du brouetteur, de s'adresser au bureau, ou chez le commissaire du quartier, ou même d'appeler la garde.

Au n° 117, à l'endroit où se trouve une espèce de hangar couvert, qui sert de magasin, était l'église des Pères de Nazareth, monastère fondé en 1630 par le chancelier Séguier, et supprimé en 1790. Vers la fin du xvii° siècle ces religieux avaient commencé la construction de cette belle et grande église, qui resta inachevée faute de moyens jusqu'en 1732, époque où une personne inconnue mit dans le tronc une somme de cinq mille livres en or, qui servit à achever et à embellir cet édifice, dont le maitre-autel était décoré d'une Annonciation peinte par Lebrun. Le chancelier Séguier avait été inhumé dans cette église, ainsi que Pierre du Combout-Coislin, évêque d'Orléans, et Henri-Charles du Combout-Coislin, évêque de Metz.

Au coin de la rue du Temple, et de la rue de Vendôme était l'hôtel du chancelier DE L'HOSPITAL, dont les jardins se prolongeaient jusque sur le boulevard.

Rue Jean-Robert, n° 17, est l'HÔTEL D'ESTRÉES, qui a été habité par la belle Gabrielle. Tout le corps de logis encore existant à la droite de la cour est évidemment du règne de Henri III et de Henri IV.

C'est rue Jean-Robert, n° 24, que les conspirateurs Joyaut et Burban, compromis dans l'affaire de Georges Cadoudal, furent arrêtés le 4 germinal an XII. La maison avait été investie par la force armée, et les recherches avaient été infructueuses, lorsque, pour placer une sentinelle, on dérangea une fontaine derrière laquelle se trouvait l'entrée d'une cache, à travers de laquelle on aperçut le bras d'un homme. Plusieurs coups de pistolet ayant été tirés dans cette cache, sans que ceux qui y étaient parussent disposés à se rendre, on prit le parti d'aller chercher les pompiers pour inonder les individus renfermés dans cet antre, qui se décidèrent enfin à se rendre; c'étaient les nommés Joyaut, Burban et Dutry. Joyaut avait sur lui deux pistolets et un poignard, des cartouches à balles, et portait deux ceintures garnies de pièces d'or. La cache renfermait un pain de quatre livres, quatre bouteilles de vin, deux volailles et un jambon cuit.

La porte du Temple était construite au bout de la rue du Temple, du côté du boulevard; elle demeura fermée lors des troubles de la Ligue, depuis l'an 1564 jusqu'en 1606, époque où elle fut rouverte lors de la paix générale, et rebâtie à cause de sa vétusté. Cette porte fut démolie en 1684 par ordre du prévôt des marchands; elle était protégée par un large fossé et par un ouvrage extérieur nommé le bastion.

Rue Meslay était, avant la révolution, l'hôtel du commandant de la garde de Paris, qui avait remplacé ce que l'on nommait anciennement le guet de Paris. Cet hôtel avait une issue sur le boulevard, où tous les matins avait lieu la parade. — En 1788, on fit dans cette rue une boucherie horrible des jeunes gens qui s'étaient réunis pour brûler en effigie l'ex-garde des sceaux Lamoignon. (Voyez aussi *rue St-Dominique*.)

Rue St-Martin, au coin de la rue Aumaire, le prieur de l'abbaye St-Martin avait autrefois son échelle ou ses fourches patibulaires, que les petits-maîtres se donnèrent le plaisir de brûler pendant la minorité de Louis XV, mais qui fut aussitôt rétablie.

Rue St-Martin, au coin de la rue du Vertbois, est la tour de l'ancienne abbaye St-Martin, où était la prison St-Martin, qui servait autrefois d'entrepôt pour les filles débauchées, que l'on conduisait tous les premiers vendredis de chaque mois dans une salle du grand Châtelet pour y être jugées par le lieutenant général de police. — Adossée à cette tour, entre les nos 232 et 234, est la fontaine St-Martin, bâtie en 1712, sous la condition expresse que son établissement aurait lieu dans la tour de l'abbaye sur la rue St-Martin. Le monument se compose d'un grand soubassement qui supporte deux pilastres chargés de bossages, ornés de stalactites vermiculés, surmontés d'un piédestal, avec une conque marine qui supporte le cartouche. L'eau sort par un mascaron en bronze. Les nombreuses inscriptions dont cette fontaine était décorée ont disparu ; elles contenaient les noms des magistrats de la ville de Paris et des principaux religieux de l'abbaye St-Martin.

Rue Notre-Dame de Nazareth, Doyen tenait un spectacle bourgeois dès 1795, qu'il quitta pour aller bâtir une nouvelle salle sur les ruines d'une chapelle attenant à l'ancien cimetière St-Nicolas, rue Transnonain.

La rue Transnonain, de funèbre mémoire, est comprise dans le quartier St-Martin. Lors de l'horrible épidémie désignée sous le nom de peste noire, qui enleva en France la quarantième partie de la population, les juifs, condamnés par une diète assemblée à Benfeld, et que l'on brûlait et massacrait de tous côtés avec une incroyable furie, se réfugièrent non loin de Paris, dans la forêt Ste-Opportune ; mais, menacés d'y être cernés, ils revinrent dans la rue dite des *Hérétiques,* qu'ils habitaient. Le peuple se jeta alors sur eux, et les égorgea en si grand nombre, que leurs cadavres, laissés sans sépulture, servirent durant plusieurs mois de pâture à un troupeau de loups qui rendirent longtemps ce quartier inabordable ; cette rue prit ensuite, au rapport de Borelus, le nom de *Trans-nonesère,* d'où vint plus tard le verbe *transnoniser,* qui signifiait égorger ; enfin, c'est de ce nom que l'on a fait, plus tard, celui de *Transnonain,* devenu si tristement célèbre par les massacres dont cette rue a été le théâtre le 14 avril 1834. La maison qui porte le n° 12 passait, à tort ou à raison, pour un des derniers retranchements de l'émeute dont le quartier fut le centre; les troupes s'en emparèrent de vive force, et tous les habitants indistinctement, agresseurs et inoffensifs, vieillards, femmes et enfants, furent impitoyablement massacrés!...

Doyen, si connu par son goût pour le théâtre, qu'il portait jusqu'au fanatisme, fit bâtir dans cette rue, sur les ruines d'une chapelle attenant à l'ancien cimetière St-Michel, une salle de spectacle où l'on jouait la comédie bourgeoise. Ce théâtre ayant porté ombrage à certains directeurs, on le fit fermer; alors on n'y joua plus qu'à huis clos. Le nombre des artistes qui ont commencé chez Doyen est incalculable : Menjaud, Samson, David, Huet, Ligier, Bocage, Féréol, Beauvalet, Paul, Bouffé, Arnal, etc., etc., y ont fait leurs premières armes, ainsi que des femmes charmantes, au nombre desquelles nous citerons MM^{es} Cœlina Fabre, Dussert, Fitzelier, Brohan, Paradol, Mlle Bourbier, etc., etc. — Après la mort de Doyen, sa salle fut démolie, et le 14 avril 1834 la maison où elle était située servait de théâtre au drame sanglant mentionné ci-dessus.

N° 23. QUARTIER DES LOMBARDS.

Ci-devant section des Lombards.

Les limites de ce quartier sont la rue aux Ours n^{os} impairs, la rue St-Martin n^{os} impairs, la rue des Arcis n^{os} impairs, la rue St-Jacques-la-Boucherie n^{os} pairs, la rue St-Denis n^{os} pairs jusqu'à la rue aux Ours. — Superficie, 140,000 m. carrés, équivalant à 0,004 de la superficie totale de Paris.

On remarque principalement dans ce quartier :

L'église St-Leu, située rue St-Denis, entre les n°s 182 et 184. Cette église a été bâtie sur l'emplacement d'une chapelle construite en 1235, reconstruite en 1320, érigée en paroisse en 1617, réparée et changée intérieurement en 1727. Pendant la révolution on en fit un magasin à salpêtre, qui fut vendu comme bien national. En 1802, les acquéreurs louèrent cette église pour les offices du culte catholique, moyennant le prix de trois mille francs de location annuelle, puis jusqu'à la somme de dix mille francs. En 1813, le clergé en fut mis définitivement en possession, et en 1829 cette paroisse fut élevée du rang de succursale à celui de cure de deuxième classe. — L'autel principal est tellement élevé que le célébrant y semble au premier étage. Cette disposition inusitée a permis de placer au-dessous une chapelle basse dédiée à Jésus-Christ sur le Calvaire. On voit sur l'autel un fort beau Christ qui ornait autrefois l'église du Sépulcre. Dans la seconde chapelle, du côté méridional, on voit les restes d'un monument funéraire, élevé à la mémoire de Mme de Lamoignon, et exécuté par le célèbre Girardon.

Le corps de sainte Hélène, mère de Constantin, qui avait été apporté de Rome en 840, et déposé dans l'église de l'abbaye de Hautvillers en Champagne, d'où il avait, dit-on, été soustrait clandestinement en 1793 avant la violation des châsses de cette abbaye, par les religieux D. Grossart et D. Gautier, fut transporté en 1820 de l'église de Montier-en-Der, où il avait été déposé en dernier lieu, dans l'église de St-Leu, où il a été placé dans une châsse magnifique derrière le maître-autel, le jour de son inauguration, le 29 novembre 1820, à la suite d'une procession solennelle où figuraient plus de cinq cents chevaliers, trente cordons bleus et une infinité de hauts et puissants personnages de l'époque.

La Tour St-Jacques-la-Boucherie. Sous le règne de Lothaire Ier, en 954, il existait en cet endroit une chapelle dédiée à sainte Anne, qui fut remplacée en 1119 par une église paroissiale sous l'invocation de saint Jacques. Cette église fut rebâtie en 1240 ; mais les travaux n'en furent achevés qu'en 1520, époque où fut élevée la haute et belle tour isolée qu'on admire encore aujourd'hui, seul reste de l'église St-Jacques qui a été démolie à l'époque de la révolution, et sur l'emplacement de laquelle on a construit un marché au linge et aux habits, dont l'inauguration eut lieu le 13 octobre 1824.. — La tour St-Jacques-la-Boucherie est une des plus hautes de Paris et rivalise avec celles de Notre-Dame ; sa hauteur, depuis le sol jusqu'à la balustrade est de 52 m. ; le sommet était couronné par une statue de St-Jacques de 10 m. de hauteur, qui a été renversée. Par suite de la vente de l'église, le 11 floréal an IV, cette tour devint une propriété particulière, qui a été achetée par la ville de Paris, le 27 août 1836, moyennant deux cent cinquante mille cent francs. — Le célèbre Nicolas Flamel et Perrette sa femme ont été enterrés dans cette église ; Nicolas Flamel, dont Ste-Foix a fait un bel éloge en disant qu'il fut riche pour les malheureux, amassa de grandes richesses, dont on ne connaissait pas la source ; il n'en fallait pas davantage pour le faire accuser de magie, inculpation qui l'aurait immanquablement conduit au bûcher, dans le siècle barbare où il vivait, s'il n'eût eu l'esprit d'imposer silence à ses ennemis, en faisant bâtir l'église et la tour St-Jacques-la-Boucherie, où on lisait son épitaphe. — Derrière la sacristie de St-Jacques-la-Boucherie était la cour des Saints, regardée comme les charniers de cette église ; elle devait son nom à plusieurs figures représentant les apôtres placés jadis contre chaque pilier du chœur, et qu'on avait placés dans cette cour.

La Fontaine de Marle ou de St-Leu, située rue Salle-au-Comte, entre les n°s 16 et 18. Construite sur l'emplacement de l'hôtel Dammartin, qui devint la propriété du chancelier de Marle, massacré en 1418, cette fontaine fut réparée en 1606 ; elle est enclavée dans une maison et très-simplement décorée; on y remarque deux dauphins, entre lesquels est une tête de fleuve, au-dessous est une coquille.

VARIÉTÉS HISTORIQUES ET BIOGRAPHIQUES.

La rue Quincampoix est célèbre par le commerce qui s'y fit des actions du système de Law. Dès le XIII° siècle cette rue était peuplée de merciers et d'orfévres ; c'était alors le rendez-vous du beau monde et surtout des dames châtelaines. Le livre de la taille de 1313 indique dans cette rue un grand nombre de merciers fortement imposés. Lorsque la guerre qui suivit le traité de Riswick eut introduit le négoce du papier en France, cette rue devint le centre de l'usure. C'est là que se transporta tout le mouvement du système de finance introduit par l'Irlandais Law. Des bureaux furent ouverts dans toutes les maisons ; une chambre s'y louait jusqu'à dix louis par jour ; des maisons de sept à huit cents livres de loyer avaient été divisées en une centaine de bureaux et pouvaient rapporter de cinquante à soixante mille livres ; les boutiques avaient été changées en cafés et restaurants ; une partie des habitants de Paris avaient transporté leur vie dans le quartier ; ils y venaient le matin, ils y déjeunaient, ils y dînaient, et lorsque l'ardeur des négociations était calmée, ils passaient l'après-midi à jouer aux quadrilles. Des femmes, des gens de la noblesse ne craignirent pas d'ouvrir un bureau pour la vente des actions. Le jeu des primes, dont notre génération voit en ce moment les tristes effets, attirait une foule telle dans cette rue que chaque jour deux ou trois personnes y étaient écrasées. De nombreux équipages attendaient à la file et obstruaient les rues St-Denis, St-Martin, Aubry-le-Boucher et autres rues adjacentes. Dès la pointe du jour, le passage de cette rue étroite y était obstrué et engorgé de joueurs, dont la fureur ne faisait que s'accroître durant la journée ; le soir, on sonnait une cloche qui donnait le signal de la retraite, mais le plus souvent on était obligé de les expulser de force. On cita dans le temps une certaine veuve, nommée la Caumont, qui par des revirements heureux avait réalisé pour soixante-dix millions de billets de banque. Les Mémoires de la régence font mention d'un bossu qui gagna en peu de jours cent cinquante mille livres pour avoir prêté sa bosse en forme de pupitre aux spéculateurs.

Dès l'origine, il y eut partage chez les agioteurs ; les uns spéculaient sur la hausse, et étaient pour le système ; les autres jouaient sur la baisse et lui étaient contraires. Le prince de Conti, qui avait été favorisé par les souscriptions, mais qui avait été trop exigeant, et que Law avait été obligé d'éconduire, se joignit aux adversaires de ce financier ; ils se procurèrent une grande quantité de billets, et vinrent tous à la fois en demander la conversion en espèces. Law, averti à temps, pourvut aux premières demandes, et eut recours sur-le-champ à une mesure violente, mais excusable à l'égard d'ennemis indignes; il fit rendre un édit ordonnant une réduction dans la valeur des espèces à partir d'un certain jour. Les accapareurs s'empressèrent alors de rapporter les espèces à la banque; le public se prononça pour Law, et le prince de Conti encourut l'indignation générale.

Le duc de Bourbon fut un de ceux qui profitèrent le plus heureusement de l'achat des actions de la banque de Law. Ce prince acheta tout ce qui se trouva à sa bienséance en terres; il fit rebâtir Chantilly avec une magnificence royale, et y forma une ménagerie mieux fournie que celle du roi; il fit venir d'Angleterre en une seule fois cent cinquante chevaux de course d'un haut prix; enfin, pour faire sa cour au régent, il donna à la duchesse de Berry, sa fille, une fête superbe, qui dura quatre ou cinq jours, et coûta immensément.

Aux habitants de Paris s'étaient joints beaucoup de provinciaux et d'étrangers, notamment des Gascons, des Provençaux, des Vénitiens, des juifs allemands, etc. Ces fripons s'étaient organisés; ils spéculaient sur la hausse constante, mais plus souvent sur les variations qu'ils avaient l'art de produire; ils faisaient alors ce que l'on fait en 1846 pour les actions des chemins de fer. Lorsque le mot était donné, ils offraient tous à la fois des actions, vendaient et amenaient la baisse; puis, sur une indication nouvelle, ils rachetaient au prix le plus bas ce qu'ils avaient vendu en hausse. Les variations étaient si rapides, que des agioteurs, recevant des actions pour les aller vendre, en les gardant un jour seulement, avaient le temps de faire des profits énormes : on en cite un qui, chargé d'aller vendre des actions, resta deux jours sans paraître; on crut les actions volées; il n'en était rien. Le commissionnaire rendit fidèlement la valeur le lendemain, mais il s'était donné le temps de gagner un million pour lui.

Cependant la chute du système de Law et l'avilissement du papier ne tardèrent pas à inspirer des craintes sérieuses aux spéculateurs qui n'avaient pas jugé à propos de réaliser le montant des actions dont ils étaient porteurs. Un événement affreux vint encore augmenter l'épouvante générale. Au milieu du délire de cupidité qui s'était emparé de tout le monde, de jeunes seigneurs déréglés, à qui l'agiotage n'avait pas réussi, résolurent de voler ce qu'ils n'avaient pas su gagner; un jeune débauché d'entre eux, le comte de Horn, parent du régent et allié de plusieurs maisons souveraines, s'associa à deux compagnons ordinaires de ses désordres; avec leur secours, il s'empara de la personne d'un riche spéculateur, et sous le prétexte d'un marché d'actions, le conduisit dans le célèbre cabaret qui avait pour enseigne *à l'Epée de bois*, situé rue de Venise, au coin de la rue Quincampoix, où est aujourd'hui un marchand de vin. Là, le comte de Horn et ses complices l'assassinèrent et le dépouillèrent de son portefeuille. Découverts au moment où ils tentaient de se sauver, poursuivis par les clameurs de la populace, ils furent atteints, et expièrent leur crime sur la roue en place de Grève.

L'illusion s'étant entièrement dissipée avec la chute du système en 1721, la rue Quincampoix rentra dans l'obscurité d'où elle n'aurait jamais dû sortir. La maison où siégeait la banque de Law, qui servait à la lettre de temple à la Fortune pendant ces moments de délire, existait encore, il y a quelques années, à l'endroit où l'on a bâti la maison qui porte le n° 47, au coin de la rue Rambuteau. Dans cette vilaine rue Quincampoix, étroite, sombre, sale, mal bâtie, on était surpris de voir une maison de si belle apparence. Elle était construite en pierres de taille, et a duré bien plus que le système; les fenêtres du rez-de-chaussée étaient garnies d'énormes barreaux de fer : c'est sans doute d'une de ces fenêtres qu'un commis disait à la foule : *Soyez tranquille, nous prendrons tout l'argent.* Trois têtes sculptées en relief dans des médaillons ornaient le bandeau du premier étage; une de ces têtes couronnées de jonc représentait un fleuve; la seconde était une tête de femme; la troisième, chargée de pampres et de raisins, était celle d'un satyre. A l'intérieur, la cour était séparée de l'escalier par un étroit passage et protégée dans toute sa hauteur par une grille de fer des plus massives.

Rue Quincampoix, n° 1. A l'angle septentrional de la rue Aubry-le-Boucher était l'église St-Josse, érigée en paroisse en 1260, reconstruite en 1679, et démolie en 1791.

La rue des Lombards tire son nom de plusieurs banquiers lombards qui vinrent s'y établir vers la fin du XII° siècle, et qui faisaient un grand commerce d'argent, « ce qui fut cause, dit Pasquier, que le peuple qui n'aimait pas cette sorte de gens, nomma lombards les usuriers et les prêteurs sur gages. »

Dans cette rue était *le Pois du Roi,* maison où se tenait primitivement un poids public qui avait appartenu primitivement au roi. Louis le Gros donna les revenus du Pois le roi à un certain Henri de Puelle, en 1169. Depuis cette époque le Pois passa dans les mains de divers particuliers, retomba dans le domaine de la couronne, en sortit une seconde fois, et finit par devenir la propriété du chapitre de l'église métropolitaine de Paris. C'est là que se trouvaient les poinçons, les matrices, les étalons des poids et mesures en usage dans la ville de Paris. Il y avait un juré peseur, nommé par les épiciers et les apothicaires, qui étaient préposés à la garde et à la vérification des poids et mesures. Pendant la durée de la foire St-Ladre, on portait dans l'enceinte des halles le poids du roi, qui servait à constater, moyennant un impôt d'usage, le poids légal des marchandises.

La première victime du choléra à Paris fut un portier de la maison n° 8 de cette rue, qui mourut le 13 février 1831.

Rue St-Denis, n° 72, à l'angle méridional de la rue des Lombards, était l'hôpital Ste-Catherine, administré primitivement par un maître et des frères, et plus tard desservi par des religieuses de l'ordre de St-Augustin, qui étaient tenues de loger pendant trois jours les pauvres servantes sans condition, et qui étaient obligées de faire enterrer les corps des individus trouvés morts en divers endroits de la ville. La porte d'entrée était décorée d'une statue de sainte Catherine, par Renaudin. Cet hôpital fut supprimé au commencement de la révolution, et affecté à l'institution des jeunes aveugles. Ses bâtiments ont été aliénés en 1818, et le produit de la vente affecté à l'achat de l'ancien collége St-Firmin ; ils forment les n°° 39 à 49 inclus de la rue des Lombards.

Au n° 124 était l'hôpital du St-Sépulcre, fondé en 1326 pour recevoir les pèlerins qui passeraient par Paris en allant et revenant de visiter le saint sépulcre à Jérusalem. Cet hôpital fut supprimé en 1790, et sur son emplacement on a construit une vaste et belle maison qui porte le nom de Cour-Batave.

Au n° 166, était le couvent des Filles-Ste-Magloire, instituées en 1497, par Jean Tisseran. Leurs statuts avaient de la singularité : on y lisait, entre autre choses, « qu'on ne pourra recevoir que les filles qui auront mené une vie dissolue, et que, pour s'en assurer, *elles seront visitées par des matrones nommées exprès, et qui feront serment sur les saints Evangiles de faire bon et loyal rapport.* Et afin d'empêcher les filles d'aller se prostituer pour être reçues, celles qu'on aura une fois visitées et refusées, seront exclues pour toujours. »

Rue St-Martin, n° 107, est l'ancienne salle du théâtre Molière, construite vers 1791 par Boursault Malherbe, si connu par son amour pour l'art théâtral. La salle Molière offrait une jolie façade sur la rue St-Martin ; elle était composée de trois rangs de loges, toutes ornées de glaces qui semblaient doubler le nombre des spectateurs ; une sortie donnait dans la rue Quincampoix. La première année fut heureuse et brillante ; il n'en fut pas toujours de même de celles qui suivirent. En 1792, ce théâtre prit le titre de *Théâtre national de Molière*, qui changea en 1793 pour celui de *Théâtre des Sans-Culottes* : on y joua *le Véritable Ami des lois, les Crimes de la féodalité, Louis XIV et le Masque de fer*, etc., etc. Après la terreur on rétablit le titre de *Théâtre de Molière*, auquel on substitua celui de *Théâtre des troubadours*, qui fut remplacé vers 1806 par celui de *Variétés nationales et étrangères*, et enfin de *Variétés étrangères*, que la salle portait lorsqu'elle fut fermée en vertu du décret du 13 août 1807 : on y jouait alors des traductions des principaux auteurs dramatiques étrangers. Après 1807, on y donnait des concerts, des assauts d'armes, des banquets de francs maçons. — La salle fut remise à neuf et le théâtre fut rouvert, peut-être pour la vingtième fois depuis son origine, le 9 juin 1831, par un vaudeville amusant intitulé *la Rue Quincampoix*, et fermé le 31 octobre de la même année. Ce théâtre a été rouvert encore le 16 mars 1832 et fermé probablement pour la dernière fois le 5 novembre, les costumes et les décorations ayant été vendues. La cage et quelques rangs de loges sont encore debout ; elle sert de salle de bal les dimanches et fêtes.

N° 24. QUARTIER DU TEMPLE.

Ci-devant *section du Temple*.

Les limites de ce quartier sont : le mur d'enceinte de la barrière de Belleville à la barrière Ménilmontant, la rue de Ménilmontant n°ˢ impairs, la rue des Fossés-du-Temple n°ˢ pairs, la rue des Filles-du-Calvaire n°ˢ impairs, la rue de Bretagne n°ˢ pairs, la rue de la Corderie n°ˢ pairs, la rue du Temple n°ˢ pairs, la rue du Faubourg du Temple n°ˢ pairs jusqu'à la barrière de Belleville. — Superficie : 1,021,600 m. carrés, équivalant à 0,033 de la superficie totale de Paris.

Au nombre des établissements et des emplacements remarquables de ce quartier, on doit mentionner principalement :

Le Temple, situé rue du Temple, n° 80. On croit que c'est vers 1148 que les templiers songèrent à s'établir à Paris, mais il n'existe de monument certain qu'un titre du mois de novembre 1211 (1), qui établit que les templiers ont acquis une propriété à Paris, ou plutôt en dehors de cette ville, dans un lieu qui touchait aux portes de la capitale. On a la certitude qu'ils étaient établis dans l'emplacement actuel du Temple avant l'an 1182. Dans la suite, les templiers agrandirent considérablement leur maison, où ils recevaient les confrères de leur ordre, qui venaient de toutes parts à Paris pour y tenir leur chapitre général. En 1190 Philippe Auguste, avant de partir pour la croisade, fit son testament, et ordonna que tous ses revenus, services, obventions, seraient apportés à Paris à trois époques de l'année, reçus par six bourgeois de Paris et déposés au Temple ; ce qui fait supposer que le Temple était dès lors une habitation importante et immanquablement fortifiée. Au xiii° siècle, l'enclos du Temple s'était considérablement accru par des acquisitions de terrains et embelli par des bâtiments magnifiques pour le temps ; on en nommait l'ensemble et ses dépendances *ville neuve du Temple*. Lorsqu'en 1254 Henri III, roi d'Angleterre, traversa Paris pour retourner de la Gascogne dans ses Etats, il préféra pour logement la maison du Temple au palais que lui offrit St-Louis. — L'ordre du Temple ayant été supprimé en 1312, les biens immenses des templiers furent confisqués, le grand maître et un grand nombre de chevaliers furent condamnés à mort et exécutés. Philippe le Bel s'empara du mobi-

---

(1) Dubreul, *Antiquités de Paris*.

lier et des trésors des templiers ; leurs biens immeubles furent donnés à l'ordre des hospitaliers de St-Jean de Jérusalem, nommé depuis ordre de Malte, qui firent du Temple la maison provinciale du grand prieuré de France ; dont le titulaire était ordinairement un des plus hauts personnages du royaume. — Au temps du grand prieur de Vendôme, le palais du Temple devint l'asile des plaisirs et de la joie. La fameuse société du Temple, qui a joui d'un si grand éclat, y tenait ses séances. Le grand prieur rassemblait à jour fixe dans ce palais tout ce que Paris avait alors de gens aimables dans les lettres et dans les arts ; les charmants dîners du Temple, immortalisés par Chaulieu, firent éclore une foule de jolies chansons qui n'ont pas vieilli.

L'enclos du Temple occupait une vaste étendue de terrain, entouré de murailles antiques garnies de créneaux et flanquées de tours de distance en distance comme une citadelle, mais dont la plupart tombaient en ruines et furent abattues dans le xviiie siècle. Cet enclos était autrefois un lieu privilégié où le grand prieur de Malte exerçait une juridiction indépendante, et où les ouvriers, qui y occupaient plusieurs maisons, pouvaient travailler pour leur compte sans avoir été reçus maîtres dans les communautés des métiers qu'ils exerçaient ; c'était l'asile des banqueroutiers et des autres personnes poursuivies pour dettes ; c'était un lieu d'exception, au milieu de la capitale de la France, où les huissiers n'avaient pas le droit de pénétrer, un reste de l'anarchie féodale.

La tour du Temple était le lieu où l'on tenait les archives de l'ordre de Malte. Pour y arriver, il fallait traverser une première cour, l'hôtel occupé autrefois par le grand prieur, et une seconde cour qui servait anciennement de jardin, et qui conduisait à une troisième cour entourée de murs très-élevés, dans laquelle se trouvait ce qu'on appelait la tour du Temple. C'était un bâtiment composé de plusieurs tours réunies, au milieu desquelles était un édifice carré dont les murs étaient de la plus grande épaisseur : un lit en long entrait aisément dans l'embrasure des fenêtres, qui étaient revêtues de gros barreaux de fer. Les portes étaient extrêmement épaisses ; celle de la chambre où fut enfermé Louis XVI était entièrement en fer. A l'entrée de la cour, il y en avait deux en forme de guichet, qu'on ne passait qu'en se courbant ; il y en avait une à l'entrée de l'escalier, une dans l'escalier, à la séparation de chaque étage, une à chaque étage, à l'entrée des corridors qui entouraient les appartements, enfin une à l'entrée de chaque appartement. Cette tour, bâtie par Hubert, trésorier des templiers, qui mourut en 1222, était regardée comme un des plus solides édifices du royaume ; les rois de France y ont longtemps déposé leurs trésors ; plus tard elle servit d'arsenal et de magasin d'armes, et fut ensuite affectée au dépôt des titres et des archives de l'ordre de Malte. — Le 10 août 1792, le roi Louis XVI fut enfermé au Temple avec sa famille ; la commune de Paris, ne trouvant pas ce logement assez sûr, fit transférer ce monarque dans la grosse tour du Temple, d'où il ne sortit que pour paraître deux fois à la barre de la convention, et une dernière fois, le 21 janvier 1793, pour monter à l'échafaud. Le dauphin son fils avait sept ans et quelques mois quand les portes du Temple s'ouvrirent pour le recevoir; elles s'étaient refermées sur lui pour jamais. Sa présence procura de grandes consolations à sa famille, surtout à Louis XVI, qui cherchait l'oubli de ses malheurs en s'occupant du soin de son éducation. Après la catastrophe du 21 janvier, Monsieur, depuis Louis XVIII, déclara son neveu roi de France sous le nom de Louis XVII. Le jeune prince resta encore quelque temps avec le reste de sa malheureuse famille; mais, lors des événements du 2 juin, St-Just ayant fait un rapport à la convention, où il avança qu'il existait un plan de conspiration tramé par les girondins, dans le but de proclamer Louis XVII roi de France et Marie-Antoinette régente, il fut séparé de sa mère, qu'il ne devait plus revoir, et remis entre les mains du cordonnier Simon, officier de la commune de Paris, qui changea en habitudes grossières les dispositions heureuses que le jeune prince avait montrées jusqu'alors. Tout le monde connaît l'affreuse déposition qu'on lui arracha contre la reine, et la réponse sublime qu'elle inspira à cette princesse infortunée. Après la chute de Robespierre, ce faible enfant, dont on redoutait peu l'influence, demeura oublié. Ce ne fut qu'au mois de février 1795, que la commune de Paris avertit le comité de sûreté générale du danger qui menaçait ses jours; lorsque le chirurgien Desault fut appelé, il était trop tard; le prince mourut le 8 juin 1795.

La fille de Louis XVI quitta le Temple le 28 frimaire an IV (20 décembre 1795), à quatre heures du matin, pour être conduite à la frontière et échangée contre Camus, Quinette, Drouet et Bancal, députés de la convention nationale, livrés à l'Autriche par Dumouriez. — La tour du Temple fut ensuite transformée en prison d'État. Parmi les hommes marquants qui y furent enfermés, on cite le comte de Rivarol, qui y resta deux ans, Duverne de Presle, le chevalier d'Aranjo, ambassadeur de Portugal, Esmenard, Fiévé, J.-J. Aymé, le comte de Montlozier, M. de Rémusat, Toussaint Louverture, le commodore Sydney Smith, etc., etc. Le général Pichegru y fut enfermé, et y mit fin à son existence le 6 avril 1804. Wright, capitaine de la marine anglaise, accusé d'avoir débarqué des Vendéens sur les côtes de France, s'y coupa la gorge avec un rasoir en 1805. Moreau, Lajollais, Georges Cadoudal, le marquis de Rivière, les frères Polignac, ont aussi été détenus dans la tour du Temple.

L'église du Temple, de construction romano-gothique, avait été bâtie, dit-on, sur le modèle de l'église St-Jean de Jérusalem; le portique ou porche, en forme de coupole portée sur six colonnes isolées, était le seul qui présentât, à Paris, cette disposition architecturale. L'autel, à la romaine, était séparé de la nef par une belle balustrade en fer poli.

Dans le chœur était le mausolée en marbre blanc d'Amador de la Porte, grand prieur du Temple; un mausolée à peu près semblable avait été élevé dans la chapelle dite de Jésus, à la mémoire de Philippe de Villiers de l'Isle-Adam, grand maître de l'ordre de St-Jean de Jérusalem. A côté de cette chapelle était l'épitaphe de François Faucon, chevalier de St-Jean de Jérusalem, qui s'illustra dans plusieurs combats contre les infidèles; la chapelle de St-Pantaléon possédait, sous une arcade pratiquée dans la muraille, les restes de deux grands prieurs de France, Bertrand de Cluys et Pierre de Cluys, son neveu.

Le jardin du Temple servait pendant l'été de promenade publique; on y entrait par l'enclos du Temple, à l'extrémité duquel était une fontaine sur laquelle on lisait ces vers:

Quem cernis fontem Maltæ debetur et Urbi;
Præbuit hæc undas, præbuit illa locum.

Contre les murs du Temple, à l'entrée de la rue de la Corderie, était une boucherie appartenant aux templiers, qui l'avaient établie primitivement rue de Braque, et transférée ensuite rue du Temple.

Devenu propriété nationale, par suite des événements de la révolution de 1789, le palais du Temple servit longtemps de magasin. Les murs élevés qui l'entouraient furent démolis en 1802. Sur une partie de l'enclos on éleva, de 1809 à 1811, les bâtiments de la halle au vieux linge et à la ferraille, composée de quatre corps d'abris supportés par des piliers. Ces vastes hangars renferment plus de dix-huit cents boutiques, où se trouve réunie la plus grande quantité de vieilleries et de guenilles qui existe dans le monde entier.

La grosse tour a été entièrement démolie en 1811. Ce qui restait alors du palais du Temple fut magnifiquement disposé et embelli de 1812 à 1813 pour servir au ministère des cultes. Cet édifice, construit en 1667, offre sur la cour une façade décorée de huit colonnes ioniques accouplées, au-dessus desquelles sont sculptées les statues de la Justice, de l'Espérance, de l'Abondance et de la Prudence. La façade sur la rue du Temple est ornée des statues de la Seine et de la Marne.

Les événements de 1814 firent changer la destination du Temple, qui fut illégalement donné, par ordonnance royale de Louis XVIII, à la princesse de Condé, ancienne abbesse de Remiremont, qui y établit une congrégation de dames de son ordre. Depuis, le palais du Temple a été revendiqué par le gouvernement, qui s'est pourvu devant le conseil d'État pour faire annuler l'ordonnance de Louis XVIII.

Les portiques ou rotonde du Temple, qui tirent leur nom de l'enclos où ils ont été construits, ont été commencés en 1788, sous l'administration du bailli de Crussol, et ils ont été élevés d'après les dessins de Perard et de Montreuil; un ancien notaire de Paris avait spéculé sur cette entreprise, que la révolution rendit infructueuse. Les portiques du Temple présentent un corps de bâtiments de forme elliptique de 74 m. de longueur ; au milieu est une cour longue de 66 m. sur 12 m. de largeur. L'épaisseur du bâtiment est divisée en trois parties : l'une, à l'extérieur, forme une galerie de quarante-quatre arcades soutenues par des colonnes d'ordre toscan ; les deux autres composent vingt-huit boutiques et arrière-boutiques, avec un entresol au-dessus, compris dans la hauteur des arcades ; deux étages s'élèvent au-dessus des arcades ; un troisième est pratiqué dans le comble ; tous ces étages sont distribués en petits logements, qui étaient fort recherchés à l'époque où le Temple était un lieu privilégié et un asile inviolable.

VARIÉTÉS HISTORIQUES ET BIOGRAPHIQUES.

Le boulevard du Temple, le plus joyeux, le plus bruyant, le plus populaire et le plus populacier de Paris, commence rue des Filles-du-Calvaire et rue des Fossés-du-Temple, et finit à la rue et au Faubourg du Temple. On n'y voit que cafés, restaurants, spectacles ; le soir, on y est ébloui par la quantité des lumières, on y est étourdi par le son aigu des clarinettes et des trompettes, le bruit des grosses caisses et des cymbales, les cris des aboyeurs et des saltimbanques qui appellent la foule et l'attirent devant leurs tréteaux. — Pendant longtemps deux modestes restaurants étaient les seuls établissements du quartier où les gens du monde fissent des parties fines. Bancelin et le Cadran-Bleu n'étaient pas, à cette époque, au-dessus de nos plus modestes cabarets d'aujourd'hui : si les Vadé, les Favart, les Ste-Foix revenaient à présent, ils pourraient chercher longtemps la petite porte par où ils entraient pour faire leurs orgies après la chute ou le succès de leurs ouvrages. Une jolie fille, nommée Fanchon, était la bayadère de ces deux cabarets ; elle venait au dessert chanter des couplets de Collé, de Piron et de l'abbé de Lattaignant, et recevait, entre le champagne et le café, des marques de satisfaction des convives. C'est cette même Fanchon, si célèbre au boulevard du Temple, que Piis et Joseph Pain ont remise à la mode dans la pièce de *Fanchon la vielleuse*. C'est au Cadran-Bleu, bien connu des amateurs de parties fines, que se tint, le 4 août 1792, la deuxième séance active du directoire de l'insurrection du 10 août.

Vis-à-vis la rue Charlot était le THÉÂTRE DES ÉLÈVES DE L'OPÉRA, fondé par le sieur Tessier, qui avait fait construire en cet endroit, en 1778, une assez jolie salle, où s'exerçaient quatre-vingts élèves, garçons et filles, qui se destinaient à figurer dans les ballets du conservatoire de musique. Ce théâtre fut ouvert le 7 janvier 1779 par une pantomime intitulée : *la Jérusalem délivrée*. Après avoir attiré la foule pendant plusieurs années, il fut fermé en 1784. Plus tard on y montra des feux pyriques. En 1789 les Beaujolais, chassés par Mlle Montansier du Palais-Royal, vinrent mourir sur ce théâtre en 1790, sous le titre de

Variétés amusantes. Le *Lycée dramatique*, qui leur succéda, tomba en 1792 et fut remplacé par les *Variétés amusantes* de Lazzari, qui en devint directeur et lui donna son nom; il y jouait les rôles d'arlequin avec un talent et une adresse remarquable. Le théâtre de Lazzari devint la proie des flammes le 31 mai 1798, à neuf heures du soir; le malheureux directeur, ruiné par ce sinistre, se brûla la cervelle, dit-on, quelque temps après. La salle fut rebâtie en 1821 pour le *Panorama dramatique* (mort en 1823) et peu après démolie. — Tout auprès étaient deux cafés qui portaient le nom de Godet et Yon, où l'on jouait la comédie et l'opéra-comique avant la suppression de divers théâtres en 1807; l'un de ces cafés prit le nom du *café du Bosquet* et des *Mille Colonnes*, sous lequel il existe encore; nous ignorons si c'est le café où trônait, sous l'empire, la belle limonadière du *café du Bosquet*, pour laquelle on fit une chanson qui a eu les honneurs de la vogue. L'autre café prit le nom de *café d'Apollon*; c'est aujourd'hui un salon de figures en cire.

Au n° 29 est le jardin Turc, où les dames du Marais viennent pour se distraire du silence et de l'ennui qui règnent dans leur quartier désert. Depuis quelques années on y donne, dans la belle saison, des concerts qui rivalisaient avec les concerts Musard et Valentino. — Un peu plus loin était situé le jardin de Paphos, qui prit plus tard le nom de jardin des Princes, jadis célèbre par ses concerts, ses illuminations, ses bals publics et ses feux d'artifice. Des boutiques ont été construites, il y a déjà longtemps, sur son emplacement.

Au n° 50, derrière la croisée du deuxième étage d'une maison qui n'avait qu'une fenêtre de face, et qui a été démolie en avril 1842, l'assassin Fieschi avait placé sa machine infernale, dont l'explosion tua, le 28 juillet 1835, quinze personnes, en mutila quarante, et mit un terme à la glorieuse carrière du maréchal Mortier, qu'avaient épargné vingt-cinq années de combats.

Près de là était l'ancien théâtre des *Délassements-Comiques*, fondé par Plancher dit Valcour, auteur et artiste dramatique, qui a laissé un grand nombre d'ouvrages médiocres. Un incendie détruisit la salle en quelques heures en 1787, mais elle fut reconstruite l'année suivante. Quelque temps avant 1789, une ordonnance de police enjoignit au directeur de ne représenter que des pantomimes, et de n'avoir jamais plus de trois acteurs en scène, et d'élever une gaze entre eux et le public. A peine cette ordonnance eut-elle été rendue que la révolution arriva, et que la gaze fut déchirée par les mains de la liberté. En 1791 un célèbre physicien y donnait des représentations de ses prestiges, qui alternaient avec les représentations des comédiens. En 1799, on y jouait la tragédie, la comédie et même l'opéra d'une manière assez satisfaisante; après des alternatives de bonnes et de mauvaises chances de fortune, le théâtre des Délassements-Comiques fut fermé en 1807 ; il a été remplacé par un établissement de marchand de vin. Joanni, depuis longtemps une des gloires de notre scène tragique, notre grand comique Potier, Joly, qu'on a vu avec tant de plaisir au théâtre des Variétés et au Vaudeville, s'essayèrent tout jeunes sur la scène de ce théâtre, où ont aussi commencé des auteurs qui ont depuis obtenu de légitimes succès sur de plus grandes scènes, et parmi lesquels nous citerons Brazier, de Rougemont, Dumersan, etc., etc.

Au n° 58 est le théâtre du PETIT-LAZZARI, établi en 1821.

Au n° 62 est le nouveau théâtre des DÉLASSEMENTS-COMIQUES.

Le théâtre de Mme Saqui, situé n° 64, occupe l'emplacement du *théâtre des Associés*, qui porta plus tard le nom de *Théâtre sans prétention*. Le théâtre des Associés eut pour fondateur un grimacier, qui après avoir *travaillé* en plein vent avec quelque succès, fit construire une baraque en bois, où il continua d'attirer la foule. Ayant réalisé quelques bénéfices, il céda son fonds à un entrepreneur de marionnettes, à la condition qui resterait grimacier et qu'il paraîtrait dans les entr'actes. Le grimacier et les marionnettes disparurent, et sur l'emplacement de leur baraque une salle fut bâtie et ouverte vers l'année 1774. Un sieur Beauvisage fut longtemps directeur de ce spectacle où l'on jouait des comédies, et surtout des tragédies où l'on riait à gorge déployée; mais on était obligé de faire précéder chaque représentation par Polichinelle et les marionnettes, et bien que le prix des places fût fixé à vingt-quatre, dix-huit, douze et six sous, le directeur était obligé d'avoir des places à deux sous. A Beauvisage succéda l'acteur Sallé, qui faisait l'annonce lui-même, et ne dédaignait pas de crier *Prrrenez vos billets!*.... « M. Pompée jouera ce soir le grrrrand Festin de Pierre avec toute sa garderobe... Faites voir l'habit du premier acte (et l'on montrait l'habit)... Entrez! Entrez!... M. Pompée changera douze fois de costumes!!! Il enlèvera la fille du commandeur avec une veste à brandebourg, et sera foudroyé avec un habit à paillettes... » En 1795, après la mort de Sallé, un pauvre comédien de province, nommé Prévôt, prit la direction de ce spectacle, qu'il appela *Théâtre sans prétention;* ce pauvre diable faisait tout par lui-même; il était directeur, auteur, acteur, souffleur, décorateur, buraliste, lampiste, machiniste, etc., etc. Son pauvre théâtre fut fermé en 1807, et il ne pouvait s'en consoler; à cette occasion, il fit placarder l'avis suivant sur tous les murs de la capitale : Les personnes à qui le citoyen Prévôt est redevable de quelque chose peuvent se présenter à la caisse, qui sera ouverte tous les jours depuis midi jusqu'à quatre heures. » On ne voit pas souvent de ces affiches dans Paris. Prévôt est mort en 1825 dans la plus affreuse misère.

La salle fut fermée jusque vers 1809, où elle rouvrit sous le nom de café d'Apollon, où l'on chantait des ariettes et où l'on jouait des scènes détachées. En 1815 ou en 1816, Mᵐᵉ Saqui obtint le privilége d'en faire une salle de spectacle pour des sauteurs et des danseurs de cordes. Depuis 1830 on y joue des pièces à époques et des drames historiques.

Le théâtre de la Gaieté, situé nᵒˢ 68 et 70, est le plus ancien des théâtres du boulevard du Temple ; il a été fondé en 1770 par Nicolet, qui avait fait bâtir une salle en bois où l'on dansait sur la corde, et où l'on représentait de petites comédies du genre bouffon ; Taconet, acteur de ce spectacle, y fut longtemps le fournisseur principal de cette dernière sorte de pièces. Sur la façade de cette salle, on lisait : *Salle des grands danseurs*. En 1772, la troupe de Nicolet étant allée jouer à Choisy, chez Mᵐᵉ du Barri, amusa beaucoup Louis XV et sa cour ; Nicolet sollicita et obtint la faveur de prendre pour son théâtre le titre de grands danseurs du roi. Les ouvrages à spectacle, les arlequinades, étaient montés à ce théâtre avec un luxe et un soin particuliers ; non-seulement on admirait les machines, mais on s'amusait beaucoup des pièces et des acteurs ; *Arlequin dogue d'Angleterre*, où Nicolet était métamorphosé en chien, faisait fureur ; l'*Enlèvement d'Europe*, le fameux *Siége de la pucelle d'Orléans* attirèrent tout Paris. Mᵐᵉ Nicolet, qui était d'une beauté remarquable, représentait Jeanne d'Arc ; Mˡˡᵉ Miller, qui fut depuis Mᵐᵉ Gardel, et qui a laissé de si grands souvenirs à l'Opéra, brillait dans le rôle de l'Enlèvement d'Europe. Les entr'actes étaient toujours remplis par des équilibristes, des joueurs de tambours de basque, des tourneuses qui faisaient des choses étonnantes de courage et d'adresse. De là l'origine de ce mot : *C'est comme chez Nicolet, de plus fort en plus fort*. Un acteur qui jouait si bien les savetiers que Préville disait qu'il serait déplacé dans les cordonniers, Taconet, l'acteur chéri du public et l'auteur le plus gai et le plus fécond de son temps, a laissé un nom célèbre à ce théâtre. La parodie, la circonstance, inspirèrent souvent sa muse joyeuse ; lorsque la fille d'un chaudronnier, qui s'était fait passer à Paris pour une dame de condition du Bourbonnais, fut chansonnée sous le titre de *la Bourbonnaise*, Taconet fit de la fameuse chanson une petite pièce très-amusante qui attira la foule chez Nicolet. Taconet ne se contentait pas de faire nombre de pièces bouffonnes pour les rôles qui allaient à sa taille ; il composa aussi pour son théâtre quelques ouvrages d'un genre gracieux, tels que *les Aveux indiscrets*, *le Baiser donné et rendu*, qui n'auraient point été déplacés sur une scène plus élevée. Il n'est pas indifférent de donner une idée de ce qu'étaient alors les coulisses et les cafés du boulevard du Temple. « Que si les auteurs actuels se trouvaient reportés comme par enchantement dans les coulisses et les cafés du boulevard du Temple de ce temps-là, dit Brazier, ils ouvriraient de grands yeux et resteraient béants !... Le café de la Gaieté ressemblait plutôt à un estaminet de la rue Guérin-Boisseau qu'au café d'un théâtre. Une salle immense, un billard dans une chambre au fond, des tables vermoulues, des tabourets cassés, quatre mauvais quinquets qui fumaient au lieu d'éclairer ; voilà ce qu'étaient certains cafés du boulevard du Temple. » Quant au théâtre de Nicolet, voici comment il est caractérisé dans l'*Almanach des spectacles de* 1791, p. 182 : « Ce spectacle est d'un genre tout à fait étranger aux autres ; on y allait autrefois pour y jouir d'une liberté qu'on ne trouvait nulle part ailleurs. On y chantait, on y riait, on y faisait une connaissance... et quelquefois plus encore, sans que personne y trouvât à redire ; chacun y était aussi libre que dans sa chambre à coucher. Aujourd'hui, la bonne compagnie commence à changer un peu le ton de ce spectacle. »

Après la mort de Nicolet, le théâtre des grands danseurs du roi prit, vers 1792, le nom de théâtre de la Gaieté. Ribié, qui avait débuté par être marchand de contremarques à la porte de Nicolet, prit la direction de ce théâtre en 1795, et lui donna le nom de *théâtre d'Emulation*, qu'il abandonna quelque temps après, pour lui redonner le nom de la Gaieté. Forcé d'abandonner cette direction à Cofin-Rosny en 1799, il la reprit en 1805 et était sur le point de l'abandonner de nouveau, lorsque Martainville releva sa fortune en composant de société avec lui le fameux *Pied de mouton*, où le niais Dumésnil était délirant de bêtise. En 1808 Bourguignon succéda à Ribié dans l'exploitation de ce théâtre. Il démolit le vieux bâtiment noir et enfumé, ancien berceau de la Gaieté, et le remplaça par une salle élégante, à trois rangs de loges, dont l'inauguration eut lieu en 1808. M. Guilbert de Pixérécourt obtint le privilége de ce théâtre en 1825, qu'il céda à Bernard Léon en 1835. Le 23 février de cette année, pendant une répétition générale de *l'Enfant de Paris*, le feu prit à une décoration, et en moins d'un quart d'heure le théâtre fut réduit en cendres. Neuf mois après, le 19 novembre, la salle, reconstruite entièrement en fer, fut ouverte à la foule des curieux qui assiégeaient ses portes. On lit aujourd'hui sur la façade :

THÉATRE DE LA GAIETÉ

Fondé en 1670	Incendié le 21 février 1835.
Par J.-B. Nicolet.	
	Réédifié en fer la même année.
Reconstruit 1808.	Bouclot architecte.

| DRAME. | MÉLODRAME. |
| VAUDEVILLE. | FOLIE. |

Le théâtre des **Folies dramatiques**, situé boulevard du Temple, n° 74. Ce théâtre a été construit en 1830 sur l'emplacement de l'ancien Ambigu comique, incendié le 14 juillet 1827, et inauguré le 22 janvier 1831, par un prologue en vaudeville intitulé *les Fous dramatiques*, et par le mélodrame des *Quatre Parties du monde*. Parmi les comédiens qui y ont tour à tour attiré la foule, nous citerons Frédéric Lemaitre, dans *Robert Macaire*, et Philippe dans les *Aventures de M. Jovial*.

Le Cirque olympique, situé boulevard du Temple, n°ˢ 76-82, a été bâti sur un terrain où il y avait autrefois des fantoccini chinois, une ménagerie d'animaux et un théâtre de petits comédiens français. En 1780, un Anglais nommé Astley établit rue du Faubourg du Temple un manége où il venait tous les ans faire des exercices d'équitation. En 1783, Astley s'associa avec Franconi père, qui l'année suivante resta seul pour exploiter cet établissement. En 1802 Franconi transporta cet établissement sur l'ancien terrain des Capucines, où il resta jusqu'en 1806, époque où le projet de construction de la rue de la Paix nécessita la démolition des bâtiments des Capucines et du cirque. Les frères Franconi ayant succédé à leur père, obtinrent alors l'autorisation de faire construire rue du Mont-Thabor, un cirque et un théâtre, où ils donnèrent des représentations jusqu'en 1816, époque où ils firent construire, Faubourg du Temple, sur l'emplacement où était précédemment le manége d'Astley, un vaste et beau cirque, où ils jouèrent pour la première fois le 8 février 1817. Dans la nuit du 15 au 16 mars 1826, un incendie dont rien ne put arrêter les effets, détruisit le cirque et le théâtre de fond en comble. Le produit des représentations données par tous les théâtres au bénéfice des frères Franconi, et celui des souscriptions ouvertes en leur faveur, les mirent à même de réparer le désastre dont ils avaient été victimes. Ils abandonnèrent toutefois le Faubourg du Temple, et choisirent sur le boulevard de ce nom un emplacement favorable, entre l'ancien Ambigu et l'hôtel Foulon, où ils firent édifier le nouveau cirque qui existe aujourd'hui, dont l'ouverture eut lieu le 31 mars 1827. Le terrain qu'occupe le Cirque olympique a la forme d'un rectangle de 49 m. 91 c. de longueur, sur 29 m. 23 c. de largeur; la façade principale est sur le boulevard du Temple. L'édifice est complétement isolé par deux larges passages, fermés aux deux bouts par des grilles en fer.

Le faubourg du Temple était autrefois un lieu rempli de jardins et habité par des courtilliers ou jardiniers, d'où lui est venu le nom de Courtille, qu'il partageait avec beaucoup d'autres localités, comme la Courtille St-Martin et la Courtille Barbette, assez voisines l'une de l'autre. Ces courtilles ou jardins champêtres étaient ordinairement plantées de vignes qui produisaient du vin que l'on consommait habituellement sur les lieux, parce que, ainsi que de nos jours, il y était moins cher que dans l'intérieur de Paris : dès le xve siècle, on disait proverbialement et l'on dit encore dans le xixe siècle : *Allons boire du vin à la Courtille*. — C'est à la Courtille et dans toute la longueur de la rue du Faubourg du Temple que se termine à Paris, d'une manière peu édifiante, le mardi gras, dans la matinée du mercredi des Cendres. Quand toute la ville s'est bien promenée pendant trois jours, quand tout Paris, depuis le riche dandy qui mange la fortune de son père, jusqu'à l'ouvrier, qui a mis son dernier drap de lit au mont-de-piété, se sont bien livrés à toutes les joies qui sont à leur portée, les uns et les autres se rendent à la Courtille la nuit même du mardi gras; les uns pour y danser et boire, les autres y viennent le matin pour y jouir de l'ivresse du peuple. Au point du jour, ce peuple, fatigué de plaisirs, moitié couvert de haillons, moitié couvert d'habits de fête, après avoir bu jusqu'à sa dernière goutte de vin, après avoir mangé son dernier morceau de pain, abandonne le grand salon pour rentrer triste à sa maison en se dirigeant vers la rue du Faubourg du Temple; c'est ce qu'on appelle la *descente de la Courtille*. C'est une mêlée, un bruit, une cohue immenses : les beaux jeunes gens de la ville et les belles petites-maîtresses, encore toutes pâles et tout en désordre du festin et du bal de la nuit, accourent et se rangent sur le chemin pour voir tout le peuple descendre; ceux qui passent insultent ceux qui regardent passer; les uns et les autres se disent mille injures, et dans leurs reproches, dans leurs injures, dans leurs dédains les uns et les autres ont raison.

La Courtille tenait jadis le premier rang parmi les lieux consacrés à la débauche et à l'ivrognerie; elle dut son nom au fameux Jean Ramponneau, marchand de vin dont la réputation commença à la Courtille, et qui, en 1760, transporta son établissement dans la rue Blanche. En vendant un sou meilleur marché que tous ses confrères, un vin dont venaient s'enivrer le peuple et les officiers, les ouvriers et les grands seigneurs, il attira la foule et fit une fortune considérable. Son désintéressement, sa loyauté, les scènes plaisantes qui se passaient dans sa guinguette, excitèrent l'enthousiasme et la reconnaissance des Parisiens; les voitures armoriées, les équipages stationnaient à sa porte; on retenait des salons huit jours à l'avance, on allait dîner chez lui seulement pour le voir, l'entendre. Dès lors tout se fit à la Ramponneau, on dansait à la Ramponneau, on chantait à la Ramponneau, on buvait à la Ramponneau; bagues, épingles, tabatières, éventails, coiffures, tout était à la Ramponneau. — Ramponneau avait encore d'autres moyens pour achalander sa guinguette : doué d'une de ces faces et de ces rotondités qui rappelaient sur-le-champ que Bacchus était son patron, son seul aspect eût donné l'envie de consommer sa marchandise, et, buveur intrépide, il eût au besoin tenu tête à toute sa clientelle. Ramponneau a été célèbre pendant longtemps : il a frayé avec toutes les notabilités dansantes, mangeantes et buvantes du boulevard du Temple : Taconet, qui a laissé des souvenirs au théâtre comme acteur et comme auteur, allait souvent à la guinguette de Ramponneau. Les auteurs du temps qui travaillaient pour les petits spectacles allaient chercher des inspirations dans ce cabaret; Dorvigny, qui se disait le fils de Louis XV et qui n'en était pas plus fier pour cela, y allait composer ses romans et ses comédies.

Au n° 88 est l'estaminet du Caveau et le rendez-vous du Cirque, où furent arrêtés le 8 février 1843 plus de deux cents malfaiteurs et recéleurs, qui se réunissaient dans ces deux tapis francs.

Le boulevard du Temple a eu dans ces derniers temps deux niais célèbres, Bobèche et Galimafré ; Bobèche était malin, caustique, et sous sa veste rouge, son chapeau gris à cornes, il a souvent dit de grosses vérités ; il a joui de tous les priviléges accordés aux supériorités, il a été jouer chez les grands seigneurs, chez les ministres, chez les banquiers ; on avait Bobèche comme on aurait un grand acteur. Galimafré a tenu un rang honorable parmi les paillasses ; c'était ce qu'on appelle un niais balourd : Bobèche était populaire, Galimafré populacier.

Sur le boulevard du Temple demeurait Ribié, ancien directeur de spectacle, dont la vie fut si aventureuse ; Ribié qui disait : « Si demain il n'y avait plus dans Paris que cinq sous d'argent monnayé, je ferais une affiche, et je répondrais de mettre six blancs dans ma poche. » Ce comédien est mort aux îles dans un état voisin de l'indigence, après avoir fait sa fortune cinq ou six fois dans sa vie.

Rue de Vendôme, n° 6, était la communauté des FILLES DU SAUVEUR, institution fondée en 1701 par une dame Desbordes, pour procurer un asile de repentir à des femmes de mauvaise vie. Cette communauté fut établie dans le principe dans la rue du Temple, près de la rue Portefoin ; mais, s'y trouvant trop à l'étroit, elle fit l'acquisition d'une maison beaucoup plus commode rue de Vendôme. Dans les derniers temps, les religieuses hospitalières de St-Thomas de Villeneuve dirigeaient cet établissement, qui a été supprimé en 1790 ; il ne reste plus rien de l'église ni du couvent, dont l'emplacement est occupé par une maison particulière. — Attenant cette communauté était le jeu de paume du ci-devant comte d'Artois, le plus beau jeu de paume de Paris, dont la façade donnait sur le boulevard.

SEPTIÈME ARRONDISSEMENT.

Les limites de cet arrondissement sont : les rues de la Corderie et de Bretagne n°⁵ impairs, la rue Vieille-du-Temple n°⁵ impairs jusqu'à la la rue de Paradis, la rue des Francs-Bourgeois au Marais n°⁵ impairs, partie de la rue Neuve-Ste-Catherine n°⁵ impairs, la rue Culture-Ste-Catherine n°⁵ impairs, la rue St-Antoine n°⁵ pairs, la rue de la Tixeranderie n°⁵ pairs, la place de l'Hôtel-de-Ville n°⁵ impairs, le quai Pelletier, le quai de Gèvres, la place du Châtelet n°⁵ pairs, la rue St-Jacques-la-Boucherie n°⁵ impairs, la rue des Arcis et la rue St-Martin n°⁵ impairs, la rue Grenier-St-Lazare et la rue Michel-le-Comte n°⁵ impairs, la rue du Temple n°⁵ pairs jusqu'à la rue de la Corderie.

N° 25. QUARTIER STE-AVOYE.

Ci-devant *section de la Réunion*, et ensuite *section de la rue Beaubourg*.

Les limites de ce quartier sont : la rue du Cimetière-St-Nicolas n°s impairs, la rue Chapon n°s impairs, la rue Ste-Avoye n°s impairs, la rue Bar-du-Bec n°s impairs, la rue de la Verrerie n°s pairs, la rue St-Martin n°s pairs jusqu'à la rue du Cimetière-St-Nicolas. — Superficie 200,000 m. carrés, équivalant à 0,006 de la superficie totale de Paris.

L'église St-Merri, située rue St-Martin, entre les n°s 2 et 4, est le seul édifice remarquable de ce quartier.

Cette église doit son origine à une chapelle connue dès le vi^e siècle, sur l'emplacement de laquelle le chapitre de Notre-Dame fonda une collégiale en 1010. Elle fut reconstruite vers 1520, telle qu'elle est aujourd'hui, et terminée seulement vers l'an 1612 : c'est un édifice d'une architecture élégante et riche en ornements, auquel on a fait d'importantes réparations en 1836. Une ceinture de nombreuses chapelles l'entoure, et quelques-unes se font encore remarquer par les beaux vitraux exécutés par Pinaigrier. Le maître-autel est isolé, et fait en forme de tombeau antique ; on assure qu'il renferme en dessous la châsse de saint Merri. Les chapelles des croisées sont ornées de colonnes corinthiennes supportant des frontons triangulaires. La chapelle de la Communion, éclairée par trois lanternes, a été reconstruite en 1754. L'église est ornée de plusieurs tableaux de Coypel, Belle, Vouet, C. Vanloo, et de quelques artistes modernes. On y voit aussi de remarquables peintures sur bois exécutées au xvie siècle. Pendant la révolution, l'église St-Merri a été transformée en temple du commerce. — Les principaux personnages enterrés dans cette église sont : le savant Raoul de Presles ; le marquis de Pomponne ; le poëte Chapelain, etc., etc.

Derrière le chevet de St-Merri est l'hôtel des Consuls, où les juges du tribunal de commerce de Paris tinrent leur siége depuis 1570 jusqu'à la fondation de la bourse.

Le ministre Suger habitait en 1140 près de St-Merri. La tradition ne nous a conservé aucun autre renseignement sur l'emplacement de sa maison ; il est probable que ce n'était pas un palais.

VARIÉTÉS HISTORIQUES ET BIOGRAPHIQUES.

Rue de Montmorency demeurait, en 1749, le poëte Gresset, chez Mme Thiroux de Lailly, qui habitait cette rue, laquelle portait alors le nom de Courteau-Villain.

C'est aussi rue de Montmorency, et dans l'hôtel de ce nom, que mourut le poëte Théophile Viaud, inhumé à St-Nicolas des Champs en 1626.

Rue Michel-le-Comte était le *Jeu de paume de la Fontaine,* où Jacques Avenet avait établi, en 1632, un théâtre où se jouaient des comédies et des farces. Les habitants des rues Michel-le-Comte et Grenier-St-Lazare s'étant plaints au parlement du grand nombre de carrosses qui obstruaient ces rues, de l'insolence des pages et des laquais, et des vols qu'y commettaient les filous attirés par ce théâtre, le théâtre fut fermé en 1633. En 1660 les comédiens de l'hôtel de Bourgogne se séparèrent en deux troupes; l'une conserva son premier théâtre, l'autre se fixa rue de la Poterie, à l'hôtel d'Argent, puis rue Vieille-du-Temple, et ensuite rue Michel-le-Comte, où elle resta sous le nom de théâtre du Marais. A cette époque, il fut enjoint aux comédiens de l'hôtel de Bourgogne et à ceux du Marais d'ouvrir la porte de leur théâtre à une heure après midi, et de commencer à deux heures précises leurs représentations, pour que le spectacle fût fini avant quatre heures et demie : on dînait alors à midi, il n'y avait point de lanternes à Paris, on y voyait peu de carrosses, beaucoup de boue et de voleurs. En 1673 le théâtre de la rue Michel-le-Comte fut démoli, et la troupe du Marais vint s'établir rue Mazarine, en face la rue Guénégaud.

Au n° 20 demeurait Dubois de Crancé, député à la convention nationale, ministre de la guerre en remplacement de Bernadotte. Républicain sincère, lors de l'épuration de la société des jacobins, il voulait qu'on demandât à chaque membre épuré *ce qu'il avait fait, pour être pendu en cas de contre-révolution.*

Rue St-Martin, n° 96, était l'église St-Julien des Ménétriers, fondée en 1330 par deux ménétriers qui firent bâtir en ce lieu un petit hôpital en faveur des pauvres passants ; ils étaient représentés sur le portail jouant du violon. La confrérie des ménétriers s'unit à eux, et les aida à fonder cet hôpital et une chapelle contiguë, sous l'invocation de St-Julien. En 1649, la chapelle St-Julien des Ménétriers fut affectée aux prêtres de la Doctrine chrétienne ; mais les maîtres à danser et les joueurs d'instruments avaient conservé le droit de s'assurer si cette chapelle était entretenue convenablement. La chapelle St-Julien a été démolie au commencement de la révolution et convertie en maison particulière. — Les jongleurs ou joueurs d'instruments demeuraient dans la rue des Ménétriers, où on allait louer ceux qu'on voulait employer dans les noces et les fêtes.

Rue Ste-Avoye, n° 47, était un couvent d'ursulines, sous le nom de Ste-Avoye, fondé en 1622, et supprimé en 1790.

Rue Chapon, n° 7, et rue Saint-Avoye, n°s 17 à 25, était le couvent des dames carmélites, supprimé en 1790, et transformé en salle de danse sous le directoire. Ce couvent fut fondé en 1617, par Catherine de Gonzague et de Clèves, veuve de Henri d'Orléans, duc de Longueville, qui y établit une communauté de religieuses de l'ordre de Notre-Dame du Mont-Carmel, dans un local peu spacieux, que ces religieuses abandonnèrent en 1619, pour aller occuper dans la même rue un hôtel qui appartenait à l'évêque et au chapitre de Châlons. Dans la suite cette communauté augmenta considérablement les dépendances de leur maison, qui occupait tout l'espace compris entre les rues Chapon et Montmorency. L'église avait son entrée par la rue Transnonain; le maître-autel était décoré d'une Nativité, par Simon Vouet, et le chœur, de dix-neuf tableaux représentant la vie de Jésus-Christ, par Verdier et Chéron. La duchesse de Longueville avait été inhumée dans cette église.

Rue du Renard-St-Merri était le théâtre de la Concorde. C'était en 1792 un théâtre de société que l'on érigea en spectacle payant, où le public s'obstina à ne pas mettre le pied. La salle était petite et assez jolie; mais la rue est si étroite qu'il était difficile aux voitures d'y entrer, ce qui ne laissait pas d'avoir son désagrément, surtout lorsqu'il pleuvait à verse.

Rue du Cloître-St-Merri est l'HOSPICE ST-MERRI, fondé par M. Viennet, en 1783, pour les malades de la paroisse.

Rue Bar-du-Bec, l'évêque de LA BALUE, qui fut plus tard cardinal, manqua d'être assassiné en 1465; il fut blessé d'un coup d'épée qui lui fendit l'épaule et lui coupa un doigt.

Rue Neuve-St-Merri, et au coin de la rue Ste-Avoye, demeurait RAOUL DE PRESLES, l'un des plus savants hommes du xive siècle.

Rue Geoffroy-Langevin demeurait et est mort, en 1746, le célèbre peintre de portraits LARGILLIÈRE.

N° 26. QUARTIER DU MONT-DE-PIÉTÉ.

Ci-devant section du Marais, puis section de l'Homme armé, et ensuite section des Enfants-Rouges.

Les limites de ce quartier sont : la rue de la Corderie n^{os} impairs, la rue de Bretagne n^{os} impairs, la rue Vieille-du-Temple n^{os} impairs, la rue Ste-Croix de la Bretonnerie n^{os} pairs, la rue Ste-Avoye n^{os} pairs, la rue du Temple n^{os} pairs jusqu'à la rue de la Corderie. — Superficie 250,000 m. carrés, équivalant à 0,008 de la superficie totale de Paris.

Les principaux édifices et établissements de ce quartier sont :

L'église St-François d'Assise, située rue du Perche, n° 15. Elle a été bâtie en 1623, sur l'emplacement d'un jeu de paume, pour des capucins. L'intérieur, d'une simplicité digne de l'ordre séraphique, a été orné dans ces derniers temps de tableaux, de statues, de candélabres et de dorures. On remarque vers le chœur une belle statue de saint François d'Assise à genoux, en marbre d'Egypte, qui fait pendant à une autre statue également à genoux.

L'église Notre-Dame des Blancs-Manteaux, située rue des Blancs-Manteaux, entre les n°s 14 et 16. Cette église, construite en 1687, est dépourvue de portail. L'intérieur, d'ordonnance corinthienne, est trop long pour la largeur : les bas côtés sont fort étroits.

Le mont-de-piété, situé rue des Blancs-Manteaux, n° 18, et rue de Paradis au Marais, vaste édifice construit en 1786.

L'hôtel des Archives du Royaume, situé rue du Chaume n° 12. Cet hôtel doit ses premières constructions à Olivier de Clisson, connétable de France. C'était auparavant une vaste maison nommée le grand chantier du Temple, dont les Parisiens firent présent à ce seigneur ; cette maison a donné le nom à la rue. Charles VI y fit assembler les principaux bourgeois de Paris en 1392, et leur fit publiquement remise de la peine qu'ils avaient encourue pour avoir pris part à une émeute populaire. Cet hôtel reçut à cette occasion le nom d'hôtel des Grâces. L'hôtel de Clisson appartenait, au commencement XV° siècle, au comte de Penthièvre; il passa ensuite à Babou de la Bourdaisière, qui, par contrat du 14 juin 1553, le vendit seize mille livres à Anne d'Est, femme de François de Lorraine, duc de Guise. Celui-ci le donna au cardinal de Lorraine, son frère, qui en fit don, à charge de substitution, à Henri de Lorraine, prince de Joinville, son neveu. Il a porté le nom de Guise jusqu'en 1697, époque où François de Rohan, prince de Soubise, qui l'acheta des héritiers de la duchesse de Guise, le fit reconstruire presque en entier, tel que nous le voyons à présent. On commença à y travailler en 1706, sous la conduite de l'architecte Lemaire. On ferma la principale porte, qui était dans la rue du Chaume, pour l'ouvrir dans la rue de Paradis. Elle est décorée de deux groupes de colonnes corinthiennes, avec leurs couronnements en ressaut, sur lesquels on a posé une statue d'Hercule et une de Pallas, sculptées par Coustou le jeune et par Bourdis. La cour de cet hôtel est une des plus vastes de Paris. Un entablement de colonnes règne au pourtour et forme un corridor à la faveur duquel on peut aller à couvert. Deux ordres de huit colonnes superposées l'une à l'autre décorent le vestibule : des figures décorent le fronton. Dans le tympan étaient les armes de Soubise, sculptées par le Lorrain. — Il s'est tenu pendant douze ans dans cet hôtel un concert connu sous le nom de concert des amateurs, qui fut supprimé en 1780 ; c'était le plus brillant spectacle harmonique de l'Europe, après le concert spirituel des Tuileries.

Au fond de la cour est l'ancien palais, occupé maintenant par les archives domaniales, les archives judiciaires, le trésor des chartes et le dépôt topographique du royaume ; dépôt précieux où sont ensevelies de nombreuses vérités historiques, les secrets de la monarchie, beaucoup de leçons et d'exemples.

Sous le consulat, l'intérieur de ce vaste édifice fut restauré et distribué par l'architecte Célérier pour y recevoir le dépôt des archives de la France. Devenu empereur, Napoléon y fit transporter les archives de Rome, de Venise, de Milan, des Pays-Bas, et autres Etats qu'il avait soumis à la domination française. Depuis quelques années l'hôtel des Archives a été augmenté de nouvelles constructions.

Quoique cet établissement important soit toujours extérieurement fermé, cependant on peut le voir tous les jours ouvrables, de neuf heures du matin à trois heures ; mais on ne peut lire aucun manuscrit sans la permission du ministre de l'intérieur.

Les Archives du royaume doivent leur origine à la révolution. Antérieurement à 1789, cette vaste collection de titres et de documents originaux était disséminée dans un grand nombre d'établissements religieux et dans plusieurs édifices de la capitale, tels que le Louvre, les Petits-Pères, le palais de justice, l'hôtel de ville, etc., etc. Les Archives possèdent une bibliothèque, qui, quoique peu considérable, n'en est pas moins d'une grande ressource pour les employés. Les livres qu'on y a réunis ont tous trait à l'histoire nationale, et forment un total de treize à quatorze mille volumes.

L'imprimerie Royale, située rue Vieille-du-Temple, n° 89. Cet établissement occupe l'ancien Palais-Cardinal, construit en 1712, par Armand Gaston, cardinal de Rohan ; c'est une dépendance de l'hôtel de Soubise, où, au commencement de 1791, Tallien fonda le club de la société fraternelle, dont il était le principal orateur ; c'était le club le plus nombreux qui existât alors ; on y comptait plus de huit cents associés.

L'imprimerie royale était dans le principe au Louvre, puis à l'hôtel de Toulouse, où est actuellement la Banque de France ; elle a été transférée en 1809 dans le local qu'elle occupe aujourd'hui. Cet établissement, dont la fondation est due à François Ier, passe pour être ce qu'il y a de plus complet et de mieux entendu en ce genre. Il possède cinquante-six corps de caractères orientaux qui comprennent toutes les écritures connues des peuples de l'Asie, anciens et modernes ; seize corps de caractères des peuples de l'Europe qui n'emploient point les caractères latins dont nous nous servons ; et quarante-six corps complets de ces derniers, de diverses formes et de différentes dimensions. Toutes les fontes réunies pèsent au moins quatre cent mille kilogrammes.

Les imprimeurs de Paris sont autorisés à faire composer et imprimer à l'imprimerie royale la partie des ouvrages qu'ils auraient entrepris, dans laquelle il se trouverait des caractères orientaux, ou quelques-uns des signes particuliers qui existent dans la typographie de cet établissement.

Les personnes qui désirent visiter l'imprimerie y sont admises les jeudis, sur l'autorisation du directeur.

Au coin de la rue de Poitou et de celle de l'Echaudé est la plus ancienne fontaine du quartier. Elle fut élevée en 1671, et a pris son nom d'un pâté de maisons en forme de triangle, qui donne sur trois rues, et qu'on appelait Echaudé. Le monument représente un plan octogone orné de moulures, et divisé en compartiments ; la partie supérieure est surmontée d'un vase.

VARIÉTÉS HISTORIQUES ET BIOGRAPHIQUES.

Rue d'Anjou au Marais, n° 20, était l'HÔTEL BERTIN, dit des parties casuelles, où on a longtemps joué la comédie bourgeoise derrière un paravent ; tout y était pêle-mêle, les grands seigneurs et les comédiens, la Guimard et le prince de Soubise, l'évêque d'Orléans et Mlle Raucourt, Marmontel et Cailhava, Lemière et le marquis de Bièvre.

Rue du Chaume, n°s 19 et 21, était le COUVENT DE LA MERCI. En 1348, Arnoul de Braque, bourgeois de Paris, fonda un hôpital et une chapelle auprès d'une porte ou plutôt d'une poterne de Paris, située entre la porte du Temple et la porte Barbette, à l'endroit qui fait aujourd'hui le coin des rues du Chaume et de Braque. En 1613, la reine Marie de Médicis plaça dans cette maison les religieux de la Merci. La vieille chapelle du xive siècle et les bâtiments de l'ancien hôpital devenu couvent furent abattus au xviiie siècle, et sur leur emplacement le monastère des Pères de la Merci fut rebâti à neuf, sur les plans de l'architecte Cottard. L'église renfermait le tombeau du maréchal de Thémines ; le maître-autel était orné des deux statues de Pierre Nolasque et de St-Raymond, fondateurs de l'ordre de la Merci, par Michel Anguier. — Le couvent de la Merci ou de Notre-Dame de la rédemption des captifs, fut supprimé en 1790, et démoli peu de temps après. La voûte de l'église a été abattue, mais on a conservé les murs qui la soutenaient, ainsi qu'une partie du grand portail ; cette nef sans toiture sert maintenant de magasin à charbon.

La salle de ce couvent qui servait de réfectoire aux religieux fut convertie en une petite salle de spectacle par Cabanis et un autre amateur du théâtre, où eux-mêmes montaient des parties et jouaient fort agréablement la comédie ; c'est sur ce théâtre, appelé *théâtre de la rue du Chaume*, que Lagrenée fit ses premiers débuts comme auteur et comme acteur.

Rue Vieille-du-Temple. Au-dessous du vaste égout que l'on vit si longtemps dans cette rue, les comédiens de l'hôtel d'Argent, se trouvant trop à l'étroit rue de la Poterie-des-Arcis, établirent, au commencement du règne de Louis XIII, dans un jeu de paume de la rue Vieille-du-Temple, un théâtre qui prit le nom de *théâtre du Marais*. A cette époque, les jeux de paume qui étaient en vogue pouvaient être à peu de frais transformés en théâtres : une estrade élevée à l'une de leurs extrémités formait le théâtre proprement dit, sur lequel deux ou trois châssis de chaque côté, comme coulisses, représentaient, tant bien que mal, le lieu de la scène ; presque toujours le changement de décoration se bornait à la toile du fond. Une galerie élevée sur les parties latérales du jeu de paume formait les loges ; le parterre occupait tout l'espace qui s'étendait au-dessous de ces galeries : on y était debout sur les dalles en pierres qui pavent ordinairement les jeux de paume ; les places les plus recherchées par les élégants étaient sur des banquettes rangées le long des coulisses sur le théâtre. — Dans le principe, le théâtre du Marais eut de la peine à se soutenir, à cause de la position éloignée du centre de Paris, dans un temps surtout où les rues étaient boueuses, mal éclairées et infestées de filous. Cependant le talent des acteurs finit par y attirer l'élite des pièces alors en vogue, et le public surmonta la difficulté de ses abords. La troupe du Marais subsista jusqu'à la mort de Molière, en 1673, époque où les meilleurs acteurs de sa troupe se réunirent aux comédiens français de l'hôtel de Bourgogne, avec lesquels ils furent s'établir dans un jeu de paume de la rue Mazarine, où la troupe débuta, en 1673, par la première représentation de *Léodamie*, tragédie de Mlle Bernard.

C'est dans la rue Vieille-du-Temple que le duc d'Orléans fut assassiné le 20 novembre 1407. Il avait soupé avec la reine qui habitait dans la même rue, près de la porte Barbette ; le repas s'était prolongé gaiement, lorsqu'un valet de chambre du roi vint le prévenir de se rendre auprès du roi qui avait à lui parler. Le duc se fit amener sa mule, et sortit accompagné seulement de deux écuyers montés sur le même cheval et de quatre ou cinq valets de pied portant des flambeaux. A peine était-il à cent pas de l'hôtel de la Reine, que dix-huit ou vingt hommes armés, qui étaient embusqués devant une hôtellerie nommée l'Image-Notre-Dame, s'élancèrent sur lui tout à coup. Le cheval des deux écuyers eut peur et les emporta au loin. Les assassins tombèrent sur le duc d'Orléans en criant : « A la mort ! à la mort ! » Bientôt le duc fut renversé de sa mule. Il se releva sur ses genoux ; mais tous à la fois frappèrent sur lui à grands coups de hache, de masses et d'épées. Un jeune page essaya de le défendre et fut aussitôt abattu ; un autre fut blessé grièvement et n'eut que le temps de se réfugier dans une boutique de la rue des Rosiers. En un instant tout fut achevé, et un homme de taille élevée, vêtu d'un chaperon rouge qui lui descendait sur les yeux, dit à haute voix : « Eteignez tout, et allons-nous-en ; il est mort ! » Les assassins montèrent alors sur des chevaux préparés à la porte de la maison Notre-Dame, et s'enfuirent par la rue des Blancs-Manteaux, hâtant le train et criant : « Au feu ! au feu ! » — Le bruit avait attiré aux fenêtres les gens de l'hôtel du maréchal de Rieux ; un écuyer descendit et trouva le malheureux duc étendu sur le pavé, mort et tout mutilé ; la tête était ouverte par deux effroyables blessures ; la main gauche avait été coupée ; le bras droit ne tenait plus que par un lambeau. Le corps fut transporté le lendemain à l'église des Blancs-Manteaux.

La porte Barbette était située rue Vieille-du-Temple, un peu au-dessous de l'endroit où débouchent dans cette rue les rues de Paradis et des Francs-Bourgeois.

Au n° 51 est l'ancien hôtel des Ambassadeurs de Hollande, bâti sur les dessins de Cottard, et remarquable par ses décorations intérieures. Sur la porte d'entrée du côté de la cour, on voit un bas-relief de Reynaudin représentant Rémus et Romulus allaités par une louve. Le plafond de l'escalier, peint par Poerson, représentait l'Aurore. Vouet avait peint le plafond de la seconde antichambre, Vien le plafond du salon, et Corneille avait peint l'histoire de Psyché au plafond et dans neuf tableaux de la galerie.

Rue du Grand-Chantier. Amédée VII, comte de Savoie, possédait en 1388 un hôtel d'une grande étendue formant deux habitations séparées qui se prolongeaient jusqu'à la rue de l'Echelle-du-Temple (Vieilles-Haudriettes), et dont l'un s'appelait l'hôtel de Savoie, et l'autre le petit hôtel de Savoie.

Au n° 10 demeurait en 1757 le garde des sceaux DE MACHAULT, qui, pour provoquer des révélations de Damiens, assassin de Louis XV, eut l'infamie de torturer lui-même ce malheureux en lui brûlant les jambes avec des pincettes rougies au feu, en présence du chancelier Maupeou et du ministre des affaires étrangères Rouillié. Beccaria, dans son livre des Délits et des peines, ne cite que deux exemples de juges qui ont aimé à faire couler le sang : en Angleterre, c'est Jeffreys ; en France, de Machault. De tels hommes, dit-il, n'étaient pas nés pour la magistrature ; la nature les fit pour être bourreaux.

Au n° 14 demeurait en 1815 le procureur général BELLART, qui déploya le zèle le plus impitoyable dans les procès du maréchal Ney, de M. de Lavalette, et dans la conspiration dite de la Rochelle. — Dans le procès du maréchal Ney, si ce brave des braves ne fut pas sauvé, on peut en attribuer la cause au talent extraordinaire que déploya M. Bellart contre lui. Il fut véritablement prodigieux dans l'attaque ; arguments pressants, style brillant et vif, mouvements éloquents, énergie, impatience, fureur, il épuisa toutes les ressources de l'art ; telle était même son ardeur immodérée dans la poursuite, qu'il alla jusqu'à indigner un journaliste bien connu dans ce temps-là pour la violence de ses opinions royalistes et la causticité mordante de son esprit : « *Malheureux!* s'écria celui-ci, et de manière à être entendu par plus de cent personnes qui étaient à côté de lui, *laisse-le donc cuire, tu le mangeras après.* » Jamais paroles sorties d'une bouche qui aurait voté dans le sens de la condamnation ne peignirent mieux l'âpreté virulente de l'accusation et l'époque sinistre où se commentaient de pareilles horreurs.

Rue des Quatre-Fils, n° 22, habitait Mme Dudeffant. Lorsqu'elle eut passé l'âge de la galanterie, elle fit longtemps le charme des conversations d'un cercle qui se tenait chez elle, et qui devint le rendez-vous de ce qu'il y avait de plus illustre à Paris : étrangers, grands seigneurs, ministres, femmes aimables, hommes d'esprit de toutes les conditions, tenaient à honneur d'y être admis : d'Alembert, Montesquieu, Voltaire, Walpole, Pont de Veyle, etc., etc., faisaient partie de cette société. Mlle de Lespinasse, l'amie et l'obligée de Mme Dudeffant, fut d'abord le principal ornement de cette réunion. Mais une querelle survint entre les deux amies, à la suite de laquelle Mlle de Lespinasse prit un modeste appartement où elle fut suivie par tous les amis de d'Alembert.— La mémoire de Mme Dudeffant n'a point à se louer, toutefois, de la publication de sa correspondance avec Horace Walpole. Avant cette publication, on savait que cette dame avait beaucoup d'esprit, mais on ignorait, en grande partie du moins, les défauts de son caractère ; après avoir lu les lettres de Mme Dudeffant, on se félicite d'avoir échappé au malheur de la connaître.

Au n° 8 habitaient le prince Jules de Polignac et le duc de Rivière, qui furent arrêtés dans cet hôtel le 4 mars 1804, lors de la conspiration de Georges Cadoudal.

Rue de Bretagne, n° 39, est le marché des Enfants-Rouges, établi en 1628 près de l'hospice des Enfants-Rouges, fondé en 1534 par Marguerite de Navarre, sœur de François Ier, pour de pauvres petits enfants orphelins, et sur l'emplacement duquel on a percé la rue Molay.

Au n° 2 est l'hotel de Tallard, bâti sur les dessins de Bulet ; l'escalier est un des plus beaux de Paris.

Rue de l'Homme-Armé était l'hotel de Jacques Coeur, décoré de ses armes, qui existait encore il y a peu d'années.

N° 27. QUARTIER DU MARCHÉ ST-JEAN.

Ci-devant *section des Droits-de-l'Homme*, et ensuite *section du Roi-de-Sicile.*

Les limites de ce quartier sont : la rue du Coq-St-Jean n^{os} pairs, la rue de la Tixeranderie n^{os} pairs, la rue St-Antoine n^{os} impairs jusqu'à la rue Culture-Ste-Catherine, la rue Culture-Ste-Catherine n⁰˙ impairs, la rue Neuve-Ste-Catherine et la rue des Francs-Bourgeois n⁰ˢ impairs, la rue Ste-Croix-de-la-Bretonnerie n⁰ˢ impairs, la rue Bar-du-Bec n⁰ˢ pairs, la rue de la Verrerie n⁰ˢ pairs jusqu'à la rue du Coq-St-Jean. — Superficie 210,000 m. carrés, équivalant à 0,006 de la superficie totale de Paris.

On remarque dans ce quartier :

L'église des luthériens, anciennement des Carmes-Billettes, située rue des Billettes, n° 16, et dont voici l'origine. Sous Philippe le Bel, un riche juif, nommé Jonathas, fut accusé d'avoir mutilé et fait bouillir une hostie consacrée, condamné à mort pour ce fait et brûlé en place de Grève en 1302, et ses biens qui étaient immenses furent confisqués. Sur une partie de sa maison, un bourgeois de Paris fit construire une chapelle que l'on nomma chapelle des Miracles, et sur l'emplacement de laquelle on construisit plus tard un couvent de Carmes et une église ; on fêtait encore en 1788 dans l'église St-Jean en Grève, l'anniversaire de la mort du malheureux juif Jonathas par une procession solennelle.

Le couvent des Carmes-Billettes fut supprimé en 1790. L'église, après avoir été longtemps fermée, fut donnée en 1812 aux protestants de la confession d'Augsbourg. L'historien Papire Masson a été enterré dans l'église des Billettes, qui possède aussi le cœur de l'historien Mezeray, mort en 1683.

La prison de la Force, située rue Pavée au Marais, n° 22, et rue du Roi-de-Sicile, n° 2. En 1265, Charles, roi de Naples et de Sicile, avait dans la rue de ce nom un hôtel dont le duc d'Alençon fit l'acquisition en 1292. Cet hôtel fut cédé en 1389 au roi Charles VI. Les rois de Navarre, le comte de Tancarville, le cardinal de Meudon et le cardinal de Biragues en furent ensuite propriétaires ; ces derniers le firent rebâtir au XVIᵉ siècle. En 1583, le duc de Roquelaure en fit l'acquisition et le revendit au comte de St-Paul, dont cet hôtel prit le nom. Il passa successivement au comte de Bouthilier, à M. de Chavigny et ensuite au duc de la Force, dont il a retenu le nom jusqu'à nos jours ; le bureau des saisies réelles, du vingtième et ensuite la ferme des cartes y furent établis.

Sous le règne de Louis XVI, des réclamations pressantes s'élevèrent de tous côtés en faveur des prisonniers de Paris. On demanda pour eux un peu de pitié, et en même temps l'abandon des geôles féodales où ils souffraient tant. Ces réclamations, appuyées par le ministre Necker, furent entendues, et le 30 août 1780 une déclaration du roi ordonna l'établissement d'une prison à l'hôtel de la Force, la suppression du Fort-l'Evêque et du Petit-Châtelet. On mit deux années à transformer cet hôtel en geôle, et les détenus n'y furent transférés qu'au mois de janvier 1782. Cette prison était alors divisée en six départements : le premier, destiné au concierge et aux employés subalternes; le deuxième aux prisonniers retenus pour n'avoir pas payé les mois de nourrice de leurs enfants; le troisième aux débiteurs civils; le quatrième aux prisonniers de police; le cinquième aux femmes, et le sixième au dépôt de mendicité. Ces divisions ont éprouvé depuis bien des changements.—L'hôtel de Brienne fut aussi converti en prison vers la même époque, et appelé la *Petite-Force*, par opposition à la *Grande-Force*, dont on vient de parler. Ces deux prisons, qui dans l'origine ne communiquaient pas entre elles, bien que contiguës, n'en forment plus qu'une seule aujourd'hui. La Petite-Force avait été destinée aux filles publiques, lorsqu'on supprima la prison St-Martin en 1785; elle ne changea de destination que peu de temps avant 1830.

La prison de la Force fut une de celles qui renfermaient le plus de détenus à l'époque des massacres de septembre, qui y durèrent pendant cinq jours; 159 hommes et une femme y ont été égorgés. Le 3 septembre, la princesse de Lamballe parut devant le simulacre de tribunal des hommes couverts de sang, ivres de vin et plus encore de férocité. Après un simulacre d'interrogatoire, on lui ordonne de jurer haine au roi, à la reine et à la royauté. «Ce serment n'est pas dans mon cœur, répondit-elle.» Aussitôt elle est entraînée vers le guichet et massacrée; on lui coupe la tête et les seins, on lui arrache le cœur, et les tigres qui venaient de la mutiler placent sa tête au bout d'une pique et vont la montrer au Temple à Louis XVI et à sa famille. « Tout ce que la férocité peut produire de plus horrible et de plus froidement cruel, dit Mercier (1), fut exercé sur le cadavre de cette victime infortunée. Il est un fait si atroce que la pudeur laisse à peine d'expressions pour le décrire; mais je dois la vérité tout entière et ne me permettre aucune omission. Lorsque les assassins se furent partagé les morceaux sanglants de son corps, l'un de ces monstres lui coupa la partie virginale et s'en fit des moustaches, en présence des spectateurs saisis d'horreur et d'épouvante!... » On montre encore, au troisième étage de l'hôtel de Brienne, une fenêtre ronde, une espèce d'œil-de-bœuf qui éclaire la chambre occupée en 1792 par cette princesse infortunée, dont le meurtre excita une horreur générale, et à qui les hommes généreux de tous les partis n'ont pu refuser une larme. C'est de là qu'elle fut enlevée dans les journées de septembre, pour être conduite au petit guichet qui fait face à la rue des Ballets, et où elle fut si dérisoirement jugée et si atrocement assassinée. — Pendant la terreur, plusieurs personnages dignes d'un meilleur sort furent renfermés à la Force. De ce nombre était l'intéressante Mme de Kolly, femme du fermier général de ce nom, le duc de Villeroi, le baron de Trenck, Francœur, l'ancien directeur de l'Opéra, le banquier Wandenyver et sa famille, la comtesse du Barri, Sombreuil, Linguet, etc.

---

(1) *Le Nouveau Paris*, t. 1, p. 111.

La Force est la prison la plus vaste de Paris, mais aussi la plus irrégulière dans sa distribution. Elle embrasse à présent huit cours ou préaux. Ce sont : les cours de Vit-au-Lait (qui doit son nom à ce qu'elle servait de promenoir aux détenus arrêtés pour n'avoir pas soldé des mois de nourrice); de la Dette; du Bâtiment neuf; Ste-Madeleine; des Mômes; des Poules; Ste-Marie-Egyptienne et Ste-Anne. La première, plantée d'arbustes et de fleurs, est aussi gracieuse que peut l'être une cour de prison. La seconde, d'abord destinée aux dettiers, occupe en quelque sorte le centre de la prison; on y trouve deux chauffoirs, l'un dit des pistoliers, l'autre dit des pailleux. La cour du Bâtiment neuf est surnommée *la Fosse aux lions;* c'est le repaire des forçats, des réclusionnaires libérés; les murs sont construits en pierre de taille et à l'épreuve des évasions; les dortoirs sont voûtés; c'est en un mot le lieu le plus sinistre que l'imagination puisse concevoir. La cour Ste-Madeleine est fort rétrécie et d'un aspect sinistre. La cour des Mômes est réservée pour la promenade des hommes qui sont au secret; les enfants n'y viennent qu'aux heures des repas. La cour dite des Poules, interdite aux détenus, n'est séparée de la rue Pavée que par la grande porte qui donne sur cette rue. La cour Ste-Marie-l'Egyptienne est longue et très-étroite; c'est après celle du Bâtiment neuf la plus désagréable entre toutes. La cour Ste-Anne est destinée aux vieillards et aux vagabonds.

Dans ce gouffre, où errent aujourd'hui, comme dans un purgatoire anticipé, des prévenus de tous genres, attendant le jugement qui doit les plonger dans l'enfer d'une prison centrale ou d'un bagne, ou les rendre à un paradis de liberté; dans ces cours, sous ces arceaux, au fond de ces corridors où se corrompent des malheureux seulement égarés, où s'égarent des innocents, où le vice s'exploite, où le crime se perfectionne, où l'homme assez fort de principes, assez pur de conscience pour rester inaccessible à ce contact, est réduit à déplorer l'impuissance ou seulement l'insouciance qui laisse tant d'individus dans les horreurs de l'anxiété; dans ces lieux enfin, où la vie n'a d'autres règles que le tintement d'une cloche, d'autres harmonies que le bruit des verrous et des clefs, d'autre incident que l'alternative d'une visite au cachot ou d'un voyage à la souricière; là, où jadis, le duc de la Force donnait des fêtes brillantes qu'embellissait tout le luxe des arts, où des femmes parfumées comme des fleurs, légères comme des sylphides, caressaient le parquet de ce grand salon, maintenant coupé en deux parties, se vautrent des misérables rongés de vermine et de maladies plus honteuses encore.

VARIÉTÉS HISTORIQUES ET BIOGRAPHIQUES.

Rue Pavée au Marais existait anciennement l'hôtel Savoisi, bâti par Charles de Savoisi, chambellan et l'un des favoris du roi Charles VI. Cet hôtel est fameux dans l'histoire de l'université de Paris. Le 14 juillet 1408, la procession des écoliers passant dans la rue du Roi-de-Sicile pour aller à l'église Ste-Catherine du Val des Ecoliers, un des valets de Charles de Savoisi, revenant d'abreuver un cheval et le faisant galoper, fit jaillir de la boue sur un des écoliers. Celui-ci donna un coup de poing au valet, qui appela à son secours les autres domestiques de son maître, qui poursuivirent en armes les écoliers jusqu'à la porte de l'église Ste-Catherine et en blessèrent quelques-uns. L'université poursuivit si vivement cette insulte contre Savoisi, qui avait avoué ses domestiques, que, par arrêt du conseil d'Etat, il fut ordonné que l'hôtel de Savoisi serait démoli ; Savoisi fut condamné en quinze cents livres d'amende envers les blessés, et à mille livres envers l'université. Trois de ses gens furent condamnés à faire amende honorable, nus, en chemise, devant les églises de Ste-Geneviève, de Ste-Catherine et de St-Severin; après quoi ils furent fouettés aux carrefours de la ville et bannis pour trois ans. En 1416, Savoisi obtint du roi la permission de faire rebâtir son hôtel ; mais l'université s'y opposa avec tant de force, que ce ne fut qu'après cent douze ans qu'elle permit qu'on la rebâtit, sous la condition expresse qu'on mettrait au-dessus de la porte du nouvel hôtel une pierre sur laquelle serait gravée l'inscription suivante :

> Cette maison de Savoisi, en 1409, fut démolie et abattue par arrêt, pour certains forfaits et excès commis par messire Charles de Savoisi, chevalier, pour lors seigneur et propriétaire d'icelle maison, et ses serviteurs, à aucuns écoliers et suppôts de l'Université de Paris, en faisant la procession de ladite Université à Ste-Catherine du Val des Ecoliers, près dudit lieu ; avec autres réparations, fondations de chapelles, et charges déclarées audit arrêt, et a demeuré démolie et abattue l'espace de cent douze ans, et jusqu'à ce que ladite Université, de grâce spéciale, et par certaines causes, a permis la réédification d'icelle, aux charges contenues et déclarées ès lettres, sur ce faites et passées à ladite Université ; en l'an 1517.

François Ier, devenu propriétaire de cet hôtel, en fit présent à Françoise de Longuy, veuve de l'amiral Chabot, qui le vendit à Charles de Lorraine, dont la veuve le fit reconstruire de nouveau. C'était donc là que demeuraient ces fameux Guises, dont l'ambition coûta tant de larmes et de sang !... L'hôtel Savoisi, devenu hôtel de Lorraine, n'est plus connu dans la rue Pavée, et rien n'indique où il était situé.

Au n° 24, est le magnifique HÔTEL LAMOIGNON, occupé aujourd'hui par une pension de demoiselles. C'était autrefois l'hôtel d'Angoulême. Il appartenait au duc d'Angoulême, bâtard de Charles IX et de Marie Touchet, « qui, selon Tallemant des Réaux, aurait été le plus grand homme de son siècle s'il eût pu se défaire de l'humeur d'escroc que Dieu lui avait donnée. Il demandait à M. de Chevreuse : combien donnez-vous à vos secrétaires ? — Cent écus, dit M. de Chevreuse. — Ce n'est guère, reprit-il, je donne deux cents écus aux miens. Il est vrai que je ne les paye pas. — Quand ses gens demandaient leurs gages, il leur disait : C'est à vous à vous pourvoir : quatre rues aboutissent à l'hôtel d'Angoulême, vous êtes en beau lieu, profitez-en si vous voulez. » Cet hôtel a reçu le nom d'hôtel Lamoignon parce qu'il a appartenu sous Louis XIV aux célèbres magistrats de ce nom. Là naquit, fut élevé et habita longtemps le vertueux DE MALESHERBES, l'un des défenseurs de Louis XVI, mort sur l'échafaud révolutionnaire le 22 avril 1793.

Rue St-Antoine, n° 24, est l'HÔTEL DE SULLY, qui a porté aussi le nom d'hôtel Boisgelin, et ensuite celui d'hôtel de Turgot. Cet hôtel, bâti sur une partie de l'emplacement de l'hôtel des Tournelles, est décoré de bossages, de sculptures et parfaitement entretenu; il a été construit par le riche partisan Galet, joueur effréné, qui le perdit d'un coup de dés, et que l'on vit sur la fin de sa vie jouant aux cartes sur les marches de ce même hôtel avec des gens de la lie du peuple, dont quelques-uns avaient été ses valets.

Entre les n°s **67** et **69** était le PETIT-ST-ANTOINE, ancien hôpital fondé par saint Louis, réuni à l'ordre de Malte, converti plus tard en un collége pour les jeunes religieux de l'ordre, et supprimé en 1790. Sur son emplacement on a établi en 1806 le passage du Petit-St-Antoine.

C'est dans la rue St-Antoine que fut blessé mortellement le roi HENRI II, victime de son goût pour les exercices chevaleresques : le 29 juin 1559, dans un tournoi donné rue St-Antoine, où il figurait au nombre des combattants, il fut atteint, au-dessous de l'œil gauche, d'un coup de lance que, sans mauvais dessein, lui porta le sieur de Montgommery; transporté aussitôt à l'hôtel des Tournelles, il y mourut le 10 juillet suivant. Cet événement nous rappelle que la rue St-Antoine était au XVI° et au XVII° siècle le principal endroit où se donnaient les fêtes extraordinaires de la cour ; les rois y faisaient leurs courses de bagues, leurs joutes et leurs tournois ; ce fut par cette rue que la reine Marie-Thérèse d'Autriche fit sa première entrée en 1660, et que se fit la superbe marche du carrousel de l'année 1762 pour la naissance du dauphin, fils de Louis XVI.

C'est à l'extrémité de la rue St-Antoine, à l'endroit où cette rue est coupée par la partie septentrionale du boulevard, qu'était placée la porte St-Antoine, bâtie en 1585 et démolie en 1778.

La rue St-Antoine fut une de celles où l'on se battit avec le plus d'acharnement, le 28 juillet 1830. Les troupes, qui du faubourg St-Antoine avaient été obligées de se replier sur la place de la Bastille, se dirigèrent alors sur la rue St-Antoine où elles fusillèrent et mitraillèrent tout ce qu'elles rencontrèrent sur leur passage. Les habitants ripostèrent avec un courage et un sang-froid remarquable ; ils assaillirent les soldats de pierres lancées par les croisées et même du haut des toits, sur lesquels il y avait beaucoup de monde. Les canons de cette colonne firent plusieurs décharges dans la rue St-Antoine, et l'on voyait naguère encore la trace des boulets sur plusieurs maisons, entre autres sur celle qui fait le coin de la rue St-Paul. Malgré le feu soutenu de la fusillade et de l'artillerie, la garde royale ne put aller plus loin que la rue de Fourcy, et ne put faire sa jonction avec les troupes qui assiégeaient l'hôtel de ville. Elle revint en désordre, sur les trois heures, vers la place de la Bastille. La rue St-Antoine offrait alors un aspect dont il est impossible de se faire une idée. Chaque étage de ses hautes maisons recélait des pavés, des moellons, des briques, des bûches énormes, et c'est sous cette grêle de projectiles d'une nouvelle espèce que furent écrasés les cuirassiers qui tentèrent d'y pénétrer. Un bataillon d'anciens militaires, tous décorés, se fit remarquer par son intrépidité, la précision de ses mouvements, la sûreté de ses attaques et la pesanteur de ses coups.

Rue de la Tixeranderie, n° 27, au coin de la rue du Coq-St-Jean, dans deux petites chambres fort modestes prenant jour sur la rue, demeurait Scarron, ce spirituel paralytique qui resta vingt-deux ans sur sa chaise, ne conservant que l'usage de ses doigts, de sa langue et de son estomac; il usa et abusa de ce qui lui restait. La médisance et la gloutonnerie furent les seules compensations de son long martyre. Il le mena gaiement. Sa chambre fut un bureau d'esprit et un réfectoire où chacun apportait son contingent de saillies et de victuailles. Ce salon de malade fut le plus gai de tous les cercles de Paris. Le grand Turenne, Mme de Sévigné, le cardinal de Retz, la belle Ninon, Mignard, Sarazin, venaient s'asseoir et causer sur son petit lit de damas jaune; le comte de Lude et Villarceaux apportaient leur souper, et les grands seigneurs venaient voir le plaisant malade comme on va voir l'éléphant. — C'est de là que la veuve de cet écrivain spirituel, mort le 1er octobre 1660, et enterré à St-Gervais, sortit pour venir s'asseoir sur ou à côté du trône de France, où elle fut loin de trouver le bonheur. On raconte qu'un jour à Fontainebleau, comme elle regardait avec Mme de Caylus les carpes d'un bassin, madame de Caylus fit remarquer à sa tante qu'elles semblaient tristes et languissantes : *Elles sont comme moi,* dit Mme de Maintenon, *elles regrettent leur bourbe.*

Rue des Deux-Portes-St-Jean, n° 2, est un bel hôtel construit par le fermier général Bastonneau. En face (au n° 1) est un autre hôtel qui paraît avoir fait partie du premier, dont il n'était séparé que par la rue. En entrant dans la rue des Deux-Portes par l'étroit passage qui donne dans la rue de la Tixeranderie, on est loin de se douter qu'il existe dans cette rue d'aussi beaux hôtels.

Rue Culture St-Catherine, n° 19, était le THÉÂTRE DU MARAIS, construit en 1790 par Beaumarchais, et dont l'entrée annonçait, par sa gothique construction, un moutier du XIIIe siècle plutôt qu'un spectacle profane. Ce théâtre fut ouvert le 1er septembre 1791 par la *Métromanie* et l'*Epreuve nouvelle*. Beaumarchais y fit représenter pour la première fois *la Mère coupable* le 26 juin 1792.

Le Marais avait été autrefois le quartier le plus fréquenté de Paris, le centre des plaisirs : toutes les jolies femmes, tous les galants de bon ton allaient se promener au Temple, et un spectacle pouvait s'y soutenir. Depuis, et même avant la révolution, le Marais était devenu le quartier des dévotes et des rentiers ; les premières n'allaient pas à la comédie, et les seconds avaient un revenu trop borné pour se permettre ce délassement. On n'y soupait pas à l'heure de tout le monde : on n'y faisait rien comme tout le reste de Paris ; aussi le nouveau théâtre du Marais déclina sensiblement, et finit par fermer, faute de spectateurs, en 1793. Dans les derniers temps les recettes avaient fini par être insuffisantes pour couvrir les principales dépenses ; une fois même, la misère était si grande, que l'on n'avait pas de quoi acheter une voie de bois; cependant on avait mis sur l'affiche que la salle serait chauffée de bonne heure, que tous les poêles seraient allumés. Comme il fallait tenir parole, les poêles furent allumés, mais la salle n'en était pas plus chaude pour cela, car au lieu de bois dans les poêles on avait mis..... un lampion. Le théâtre du Marais, après avoir été rouvert et fermé plusieurs fois, fut définitivement fermé en vertu du décret de 1807, qui supprima d'un seul coup dix-huit théâtres. On comptait au nombre des acteurs de ce théâtre, qui étaient fort nombreux, Baptiste aîné, Baptiste cadet, Perlet, mesdames Paulin, Belleval, Gonthier, et autres dont les noms, chers aux amis du théâtre, sont restés dans la mémoire de quelques vieux amateurs. — Sous la restauration on avait établi, sur l'emplacement du théâtre du Marais, des bains et une fabrique de savon façon de Windsor.

Place du Marché-St-Jean était le cimetière St-Jean, anciennement lieu d'exécution pour les criminels. Estienne de la Force, riche marchand de Paris, y fut brûlé vif comme hérétique en 1535 — C'est en cet endroit qu'était l'hôtel de Craon, qui tenta de faire assassiner le connétable Olivier de Clisson en 1392. En punition de cet attentat, sa maison fut démolie et entièrement détruite; l'emplacement qu'elle occupait fut donné à l'église St-Jean en Grève, pour en faire un cimetière, qui depuis a été converti en marché public.

Rue des Francs-Bourgeois, n° 7, est l'HÔTEL D'ALBRET, bâti par César Phœbus d'Albret.

Au n° 11 est l'HÔTEL VOISIN, converti en caserne de gendarmerie.

Au n° 14 est l'HÔTEL dit DE GABRIELLE D'ESTRÉES.

La rue Tiron était au xive siècle une des rues affectées à la demeure des filles publiques, qui faisaient alors corps à Paris, avaient des statuts, des juges et des habits particuliers pour se faire reconnaître.

Au fond d'une cour de cette rue, dont la principale entrée donnait rue St-Antoine, n° 46, il y avait en l'an xi un théâtre de la rue St-Antoine, plus connu sous le nom de THÉATRE MARLUX ou des Jeunes-Elèves dramatiques et lyriques. Dans l'origine, il n'était ouvert qu'à des sociétés particulières ; depuis il n'a jamais eu de troupe fixe ni de répertoire déterminé. Le propriétaire avait eu à soutenir contre les établissements autorisés un long procès dont la révolution fit cesser la cause. Il a subi depuis le sort de vingt autres théâtres, qui ont été transformés en ateliers ou en magasins.

Rue Ste-Croix de la Bretonnerie, n°ˢ 39 et 41, était le couvent des chanoines de ce nom, fondé en 1258 sur l'emplacement de l'ancien hôtel des Monnaies. Supprimé en 1790, ce couvent a été démoli et remplacé par des constructions et par un passage qui communique rue des Billettes. L'église, bâtie par le célèbre Eudes de Montreuil, avait son entrée principale rue Ste-Croix de la Bretonnerie.

Rue Vieille-du-Temple, entre la rue des Rosiers et la rue des Francs-Bourgeois, était l'hôtel d'Adjacet, qui appartint plus tard au marquis d'O, gouverneur de Paris et l'un des mignons de Henri III. L'hôtel d'O fut acheté en 1635 pour y établir la communauté des hospitalières de St-Athanase, supprimées en 1791. Une partie de l'emplacement de ce couvent est occupé aujourd'hui par le marché des BLANCS-MANTEAUX.

Au n° 24 est l'impasse d'Argenson où l'on voyait autrefois un crucifix d'une assez grande dimension. Il était placé près d'une maison de prostitution, et cette circonstance avait fait imaginer un sobriquet injurieux. Ce scandale existait depuis longtemps, quand la police s'avisa enfin d'y mettre un terme, et n'osa néanmoins procéder qu'avec la plus mystérieuse circonspection. Voici comment s'exprime *l'Etoile*, journal de Henri III, t. 1ᵉʳ : « La nuit du jeudi 10 mars 1580, de l'ordonnance de l'évêque de Paris, assisté d'un secret consentement de la cour du parlement, fut ôté et enlevé du lieu où il était le crucifix surnommé Ma......u, et par les gens du guet porté à l'évêché; et ce à cause du très-scandaleux surnom que le peuple lui avait donné, en raison que c'était un crucifix de bois, de la grandeur de ceux qu'on voit ordinairement aux paroisses, lequel était plaqué et attaché contre la muraille d'une maison sise au bout de la rue Vieille-du-Temple, vers et proche des égouts, en laquelle maison aux environs se tenait un b....l; ce qui fit donner à ce crucifix le surnom de Ma......u, parce qu'il servait de marque et enseigne à ceux qui allaient chercher bordeliers repaires. »

L'ancien HÔTEL D'ARGENSON, situé impasse de ce nom, a été habité au commencement du dernier siècle par RENÉ D'ARGENSON, membre de l'Académie française et chancelier de France.

N° 28. QUARTIER DES ARCIS.

Ci-devant section des Arcis.

Les limites de ce quartier sont : la place de l'Hôtel-de-Ville n°s impairs, le quai Pelletier et le quai de Gèvres, la place du Châtelet n°s pairs, la rue de la Joaillerie n°s pairs, la rue St-Jacques-la-Boucherie n°s impairs, la rue des Arcis n°s pairs, la rue de la Verrerie n°s impairs, la rue du Coq-St-Jean n°s impairs, la rue de la Tixeranderie jusqu'à la rue du Mouton, la rue du Mouton n°s impairs. — Superficie 90,000 m. carrés, équivalant à 0,003 de la superficie totale de Paris.

On remarque dans ce quartier :

La place du Châtelet, qui occupe l'emplacement du GRAND CHATELET, ancienne forteresse de Paris du côté du nord, où se trouvaient, dans les temps anciens, la demeure du prévôt de Paris, le siége de la juridiction du Châtelet, la recette des deniers royaux, et la prison principale de la capitale.

On croit généralement que cette forteresse a été bâtie du temps de Jules César. Quelques auteurs pensent qu'elle fut construite sous l'empereur Julien. Le nom de chambre de César, qui était resté à une des chambres de cette forteresse; l'antiquité de sa grosse tour, et les mots *tributum Cæsaris*, gravés sur un marbre qu'on voyait encore sur la fin du XVI° siècle, paraissent prouver que sa construction remonte à la domination romaine. En 886, sous le règne de Charles le Gros, les Normands furent arrêtés dans leurs dévastations par cette forteresse, dont ils ne purent se rendre maîtres. Cet édifice fut agrandi et réparé sous Louis IX, de 1246 à 1265, et presque entièrement reconstruit en 1684; il ne resta de l'ancienne forteresse que plusieurs tours, sous lesquelles était pratiqué un passage étroit, obscur, qu'on était obligé de traverser pour communiquer du Pont-au-Change à la rue St-Denis. — Le prévôt de Paris siégeait autrefois au Grand-Châtelet, où se rendait la justice civile de la prévôté et vicomté de Paris. Cette forteresse était environnée de fossés profonds remplis d'eau vive, alimentés par la Seine. C'est là qu'on conservait les étalons des mesures, la toise, le pied de roi, le moule de la tuile ; les étalons des poids étaient à la monnaie, à l'hôtel de ville et au bureau des officiers. — Là était la morgue, qui a été transférée à la place du Marché-Neuf, lors de la démolition du Grand-Châtelet en 1802. — En 1418, les cabochiens assiégèrent et prirent le Grand-Châtelet dont ils égorgèrent les prisonniers. Le 14 novembre 1591, le conseil des Seize fit arrêter et pendre sans autre forme de procès dans la chambre du Grand-Châtelet les conseillers au parlement, Brisson et Claude Larcher, qui étaient soupçonnés de favoriser le parti du roi. Deux cent seize prisonniers furent égorgés dans la prison du Grand-Châtelet lors des massacres de septembre en 1792.

Entre la porte du Grand-Châtelet et le Pont-au-Change, était une place connue de temps immémorial sous le nom de l'Apport-Paris, où se tenait un marché, au centre duquel étaient une fontaine et une croix, où le clergé de St-Germain-l'Auxerrois venait en procession tous les ans le jour du dimanche des Rameaux chanter l'évangile et délivrer quelques prisonniers. — La boucherie de l'Apport-Paris, qui a donné son nom à la rue St-Jacques-la-Boucherie, était située hors de l'enceinte de Paris, proche de la porte du Châtelet, c'était la plus grande boucherie de Paris et la plus ancienne après celle du parvis Notre-Dame.

La démolition du Châtelet a été commencée en 1802, et l'on a formé sur son emplacement la place du Châtelet. En 1804 il n'en restait plus que la basse geôle ou morgue, dépendant de cette prison, où étaient déposés les corps morts inconnus (V. Morgue).

Après la démolition du Châtelet, le conseil général du département de la Seine soumit en 1801 au premier consul Bonaparte le projet d'élever en son honneur, sur l'emplacement de cette forteresse, un portique triomphal, comme un gage de la reconnaissance et de l'attachement respectueux de la ville de Paris. « Je vois avec reconnaissance, répondit le premier consul, les sentiments qui animent les magistrats de la ville de Paris. J'accepte l'offre du monument que vous voulez m'élever. Que la place reste désignée ; mais laissons aux siècles à venir le soin de le construire, s'ils ratifient la bonne opinion que vous avez de moi. »

Au centre de cette place s'élève aujourd'hui, d'un bassin circulaire de 7 m. de diamètre, une colonne monumentale de 16 m. 90 c. de haut, élevée en 1807, représentant un palmier, dont la tête, environnée de son élégant feuillage, forme le chapiteau. Son amortissement est surmonté d'une figure dorée de la Victoire, tenant une couronne dans chaque main. Quatre statues symboliques placées sur son piédestal, sculptées par Bozio, représentent la Loi, la Force, la Prudence, la Vigilance ; ces statues, unies entre elles par la jonction de leurs mains, forment un cercle autour de la base de la colonne, dont le fût est divisé par des anneaux de bronze doré, sur lesquels sont inscrits les noms de plusieurs victoires remportées par les Français.

La place du Châtelet et l'entrée de la rue St-Denis furent le théâtre de combats sanglants le 27 juillet 1830 ; un grand nombre de carabiniers de la garde y trouvèrent leur tombeau.

Le Pont-au-Change, situé sur le grand bras de la Seine, au nord de la Cité ; il aboutit, du côté du nord, aux quais de Gèvres et de la Mégisserie, et du côté du midi, au marché aux fleurs et au quai de l'Horloge.

On n'entrait anciennement dans Paris que par deux ponts de bois, appelés simplement le Grand et le Petit-Pont. Le premier est celui que l'on connut depuis sous le nom de Pont-au-Change. Dans l'origine, et longtemps après, ce pont n'était qu'en bois. Louis VII y établit le change en 1141, par des lettres données à Fontainebleau, la cinquième année de son règne, et dans lesquelles on lit ces mots : *Notum facimus tam futuris quam instantibus, quatinus* CAMBITUM NOSTRUM *Parisiis super magnum pontem in perpetuum manere statuimus.* Vient ensuite le défense de faire le change ailleurs, et l'établissement du droit de *vingt sols*, qui devaient être payés annuellement par chaque changeur. De là ce pont fut nommé Pont-aux-Changeurs. Les orfévres en occupaient un côté dans cinquante forges, et les changeurs l'autre, dans cinquante-quatre changes dont il ne restait plus qu'un en 1779. — Au xi° siècle, ce pont était partie en pierre et partie en bois. Les grandes inondations l'ayant emporté plusieurs fois, il fut rebâti successivement plus ou moins près de l'endroit où on le voit aujourd'hui. Il était de pierre en 1296, lorsqu'une nouvelle inondation, plus terrible que toutes celles qui avaient jamais eu lieu jusqu'alors, renversa le Grand et le Petit-Pont avec les maisons et moulins qui étaient dessus. Reconstruit en bois, le Pont-au-Change fut consumé le 24 octobre 1621, par l'incendie qui éclata sur le Pont-Marchand, dont il n'était séparé que par un espace de 10 m. : le feu était si violent, que les deux ponts furent brûlés en moins de trois heures et s'écroulèrent dans la rivière. On commença sa reconstruction en pierre en 1639, et il fut achevé en 1647, le 20 octobre, aux frais des propriétaires incommutables des maisons qui étaient bâties sur ce pont.

Les oiseliers vendaient autrefois des oiseaux de toute espèce, les dimanches et fêtes, sur le Pont-au-Change, alors appelé Pont-aux-Oiseaux. Cette autorisation leur avait été accordée très-anciennement, à la condition de donner la volée à deux cents douzaines d'oiseaux au moment où les rois passaient sur ce pont le jour de leur entrée triomphale. Les changeurs et les orfévres succédèrent aux oiseliers, qui s'établirent sur le quai voisin, où l'on en voit encore quelques-uns.

Au bout du Pont-au-Change était un monument composé de trois statues de bronze de grandeur naturelle, représentant Louis XIV à l'âge de dix ans, élevé sur un piédestal et couronné par une Victoire ; Louis XIII et Anne d'Autriche debout, vêtus de leurs habits royaux. A l'autre extrémité du pont, vis-à-vis la tour de l'Horloge du Palais, Cassini avait tracé un fort bon méridien : une inscription gravée sur un piédestal orné de bas-reliefs indiquait que ce pont, commencé le 19 septembre 1639, avait été achevé le 20 octobre 1647

Le Pont-au-Change, de même que le pont Notre-Dame, était chargé de maisons de six à sept étages ; plus de dix mille individus logeaient sur ces deux ponts. Il était curieux de voir, à l'approche des débâcles, les familles déserter leurs cases, et emporter leurs meubles les plus précieux, dans la crainte de descendre avec leurs habitations dans la rivière. Précaution d'autant plus sage, qu'on avait vu souvent ces ponts (lorsqu'ils étaient en bois) emportés par les glaces et les débordements.

En 1788 une somme d'un million deux cent mille francs fut allouée pour acheter les maisons qui étaient bâties sur les côtés de ce pont, qui furent démolies, comme l'ont été depuis les maisons construites sur le pont St-Michel. Le Pont-au-Change a 123 m. 75 c. de longueur et 32 m. 60 c. de largeur. C'est le plus large et l'un des plus fréquentés de la capitale.

Le pont Notre-Dame. Ce pont, remarquable par la solidité et par l'élégance de son architecture, communique du quai Lepelletier au quai Desaix. Bâti pour la première fois en 1412, il s'écroula en 1499, et fut reconstruit en 1507. Les maisons dont il était chargé ont été démolies en 1787, à l'exception de la machine hydraulique, qui fournit de l'eau dans plusieurs quartiers de Paris.

Ce fut sur le pont Notre-Dame que l'infanterie ecclésiastique de la Ligue fut passée en revue par le légat le 3 juin 1590. Capucins, minimes, cordeliers, jacobins, carmes, feuillants, tous la robe retroussée, le capuchon bas, le casque en tête, la cuirasse sur le dos, l'épée au côté et le mousquet sur l'épaule, marchaient quatre à quatre ayant entre eux plusieurs rangs d'écoliers, l'évêque de Senlis à leur tête; les curés de St-Jacques-la-Boucherie et de St-Côme, forcenés ligueurs, faisaient les fonctions de sergents-majors. Plusieurs de ces militaires novices, sans penser que leurs fusils étaient chargés à balles, voulurent saluer le légat et tuèrent à côté de lui un de ses aumôniers; aussi S. E., trouvant qu'il faisait trop chaud à cette revue, donna promptement sa bénédiction et s'en alla. On possède plusieurs tableaux de l'époque où cette fameuse procession de la Ligue est parfaitement rendue. — Le pont Notre-Dame fut longtemps le bazar des marchands d'objets curieux et le rendez-vous de la bonne compagnie. Il était d'un bel air d'y étaler ses plumes ou son pourpoint neuf avant la construction du pont Henri IV, qui lui enleva la vogue et qui la céda bientôt à son tour aux galeries du Palais, qui ont été dépossédées plus tard de cet honneur par les galeries du Palais-Royal.

Le célèbre imprimeur de la fin du xve siècle et du commencement du xvie, Antoine Verard, demeurait sur le pont Notre-Dame, qu'il continua d'habiter jusqu'à la chute du pont en 1499. A cette époque, il transporta son établissement près le carrefour St-Séverin, et ensuite rue St-Jacques-du-Petit-Pont, puis rue Neuve-Notre-Dame, où il est mort vers 1513. — Gilles Hardouin, autre imprimeur, demeurait au bout de ce pont de 1509 à 1525.

La manie de bâtir sur l'eau était si grande autrefois, qu'on avait lié le pont Notre-Dame et le Pont-au-Change par une rue couverte appelée le quai de Gèvres et construite sur pilotis.

VARIÉTÉS HISTORIQUES ET BIOGRAPHIQUES.

La rue Brise-Miche était autrefois une des mieux fournies en filles publiques. En 1387, le prévôt de Paris rendit une ordonnance qui chassait ces sortes de femmes de la rue Brise-Miche à la requête du curé de St-Merri, et attendu l'indécence de leur domicile si près d'une église et d'un chapitre. Les bourgeois de cette rue et des rues voisines formèrent opposition à l'exécution de cette ordonnance, à l'effet de maintenir les femmes publiques dans l'ancienne possession où elles étaient de la rue Brise-Miche, opposition qui fut admise par le parlement par arrêt du 21 janvier 1388.

Dans un cabaret de la **rue de la Vannerie**, à l'enseigne du Franc-Pineau, se réunissaient jadis, le soir, les peintres, les marchands de gravures et les brocanteurs de tableaux pour y vendre ou se partager entre eux les objets d'art qu'ils avaient achetés dans la journée dans les différents quartiers de Paris.

Au carrefour Guilleri était autrefois un pilori et une échelle comme celle du Temple. C'était là, dit Sauval, que se faisait l'exécution de l'essorillement, genre de supplice dont on punissait les condamnés aux galères. On lit dans les anciens auteurs qu'on coupait une oreille à un coupeur de bourses, ou à un domestique, convaincu de vol pour la première fois, les deux oreilles pour la seconde, et qu'à la troisième il était condamné à mort.

Place du Châtelet était autrefois la CHAPELLE ST-LEUFROY, démolie en 1684 pour agrandir les bâtiments du Châtelet.

Rue St-Bon, n° 8, était la CHAPELLE ST-BON, vendue en 1792, et convertie en maison particulière.

Le quai Pelletier a été construit, de 1673 à 1675, d'après les dessins de Pierre Bullet, sous l'administration du prévôt des marchands Claude le Pelletier, auquel la ville de Paris est redevable de plusieurs autres grands ouvrages d'utilité publique; c'est pour témoigner à ce magistrat toute sa reconnaissance, que le peuple donna son nom à ce quai, quoique par modestie cet estimable administrateur n'ait jamais voulu souffrir que son nom fût donné aux ouvrages construits par ses ordres. On citait autrefois à l'entrée de ce quai, du côté du pont Notre-Dame, l'inscription suivante, gravée sur une plaque de marbre noir:

Ludovici Magni auspiciis ripam hanc
Fœdam nuper et inviam nunc publicam iter
et ornamentum urbis, Ferri cc.
Præf. et Ædiles. Anno M. D. LXXV.

Le quai Pelletier est suspendu sur une voussure dont la coupe mérite de fixer l'attention des gens de l'art; il a été réparé et considérablement élargi dans ces dernières années, et bordé de larges trottoirs en granit; c'est aujourd'hui un des plus beaux quais de Paris.

Rue de la Poterie-des-Arcis. Il y avait autrefois dans cette rue, du côté de la Grève, une grande maison, connue sous le nom d'HÔTEL D'ARGENT, où il s'établit en 1660 une troupe de comédiens de province qui obtinrent la permission d'élever en cet endroit un théâtre, à condition qu'ils payeraient par chaque représentation un écu tournois aux confrères de la Passion. Le talent des acteurs, et le choix judicieux des pièces, attirèrent la foule au théâtre de l'hôtel d'Argent. Les comédiens, s'étant bientôt trouvés trop à l'étroit dans ce quartier, louèrent dans la rue Vieille-du-Temple un jeu de paume qui prit le nom de théâtre du Marais, où ils jouèrent jusqu'à la mort de Molière. V. RUE VIEILLE-DU-TEMPLE.

HUITIEME ARRONDISSEMENT.

Les limites de cet arrondissement sont : le mur d'enceinte depuis la barrière de Menilmontant jusqu'à la barrière de la Rapée; le quai de la Rapée, la place Mazas, la rue Contrescarpe, la place de la Porte-St-Antoine, la rue St-Antoine n°s impairs jusqu'à la rue Culture-Ste-Catherine, la rue Culture-Ste-Catherine n°s pairs, la rue Neuve-Ste-Catherine n°s pairs, la rue des Francs-Bourgeois n°s pairs, la rue Vieille-du-Temple n°s pairs, la rue des Filles-du-Calvaire n°s pairs, la rue de Menilmontant jusqu'à la barrière de ce nom.

N° 29. QUARTIER DU MARAIS.

Ci-devant *section des Fédérés*.

Les limites de ce quartier sont : le boulevard des Filles-du-Calvaire et le boulevard Beaumarchais n°s impairs, la place de la Porte-St-Antoine n°s impairs, la rue St-Antoine n°s impairs, la rue Culture-Ste-Catherine n°s pairs, la rue Neuve-Ste-Catherine n°s pairs, la rue des Francs-Bourgeois n°s pairs, la rue Vieille-du-Temple et la rue des Filles-du-Calvaire n°s pairs jusqu'au boulevard.—Superficie 420,000 m. carrés, équivalant à 0,013 de la superficie totale de Paris.

Entre autres localités remarquables de ce quartier on cite :

L'église St-Denis, située rue St-Louis-au-Marais, n° 30. C'est un édifice moderne, composé de trois nefs, élevé sur l'emplacement d'une église bâtie en 1684.

La place Royale, qui occupe l'emplacement de l'HÔTEL DES TOURNELLES, ainsi nommé à cause des petites tours ou tourelles qui l'environnaient. Cet hôtel fut construit vers 1390, par Pierre d'Orgemont, chancelier de France. Pierre d'Orgemont, son fils, le vendit en 1402 au duc de Berry, frère de Charles V. Plus tard, l'hôtel des Tournelles appartenait au roi Charles VI, et dans les capitulaires de Notre-Dame il est qualifié de maison royale des Tournelles. Le duc de Bedfort, régent pendant la minorité de Henri VI, prétendu roi de France, s'y logea vers 1422, l'agrandit et l'embellit au point que Charles VII et ses successeurs en préférèrent le séjour à celui de l'hôtel de St-Paul, qui était vis-à-vis. Charles VII en fit son séjour le plus ordinaire, et les beaux-arts, appelés par ce galant souverain, accoururent dans cette maison royale pour y orner des cabinets mystérieux, couvrir de sculptures ou de peintures voluptueuses les lambris et les plafonds. — Une partie du palais des Tournelles s'appelait l'Hôtel du roi; Louis XI l'habitait lorsqu'il était à Paris. Louis XII y mourut pour avoir voulu prouver à la jeune Marie d'Angleterre, sa troisième femme, qu'on est jeune encore après cinquante ans; mais jamais l'hôtel des Tournelles ne fut plus richement décoré, plus galamment habité que sous François Ier. Il était aussi riche et aussi vaste que l'hôtel de St-Paul; il renfermait plusieurs corps de bâtiments avec chapelles; on y comptait douze galeries, deux parcs et sept jardins; son enceinte s'étendait depuis la rue des Egouts jusqu'à la porte St-Antoine, et renfermait tout le terrain où l'on a bâti depuis les rues des Tournelles, Jean Beausire, des Minimes, du Foin, St-Gilles, St-Pierre, des Douze-Portes, et le commencement de la rue St-Louis jusqu'à la rue St-Anastase.

C'est près le palais des Tournelles, rue St-Antoine, que fut donné en 1559 un célèbre tournoi à l'occasion du mariage d'Elisabeth, fille de Henri II, avec Philippe II, roi d'Espagne, et de sa sœur Marguerite avec le duc de Savoie. Un vaste amphithéâtre, divisé en loges, avait été préparé pour les dames. Les quatre tenants étaient le roi Henri II, les ducs de Ferrare, de Guise et de Nemours. Les lices étaient ouvertes depuis deux jours, et le roi avait eu l'honneur de ces deux journées. Tout paraissait terminé, et déjà mille voix proclamaient Henri vainqueur, lorsque, apercevant Montgommery, il déclara qu'il voulait faire avec lui une dernière course en l'honneur des dames; Montgommery refusa; mais, sur les instances du roi, il fut contraint d'obéir. Les deux champions s'élancèrent des deux extrémités de la lice, et revinrent de toute la vitesse de leurs chevaux. Montgommery brisa sa lance dans le plastron, et le tronçon atteignit Henri à l'œil droit avec une telle violence qu'un éclat pénétra dans la tête. Le roi fut emporté mourant et expira le lendemain, après avoir pardonné à Montgommery. Celui-ci se retira en Angleterre. Catherine de Médicis le poursuivit à outrance, et le fit condamner à mort par le parlement, comme assassin du roi; arrêt qui fut exécuté en effigie sur la place de Grève. Plus tard, Montgommery qui, de retour en France, avait échappé par miracle au massacre de la St-Barthélemy, fut contraint de se rendre après une résistance désespérée, dans la ville de Domfront. Sur les instances de Catherine de Médicis, il fut condamné à mort, meurtri, disloqué par la torture, traîné dans un tombereau, et exécuté en place de Grève le 26 juin 1574.

C'est à l'entrée de la rue des Tournelles, du côté de la Bastille, où aboutissait alors le parc du palais des Tournelles, qu'eut lieu le 27 avril 1578, à cinq heures du matin, le fameux duel entre Quélus, Maugiron et Livarot, mignons de Henri III, contre d'Entragues, Ribérac et Schomberg : celui-ci et Maugiron n'avaient que dix-huit ans. Ils furent tués sur le lieu même ; Ribérac mourut le lendemain ; Livarot fut alité plus d'un mois ; Quélus, qui avait reçu dix-neuf blessures, languit trente-trois jours, et mourut dans les bras du roi le 29 mai à l'hôtel de Boissy, devenu depuis le couvent des Filles de la Visitation de Ste-Marie, rue St-Antoine. — Un duel, plus célèbre encore par ses funèbres résultats, eut lieu sur la place Royale le 12 mai 1627. Trois combattants de chaque côté s'y rendirent à deux heures après midi : Montmorency-Bouteville, son écuyer et le comte Deschapelles, d'une part ; de l'autre, M. de Beuvron, son écuyer et Bussy d'Amboise. Le combat fut long, vif et acharné : l'habileté était égale, le point d'honneur animait également les deux partis. Après les assauts les plus vigoureux, Bussy, atteint au-dessous de la mamelle droite, tomba sans connaissance aux pieds de Deschapelles, et mourut un quart d'heure après. Beuvron et son écuyer se sauvèrent en Angleterre ; Montmorency et Deschapelles prirent la poste pour se réfugier en Lorraine ; ils furent rejoints à Vitry-le-Brûlé, ramenés à Paris, condamnés à mort et exécutés sur la place de Grève.

Quelques écrivains ont assigné la place Royale comme lieu de supplice du grand maître des templiers ; ce fait n'est point exact ; plusieurs chevaliers furent en effet brûlés sur cette place, mais l'exécution du grand maître eut lieu à la pointe de l'île de la Cité, où est maintenant la place Dauphine.

Après la mort de Henri II, Catherine de Médicis abandonna le palais des Tournelles. En 1565 Charles IX ordonna au parlement de faire démolir ce palais, et de vendre l'emplacement pour y percer plusieurs rues ; mais cet ordre fut exécuté si lentement, que la démolition du palais n'était pas encore entièrement achevée à l'avènement de Henri IV. Ce monarque, ayant résolu d'établir en France une manufacture d'étoffes de soierie, fit venir environ deux cents ouvriers en soie, qu'il logea dans les restes des bâtiments du palais des Tournelles, dont la partie démolie avait été affectée au marché aux chevaux. Les entrepreneurs de cette manufacture, s'étant trouvés trop à l'étroit, remplacèrent en 1603 les bâtiments qui leur avaient été concédés par des constructions au centre desquelles s'élevait un pavillon magnifique, faisant face à une vaste place formée par la destruction du parc et du palais des Tournelles. La situation et l'effet de ce pavillon firent naître l'idée d'entourer la place de constructions semblables. Henri IV fit construire à ses dépens l'un des quatre côtés, qu'il vendit à des particuliers, et donna l'emplacement des trois autres côtés moyennant le payement d'un écu d'or de cens, à la charge d'y construire des bâtiments conformes aux plans que le roi avait fait exécuter. La place publique, entourée par ces bâtiments, reçut le nom de place Royale. Elle a été achevée sous la régence de Marie de Médicis, et forme un carré parfait de 144 m. de face, entouré d'une grille en fer. Les constructions se composent de trente-cinq pavillons, dont deux, plus considérables que les autres, sont au centre des ailes principales. Henri IV voulut qu'on nommât pavillon Royal celui qui fait face à la rue St-Antoine, et pavillon de la Reine celui qui est en face de la rue des Minimes ; le reste des bâtiments forme de fort beaux hôtels.

Sous le ministère du cardinal de Richelieu on éleva au centre de la place la statue équestre en bronze de Louis XIII, posée sur un piédestal en marbre blanc. La révolution renversa la statue de ce monarque, « qui était, dit Tallemant des Réaux, bon confiturier, bon jardinier, rasait proprement, savait larder une longe de veau, composait en musique, peignait un peu, et faisait assez bien des châssis ; » enfin, comme le porte son épitaphe :

> Il eut cent vertus de valet,
> Et pas une vertu de maître.

La place Royale changea alors de nom, reçut celui de *place des Fédérés*, et on y plaça un parc d'artillerie ; un décret de la convention nationale du 4 juillet 1793 ajouta à ce nom celui de l'*Indivisibilité*, nom qu'un arrêté des consuls du 17 ventôse an VII changea en celui de *place des Vosges*. En 1814 la place Royale a repris sa première dénomination ; la statue de Louis XIII en marbre blanc a remplacé celle élevée par Richelieu. Aux quatre coins intérieurs sont quatre fontaines consistant en un bassin circulaire d'où s'élève un champignon portant deux vasques.

La place Royale a été pendant longtemps le quartier le plus fréquenté de Paris ; c'était le centre des plaisirs, le lieu de réunion de toutes les jolies femmes, de tous les gens du bon ton. Aujourd'hui cette pauvre vieille place est comme les femmes que les galants abandonnent quand viennent les rides : elle est solitaire et délaissée. Ils sont passés ces jours où se pressaient dans ses allées, ducs, marquis et comtes pommadés et ambrés, coquets comme leurs jabots de dentelles, aux habits à broderies, se dandinant avec grâce et impudence, le chapeau à plumes sous le bras, et l'épée à la cuisse ; où se carraient joyeux petits abbés damerets en habit court à collet, à perruque blonde, odoriférants comme des cassolettes ; où se pavanaient dames bien décolletées, en robes à paniers dont la longue queue de soie balayait la promenade, se cachant sous le masque de velours et agitant sous leurs doigts un élégant miroir. Ils sont passés ces jours où se croisaient gens de qualité en riches chaises de couleurs tendres et armoriées, et faquins crottés de Paris. Cela fait peine en se rappelant ce qu'elle a été, de voir cette place telle qu'elle est : ici un marchand de vin a enluminé trois ou quatre arcades de sa couleur allégorique; là, une marchande à la toilette étale des draps, de vieilles et sales nappes ; ailleurs un savetier accroche des socques et d'ignobles bottes; plus loin est un bureau d'écrivain public; l'hôtel Nicolaï (n° 9) est habité par un marchand de bois; l'hôtel Villedeuil (n° 14) est occupé par la mairie; l'hôtel Richelieu (n° 21) par un mercier, par un marchand de tabac, un avoué et un cabinet littéraire ; l'hôtel de Rohan (n° 13) par un marchand de vin en gros; le pavillon du Roi (n° 1) par un marchand de meubles et par un marchand de vin ; au n° 10 est une filature de coton. A l'exception de l'hôtel de Breteuil (n° 4), où habite le comte Portalis, et de l'hôtel Guémenée (n° 6), acquis par M. Victor Hugo, tous les grands hôtels de cette place ont été dénaturés, et seront bientôt méconnaissables. Enfin, sur la place où Marie de Médicis donna un si beau tournoi, où Louis XIV donna de si brillants carrousels, errent silencieusement des malades, des vieillards, des infirmes et des bonnes d'enfants : *sic transit gloria mundi!*

VARIÉTÉS HISTORIQUES ET BIOGRAPHIQUES.

Rue des Tournelles, n° 32, habitait NINON DE L'ENCLOS, qui mourut dans cette maison le 17 octobre 1706. — A l'époque où Mme de Sévigné écrivait ses lettres charmantes, où Mme Dacier s'illustrait par ses savantes traductions, et Mme Lafayette par ses romans, Ninon soumettait à l'empire de ses charmes les cœurs et les esprits, subjugués à la fois par sa beauté et son amabilité. Son salon de la rue des Tournelles fut le rendez-vous non-seulement des grands hommes de son temps, mais encore des femmes les plus distinguées de la ville et de la cour, qui vinrent y prendre des leçons de l'art de plaire; on sait que Mme de Maintenon y passa sa première jeunesse. Tant que la cour fut galante, Ninon et Paris ne furent que les émules de Versailles ; mais lorsque, accablé par les revers et dominé par l'influence de Mme de Maintenon, le monarque se fut fait dévot, Ninon redoubla d'esprit et de grâces pour empêcher la capitale de suivre l'exemple de la cour, et elle y réussit. — Le salon de cette femme, célèbre à plus d'un titre, offre au plafond des bas-reliefs et des corniches assez bien conservés. C'est dans ce salon que Molière lut son *Tartufe*, en présence de Racine, de Lafontaine, de Lulli, de St-Evremont, de Chapelle, etc. ; et la pensée retrace la place qu'occupait chaque personnage admis dans ce séjour des grâces et des plaisirs ; là était le fameux duc d'Enghien, qui plus tard fut le grand Condé; le bucolique des Iveteaux, la séduisante Marion de Lorme, et son amant le courageux et fidèle Cinq-Mars, etc., etc. On voit encore sur la cheminée, au-dessus du chiffre de Ninon, un groupe sculpté, représentant une femme écrivant sur des tablettes qu'elle appuie sur le Temps, et suspendant son travail pour se regarder dans un miroir que l'Amour lui présente.

Près de la maison qu'habitait Ninon demeurait et est mort en 1708, J.-H. MANSARD, homme de génie auquel on doit les plans d'après lesquels ont été exécutés la place des Victoires, la place Vendôme, le dôme des Invalides, etc., etc.

Rue Culture-Ste-Catherine, n° 23, au coin de la rue Neuve-Ste-Catherine, est l'HÔTEL DE CARNAVALET, construit en 1544 sur les dessins de Pierre Lescot, abbé de Clagny, par J. Bullant, pour Jacques de Ligneris, président au parlement de Paris, et décoré de sculptures par le célèbre Jean Goujon. C'est à son admirable ciseau que l'on doit à l'extérieur de la porte les deux gracieux enfants groupés dans un médaillon, dont l'un tient une palme, l'autre un rameau d'olivier, et qui supportent ensemble l'écusson armorié de l'hôtel. De chaque côté du médaillon, et dans l'arc du cintre, de magnifiques trophées, des casques, des épées, des cuirasses, achèvent l'ornement du fronton. Sur la clef de la voûte, une admirable figure ailée, dont les pieds reposent sur un masque, soutient d'une main la draperie de sa robe, de l'autre une corne d'abondance. Des deux côtés de la porte, deux bas-reliefs remarquables représentent des lions foulant aux pieds des armures. A l'intérieur, au cintre opposé de la voûte et dans la clef, une Renommée toute aérienne, tenant une trompette à la main, effleure de son pied un globe terrestre; au-dessous d'elle, à droite et à gauche, deux figures ailées, d'une forme légère, à la robe flottante et diaphane, élégantes et sveltes, s'inclinent gracieusement et présentent des palmes triomphales. Au fond de la cour, Jean Goujon a sculpté les figures colossales des quatre Saisons, si admirables de relief et de vigueur. — En 1578, l'hôtel de Ligneris devint la propriété du baron de Carnavalet, dont il a conservé le nom, et dans la famille duquel il resta pendant plus d'un siècle. C'est lui qui fit exécuter à l'extérieur de l'hôtel, sous la conduite d'Androuet du Cerceau, les deux figures qui décorent les trumeaux du premier étage touchant aux pavillons; à droite la Force, à gauche la Vigilance, et à l'intérieur, sur la façade de l'aile gauche, et dans le style des quatre Saisons, les quatre Eléments. — Fr. Mansard construisit pour M. d'Agaurry l'aile droite de l'hôtel, qu'il fit décorer des figures assez médiocres représentant Vénus, Diane, Hébé et Junon.

L'hôtel Carnavalet a été habité pendant sept ans par Mme de Sévigné. Le salon de cette femme célèbre et celui de Mme de Grignon sont encore intacts. On montre aussi le balcon du haut duquel la mère faisait, au jour du départ, un dernier signe d'adieu à sa fille ; le cabinet où fut tracée d'un style inimitable cette correspondance qui devait rester le modèle et le chef-d'œuvre du genre épistolaire. On a conservé la table de marbre sur laquelle la mère et la fille déjeunaient au jardin, dans l'intimité, sans étiquette, sous les sycomores, dont deux seulement ont survécu.

Après la révolution, l'hôtel Carnavalet reçut pendant quelques années les bureaux de la direction de la librairie. Plus tard, l'école des ponts et chaussées y fut établie sous la direction de M. de Prony ; il est aujourd'hui occupé par un institution de jeunes gens, dont le chef a publié en 1838 une notice intéressante sur cet hôtel.

Au même coin de rue où a été bâti l'hôtel Carnavalet, logeait du temps de Charles VI la belle Juive, dont son frère, le duc d'Orléans, était si épris, et à la porte de laquelle fut assassiné en 1392 le connétable de Clisson, par Pierre de Craon ; meurtre fameux, si curieusement conté par nos anciens historiens. — À deux pas de là, deux siècles plus tard, existait une autre maison du même genre, celle de la belle Romaine, courtisane la plus renommée du temps de Henri II, et maîtresse du duc de Guise, archevêque, cardinal, l'homme le plus vicieux et le plus hardi de son temps, qui faillit être assassiné par des rufiens en sortant au point du jour de chez cette fille de joie.

Aux n°* **25 et 27** était le couvent des Annonciades célestes ou filles bleues fondé en 1622, et supprimé en 1790. Le maître-autel de l'église était décoré d'une magnifique Annonciation, peinte par le Poussin.

C'est dans la **rue des Coutures-St-Gervais** qu'était l'hôtel du comte de Melun, qui acquit en 1728 une odieuse célébrité par le rapt de mesdemoiselles Camargo, célèbres danseuses de l'Opéra, dont l'aînée avait été recherchée avec passion par les plus grands seigneurs de l'époque. Le comte de Melun, n'ayant pu la déterminer à répondre à sa passion, s'introduisit chez elle dans la nuit du 10 ou du 11 mai 1728, l'enleva ainsi que sa sœur, et les retint par force dans son hôtel jusqu'à ce qu'elles aient répondu à ses infâmes désirs ; l'aînée n'avait que dix-huit ans, et la plus jeune seize ans.

Rue St-Claude, n° 30, habita longtemps le célèbre Cagliostro. Son appartement est resté décoré comme il l'avait fait jusqu'en 1810. C'est à cette époque seulement que le mobilier fut vendu à domicile par le ministère d'un commissaire-priseur. Tous les effets de l'optique et de l'acoustique y étaient ménagés avec un art merveilleux, et c'était à l'aide de ce double artifice qu'il faisait apparaître les ombres de certains personnages, qu'il faisait ses évocations, qu'il portait dans l'esprit des spectateurs la terreur ou la joie. Tous les prestiges de l'art étaient mis en jeu, et de nombreux compères le secondaient à merveille. Cagliostro était un homme d'esprit, qui a fait pendant longtemps un ample usage de la crédulité des sots. Le cardinal de Rohan était le plus crédule de ses adeptes.

C'est aussi dans la rue St-Claude que demeurait la comtesse de la Motte, si scandaleusement célèbre par l'affaire du collier.

Rue de Thorigny, n° 11, et rue des Coutures-St-Gervais, n° 1, est l'hôtel de Juigné qui disputait jadis à l'hôtel Lambert l'admiration des Parisiens et des étrangers, et qui était sans contredit l'un des plus beaux hôtels de Paris. Cet hôtel a été bâti par le riche traitant Aubert, dont le sel avait fait la fortune, ce qui avait fait donner à son hôtel le nom d'*hôtel salé*. Plus tard, il fut acquis par Lecamus, secrétaire du roi, mort en 1688 à l'âge de quatre-vingts ans, qui avait donné son nom à cet hôtel; il était venu à Paris avec vingt livres, et partagea neuf millions à ses enfants après s'être gardé quarante mille livres de rente. L'hôtel Lecamus passa ensuite à la maison de Juigné dont il a conservé le nom; il a été pillé à l'époque de la révolution, et toutes les peintures ont été effacées. On y entre par une grande cour dont les bâtiments sont ornés de pilastres corinthiens; l'escalier est d'une rare magnificence. Le maréchal de Villeroy a longtemps demeuré dans cet hôtel, qui était occupé naguère par l'école des arts et manufactures.

La rue Barbette doit son nom à une belle maison de plaisance qui appartenait au commencement du xiie siècle à la famille Barbette, célèbre sous le règne de Philippe le Bel. Cette maison de plaisance se trouvait au milieu d'un vaste emplacement nommé depuis la Courtille-Barbette, situé entre la rue Culture-Ste-Catherine et la rue du Temple, et tenant d'un côté à la porte Barbette, près des Blancs-Manteaux, et de l'autre à des égouts nommés les égouts de la Courtille-Barbette. L'hôtel Barbette qui avait appartenu en 1298 à Etienne Barbette, voyer de Paris, maître de la monnaie et prévôt des marchands, fut ruiné par le peuple dans une émeute en 1306. Sur son emplacement Charles VI fit construire une maison de plaisance qui porta le nom d'hôtel Notre-Dame et de petit Séjour de la reine. Ce fut dans cet hôtel que la reine Isabeau de Bavière accoucha en 1407, et ce fut dans une maison voisine que se tinrent cachés pendant dix jours les meurtriers qui assassinèrent le duc d'Orléans le 23 novembre 1407, au moment où il sortait de chez la reine.

Diane de Poitiers, duchesse de Valentinois, demeurait à l'hôtel Barbette. Les duchesses d'Aumale et de Bouillon, ses filles, le vendirent à différents particuliers, qui le firent démolir; c'est sur son emplacement qu'ont été percées les rues des Trois-Pavillons, du Parc-Royal et la rue Barbette, où est une succursale de la maison d'éducation des filles de la Légion d'honneur. — Dans l'espace qui sépare la rue Barbette de la rue des Francs-Bourgeois, rue Vieille-du-Temple, on remarquait en 1789 un reste de porte de l'ancien hôtel Barbette. Une des jolies tourelles du vieux bâtiment subsiste encore aujourd'hui au coin de la rue des Francs-Bourgeois.

C'est en face de l'hôtel Barbette qu'était la maison de Jean Ferron, époux de LA BELLE FERRONIÈRE, maîtresse de François I*r*. Jean Ferron, dont la maison était encore debout il y a quelques années, avant qu'on eût élargi la rue Barbette, animé contre sa femme et contre le roi d'une horrible vengeance, s'infecta volontairement d'une maladie honteuse qui causait alors une mort presque inévitable; le venin de cette maladie coula bientôt dans les veines de sa jeune et belle compagne, et atteignit ainsi le roi, qui, malgré tous les soins, tous les efforts, en mourut en 1547. On voyait autrefois le tombeau de la Ferronière dans le couvent de St-Maur.

Rue des Minimes, n° 6, était le COUVENT DES MINIMES, dont une partie est aujourd'hui occupée par une caserne d'infanterie. Dès l'an 1493, les minimes avaient à Chaillot une maison qu'ils tenaient de la libéralité d'Anne de Bretagne. En 1611, Marie de Médicis fit bâtir pour ces religieux un monastère et une église sur une partie des jardins du palais des Tournelles et de l'ancien hôtel de Vitri. L'église fut richement décorée en marbre précieux et en beaux tableaux. On y remarquait les mausolées, les statues, les cénotaphes et les épitaphes de la famille Colbert; de Charles de Viéville, de la duchesse d'Angoulême, fille naturelle de Henri II et d'une Piémontaise; de Charles de Valois, duc d'Angoulême, fils naturel de Charles IX et de Marie Touchet; de Jean de Lannoy, savant docteur en théologie; du président le Jay; d'Abel de Ste-Marthe, bibliothécaire du roi.

Rue St-Antoine, impasse Guémenée, demeurait la célèbre MARION DE LORME. « C'était, dit Tallemant des Réaux, une belle personne, d'une grande mine, qui chantait bien, jouait bien du théorbe, et faisait tout de bonne grâce; si elle eût voulu se marier, elle eût eu vingt-cinq mille écus en mariage; mais elle ne le voulut pas; elle était magnifique, dépensière et naturellement lascive. Elle avouait qu'elle avait eu inclination pour sept ou huit hommes et non davantage : des Barreaux, qui fut le premier, Rouville, Miosseul, à qui elle écrivit par une fantaisie qui lui prit de coucher avec lui, Arnaud, Cinq-Mars, de Châtillon et de Brissac. — Elle mourut au mois de juin 1650 à l'âge de trente-neuf ans, dans tout l'éclat de sa beauté, d'une forte dose d'antimoine qu'elle avait prise pour se faire avorter et qui la tua. Sorel, dans sa Muse historique, du 30 juin 1650, fait mention de sa mort en ces termes :

> La pauvre Marion de Lorme,
> De si rare et plaisante forme,
> A laissé ravir au tombeau
> Son corps si charmant et si beau.

On la vit morte durant vingt-quatre heures, sur son lit, avec une couronne de pucelle. Enfin le curé de St-Gervais dit que cela était ridicule. » Ainsi se trouve détruit l'absurde roman qui prolonge l'existence de Marion de Lorme jusqu'à l'âge de cent trente-quatre ans, et la fait mourir à Paris sur la paroisse St-Paul en 1741.

Rue St-Antoine, au coin de la rue de l'Egout, est le marché Ste-Catherine, qui occupe l'emplacement où était le monastère des chanoines de STE-CATHERINE DU VAL-DES-ECOLIERS, fondé en 1201, et considéré plus tard comme le collège de tout l'ordre du Val-des-Ecoliers. C'est devant l'église de ce monastère où l'on voyait les tombeaux du chancelier d'Orgemont, du chancelier Réné de Biragues, et celui de J. Ligneris, que furent exposés, en 1358, les corps d'Etienne Marcel, prévôt des marchands, et de cinquante-quatre de ses complices, tués près de la première porte de la Bastille.

Impasse Guémenée, n°ˢ 4 et 8, était la communauté des filles de la Croix, fondée en 1640, supprimée en 1790, et occupée aujourd'hui par un établissement industriel.

L'impasse des Hospitalières doit son nom à un couvent de religieuses fondé en 1624 pour le soulagement des pauvres filles et femmes malades, qui fut supprimé en 1792 et converti en filature de coton, établie en faveur des indigents.

Rue Neuve-Menilmontant, et boulevard des FILLES-DU-CALVAIRE était le couvent de ce nom, fondé en 1635 et supprimé en 1790.

Vers la fin du siècle dernier, un nommé Guyard, neveu du célèbre Fourcroy, ami des arts et des artistes, fit bâtir sur une partie des débris des bâtiments de ce couvent un théâtre à qui l'on donna le nom de BOUDOIR DES MUSES. La salle fut pourvue de décorations, d'accessoires, et servit d'abord à donner des représentations bourgeoises. Plus tard, des comédiens furent engagés, on y joua la haute comédie, l'opéra, le vaudeville, et le Boudoir des Muses devint le théâtre de la rue Vieille-du-Temple. Ce théâtre fut supprimé en 1807, et démoli quelque temps après.

Rue St-Louis au Marais, n°ˢ 48 et 50, était l'HÔTEL DE TURENNE, vendu en 1694 par le cardinal de Bouillon. Il est occupé aujourd'hui par une congrégation de dames franciscaines, qui y ont fait bâtir une église livrée au culte en 1835, sous le vocable de St-Denis du St-Sacrement.

Tout l'emplacement qui se trouve à l'extrémité de la rue St-Louis et qui avoisine le Temple était au commencement du xvii° siècle un vaste marécage, que Henri IV eut le projet de convertir en 1608 en une grande et magnifique place, qui devait porter le nom de place de France, et à laquelle devaient aboutir plusieurs rues portant les noms des principales provinces du royaume. La mort prématurée du roi vint renverser ce beau projet. Cependant, en 1626, quelques-unes des rues qui avaient déjà reçu leur alignement furent assez promptement bordées de maisons et reçurent les noms qu'elles portent encore aujourd'hui. Telles sont les rues de Bourgogne, d'Orléans, de Berry, de Touraine, de Limoges, d'Angoumois, de la Marche, de Beaujolais, de Beauce, etc.

Au n° 9 était l'hôtel de Joyeuse.

La rue des Trois-Pavillons portait autrefois le nom de Diane de Poitiers. Après la mort de Henri II, Diane de Poitiers ayant été exilée à Anet, son nom fut effacé de cette rue à laquelle on donna celui des Trois-Pavillons, qu'elle dut à une maison située à l'angle de cette rue et de celle des Francs-Bourgeois, et qui se faisait remarquer par trois pavillons.

Impasse de la Poissonnerie On voit une jolie fontaine, qui se compose d'une façade dont le milieu, en avant-corps, est orné de pilastres par devant, en retour, supportant un fronton triangulaire, derrière lequel s'élève une petite coupole qui se termine par un bout de pyramide. Le mur qui sert de fond à cet avant-corps ne dépasse point la hauteur du fronton, et chaque côté est percé d'une porte. Des dauphins, des rosaces et des congélations décorent les différentes parties de cette jolie fontaine.

N° 30. QUARTIER POPINCOURT.

Ci-devant *section Popincourt*.

Les limites de ce quartier sont : le mur d'enceinte de la barrière de Menilmontant à la barrière de Fontarabie, la rue Charonne n°s impairs, la rue Louis-Philippe et la rue d'Aval n°s impairs, le boulevard Beaumarchais et le boulevard des Filles-du-Calvaire n°s impairs, la rue de Menilmontant jusqu'à la barrière de ce nom. — Superficie 1,890,000 m. carrés, équivalant à 0,057 de la superficie totale de Paris.

On remarque dans ce quartier :

L'église St-Ambroise, située rue de Popincourt, au coin de la rue St-Ambroise. C'est un édifice assez vaste et solidement construit, dont le portail pyramidal produit un effet agréable. Elle servait autrefois de chapelle aux religieuses de l'Annonciade du St-Esprit, qui vinrent s'établir rue de Popincourt en 1636, et dont le couvent fut bâti sur l'emplacement d'une maison de plaisance que possédait en ce lieu, vers 1403, Jean de Popincourt, premier président du parlement de Paris sous Charles VI. — Sous Charles IX, cette maison fut affectée à un temple de calvinistes que le connétable de Montmorency pilla et brûla le 31 décembre 1561. Les annonciades furent sécularisées en 1782, et leur couvent converti en une grande caserne qu'occupaient les gardes françaises au commencement de la révolution. La chapelle de ce couvent, vendue comme bien national en l'an II, a été rachetée en 1811 par la ville de Paris, restaurée et considérablement agrandie en 1818.

La prison de la Roquette, située rue de la Roquette, n° 112. Cette prison a été construite pour remplacer la prison de Bicêtre, qui n'est plus occupée que par des vieillards et des fous. Elle a été achevée en 1836, et a coûté environ un million trois cent mille francs. — Cette prison a été bâtie avec un luxe de précautions qui n'a rien d'affecté et qui rendent les évasions, sinon impossibles par les moyens ordinaires, tout au moins extrêmement difficiles. Trois grilles de fer et quatre portes en chêne séparent la rue de la Roquette du grand préau de la prison. Ce préau est vaste; des bancs de pierre l'entourent de trois côtés; au milieu, sur une légère éminence est une fontaine à réservoir, et, tout auprès un bel arbre en fer pour le réverbère. Des bâtiments à trois étages encadrent le préau au nord, à l'est et à l'ouest; au sud est la chapelle de la prison. Le bâtiment du nord est occupé par l'administration; ceux de l'est et de l'ouest par les ateliers et les cellules des détenus. Au rez-de-chaussée du premier sont les tailleurs, les cordonniers et les chaussonniers ou nattiers; au rez-de-chaussée du second sont les ébénistes, les semeleurs et les serruriers. Les cachots occupent le rez-de-chaussée, dans le quartier de l'infirmerie.

La prison des jeunes détenus, située rue de la Roquette, n° 111. Cette prison ressemble à un château fort, avec ses quatre tours aux angles et sa chapelle au milieu. Sa construction date de 1837; elle a coûté plus de deux millions à la ville de Paris.

VARIÉTÉS HISTORIQUES ET BIOGRAPHIQUES.

Rue de Charonne, n° 95, était le couvent des religieuses de NOTRE-DAME DE BON-SECOURS fondé en 1648 et supprimé en 1790. Avant la révolution, ce monastère était l'asile de quantité de jolies femmes séparées de leurs maris, et le centre de la galanterie. Sous l'empire, le célèbre manufacturier Richard Lenoir établit dans les bâtiments de ce couvent une immense filature de coton et des ateliers de tissage qui firent la prospérité du quartier St-Antoine jusqu'à l'époque de la rentrée des Bourbons. La baisse subite qui eut lieu sur les cotons à cette époque occasionna à Richard Lenoir une perte de plusieurs millions.

Rue de Popincourt, il y avait, vers 1770, un théâtre particulier fréquenté par la meilleure compagnie de Paris, en femmes comme en hommes, et dont tous les sociétaires étaient des jeunes gens appartenant à la haute noblesse et très-riches. Cette réunion était une véritable assemblée de famille. Les comtes de Sabran, de Gouffier, de Lomesnil, etc., etc., la jeune marquise de Folville et sa sœur, etc., etc., y développaient des talents qui, véritablement, auraient été applaudis au

Théâtre-Français. C'est sur ce théâtre qu'Albony, qui devint ensuite célèbre sous le nom de Dazincourt, débuta dans le Crispin des *Folies amoureuses*, rôle dans lequel il mérita les applaudissements qui lui ont depuis été prodigués avec justice.

Rue Charonne, à l'hôtel Mortagne, habitait le célèbre Vaucanson. Le roi, à qui il avait légué les pièces de mécaniques de son invention qui composaient son cabinet, fit l'acquisition de l'hôtel de Mortagne, où tous ces objets étaient rassemblés, pour en faire un conservatoire public des arts et métiers, dont l'hôtel Mortagne est aujourd'hui une dépendance.

Rue de la Roquette habitait Réaumur, dans un hôtel bâti sur les dessins d'Ulin.

Rue des Amandiers-Popincourt, n° 12, habitait et est mort Parmentier en 1813.

N° 31. QUARTIER DU FAUBOURG ST-ANTOINE.

Ci-devant *section de Montreuil*.

Les limites de ce quartier sont : la rue d'Aval, et la rue Louis-Philippe n°⁸ pairs, la rue de Charonne n°⁸ pairs, le mur d'enceinte depuis la barrière de Fontarabie jusqu'à la barrière du Trône, la rue du Faubourg St-Antoine n°⁸ impairs, la place de la Bastille n°⁸ impairs, le boulevard Beaumarchais n°⁸ pairs jusqu'à la rue d'Aval. — Superficie 1,040,000 m. carrés équivalant à 0,032 de la superficie totale de Paris.

On remarque dans ce quartier :

L'église Ste-Marguerite, située rue St-Bernard-St-Antoine, n°⁸ 28 et 30. C'était en 1625 une petite chapelle, qui devint succursale en 1634, et paroissiale en 1712. L'église se trouvant insuffisante par l'accroissement de la population du faubourg St-Antoine, on construisit en 1765 une chapelle contiguë, élevée sur les dessins de Louis. Deux arcades forment l'entrée, et présentent entre elles le portrait en médaillon du célèbre mécanicien Vaucanson, mort en 1782.

Le principal ornement de cette église est la belle Descente de croix sculptée, sur les dessins de Girardon, par le Lorrain et Nourisson, ses élèves. Ce morceau capital, placé derrière le maître-autel, était autrefois dans l'église de St-Landry. Au pied de la croix, la sainte Vierge contemple, dans la douleur, le corps de Jésus descendu de cette croix. Deux anges sont auprès de la tête du Christ ; deux autres, dans les airs, viennent considérer le Sauveur ; un cinquième ange est au pied de la croix.

L'intérieur de l'église est décoré de peintures à fresque, exécutées par Brunetti ; elles représentent des ordonnances de colonnes, des bas-reliefs et des inscriptions relatives au caractère sépulcral de cette chapelle.

L'autel est en forme de tombeau antique ; derrière est un grand tableau, représentant le Purgatoire, peint par Briard : tout dans cette chapelle porte un caractère sombre et lugubre.

C'est dans la fosse commune du cimetière Ste-Marguerite, que fut enterré le fils de Louis XVI, mort le 8 juin 1795, à l'âge de dix ans et deux mois. Le roi Louis XVIII, son oncle, fit en vain rechercher en 1815 les restes de ce rejeton royal, à la mémoire duquel un monument expiatoire fut voté en 1816 par les deux chambres, sur la demande de M. de Châteaubriand.

La place de la porte St-Antoine ou de la Bastille. Cette place a été formée sur une partie de l'emplacement qu'occupaient les fossés de la Bastille et la porte St-Antoine. Elle servit aux exécutions du 21 prairial an II au 25 du même mois, époque où l'instrument de supplice fut transféré à la barrière du Trône, dite alors barrière renversée; quatre-vingt-dix-sept victimes y furent exécutées dans l'espace de cinq jours.

Le 10 juillet 1791, les restes mortels de Voltaire, transférés de l'abbaye de Sellières à Romilly, furent déposés à leur arrivée à Paris sur la place de la Bastille, au milieu d'un bosquet factice de myrtes, de roses et de lauriers. Le cercueil fut placé à l'endroit même qu'avait occupé la tour où fut la prison de Voltaire. Avec des pierres provenant de la démolition de cette forteresse, on avait formé un rocher sur le sommet et autour duquel on voyait diverses figures allégoriques et cette inscription :

REÇOIS EN CE LIEU
OÙ T'ENCHAINA LE DESPOTISME,
VOLTAIRE,
LES HOMMAGES QUE TE REND LA PATRIE.

Le lendemain, 11 juillet, le corps de Voltaire fut enlevé à deux heures après midi, et transféré avec solennité au Panthéon, en suivant les boulevards. Arrivé en face de l'Opéra, qui occupait alors le théâtre de la Porte-St-Martin, le cortége s'arrêta devant cet édifice, dont la façade était décorée de festons, de guirlandes de feuillage, et de draperies retroussées par des guirlandes de fleurs. Sur un autel antique était le buste de Voltaire, au-dessous duquel on lisait : *Temple de la Gloire*, et les titres des deux opéras *Pandore* et *Samson*, dont il était l'auteur. Des acteurs en habits de caractère, vinrent déposer sur le buste des couronnes et chantèrent un hymne à sa gloire. Le même hommage fut rendu aux mânes de cet immortel écrivain par les acteurs de l'Odéon.

La PORTE ST-ANTOINE, construite sous Henri II afin de renfermer la forteresse de la Bastille dans Paris, avait été décorée de sculptures par Jean Goujon ; restaurée et agrandie en 1670, elle fut démolie en 1777 pour faciliter la circulation du quartier alors comme aujourd'hui l'un des plus populeux de Paris.

La colonne de Juillet s'élève au centre de la place de la Bastille, sur l'emplacement où l'on eut le projet sous l'empire de construire la fontaine de l'Eléphant. Ce monument funéraire a été élevé par ordonnance royale du 6 juillet 1831, en l'honneur des victimes des trois journées. La colonne a depuis sa base jusqu'au sommet 52 m. 33 c. de hauteur ; elle est toute en bronze, ainsi que l'escalier intérieur, formé de deux cent cinq marches. Le piédestal, dont le fond est couvert d'un rang de cannelures, est décoré sur ses quatre faces d'une manière différente : sur la face principale se détache en ronde bosse un lion placé sur un zodiaque, qui représente la force populaire et le signe astronomique de juillet ; au-dessus, sur une large table, on lit cette inscripiton gravée en creux et dorée :

A LA GLOIRE
DES CITOYENS FRANÇAIS
QUI S'ARMÈRENT ET COMBATTIRENT
POUR LA DÉFENSE DES LIBERTÉS PUBLIQUES,
DANS LES MÉMORABLES JOURNÉES
DES 27, 28 ET 29 JUILLET 1830.

Sur la surface postérieure figurent les armes de la ville de Paris, et sur une table parallèle à la précédente, cette inscription :

LOI DU 13 DÉCEMBRE 1830.
Art. 15.
Un monument sera consacré à la mémoire des événements de Juillet.

LOI DU 9 MARS 1833.
Art. 2.
Ce monument sera érigé sur la place de la Bastille.

Les deux faces latérales, qui sont semblables, portent encadrées dans des guirlandes les dates des 27, 28, 29 juillet, sous lesquelles sont placées des couronnes de laurier et des palmes triomphales.

Les moulures du piédestal sont partout couvertes de riches ornements ciselés. Aux quatre angles sont placés des coqs gaulois.

Le fût de la colonne, partie uni, partie orné, est terminé par des cannelures en haut et en bas ; des bracelets ornés séparent en trois parties l'espace intermédiaire ; ces bracelets, au nombre de quatre, sont ornés de têtes de lion, dont la gueule ouverte donne du jour et de l'air à l'intérieur ; entre les têtes sont des boucliers, portant en chiffres saillants et dorés les dates 27, 28, 29 juillet 1830 : le reste du bracelet est couvert d'un rinceau d'ornements ; chacune des trois parties unies, de 5 m. de hauteur, représentant une des journées, est divisée en six colonnes, comprenant vingt-huit noms : ce qui fait cent soixante-huit entre chaque bracelet et cinq cent quatre pour la totalité.

Le chapiteau, la plus grande pièce de fonte qui ait encore été coulée, pèse dix mille cinq cents kilogrammes à lui seul, et ses dimensions sont vraiment colossales, car il a, par le haut, 5 m. de face ; sa hauteur est de 2 m. 70 c. ; ses ornements consistent, par le bas, dans un rang de petites feuilles, surmonté d'une corbeille autour de laquelle s'élèvent quatre grandes feuilles formant les angles de la pièce ; de la corbeille sortent des caulicoles qui vont caresser et supporter le tailloir, ainsi que des palmettes qui s'élèvent à droite et à gauche d'une tête de lion double de nature qui forme la rosace du chapiteau ; par-dessus le tout, les pieds appuyés sur les feuilles du bas, et la tête sous la gueule du lion, quatre enfants, de 1 m. 50 c. de hauteur, soutiennent, sur leurs bras, des guirlandes de fruits et de fleurs. Le chapiteau est couronné d'une balustrade à jour. Sur le milieu s'élève une lanterne, surmontée d'une statue dorée représentant le Génie de la Liberté, ayant brisé les fers du despotisme, et portant par le monde le flambeau de la civilisation : sur sa tête brille une étoile.

La colonne de Juillet est élevée sur deux soubassements en marbre blanc ; le premier est circulaire, et sur sa corniche unie se détachent vingt-quatre têtes de lion, dont la gueule ouverte sert à l'écoulement des eaux du ciel ; le deuxième, qui est carré et porté sur un socle en granit poli, est orné de moulures et de cadres au milieu desquels sont des médaillons de bronze représentant les attributs de la Justice, de la Charte, de la Force et de la Liberté : ceux des angles représentent des croix de Juillet. Autour de ces soubassements s'élève une grille en fonte de fer, ayant l'apparence d'une balustrade séparée en vingt-quatre parties par des pilastres et surmontée d'un rinceau représentant des fers de lance.

La porte qui conduit à la colonne donne aussi accès à une galerie circulaire dallée en marbre blanc parsemé d'étoiles et de croix noires ; cette galerie est éclairée par des grilles placées sur le premier soubassement et par des fenêtres garnies de vitraux colorés au travers desquels on aperçoit la grande voûte ogive du canal St-Martin.

Ce passage sert en quelque sorte de vestibule à deux caveaux funèbres, dans lesquels on arrive par quatre portes cintrées ; autour de ces portes en bronze découpé à jour, s'ajustent des pilastres et des corniches sculptées et surmontées chacune de trois couronnes de branches de chêne et de cyprès. Dans chaque caveau on a construit un vaste sarcophage de 14 m. de long sur 2 m. de large et 1 m. de profondeur, dans lequel sont déposés vingt-cinq cercueils contenant chacun les restes de douze des combattants.

VARIÉTÉS HISTORIQUES ET BIOGRAPHIQUES.

Le faubourg St-Antoine était autrefois un des endroits privilégiés de Paris, où les ouvriers et artisans pouvaient travailler pour leur compte, sans avoir été reçus maîtres dans les communautés des arts qu'ils exerçaient. Les autres lieux privilégiés étaient le cloître et le parvis Notre-Dame, la cour St-Benoît, l'enclos St-Denis de la Châtre, celui de St-Germain des Prés, celui de St-Jean de Latran, la rue de Lourcine, l'enclos St-Martin des Champs, la cour de la Trinité, la cour du Temple, les galeries du Louvre, l'hôtel des Gobelins, les maisons des peintres et sculpteurs de l'académie, les palais et hôtels des princes du sang, et les collèges de l'université.

Rue du Faubourg St-Antoine était une vaste maison occupée en 1788 par Réveillon, propriétaire d'une grande fabrique royale de papiers peints où travaillaient trois à quatre cents ouvriers. Lors des premières fermentations révolutionnaires, des ouvertures furent, dit-on, faites à ce fabricant pour l'engager à soulever le faubourg à l'aide de ses ouvriers. Ces offres ayant été rejetées, on jura de s'en venger et on tint parole. Le 28 avril 1789, sa maison fut envahie et livrée à un pillage général; les glaces, les meubles furent brisés, le linge, l'argenterie volés, les caves enfoncées, et lorsqu'on ne trouva plus rien à détruire ou à emporter, on mit le feu à la maison, qui fut en grande partie consumée par les flammes.

La rue du Faubourg St-Antoine figure avec gloire dans les fastes de la révolution de juillet. Le 28, la colonne de troupes composée d'infanterie, de cavalerie et d'artillerie, après avoir balayé par la mitraille et la mousqueterie les boulevards, prit position sur la place St-Antoine. A midi les fusillades et les feux de peloton dirigés sur la rue du Faubourg St-Antoine commencent et se succèdent sans interruption; le canon tonne de minute en minute; les hommes tombent de part et d'autre. Les habitants non armés se retirent jusqu'au carrefour de Reuilly. Là les troupes reçoivent un renfort d'un bataillon et de deux pièces de canon venant de Vincennes. La fusillade fut vive un peu en avant de la rue de Charonne. Trois officiers supérieurs furent tués vis-à-vis la maison portant les n°s 78, 80 et 82. Les artilleurs, exaspérés par la perte de ces officiers, firent de suite feu sur cette maison avec une batterie de douze et deux obusiers de vingt-quatre. Le premier coup de canon rasa au niveau des toits une grande mansarde : le second enleva le faîte d'une autre mansarde, et un troisième traversa un mur qui soutenait un gros corps de cheminées. Les obus enfoncèrent les toits, les plafonds, et causèrent dans les appartements, par leur explosion, un ravage épouvantable. Les maisons qui forment le coin où se trouve la fontaine sont restées criblées de balles, et il y eut beaucoup de victimes. La colonne n'alla pas plus loin. Elle ne tarda pas à revenir sur la place de la Bastille, d'où elle prit la route de la place de Grève par la rue St-Antoine. — La fusillade et la canonnade recommencèrent vers les cinq heures dans la rue du Faubourg St-Antoine, et se prolongèrent pendant trois quarts d'heure ; beaucoup de citoyens furent tués ou blessés dans cette rue. A six heures, la colonne de troupe revint sur la place de la Bastille, d'où elle se porta sur les quais. Quelques compagnies du 50° et les lanciers furent envoyés pour défendre le pont d'Austerlitz contre les habitants du faubourg St-Marceau qui arrivaient; l'infanterie et les lanciers cédèrent le passage; les citoyens du faubourg St-Marceau firent leur jonction avec ceux du faubourg St-Antoine. Peu après, toutes les troupes sous les ordres du général St-Chamant passèrent le pont d'Austerlitz, suivirent les boulevards extérieurs et se rendirent aux Invalides et à l'École militaire.

Rue de Montreuil était l'HÔTEL TITON DU TILLET, connu aussi sous le nom de Folie-Titon, où Titon du Tillet avait réuni une riche collection de tableaux des plus grands maîtres. Il y avait dans cet hôtel un théâtre dont on parla beaucoup dans son temps, et sur lequel on donna en 1762 une représentation d'*Annette et Lubin*.

Rue St-Bernard, n° 26, était le couvent des FILLES STE-MARGUERITE ou de NOTRE-DAME DES VERTUS, fondé dans cette rue en 1685 et supprimé en 1790.

Rue de Charonne, n° 86, est l'entrée de la communauté des FILLES DE LA CROIX, fondée en 1641, supprimée en 1790 et rétablie en 1817. L'église renfermait le tombeau de Cirano de Bergerac, et de l'ingénieur militaire de Pagnan.

Au n° 88 était la communauté de la MADELEINE DU TRAISNEL, établie en ce lieu en 1654, et supprimée en 1790.

Le boulevard Beaumarchais doit son nom au célèbre BEAUMARCHAIS, qui demeurait dans une maison d'une architecture alors sans modèle, si ce n'est en Italie, qu'il avait fait bâtir sur cette partie du boulevard qui se termine à la place de la Porte-St-Antoine. Cette maison, dont dépendait un vaste et beau jardin, a conservé jusqu'à ces derniers temps le nom de maison de Beaumarchais, qu'elle a transmis ensuite au boulevard; elle a été démolie en 1818 pour faciliter l'ouverture du canal St-Martin. Sur le terrain restant, on construisit un grenier à sel qui a été démoli en 1841. Le pavillon du jardin n'a été entièrement démoli qu'en 1826. L'épaisse et solide construction des murs de clôture et de l'hôtel de celui qui disait si plaisamment : « Qui sait si le monde durera encore six semaines? » promettait une durée séculaire; on a peine aujourd'hui à en reconnaître l'emplacement. Du côté du boulevard était la porte d'entrée, qui a longtemps porté cette inscription :

> Ce petit jardin fut planté
> L'an premier de la liberté.

Une large voûte souterraine, assez éclairée, conduisait de cette porte au milieu du jardin, et de là dans une cour à l'italienne, au centre de laquelle planait, sur un massif d'arbustes, une statue du Gladiateur combattant. Une statue de Voltaire, copiée sur celle du péristyle du Théâtre-Français, décorait l'entrée des appartements; la salle de concert était ronde et richement ornée. On descendait dans la salle à manger par un perron dont chaque marche était décorée d'arbustes fleuris. Le jardin était distribué avec tant d'art, que l'on ne s'apercevait point de son peu d'étendue; on y trouvait sans confusion des grottes, des bosquets, des rocailles, un bassin de forme bizarre. Au milieu s'élevait une grande salle en forme de parallélogramme allongé, percée à ses extrémités de deux portes surmontées de deux bas-reliefs représentant, l'un Ganymède et l'autre Hébé. L'entrée du côté de la maison portait cette inscription:

Erexi templum à Bacchus
Amicisque gourmandibus.

A l'angle du jardin, du côté de la rue Amelot et de la rue qui porte aujourd'hui le nom de rue Louis-Philippe, était un pavillon de forme ronde, sur la porte d'entrée duquel on lisait:

A VOLTAIRE.
Il ôte aux nations le bandeau de l'erreur.

L'intérieur était orné de vues de Ferney et des environs, peintes à fresque sur les murailles; un balcon circulaire entourait ce pavillon, dont le faîte était surmonté d'un petit globe sur lequel tournait une plume dorée. — Beaumarchais, dont la vie active embrasse toute la fin du xviii siècle, et dont les ouvrages représentent l'esprit de cette époque, mourut subitement, le 19 mai 1799, dans sa maison du boulevard, que sa veuve et sa fille ont habitée jusqu'à l'époque de sa destruction; il fut de la première commune provisoire de Paris, où il ne siégea que quelques jours. Convaincu que l'esprit humain est né pour avancer, et que chacun ici-bas doit chercher à lui faire faire une part du chemin, il le poussa hardiment en avant, sans s'inquiéter de ce qu'en penseraient ceux qui marchent en arrière, ceux qui marchent de côté, et enfin ceux qui ne marchent pas du tout.

N° 32. QUARTIER DES QUINZE-VINGTS.

Ci-devant *section des Quinze-Vingts.*

Les limites de ce quartier sont: la place de la Bastille, la rue du Faubourg St-Antoine n°s pairs, le mur d'enceinte de la barrière du Trône à la barrière de la Rapée, le quai de la Rapée, la place Mazas, la rue Contrescarpe, qui forme la limite du quartier, mais qui est comprise dans le premier arrondissement. — Superficie 2,760,000 m. carrés, équivalant à 0,084 de la superficie totale de Paris.

Les établissements les plus remarquables de ce quartier sont:

L'hôpital St-Antoine, situé rue du Faubourg St-Antoine, nos 206 et 208. Il occupe une partie de l'emplacement qu'occupait l'ABBAYE ST-ANTOINE, communauté fondée en 1198 pour des filles repenties, érigée en abbaye en 1204 et richement dotée par Louis VIII à l'occasion de la naissance de son fils (saint Louis). — L'abbesse de ce monastère prenait le titre de dame du faubourg St-Antoine, et jouissait de tous les privilèges attachés à cette seigneurie.

L'abbaye St-Antoine était un lieu privilégié. L'enclos était entouré d'un fossé dans lequel Louis XI conclut, en 1465, une trêve avec les princes qui s'étaient armés contre lui pendant la guerre dite du bien public. Le roi prétendit que la trêve avait été violée, et, pour perpétuer le souvenir de cette félonie, fit élever à l'angle de la rue de Reuilly une croix en pierre, qui a depuis longtemps disparu, où on lisait cette inscription :

> L'AN M. CCCC. LXV
> FUT TENU ICI LE LANDIT DES TRAHISONS
> ET FUT PAR UNE TREVES
> QUI FURENT DONNÉES,
> MAUDIT SOIT-IL QUI EN FUT CAUSE !

Derrière l'abbaye St-Antoine furent brûlés cinquante-quatre templiers le 12 mai 1310. — L'église de cette abbaye était richement décorée ; on y voyait plusieurs tombeaux, entre autres ceux de Jeanne et de Bonne de France, filles de Charles V. — L'abbaye St-Antoine fut supprimée en 1790, et les bâtiments ont été, par un décret de la convention nationale du 17 juin 1795, convertis en un hôpital assimilé à celui de l'Hôtel-Dieu.

L'hospice des Quinze-Vingts, situé rue de Charenton, n° 38. Cet hospice, fondé, à ce que l'on présume, par saint Louis, pour trois cents aveugles, rue St-Honoré, au coin de la rue St-Nicaise, fut transféré en 1779 rue de Charenton, dans l'hôtel anciennement occupé par les mousquetaires noirs, vaste bâtiment construit aux frais de la ville de Paris de 1699 à 1701. Quelque temps après cette époque, des modifications furent introduites dans le régime de cet établissement, et l'on fixa le nombre des pauvres aveugles à huit cents. — Sous la république, l'hospice des Quinze-Vingts fut réorganisé sur de nouvelles bases, et reçut le nom de *Maison des aveugles*.

Un document curieux relatif à cet établissement est consigné dans le tome II des registres de la commune de Paris, p. 13,345, où on lit ce qui suit : « *Séance du sextidi 26 brumaire, l'an II de la république française une et indivisible.* — L'administration des Quinze-Vingts apporte tous les objets de charlatanisme des prêtres, entre autres la fameuse chemise de saint Louis, qui se trouve n'être qu'une chemise de femme. Le conseil arrête que cette chemise sera brûlée sur-le-champ, et quant aux autres objets d'or et d'argent, le conseil arrête qu'ils seront envoyés à la monnaie. Mention civique est faite de la conduite de l'administration des Quinze-Vingts, et insertion aux affiches de la commune. »

L'hospice des Quinze-Vingts est aujourd'hui régi sous l'autorité du ministre du commerce et des travaux publics. Les aveugles admis dans l'établissement reçoivent en argent 375 fr. par an, en pain 68 fr. 50 c., en habillement 31 fr., soit 474 fr. 50 c. Les maris et femmes voyants des aveugles reçoivent annuellement 109 fr. 50 c., chaque enfant 15 c. par jour, ou 54 fr. 75 c. par an. — Indépendamment des secours accordés aux membres de l'hospice, sept cents pensions ont été successivement créées en faveur d'aveugles externes des départements, savoir : cent pensions de 200 fr., deux cent cinquante de 150 fr. et trois cent cinquante de 100 fr.

L'hospice des Orphelins, situé rue du Faubourg St-Antoine, nos 124 et 126. Il occupe l'ancien hôpital des Enfants-Trouvés, construit en 1669, dont l'établissement a été transféré, en 1800, rue d'Enfer, dans les bâtiments de l'institution de l'Oratoire, construits de 1650 à 1657. — On ne reçoit dans cet établissement que des orphelins de deux à douze ans ; en 1842 il y est entré neuf cent soixante-trois enfants des deux sexes.

Le marché Beauveau, situé place de ce nom. Il a été établi en 1777 sur une partie de l'enclos de l'abbaye St-Antoine, et concédé à la ville de Paris en 1811.

VARIÉTÉS HISTORIQUES ET BIOGRAPHIQUES.

Les rois de la première race avaient, **rue de Reuilly**, un palais où Dagobert Ier épousa Gomatrude, et où il la répudia pour épouser Nanthilde. Plus tard, ce palais fut remplacé par le gothique château de Reuilly, dont les ruines ont été longtemps affectées à une cour des miracles, rendez-vous des faux estropiés, des faux aveugles et d'une multitude de mendiants. Sur l'emplacement de ce repaire (rue de Reuilly, n° 24), Rivière Dufreny fonda, sous la protection de Colbert, une manufacture de glaces, dont les bâtiments sont aujourd'hui occupés par une caserne d'infanterie.

Au n° 99 est la congrégation des DAMES DE STE-CLOTILDE, maison d'éducation pour les jeunes filles du quartier.

Petite rue de Reuilly, n° 12, était le couvent des filles de la Trinité, dites MATHURINES, établi en ce lieu en 1613 et supprimé en 1790.

Rue Moreau, n° 10, était le couvent des FILLES ANGLAISES, établi dans cette rue, au coin de la rue de Charenton, en 1670, et supprimé en 1790.

Rue de la Planchette était l'hôtel Rambouillet, jolie maison de plaisance environnée de magnifiques jardins, créée en 1676 par le financier Rambouillet, d'une famille tout à fait distincte de la maison d'Angennes de Rambouillet. Du temps de Sauval, on appelait ce lieu le jardin de Reilly ou la Folie-Rambouillet. « Dans ce jardin, dit-il, se trouvent des allées de toutes figures et en quantité. Les unes forment des pattes d'oie, les autres des étoiles ; quelques-unes sont bordées de palissades, d'autres d'arbres ; la principale, qui est d'une longueur extraordinaire, conduit à une terrasse élevée sur le bord de la Seine ; toutes ensemble forment un réduit si agréable, qu'on y vient en foule pour se divertir. Dans des jardins séparés se cultivent en toutes saisons un nombre infini de fruits si beaux et si excellents, que les plus grands seigneurs sont obligés de faire la cour au jardinier quand ils font de magnifiques festins ; et même le roi lui en envoie demander. » On voit encore, rue de Charenton, une porte d'entrée et les restes des pavillons qui marquaient les quatre angles de ce beau jardin, dont des marais bien cultivés ont pris la place. — C'est à l'hôtel Rambouillet que se rendaient autrefois les ambassadeurs des puissances étrangères non catholiques le jour de leur entrée solennelle.

Rue de Picpus, n° 37, était le couvent des pénitents réformés du tiers ordre de St-François, vulgairement appelé Picpus, fondé en 1601 ; l'église, dont Louis XIII posa la première pierre en 1611, renfermait les tombeaux du cardinal du Perron, du maréchal de Choiseul, du duc de Mortemart et de plusieurs autres grands personnages. Les bâtiments de ce monastère ont été vendus en 1790, et forment aujourd'hui une propriété particulière.

Aux n°s 15, 17 et 19, était la communauté des chanoinesses de Notre-Dame de la Victoire de Lépante, établie à Picpus en 1647, supprimée en 1790, et transformée en une filature de coton. — Le cimetière de cette maison fut affecté pendant la terreur à la sépulture des victimes immolées sur l'échafaud révolutionnaire lorsqu'il fonctionnait sur la place de la Bastille et à la barrière du Trône. Sous l'empire, ce cimetière a été concédé aux parents de ces victimes, qui seuls ont le droit d'y être inhumés : Mme de Lafayette, fille du duc d'Ayen, y a été enterrée, et le général Lafayette y repose à côté de son épouse. Tous les ans on célèbre dans la chapelle de ce cimetière un service funèbre, où sont invités tous les parents connus des personnages qui ont péri sur la place de la Bastille et à la barrière du Trône.

Au n° 23 est la maison mère des dames de la congrégation de la Mère de Dieu, noviciat unique de cette congrégation et pensionnat de jeunes personnes.

Au n° 15 est la congrégation des DAMES DU SACRÉ-CŒUR de Jésus et de Marie.

Au n° 8 est la MAISON HOSPITALIÈRE D'ENGHIEN, hospice fondé en 1819 par la duchesse de Bourbon (50 lits).

Au n° 9 est la CONGRÉGATION DU SACRÉ-CŒUR de Jésus et de Marie, fondée en 1805. Elle tient au séminaire théologique, et envoie des missionnaires en Belgique, dans l'Océanie, au Chili, etc.

Rue du Faubourg St-Antoine, n° 232, demeurait, en 1791, le fameux brasseur SANTERRE. D'abord lieutenant dans la garde nationale parisienne, il devint, quelques années plus tard, commandant de cette même garde nationale, ce qui ne l'empêcha pas de continuer son état de brasseur. Il fut chargé pendant un moment du commandement de l'armée révolutionnaire, qu'on ne tarda pas à lui retirer pour le confier au général Ronsin, auteur dramatique et comédien au théâtre de l'Ambigu-Comique. C'est à tort qu'on a dit que Santerre commandait les troupes qui assistaient à l'exécution de Louis XVI; elles étaient sous les ordres du comte d'Espagnac, qui ordonna le roulement au moment où Louis XVI entreprenait de parler au peuple. Santerre est mort vers 1809, dans le Faubourg St-Antoine. Son fils avait transféré son établissement rue Notre-Dame-des-Champs, n° 7, ancien hôtel de Montmorency.

NEUVIEME ARRONDISSEMENT.

Les limites de cet arrondissement sont : à partir du port au Blé, la place de l'Hôtel-de-Ville à droite, la rue de la Tixeranderie n°ˢ impairs, la rue St-Antoine n°ˢ impairs, partie de la place de la Bastille, la rue Contrescarpe, la rive droite de la Seine jusque vis-à-vis l'île St-Louis, les quais de Béthune et d'Orléans jusque vis-à-vis l'île de la Cité, les quais de l'Archevêché, l'Hôtel-Dieu, le Marché-Neuf, la rue de la Barillerie n°ˢ impairs, le quai Desaix, le quai Napoléon jusqu'au pont d'Arcole vis-à-vis de la place de l'Hôtel-de-Ville.

N° 33. QUARTIER DE L'ILE ST-LOUIS.

Ci-devant *section de la Fraternité*, et ensuite *section de l'Ile.*

Les limites de ce quartier sont : les quais de Bourbon, d'Aujou, de Béthune et d'Orléans. — Superficie 110,000 m. carrés, équivalant à 0,003 de la superficie totale de Paris.

On remarque dans ce quartier :

L'église St-Louis-en-l'Ile, située rue St-Louis, à l'angle de la rue Poulletier. Cette église doit son origine à une chapelle construite en 1618 par un maître couvreur nommé Nicolas Lejeune. L'ile s'étant rapidement peuplée, cette chapelle fut érigée en église curiale en 1623, par l'archevêque de Paris, François de Gondy. Le nombre des habitants étant devenu de plus en plus considérable, on posa en 1664 la première pierre d'une nouvelle église, dont la chapelle primitive forma la nef. Cet ancien édifice s'étant écroulé en partie en 1702, on commença la même année la reconstruction de la nef. Louis Levau donna les premiers plans, et c'est sous sa direction que le chœur fut bâti. La nef fut achevée en 1723, sur les dessins de Levau et sur ceux de Gabriel le Duc, qui continua l'œuvre. Louis XIV et Louis XV fournirent les sommes qu'exigea cette construction, et les paroissiens y contribuèrent par leur générosité. L'église fut consacrée sous l'invocation de saint Louis le 14 juillet 1726. La coupole du transsept a été construite de 1724 à 1725. La riche sculpture de toutes les parties de ce charmant édifice est l'ouvrage de J.-B. Champagne, neveu de Philippe de Champagne. Des pilastres corinthiens décorent ses arcades élégantes : la disposition des chapelles des croisées est fort heureuse. Le clocher, construit en pierre, en forme d'obélisque percé à jour, offre un aspect singulier. Ces embellissements furent exécutés avec le produit d'une loterie accordée à cette église. — Le poète Quinault avait été enterré dans l'église St-Louis en 1688, ainsi qu'Antoine Uyon d'Hérouval, qui y avait un tombeau.

Le cimetière de la paroisse de St-Louis était dans cette rue, à l'endroit où existe aujourd'hui la maison portant le n° 9, dont la porte était celle du cimetière; mais quelque temps avant la révolution, on n'y enterrait plus, les corps étaient portés au cimetière de Clamart, qui est maintenant fermé.

Le pont de la Tournelle. Ce pont, situé sur le bras méridional de la Seine, communique du quai de la Tournelle à l'île St-Louis. Très-anciennement il y avait en cet endroit un pont de bois, dit le *pont de fust de l'isle Notre-Dame et St-Bernard, lequel fut planchié en septembre* 1370; *en 1369 on y fit une tournelle carrée et une porte qui fut étoupée* (blanchie) *l'année suivante.* Ce pont, détruit, à ce qu'il paraît, par les eaux, fut remplacé en 1620 par un autre pont qu'emporta l'inondation de 1637; il fut rétabli et emporté de nouveau par les eaux. Ce fut seulement en 1656 qu'on commença la construction du pont actuel. Une inscription ainsi conçue en retrace le souvenir :

> Du règne de Louis XIV,
> de la prévôté de messire Alexandre de Sève,
> prévôt des marchands,
> ce présent pont a été bâti.

L'inscription française était accompagnée de ce distique latin :

Ædiles recreant submersum flumine pontem,
Non est officii sed pietatis opus.

En 1695, on construisit au-dessous de la première arche du pont de la Tournelle, du côté de l'île St-Louis, une machine hydraulique destinée à alimenter plusieurs fontaines ; le succès qu'on en attendait n'ayant pas été réalisé, cette machine fut démolie en 1705.

Le pont de la Tournelle doit son nom au château de la Tournelle, qui était situé entre la porte St-Bernard et la rivière. C'était une tour de forme carrée que Philippe Auguste avait fait bâtir en 1185, pour servir à la défense de la ville de ce côté, conjointement avec la tour Loriot, construite sur le terrain de l'île St-Louis, et la cour de Billy qui était près des Célestins. A chacune de ces tours étaient attachées de grosses chaînes qui traversaient la rivière, et qui étaient portées sur des bateaux plats, disposés de distance en distance. En 1632, saint Vincent de Paul obtint de Louis XIII la permission de loger les galériens dans la forteresse de la Tournelle ; un autre ami de l'humanité légua six mille livres de rente à ces prisonniers, qui ne vivaient auparavant que des charités publiques. La forteresse prit alors le nom de *prison de la Tournelle;* le concierge était nommé par le ministère de la marine. C'était de la prison de la Tournelle que partait la chaîne des galériens. Le 3 septembre 1792, lors du massacre des prisons de Paris, une bande d'égorgeurs se transporta dans cette prison, où étaient soixante-treize condamnés aux fers qui devaient partir le lendemain pour leur destination ; ils furent tous massacrés. — La tour et la porte St-Bernard, qui y était attenante, furent démolies peu de temps après.

Le pont de la Tournelle est composé de six arches à plein cintre, et a été construit avec une solidité qui a déjà bravé près de deux siècles, en un point où les glaces de la Seine vont se heurter avec force contre ses piles en éperons. Sa longueur est de plus de 108 m., sur une largeur de 14 m. — Ce pont a été complétement restauré et considérablement élargi en 1845.

Le Pont-Marie, situé sur le bras septentrional de la Seine ; il communique du quai des Ormes à l'île St-Louis. Ce pont a été construit à peu près au même endroit où, selon Sauval, existait en 1360 le pont de *fust* (de bois) *d'emprès St-Bernard aux Barrés*, et tout porte à croire que ce pont fut emporté par les eaux. Un autre pont, construit sur le même emplacement, fut emporté par l'inondation de 1637. Le Pont-Marie fut commencé par Christophe Marie, entrepreneur des ponts et chaussées, et sa construction subit les diverses phases qui signalèrent l'entreprise des bâtiments de cette île. Le roi Louis XIII et la reine mère en posèrent la première pierre le 11 décembre 1614; il fut achevé et couvert sur les deux côtés de cinquante maisons, dont chacune avait une profondeur d'un peu plus de 8 m. Le 1er mars 1658, entre minuit et une heure, un grand débordement de la Seine entraîna les deux arches du côté de l'île et vingt-deux maisons qui y étaient bâties ; près de soixante personnes perdirent la vie par suite de cet événement. L'année suivante, le roi ordonna par lettres patentes du 17 mars, que la pile et les deux arches fussent rétablies ; mais il fut interdit d'y construire des maisons. En attendant le rétablissement du pont, on construisit au-dessus un pont de bois, suffisamment large pour le passage des voitures, qui aboutissait aux arches conservées ; et pour faciliter la reconstruction du pont, on permit de percevoir pendant dix ans un droit de péage ; ce qui explique pourquoi le Pont-Marie est quelquefois désigné sous le nom de *Pont-au-Double*. Les vingt-huit maisons dont restait chargé le pont furent démolies en 1786, ainsi que quelques autres qui faisaient le retour de ce pont, vis-à-vis le quai des Ormes.

Le Pont-Marie, entièrement bâti en pierres de taille, a cinq arches en plein cintre ; il a 100 m. de longueur sur un peu plus de 25 m. de large.

Le pont ou passerelle de la Cité, situé sur le bras de la Seine qui sépare l'île St-Louis de la Cité, établit une communication entre ces deux îles. Marie et ses associés, qui avaient obtenu l'entreprise de couvrir de maisons l'île Notre-Dame et l'île aux Vaches, commencèrent en 1617 la construction de ce pont, qui fut longtemps suspendue par une grave et longue opposition élevée par le chapitre de la cathédrale, qui se désista enfin de ses prétentions moyennant une indemnité de cinquante mille livres. Sauval dit que le sieur de la Grange, ayant été substitué à Marie, reçut en 1624 l'alignement de ce pont, mais que s'étant désisté de son entreprise, ce ne fut qu'en 1642 que les habitants de l'île, substitués aux droits des entrepreneurs, en achevèrent la construction. On est fondé à croire cependant qu'un pont avait été construit en cet endroit antérieurement à 1642. Les mémoires du temps rapportent en effet que, le 5 juin 1634, trois processions passant ensemble sur ce pont pour se rendre à l'église Notre-Dame, occasionnèrent une si grande foule, que deux balustrades du côté de la Grève furent rompues, et que le pont lui-même fut sur le point d'être enfoncé. Ce pont portait alors le nom de *pont de bois* ; en 1709 il fut si fortement endommagé par les glaces, qu'on fut obligé de le détruire entièrement. Un nouveau pont en bois remplaça l'ancien en 1717, et comme il fut peint en rouge, il prit le nom de *pont rouge*, qu'il a conservé jusqu'à sa construction en 1801 ; ce dernier, dont la pile centrale était en pierre et les arches en fer, a été remplacé en 1842 par une passerelle suspendue en fil de fer, n'ayant qu'une seule travée.

La passerelle de Constantine, qui établit une communication entre les quais de Béthune et de St-Bernard. Cette passerelle, commencée en 1836 et livrée à la circulation au mois de janvier 1838, est suspendue en fil de fer, et se compose d'une travée de 102 m. et de deux demi-travées de 23 m. Elle a reçu le nom de Constantine, en souvenir de la prise de cette ville par l'armée française le 13 octobre 1837.

La passerelle de Damiette, qui établit une communication entre les quais d'Anjou et des Célestins. Cette passerelle, construite à la même époque que la passerelle de Constantine, est suspendue en fil de fer et se compose de deux travées. Sa dénomination rappelle la prise de Damiette par le général en chef Bonaparte.

VARIÉTÉS HISTORIQUES ET BIOGRAPHIQUES.

L'île St-Louis. Jusqu'au commencement du xvii° siècle, l'île qui porte aujourd'hui le nom d'île St-Louis ne fut qu'un terrain inhabité divisé en deux parties par une branche de la Seine, coulant à peu près dans la direction où se trouve la rue Poulletier : la première partie se nommait l'île Notre-Dame, parce qu'elle appartenait au chapitre de la cathédrale; l'autre portait le nom d'île aux Vaches. Dès l'an 1600, Nicolas Lejeune, maître couvreur, qui avait son atelier à l'extrémité orientale de l'île Notre-Dame, y fit bâtir une maison, la première qui ait été construite dans cette île; peu après il éleva dans ce même endroit, à côté de sa demeure, une petite chapelle où il faisait dire la messe les dimanches et fêtes, et sur l'emplacement de laquelle on construisit plus tard l'église St-Louis. En 1614, Christophe Marie, entrepreneur des ponts et chaussées, associé au trésorier des Cent-Suisses Regrattier, et au commissaire des guerres Poulletier, obtint la concession de l'île Notre-Dame et de l'île aux Vaches, sous la condition de combler le bras de la Seine qui les séparait, et de faire bâtir, dans l'espace de dix années, un pont de communication entre l'île Notre-Dame et le quai des Ormes, couvert à droite et à gauche de maisons uniformes, de revêtir de quais lesdites îles et de faire construire des maisons sur toute leur surface, selon un plan qui avait été convenu. Marie commença par la construction du pont qui porte encore aujourd'hui son nom. En 1623 les travaux commencés par Marie, et qui étaient loin de leur fin, furent continués par l'entrepreneur Gilbert, repris par Marie et ses associés en 1627, et achevés en 1647, sous la conduite d'Hébert et de quelques notables habitants de l'île.

Une ceinture de peupliers entourait l'île Notre-Dame, dont le sol n'était qu'un gravier uni. Cette île servait quelquefois de théâtre pour de grandes cérémonies civiles ou religieuses. En 1313 le roi Philippe le Bel y donna de brillantes fêtes pour la promotion de son fils le roi de Navarre au grade de chevalier. Edouard II, roi d'Angleterre, se trouva à cette fête avec son beau-père et son beau-frère; les trois rois et plusieurs grands seigneurs de leur cour y reçurent la croix des mains du légat du pape, quoiqu'il n'y eût chez eux ni projet ni désir de commencer une nouvelle croisade. L'île St-Louis est complétement environnée de quais en pierres de taille garnis de beaux parapets. Les maisons qui bordent ces quais sont toutes d'une belle construction. La plupart sont des hôtels autrefois habités par des membres de cours souveraines : près de trente conseillers de la seule cour des comptes et divers autres magistrats de diverses cours y avaient leur domicile en 1749. L'île St-Louis est depuis une époque très-reculée un quartier de Paris qui se distingue par une physionomie et des mœurs exceptionnelles, et qui a conservé jusqu'à nous quelque chose du calme, de la simplesse et de la vieille candeur des provinces.

Rue St-Louis, n° 2, à l'angle formé par la rue St-Louis et le quai d'Anjou, est l'hôtel Lambert, bâtie au commencement du règne de Louis XIV par Nicolas Lambert de Thorigny, président de la seconde chambre des requêtes au parlement de Paris, sur les dessins de Levau. — Non content de parer ce palais de toutes les grâces de l'architecture, M. Lambert de Thorigny voulut aussi l'embellir avec les chefs-d'œuvre de la peinture et de la sculpture.

A l'époque où M. de Thorigny conçut le projet de se bâtir une villa délicieuse au sein même de Paris, deux artistes, deux peintres célèbres, Lebrun et Lesueur se disputaient la couronne de gloire, que la postérité a depuis lors partagée généreusement entre eux. M. Lambert de Thorigny leur ouvrit les salons et les galeries de son hôtel, et il les leur livra comme une arène où ils durent lutter de talent et de génie. — François du Perrier et quelques autres peintres furent chargés de travaux secondaires; enfin Géraud Van-Ostad d'Anvers, sculpteur habile, enroula des enfants, des aigles et des trophées dans des guirlandes de stuc qui couraient autour des trumeaux et le long des croisées de la galerie.

Pendant la possession de M. Lambert de Thorigny, l'hôtel fut une petite merveille, respirant partout le luxe, le bien-être et le bonheur. — Une porte fort élevée en annonce l'entrée; les bâtiments du pourtour de la cour sont d'ordre dorique; le perron qui fait face à la porte d'entrée conduit au grand escalier où commencent deux rampes par lesquelles on monte aux appartements qui sont magnifiques. Tous les appartements étaient décorés de peintures, dont une partie a été vendue à la mort d'un des derniers propriétaires, M. de la Haye, ou enlevée à l'époque de la révolution. Il ne reste plus guère que des fragments des œuvres de Lesueur. L'or et la sculpture brillent dans toutes les parties de la belle galerie du second étage décorée par Lebrun, dont l'entrée est décorée de deux colonnes corinthiennes. Les travaux d'Hercule sont représentés dans les cadres du pourtour; le combat du héros avec les

Centaures, son apothéose, son hymen avec Hébé, les apprêts de la fête nuptiale, occupent tout l'espace du plafond — Il faut aller jusqu'aux combles pour trouver le joli cabinet dit des bains ou de Voltaire, dont le plafond et tous les ornements ont été peints par Lesueur. Il serait difficile d'imaginer une retraite plus paisible et plus élégante ; elle reçoit le jour par une fenêtre qui sert d'entrée sur une terrasse demi-circulaire qui domine le jardin, les deux bras de la Seine et jouit d'un vaste horizon. Les autres œuvres de Lesueur n'ont pas eu autant de bonheur que celles de Lebrun ; en vain le Raphaël français a-t-il passé neuf années consécutives à peindre les appartements de l'hôtel Lambert, ses tableaux pleins de charme ont subi les atteintes du temps, ou bien ils ont été vendus et dispersés. De toutes les salles qu'il avait ornées, entre autres le *salon de l'Amour*, le *cabinet des Muses*, l'*appartement des bains*, l'*escalier* et l'*antichambre ovale* du premier étage, il n'y a plus aujourd'hui que les trois dernières qui n'aient pas été dépouillées des ouvrages du grand artiste. — Les peintures du salon des Amours et celles du cabinet des Muses ont été vendues. L'Etat a acquis pour le musée royal, où on les voit exposées, les cinq compositions représentant les Muses et le plafond d'Apollon. Les quatre tableaux qui ornent encore le cabinet des Muses sont dus au pinceau de François du Perrier.

L'hôtel Lambert a appartenu aux fermiers généraux Dupin et de la Haye, au marquis du Châtelet-Laumont, à M. de Montalivet, ministre de l'intérieur sous l'empire. Le dépôt des lits militaires y a été établi pendant plusieurs années. Cet hôtel a été en vente au mois de mai 1842, sur la mise à prix de 180,000 francs ; l'enchère n'ayant pas été couverte, une nouvelle adjudication fut annoncée, et la mise à prix fut réduite à 160,000 francs ; mais dans l'intervalle l'hôtel a été vendu à l'amiable à Mme la princesse Czartoryska, qui l'a fait restaurer avec le plus grand soin ; c'est incontestablement aujourd'hui un des plus beaux hôtels de Paris.

Rue Bretonvilliers, n° 2, était l'hôtel de ce nom, construit sur les dessins de Ducerceau, par le Ragois de Bretonvilliers, président de la chambre des comptes, et longtemps occupé par les bureaux des fermiers généraux. Il s'étendait jusqu'à la pointe orientale de l'île St-Louis, sur le quai de Béthune, et jouissait d'une situation on ne peut plus avantageuse. Bourdon y avait peint une galerie qui, bien avant 1789, était entièrement dégradée : on y voyait quatre grands tableaux du Poussin, des travaux peints par Mignard, d'après Raphaël ; les meubles étaient d'une rare et curieuse magnificence. Non-seulement toutes ces richesses ont disparu, mais de l'édifice lui-même il ne reste que peu de chose. des maisons bâties sur l'emplacement où étaient les jardins, et les constructions élevées par l'administration des hydrothermes, ont entièrement dénaturé ce magnifique hôtel.

Quai d'Anjou, n° 17, est l'hôtel Pimodan, dont les appartements sont ornés de peintures, de dorures et de sculptures de la plus grande richesse.

Rue Regratière, n° 5, demeurait en 1793 l'ex-président du tribunal révolutionnaire Coffinhal. Doué d'une grande force corporelle et d'un caractère énergique, il combattit avec vaillance dans la journée du 10 août ; après la prise des Tuileries, la commune le nomma vice-président du tribunal du 10 août. Plus tard, il fut président du club des Jacobins, juge et ensuite président du tribunal révolutionnaire. Le 9 thermidor, après la séance de la convention, il délivra Henriot, retenu prisonnier, que dans un accès de colère il précipita ensuite du haut d'une fenêtre sur le pavé d'une des cours intérieures de l'hôtel de ville. Parvenu à s'ouvrir le sabre à la main un passage au milieu des sections armées, il erra quelque temps à l'aventure, et finit par aller chercher un refuge dans l'île des Cygnes, qu'il quitta pour aller réclamer l'hospitalité d'un ami, qui le livra à la gendarmerie. Il périt avec courage sur l'échafaud révolutionnaire le 18 thermidor.

N° 34. QUARTIER DE L'HOTEL DE VILLE.

Ci-devant *section de la Maison-Commune*, et ensuite *section de la Fidélité*.

Les limites de ce quartier sont : la place de l'Hôtel-de-Ville n°° pairs, la rue de la Tixeranderie n°° pairs, la place Baudoyer n°° pairs, la rue St-Antoine n°° pairs, la rue de Fourcy n°° impairs, la rue des Nonandières n°° impairs, le quai des Ormes et le quai de la Grève jusqu'à la place de l'Hôtel-de-Ville. — Superficie 150,000 m. carrés, équivalant à 0,005 de la superficie totale de Paris.

Les principaux édifices et établissements de ce quartier sont :

L'église St-Gervais, située à la jonction des rues Jacques-de-Brosse et du Pourtour. Cette église est une des plus anciennes de Paris. Rebâtie en 1212, réédifiée de nouveau en 1420, elle fut considérablement augmentée en 1581, et décorée d'un beau portail dont Louis XIII posa la première pierre en 1616. L'intérieur, bâti dans le style gothique, offre des voûtes fort élevées, remarquables par de belles clefs pendantes. Les vitraux du chœur et de plusieurs chapelles sont du célèbre Jean Cousin. — La chapelle de l'*Ecce Homo* renferme une belle statue du Christ couronné d'épines, par Cortot ; elle est accompagnée de deux candélabres de style antique.

La chapelle de la Vierge, éclairée par cinq croisées, dont trois offrent de magnifiques vitraux, est ornée d'une couronne de pierre de 2 m. de diamètre et de 1 m. 16 c. de saillie, toute suspendue en l'air, et d'une hardiesse surprenante. Les murs de cette chapelle, placée à l'extrémité intérieure de l'église, dont elle forme pour ainsi dire l'abside, ont été décorées récemment de peintures représentant les événements les plus importants de la vie de la Vierge, par M. Delorme, élève de Girodet, et de huit figures mystiques qui, avec celles de la Foi, de l'Espérance et de la Charité, complètent la réunion des vertus chrétiennes. Dans le premier compartiment, à droite, le peintre a représenté l'Annonciation; dans le second, la Visite de Marie à Elisabeth. Sur le mur opposé on voit la Naissance de l'Enfant Jésus, puis l'Assomption de la Vierge, transportée au ciel par deux anges. Dans une chapelle à droite et attenante à celle de la Vierge, on remarque un très-beau groupe de six personnes, représentant une Descente de croix, qui a pour pendant le tombeau du chancelier Michel le Tellier: sur un sarcophage de marbre noir est la figure à demi couchée du chancelier, au pied de laquelle est un génie en pleurs. Parmi les autres personnages inhumés dans cette église, on cite le célèbre peintre Philippe de Champagne; le savant du Cange; le chancelier Boucherat; l'historiographe du Rier; le marin Gomberville; le savant Amelot de la Houssaie; Claude le Pelletier, prévôt de Paris; le poète Scarron, etc., etc.

Le portail de l'église St-Gervais est regardé comme un des beaux morceaux d'architecture moderne de Paris. Il est composé de trois ordres, dorique, ionique et corinthien, l'un sur l'autre: le premier ordre est composé de huit colonnes doriques, cannelées dans leurs deux tiers supérieurs, et portées sur un socle peu élevé; les quatre collatérales sont engagées d'un sixième dans le mur; les quatre formant l'avant-corps du milieu sont adossées à des pilastres pareils: un fronton triangulaire est placé au-dessus. L'ordre ionique s'élève sur le même plan; mais l'ordre supérieur, régnant seulement sur l'avant-corps, est de quatre colonnes corinthiennes supportant un fronton semi-circulaire. Ce portail, digne de la réputation de Jacques Desbrosses, est d'un fort bel effet, et n'a besoin pour être apprécié que d'une place plus vaste, qui permette de l'apercevoir sous son vrai point de vue.

La place du Parvis de St-Gervais était autrefois ombragée par un grand orme, où on se réunissait après la messe pour recevoir les rentes, et qui servait jadis de tribunal au bailli de la juridiction et aux juges *pédanés*, qui venaient sans frais y accommoder les différends des habitants du quartier. L'orme de St-Gervais avait survécu à la révolution; il a été abattu vers la fin du gouvernement impérial.

L'Hôtel de ville. Le corps municipal de la ville de Paris doit son origine à une compagnie de marchands par eau, dont l'établissement, attribué aux Romains, paraît dater de l'époque où ces conquérants assujettirent les Parisiens à leur domination. Cette compagnie, qu'on nommait la *hanse parisienne*, obtint de Philippe Auguste, en 1192, la faveur de construire un port sur la Seine pour le débarquement de leurs marchandises, le droit de percevoir des contributions sur les bateaux qui montaient et descendaient la rivière, et plusieurs autres priviléges (1).

La hanse de Paris fut par la succession des temps transformée en municipalité, dont les membres reçurent le titre d'échevins, et le chef celui de prévôt des marchands. Les anciens historiens font mention de quatre endroits où se tenaient les assemblées de la hanse de Paris : la première maison, connue sous le nom de *maison de marchandise*, était située à la *vallée de Misère*, près la place du Grand-Châtelet ; le lieu des séances fut transféré ensuite dans une autre maison peu éloignée de la première, située entre le Grand-Châtelet et l'église depuis longtemps détruite de St-Leufroi ; cette maison reçut le nom de *parlouer aux bourgeois*. Plus tard l'assemblée s'établit près de l'enclos des Jacobins, entre la place St-Michel et la rue St-Jacques, dans de vieilles tours qui faisaient partie de l'enceinte des fortifications ; ce lieu reçut comme le précédent le nom de *parlouer aux bourgeois*. Enfin le 7 juillet 1357, les bourgeois de Paris achetèrent, moyennant deux mille huit cent quatre-vingts livres parisis, une maison située sur la place de Grève, que Philippe Auguste avait acquise, en 1212, de Philippe Cluin, chanoine de Notre-Dame.

Cette maison portait alors le nom de *maison aux piliers*, parce qu'elle était supportée par une suite de piliers dont on aperçoit encore quelques-uns dans une gravure de cette époque ; elle fut ensuite appelée *maison au dauphin*, parce qu'elle avait été donnée aux deux derniers dauphins du Viennois.

Quoique ayant été habitée par des souverains, cette maison était fort simple, et ne différait des maisons voisines que par deux tourelles ; c'était là cependant qu'habitait le prévôt des marchands, et où les échevins tinrent leurs assemblées jusqu'en 1532, époque où on entreprit de la reconstruire sur un plan plus vaste.

Sous le règne de François Ier, Pierre de Viole, prévôt des marchands, posa la première de l'hôtel de ville qui existe maintenant, dont la façade fut élevée sur la place de Grève pour masquer le portail de l'église de St-Jean en Grève, malgré les réclamations du curé de cette église, avec lequel le prévôt des marchands avait eu quelques démêlés. Le premier et le second étage furent élevés de 1532 à 1549. A cette époque, un architecte italien, Dominique Boccardo dit Cortone présenta au roi Henri II un nouveau projet qui fut adopté, et dont on commença immédiatement l'exécution. Les travaux toutefois avancèrent lentement, et en 1583 l'édifice n'offrait encore que l'aspect représenté en la gravure que l'on fit alors de ce monument. L'hôtel de ville ne fut achevé qu'en 1606, sous le règne de Henri IV, par les soins du prévôt des

---

(1) *Ordonnances du Louvre*, t. 1, p. 21; t. XI, p. 290.

marchands, François Miron, et sous la conduite d'André du Cerceau, qui fit quelques changements aux dessins de l'architecte italien.

En 1801, le local de l'hôtel de ville a reçu des agrandissements considérables, consistant principalement dans la réunion de l'hôpital et de l'église du Saint-Esprit, et dans celle de la communion de l'église St-Jean, qui a été démolie.

Le 26 mars 1836, le conseil municipal de la ville de Paris a adopté le projet de MM. Lesueur et Godde, pour l'agrandissement et l'embellissement de l'hôtel de ville, et le 14 juillet 1837 M. Vivenelle, l'un des principaux entrepreneurs de la capitale, se rendit adjudicataire de tous les travaux à faire pour isoler et agrandir, sur une immense échelle, ce grand monument. Cinq années ont suffi pour démolir plus de trente maisons, jeter les fondations et élever le vaste monument qu'on admire aujourd'hui, dont les grosses constructions ont été achevées vers la fin de 1841. — L'hôtel de ville présente un parallélogramme régulier, un peu plus long que large, ayant vingt-cinq croisées sur chacune des façades tournées à l'est et à l'ouest, et dix-neuf sur les façades tournées au nord et au sud. Quatre pavillons à trois étages flanquent les quatre angles, et deux pavillons intermédiaires s'élèvent au milieu des grands côtés, non compris le beffroi qui domine la première entrée. Ces pavillons sont unis par des corps de bâtiments à deux étages avec mansardes; cinq cours, malheureusement irrégulières, partagent intérieurement les nombreuses constructions de ce splendide édifice. Du côté du midi sont les grands et les petits appartements préfectoraux; dans le soubassement sont les cuisines, à l'entresol les petits appartements où loge le préfet; au premier, auquel on monte par un magnifique escalier construit dans le pavillon sud-ouest, sont les grands appartements municipaux communiquant avec les anciens; au-dessus, dans les mansardes, sont des bureaux. Ces grands appartements sont meublés et décorés avec un luxe inouï : on n'y voit que dorures, sculptures, peintures et tentures; que lustres et girandoles d'or; que fauteuils, divans, sophas dorés ou de palissandre. Il y a la salle d'entrée, le salon rouge, le salon bleu, le salon des saisons, le salon jaune; la salle à manger est toute en stuc. Les plafonds, les murs et les panneaux sont chargés de peintures exécutées par Hesse, Schopin, Vauchelet.

Le plafond des bals, dans les appartements d'honneur, a été peint par M. Picot. C'est une grande composition au milieu de laquelle, sur un trône éclatant de lumière, devant le péristyle d'un temple, est assise la ville de Paris, sous les traits d'une femme. A droite du spectateur se tiennent la Concorde et le Commerce, la Garde civique, l'Armée, l'Agriculture et l'Industrie. De l'autre côté on remarque l'Abondance, la Paix, l'Art médical, les Arts intellectuels, les Arts laborieux, l'Enseignement. Les deux extrémités du tableau laissent entrevoir des paysages : dans l'un s'élèvent au loin les tours de Notre-Dame; c'est l'ancien Paris;

dans l'autre on aperçoit le sommet de la colonne, qui rappelle la glorieuse époque de l'empire. Dans les airs et formant comme une auréole autour de la ville, apparaissent sous un jour affaibli, avec les costumes de leur temps, le Poussin, Molé, la Fontaine, Racine, Bossuet, Molière, Fénelon, Pascal, du Guesclin, saint Bernard, Sully, Philibert Delorme et Bayard.

En avant de la façade méridionale, du côté de la Seine, est un charmant jardin orné de fontaines jaillissantes.

Depuis peu toutes les niches de la façade de l'hôtel de ville ont reçu les hôtes qui leur avaient été promis lorsque l'on traça le plan des deux ailes qui flanquent aujourd'hui la façade primitive. Voici les noms des magistrats et des grands hommes auxquels la ville de Paris a décerné les honneurs publics et solennels : Perronet, Voyer-d'Argenson, Mansard, Lebrun, Lesueur, Vincent de Paul, Vacquerie, Philibert Delorme, Goslin, P. Lescot, Jean Goujon, Boylaux, Hugues Aubriot, saint Landry, Sully, Juvénal des Ursins, de Viole, Luillier, G. Budé, Miron, Henri Estienne, J. Aubry, Molé, Rollin, l'abbé de l'Epée, Turgot, Bailly, Frochot. Ces vingt-huit statues ont été confiées à des artistes recommandables, et généralement elles sont exécutées d'une manière satisfaisante. Sur la façade qui regarde la Seine, les piédestaux de l'attique ont reçu également douze statues offrant autant de sujets allégoriques. Ce sont : la Justice, le Commerce, la Peinture, la Musique, la Navigation, les Sciences, la Police, la Santé, etc., avec des attributs caractéristiques.

L'hôtel de ville de Paris a été le théâtre de la plupart des événements remarquables de l'histoire de la capitale.

Le 27 janvier 1382, Charles VI abolit la prévôté des marchands, l'échevinage, le greffe de cette prévôté, leur juridiction, s'empara de tous les droits, des biens et des revenus qu'ils produisaient, et donna au prévôt de Paris l'hôtel dit *maison de ville*, pour y exercer son autorité (1). A cette époque, la place de Grève devint le théâtre de sanglantes exécutions, et pendant le mois de février seulement les têtes de plus de cent bourgeois de Paris tombèrent sur l'échafaud. Le prévôt des marchands et les échevins ne furent réintégrés dans les juridictions, prérogatives et revenus qu'ils possédaient, que le 20 janvier 1411, après vingt-neuf ans d'exhérédation des privilèges de l'administration municipale (2).

Le 4 juillet 1652, la présence à Paris du prince de Condé excita dans cette ville un soulèvement contre les partisans de Mazarin. Une assemblée se tint à l'hôtel de ville, où le prévôt des marchands et les échevins proposèrent le retour de la cour à Paris. Le prince de Condé, informé de ce projet, remplit la place de Grève de soldats de son armée,

---

(1) *Ordonnances du Louvre*, t. vi, p. 685, 688.
(2) *Ibid.*

et menace de ne laisser sortir aucun membre de l'assemblée avant qu'il n'eût signé le traité d'union avec le prince. A ces paroles, une foule immense entoure l'hôtel de ville en criant *l'union! l'union!* Plusieurs décharges de mousqueterie sont faites sur les fenêtres de la salle d'assemblée ; la troupe entasse contre la porte de l'hôtel de ville un grand nombre de fagots, et y met le feu. Au milieu des coups de fusil qu'on leur tirait, de la fumée qui menaçait de les étouffer et de les consumer, les membres de l'assemblée, remplis de frayeur, se crurent perdus et cherchèrent à se sauver ; le maréchal de l'Hôpital, gouverneur de Paris, s'échappa à la faveur d'un habit de prêtre dont il s'était revêtu ; d'autres membres durent leur salut à des bateliers qui se firent largement payer ; plusieurs, pour éviter le feu qui faisait des progrès, s'exposèrent à la fureur de la multitude et furent massacrés. Le tumulte, le meurtre et l'incendie durèrent depuis deux heures après midi jusqu'à dix heures du soir, moment où le duc de Beaufort entra dans l'hôtel de ville, accompagné de gens armés, et en fit sortir en sûreté les personnes qui s'y trouvaient encore.

La charmante duchesse de Longueville, qui s'était mise à la tête du parti de la Fronde, vint s'établir à l'hôtel de ville, accompagnée de la duchesse de Bouillon. Toutes deux se montrèrent au peuple, belles de tous leurs charmes et de leurs enfants qu'elles tenaient dans leurs bras, et la multitude les salua avec enthousiasme. La duchesse de Longueville ajouta encore à sa popularité en faisant ses couches à l'hôtel de ville, où elle mit au jour un fils, qui fut nommé *Paris*, du nom même de la ville, et qui fut tué au passage du Rhin.

Après la retraite de Mazarin, Louis XIV rentra à Paris après avoir publié une amnistie, et la ville redevint paisible. L'année suivante Mazarin revint en France et y revint tout-puissant. On lui donna un festin à l'hôtel de ville au milieu des acclamations des citoyens ; le parlement lui rendit de grands honneurs, et condamna à mort le prince de Condé dont il avait partagé les fautes.

C'est à l'hôtel de ville que siégeait le conseil des Seize, si fameux dans l'histoire de la Ligue ; il ne fut d'abord composé que de cinq membres choisis par les Guises pour diriger les cinq quartiers. Quelques mois après l'évasion du roi par suite de la journée des Barricades, on reprit l'ancienne division en seize quartiers dont chacun des chefs formait le conseil des Seize. Le lieu des séances, d'abord incertain, ne fut fixé qu'après la fuite du roi ; c'est alors qu'il s'identifia avec le conseil municipal. C'est à l'hôtel de ville qu'au mois d'octobre 1591 une assemblée de magistrats, d'échevins, de quarteniers et autres bourgeois proposa de sommer le roi de Navarre de se faire catholique. Les Seize, effrayés de cette manifestation, firent bannir la plupart de ceux qui y avaient participé ; puis, s'emparant du pouvoir, firent pendre, dans une salle basse du Châtelet, le premier président Brisson et les conseillers Larcher et

Tardif. Mayenne accourut en toute hâte à Paris, affecta d'abord une grande modération ; mais, lorsqu'il eut pris toutes ses mesures et qu'il eut forcé Bussy le Clerc à lui livrer la Bastille, il fit arrêter quatre des plus factieux des Seize, qu'il fit pendre immédiatement dans une salle basse du Louvre.

Avant la révolution, la municipalité de Paris, qui siégeait à l'hôtel de ville, était composée du prévôt des marchands, de quatre échevins, de vingt-six conseillers du roi, tous pris dans ces anciennes familles bourgeoises encore plus vaines de leur édilité que les nobles de leurs titres héréditaires. Il y avait en outre : un procureur et avocat du roi et de la ville ; un greffier en chef ; un trésorier ; seize quarteniers ; soixante-quatre cinquanteniers et deux cent cinquante-six dizeniers. — Une pareille municipalité était déplacée à une époque de régénération nationale; elle fut remplacée de fait par les électeurs de Paris, lors de la convocation des états généraux. Une ordonnance de Necker divisa alors la ville de Paris en soixante districts, pour procéder à la nomination d'un électeur sur cent individus payant un cens de deux journées de travail, sorte d'assemblée primaire qui ne devait se réunir qu'un jour, et pour une seule opération, mais qui bientôt se constitua permanente. Les districts furent convoqués le 20 avril 1789, et durent terminer leurs opérations dans vingt-quatre heures. Le lendemain, ils se réunirent au nombre de quatre cents dans cet antique édifice, où ils continuèrent leurs travaux jusqu'au 10 mai, et, après la nomination des députés, ils eurent la précaution d'arrêter que leurs séances continueraient pendant la tenue des états généraux pour correspondre avec leurs représentants. Toutefois, on ne tarda pas à s'alarmer de leurs réunions ; l'autorité leur fit interdire l'entrée de la salle où ils avaient choisi leurs représentants ; mais l'un d'eux, Thuriot de la Rozière, avocat au parlement, installa ses collègues à l'hôtel de ville, où ils se donnèrent une organisation régulière, et continuèrent, soutenus par le peuple, à délibérer sous le titre d'*assemblée du tiers état de la ville de Paris*. Ils s'y trouvèrent tout portés, tout établis, au moment où les événements graves qui commencèrent la révolution rendirent nulle l'action du gouvernement. Bientôt l'assemblée des électeurs devint un point général de ralliement, un gouvernement de l'opinion, vers lequel se portèrent tous les vœux, toutes les espérances. Dès six heures du matin, le 13 juillet, l'hôtel de ville était rempli de députés des districts, d'hommes de toutes les classes, appelés à donner leur opinion sur les affaires du moment ; les clercs du palais et ceux du Châtelet, les élèves en chirurgie vinrent offrir leurs services, et proposèrent de former une garde volontaire ; les gardes françaises, déjà dévoués à la révolution française, viennent aussi à l'hôtel de ville donner aux électeurs des témoignages de leur zèle. Le prévôt des marchands, M. de Flesselle, calme un instant l'impatience publique en promettant de distribuer douze mille fusils ; pendant qu'on attend cette distribution, le comité permanent des électeurs s'occupe de l'organisation de la milice parisienne, et décide que le quartier général de cette milice sera constamment à l'hôtel de ville. Cependant le temps s'écoule, aucune arme n'est distribuée, l'inquiétude devient plus vive, et les mots de perfidie, de trahison commencent à se faire entendre. Enfin on annonce que plusieurs caisses étiquetées artillerie sont arrivées ; on les ouvre, et on les trouve remplies de vieux linge et de bouts de chandelles. Aussitôt un cri de trahison se fait entendre contre le prévôt des marchands.

Le lendemain 14 juillet, les rues sont inondées dès le point du jour d'une multitude de personnes qui manifestent la plus vive agitation ; les régiments campés aux environs de Paris semblent disposés à assiéger la population ; mais plusieurs soldats désertent leurs corps avec armes et bagages, et viennent offrir leurs services à l'hôtel de ville. Sur les deux heures après midi, le bruit d'un coup de canon tiré de la Bastille se fait entendre ; les membres du comité permanent de l'hôtel de ville, cédant au vœu général énergiquement exprimé, envoient des gardes françaises, des citoyens armés et cinq pièces de canon pour faire le siége de cette forteresse. Deux heures après, la place est emportée ; le gouverneur est décapité, et quatre officiers sont tués avant de pouvoir atteindre l'hôtel de ville, sur lequel on les dirigeait. Dans le même moment une multitude armée, exaspérée par la trahison du prévôt des marchands, se rend à l'hôtel de ville, s'empare de sa personne et veut l'emmener au Palais-Royal pour lui faire rendre compte de sa conduite ; mais, tandis qu'on l'entraîne, un coup de pistolet part et lui donne la mort. Quelques jours après, l'hôtel de ville fut encore témoin du massacre atroce de M. Foulon et de M. Berthier de Savigny. — Le 16 juillet, les électeurs supprimèrent le titre de prévôt des marchands, et confièrent les rênes de l'administration municipale à Bailly, qui reçut le titre de maire de Paris. En même temps, ils organisèrent la milice nationale à la tête de laquelle ils mirent le général Lafayette, qui fut nommé par acclamation commandant général de la garde nationale. — Le 17 juillet, Louis XVI se rendit à l'hôtel de ville, se présenta au balcon où il arbora la cocarde tricolore, et confirma l'élection populaire du maire et du commandant général de la garde nationale.

L'assemblée des électeurs fut remplacée le 25 juillet par une municipalité provisoire, composée de cent vingt députés des districts, sous le titre de représentants de la commune. Un décret de l'assemblée constituante, sanctionné le 27 juin 1790, changea la division de Paris : aux soixante districts succédèrent quarante-huit sections qui reçurent chacune un nom de localité, dont quelques-uns furent changés pendant la république en des noms démocratiques analogues aux circonstances. La municipalité de la ville de Paris fut composée d'un maire, de seize administrateurs, de trente-deux conseillers, de quatre-vingt-seize notables, d'un procureur de la commune et de deux substituts; il fut créé en outre un conseil général de la commune, composé de deux cent seize membres au moins, compris les membres du conseil municipal, non compris le maire. — Cette forme d'administration dura jusqu'au 10 août 1792, époque où des commissaires des sections, au nombre de cent quatre-vingts, se rendent à l'hôtel de ville, y suspendent la municipalité, nomment de leur pleine autorité Santerre au commandement de la garde nationale; et l'assemblée législative, obéissant à cette nouvelle autorité, ordonne que les quarante-huit sections nommeront chacune un membre pour remplir la charge d'administrateur du département. C'est de cette nomination et de la loi des 30 août et 2 septembre qu'est née la célèbre commune de Paris, qui gouverna non-seulement la capitale, mais le royaume, et ne se soumettait déjà plus aux ordres de l'assemblée.

La durée du règne de la commune de Paris fut de cinq années, du 14 juillet 1789 (prise de la Bastille) au 27 juillet 1794 (9 thermidor an ii). Mais, dans ce court espace de temps, elle occupa le plus souvent la première place parmi les assemblées et les pouvoirs auxquels les événements donnèrent naissance. Elle fut d'abord une commune constitutionnelle, sous l'administration de Bailly; ensuite commune poussant à la république, ayant Pétion pour maire et Danton pour substitut du procureur de la commune; puis commune toute démocratique, la commune du 10 août, dans laquelle Pétion n'était plus maire que nominalement, tandis que le peuple dominait en réalité; puis, après la convocation de la convention nationale, commune de transition, ayant Chambon pour maire; puis, après la défaite des girondins, nouvelle commune populaire, exagérée, dirigée par Pache en qualité de maire, Chaumette en qualité de procureur, et Hébert de substitut; puis enfin, commune démocratique encore, ayant Fleuriot pour maire, marchant d'accord avec le gouvernement, tant que les membres qui le composent sont unis entre eux, et finissant par succomber avec les triumvirs dont elle avait épousé la cause. — C'était alors une fonction bien périlleuse que celle de maire de la commune de Paris; des cinq magistrats qui la remplirent, trois payèrent de leurs jours ce funeste honneur : Bailly, Pétion et Fleuriot.

Après le 9 thermidor, la convention nationale, sur le rapport des commissions de sûreté générale, de salut public et de législation, décrète, le 14 fructidor an ii, d'après l'avis de la majorité des sections, que la commune de Paris sera administrée par des commissions nationales nommées par la convention; il en fut ainsi jusqu'en l'an iv, époque de la création du directoire. La ville de Paris fut alors divisée en douze municipalités, dont l'administration fut confiée au département de la Seine, composé de sept administrateurs. La loi de pluviôse an viii substitua à ces administrateurs douze maires et deux préfets, l'un chargé de l'administration du département, et l'autre de la police. Sous l'empire et la restauration, au mode électoral succédèrent les nominations arbitraires. « Ainsi disparut, dit M. Henrion de Pansey, dans la ville de Paris, jusqu'aux traces du régime municipal. » Le premier préfet de la Seine fut M. Frochot ; il a eu pour successeurs MM. de Chabrol, Alex. de la Borde, Odilon Barrot, de Bondi et Rambuteau.

L'année 1830 sera inscrite comme une des années les plus célèbres dans les fastes de l'hôtel de ville. Le premier fait d'armes de la journée du 28 juillet fut la prise du poste militaire de cet hôtel, par des ouvriers à peine armés de sabres, de mauvais fusils et de pistolets rouillés ; dans le cours de cette journée, ce poste fut le théâtre le plus sanglant de l'attaque et de la défense. Les patriotes le défendirent avec un courage héroïque contre deux régiments suisses, le 3e de la garde, un escadron de lanciers, un escadron de cuirassiers, un grand nombre de gendarmes, soutenus par quatre pièces d'artillerie qui faisaient un feu terrible. Nous n'oublierons jamais cette épouvantable fusillade et ces décharges d'artillerie, qui durèrent douze heures, et pendant lesquelles la place de Grève fut prise et reprise plusieurs fois. Les défenseurs de la liberté recevaient des renforts par divers points : l'arcade St-Jean, les rues de la Tixeranderie, du Mouton, de la Vannerie, de la Mortellerie, les quais, et par le pont suspendu. Pendant un moment les munitions manquèrent, et l'on n'aurait pas réussi à défendre ce point important si on ne s'était emparé d'une poudrière près le jardin des plantes. Au moyen de petits bateaux qui descendirent vers la Grève, on amena des barils de poudre, des balles, des cartouches aux combattants, qui commençaient à se décourager. Vers les trois heures, une troupe de braves arrive par les quais de l'Archevêché au secours de ceux de la Grève ; mais ils sont arrêtés à l'entrée du pont suspendu par le feu de l'ennemi. Le passage de ce pont coûtait beaucoup de monde : criblé par la mitraille de l'ennemi dont il porte encore les traces, on hésitait à le franchir. Alors on voit sortir des rangs un jeune homme de dix-sept ans portant un étendard tricolore : « Mes amis ! suivez-moi, dit-il, je vais vous montrer comment on brave les feux de l'ennemi. Si je succombe, je m'appelle d'Arcole... » Il court, s'élance et va planter sur le milieu du pont ce signe de ralliement à la vue de ceux qui le défendaient ; au même moment il tombe frappé du plomb mortel ! Mais l'exemple est donné, le pont est franchi et la colonne victorieuse entre au pas de charge sur la place de Grève, aux cris de : Vive la liberté ! Gloire à d'Arcole ! Le vœu de ce noble citoyen a été exaucé : son nom est imposé au pont dont on lui doit la conquête. — La fusillade et la canonnade cessèrent à l'hôtel de ville vers les dix heures du soir. Le duc de Raguse, s'apercevant que les forces populaires devenaient trop formidables pour penser à leur résister, et convaincu de l'impossibilité de se soutenir plus longtemps dans les quartiers populeux, profita de la nuit pour faire retirer ses troupes vers le quartier des Tuileries. Les soldats étaient harassés de fatigue, et exténués de besoin; plusieurs régiments de ligne avaient refusé de tirer, et sur plusieurs points la troupe avait fraternisé avec les citoyens; la garde royale elle-même était lasse du rôle qu'on l'avait condamnée à jouer; plusieurs officiers envoyèrent leur démission. Le soleil, en se couchant, vit les patriotes vainqueurs sur tous les points où ils avaient combattu. Le 29, la lutte recommença à quatre heures du matin sur plusieurs points de Paris éloignés de l'hôtel de ville. Cependant le besoin d'un centre de direction se faisait fortement sentir; le nom du général Dubourg, fréquemment prononcé dans les actions de la veille, où il avait dirigé de son bras et de ses conseils quelques opérations, donna à plusieurs gardes nationaux l'idée de se rendre auprès de lui pour l'engager à se mettre à leur tête et à prendre provisoirement le commandement de Paris. Le général Dubourg cède à leurs instances, se revêt du premier habit d'officier général qui lui est présenté, rassemble cinq ou six mille hommes déterminés, et les entraîne de la place de la Bourse à l'hôtel de ville, où le général se compose un état-major qui fut, à vrai dire, le premier gouvernement provisoire. C'est de ce point central qu'il prescrit des mesures pour la conservation des caisses publiques et des propriétés particulières, pour le meilleur emploi des courages et la meilleure direction de l'attaque et de la défense. Par ses ordres on se porte à l'école polytechnique, on appelle à la délivrance de la patrie cette jeunesse instruite, amie des lumières et de la liberté; et soudain la foule guerrière, donnant le signal d'une obéissance passive, les prend pour chefs et reçoit leur commandement avec docilité. Ce sont eux qui parurent dans presque tous les quartiers à la tête de l'insurrection; qui régularisèrent des mouvements héroïques, mais désordonnés; qui leur imprimèrent cet ensemble, cette vie, cet accord qui assurent la réussite.

Pendant que ces événements se passaient sur ce point, M. Caflin d'Orsigny, voyant qu'on hésitait à prendre un parti, fit afficher de son autorité privée, et publier dans les journaux, que les députés réunis à Paris venaient de nommer un gouvernement provisoire, composé du duc de Choiseul et des généraux Lafayette et Gérard, et qu'ils avaient ordonné la réorganisation de la garde nationale. Secondé par MM. Pagès, Fessart, et par plusieurs autres officiers de la garde nationale, il parvint promptement à réunir une force suffisante, qui fut immédiatement dirigée sur l'hôtel de ville, où depuis le matin commandait le général Dubourg. Une commission fut alors nommée pour aller offrir au général Lafayette le commandement de la garde nationale, de marcher à sa tête et de proclamer le gouvernement provisoire. Cédant au vœu de ses concitoyens, le général Lafayette accepta et se mit à la tête de la garde nationale parisienne. Au même instant, le général Gérard s'offrit pour diriger les opérations actives, et le général Pajol demanda à combattre sous ses ordres. On délibéra ensuite sur la nomination d'une commission municipale qui serait chargée de pourvoir à tout ce qu'exigeait le salut de la capitale, dans la situation violente où elle se trouvait placée par l'absence de tout gouvernement. Cette commission fut composée de MM. Audry de Puyraveau, Gérard, J. Laffitte, Casimir Périer, Lobeau, Mauguin, de Schonen, Odilon Barrot. — Le général Lafayette partit sur-le-champ avec la députation pour l'hôtel de ville. Il est impossible d'exprimer la joie que ressentirent les citoyens lorsqu'ils surent que le général Lafayette, dont le nom seul faisait pâlir les ennemis de la liberté prenait le commandement de la garde nationale. Tout le monde s'embrassait, se félicitait ; c'était un délire, une ivresse universels. Le héros des deux mondes fut porté en triomphe jusqu'à l'hôtel de ville, dont le général Dubourg s'empressa de lui remettre le commandement. Il adressa aussitôt aux Parisiens la proclamation suivante :

« Paris, le 29 juillet 1830

» Mes chers concitoyens et braves camarades !

» La confiance du peuple de Paris m'appelle encore une fois au commandement de sa force publique. J'ai accepté avec dévouement et avec joie les devoirs qui me sont confiés ; et, de même qu'en 1789, je me sens fort de l'approbation de mes honorables collègues aujourd'hui réunis à Paris. Je ne ferai point de profession de foi : mes sentiments sont connus. La conduite de la population parisienne dans ces derniers jours d'épreuve, me rend plus que jamais fier d'être à sa tête. La liberté triomphera, ou nous périrons ensemble.

« *Vive la liberté! vive la patrie!*

» LAFAYETTE. »

Le 31 juillet, le duc d'Orléans, qui avait accepté la veille la lieutenance générale du royaume, se rendit à l'hôtel de ville, sans autre garde que le peuple, sans autre cortège que celui des députés et du peuple.

La place de l'Hôtel-de-Ville, les quais des deux rives de la Seine, les rues adjacentes, les croisées de tous les étages, étaient encombrés d'une multitude de citoyens tous parés des couleurs nationales. Au moment où le duc d'Orléans et le général Lafayette se présentèrent sur le balcon de l'hôtel de ville, étroitement embrassés, et agitant le glorieux drapeau tricolore, un tonnerre d'applaudissements, de bravos, de cris de *Vive la charte! Vive la liberté!* retentirent sur les deux rives. A ces cris se mêlaient le bruit des canons, de la mousqueterie, et le carillon de toutes les cloches.

Jamais spectacle plus sublime, plus imposant, plus national, ne fut offert à l'admiration des peuples. Les jours de la victoire étaient dignes de l'héroïsme des combats.

A son arrivée à l'hôtel de ville, le duc d'Orléans y fut reçu par le général Dubourg. M. Viennet lut la déclaration de la chambre des députés, qui conférait la régence générale du royaume au duc d'Orléans. Le prince confirma par quelques mots les promesses contenues dans cette déclaration ; c'est alors que le général Dubourg dit, en se tournant vers le prince :

« Vous venez de prendre des engagements, faites en sorte de les tenir ; car, si vous les oubliez, le peuple qui est là, sur la Grève, saurait bien vous les rappeler. »

« Monsieur, répondit le prince, vous ne me connaissez pas... Je suis un honnête homme ; quand il s'agit de mon devoir, je ne me laisse ni gagner par la prière, ni intimider par la menace. »

La bibliothèque de la ville de Paris, située provisoirement quai d'Austerlitz, n° 35. Cette bibliothèque a été formée dans l'origine de la bibliothèque léguée à la ville de Paris, à la condition de la rendre publique, par M. Moriau, procureur du roi et de la ville, mort en 1759 ; et à laquelle fut réunie la bibliothèque dite des Avocats, acquise par la ville, dont le savant Adrien Baillet était bibliothécaire. Cette bibliothèque, qui occupait rue Pavée-au-Marais une partie de l'hôtel de Lamoignon, fut rendue publique en 1763 ; dix ans après, elle fut transférée de l'hôtel de Lamoignon à l'ancienne maison professe des jésuites rue St-Antoine ; avant l'agrandissement de l'hôtel de ville, elle occupait plusieurs salles de cet édifice, où elle doit être replacée incessamment.

La bibliothèque de la ville de Paris est ouverte tous les jours non fériés, excepté les mercredis, depuis dix heures jusqu'à quatre heures. Vacances depuis le 1er septembre jusqu'au 15 octobre (cette bibliothèque a des salles chauffées en hiver).

Le pont d'Arcole. Il communique de la place de Grève au quai de la Cité. Une seule pile, s'élevant au milieu de la Seine, tient suspendues les chaînes supportant le plancher presque horizontal de ce pont au-dessus du cours de la rivière, dont il ne gêne en rien la navigation. Les piétons seuls le traversent. — Ce pont, livré à la circulation en 1828, portait dans l'origine le nom de pont de la Grève ; il doit son nom actuel au jeune d'Arcole, qui y reçut la mort le 28 juillet 1830, à la tête d'une colonne de patriotes qui se dirigeait par ce pont à l'attaque de l'hôtel de ville. — Le pont d'Arcole a été concédé pour quarante-cinq années, à partir du 1er janvier 1831.

Le pont Louis-Philippe. Il traverse les deux bras de la Seine et communique du quai de la Grève au quai de la Cité, en s'appuyant sur la pointe occidentale de l'île St-Louis. La première pierre en fut posée avec solennité par le roi Louis-Philippe en 1832. Il se compose d'abord de trois arches en pierres, à partir de la rive droite, lesquelles établissent dans les basses eaux une communication entre deux ports. A l'extrémité de la troisième arche se rattache un tablier suspendu par des tresses en fil de fer, dont le second point d'appui est un arc de triomphe bâti sur la pointe de l'île St-Louis ; un deuxième tablier franchit l'autre bras de la Seine jusqu'au quai de la Cité. Les voitures passent sur ce pont, où l'on perçoit un droit de péage, concédé pour quarante-neuf années, à partir du 13 août 1835.

VARIÉTÉS HISTORIQUES ET BIOGRAPHIQUES.

La place de Grève. Cette place a pris son nom de sa situation sur le bord de la Seine. L'un des plus anciens titres où il en soit fait mention sont des lettres patentes de Louis le Jeune de l'an 1141, par lesquelles ce monarque accorde aux habitants de la Grève et du Monceau-St-Gervais, que cette place, l'un des plus anciens marchés de Paris, demeurerait en l'état où elle était alors, c'est-à-dire libre et sans bâtiments, et ce, moyennant la somme de soixante et dix livres qu'il avait reçue des bourgeois. — Charles VI ordonna l'établissement d'une étape ou marché au vin dans cette place, et c'est à cette étape que faisaient allusion deux vers latins qu'on lisait sur une fontaine dont Louis XIII posa la première pierre en 1624, laquelle fontaine fut remplacée en 1638 par une autre, qui fut transportée à la place Maubert en 1674. — Sur la place de Grève se tenait autrefois le marché au charbon, qui y fut établi en 1642. Avant la construction de la halle au vieux linge sur une partie de l'enclos du Temple, les marchands fripiers et de vieilles guenilles avaient la permission d'étaler leurs marchandises sur la place de Grève, devant l'église du St-Esprit. — Après la révolution de juillet, on y a fait pendant plusieurs mois un commerce assez considérable d'armes de toute espèce.

C'était autrefois sur la place de Grève que se donnaient les spectacles et les réjouissances publiques ; c'était là où l'on faisait des feux de joie la veille de la fête de la St-Jean, genre de réjouissance qui se pratiquait jadis avec une grande solennité ; sous François Ier, toute la cour y assistait, et le roi allumait lui-même le feu en grande cérémonie. Au milieu de cette place était une croix entourée de degrés du haut desquels Charles le Mauvais, roi de Navarre, harangua les Parisiens en 1358, pendant la captivité du roi Jean, pour les pousser à l'insurrection. — A l'époque de la Ligue et de la Fronde, la Grève a été le théâtre de beaucoup de scènes tumultueuses et sanglantes.

La place de Grève a été pendant plusieurs siècles le théâtre des exécutions capitales. Ste-Foix, le judicieux auteur des Essais sur Paris, remarque que si tous ceux qui ont perdu la vie sur cette place s'y trouvaient réunis, ils y formeraient une assemblée plus nombreuse qu'aucune de celles qui ont assisté à leur supplice.

Une malheureuse hérétique, Marguerite Porette, à peine âgée de trente ans, y fut brûlée vive en 1310, pour avoir écrit « que l'âme, abîmée en Dieu, est au-dessus des vertus et n'en a plus que faire; et que, quand on est parvenu à un certain degré de vertu, on ne saurait aller au delà. »

En 1382 la place de Grève devint le théâtre de sanglantes exécutions; et pendant le mois de février seulement, les têtes de plus de cent bourgeois de Paris tombèrent sur l'échafaud, sous le prétexte qu'ils avaient pris part à la révolte des maillotins.

En 1398 deux religieux augustins, qui s'étaient engagés à prix d'or, sous peine de la vie, à guérir le roi Charles VI de la folie dont il était atteint, perdirent la tête sur cette place, parce que le roi n'avait pas recouvré la raison.

Le 17 septembre 1442 Jean de Montaigu, maître d'hôtel du roi, eut la tête tranchée et son corps fut pendu au gibet, d'où il fut enlevé la nuit pour être porté aux Célestins de Marcoussy, qu'il avait fondés.

Le 19 décembre 1475, on dressa devant l'hôtel de ville l'échafaud où fut conduit le connétable de St-Pol, accompagné de deux curés et de deux moines mendiants, l'un des augustins et l'autre des cordeliers; il abandonna à ces deux derniers soixante-dix demi-écus d'or qu'il avait cachés dans son pourpoint, et remit au cordelier le soin de les distribuer aux pauvres. Ce religieux lui représenta que cette somme serait mieux employée pour les besoins de son couvent; de son côté, le moine augustin la revendiqua pour les besoins de sa maison; la dispute entre ces deux moines s'échauffait sans égard pour le lieu où ils se trouvaient, lorsque le connétable les mit d'accord en leur partageant également ses dépouilles. Le comte de St-Pol monta à quatre heures du soir, d'un pas ferme, sur l'échafaud, se jeta à genoux et reçut au même moment le coup de la mort; sa tête fut montrée au peuple par l'exécuteur des hautes œuvres; son corps fut transporté dans l'église des Cordeliers.

Le vertueux et brave maréchal de Biez, malgré les nobles efforts du brave Montluc, déclaré le 26 juin 1551 convaincu du crime de lèse-majesté, fut condamné à être décapité sur un échafaud qui serait élevé à cet effet sur la place de Grève. Son gendre Coucy-Vervins avait été précédemment condamné à avoir la tête tranchée sur la même place. Le roi commua la peine du maréchal de Biez en celle de la prison perpétuelle; mais il n'en monta pas moins sur l'échafaud, et le supplice qu'il y subit fut cent fois plus cruel que la mort. Conduit sur la place de Grève dans le même tombereau que son gendre Coucy-Vervins, il assista au supplice de ce malheureux jeune homme, qu'il s'efforça de soutenir de sa mâle parole et du noble exemple de sa fermeté; puis, lui-même, lorsque la tête de Coucy eut roulé sur l'échafaud, il fut de la main sanglante du bourreau dépouillé du collier de l'ordre de St-Michel, dégradé de noblesse et déchu de la dignité de maréchal de France. Cette tache du règne de Henri II fut réparée autant qu'elle pouvait l'être par le rappel à la cour du maréchal; mais le coup qui avait frappé ce noble vieillard avait été si violent, qu'à peine rendu à la liberté il mourut de douleur dans sa maison du faubourg St-Victor en 1551.

Là fut assassiné juridiquement, le 20 décembre 1559, l'illustre Anne Dubourg, conseiller au parlement, condamné par la chambre ardente, qui lui accorda par grâce d'être étranglé avant d'être jeté dans les flammes.

Le 27 octobre 1572, deux mois après les massacres de la St-Barthélemy, Briquemaut, brave militaire âgé de soixante-dix ans, et le maître des requêtes Cavagnes, furent pendus en place de Grève, et l'on pendit aussi entre eux un mannequin représentant Coligny. Le roi et la reine sa mère voulurent jouir de ce spectacle; ils y assistèrent placés à une fenêtre de l'hôtel de ville, ainsi que le jeune roi de Navarre, qu'ils avaient forcé de les y accompagner. « Comme il faisoit nuit à l'heure de l'exécution, dit Brantôme, le roi fit allumer des flambeaux et les fit tenir près de la potence pour mieux voir mourir les condamnés, et contempler mieux leurs visages et contenances. »

Le 30 avril 1574, la Mole et le comte de Coconas, principaux agents des politiques et des mécontents qui voulaient mettre le duc d'Alençon sur le trône au préjudice de Henri III, alors roi de Pologne, furent décapités sur la place de Grève.

Le 27 mai 1574, Montgommery, qui avait eu le malheur de blesser mortellement le roi Henri II dans un tournoi, en 1559, fut condamné à mort pour ce fait et exécuté en effigie. Ayant été pris après une résistance désespérée dans la ville de Domfront, il fut de nouveau condamné à mort, meurtri et disloqué par la torture; il fut exécuté en place de Grève le 26 juin 1574, traîné dans un tombereau jusqu'au pied de l'échafaud, au milieu d'une populace furieuse ameutée contre lui par les prédicateurs et la cour. Vêtu de noir, les traits pâlis par la douleur qui l'avait rompu sans pouvoir lui arracher une plainte, il monta d'un pas ferme sur l'échafaud, et écouta attentivement la lecture de sa sentence. Au passage qui dégradait ses fils de noblesse : « S'ils n'ont la vertu des nobles pour s'en relever, dit-il fièrement, je consens à leur dégradation éternelle! » La lecture finie, il adressa un long discours au peuple, puis se livrant à l'exécuteur, il reçut le coup de la mort, debout, la tête haute et sans manifester la moindre émotion.

Le 17 décembre 1591 furent exposés en chemise et pendus à trois poteaux les corps du président Brisson et des conseillers Larcher et Tardif, qui avaient été étranglés la veille au Petit-Châtelet.

Le 26 août 1593 fut rompu vif sur la place de Grève Pierre Barrière ou Labarre, accusé et convaincu de s'être dirigé sur Paris avec l'intention d'assassiner Henri IV.

Le 27 août 1594 furent pendus et étranglés en place de Grève Aubin, prêtre non dégradé, Jean Roseau, bourreau de la ville, et un sergent nommé Danis, auteurs ou complices de la mort du président Brisson et des conseillers Larcher et Tardif. Cette exécution donna lieu à la publication des vers suivants :

> Le sergent fut créé pour le malfaiteur prendre,
> Si condamné à mort, le bourreau pour le pendre ;
> Avant la mort, il est par prêtre confessé.
> Ici tu vois, passant, par nouvelle justice,
> Sergent, prêtre, bourreau exposés au supplice,
> Pour un crime non vu pareil au temps passé.

Le jésuite Guignard, impliqué dans le procès de Jean Châtel, et condamné, par arrêt du parlement du 7 janvier 1596, à être pendu et brûlé, fut exécuté en Grève le même jour. Le lendemain fut prononcé le bannissement des jésuites.

Le 11 septembre 1608 fut pendu en Grève et brûlé un nommé Barthélemy Borghèse, se disant faussement bâtard du pape.

Le 27 mai 1610 fut exécuté l'arrêt de la cour du parlement qui condamna Ravaillac assassin de Henri IV à être écartelé vif. Le concours du peuple fut si grand qu'on eut beaucoup de peine à préserver ce misérable des fureurs de la multitude. Tous les princes et la plupart des seigneurs qui se trouvaient à Paris vinrent à l'hôtel de ville pour assister à cette exécution. Le patient fut placé sur un échafaud, tenaillé aux mamelles, aux bras, aux cuisses, au gras des jambes, et sur tous ces endroits furent jetés du plomb fondu, de l'huile bouillante, de la cire et du soufre fondus. Puis son corps fut tiré et démembré par quatre forts chevaux ; il devait être ensuite consumé par le feu, et les cendres jetées au vent ; mais, lorsque le bourreau voulut jeter les membres dans le brasier allumé à cet effet, « le peuple, dit le journal de *l'Etoile*, se rua impétueusement dessus, il n'y eut fils de bonne maison qui n'en voulût avoir sa pièce, jusqu'aux enfants qui en firent du feu au coin des rues. »

Le 8 juillet 1617 Eléonore Galigaï, veuve du maréchal d'Ancre fut condamnée pour fait de judaïsme, de sortilège et de magie !... par une commission extraordinaire choisie dans le sein du parlement, à avoir la tête tranchée sur un échafaud dressé à cet effet en place de Grève ; sa tête et son corps à être jetés au feu ; ses biens furent confisqués, son fils déclaré roturier, ignoble et incapable de remplir aucun emploi. Cet arrêt, qui devait être exécuté le même jour, lui fut lu à midi dans la cour du palais, devant une foule immense. A sept heures, elle fut extraite de la Conciergerie et placée dans la charrette de l'exécuteur. Elle porta alors ses regards sur la multitude qui se pressait sur la place, dans les rues, aux fenêtres et jusque sur les toits. La foule était si grande qu'il fallut plus d'une heure pour parvenir jusqu'à la place de Grève. Au pied de l'échafaud, le greffier donna encore une fois lecture de la sentence ; puis l'exécuteur, s'emparant de la maréchale, la fit monter sur l'échafaud, où elle se mit à genoux. L'exécuteur prit un bandeau pour lui couvrir les yeux ; mais il ne put y parvenir de suite parce qu'il n'y avait de cordon que d'un seul côté ; il le raccommoda de son mieux, et dit aux docteurs, pour lui donner le change, faites lui faire sa prière. La dernière parole n'était pas prononcée, que d'un coup subtil il lui fit sauter la tête.

Le 22 juin 1627, François de Montmorency Bouteville, qui s'était acquis une déplorable célébrité comme duelliste, et le comte de Beuvron Deschapelles, condamnés à mort pour s'être battus en duel sur la place Royale, furent conduits dans une charrette sur la place de Grève. Arrivés au pied de l'échafaud, Bouteville y monta le premier et se mit à genoux. L'exécuteur lui demanda s'il fallait lui bander les yeux. « C'est inutile, répondit-il, nous nous sommes souvent vus, la mort et moi. » A peine ces mots étaient-ils prononcés qu'il recevait le coup fatal. Deschapelles, debout dans la charrette, le dos tourné à l'échafaud, entendit le bruit sourd du coup qui venait de trancher la tête à son ami. « Mon cousin n'est plus, dit-il en levant les yeux au ciel, prions Dieu pour lui ! » Puis d'un pas ferme il monta sur l'échafaud, et saisissant la main de Bouteville, il la porta avec affection à ses lèvres. Un instant après il avait cessé de vivre. Leurs corps sanglants furent aussitôt enveloppés dans un drap de velours noir, et transportés à l'hôtel d'Angoulême. Le lendemain ils furent conduits à Montmorency, où on leur fit de magnifiques obsèques.

Le 10 mai 1632 fut décapité sur cette place le maréchal de Marillac, l'une des plus illustres victimes du cardinal de Richelieu. Pour toute grâce, Richelieu avait fait placer l'échafaud au pied du perron de l'hôtel de ville, et à la hauteur des derniers degrés, pour éviter au maréchal l'ignominie d'être conduit en charrette au lieu du supplice. Le chevalier du guet qui l'accompagnait, voyant sur l'échafaud le bourreau lui lier les mains, lui dit avec un profond respect et une grande compassion : « J'ai grand regret de vous voir ainsi, monsieur le maréchal ! — Ayez-en regret pour le roi, et non pour moi ! » répliqua-t-il avec fierté ; puis il livra sa tête à l'exécuteur. Le maréchal de Marillac fut enterré dans l'église des Feuillants ; sur son buste, qui y fut placé peu après, on inscrivit cette devise commémorative de sa triste mort : *Sorte funesta clarus*. Après l'exécution, Richelieu, se trouvant en présence des commissaires qui avaient prononcé la condamnation, dit d'un ton hypocrite à Châteauneuf, leur président : « Il faut avouer que Dieu donne aux juges des lumières qu'il n'accorde pas aux autres hommes, puisque vous avez condamné le maréchal de Marillac à mort : pour moi, je ne croyais pas que ses actions méritassent un tel châtiment ! » Cette mort, cependant, dont il paraissait s'étonner, il l'avait ordonnée lui-même !.....

Le 16 juillet 1676, à six heures du soir, la marquise de Brinvilliers, habile à préparer des poisons pour ses parents et ses amis, fut exécutée sur la place de Grève, après avoir fait amende honorable à Notre-

Dame, nue, en chemise, la corde au cou. Une foule immense se pressait sur la place de Grève et dans les rues ; on y remarquait beaucoup de dames. La marquise en reconnut plusieurs avec lesquelles elle avait été très-liée : « Oh! c'est vraiment un beau spectacle, n'est-il pas vrai, mes amies? » dit-elle à ces curieuses de mort, en leur lançant un regard de mépris. M⁰ᵉ de Sévigné était une de ces curieuses. La condamnée monta seule et nu-pieds sur l'échafaud, où le bourreau fut près d'un quart d'heure à faire les préparatifs de l'exécution, préparatifs plus cruels, plus douloureux que le supplice même ; après avoir été pendue, son corps fut consumé dans un vaste brasier et ses cendres jetées au vent. Le supplice de la Brinvilliers était un effrayant spectacle ; quatre ans plus tard, cependant, les empoisonnements devinrent si fréquents à Paris, que force fut d'établir à l'Arsenal la fameuse chambre ardente.

Le 22 février 1680 fut exécutée sur cette place la Voisin, condamnée par la chambre ardente, établie à Vincennes, à faire amende honorable et à être brûlée vive, pour raison des impiétés, empoisonnements, artifices et maléfices contre la vie des personnes. « A cinq heures, dit Mme de Sévigné, qui était, comme elle le dit elle-même, une des curieuses de supplices d'alors, on la lia, et, avec une torche à la main, elle parut dans le tombereau, habillée de blanc ; c'est une sorte d'habit pour être brûlée ; elle était fort rouge, et l'on voyait qu'elle repoussait le confesseur et le crucifix avec violence. A Notre-Dame, elle ne voulut jamais prononcer l'amende honorable, et à la Grève elle se défendit autant qu'elle put de sortir du tombereau ; on l'en tira de force, on la mit sur le bûcher, assise et liée avec du fer, on la couvrit de paille ; elle jura beaucoup ; elle repoussa la paille cinq ou six fois ; mais enfin le feu s'augmenta ; on la perdit de vue, et ses cendres sont en l'air maintenant. »

Le 20 juin 1699, Mme Tiquet, belle, gracieuse et spirituelle femme d'un conseiller au parlement, auquel elle avait apporté en dot un demi-million de fortune, ayant été condamnée à mort pour avoir tenté de faire assassiner son mari, de complicité avec Moura, son portier, fut conduite en place de Grève pour y être exécutée. La population de Paris se rua tout entière sur le chemin que devait parcourir cette femme, dont le crime, la constance dans les tourments, et la beauté, étaient le sujet de tous les entretiens. A cinq heures, on vit s'avancer le sinistre cortège. Mme Tiquet, entièrement vêtue de blanc, était assise à côté du curé de St-Sulpice ; une coiffe abaissée sur ses yeux dérobait en partie ses traits pâles et réguliers ; une exhortation touchante du bon curé lui rendit le courage qui commençait à l'abandonner ; elle releva sa coiffe, regarda la foule d'un air modeste, mais calme et assuré, et soutint, par ses paroles et sa contenance, la fermeté de Moura, qui, placé sur le devant de la charrette, s'abandonnait au désespoir. Ils arrivaient ainsi à la Grève, et leur supplice allait être terminé dans quelques instants, quand tout à coup un violent orage éclata. On attendit, pour procéder à l'exécution, que la pluie qui tombait par torrents cessât un instant; et, pendant cette cruelle attente, les condamnés demeurèrent dans la charrette, ayant devant les yeux l'appareil de mort, au pied duquel Mme Tiquet voyait un carrosse noir, attelé de ses propres chevaux, et attendant que le bourreau y vînt déposer son corps. Elle demeura ferme cependant : le supplice de Moura, condamné à être pendu, parut seul l'affecter un instant; mais bientôt, montant vivement sur l'échafaud, elle accommoda ses cheveux avec autant de promptitude que de grâce, et, se plaçant sur le billot, présenta son cou au glaive. Tant de résolution et de force, tant de beauté peut-être troublèrent le bourreau, et ce fut avec des cris de terreur et d'indignation qu'on le vit se reprendre à trois fois pour accomplir son cruel office.

En 1720, le comte de Horn et un de ses complices furent exécutés sur la place de Grève, pour avoir assassiné et volé un riche spéculateur des actions de la banque de Law, rue Quincampoix.

Cartouche, le plus adroit et le plus audacieux voleur du xviiie siècle, fut conduit le 27 novembre 1721, sur la place de Grève, pour y être rompu vif. Il espérait que ses compagnons de crimes tenteraient un mouvement pour le délivrer; trompé dans cette attente, il se fit conduire à l'hôtel de ville, avoua tout, et révéla les noms de ses innombrables complices, parmi lesquels il désigna des dames et des gentilshommes très-connus, des personnes de la suite de la fille du régent. Il subit son supplice avec courage.

Le 26 mars 1757, Damiens subit sur la place de Grève le même supplice que Ravaillac. On ne peut rendre l'affluence qu'il y avait dans Paris ce jour-là. Les villages circonvoisins, les habitants des provinces, les étrangers y étaient accourus comme aux fêtes les plus brillantes. Non-seulement les croisées de la Grève, mais mêmes les lucarnes des greniers furent louées à des prix fous; les toits regorgeaient de spectateurs. Mais ce qui frappa surtout, ce fut l'ardeur des femmes, si sensibles, si compatissantes, à rechercher ce spectacle, à s'en repaître, à le soutenir dans son horreur, l'œil sec et sans la plus légère émotion, lorsque presque tous les hommes frémissaient et détournaient les regards.

Le 19 mai 1766, périt sur cette place, à l'âge de soixante-huit ans, l'infortuné Lally-Tollendal, gouverneur de Pondichéry. Après deux ans de débats clandestins, après avoir subi dix-neuf mois de prison sans avoir été interrogé, il demanda trois jours pour sa défense : on les lui refusa. Condamné le 6 mai à être décapité, il dévoua ses juges à l'exécration des hommes et à la vengeance du ciel; puis, feignant de se mettre à genoux, il s'enfonça dans la poitrine, jusqu'à la profondeur de quatre pouces, un compas qu'il avait caché sous son habit, ce qui engagea ses ennemis à faire avancer de six heures l'exécution. Il fut conduit dans un tombeieau sur la place de Grève, avec un bâillon sur la bouche, et un bandeau sur les yeux ; monté sur l'échafaud, il attendit assez longtemps sans qu'on se pressât d'en finir. « Qu'attend-on encore, dit-il au bourreau ? »—Monsieur le comte, il n'est pas encore temps d'exécuter l'arrêt.» Cinq minutes après, le bourreau frappe le patient et le manque, un second coup fit rouler sa tête sur l'échafaud. Douze ans après, l'arrêt du parlement qui l'avait condamné, fut cassé à l'unanimité de soixante-douze magistrats, et sa mémoire fut réhabilitée.

La seconde année du règne de Louis XVI, à l'occasion de la cherté des blés, des hommes armés s'étant introduits dans Paris où ils pillèrent les boutiques des boulangers, plusieurs d'entre eux furent pris, et deux furent pendus en place de Grève.

Nous avons mentionné précédemment le meurtre du gouverneur de la Bastille Delaunay, sacrifié à la vengeance du peuple le 14 juillet 1789, et le martyre que subirent sur la place de Grève MM. Foulon et Berthier de Savigny. C'est au coin de la rue de la Vannerie qu'était le fameux réverbère où fut pendu Foulon, et où s'élevait alors un buste de Louis XIV.

Le 11 octobre 1783, un capucin pédéraste, nommé Pascal, qui avait pris le nom de Chabane, fut rompu vif en place de Grève et ensuite brûlé, pour avoir lardé de dix-sept coups de couteau et mis en danger de mort un petit Savoyard qui ne voulait pas se rendre à ses désirs. « Depuis Damiens, dit un recueil du temps, on n'avait vu d'exécution plus courue ; il y avait du monde jusque sur les toits. »

Le 5 octobre 1784 eut lieu l'exécution des gendarmes Deseine et Deforges. Condamnés à vingt ans de prison, et à la veille d'être transférés de la prison de l'Abbaye au lieu de leur destination, ils résolurent de s'y soustraire, se procurèrent des sabres, des pistolets, de la poudre, descendirent après la garde retirée chez le geôlier, et voulurent le contraindre à les laisser sortir. Celui-ci, ayant appelé du secours, reçut un coup de pistolet dont heureusement il évita la balle. Forcés alors de remonter dans leur chambre, ils s'y barricadèrent et menacèrent de faire sauter la prison si on ne leur accordait leur liberté. Obligés enfin de se rendre, ils furent condamnés à être rompus vifs et subirent ce supplice avec courage ; jamais l'affluence des spectateurs n'avait été aussi considérable.

Le 28 août 1788, un attroupement qui avait mis en fuite le matin le commandant du guet sur la place Dauphine se porta le soir sur la place de Grève, où des troupes, que l'obscurité empêchait d'apercevoir, firent une décharge sur ces hommes, plus turbulents qu'offensifs ; plusieurs tombèrent blessés à mort, et leurs corps furent jetés pendant la nuit dans la Seine.

Le 19 février 1790, Thomas de Mahy, marquis de Favras, condamné à être pendu par arrêt du Châtelet du 18 février, après avoir lu lui-même à haute voix sa sentence sur la place du Parvis-Notre-Dame, fut amené dans un tombereau sur la place de Grève pour y être exécuté. Il demanda à s'arrêter un instant à l'hôtel de ville, espérant jusqu'au dernier moment que sa grâce lui serait accordée, en réponse à un message qu'il avait envoyé à Monsieur (depuis Louis XVIII), qui ne lui répondit pas. Il dicta son testament avec force et énergie pendant quatre heures, et fit corriger avec beaucoup de présence d'esprit les incorrections de style et les fautes d'orthographe. La nuit étant venue, on distribua des lampions sur la place et on en mit jusque sur la potence. Favras descendit de l'hôtel de ville d'un pas ferme. Conduit au lieu fatal, après avoir monté le troisième échelon, il fit signe qu'il voulait parler. Le plus grand silence ayant régné autour de lui : « Braves et généreux citoyens, s'écria-t-il, je vais paraître devant Dieu, je ne suis point suspect de mentir dans cet instant affreux : eh bien ! je vous jure, à la face du ciel, que je ne suis point coupable et que vous versez le sang de l'innocent ! Priez Dieu pour moi ! » La foule frémit, et le bourreau en pleurs dit à la victime : « Criez plus fort, qu'ils vous entendent ! » Trois fois Favras protesta de son innocence en montant les funestes échelons ; parvenu au haut de l'échelle : « Exécuteur de la justice, dit le malheureux, faites votre devoir !... » Il fut pendu et son cadavre déposé à St-Jean en Grève. Ainsi périt Favras, victime de sa confiance dans un prince qui, quelques jours avant, était venu le renier à l'hôtel de ville, au milieu du beau monde, qui se plaignit d'avoir acheté par une longue attente le plaisir de le voir suspendu à une énorme potence. Sa veuve, qui était une princesse d'Anhalt-Dessau, épousa en secondes noces un boucher de la rue d'Orléans-St-Honoré, et pendant longues années présida elle-même à la distribution de la viande à ses pratiques.

Le 25 avril 1792 se fit, sur la place de Grève, la première expérience de l'instrument de mort appelé guillotine, imaginé par le médecin Guillotin et perfectionné par M. Louis, secrétaire perpétuel de l'académie de chirurgie, sur un nommé Nicolas-Jacques Pelletier, condamné comme voleur et assassin.

Le 23 octobre 1792, on y exécuta neuf émigrés pris les armes à la main.

En 1793, l'échafaud fut transporté sur la place Louis XV, qui prit alors le nom de place de la Révolution : il y resta en permanence durant l'époque de la terreur, fut transféré sur la place St-Antoine le 21 prairial an II (21 juin 1794) ; cinq jours après il fut établi à la barrière du Trône, remis sur la place de la Révolution pour l'exécution de Robespierre, puis rétabli enfin sur la place de Grève par un décret de la convention du 20 messidor an III (8 juillet 1795). Depuis lors cette place eut le triste privilège d'être exclusivement consacrée aux exécutions capitales, et elle le conserva sous l'empire et la restauration.

Le 11 pluviôse an IX (1er février 1801), Demerville, Aréna, Topino

Lebrun et Ceracchi, condamnés à mort pour avoir conspiré contre la république, furent exécutés sur la place de Grève.

Le 6 messidor an XII (26 juin 1803), Georges Cadoudal, L. Ducorps, Picot, Coster St-Victor, Deville, Joyaut, Burban, Mercier, Lelan, P.-J. Cadoudal, Merille et Royer, convaincus de conspiration contre la république et d'attentat à la vie du premier consul, furent exécutés sur la place de Grève.

Le 28 juillet 1816, Pleignier, Corbonneau et Tolleron, accusés de complicité avec les patriotes de 1816, furent exécutés sur la place de Grève, à huit heures du soir. — Lorsque les condamnés partirent pour l'échafaud, ils étaient nu-pieds, revêtus d'une grande chemise blanche, et la tête enveloppée dans une espèce de capuchon noir. Tout ce que l'on raconte des supplices de l'inquisition, du san-benito, et des formes lugubres de la vieille Espagne, n'avait pas une apparence plus sinistre : on se serait cru au temps des exécutions judiciaires des siècles de la barbarie. — Tous trois marchèrent au supplice avec courage. Après qu'ils eurent entendu leur arrêt au pied de l'échafaud, ils en montèrent rapidement les degrés. Corbonneau tendit son poignet avec résignation à l'exécuteur, qui le trancha d'un seul coup ; Tolleron posa le sien sur le billot, en disant : « Coupe cette main, qui a défendu la patrie. » Pleignier fit d'abord quelques difficultés pour se soumettre à cette cruelle opération, et finit par s'y résigner.

C'est aussi sur cette place que furent exécutés, le 24 août 1822, les sous-officiers Bories, Pomier, Raoux et Goubin. Sous la hache du bourreau, tous quatre crièrent : « Vive la liberté ! » En se rappelant la mort stoïque de ces quatre jeunes patriotes, on se demande comment il a pu se rencontrer douze hommes ayant le titre de jurés, capables de prononcer un verdict qui envoyait à la mort quatre de leurs concitoyens dont tout le tort était de ne pas penser comme eux. Cela s'explique, toutefois, lorsqu'on se rappelle qu'il y avait à cette époque une terreur organisée, dont il était impossible de ne pas subir l'influence. Les cours prévôtales des départements, les assassinats du Midi, les bannissements de l'intérieur et les échafauds de Paris, signifiaient en effet quelque chose. Qui pourrait dire n'avoir pas tremblé alors devant les servantes de la restauration, les danseuses du rond des Tuileries, les virago du mouchoir blanc, qui auraient bien valu, si on les eût laissées continuer, les tricoteuses de la convention. — Les croisées du pourtour de la place de Grève étaient louées à des royalistes, et des sièges avaient été disposés à celles de l'hôtel de ville pour des dames de la cour, qui désiraient voir venger la royauté. Quand la dernière tête tomba, on entendit proférer autour de la machine les acclamations prolongées de *Vive le roi ! vivent les Bourbons !...* — Huit ans après, plus de dix mille citoyens de Paris vinrent faire sur cette même place une procession civique en l'honneur de ces infortunés jeunes gens.

Après la révolution de juillet, on s'est déterminé à éloigner de l'intérieur de la ville le sanglant spectacle des exécutions. La place de Grève, sanctifiée par le courage du peuple pendant les trois journées de juillet, ne devait plus d'ailleurs voir couler le sang des criminels. On dresse maintenant l'instrument de supplice au rond-point de la barrière St-Jacques.

Rue de Jouy, n° 9, est l'hôtel d'Aumont, ouvrage de François Mansard. La façade du côté du jardin est très-belle. On y voit un beau plafond peint par Lebrun, représentant l'apothéose de Romulus.

Rue des Barres, n° 4, est l'hôtel Charny, où demeurait Louis de Bourdon ou de Bosredon, amant de la reine Isabeau de Bavière, que Charles VI fit enfermer dans un sac et jeter dans la Seine, avec cette étiquette : *Laissez passer la justice du roi.*

Dans cet hôtel siégeait en 1794 le comité civil de la section de la commune de la ville de Paris. — C'est là que fut transféré sur une chaise, le 10 thermidor, à deux heures du matin, le citoyen Robespierre jeune, député à la convention nationale, qui s'était précipité volontairement d'une des croisées de la maison commune. Il était dangereusement blessé et presque sans vie. Après avoir été pansé par le citoyen Pellard, chirurgien dentiste, assisté de l'apothicaire Peigné, il fut transféré au comité de salut public, par ordre de trois membres de la convention, dont un faisait fonction de commandant de la force armée de Paris.

L'hôtel de Charny a été en partie démoli lors du percement de la rue du Pont-Louis-Philippe.

Le couvent des filles de la Croix, fondé en 1664 et supprimé en 1790, était situé rue des Barres.

Près du cimetière St-Jean en Grève, était le riche hôtel de Craon, où Pierre de Craon cacha pendant quelque temps les gens déterminés qu'il chargea de l'assassinat du connétable de Clisson (V. Rue Culture-Ste-Catherine). — Après le procès fait à Pierre de Craon, qui fut condamné au dernier supplice, l'hôtel de Craon fut rasé et son emplacement fut donné à la paroisse St-Jean, dont il augmenta le cimetière.

Rue des Nonandières demeurait, en 1748, Mme de Pannelier, qui présidait alors un bureau d'esprit, dont les principaux coryphées étaient Lalande, Sautereau, Leclerc de Merry, Guichard, etc. Les séances, qui étaient précédées d'un bon dîner, avaient lieu tous les mercredis.

Rue du Martroi (supprimée lors de l'agrandissement de l'hôtel de ville) était l'église St-Jean en Grève, autrefois chapelle baptismale de St-Gervais, qui devint église paroissiale après la construction de l'enceinte de Philippe Auguste. Agrandie en 1255, 1326 et 1735, cette église, où avait été enterré le célèbre peintre Simon Vouet, a été démolie en l'an VIII, et une partie de son emplacement servit à élargir la rue du Tourniquet-St-Jean. Cet emplacement a été englobé depuis dans les nouveaux bâtiments de l'hôtel de ville. — Au XIVe siècle, les juifs avaient une synagogue dans la vieille tour du Pet-au-Diable, qui dépendait du cloître de St-Jean en Grève.

Rue de l'Hôtel-de-Ville (autrefois rue des Haudriettes) étaient les hospitalières des HAUDRIETTES, communauté qui avait été fondée par Étienne Haudry, l'un des secrétaires de saint Louis, avec lequel il partit pour la terre sainte. Ayant fait ensuite un voyage à St-Jacques en Galice, sa femme, affectée douloureusement de ne pas recevoir de ses nouvelles, s'enferma dans sa maison de la rue de la Mortellerie avec quelques autres femmes pour s'y consacrer à des exercices de piété, et y fit même vœu de chasteté. Étienne Haudry, à son retour, n'obtint du pape la dispense de ce vœu qu'à condition qu'il laisserait à la maison où elle s'était retirée un fonds pour y entretenir douze pauvres femmes, qui formèrent une communauté à laquelle on donna le nom d'haudriettes, du nom de leur fondateur. En 1622, les haudriettes furent transférées du quartier de la Grève dans la rue St-Honoré, et prirent le nom de filles de l'Assomption.

Place de Grève, au nord de l'hôtel de ville, était l'HÔPITAL DU ST-ESPRIT, fondé en 1326 sur l'emplacement d'une maison ruinée nommée l'hôtel du Dauphin, des charités de diverses personnes pieuses, pour des pauvres enfants abandonnés que l'on habillait de bleu, d'où leur était venu le nom d'Enfants bleus. L'église, construite en 1406, était un lieu de grande dévotion, fréquenté principalement tous les lundis de l'année. Cette église et les bâtiments qui en dépendaient ont été démolis en 1798, et sur leur emplacement on éleva en 1810 l'hôtel du préfet de la Seine, abattu en 1841 pour l'agrandissement de l'hôtel de ville.

N° 35. QUARTIER DE LA CITÉ.

Ci-devant *section de Notre-Dame*, et ensuite *section de la Cité*.

Les limites de ce quartier sont : la rue de la Barillerie n^{os} impairs, le quai Desaix, le quai Napoléon, le quai de l'Archevêché, les bâtiments de l'Hôtel-Dieu, et le quai du Marché-Neuf jusqu'au pont St-Michel. — Superficie 150,000 m. carrés, équivalant à 0,005 de la superficie totale de Paris.

On remarque principalement dans ce quartier :

L'église métropolitaine de Notre-Dame. Deux temples ont précédé l'érection de la basilique actuelle : l'origine du premier est inconnue ; celle du second paraît remonter à l'an 355. Maurice de Sully, évêque de Paris, conçut, en 1161, le projet de l'entière reconstruction de la cathédrale sur un plan très-vaste. Les travaux en furent commencés vers 1163; le grand autel fut consacré en 1182; on présume que ce monument fut entièrement achevé en 1223, sur la fin du règne de Philippe Auguste.

La cathédrale de Paris est le grand témoin de notre histoire depuis six cents ans. Elle a vu nos révolutions, nos désordres, notre anarchie, dont nous allons indiquer sommairement quelques-uns des principaux traits. — L'église Notre-Dame était autrefois un lieu d'asile inviolable. Frédégonde, soupçonnée du meurtre de Chilpéric son mari, assassiné à Chelles, de la mort du roi Sigebert, son beau-frère, et des enfants de son mari, se retira dans l'église cathédrale de Paris, où elle fut à l'abri des poursuites de Gontran, roi d'Orléans, et de Childebert, roi de Metz, fils et successeur de Sigebert, qui la demandèrent en vain à l'évêque Raimond pour en faire justice.

En 754 le pape Etienne sacra dans cette église Pepin le Bref, ainsi que ses deux fils et leur mère.

Une ordonnance du chapitre de Paris, de l'an 1248, fait connaître que les malades qui venaient à Notre-Dame pour implorer Dieu restaient en dedans de l'église, vers la seconde porte, même pendant les nuits, en attendant leur guérison ; cette ordonnance porte qu'en faveur de ces malades, cette entrée de l'église sera désormais éclairée par six lampes. On sait d'ailleurs qu'à cette époque et même un peu après, les médecins, qui étaient tous gens d'Eglise, donnaient leur consultation à l'entrée de l'église Notre-Dame, au-dessous de la tour qui est à main droite, du côté méridional.

Le 18 août 1572, six jours seulement avant le massacre de la St-Barthélemy, le mariage du roi de Navarre, depuis Henri IV, avec Marguerite de ■■■■■, fut pompeusement célébré dans l'église de Notre-Dame.

Le 9 février 1779, on célébra dans cette église le mariage de cent jeunes filles en réjouissance de l'heureux accouchement de la reine. Un million avait été affecté par le roi à leur établissement ; chaque fille reçut cinq cents livres de dot, deux cents livres pour le trousseau, et douze livres pour la noce ; il y eut aussi des gratifications pour les premiers enfants à naître, et pour les mères qui se décidèrent à nourrir leurs enfants. — Le 27 octobre 1781, un *Te Deum* fut chanté à Notre-Dame en réjouissance de la naissance du dauphin. Le roi, accompagné des princes du sang, assista à cette cérémonie religieuse, l'une des dernières de ce genre qui fut célébrée avant la révolution.

Le 5 août 1789, un *Te Deum* fut chanté à Notre-Dame par l'ordre de l'archevêque Juigné, pour remercier Dieu de l'abolition des titres et des droits féodaux.

Le 17 brumaire an II (8 novembre 1794), l'archevêque de Paris Gobel donna le scandale de la plus honteuse apostasie. Il se présenta à la barre de la convention, où il déclara solennellement « qu'il avait été pendant soixante années hypocrite, que la religion qu'il professait depuis son enfance n'avait pour base que le mensonge et l'erreur. » Condamné à mort avec Clootz et Hébert, il périt sur l'échafaud le 24 germinal an II.

Le 10 novembre 1793 (20 brumaire an II) la convention nationale, qui avait reçu le 8 novembre de l'archevêque de Paris Gobel et de ses douze vicaires la déclaration qu'ils renonçaient à exercer les fonctions du culte catholique, décréta, sans discussion, l'abolition du culte catholique, le remplacement de ce culte par celui de la Raison, et changea par ce décret le nom de l'église Notre-Dame en celui de *temple de la Raison*. Le même jour, on éleva dans la nef de ce temple une montagne factice, dont le sommet était couronné par un temple d'une architecture simple, portant pour inscription au-dessus de la porte d'entrée : *A la Philosophie*. Sur le penchant de la montagne s'élevait un autel orné de guirlandes de chêne, et supportant le flambeau de la Vérité. Deux rangées de jeunes filles vêtues de blanc, couronnées de chêne, et tenant à la main un flambeau, descendirent de la montagne. Peu après la Raison, représentée par une jeune et belle femme vêtue d'une draperie blanche recouverte à moitié par un manteau bleu céleste, les cheveux épars et coiffée d'un bonnet phrygien, sortit du temple de la Philosophie, et vint s'asseoir sur un banc de gazon, où elle reçut les hommages et les serments des mortels, au son d'une musique bruyante et des chants d'allégresse. Le soir, la convention en masse se rendit au temple pour y chanter avec le peuple l'hymne à la Raison.

Le 10 messidor an IX (30 juin 1801), un concile national s'ouvrit dans l'église Notre-Dame de Paris ; il était composé de quarante-cinq évêques, et d'environ quatre-vingts députés du clergé du second ordre. Le discours d'ouverture fut prononcé par l'abbé Grégoire, membre du corps législatif et évêque de Blois.

Le 25 messidor an IX (14 juillet 1801), on célébra dans cette église une messe solennelle, et on chanta un *Te Deum* en actions de grâces pour tous les bienfaits que le Seigneur avait répandus sur le peuple français.

Le 28 germinal an X (18 avril 1802), le jour de Pâques, une fête solennelle fut célébrée dans l'église Notre-Dame en l'honneur de la signature du concordat et du rétablissement de la religion catholique en France. Dès le matin la loi sur les cultes fut promulguée dans tous les quartiers de Paris. A onze heures, les trois consuls se rendirent à l'église dans la même voiture, attelée de huit chevaux, et précédée de chevaux de main richement caparaçonnés, conduits par des mameluks. Après cette voiture venait celle de Mme Bonaparte, où se trouvaient sa fille et ses belles-sœurs, qui prirent place dans le magnifique jubé en bois sculpté, qui fut détruit quelque temps après. Les consuls, attendus à l'entrée de la nef par l'archevêque de Paris, furent reçus sous un dais, et furent se placer sous un autre dais placé à gauche de 'autel. Après l'évangile, les archevêques et évêques prêtèrent l'un après l'autre serment entre les mains du premier consul. Immédiatement après la messe, le légat entonna un *Te Deum* dont la musique, composée par Paësiello, fut exécutée par deux orchestres conduits, l'un par Chérubini, et l'autre par Méhul. Mlle Lebrun, fille du consul, Mlle de Luçay, fille du préfet du palais, et Mme Savary, épouse d'un aide de camp du consul, firent une quête qui monta à sept cents louis. Pendant les trois longues heures que dura la cérémonie, des salves d'artillerie se succédaient sans interruption et faisaient frémir toutes les vitres de Paris. — Cette cérémonie fut loin toutefois de réunir l'assentiment général. Le général Delmas, interrogé par Bonaparte sur l'impression qu'il avait éprouvée, répondit avec une brusque franchise : « C'était une assez belle arlequinade, à laquelle il ne manquait que le million d'hommes qui se sont fait tuer pour détruire ce que vous venez de relever ; » et cette opinion était partagée par la grande majorité des assistants.

Lorsque Napoléon Bonaparte fut proclamé empereur, il lui prit envie de se faire sacrer, et il résolut d'environner d'une pompe et d'un éclat extraordinaire la cérémonie de son couronnement. L'église Notre-Dame ayant été choisie pour cette solennité, on y fit d'utiles et grandes réparations ; on abattit la chapelle du chapitre, ainsi que plusieurs maisons qui masquaient la façade septentrionale de cet édifice ; cette façade fut mise à découvert, ainsi que des parties depuis longtemps cachées aux yeux ; le quartier y gagna baucoup en salubrité. — Le 11 frimaire an XIII (1er décembre 1804), la cérémonie du sacre, malgré un froid rigoureux, fut exécutée avec la plus grande magnificence. Le pape Pie VII et l'empereur partirent des Tuileries à dix heures pour se rendre à la cathédrale. Le cortége offrait une scène théâtrale qui n'était pas sans majesté ; on y voyait les grands dignitaires chargés des décorations, des insignes et des vêtements de l'empereur, d'autres portant le sceptre, la main de justice, l'épée et la couronne de Charlemagne. L'empereur et l'impératrice furent bien et dûment oints par le pape ; mais il posa lui-même la couronne impériale sur sa tête. — De toutes les cérémonies qui eurent lieu dans la basilique de Notre-Dame, celle du couronnement de Napoléon fut sans contredit la plus somptueuse et la plus solennelle ; cette voûte aux arceaux gothiques, aux vitraux lumineux ; ce trône élevé près de l'autel ; ces vieilles murailles recouvertes de tapisseries magnifiques, le long desquelles on voyait rangés par ordre tous les corps de l'Etat, les députés de toutes les villes, la France entière, enfin, représentée par ses mandataires ; ces milliers de plumes flottantes qui ombrageaient les chapeaux des sénateurs, des conseillers d'Etat, des tribuns ; ces cours judiciaires avec leur costume riche et sévère à la fois ; ces uniformes brillants d'or dont étaient revêtus les chefs les plus illustres de l'armée ; ce nombreux clergé dans toute sa pompe ; ces jeunes et belles femmes étincelantes de pierreries et vêtues avec une élégance à nulle autre pareille, placées dans les travées de l'étage supérieur de la nef et du chœur ; enfin le souverain pontife et l'empereur revêtus des insignes de leur dignité, formaient un coup d'œil dont il est difficile de se faire une juste idée, et qui bien certainement ne sera jamais renouvelé.

Le mariage du duc de Berry avec la princesse des Deux-Siciles fut célébré le 17 juin 1816 dans l'église de Notre-Dame ; on y a aussi célébré, le 2 mai 1841, le baptême du comte de Paris.

En 1793, la commune de Paris vota et arrêta la démolition de la cathédrale de Paris. Quelque temps avant, Chaumette ayant demandé que l'on fît disparaître la longue file de rois placée au-dessus du portail de cette église, la convention s'empressa d'adopter cette motion, en vertu de laquelle on anéantit ces vénérables modèles de sculpture du moyen âge, qui, après être restés longtemps entassés et recouverts des plus sales immondices derrière le chevet de la métropole, ont fini par être transformés en matériaux de construction. — Le clocher central, élevé au-dessus du transsept, fut renversé à la même époque ; il datait du xve siècle, et sans nul doute en remplaçait un plus ancien.

L'église Notre-Dame, bâtie en forme de croix latine, a 126 m. 68 c. dans œuvre, 48 m. 7 c. de large et 33 m. 77 c. de haut ; cent vingt gros piliers de 1 m. 33 c. de diamètre soutiennent les voûtes principales. La nef et le chœur sont accompagnés de doubles bas côtés, formant de larges péristyles, et d'un grand nombre de chapelles, qui règnent autour de l'église ; on y entre par six portes. La façade principale se fait remarquer par son élévation, par sa sculpture et par le caractère imposant de son architecture. Elle était décorée des statues de vingt-huit rois de France, commençant à Childebert et finissant à Philippe Auguste, qui ont été renversées en 1793 ; cette façade est terminée par deux grosses tours carrées qui ont 91 m. de haut ; on y monte par trois cent quatre-vingts degrés, et l'on va de l'une à l'autre par deux galeries hors d'œuvre, que soutiennent des colonnes gothiques d'une délicatesse surprenante.

La façade principale est percée de trois grandes portes par lesquelles on entre dans l'église : le portique à droite, dit de la Vierge, le portique du milieu et le portique de gauche, dit de Ste-Anne. Ces portiques, pratiqués sous des voussures ogives, sont chargés de divers ouvrages de sculpture, représentant plusieurs traits qui ont rapport à l'histoire du Nouveau Testament. Un de ces portiques, celui qui est placé au-dessous de la tour septentrionale, est remarquable par un zodiaque où les signes sont accompagnés de l'image des travaux champêtres, ou d'attributs qui y correspondent. Du côté où était autrefois l'archevêché, est le portail méridional dit de St-Marcel, où sont représentés en bas-reliefs les principaux traits de la vie de saint Etienne : au-dessus, et dans la partie haute du tympan, Jésus-Christ, tenant d'une main un globe, donne de l'autré sa bénédiction. Le contour des arceaux de la voussure est rempli de figures d'anges, d'apôtres ; au bas des grands contre-forts et de chaque côté, sont huit bas-reliefs relatifs à la vie de saint Etienne. — Le portail septentrional, situé du côté du cloître, présente à peu près la même disposition que celui du midi. La statue de la Vierge, placée sur le trumeau qui sépare la porte en deux, foule sous ses pieds un dragon ailé. On a représenté, en figures de moyenne proportion, plusieurs sujets du Nouveau Testament, et l'histoire d'un personnage qui s'est donné au démon. Le style des figures semble appartenir au commencement du xive siècle. La porte du cloître est remarquable par l'élégance de sa construction ; les deux figures agenouillées représentent Jean sans Peur, duc de Bourgogne, et sa femme Marguerite de Bavière. Les différents bas-reliefs offrent divers traits de la vie de saint Marcel, évêque de Paris. Sur le mur, à 2 m. de hauteur, on voit sept bas-reliefs représentant plusieurs sujets de la vie de la Vierge.

Le chœur, pavé en marbre, a 42 m. de long sur 15 de large. — Deux estrades en marbre de griotte d'Italie, servant de jubés, le séparent de la nef. Elles sont élevées de 1 m. 72 c., leurs panneaux sont d'un poli transparent ; dans leur milieu une grille de même hauteur ferme l'entrée du chœur. En entrant dans le chœur, l'œil est d'abord frappé de la magnificence de la boiserie, régnant de chaque côté au-dessus de vingt-six stalles. Son commencement est marqué par deux pilastres décorés d'arabesques. Des bas-reliefs représentant des traits de la vie de la sainte Vierge, et d'autres sujets pieux, ornent cette boiserie. Des trumeaux, enrichis d'arabesques et des instruments de la passion, les séparent : ils représentent, en commençant à droite, au haut du chœur, près de la chaire épiscopale, Jésus-Christ donnant les clefs à saint Pierre ; la Naissance de la Vierge ; sa Présentation au temple ; sainte Anne l'instruisant ; son Mariage avec saint Joseph ; l'Annonciation ; la Visitation par sainte Elisabeth ; la Naissance de Jésus-Christ ; l'Adoration des Mages ; la Circoncision. Du côté gauche du chœur, en commençant par le haut : les Noces de Cana ; la Vierge au pied de la croix ; la Descente de la croix ; la Pentecôte ; l'Assomption de la Vierge ; la Religion ; la Prudence ; l'Humilité ; la Douceur ; les Pèlerins d'Emmaüs. Ces boiseries se terminent de chaque côté par une chaire archiépiscopale en cul-de-four, surmontée de baldaquins enrichis de groupes d'anges tenant des instruments religieux. Le fond de celle du côté droit représente le martyre de saint Denis ; du côté gauche, l'on voit la guérison miraculeuse de Childebert, par l'intercession de saint Germain, évêque de Paris. Au-dessus de ce lambris, l'on admire huit grands tableaux des meilleurs maîtres de l'école française du commencement du siècle dernier. Le premier de ces tableaux, en commençant à droite, par le haut du chœur, est l'Annonciation, par Hallé ; le second, la Visitation, appelé le Magnificat, chef-d'œuvre de Jouvenet ; le troisième, la Naissance de la Vierge, par

Philippe de Champagne; le quatrième, l'Adoration des Mages, par Lafosse. Le premier, à gauche, représente la Présentation de Jésus-Christ au temple, par Louis de Boulogne; le second, une Fuite en Égypte, par le même; le troisième, la Présentation de la Vierge au temple, par Philippe de Champagne; le quatrième, l'Assomption de la Vierge, par Antoine Coypel.

Le maître-autel est élevé sur trois marches semi-circulaires en marbre de Languedoc : il a 4 m. 22 c. de longueur, non compris les piédestaux qui l'accompagnent; sa hauteur est de 1 m. Cet autel, en marbre blanc, est décoré sur le devant de trois bas-reliefs. Celui du milieu, qui est en cuivre doré, ou or moulu, représente Jésus-Christ mis au tombeau; le sculpteur Van-Clève l'avait exécuté pour former le retable d'autel de la chapelle de Louvois dans l'église des Capucines de la place Vendôme. Ceux des côtés représentent chacun deux anges tenant divers instruments de la passion. Le tabernacle consiste en un gros socle carré décoré de pilastres et enrichi d'une fermeture circulaire, en bronze doré, représentant l'agneau pascal; les angles sont ornés de petites têtes de chérubins.

Pour accompagner l'ancien autel, on a dénaturé le système d'architecture du chœur; les arcs ogives furent convertis en pleins cintres, et les piliers en pilastres. Les sept arcades qui forment le rond-point du sanctuaire sont incrustées de marbre blanc mêlé de gris, de même que les jambages ou pieds-droits qui sont posés sur des embases ou soubassements en marbre de Languedoc. Ces arcades sont séparées par des pilastres ou montants en saillie, dont les impostes servent de chapiteaux, et sur ces mêmes pieds-droits s'élèvent d'autres pilastres attiques, terminés par une corniche ou plate-bande en ressaut sans amortissement.

La baie de l'arcade du milieu qui est derrière le grand autel est formée en niche, occupée par un groupe en marbre blanc, composé de quatre figures, dont les principales ont 2 m. 66 c. de proportion. La Vierge, assise au milieu, soutient sur ses genoux la tête et une partie du corps de son fils descendu de la croix; le reste du corps est étendu sur un suaire; elle a les bras élevés et les yeux en larmes levés vers le ciel. La douleur d'une mère et sa parfaite soumission à la volonté de Dieu sont exprimées de la manière la plus vraie. Un ange sous la forme d'un adolescent soutient à droite une main du Christ, pendant qu'un autre ange tient la couronne d'épines, et regarde les impressions meurtrières qu'elle a faites sur l'auguste victime. Derrière un groupe, sur le fond en cul-de-four, incrusté de marbre bleu turquin, paraît une croix surmontée de l'inscription; un grand linceul tombe du haut de la croix et vient se perdre derrière les figures. Ce groupe, que Nicolas Coustou a terminé en 1723, est un ouvrage admirable : la tête du Christ est d'une rare beauté par l'expression et la dignité du caractère.

A l'entrée de la porte septentrionale, et près de l'escalier par lequel on monte aux tours, est un bas-relief qui servait de pierre sépulcrale au tombeau du chanoine Yves. On a représenté, dans cette production du xv⁰ siècle, le Jugement dernier : Jésus-Christ, environné d'anges, lance de sa bouche deux glaives, l'un à droite, l'autre à gauche ; sous ses pieds est le globe de la terre, et dans sa main gauche un livre ouvert. La seconde partie du monument représente un homme sortant du tombeau, contre lequel on voit un cadavre rongé de vers.

Dans l'ancienne chapelle de la Vierge est la belle statue dite la Vierge des Carmes, de 2 m. 38 c. de proportion, sculptée à Rome par Antoine Raggi dit le Lombard, d'après le mode du cavalier Bernin. Le lutrin en bois placé dans cette chapelle est remarquable par l'élégance de sa construction et la belle exécution de son travail. Ce pupitre est placé sur un piédestal triangulaire, dont les trois faces, un peu concaves, sont ornées de figures en bas-reliefs des apôtres saint Pierre, saint Paul et saint Jean l'Évangéliste ; sur le piédestal sont représentées les Vertus théologales, la Foi, l'Espérance et la Charité. Ces figures sont d'un beau travail et d'une exécution parfaite. Le corps du pupitre est décoré de petits ornements en mosaïque très-délicats ; il en est de même des consoles et des arabesques, qui rappellent les productions de Jean Goujon, de Jean Cousin, et autres célèbres artistes du xvi⁰ siècle.

La chapelle de la Décollation de saint Jean Baptiste renferme le mausolée en marbre érigé, en 1808, par décret de Napoléon, à la mémoire du cardinal de Belloy, archevêque de Paris. Ce monument se compose de quatre figures dont trois ont 2 m. 45 c. de hauteur. Le prélat, assis dans un fauteuil placé sur son sarcophage, est représenté offrant les secours de la charité à une famille indigente. La femme qui reçoit le don a la main droite appuyée sur l'épaule d'une jeune fille. Du même côté, saint Denis, premier évêque de Paris, placé sur une petite masse de nuages, montre aux fidèles son successeur, et semble le proposer comme un exemple de vertu.

Les personnages les plus remarquables qui ont été enterrés à Notre-Dame sont : le cardinal de Noailles ; l'évêque Jean-Juvénal des Ursins, auteur de l'Histoire de Charles VI, et onze autres personnes de sa famille; Albert de Gondi, maréchal et duc de Retz ; Pierre de Marca ; le maréchal de Guébriant ; Renaud de la Beaune ; Joachim du Belloy, un des beaux esprits de son temps ; le savant Claude Châtelain. — Avant la construction du chœur que fit édifier Louis XIV pour satisfaire au vœu de Louis XIII, on y voyait entre autres tombeaux ceux de Philippe, fils de Louis le Gros ; d'Isabelle de Hainaut, première femme de Philippe Auguste ; du comte de Richemont, duc de Bretagne, troisième fils de Henri II, roi d'Angleterre ; de Philippe, comte de Boulogne, fils de Louis XIII ; de Louis, dauphin, fils aîné de Charles VI. Le cœur de Louise de Savoie, comtesse d'Angoulême, mère de François I⁰ʳ, y avait aussi été déposé.

Le palais de l'archevêché occupait au midi de la cathédrale l'emplacement du premier palais archiépiscopal construit, vers la fin du xiie siècle, par Maurice de Sully, évêque de Paris. Agrandi et presque entièrement reconstruit par les successeurs de cet évêque, restauré et richement meublé sous l'empire par Napoléon, il a été emporté de vive force et détruit de fond en comble par le peuple. Sur son emplacement on a formé une belle esplanade plantée d'arbres et entourée d'une grille formant une charmante promenade ornée d'une jolie fontaine gothique.

« Suivant l'abbé Lebeuf (*Hist. du diocèse de Paris*, t. I, p. 14), c'était dans la première cour de l'archevêché, où était jadis le siége de l'officialité, que se faisaient les monomachies ou duels entre les champions pour la décision de certaines causes. »

La bibliothèque de l'ordre des avocats, provenant originairement de la nombreuse bibliothèque d'Etienne Gabriau de Riparfond, léguée à cet ordre en 1704, avait été placée en 1704 dans une galerie de l'avant-cour de l'archevêché, d'où elle fut transférée au palais de justice.

Dans une autre cour était la prison de l'archevêque, une des plus anciennes et des plus malsaines de Paris. Sous le règne de Louis XVI, les prisons bourgeoises ou privées étaient encore très-multipliées ; elles étaient une source d'abus d'autant plus révoltants que les magistrats n'avaient pas le droit de les visiter. En 1783, M. d'Epremesnil fit au parlement un discours touchant sur cette manière illégale d'attenter à la liberté des citoyens, et sur la nécessité de réprimer l'excès de cette tyrannie ; il fit connaître qu'il y avait dans Paris et les environs vingt-deux maisons de cette espèce, dans lesquelles étaient détenus en 1777 un nombre de prisonniers égal à celui des prisonniers conduits et arrivés dans le même espace de temps dans les prisons de la cour et autres prisons judiciaires.

Après les événements de 1789, la prison de l'archevêché fut supprimée ainsi que toutes les prisons particulières. Le palais devint l'habitation du chirurgien en chef de l'Hôtel-Dieu, et la chapelle fut convertie en amphithéâtre d'anatomie jusqu'en 1802.

C'est dans la grande salle de l'archevêché que l'assemblée nationale tint à Paris sa première séance, le 19 octobre 1789, à son retour de Versailles, et c'est là qu'elle décréta que les biens du clergé étaient propriétés nationales. Cette assemblée quitta ce local le 9 novembre pour aller occuper une salle construite au manége contigu à la terrasse des Tuileries, qu'on avait disposé à cet effet. C'est dans cette même salle que s'étaient assemblés les électeurs de Paris.

La place du Parvis-Notre-Dame était l'endroit où les condamnés faisaient amende honorable, où ils étaient *préchés* et *mitrés*. Sur cette place était l'échelle patibulaire de l'archevêque de Paris. Ce fut près de cette échelle que l'on dressa l'échafaud où fut lu le décret du pape Clément V qui condamnait à mort les templiers. Ce fut là qu'en 1314 fut hissé, chargé de chaînes, Henri Malestroit, diacre, frère de Geoffroy Malestroit, chevalier, décapité l'année précédente. Henri Malestroit, étant à l'échelle, souffrit beaucoup de maux, on l'accabla d'injures, on lui jeta de la boue et autres immondices, et même des pierres qui le blessèrent jusqu'au sang ; à la troisième exposition le patient expira. — L'échelle et le pilori étaient jadis des marques de haute justice ; le pilori était plus que l'échelle ; aucun seigneur ne pouvait avoir de pilori où le roi en avait un. L'échelle du Parvis-Notre-Dame fut détruite au commencement du XVIIIe siècle ; on y substitua en 1767 un carcan fixé à un poteau, d'où partaient, comme aujourd'hui de la borne placée sur la place du Parvis, toutes les distances itinéraires de la France. Ce carcan fut abattu en 1790.

Le parvis et le cloître Notre-Dame étaient autrefois un lieu privilégié où les ouvriers et artisans de Paris pouvaient travailler pour leur compte sans avoir été reçus maîtres dans les communautés des arts qu'ils exerçaient.

L'Hôtel-Dieu, situé place du Parvis-Notre-Dame, n° 4. Son origine est fort ancienne, et paraît remonter au commencement du christianisme. Comme il n'existait point alors d'asile pour les pauvres malades, les évêques étaient chargés de leur procurer les secours dont ils avaient besoin, et entretenaient à cet effet une maison où les malades recevaient des secours, et où ils étaient soignés pour la plupart. C'est de cette coutume, sans doute, qu'est née la tradition qui attribue à saint Landry l'établissement de l'Hôtel-Dieu de Paris.

Philippe Auguste est le premier roi connu qui ait fait quelques libéralités à cet hôpital. Mais saint Louis mérita plus que lui le titre de bienfaiteur de cet établissement ; il le prit sous sa protection spéciale, et lui accorda, en 1248, sur les denrées des marchés, un droit qu'y exerçaient le roi, les princes, les officiers de la couronne et l'évêque de Paris : ils prenaient les denrées qui leur plaisaient, et en fixaient eux-mêmes le prix. Il serait trop long de rapporter tous les bienfaits que cet hôpital reçut, à diverses époques, de la part des rois et surtout des particuliers.

Les restes mortels du baron de Monthyon, dont la vie fut si pleine de bienfaisance et d'amour de l'humanité, reposent à l'Hôtel-Dieu. Ils avaient été déposés au cimetière de Mont-Parnasse ; mais des réparations faites à ce cimetière ayant nécessité le déplacement de la tombe de cet homme de bien, l'autorité a ordonné que ses restes mortels seraient transférés à l'Hôtel-Dieu.

Plusieurs personnages dignes d'un meilleur sort ont fini leurs jours à l'Hôtel-Dieu. — Antoine Estienne, imprimeur, le dernier membre de la célèbre dynastie des Estienne, devenu infirme, aveugle, fut réduit à solliciter une place à l'Hôtel-Dieu, où il mourut sans postérité, en 1674, à l'âge de quatre-vingts ans. — Le 16 février 1762 mourut en cet hôpital Jacques de St-Remy de Valois, descendant du roi Henri II et père de M*** Lamotte, célèbre par l'affaire du collier. — Le célèbre peintre Lantara, dont les soleils levants et couchants approchent de ceux de Claude Lorrain, y est mort le 22 décembre 1778. — Le poëte Gilbert y est mort, le 12 novembre 1780, à l'âge de 29 ans. — Il serait curieux de demander aux registres de l'Hôtel-Dieu combien de grands hommes il a vu mourir dans l'abandon et la misère avant et depuis Gilbert.

En juillet 1830 l'Hôtel-Dieu a reçu trois cent quatre-vingt-dix blessés dont cent vingt-deux sont morts.

Un spectacle que l'on désignait sous le nom de *la Crèche* était établi avant la révolution dans une des salles de l'Hôtel-Dieu, du côté du Petit-Pont. On y représentait avec des figures de cire tous les principaux mystères de la religion depuis l'avent jusqu'à Pâques ; on y entrait à toute heure en payant une rétribution de deux sous par personne.

L'Hôtel-Dieu est composé d'une réunion de bâtiments irrégulièrement disposés, construits et ajoutés les uns aux autres en différents temps. Il ne présente point, comme plusieurs établissements de ce genre, un ensemble régulier, ni des parties symétriques. Ce n'est que sur la place du Parvis-Notre-Dame qu'on a cherché à donner à cet amas de bâtiments quelque régularité. En 1804, on exécuta, sur les dessins de M. Clavareau, le projet de procurer à cet hôpital une façade et une entrée plus caractéristiques et plus convenables. Un pavillon avancé, de 25 m. de développement, d'un style sévère, couronné d'une frise dorique et d'un vaste fronton, et accompagné, à chacun de ses côtés, de deux grilles, qui s'ouvrent sur deux cours, forme la seule façade régulière de l'entrée de cet hôpital. Le vestibule est décoré des bustes de Bichat et Desault ; les portraits des chirurgiens les plus célèbres entourent son amphithéâtre. Ses divers et principaux bâtiments s'étendent le long du petit bras de la Seine, depuis le Petit-Pont jusqu'à l'emplacement qu'occupait le palais archiépiscopal.

La morgue. De tous les établissements de la capitale, la morgue est celui dont la destination présente l'idée la plus pénible et la plus repoussante ; le nom même en est inconnu à la plupart des habitants de Paris, et dans le petit nombre de ceux qui connaissent l'emplacement et le but de cette triste enceinte, sans doute il en est bien peu qui aient la force d'en approcher. La destruction s'y présente sous des formes si hideuses : ce n'est point le calme mélancolique des tombeaux, le spectacle pieux et lugubre d'une cérémonie funéraire, l'aspect imposant et terrible d'un champ de bataille ; ce sont les images nues et sanglantes du suicide, du meurtre, de l'assassinat ou du désespoir, c'est la mort dans toute son horreur. — La morgue était autrefois placée au Grand-Châtelet. Dans le cours du siècle dernier, plusieurs ordonnances ont été rendues relativement aux individus trouvés morts dans les rues, lieux publics, filets des ponts, vannes de moulin, et sous les bateaux des rivières; les ordonnances de 1712, 1736 et 1742 déterminèrent les soins à prendre, les déclarations à faire et les peines encourues par les contrevenants; mais aucune ne fit droit aux réclamations qui avaient eu pour objet l'indécence et l'incommodité de l'espèce de cachot où des parents malheureux venaient, à la faible lueur d'un rayon de soleil, se pencher sur un cadavre pour en reconnaître les traits défigurés. Cette amélioration n'eut lieu qu'en 1802, lors de la démolition du Grand-Châtelet. La morgue fut à cette époque transférée dans un bâtiment construit exprès sur la place du Marché-Neuf. C'est un édifice isolé, sur le bord de la rivière, dont le toit a la coupe d'un tombeau antique. L'entrée offre un porche spacieux, de chaque côté duquel sont deux salles; l'une est destinée à l'examen anatomique, et l'autre à l'exposition des corps que l'on y transporte : la première de ces salles est interdite au public; l'autre est fermée par une cloison de glaces qui laisse voir dans l'intérieur des dalles de marbre noir, sur lesquelles sont exposés les morts, dont les vêtements tapissent la muraille.— Le noyé que le fleuve abandonne sur ses grèves, le passant attardé tombé sous les coups d'un assassin, le suicide qui s'est frappé loin de son domicile pour épargner aux siens la douleur de ses funérailles, les victimes d'un accident, à quelque classe de la société qu'ils appartiennent, sur lesquels rien ne constate l'identité, vont subir à la morgue l'exposition, et attendre du témoignage des leurs ou des passants un état civil après décès.

La morgue reçoit en moyenne chaque année 364 cadavres, savoir :

Adultes hommes.	238
Adultes femmes.	51
Nouveau-nés à terme.	26
Fœtus.	38
Portions de cadavres.	11

Les 289 adultes se divisent en quatre séries principales :

Homicides hommes.	3
Homicides femmes.	2
Morts subites ou par maladies.	45
Blessures, accidents suivis de mort.	70
Suicides hommes.	134
Suicides femmes.	35

Ce lugubre monument fut témoin, dans la soirée du 30 juillet 1830, d'un triste et funèbre spectacle. Au bas de la morgue, un grand bateau sur lequel flottait un drapeau noir, reçut les cadavres de cent vingt-cinq victimes qui avaient succombé la veille : on les descendait sur des civières; quelques-uns étaient dans des bières, les autres tout nus ; on les rangeait par piles, on les couvrait de paille et on parsemait le bateau de chaux vive pour ralentir les progrès de la putréfaction. On y voyait des enfants de dix à douze ans, des femmes, des vieillards. La foule qui bordait les parapets sur les deux rives de la Seine, muette et silencieuse en contemplant cette funeste cargaison de cadavres, paraissait glacée d'horreur. Du milieu de ce silence de la mort partaient des cris de douleur et de violentes imprécations contre les exécrables auteurs de tant d'assassinats. C'est en soulevant le voile qui couvre ce sombre tableau, que M. Bernard s'est écrié du haut de la tribune nationale, avec l'accent de la plus profonde indignation : « La légitimité est enterrée sous ces monceaux de cadavres. » Ce funèbre bateau fut conduit vers le Champ-de-Mars, où les restes de ces braves patriotes furent provisoirement inhumés. Sur la terre qui les a recouverts jusqu'à l'époque où ils ont été transférés sous la colonne de Juillet, on avait placé une simple croix de bois portant l'inscription suivante :

A la mémoire des Français morts pour la liberté
les 27, 28 et 29 juillet 1830.

FRANCE, DIS-MOI LEURS NOMS; JE N'EN VOIS POINT PARAITRE
SUR CE FUNÈBRE MONUMENT?
— ILS ONT VAINCU SI PROMPTEMENT
QUE J'ÉTAIS LIBRE AVANT DE LES CONNAITRE!

Le Petit-Pont, communiquant de la place du Petit-Pont à la rue de la Cité. Sous la domination romaine, il existait en cet endroit un pont nommé Petit-Pont pour le distinguer du Grand-Pont (aujourd'hui Pont-au-Change). En 1185, il fut rebâti en pierre, emporté par une inondation en 1196, rétabli en 1206, emporté de nouveau en 1280, 1296, 1325, 1376, et 1393. Reconstruit en 1406, il fut emporté par les eaux pour la septième fois, rétabli en 1409, et restauré en 1649, 1651 et 1658. — En 1718, ce pont et toutes les maisons dont il était couvert furent détruits par un incendie occasionné par deux bateaux de foin enflammés qui s'arrêtèrent sous une arche de ce pont, qui fut consumé en fort peu de temps ainsi que les maisons qui le couvraient. La même année, on le rebâtit en pierre, mais sans maisons dessus. Il est composé de trois arches à plein cintre de 6 m. 40 c. à 9 m. 70 c. d'ouverture.

Les abords du Petit-Pont étaient défendus par le PETIT-CHATELET, forteresse construite en bois dans l'origine, détruite par l'inondation de 1296, et reconstruite en pierre en 1398. Sous Charles VI le Petit-Châtelet fut converti en prison, et affecté en 1402 au logement du prévôt de Paris. — Le Petit-Châtelet était une porte de ville, du côté du Petit-Pont, comme le Grand-Châtelet l'était du côté opposé, à l'époque où la ville de Paris n'avait d'autre étendue que l'île du Palais. Robert le Pieux en avait fait une forteresse où il renfermait ses trésors, exemple suivi par quelques-uns de ses successeurs ; et notamment par Charles V, à la mort duquel on trouva des richesses immenses, déposées tant au Petit-Châtelet qu'au château de Melun. — Sous Charles VI, les cabochiens, qui avaient pris parti pour le duc de Bourgogne, y exterminèrent, le 12 juin 1418, plus de quatre mille personnes de considération du parti des Armagnacs. — Le 16 novembre 1591, par ordre du conseil des Seize, le président Brisson fut arrêté sur le Pont-au-Change, traîné ignominieusement au Petit-Châtelet, et conduit dans la chambre du conseil, où il trouva un prêtre pour le confesser et un bourreau pour l'étrangler. Il demande de quoi on l'accuse, et on lui répond par la lecture d'une sentence qui le condamne à mort. Aussitôt le bourreau le prend et l'étrangle à la fenêtre même de la chambre du conseil, où furent aussi étranglés un moment après les conseillers Larcher et Tardif. — Le lendemain dimanche, les corps de ces trois magistrats furent pendus en chemise, à trois poteaux, sur la place de Grève, avec ces trois écriteaux : *Barnabé Brisson, l'un des chefs des traîtres et hérétiques; Claude Larcher, l'un des fauteurs des traîtres et hérétiques; Claude Tardif, l'un des ennemis de Dieu et des princes catholiques.* Trois semaines après, quatre membres du conseil des Seize eurent le même sort par droit de représailles. — Des lettres patentes du 22 avril 1769 ordonnèrent la suppression du Petit-Châtelet, dont l'entière démolition fut opérée en 1782. Sur son emplacement, on a agrandi les bâtiments de l'Hôtel-Dieu, et établi la place du Petit-Pont.

Le pont St-Charles. C'est un pont couvert d'une galerie vitrée, qui communique des bâtiments de l'Hôtel-Dieu à la salle St-Charles.

Le Pont-au-Double, communiquant du quai de l'Archevêché au quai de Montebello. Il a été construit en 1634 ; les maisons dont il était surchargé ont été abattues en 1835.

VARIÉTÉS HISTORIQUES ET BIOGRAPHIQUES.

Rue d'Arcole, n° 15, était l'église St-Pierre aux Bœufs, supprimée en 1790 et démolie entièrement lorsque l'on perça la rue d'Arcole. Pour conserver le souvenir de l'emplacement de cet ancien édifice, on incrusta au-dessus de la porte de la maison qui a remplacé l'église cette inscription :

Sur cet emplacement fut autrefois l'église St-Pierre aux Bœufs, dont on ignore l'origine, mais qui existait déjà en 1136, démolie en 1837.

Le portail très-orné de St-Pierre aux Bœufs, dont toutes les pierres avaient été numérotées, a été replacé contre l'entrée occidentale de l'église de St-Séverin, où il forme une porte digne de ce curieux édifice.

N° 35. QUARTIER DE LA CITÉ.

On croit que c'est dans la rue St-Pierre aux Bœufs, au coin du cul-de-sac Ste-Marine, que se trouvait la prison du chapitre de Notre-Dame de Paris, où les chanoines de cette cathédrale avaient entassé inhumainement, vers l'an 1252, les habitants du village de Châtenay, qui avaient refusé de leur payer une contribution nouvellement imposée. Ces malheureux, hommes, femmes, enfants, comprimés les uns par les autres, exténués par la chaleur, empoisonnés par leurs propres exhalaisons, succombaient à leurs souffrances et auraient péri jusqu'au dernier, si la reine Blanche, instruite de cet acte de cruauté, n'eût fait briser la porte de la prison, d'où sortirent tous ces malheureux, accablés de souffrances, défigurés, et que la reine parvint dans la suite à affranchir de la domination du chapitre.

Rue du Haut-Moulin, au coin de la rue de la Cité, n° 1, étaient l'église et le prieuré de St-Denis de la Chatre, démolis en 1781. L'église, fondée en 1122 et donnée aux moines de St-Martin en 1133, renfermait une crypte où l'on présume que saint Denis fut incarcéré. — L'enceinte du prieuré était un lieu privilégié où les ouvriers pouvaient exercer leur industrie et travailler pour leur compte sans avoir besoin d'obtenir la maîtrise.

Au n° 11 était l'église St-Symphorien, nommée ensuite St-Luc, bâtie en 1207 par Eudes de Sully, évêque de Paris, qui donna pour sa construction une grande place et une maison qui lui appartenait. En 1704 elle fut cédée à la communauté des peintres, sculpteurs, graveurs, enlumineurs de Paris, qui portait le nom d'académie de St-Luc. A côté de l'église, supprimée en 1790, cette communauté avait établi une école publique de dessin, ouverte tous les jours à cinq heures du soir. Avant l'établissement de l'académie de peinture, cette école avait produit plusieurs peintres et sculpteurs célèbres, parmi lesquels étaient Porbus, Simon Vouet, Sarrazin, Stella, la Hire, Philippe de Champagne, Francisque, le Sueur, le Brun, Mignard, etc.

Passage des Barnabites était le couvent de ce nom, supprimé en 1790. L'église et le couvent des Barnabites servirent d'atelier pour la fabrication des monnaies de billon, résultant de la fonte des cloches et du produit des cuivres dus à la suppression des églises et sacristies de Paris : l'abbé Rochon, de l'académie des sciences, eut la direction de ce travail. Plus tard les bâtiments de ce monastère furent affectés au dépôt général des comptabilités du royaume. — La petite place, qui était devant le couvent des Barnabites a été faite aux dépens de la maison du père de Jean Châtel, qui tenta d'assassiner Henri IV.

Rue St-Christophe était l'église St-Christophe, rebâtie vers 1494, érigée en paroisse, et démolie en 1747 pour agrandir le parvis Notre-Dame. — Sauval rapporte qu'il existait près de cette église un carcan, où fut attaché un garçon boucher, le jour de Pâques 1502, pour blasphème envers Dieu.

La rue St-Christophe portait dans l'origine le nom de la Regratterie, par allusion aux regrattiers, qui remplaçaient autrefois les fruitiers et les épiciers d'aujourd'hui, deux genres de commerce qui n'existaient pas séparément. Voici quels étaient les principaux objets de leur commerce du temps de Louis IX. « Quiconques a acheté le mestier de regraterie à Paris, il peut vendre poisson de mer, char cuite, sel à mines et à boisseaus, à estat et à fenestre, et pomes et toute autre manière de fruit crut en règne de France, aus, oingnons, et toute autre manière d'aigrun (mélange de fruits et de légumes), dates, figues, et toute autre manière de raisins, poivre, coumin, canele, regulisse et cire qui ne soit ouvrée. Le regratier peut vendre tout autre manière de denrées, fors poisson de eaue douce et cire ouvrée » (ET. BOILIAUE, *Livre des métiers*, titre IX).

Cloître Notre-Dame, et à côté de la cathédrale de ce nom, il y avait une petite église du nom de ST-JEAN LE ROND, qui servait de baptistère à cette cathédrale, et dont on ignore la fondation; on sait seulement qu'elle existait dès le XIIe siècle. Le savant Gilles Ménage avait été enterré dans cette église, qui a été détruite en 1748.

Le cloître Notre-Dame était ceint de vieilles murailles et fermé de portes; la principale, bâtie sur les débris de St-Jean le Rond, s'ouvrait sur l'emplacement occupé par cette église.

Au XIIIe siècle, il se tenait le dimanche au parvis Notre-Dame un marché au pain, où les tameliers (boulangers) exposaient en vente le pain qu'ils n'avaient pas vendu le samedi aux halles. — Dans l'origine les bouchers avaient aussi étalé au parvis Notre-Dame, mais quand Paris se fut étendu sur la rive droite de la Seine, ils établirent leur boucherie auprès du Châtelet, dans l'endroit où la tour St-Jacques des Boucheries en perpétue le souvenir.

Rue Neuve-Notre-Dame était l'église STE-GENEVIÈVE DES ARDENTS, construite vers 1131 et abattue en 1747, époque où on bâtit sur son emplacement l'hôpital des ENFANTS TROUVÉS, qui a été lui-même remplacé par un hôtel occupé aujourd'hui par les bureaux des hôpitaux et hospices civils de Paris.

Rue Chanoinesse, n° 22, en deçà de la porte d'entrée du cloître Notre-Dame, au fond de la première maison et dans une espèce de souterrain, était la CHAPELLE ST-AGNAN, bâtie vers 1110 par Etienne de Garlande, chancelier de France, et abattue en 1795.

Rue de la Barillerie, n° 7, était l'église royale et paroissiale de St-Barthélemy, construite sur l'emplacement d'une chapelle du même nom qui existait à la fin du Ve siècle, que Hugues Capet fit agrandir en 965 et qui devint paroisse royale en 1138. Au chevet de l'église St-Barthélemy était l'ancienne chapelle de Notre-Dame des Voûtes, où l'on entrait par la ruelle du Prieuré, fermée en 1315. Cette chapelle fut renfermée dans l'église en 1525, et prit le nom de Notre-Dame de la Fontaine. — Le savant Cl. Clerselier avait été inhumé dans l'église St-Barthélemy, où l'on voyait son tombeau élevé sur les dessins de Charles le Brun, ainsi que ceux de Cureau de la Chambre, de l'académie des sciences; L. Servin, avocat général; Jean Forest, peintre de paysages, etc., etc. — Devenue propriété nationale à l'époque de la révolution, cette église fut vendue et démolie en 1791, et sur son emplacement on établit le théâtre de la Cité, et l'on forma deux passages obscurs dont l'un porte le nom de passage de Flore. — LE THÉATRE DE LA CITÉ fut construit en 1791 par l'architecte Lenoir. La salle, qui était une des plus vastes de Paris, et qui devait porter le nom de Henri IV, ouvrit le 20 octobre 1792, sous le titre de *théâtre du Palais des Variétés*, par une représentation au profit des braves Lillois. L'année suivante elle prit le titre de *Cité-Variétés*: on y jouait le vaudeville, la comédie et la pantomime; là débutèrent Tiercelin et Brunet. Plus tard le drame se glissa dans le répertoire de la Cité, le chant en disparut, et la comédie y devint tout à fait accessoire; le drame et la pantomime entraînèrent la chute de l'administration en 1799. — La troupe de Picard se fixa à la Cité en 1800, après le premier incendie de l'Odéon; après y avoir attiré quelque temps la foule, elle quitta ce théâtre pour prendre possession de la salle Louvois. — Ribié tenta sans succès d'exploiter ce théâtre en 1801. On y vit ensuite les funambules Revel et Forioso, puis les acteurs de Montansier, chassés du Palais-Royal. — Les auteurs qui travaillaient le plus pour ce théâtre étaient: Dumaniant, Picard, Pigault Lebrun, Desforges, Beffroy de Rigny, Aude, Dorvigny, Ducray Duminil, Armand Gouffé, Georges Duval, Rougemont, Dumersan, etc., etc. Peu de théâtres ont compté autant d'acteurs de réputation. Les principaux étaient Brunet, Tiercelin, Cartigny, etc., etc. Le libraire Barba y débuta en 1795, dans le rôle de Frontin, dans *Guerre ouverte*, Martinville y débuta aussi dans *Frontin tout seul*. On a remarqué que le théâtre de la Cité, construit sur l'emplacement d'une église, fut celui où l'on joua le plus de pièces révolutionnaires, et surtout le plus d'ouvrages dirigés contre la religion et les prêtres. — La pièce intitulée le *Jugement dernier des rois*, fut jouée avec le plus grand succès sur ce théâtre en 1793. On y voyait tous les monarques de l'Europe revêtus de leur costume d'apparat, se disputant, se battant entre eux; un républicain survenait, les mettait tous à la raison, et, après les avoir muselés, les faisait danser comme des ours. Cette pièce offrait des traits piquants, provoquait la gaieté des spectateurs, qui en sortant de la représentation parodiaient en riant ce vers du *Méchant*:

> Les rois sont ici-bas pour nos menus plaisirs.

En 1802 des chanteurs allemands exploitèrent la salle du théâtre de la Cité, qu'ils appelèrent *théâtre de Mozart*. Vers la fin de 1805, l'acteur Beaulieu tenta de relever ce théâtre; n'ayant pu y réussir, il se brûla la cervelle, au deuxième étage, sur le devant, dans la maison du café qui existe encore aujourd'hui rue de la Barillerie. — En 1806 les acteurs des Variétés s'installèrent provisoirement au théâtre de la Cité pendant qu'on leur construisait un théâtre boulevard Montmartre.

Après la suppression de divers théâtres, le théâtre de la Cité fut transformé en un établissement public qui prit le nom de *Veillées*. C'était une suite d'appartements diversement décorés où l'on avait reproduit une foule de sites pittoresques, et où l'on trouvait, au milieu des glaces de l'hiver, l'ensemble piquant et varié de tous les plaisirs que procure la belle saison. Du rez-de-chaussée au faîte de l'édifice, des pentes insensibles conduisaient à travers des sinuosités, des anfractuosités de rochers dans différentes salles où tout était mis en usage pour fixer l'attention et entretenir la gaieté. La jeunesse y trouvait deux orchestres pour le bal, l'enfance des amusements proportionnés à son âge. Dans deux pièces disposées avec art étaient des salons de lecture, de jeu et de conversation. Deux théâtres servaient à représenter des proverbes et des vaudevilles. Dans une chaumière placée derrière les ruines d'un temple, une villageoise offrait des glaces et des gauffres; dans diverses grottes et dans de riants bosquets des limonadiers offraient des rafraîchissements. Enfin par une pente douce on descendait chez un restaurateur qui occupait le rez-de-chaussée et où l'on arrivait par une allée de verdure à l'extrémité de laquelle se trouvait un théâtre. C'était quelque chose de réellement féerique que les Veillées de la Cité, qui toutefois ne jouirent pas longtemps de l'avantage d'attirer la foule. — Plus tard le théâtre fut transformé en salle de danse sous le nom de Prado, qu'il conserve encore. Le foyer public et plusieurs autres pièces ont été affectées à des loges de franc-maçonnerie. Dans la plus belle, Napoléon et Joséphine assistèrent à une fête d'adoption donnée par le maréchal Lannes et le général Poniatowski, qui tous deux étaient vénérables de loges. — A l'entresol il existe un joli théâtre de société où l'on donne quelquefois des représentations particulières.

La rue de la Barillerie doit son nom aux barilliers, classe particulière de tonneliers, qui faisaient aux gens riches des tonneaux soigneusement travaillés, pour enfermer les vins singulièrement estimés des gourmets parisiens, qui sous les noms de malvoisie, de rosette, de muscadet, etc., etc., arrivaient à certaines époques aux ports de Paris; et telle était l'importance qu'on attachait aux fonctions des barilliers, qu'on leur permettait de travailler les jours fériés.

Rue de Glatigny étaient les prisons de Lutèce, où fut captif saint Denis aux premiers temps du christianisme dans les Gaules. — Sous saint Louis, la rue de Glatigny fut dotée d'un *val d'amour*. A cette époque les *dames au corps gent*, *folles de leur corps*, étaient comme aujourd'hui soumises à des statuts et à des règlements. Elles célébraient avec piété la fête de la Madeleine, leur patronne. Des tasses d'argent pendaient à leur ceinture, et elles proposaient aux passants de venir boire avec elles. Les dimanches et jours de fête, elles lisaient, assises sur la borne, en attendant les chalands, dans un livre de prières, à fermoir de cuivre doré. Ce mélange de pratiques religieuses et d'ignoble prostitution est un trait caractéristique du règne de saint Louis. On sait que ce monarque faisait suivre sa cour en voyage d'une compagnie de ribaudes inscrites sur le rôle tenu par la *dame des amours publics*. — Saint Louis est mort, bien des dynasties ont passé ; le val d'amour existe encore rue de Glatigny.

Rue de la Licorne, n° 4, on voit les restes d'une porte de l'ancienne église de la Madeleine en la Cité, dont la principale entrée était rue de la Madeleine, n° 5. C'était originairement une synagogue, qui fut transformée en église en 1185, et démolie au commencement de la révolution.

Rue de la Cité (autrefois rue de la Juiverie), vis-à-vis la rue de la Madeleine, était le fameux cabaret de la *Pomme de pin*, que Rabelais comptait parmi « les tabernes méritoires où cauponisoient joyeusement les escoliers de Lutèce. » La Pomme de pin, qui était tombée en décadence à l'époque où écrivait le satirique Régnier, reprit sa splendeur sous Louis XIV, sous les auspices du grand Crénet. Ses tables, peu magnifiques, mais fort chargées de bouteilles, furent souvent fréquentées par les grands génies de l'époque; c'est là que Chapelle enivrait Boileau :

> Et répandait sa lampe à l'huile
> Pour lui mettre un verre à la main.

Les quatre plus grands poëtes du siècle de Louis XIV, Molière, Racine, Boileau et la Fontaine ont vécu longtemps dans l'intimité la plus étroite ; une fois par semaine ils se rassemblaient au fameux cabaret de la Pomme de pin, où se rendaient aussi Lulli, Mignard et Dufresnoy. Chapelle, un des coryphées modernes de la secte épicurienne ; les frères Brossin, connus par leur amour pour la bonne chère; le conseiller Brilhac et plusieurs autres personnages de distinction, avaient aussi à la même époque fondé un diner hebdomadaire à la Pomme de pin. On peut se faire une idée de ce cabaret, en songeant que les *Plaideurs* et le *Chapelain décoiffé* furent en grande partie composés dans ces joyeux repas. Que d'esprit s'est dépensé dans cette obscure taverne !

Au n° 76 est la seule maison de Paris ayant des fenêtres donnant directement au-dessus de la rivière, et d'où l'on peut encore jeter un homme à l'eau sans sortir de chez soi.

Les juifs habitaient la rue de la Juiverie et quelques ruelles adjacentes sous le règne de Philippe Auguste ; c'est dans ce quartier qu'on les trouve groupés dès les temps les plus reculés de l'histoire de Paris. Mais ils en avaient été chassés et n'y étaient revenus que depuis peu, car sous Louis le Gros et Louis VII, on les voit relégués hors de la ville, dans un lieu appelé Champeaux. De petites maisons, hautes et mal construites, y avaient été bâties exprès pour eux, et composaient un certain nombre de rues étroites, tortueuses et obscures, qui étaient fermées de portes de tous côtés ; ce sont aujourd'hui les rues de la Poterie, de la Friperie, de la Chaussetterie, de Jean de Beausse et de la Cordonnerie : quelques-unes n'existent plus, grâce aux travaux d'assainissement qui se poursuivent avec activité dans toutes les directions.

Rue des Chantres, n° 1, au-dessus de la grande porte de cette maison, on a barbouillé en lettres jaunes sur un fond verdâtre l'inscription suivante :

ABÉLARD, HÉLOISE HABITÈRENT CES LIEUX.

Dans l'intérieur de la cour on lit encore :

ABÉLARD, HÉLOISE, 1118.

La principale façade de cette maison donne sur le quai Napoléon, et vient après le n° 9 de ce quai ; de ce côté elle offre l'aspect d'une masure délabrée, qui, par les matériaux dont elle est construite, n'indique pas une existence de plus d'un siècle. Les bâtiments qui entourent la cour paraissent beaucoup plus anciens, et tout porte à croire que l'escalier en spirale, dont les marches en bois attestent par leur vétusté une longue existence, est l'escalier que montait avec tant d'émotion l'illustre amant d'Héloïse, et qui fut si souvent le témoin de leurs tendres adieux. On est aussi porté à croire que c'est dans une petite pièce qui donne sur cet escalier qu'était le cabinet de travail d'Héloïse, et que c'était là que les deux amants *ouvraient leurs livres, mais qu'ils avaient plus de paroles d'amour que de lecture, plus de baisers que de phrases.*

Rue du Milieu-des-Ursins demeurait JEAN-JUVÉNAL DES URSINS, un des plus grands magistrats et des plus vertueux citoyens dont notre histoire ait conservé le souvenir. Après avoir rétabli l'ordre dans les affaires du royaume, réprimé les abus de la féodalité, lutté contre la tyrannie du duc de Bourgogne et contre les entreprises du duc d'Orléans, délivré le roi des mains d'un prince ambitieux qui l'avait fait son prisonnier, il fut dépouillé de ses biens par les Anglais à la mort de Charles VI, et l'on vit l'impassible vieillard, en haillons et nu-pieds, chercher au loin un refuge pour sa femme et ses onze enfants. — L'hôtel des Ursins, dont l'entrée principale se trouvait dans la rue Haute-des-Ursins, tombait en ruines au milieu du xvi° siècle. Il fut abattu en 1553, et l'on ouvrit l'année suivante, au milieu de son emplacement, une rue à laquelle on donna le nom de rue du Milieu-des-Ursins.

Rue Constantine (ci-devant de la Vieille-Draperie), au coin oriental de la rue Ste-Croix, était l'église Ste-Croix de la Cité, érigée en paroisse en 1107, agrandie en 1529, et démolie en 1797. — Près du chevet de St-Barthélemy était la chapelle Notre-Dame de la Fontaine.

La rue du Marché aux Fleurs a été percée sur une partie de l'emplacement de l'église St-Pierre des Arcis, fondée en 926, érigée en paroisse en 1130, reconstruite en 1424, et démolie en 1800.

Rue St-Eloy, près l'impasse St-Martial, était l'église St-Martial, bâtie sous le règne de Dagobert Ier, érigée en paroisse en 1107 et supprimée en 1722.

Impasse Ste-Marine est l'église Ste-Marine, dont il est fait mention dans des titres de 1036. Les personnes qui avaient été condamnées à se marier par le tribunal de l'officialité recevaient la bénédiction nuptiale dans cette église. Le pasteur exhortait les époux à vivre en bonne intelligence, les conjurait de sauver, par une conduite plus régulière, l'honneur de leur famille, et il leur passait au doigt un anneau de paille qu'on brisait ensuite, emblème expressif de la fragilité des liens qu'ils avaient contractés sans l'aveu de la religion et de la société. — L'église Ste-Marine existe encore en partie et sert d'atelier.

Rue St-Landry, n° 1, était l'église St-Landry, construite sur l'emplacement d'une chapelle qui existait, dit-on, au VIIIe siècle, et où les prêtres de St-Germain le Rond cachèrent, dans le IXe siècle, le corps de saint Landry, dont cette chapelle prit le nom. — C'est dans l'église St-Landry qu'on plaça le corps de la reine Isabeau, qui fut enlevé, la nuit, par un seul batelier, qui la conduisit honteusement à St-Denis. Dans cette église, on voyait aussi le tombeau en marbre de Girardon, et celui de la famille Boucherat.

Au XVIe siècle, les évêques de Paris avaient près de St-Landry une maison où ils faisaient soigner les enfants trouvés, qu'un arrêt du parlement de 1552 avait mis à la charge des seigneurs hauts justiciers, et qu'on exposait dans une espèce de berceau ou de crèche, placée dans l'église Notre-Dame. Une pieuse dame ouvrit, en 1636, dans le même quartier, un asile analogue, qui reçut le nom de Maison de la Couche. Vincent de Paul, ayant visité cet établissement en 1638, fut touché de l'état où il vit les pauvres enfants trouvés; sur sa proposition, plusieurs femmes charitables réunirent quelques aumônes, et fondèrent près de la porte St-Victor l'établissement qui prospéra plus tard sous le nom des Enfants-Trouvés.

Au n° 7 était la maison de Pierre Broussel, gouverneur de la Bastille, qui fut aussi enterré à St-Landry.

Rue du Marché-Neuf, n°s 4 et 6, était l'église St-Germain le vieux. C'était originairement une chapelle baptismale de la dépendance de Notre-Dame, où fut déposé le corps de St-Germain pour le mettre à l'abri des incursions des Normands. L'église, reconstruite en 1458, a été supprimée en 1790 et démolie peu de temps après. On voit encore dans la cour de la maison n° 8 quelques vestiges de cette ancienne église.

La rue ou plutôt le quai du Marché-Neuf était autrefois fermée du côté du Marché-Palu; on l'ouvrit en 1557, sous le règne de Henri II, on fit communiquer le Marché-Palu avec le Marché-Neuf, et des deux on n'en fit qu'un. Sous le règne de Charles IX, on y construisit une halle au poisson, pour y placer les différents marchands qui étalaient près du Petit-Châtelet. On fit également établir à chaque bout deux boucheries couvertes; celle du côté du Petit-Pont fut abattue vers 1760; la seconde, située près le pont St-Michel, existait à l'endroit où on a placé la morgue qui se trouvait autrefois dans l'enceinte du Grand-Châtelet. Elle était décorée d'ornements sculptés par Jean Goujon, et on y lisait cette inscription :

Régnant
Charles neuvième
roi de France.
M. DLXVIII.

N° 36. QUARTIER DE L'ARSENAL.

Ci-devant *section de l'Arsenal*, et ensuite *section de la Bastille*.

Les limites de ce quartier sont : la rue Contrescarpe en entier, la place de la Bastille à gauche, la rue St-Antoine n°ˢ pairs, la rue de Fourcy n°ˢ pairs, la rue des Nonandières n°ˢ pairs, le quai des Ormes, le quai St-Paul et la rive droite de la Seine jusqu'à la rue Contrescarpe. — Superficie 330,000 m. carrés, équivalant à 0,010 de la superficie totale de Paris.

Au nombre des monuments existants ou détruits dignes d'être mentionnés dans ce quartier, nous citerons :

L'église St-Louis et St-Paul, située rue St-Antoine, n°ˢ 118 et 120. La première pierre de cette église fut posée par Louis XIII en 1627; elle fut achevée en 1641, mais elle ne fut dédiée qu'en 1676.

Cet édifice, destiné à la maison professe des jésuites, a la forme d'une croix romaine, avec un dôme sur pendentifs au milieu de la croisée. Le portail, placé au-dessus d'un perron de plusieurs marches, a 48 m. sur une base de 24 m. : il est décoré de trois ordres d'architecture placés l'un au-dessus de l'autre; les deux premiers sont d'ordre corinthien et le dernier d'ordre composite. L'intérieur est décoré d'une grande quantité d'ornements de sculpture; la chapelle de la Vierge est entièrement ornée de marbre. Auprès du maître-autel était déposé le cœur de Louis XIII, dans un monument construit par le sculpteur Sarrazin.

Le collége Charlemagne occupe les bâtiments de l'ancien collége des jésuites, construit sur l'emplacement d'un grand hôtel cédé à ces religieux par le cardinal de Bourbon, en 1580.

Lors du siége de Paris en 1690, les habitants étant réduits, faute de vivres, à la plus dure extrémité, une visite fut ordonnée le 26 juin dans toutes les maisons des ecclésiastiques, séculières et régulières, pour rechercher les vivres qui pourraient s'y trouver. Les jésuites tentèrent sans succès d'être exemptés de ces recherches. Lors de la visite qui fut faite dans leur maison, on trouva quantité de blé et de biscuit pour les nourrir pendant plus d'une année ; beaucoup de viandes salées, des légumes, du foin, etc., etc., en plus grande abondance que dans aucune maison de Paris. Le lendemain il fut ordonné par le conseil des Seize que les ecclésiastiques donneraient à manger une fois le jour aux pauvres de leur quartier.

Après l'expulsion des jésuites, leur collége fut donné aux chanoines réguliers de la Culture-Ste-Catherine. Devenu propriété nationale en 1790, les bâtiments restèrent sans emploi jusqu'à l'époque où on les affecta à un des quatre colléges créés par la loi du 1er mai 1802.

L'église de la Visitation de Ste-Marie, rue St-Antoine, n° 216. Ce couvent a été construit en 1628, sur l'emplacement de l'hôtel Cossé. L'église, bâtie sur le modèle de Notre-Dame de la Rotonde à Rome, fut achevée en 1634. C'est une rotonde élégante et l'un des meilleurs ouvrages de François Mansard ; le dôme, qui s'élève au-dessus du maître-autel, représente l'Assomption de la Vierge. — Le couvent de la Visitation a été supprimé en 1790, et les bâtiments vendus à différents particuliers. L'église a été accordée aux calvinistes de la confession de Genève. Le surintendant des finances Fouquet y a été inhumé.

L'hôtel de Sens, situé au carrefour des rues de l'Hôtel-de-Ville, des Barres et du Figuier. Sens était autrefois la métropole de Paris, et les prélats qui jouissaient de ce siége y possédaient un hôtel, que l'un d'eux, l'archevêque Regnard, légua à ses successeurs en 1309, et que Guillaume de Melun vendit à Charles V en 1363 pour agrandir l'hôtel St-Paul. Les différentes parties de cet hôtel ayant été aliénées sous François Ier, Tristan de Salazard, archevêque de Sens, fit commencer la construction de l'hôtel encore existant, qui ut achevé par le grand exacteur des deniers publics, Antoine Duprat, archevêque de Sens. — L'hôtel de Sens était vaste et étendu. Le roi Jean y séjourna à son retour d'Angleterre et y rendit un édit relatif à la création de plusieurs monnaies. — La reine Marguerite, première femme de Henri IV, à son retour du château d'Usson, vint loger à l'hôtel de Sens. Elle avait amené avec elle un jeune page nommé Julien, qu'elle aimait tendrement. Le 5 avril 1606, un jeune gentilhomme du nom de Vermond, jaloux des faveurs de Julien, l'attendit un jour qu'il revenait à la suite de la reine, de la messe des Célestins, et le tua d'un coup de pistolet près de la portière du carrosse de la reine. Vermond s'enfuit immédiatement; mais étant assez mal monté, il fut pris dans le faubourg St-Denis. La reine, outrée de colère de la mort de son favori, jura de ne boire ni manger qu'on n'eût fait justice du meurtrier. Deux jours après, celui-ci eut la tête tranchée vis-à-vis l'hôtel de Sens; la reine assista à son supplice, mais dès le soir même elle quitta l'hôtel de Sens, et fit serment de n'y jamais rentrer. — Le cardinal Pellevé, ligueur impitoyable, archevêque de Sens, mourut dans cet hôtel en 1594, du saisissement que lui causa l'entrée de Henri IV dans Paris. — Les métropolitains de Sens habitèrent cet hôtel jusqu'en 1622, époque de l'érection de l'Eglise de Paris en archevêché. Plus tard, l'hôtel de Sens fut affermé, et l'on en retirait un revenu assez considérable. En 1752 le bureau des voitures publiques pour Lyon y fut établi. Depuis plus de cinquante ans il est habité par des blanchisseuses et par un commissionnaire de roulage; les appartements et les salons des archevêques de Paris servent aujourd'hui de cuisine et de réfectoire aux rouliers de la ville de Clermont-Ferrand, et de quelques autres parties de l'Auvergne.

Depuis que l'hôtel de la Trémouille n'existe plus, l'hôtel de Sens est, après l'hôtel de Cluny, le plus important édifice civil de style gothique que Paris possède. Moins joli que celui de Cluny, il est digne cependant d'un haut intérêt, et se distingue même par une tournure féodale assez fière. On voit au-dessus de la porte d'entrée et contre la loge de l'escalier, qui est extrêmement curieuse, dans l'angle sud-ouest de la cour, des mâchicoulis destinés à la défense. Une poterne double la grande porte sur le côté droit. — La révolution de juillet a scellé un boulet dans les murailles de cet hôtel; au-dessous on lit : 28 JUILLET 1830.

Non loin de l'hôtel de Sens, dans la rue de la Mortellerie (aujourd'hui rue de l'Hôtel-de-Ville), florissait autrefois l'auberge du Paon-Blanc, où quelques érudits veulent que soit morte la fameuse Marion Delorme, à l'âge de cent trente-cinq ans.

L'Arsenal, boulevard Bourdon. Il y avait jadis en cet endroit une fonderie de canons établie par François 1er en 1533. Sur ce terrain Henri II fit construire plusieurs logements pour les officiers de l'artillerie, sept moulins à poudre et plusieurs autres bâtiments, qui furent ruinés par l'explosion de dix-huit à vingt milliers de poudre qui eut lieu le 28 janvier 1562. Une partie des anciens bâtiments fut détruite en 1713, et en 1718 on éleva l'hôtel du gouverneur de l'artillerie sur les dessins de Germain Boffrand.

C'est à l'Arsenal que demeurait la duchesse du Maine, qui y réunissait une cour nombreuse dont faisaient partie tous les beaux esprits de la capitale. C'est là où fut ourdie la fameuse conjuration de Cellamare, dont le but n'était rien moins que d'enlever le régent et le jeune roi, de faire annuler par les états généraux ou par le parlement de Paris l'acte de renonciation des Bourbons d'Espagne au trône de France, et de réunir cette couronne à celle d'Espagne. — C'est aussi à l'Arsenal que siégeait la cour des poisons, établie par lettres patentes du 7 avril 1679, contresignées par Colbert.

Le jardin de l'Arsenal, qui servait de promenade publique aux habitants du quartier, était borné par la Bastille et s'étendait le long du rempart jusqu'à la Seine ; on n'y entrait que par une seule porte, qui donnait dans une cour du Grand-Arsenal. L'emplacement de ce jardin est occupé aujourd'hui par le quai Bourdon et par les greniers de réserve.

A l'Arsenal demeurait et est mort en 1844 CHARLES NODIER, membre de l'Institut, auteur de savants ouvrages de linguistique, de l'intéressante nouvelle de *Thérèse Aubert*, du charmant conte de *Trilby*, etc., etc., etc.

Les bâtiments de l'Arsenal sont très-bien conservés et bien entretenus. La partie qu'on appelait le Petit-Arsenal est encore occupée aujourd'hui par l'administration générale des poudres et salpêtres. Le logement du gouverneur et ce qui reste du Grand-Arsenal est occupé par la BIBLIOTHÈQUE DE L'ARSENAL.

Cette bibliothèque, créée par M. le marquis de Paulmy, ancien ambassadeur de France en Pologne, a été acquise en 1781 par le comte d'Artois, qui y a réuni la presque totalité de la bibliothèque de M. le duc de la Vallière. Elle se compose de deux cent mille volumes et d'environ dix mille manuscrits.

La bibliothèque de l'Arsenal possède la collection la plus complète qui existe en romans, depuis leur origine dans la littérature moderne ; de pièces de théâtre, depuis l'époque des moralités et des mystères jusqu'à 1789 ; des poésies françaises, depuis le commencement du XVIe siècle. Elle est moins riche dans les autres parties, mais elle a tous les ouvrages importants : on y remarque surtout des collections historiques qui ne se trouvent point ailleurs, et un nombre considérable d'éditions rares d'auteurs italiens et espagnols.

Les greniers de réserve, boulevard Bourdon. Ces greniers, commencés en 1807, sont composés de cinq pavillons formant avant-corps et de quatre arrière-corps ; ils ont 350 m. de longueur et devaient être élevés de six étages.

VARIÉTÉS HISTORIQUES ET BIOGRAPHIQUES.

La Bastille, qui rappelle de si tristes et de si glorieux souvenirs, occupait autrefois une partie de la place qui a reçu son nom. Charles V, pour mettre un terme aux incursions des troupes du duc de Bourgogne, qui avaient ordinairement lieu du côté du faubourg St-Antoine, attirés par les richesses que renfermait l'hôtel St-Paul, alors résidence des rois de France, se détermina à mettre un terme à ces incursions en reculant les limites de la ville de ce côté, et en faisant construire un fort destiné à mettre son hôtel à l'abri de toutes atteintes. Ce fort ne consista d'abord qu'en deux tours, dont Hugues Aubriot, prévôt des marchands, posa la première pierre le 12 avril 1369; plus tard, Charles V fit élever deux autres tours, en face et parallèles aux premières, et l'entrée de Paris se trouva ainsi prolongée entre quatre tours désunies et un double pont. Vers 1383, Charles VI fit ajouter quatre autres tours, à distances égales, qui furent liées ainsi que les autres par des murs, et complétèrent l'achèvement de cette forteresse. Entre les tours, et dans l'épaisseur des murs, on pratiqua des appartements; on coupa les ponts; un fossé sec de 8 m. de profondeur au-dessous du niveau de la rue entoura les huit tours, et on forma une enceinte de l'autre côté; ces fortifications consistaient en une courtine flanquée de bastions et bordée de larges fossés à fond de cuve. — Le mur d'enceinte interrompait l'alignement de la rue St-Antoine à partir de la rue des Tournelles, suivait l'extrémité de la rue St-Antoine, qui se trouvait fort rétrécie en cet endroit, arrivait en droite ligne à peu près jusqu'au lieu où l'on a construit la colonne de Juillet, et se prolongeait à droite jusqu'à la rue Contrescarpe. L'entrée de la forteresse se trouvait au bout de la rue St-Antoine, du côté où a été percée en 1792 la rue de Lesdiguières.

La Bastille, que nous verrons plus tard transformée en prison d'Etat, ne fut pas toujours consacrée à cet usage. En 1518, François Ier y reçut avec magnificence. « Au mois de décembre, dit le Journal de François Ier, le roi fit tendre, à cette occasion, les murs du premier étage de la cour de la Bastille de draps de laine blancs, tannés et moirés, qui faisaient la livrée de François Ier, et couvrir tout le reste de plus de douze cents torches, qui jetaient tant de clarté, qu'en pleine nuit il semblait qu'il fît jour. La grande quantité de belles et riches tapisseries qui parèrent tous les étages de la Bastille, et le pompeux appareil du festin, qui dura jusqu'à minuit, répondaient bien à cette somptuosité. »

La Bastille joua un rôle important pendant les guerres civiles auxquelles avaient donné naissance la démence de Charles VI et l'ambition des chefs de partis. Dans la nuit du 28 au 29 mai 1418, les chefs du parti des Armagnacs s'y réfugièrent pour éviter la fureur des Bourguignons, qui venaient d'envahir Paris, et c'est de là qu'ils firent une sortie malheureuse où environ trois cents des leurs furent exterminés : Tanneguy du Châtel était parvenu à sauver le dauphin, qui depuis régna sous le nom de Charles VII, et à le faire entrer dans cette forteresse, d'où il le transporta à Melun. — Au milieu de la même année 1418, un grand nombre d'individus du parti armagnac gémissaient dans les prisons de

Paris; on soulève contre eux le peuple, qui se porte à la Bastille, parvient à y pénétrer, s'empare des prisonniers et les égorge. — Sous le règne de Charles VII, les Anglais, maîtres de la Bastille qui leur avait été livrée par Isabeau de Bavière, y avaient enfermé des officiers, qui formèrent le projet de livrer au roi cette forteresse. Un moine les trahit, et les malheureux furent presque tous punis de mort. — En 1436, le comte de Richemont étant parvenu à pénétrer dans Paris, dont une des portes lui avait été livrée, les Parisiens se ruent sur les Anglais, les repoussent de rue en rue, et les forcent de se renfermer en grand nombre à la Bastille, où ils furent obligés de capituler.

En 1588, le duc de Guise, soutenu par ses nombreux partisans, parvient à se rendre maître de Paris, s'empare de la Bastille, dont il nomme commandant Bussi Leclerc, forcené ligueur. Le duc de Guise y fit enfermer en 1589 le parlement de Paris, qui avait refusé de se joindre au chef du parti opposé à la maison royale. Bussi Leclerc fit jeûner les magistrats au pain et à l'eau pour les obliger à se racheter plus tôt de ses mains, traitement qui lui valut plus tard le titre de grand pénitencier du parlement. — Cette forteresse était encore au pouvoir des ligueurs quand Henri IV fit le blocus de Paris; ce ne fut que trois jours après l'occupation de cette ville, que le gouverneur Debourg la rendit au roi, qui en confia le commandement à Sully.

En 1617, la maréchale d'Ancre, arrêtée au Louvre, fut conduite à la Bastille, où elle comparut devant une commission extraordinaire, qui s'abstint de prononcer une condamnation, devant laquelle ne recula pas le parlement. Condamnée à avoir « la tête tranchée, son corps ard, bruslé et réduit en cendres jettées puis après au vent, » elle sortit de la Bastille pour être conduite au supplice, qu'elle subit sur la place de Grève.

Les frondeurs s'emparèrent de la Bastille en 1649, et ne la remirent au roi qu'en 1651. Ce fut dans le cours de la même année qu'eut lieu le combat de la porte St-Antoine, entre Condé, commandant de l'armée des frondeurs, et Turenne, commandant de l'armée du roi. Condé soutenait avec peine une lutte inégale, lorsque les frondeurs parisiens lui ouvrirent les portes; pour favoriser sa retraite, Mlle de Montpensier fit tirer le canon de la Bastille sur les troupes du roi.

La Bastille fut à peine élevée qu'on en destina une partie à renfermer les prisonniers; plus tard elle servit exclusivement de prison d'Etat. Aubriot, prévôt des marchands, qui fit construire les deux premières tours de cette forteresse, et auquel on doit la construction du Pont-au-Change et du pont St-Michel, fut le premier qui y fut enfermé, en 1381, sous la triple accusation d'hérésie, d'impiété et de débauche; les Parisiens, qui n'avaient pas oublié qu'Aubriot avait purgé la ville de mendiants, qu'il avait ouvert des ateliers publics et fondé d'utiles établissements, le délivrèrent et favorisèrent sa fuite en 1382.

Ce fut dans une des tours de cette forteresse que Louis XI fit construire en 1475 ces fameuses cages formées de poutrelles revêtues par de fortes feuilles de fer, où il fit enfermer Guillaume de Harancourt, évêque de Verdun, et Jacques d'Armagnac, duc de Nemours, qui y fut interrogé, appliqué à la question, et y entendit son arrêt de mort.

Biron, dont le procès est une page honteuse de la vie de Henri IV, fut détenu et exécuté à la Bastille le 31 juillet 1602. Arrivé sur l'échafaud, qui avait été dressé au niveau d'une chambre de la forteresse, Biron, qui avait vingt fois défié la mort au milieu des combats, montra la plus grande pusillanimité; sa fermeté l'abandonna; il mourut en fou furieux révolté. Quand il fut près de l'échafaud, ceux qui étaient là pour assister à cet affreux spectacle, au nombre d'environ quarante, ayant fait quelque bruit à son arrivée, il s'écria : « Que font là tant de marauds et de gueux? » Puis il monta sur l'échafaud, se banda les yeux, se mit à genoux, se releva jusqu'à trois fois en vociférant contre le bourreau, qui, au moment où il allait se relever une quatrième fois, lui abattit la tête et deux doigts de la main.

Charles de Valois, d'abord comte d'Auvergne, puis duc d'Angoulême, bâtard de Charles IX, fit un séjour de douze années à la Bastille.

Sous le ministère du cardinal de Richelieu, qui fit emprisonner et exécuter tant de nobles, quelques-uns de ceux qu'il avait proscrits furent détenus à la Bastille, tels que le comte de Roussy, le comte de la Suse, de Mazargues, le maréchal d'Ornano, le comte de Charlus, le marquis de Grignan, etc., etc., etc. — Le maréchal de Bassompierre, courtisan aimable, adroit, négociateur habile et général distingué, dont les Mémoires sont considérés comme l'un des plus intéressants documents historiques de l'époque où il vécut, y fut enfermé pendant douze ans; il y entra le 25 février 1631 et en sortit le 19 janvier 1643; la princesse de Conti, qui l'avait épousé secrètement, mourut de la douleur que lui causa sa détention.

Laporte, premier valet de chambre de Louis XIII, fort dévoué à Anne d'Autriche, et dont on connaît les Mémoires, fut enfermé à la Bastille le 10 août 1637.

Sous le ministère de Mazarin, presque tous les détenus proscrits par Richelieu furent rendus à la liberté, et la Bastille ne reçut qu'un petit nombre de prisonniers.

Le règne de Louis XIV fut la grande époque des proscriptions. Le surintendant Fouquet fut détenu à la Bastille en 1663, avant sa translation à Pignerol. Abandonné des courtisans qu'il avait enrichis, il ne le fut point des gens de lettres qu'il avait protégés : la Fontaine, Lefèvre, Mlle de Scudéry, le médecin Pecquet, Brébeuf lui restèrent fidèles et prononcèrent hautement leur sympathie pour son malheur. — Pélisson, ami de Fouquet, et disgracié comme lui, resta quatre ans à la Bastille, où il trouva moyen de composer et de faire paraître trois mémoires pour la défense de Fouquet, qui firent une grande sensation. — Le chevalier de Rohan, grand veneur de France, fut enfermé à la Bastille en 1674, y fut jugé à mort, et conduit de plain pied à l'échafaud, par une galerie dressée à la hauteur de la fenêtre de la salle d'armes de l'Arsenal, qui donnait sur une petite place de la rue des Tournelles, où on le décapita le 27 novembre 1674. — Vers la fin du xviie siècle, le crime d'empoisonnement était devenu fort commun à la cour : toutes les existences étaient menacées. Trois prêtres obscurs, Lepage, Guignard et Davot, et deux femmes, la Vigouroux et la Voisin, furent condamnés à mort et exécutés. Mais les nobles, les grands seigneurs, les dames de la cour qui les avaient poussés au crime, et que l'on devait considérer comme les plus coupables, ne firent que paraître à la Bastille (1680 et 1692); tous furent absous par la chambre de l'Arsenal (V. ARSENAL). Le duc de Luxembourg subit un interrogatoire après une détention de quelques jours. Le comte de Soissac, condamné par défaut en 1679, fut absous en 1692. Les comtesses de Soissons, de Roure, de Polignac, la duchesse de Bouillon, contre lesquelles s'élevaient les charges les plus graves, avaient été acquittées. — L'*Homme au masque de fer*, dont le véritable nom et la qualité paraissent devoir rester à jamais inconnus, mourut à la Bastille le 19 novembre 1703, après un séjour d'environ cinq ans, et fut enterré dans l'église St-Paul, sous le nom de *Marchiali*. — Constantin de Renneville, auteur d'une *Histoire de la Bastille*, en 5 volumes in-12, fut arrêté et conduit à la Bastille le 16 mai 1702; il n'en sortit que le 16 juin 1713, sans avoir jamais pu, dit-il, découvrir les motifs de cette longue détention. — Avant et après la révocation de l'édit de Nantes, la Bastille ne fut pas assez vaste pour recevoir tous les proscrits pour cause de religion ; le nombre des prisonniers s'accrut encore au commencement du xviiie siècle, par les dissidences d'opinions sur la bulle *Unigenitus*.

Après la mort de Louis XIV, on fit circuler, entre autres écrits injurieux à sa mémoire, une satire intitulée les *J'ai vu*, qui se terminait ainsi :

> . . . . J'ai vu la prélature
> Se vendre ou devenir le prix de l'imposture ;
> J'ai vu les dignités en proie aux ignorants ;
> J'ai vu les gens de rien tenir les premiers rangs.
> . . . .
> J'ai vu ces maux sous le règne funeste
> D'un prince que jadis la colère céleste
> Accorda par vengeance à nos désirs ardents ;
> J'ai vu ces maux, et je n'ai pas vingt ans.

On rechercha l'auteur dont l'œil était si perçant. Voltaire, qui, par ses talents précoces, avait déjà fixé l'attention du public, était alors d'un âge dont la conformité cadrait avec le dernier vers de la satire. Sur ce simple soupçon, il fut arrêté en 1715, conduit à la Bastille, et, malgré son innocence, il y resta plus d'une année, et n'en sortit qu'après l'aveu tardif du véritable auteur de la satire. C'est dans cette prison qu'il composa les deux premiers chants de la Henriade.

Sous Louis XV et à l'époque où de viles prostituées gouvernaient l'Etat, la Bastille reçut un grand nombre de prisonniers, parmi lesquels nous citerons : le duc de Richelieu, qui y entra le 4 mars 1716 et en sortit le 4 août, pour son duel avec M. Matignon, comte de Gacé ; il avait déjà été mis à la Bastille en 1711, et il y revint en 1719. — Le comte de Lorges y gémit pendant trente-deux ans. — L'abbé Blondel, fameux écrivain janséniste, auteur d'une *Vie des Saints*, y fut enfermé en 1728. — Le prêtre Vaillant, appelant de la fameuse bulle *Unigenitus*, fut détenu à la Bastille depuis 1728 jusqu'en 1731 ; il y fut de nouveau renfermé en 1734 et n'en sortit que pour être transféré à Vincennes, où il mourut. — Baculart d'Arnaud, poëte licencieux, renfermé à la Bastille en 1741, en sortit la même année pour être transféré à St-Lazare. — L'infortuné Latude y entra en 1749. Après un séjour prolongé il parvint à s'en échapper ; arrêté en Hollande, il fut ramené en 1756 à la Bastille, d'où, après lui avoir fait subir les plus horribles traitements, on le transféra à Vincennes. — Lenglet Dufresnoy fut mis à la Bastille en 1750, pour la publication du *Calendrier historique pour l'année* 1750, où l'on trouve la généalogie de tous les princes de l'Europe, et où il établissait que le prince Edouard était le légitime héritier de la couronne d'Angleterre, et le roi Georges un usurpateur. — Le Guay, garçon doreur, arrêté comme convulsionnaire, entra à la Bastille en 1757, et y mourut après trente années de détention, à l'âge de soixante-quinze ans. — Tavernier, une des victimes malheureuses qui durent leur liberté à la prise de la Bastille en 1789, fut enfermé à la Bastille le 4 août 1759, après un séjour de dix ans aux îles Ste-Marguerite. Lors de sa délivrance, son esprit était aliéné, et le comité des électeurs de Paris fut obligé de le faire conduire à Charenton. — Marmontel fut enfermé à la Bastille le 28 décembre 1759, comme auteur d'une parodie injurieuse, et n'en sortit que le 5 janvier 1760. — Un sieur Constant, âgé de cent onze ans, dont le motif de la détention n'est pas connu, y entra le 5 mars 1760 et en sortit le 10 avril de la même année. — Lally Tollendal fut enfermé à la Bastille le 1er novembre 1762, et en sortit le 9 mai 1766 pour aller à l'échafaud (V. Place de l'Hôtel-de-Ville). — Mahé de la Bourdonnais, vainqueur des Anglais dans l'Inde, gouverneur des îles de France et de Bourbon, accusé de concussions, resta trois années à la Bastille (de 1751 à 1754). Renvoyé enfin devant une commission, il fut absous, après une restitution au trésor public de dix-huit millions ; ce qui ne l'avait pas ruiné, car il restait encore, dit-on, possesseur de huit cent mille livres de rente. — Le Prévôt de Beaumont, secrétaire général du clergé, ayant eu connaissance de l'infâme pacte de famine, qui livrait à la merci d'une société d'accapareurs privilégiés la subsistance de toute la population de la capitale et des provinces, il en fit cinq copies avec des notes explicatives qu'il adressa au parlement de Rouen. Cette dénonciation ayant été interceptée, le Prévôt de Beaumont fut arrêté en vertu d'une lettre de cachet, et enfermé à la Bastille en 1768, où il resta onze mois; on le transféra ensuite au donjon de Vincennes, où il demeura douze ans, puis à Charenton, à Bicêtre et enfin à Bercy, où il était encore à l'époque du 14 juillet 1789. Il n'obtint toutefois sa liberté que le 5 septembre 1789, et en profita pour dénoncer à la France les infamies du pacte de famine.

Les personnages les plus marquants qui furent détenus à la Bastille sous le règne de Louis XVI, sont : Catherine Théos, chef de la secte des illuminés, enfermée à la Bastille en 1779, à l'âge de soixante-trois ans. — L'avocat Linguet, enfermé à la Bastille en 1780 : on a de lui des *Mémoires sur la Bastille* et sur sa détention. Il resta deux années dans cette forteresse, où il eut le loisir de faire des réflexions sur le pouvoir absolu, dont il avait été autrefois le panégyriste. — La Coste de Mézières, auteur de la *Confession générale de la comtesse du Barri;* entré à la Bastille en 1781, il y resta jusqu'au 28 juin 1783. — Mme de la Touche de Gatteville, femme galante qui eut longtemps la vogue, qu'elle dut à sa beauté, à ses petites méchancetés et aux gentillesses de son esprit. Tous les grands seigneurs briguèrent à tour de rôle le plaisir d'aller souper et coucher avec elle. M. Lenoir, lieutenant de police, à qui elle avait su plaire, s'en servit pour connaître par son entremise une partie de ce qui se passait à Paris. Forcée de se retirer en Hollande, elle y fut arrêtée pour s'être moquée d'une Espagnole maîtresse d'un ambassadeur, fut transférée à Paris, et enfermée en 1781 à la Bastille, où elle resta plus d'un an.— Mouffle d'Angerville, continuateur des *Mémoires secrets de la république des lettres,* publiés sous le nom de Bachaumont. Il fut enfermé à la Bastille en 1781 et y resta près d'un an. — Mme de Bournon Malarme, enfermée à la Bastille en 1782, où elle ne resta que quelques mois. — De Whyte, transféré de Vincennes, où il était depuis on ne sait combien d'années, à la Bastille, le 29 février 1784. Il en sortit à la prise de cette forteresse, le 14 juillet, et fut conduit à Charenton pour cause d'aliénation mentale. — Le marquis de Sade, rebut de l'espèce humaine, transféré de Vincennes à la Bastille, le 29 février 1784; il en sortit le 14 juillet 1789, pour aller occuper une loge à Charenton, où il mourut.— Brissot de Warville, homme de lettres, enfermé à la Bastille du 12 juillet au 10 septembre 1784. — Groubert de Groubental, avocat au parlement, auteur de projets de finances pour lesquels il fut plusieurs fois enfermé à la Bastille. — Le cardinal de Rohan, enfermé à la Bastille le 16 août 1785, à l'occasion du fameux procès du collier; il en sortit le 1er juin 1786. — La comtesse de Valois-Lamotte, condamnée à être fouettée et marquée, à l'occasion de ce même procès du collier. Entrée à la Bastille le 20 août 1785, elle en sortit le 26 mai 1786. — Cagliostro, compris dans l'affaire du collier et renvoyé absous.

Entré à la Bastille le 25 août 1785, il en sortit le 1ᵉʳ juin 1786. — Le comte de Solages, arrêté à la requête de son père, pour inconduite, en 1782; il avait d'abord été conduit à Vincennes, d'où il sortit en 1784, pour être transféré à la Bastille; il dut sa liberté à la prise de cette forteresse, le 14 juillet 1789. — Bechade, Laroche, la Caurege, Pujade, enfermés à la Bastille en 1786, pour falsification de lettres de change; ils furent mis en liberté lors de la prise de la Bastille, le 14 juillet 1789. — Paradès, qui avait conçu le projet de s'emparer de Portsmouth, projet qu'il aurait exécuté si on lui en avait donné les moyens, et dont les mémoires authentiques offrent tout l'intérêt d'un roman historique; il fut mis à la Bastille pour avoir réclamé au ministre Sartine cinq cent quatre-vingt-sept mille six cent vingt francs dont il avait fait l'avance au gouvernement, et en sortit quatre mois après, entièrement ruiné. — Les comtes de la Fruglaie, de Châtillon, de Guer, de Netumières, de Bec de Lièvre Penhoët, les marquis de Montluc, de Tremergat, de Carné, de Bédée, de la Rouerie, de la Feronière, le vicomte de Cicé, députés de la noblesse bretonne à Versailles, pour présenter au roi un mémoire contre les atteintes portées à la constitution française par les ministres et les gouverneurs de cette province. Arrêtés dans la nuit du 14 au 15 juillet 1788, ils furent conduits à la Bastille, d'où ils sortirent quelques jours après. — Le dernier prisonnier entré à la Bastille fut le fabricant de papiers Réveillon, qui avait obtenu d'être enfermé dans cette forteresse pour se soustraire à la fureur de ceux qui avaient pillé ses ateliers et sa maison.

La Bastille fut assiégée pour la dernière fois le 14 juillet 1789. La position de cette forteresse, située au centre du quartier le plus populeux de la capitale, était d'une grande importance, et la cour avait pris toutes les précautions possibles pour la mettre à l'abri d'un coup de main; sa défense se rattachait à l'attaque qui devait avoir lieu dans la nuit du 14 au 15 juillet, et pour laquelle on avait réuni trente mille hommes autour de Paris, commandés par M. de Broglie. La Bastille fut attaquée le 14 juillet, par les Parisiens, organisés en milice bourgeoise improvisée, auxquels s'était joint spontanément tout le régiment des gardes françaises, qui dirigèrent l'attaque et l'artillerie. Les gardes françaises étaient commandés par Warguier, sergent-major de grenadiers, et les bourgeois par le sieur Hullin, qu'ils avaient choisi pour leur commandant. Après quelques heures de combat, le gouverneur fut forcé de capituler; Hullin et Maillard furent les premiers qui pénétrèrent dans la forteresse. L'attaque de Paris, projetée par la cour, fut abandonnée; toute la journée et une partie de la nuit du 14 au 15 juillet, qui devait couvrir Paris de sang et de ruines, fut employée à dépaver les rues, à élever des barricades; toutes les fenêtres furent illuminées. On avait disposé à chaque étage des amas de bûches, de ferrements, des paniers de cendres, des vases d'eau bouillante, et toute la population armée bivouaquait aux barrières. L'armée de Broglie se dispersa dans la nuit, abandonnant ses tentes, ses bagages et une partie de son artillerie. — La démolition de la Bastille fut exécutée immédiatement. — Palloi, entrepreneur des travaux de démolition, fit faire à ses frais, avec les pierres provenant de cette forteresse, quatre-vingt-trois petites bastilles en relief, dont il gratifia les chefs-lieux de chaque département. — Le 14 juillet 1792, la municipalité de Paris donna sur l'emplacement de cette forteresse une fête patriotique. Où s'élevaient jadis les tours, on avait planté des arbres qui portaient chacun le nom d'un département, et qui furent entourés le soir d'une enceinte illuminée. Au milieu s'élevait une colonne également illuminée, aussi élevée que la Bastille, au sommet de laquelle flottait un drapeau tricolore où était écrit le mot *Liberté*. Au pied de la colonne était placé un nombreux orchestre, et au-dessus de chaque porte on lisait cette inscription : ICI L'ON DANSE. Dans cette même journée, le président de l'assemblée nationale posa sur l'emplacement de la Bastille la première pierre d'une *colonne de la Liberté*, qui ne fut jamais construite. Sous l'empire, on projeta d'y construire une fontaine surmontée d'un éléphant colossal en bronze, dont on voit encore le simulacre en plâtre.

Le 10 août 1793, jour de l'acceptation de la constitution de 1793 et de la fête dite *de l'unité et de l'indivisibilité de la république*, on éleva sur cette place, au milieu des décombres de la Bastille, une fontaine factice dite *fontaine de la Régénération*, surmontée d'une statue colossale en plâtre, représentant la Nature pressant de chaque main ses mamelles, d'où sortaient deux jets d'eau limpide qui tombait dans un vaste bassin. A dix heures du matin, les commissaires des départements, envoyés à Paris pour assister à la fête, se présentèrent tour à tour et puisèrent dans ce bassin avec une coupe d'agate de cette eau génératrice, qu'ils burent tous dans cette même coupe, au bruit des canons et d'une musique nationale.

Aujourd'hui cet emplacement forme une vaste place où s'élève la colonne de Juillet.

La Bastille pouvait contenir environ cinquante prisonniers logés séparément, et environ un cent en en réunissant plusieurs dans la même chambre. Lors de sa réduction, le 14 juillet 1789, on n'y a trouvé que sept prisonniers, les nommés : Tavernier, comte de Solages, de Wythe, Pujade, Laroche, la Caurege et Bechade, dont nous avons parlé précédemment. — La garnison était composée de trente-deux soldats suisses, commandés par un lieutenant ; de quatre-vingt-deux soldats invalides, dont deux canonniers. Il y avait sur les tours quinze pièces de canon, dont onze de huit et quatre de quatre. Dans la grande cour, en face de la porte d'entrée, étaient trois pièces de quatre, montées sur des affûts de campagne. Le gouverneur avait de plus fait tirer du magasin d'armes douze fusils de rempart, d'une livre et demie de balles, dont un seul put servir. Les munitions consistaient en quatre cents biscaïens, quatorze coffrets de boulets sabotés, quinze mille cartouches, quelques boulets de calibre, et deux cent cinquante barils de poudre, du poids de cent vingt-cinq livres chaque. — Indépendamment de ces armes et de ces munitions de guerre, le gouverneur avait fait porter sur les tours, le 9 et le 10 juillet, six voitures de pavés, de vieux ferrements, et des boulets hors de service, pour défendre les approches du pont dans le cas où les munitions viendraient à manquer.

Rue des Jardins-St-Paul, dans une maison dont nous avons vainement cherché l'emplacement, demeurait RABELAIS, qui y est mort le 9 avril 1553. Il fut enterré dans le cimetière de l'église St-Paul, au pied d'un grand arbre qu'on a longtemps conservé en mémoire de ce grand écrivain.

Rue du Petit-Musc. Charles V et Charles VI avaient fait bâtir dans cette rue une belle habitation que l'on nomma l'hôtel Neuf, et ensuite l'hôtel du Petit-Bourbon. Louis de France, duc de Guienne, y demeura longtemps. Plus tard, cet hôtel fut habité par Anne de Bretagne, dont il prit le nom, puis par la duchesse d'Etampes, maîtresse de François Ier, et par Diane de Poitiers, duchesse de Valentinois. L'entrée principale de cet hôtel était dans la rue du Petit-Musc ; les jardins, qui s'étendaient jusqu'à la rue de la Cerisaie, furent enclavés plus tard dans le monastère des religieuses de la Visitation. L'hôtel du Petit-Bourbon a longtemps été la principale demeure des princes aînés de la maison de Bourbon, qui s'y trouvaient à proximité de l'hôtel St-Paul, où résidèrent Charles V et Charles VI.

Au n° 2 est la CASERNE DES CÉLESTINS, qui occupe une partie des bâtiments du COUVENT DES CÉLESTINS OU BARRÉS. — En 1366, le roi Charles V fit venir du monastère du Mont-de-Châtres, près d'Orléans, six religieux célestins, qu'il établit dans un bâtiment de la place Maubert, abandonné par les carmes. En 1364, il leur donna une partie des jardins de l'hôtel St-Paul, qu'il occupait et qu'il avait fait bâtir, et posa en 1367 la première pierre de leur église ; le cloître fut reconstruit en 1539 : on voyait dans ce cloître le tombeau d'Antoine Perez, ministre du roi d'Espagne. — La chapelle d'Orléans fut fondée par le duc de ce nom, en expiation du malheur arrivé le 30 janvier 1393, pendant une fête magnifique donnée par la reine Blanche, veuve de Philippe de Valois, fête où le roi Charles VI manqua d'être brûlé. Une des principales curiosités de cette chapelle était une colonne de marbre blanc, supportant une urne dans laquelle était conservé le cœur du connétable de Montmorency. Non loin de cette colonne était le tombeau du duc d'Orléans et de Valentine de Milan, son épouse. A l'extrémité de ce tombeau, on voyait un magnifique groupe de Germain Pilon, représentant trois Grâces, en marbre, de grandeur naturelle, soutenant une urne en bronze où était placé le cœur du roi Henri II et le cœur de la reine Catherine de Médicis. Près de ce tombeau se trouvait une colonne en marbre blanc, érigée à la mémoire du roi François II.— Parmi les autres tombeaux que renfermait encore l'église des Célestins, une des églises de Paris les plus riches en monuments de ce genre, nous citerons ceux de Renée d'Orléans de Longueville; de l'amiral Chabot, par Jean Cousin; du duc de Rohan-Chabot, par Auguier ; de Timoléon de Cossé-Brissac ; du duc de Longueville, par Auguier ; de Louis de la Trémouille, marquis de Noirmoutier; de Sébastien Zamet, surintendant des finances de Catherine de Médicis, etc., etc., etc. — En 1783, l'autorité forma dans le couvent des Célestins un hospice médico-électrique, tenu par le sieur Ledru père, lequel, après avoir amusé longtemps la cour et la ville, devint si célèbre sous le nom de *Comus*. — L'établissement formé par l'abbé de l'Epée pour l'instruction des sourds-muets fut placé en 1785 dans les bâtiments des Célestins : on sait qu'il n'était accordé à cet ami de l'humanité qu'une modique somme annuelle de trois mille quatre cents livres, tant pour lui que pour son adjoint, et pour l'entretien de pauvres élèves. — Après les événements de 1789, les monuments de l'église des Célestins furent transportés au musée des monuments français. L'église devint un magasin de bois de charronnage qui brûla en 1795. Depuis, les bâtiments de l'église ont été convertis en caserne de cavalerie.

Rue St-Antoine, n° 62, est l'HÔTEL BEAUVAIS, dont le sombre portail est surmonté d'un balcon qui annonce une des plus anciennes habitations de ce quartier. Il a été bâti sur les dessins de le Pautre, pour Pierre de Beauvais et Catherine Bellier, son épouse, première femme de la reine Anne d'Autriche. C'était le rendez-vous ordinaire de la cour lorsqu'il y avait quelque cortège brillant ou d'autres cérémonies publiques à voir dans la rue St-Antoine; les ornements qui décorent la façade étaient autrefois fort admirés. Le président à mortier Jean Orry devint propriétaire de cet hôtel en 1704, et en changea toute la distribution intérieure; l'architecture dorique du pourtour est bien ordonnée.

Au n° 212 est l'HÔTEL D'ORMESSON, ci-devant hôtel du duc de Mayenne, lieutenant général du royaume pour la Ligue, qui le fit reconstruire sur les dessins de Ducerceau. Son fils habita cet hôtel jusqu'en 1621. Le comte d'Harcourt y demeura ensuite plusieurs années. Le prince de Vaudemont y fit sa résidence en 1709, et le fit restaurer sous la direction de Germain Boffrand.

Rue St-Paul était l'église de ce nom, érigée en paroisse vers 1107, supprimée en 1790 et démolie depuis.

Auprès du maître-autel de cette église avaient été inhumés les trois mignons de Henri III, L. de Maugiron, le comte de Quélus, tués en duel au marché aux chevaux, près de la Bastille, le 27 avril 1578, et St-

Mégrin, assassiné rue St-Honoré, le 21 juillet de la même année. Henri III leur fit ériger des mausolées magnifiques en marbre, qui furent entièrement ruinés par le peuple le 2 janvier 1588. — François et Hardouin Mansard, architectes, ont aussi été inhumés dans l'église St-Paul, où ils avaient un mausolée de marbre. On y voyait aussi les tombeaux du duc de Biron, décapité le 31 juillet 1602; d'Arnaud de Corbie, chancelier de France; de l'historien Cenalis, évêque d'Avranches; de Nicole Gilles, auteur des *Annales et Chroniques de l'histoire de France*; du savant Huet, évêque d'Avranches; de Rabelais; du duc de Noailles; d'Henriette de Coligny, comtesse de la Suse; du poëte Desmarets de St-Sorlin; des savants Godefroy Hermant, Adrien Baillet, Silvain Regis, etc. etc., etc.

L'hôtel St-Paul doit son origine à Charles V, auquel, lorsqu'il n'était encore que régent, la ville de Paris fit présent, en 1361, d'un hôtel qu'elle avait acheté du comte d'Etampes. Pour augmenter cette propriété, ce prince acheta, en 1365, l'hôtel des archevêques de Sens, qui firent bâtir dans le même quartier un autre hôtel, qui existe encore aujourd'hui sous le nom d'hôtel de Sens. Charles V destina l'hôtel St-Paul, ainsi qu'il est écrit dans son édit de juillet 1364, à être l'*hôtel des grands ébattements*. Il avait une étendue de dix hectares, et occupait, avec les jardins, tout le terrain entre la rue St-Antoine et la Seine, depuis les fossés de la ville jusqu'à l'église de la paroisse St-Paul, en sorte que la Bastille et le couvent des Célestins paraissaient enclavés dans son enceinte. Cet hôtel, comme toutes les autres maisons royales de ce temps, était accompagné de grosses tours; les jardins étaient plantés de pommiers, de poiriers, de vignes, de cerisiers; c'est d'une treille qui en faisait un des principaux ornements et d'une cerisaie, que les rues Beautreillis et de la Cerisaie ont pris leur nom. Les basses-cours étaient flanquées de colombiers et remplies de volailles, qu'on y engraissait pour la table du roi. Le principal corps de logis et la principale entrée étaient du côté de la rivière, entre l'église St-Paul et les Célestins. — Dans la suite, l'hôtel St-Paul fut abandonné par les rois, qui préférèrent l'hôtel des Tournelles. — Dès 1519, François Ier vendit quelques-uns des édifices qui composaient l'hôtel de St-Paul, que Charles VII, Louis XI, Charles VIII et Louis XII avaient habité. En 1551, cet hôtel fut vendu à différents particuliers. Sur son emplacement on a percé les rues Beautreillis, de la Cerisaie, du Petit-Musc, etc., etc. — Charles VI mourut à l'hôtel St-Paul le 21 octobre 1422, dans un tel état de dénûment, que, pour subvenir aux frais de son enterrement, le parlement ordonna la vente à la criée des bons meubles du feu roi; sur son cercueil fut proclamé Henri VI, fils de Henri V, roi d'Angleterre. Ses obsèques eurent lieu le 9 novembre, en l'église de Notre-Dame, d'où il fut transféré le lendemain à l'abbaye de St-Denis.

— Isabeau de Bavière, femme de Charles VI, mourut aussi à l'hôtel St-Paul, le 24 septembre 1435.

Au n° 2 est l'hôtel de la Vieuville, ci-devant de la Reine-Blanche, où l'on voit de beaux restes d'architecture. Il est occupé aujourd'hui par l'établissement des eaux clarifiées.

La rue de Lesdiguières n'était, il y a cinquante ans, qu'un long passage dont les issues étaient fermées par une double grille. L'hôtel qui lui a donné son nom avait été bâti par Zamet, Italien qui était venu chercher fortune en France à la suite de Catherine de Médicis, et qui tenait dans cet hôtel un grand train de maison : c'était le rendez-vous des princes et des grands seigneurs de la cour ; les jours et les nuits s'y passaient en festins et en orgies ; Henri IV mangeait souvent à la table de l'opulent et officieux amphitryon. Il mourut à Paris le 14 juillet 1605, et fut enterré dans la nef des Célestins. Les héritiers de Zamet vendirent cet hôtel au duc de Lesdiguières ; il a passé par succession, au commencement du xviii° siècle, au duc de Villeroi. Le czar Pierre Alexiowitz l'avait habité pendant le séjour qu'il fit à Paris en 1717 ; il y reçut la visite de Louis XV accompagné du régent. Cet hôtel a été vendu depuis à des entrepreneurs qui ont fait percer la rue qui communique à celle de la Cerisaie et St-Antoine ; les visitandines avaient acheté une partie du jardin pour agrandir leur couvent.

Rue de la Cerisaie, n° 8, s'élève au fond de la cour un charmant hôtel de la renaissance, vingt fois menacé par le marteau des démolisseurs, et parvenu cependant jusqu'à nous presque intact ; cet hôtel est celui d'un des artistes les plus distingués du xvi° siècle, de Philibert Delorme, qui en fut à la fois l'architecte et le propriétaire. Dans le traité in-folio de cet artiste, intitulé : *Nouvelles Inventions pour bien bâtir et à petits frais*, 1561, 1557, 1626 ou 1648, on trouve gravé dans le texte (chapitre xvii de l'édition de 1626, pages 252 et suiv.) le dessin exact de la façade intérieure et de la coupe de sa maison, dont il dirigea lui-même les travaux avec un soin tout particulier. — La maison de Philibert Delorme s'est assez bien conservée extérieurement. On doit regretter toutefois la démolition de deux élégants portiques à arcades que Philibert avait érigés de chaque côté du bâtiment principal. Le dallage octogone de la cour, qui produisait un effet pittoresque, a disparu pour faire place à un pavé inégal et raboteux ; depuis la mort de l'architecte, on y a édifié un puits qu'il eût certainement désavoué à cause de sa lourdeur. Quant à l'intérieur des appartements, il a été tellement défiguré qu'il est devenu méconnaissable.

Rue des Barrés est la caserne de l'Ave-Maria, qui occupe les bâtiments du couvent des Béguines dit depuis de l'*Ave-Maria*, fondé par Louis IX vers 1240, et supprimé en 1790.—L'église, qui a été démolie, renfermait le mausolée en marbre de Catherine de la Trémouille, représentée à genoux, ainsi que les tombeaux de Jeanne de Vivonne de la Chasteigneraye, et de Catherine de Clermont, duchesse de Retz.

La rue du Fauconnier a été longtemps citée pour son *val d'amour*. Lorsque le capitulaire de Charlemagne, qui bannissait de la capitale les femmes publiques fut tombé en désuétude, et qu'il leur fut permis de former une corporation sous le titre bizarre de *femmes amoureuses*, ou *filles folles de leur corps*, cette rue fut du nombre de celles où elles purent établir des clapiers. Elles ne pouvaient s'y rendre qu'à des heures déterminées, et avec une marque distinctive qu'elles ne pouvaient quitter sans s'exposer à des peines très-sévères. Tolérés pendant plus de quatre cents ans, les clapiers furent abolis; les prostituées se répandirent dans tous les quartiers, et l'on en comptait plus de vingt-huit mille en 1780.

A l'extrémité du QUAI DES ORMES était la PORTE BARBETTE, d'où partait une muraille flanquée de tours carrées qui remontait sur le bord de la rivière jusqu'au point où débouche actuellement le fossé de l'Arsenal. A l'angle formé par ce fossé et par le cours de la Seine était une haute tour ronde nommée *tour de Billy*, *tour de l'Ecluse*, qui a subsisté jusqu'en 1538, époque où elle fut détruite par la foudre, qui enflamma les poudres qu'elle contenait ; l'explosion fut terrible et se fit entendre jusqu'à Corbeil.

Place Baudoyer. En face du point de jonction de la rue du Pourtour et de la rue de la Tixeranderie était la PORTE BAUDOYER.

La porte St-Paul se trouvait dans la rue des Prêtres, un peu à l'ouest de la rue des Jardins. — La POTERNE DE VERS L'EAU s'ouvrait au milieu de la rue des Barrés.

DIXIEME ARRONDISSEMENT.

Les limites de cet arrondissement sont : le mur d'enceinte de la barrière de la Cunette à la barrière de Vaugirard, la rue du Cherche-Midi n°s pairs, la rue du Four St-Germain n°s pairs, la rue des Boucheries n°s pairs, la rue de l'Ancienne-Comédie n°s pairs, la rue Dauphine n°s pairs, la rive gauche de la Seine et les quais depuis le Pont-Neuf jusqu'à la barrière de la Cunette.

N° 37. QUARTIER DE LA MONNAIE.

Ci-devant *section de l'Unité*, et ensuite *section des Quatre-Nations*.

Les limites de ce quartier sont : les quais Malaquais et Conti, la rue Dauphine n°s pairs, la rue de l'Ancienne-Comédie n°s pairs, la rue des

Boucheries n°ˢ pairs, la rue du Four St-Germain n°ˢ pairs, la Croix-Rouge à droite, la rue de Grenelle St-Germain n°ˢ pairs, la rue des Sts-Pères n°ˢ pairs jusqu'au quai. — Superficie 380,000 m. carrés, équivalant à 0,011 de la superficie totale de Paris.

Parmi les nombreux monuments et établissements de ce quartier, on cite principalement :

L'église St-Germain des Prés, située place St-Germain des Prés. Cette église faisait partie de l'ancienne abbaye de St-Germain des Prés, fondée par Childebert I™ en 543, au milieu des prés et des pâturages qui s'étendaient alors au loin sur le bord de la Seine. Les bâtiments, élevés, dit-on, sur un temple d'Isis, furent achevés en 557, et l'abbaye fut dédiée à la Ste-Croix et à saint Vincent, par saint Germain, qui y fut inhumé en 754, et dont l'église et l'abbaye ont conservé le nom. — Les Normands pillèrent, ruinèrent et brûlèrent ce monastère en 845, en 848 et en 861; rebâti en 869, ruiné de nouveau par les Normands en 883, il ne fut entièrement rebâti qu'en 990, et selon quelques historiens en 1014.

L'abbaye de St-Germain des Prés était une des plus anciennes, des plus riches et des plus illustres de la France ; elle tenait sous sa puissance féodale la grande moitié de la partie méridionale de Paris ; elle possédait sur toute l'étendue du faubourg St-Germain la juridiction spirituelle et la juridiction temporelle. Cette abbaye ressemblait à une citadelle ; ses murailles étaient flanquées de tours et environnées de fossés; un canal large de 25 à 26 m., qui commençait à la rivière et qu'on appelait la Petite-Seine, coulait le long du terrain où est à présent la rue des Petits-Augustins, et allait tomber dans les fossés de l'abbaye, rue St-Benoît. La principale entrée de l'enclos du monastère était située vers l'emplacement occupé aujourd'hui par la prison militaire de l'Abbaye ; en cet endroit, on traversait un fossé et on arrivait à la porte méridionale de l'église : une autre entrée était à l'ouest de l'enclos, dans la rue nommée depuis St-Benoît, presque en face la rue des Deux-Anges, condamnée récemment. Cette entrée, qui portait le nom de porte Papale, était flanquée de deux tours rondes. Vers l'endroit où la rue de Furstemberg aboutit à celle du Colombier, s'élevait une grosse tour ronde ; de cette tour, un mur de clôture très-élevé s'étendait en droite ligne jusqu'au bas de la rue St-Benoît, où le mur tournait à angle droit et se prolongeait jusque vis-à-vis de l'endroit où on a percé la rue Tarane. Là, il y avait une tour ronde, le mur rentrait et formait une petite place qui existe encore en partie, puis suivait la direction de la rue Ste-Marguerite et venait rejoindre le mur où se trouvait la principale porte d'entrée. — En 1699, le cardinal de Furstemberg, abbé de St-Germain des Prés, aliéna une partie de l'enclos de l'abbaye à des particuliers pour y bâtir des maisons à leurs frais. Par suite de cette aliénation furent établies les rues Abbatiale, Cardinale, Childebert, de Ste-Marthe. Au lieu de deux entrées, dont l'une ne s'ouvrait que rarement, on établit quatre entrées publiques : la porte Bourbon-Château, en face la rue de ce nom ; la porte Ste-Marguerite, sur la rue du même nom ; celle de St-Benoît, rue du même nom, en face la principale façade de l'église (c'est celle qui sert aujourd'hui de passage) ; la porte de Furstemberg, sur la rue du Colombier, qui servait d'entrée au palais abbatial dont une partie des bâtiments existent encore.

L'abbé de St-Germain des Prés jouissait de revenus considérables. Le 29 septembre 1736, l'abbé Monginot, fondé de procuration du cardinal Thyard de Bissy, abbé de St-Germain et évêque de Meaux, successeur de Bossuet, passa avec les sieurs Mirleau de Neuville trois actes curieux qui peuvent donner une idée de la quotité de ces revenus. — Par le premier, ils ont affermé tous les revenus fixes de l'abbaye, pour la somme de cent mille francs ; plus un pot-de-vin de neuf mille francs payés comptant pour être distribués aux domestiques de M. de Bissy ; plus six mille livres au sieur Guillier, pour ses appointements d'une année. — Par le second, ils ont affermé les droits casuels, lots et ventes, pour le prix de cinquante-cinq mille livres par an. — Par le troisième, ils s'engageaient à payer soixante-cinq mille livres, pour les échus arriérés. — Cette dernière cession donna lieu à un procès. Dans la discussion qu'occasionna ce procès, il appert qu'une maison et terrain située à Paris, rue de Bourbon, avait été achetée par un sieur Ribalier, par adjudication forcée, moyennant cinquante-neuf mille livres, et que le droit de lots et ventes revenant au cardinal de Bissy, abbé de St-Germain des Prés, se montait à quatre mille neuf cent seize livres treize sous quatre deniers ; par conséquent à peu près au double des droits d'enregistrement actuels. — Un acte de la même époque constate qu'il existait alors des impôts somptuaires dont l'abbé de St-Germain n'était pas exempt. Un de ses parents, l'abbé de St-Fargeon, payait au roi, pour un maître d'hôtel et un valet, dix-neuf livres dix sous ; pour un cuisinier et une servante, treize livres dix sous ; pour deux laquais et un postillon, sept livres dix sous.

L'abbaye de St-Germain des Prés fut supprimée en 1790 ; ses bâtiments devinrent propriété de l'Etat ; c'est sur leur emplacement qu'ont été construites les rues de l'Abbaye et de St-Germain des Prés. L'abbé de St-Germain, qui avait plus de cinquante domestiques, payait à lui seul pour impôt somptuaire une somme qui dépassait quatre cents francs.

L'église St-Germain des Prés est le plus ancien édifice religieux de Paris ; sa longueur est de 98 m. 50 c. ; sa largeur, sans y comprendre les chapelles qui l'entourent, est de 22 m. 73 c. L'intérieur présente d'abord une nef, séparée des bas côtés par cinq piliers à droite et autant à gauche, supportant des arcades à plein cintre ; chaque pilier se compose d'un massif où sont engagées quatre colonnes de diverses dimensions. Vers les deux tiers de la longueur de l'église est un grand autel ; à l'extrémité du chœur est un autre autel, derrière lequel on a ajouté un retable en pierre. Le chœur est entouré de colonnes isolées, qui supportent sur les côtés des arcades à plein cintre, et au rond-point des arches en ogive ; les fenêtres du chœur et du rond-point sont aussi en ogive. Deux tours pyramidales se trouvent du côté oriental de l'édifice ; une troisième est à l'entrée de l'église.

Après la mort de Childebert, l'église St-Vincent devint la sépulture ordinaire des rois et de la famille royale, jusqu'à l'époque où Dagobert la fixa à St-Denis. Dans le chœur, on voyait sur leurs tombes les figures de Chilpéric, de Frédégonde, sa femme, de Clotaire II, de Bertrade, sa première femme, de Chilpéric II, et de sa femme Bilichilde. — Les mausolées les plus remarquables après les tombes royales étaient ceux de Guillaume et de Jacques Douglas ; de Jean Casimir, roi de Pologne ; du cardinal Furstemberg, ouvrage de Coysevox ; du savant P. Danès, évêque de Lavaur ; de Louis de Castellan, ouvrage de Girardon ; de l'abbé Renaudot. — Les restes mortels de Boileau Despréaux furent déposés dans cette église en 1819 ; une inscription latine, gravée sur une table de marbre noir, marque l'époque de la mort et de la translation des restes du poëte célèbre. A la même époque, on y a également transporté le corps de Descartes et les restes de Mabillon et de Montfaucon. — L'église de l'abbaye St-Germain des Prés fut convertie en paroisse en 1791. En 1793 cette église reçut le nom de *maison de l'Unité,* et on y établit une fabrique de salpêtre. Au commencement de la révolution les théophilanthropes y tinrent leurs séances à des heures où le culte catholique n'était pas célébré. C'est aujourd'hui la première succursale de St-Sulpice.

L'abbaye de St-Germain des Prés était occupée avant la révolution par des religieux de la célèbre congrégation de St-Maur, qui y avaient formé une riche bibliothèque, à laquelle furent incorporées par la suite les bibliothèques de l'abbé d'Estrées, d'Eusèbe Renaudot, de l'abbé Baudran, etc., etc. Cette bibliothèque, l'une des plus curieuses de Paris par le nombre des volumes, la beauté des ouvrages et la rareté des éditions, fut consumée par un incendie dans la nuit du 19 au 20 août 1794.

Palais de l'Institut, ci-devant collége Mazarin ou des Quatre-Nations, fondé en 1661 par le cardinal Mazarin, pour l'instruction des enfants des gentilshommes ou des principaux bourgeois de Pignerolles et de son territoire, d'Alsace et de pays d'Allemagne, de l'Etat ecclésiastique, de Flandre et de Roussillon. Ce palais, bâti sur l'emplacement de la tour de Nesle, fut commencé sur les dessins de Levau, et achevé à la fin de l'année 1662, par Lambert et Dorbay. Le cardinal avait légué au collége sa bibliothèque, la somme de deux millions de livres pour les frais de sa construction, et un revenu annuel de quarante-cinq mille livres.

Le collége des Quatre-Nations servit pendant la révolution de maison de dépôt, où les particuliers arrêtés étaient incarcérés, pour aller ensuite augmenter le nombre des détenus que renfermaient alors les nombreuses prisons de Paris. Le comité central de salut public du département, institué pour faire exécuter les décrets de la convention nationale, y tenait ses séances. Ce comité, composé de douze membres et d'un président, s'assemblait tous les jours entre cinq et six heures du soir, et restait en séance jusqu'à onze heures.

Après le retour de l'ordre, les bâtiments du collège des Quatre-Nations furent affectés aux séances de l'Institut, fondé par la convention nationale, le 3 brumaire an v (26 octobre 1795), pour remplacer les académies française, des inscriptions et des beaux-arts, supprimées en 1793. Une ordonnance royale, du 21 mars 1816, a substitué aux quatre classes de l'Institut, quatre académies ; depuis , une ordonnance royale du 26 octobre 1832 a établi une cinquième académie. Ces académies prennent rang selon l'ordre de leur fondation, et sont dénommées ainsi qu'il suit, savoir : 1° l'académie française ; 2° l'académie royale des inscriptions et belles-lettres ; 3° l'académie royale des sciences ; 4° l'académie royale des beaux-arts ; 5° l'académie des sciences morales et politiques.

Le palais de l'Institut se compose d'une première cour avec des avant-corps sur les quatre façades, et des pans coupés sur les angles. Les avant-corps à droite et à gauche présentent chacun un portique en arcade, décoré de pilastres corinthiens : l'un mène aux salles particulières de l'Institut et à la bibliothèque Mazarine ; l'autre conduit à l'ancienne église des Quatre-Nations, transformée aujourd'hui en une salle pour les séances publiques de l'Institut. A la suite de cette première cour il s'en trouve une beaucoup plus vaste, dont les bâtiments ont été achevés récemment. — L'élévation de la façade du palais, placée en regard du Louvre, produit un effet pittoresque et théâtral ; elle est composée d'un avant-corps surmonté d'un dôme, au milieu d'un demi-cercle, que terminent deux gros pavillons, et présente dans quelques parties une imitation de l'antique.

La bibliothèque Mazarine a été fondée par le cardinal Mazarin. Le savant Gabriel Naudé, qu'il avait chargé de la former, choisit les livres chez les libraires de Paris, et voyagea ensuite en Hollande, en Italie, en Allemagne, en Angleterre ; et les lettres de recommandation dont il était porteur lui facilitèrent les moyens de se procurer les ouvrages les plus rares et les plus curieux. En 1648, la bibliothèque se composait de quarante mille volumes et était déjà publique (celle du roi ne le devint qu'en 1737). Le cardinal Mazarin la donna par testament au collège qu'il fondait et qui devait porter son nom. Elle compte aujourd'hui près de cent mille volumes imprimés et quatre mille cinq cents manuscrits.

Outre cette bibliothèque, le palais en renferme une seconde, celle de l'Institut, qui est précieuse par le nombre des ouvrages modernes qui y sont déposés. On ne peut être admis à consulter les livres que renferme cette bibliothèque qu'après y avoir été présenté par un membre de l'Institut.

L'hôtel des Monnaies. Cet hôtel a été bâti sur l'emplacement de l'hôtel des ducs de Nevers, lequel, après l'extinction de cette maison, devint la propriété du secrétaire d'Etat Guénégaud, qui y fit faire des augmentations considérables. La princesse de Conti acquit cet hôtel, auquel elle donna son nom, en échange de la belle terre du Boucher et de l'ancien hôtel Conti, qui a porté plus tard les noms d'hôtel de Lauzun et d'hôtel de la Roche-sur-Yon. Le prince de Conti y mourut en 1776 dans l'impénitence finale, et refusa constamment de recevoir les secours de l'Eglise. C'est le premier qu'on cite de la maison de Bourbon, jusque-là très-édifiante dans ses derniers moments.— On trouva dans son mobilier plusieurs milliers de bagues, constatant ses conquêtes amoureuses ; il fallait que la femme avec laquelle il couchait lui donnât sa bague ou son anneau, qu'il payait bien, sans doute, et qu'il étiquetait sur-le-champ du nom de l'ancienne propriétaire.

L'ancien hôtel des monnaies, qui était situé rue de ce nom, à l'endroit où on a percé la rue Boucher, tombant en ruines, le contrôleur général des finances assigna à la reconstruction d'un nouvel hôtel des monnaies l'emplacement de l'hôtel Conti, et confia la direction des travaux à l'architecte Antoine. L'abbé Terray posa la première pierre de ce magnifique bâtiment le 20 avril 1771, sans pouvoir faire oublier aux Parisiens qu'il suspendit les rescriptions.

L'hôtel des Monnaies a sa principale façade sur le quai ; sa longueur est de 120 m. environ ; elle est percée de trois rangs de croisées, et chaque rang de vingt-sept fenêtres ou portes. Le rang inférieur ou celui du rez-de-chaussée, orné de refends, forme soubassement. Au centre est un avant-corps, dont l'étage inférieur, percé de cinq arcades, sert d'entrée, et devient le soubassement d'une ordonnance ionique composée de six colonnes. Cette ordonnance supporte un entablement à consoles et un attique orné de festons et de six statues placées à l'aplomb des colonnes : ces statues représentent la Paix, le Commerce, la Prudence, la Loi, la Force et l'Abondance : ouvrages de le Comte, Pigalle et Mouchi.

Au-dessous, au milieu des cinq arcades de cet avant-corps, est celle qui sert d'entrée principale. La porte est richement décorée d'ornements en partie dorés. Dans le vestibule qui se présente ensuite, sont vingt-quatre colonnes doriques cannelées. A droite est un magnifique escalier enrichi de seize colonnes doriques.

Le plan de cet édifice se compose de huit cours, entourées de bâtiments dont la destination est diverse.

En montant par le grand escalier, on arrive au cabinet de minéralogie, qui occupe, au premier étage, le pavillon du milieu de la façade. Ce cabinet est décoré tout autour de vingt colonnes corinthiennes, de grande proportion, en stuc, couleur de jaune antique, supportant une vaste tribune. Cette tribune, les galeries et les cabinets qui y communiquent, sont garnis d'armoires, qui contiennent des objets minéralogiques, des dessins, des modèles de machines, etc.

La façade, en retour sur la rue Guénégaud, a 116 m. d'étendue : moins riche que la façade qui se présente sur le quai, elle n'en est pas moins belle. Deux pavillons s'élèvent à son extrémité ; et un troisième au centre : les parties intermédiaires n'ont que deux étages ; celui du rez-de-chaussée forme soubassement, et l'étage supérieur un attique. Dans cette partie de l'hôtel des Monnaies est déposée la collection de tous les coins et poinçons des médailles, pièces de plaisir et jetons qui ont été frappés en France depuis Charles VIII jusqu'à nos jours, ainsi qu'une grande quantité de coins et poinçons appartenant à divers graveurs et éditeurs.

Condorcet logeait à l'hôtel de la Monnaie, à l'entresol. — C'est à l'angle gauche de la Monnaie, au troisième étage, que demeurait Bonaparte toutes les fois qu'il avait permission de découcher de l'école militaire pour aller chez M. de Permon, père de la duchesse d'Abrantès.

Le palais des Beaux-Arts, situé rue des Petits-Augustins. L'école ou palais des Beaux-Arts a remplacé l'ancien couvent des Petits-Augustins, dont voici l'origine. La reine Marguerite de Valois, première femme de Henri IV, ayant abandonné son hôtel de Sens par suite de l'assassinat de son favori, vint demeurer dans le faubourg St-Germain, où elle fit bâtir un magnifique palais, et une chapelle sous l'invocation de Notre-Dame des Louanges, desservie par des augustins déchaussés, auxquels elle donna une maison, un jardin et six mille livres de rente perpétuelle, à la condition qu'ils chanteraient des cantiques et les louanges de Dieu *sur des airs qui seraient faits par son ordre.* Ces pères, qui, à ce qu'il paraît, n'aimaient pas la musique, s'obstinèrent à psalmodier ; la reine les chassa et mit à leur place, en 1612, d'autres augustins qui chantèrent sur tous les tons qu'il plut à la reine de leur imposer. En reconnaissance de leur obéissance, cette princesse leur permit de prendre dans ses immenses jardins un vaste emplacement où ils construisirent un monastère et une église, qui furent achevés en moins de deux ans, sans autre secours que les aumônes journalières du peuple.

Lors de la suppression des couvents et de diverses églises, la commission des monuments arrêta, en 1791, que le couvent des Petits-Augustins servirait de dépôt aux différents objets d'art qu'on en avait enlevés. Le gouvernement, ayant fait placer ces monuments sous la direction de M. Alexandre Lenoir, érigea ensuite ce dépôt en musée des monuments français, qui fut ouvert le 1er septembre 1795. — La restauration ne respecta pas la riche collection des Petits-Augustins, qui réunissait plus de cinq cents monuments de la monarchie, classés chronologiquement dans huit salles, construites elles-mêmes avec des débris d'anciens monuments. Dans les trois cours de l'édifice, on voyait les façades principales des châteaux d'Anet et de Gaillon, et les façades de portes, de balcons et d'autres décorations, également construites avec d'anciens fragments, dans le style et le goût de l'architecture du xiv° siècle. En sortant des cours, on entrait dans un jardin dessiné et planté en façon d'Elysée : là, dans des sarcophages de forme antique, posés sur des pelouses d'un gazon toujours vert, sous des peupliers et des platanes, reposaient, légèrement ombragés par des lauriers qui se mêlaient aux cyprès, aux myrtes et aux rosiers, les restes du maréchal de Turenne, d'Héloïse et d'Abailard, de Descartes, de Molière, de la Fontaine, de Boileau, de Mabillon, de Montfaucon. C'est en 1816 qu'on eut l'idée, véritablement barbare, de détruire le musée des monuments français; mesure désastreuse, qui occasionna la perte d'une multitude d'objets précieux, brisés dans le transport ou non remis en place et dispersés.

Le palais des Beaux-Arts, auquel on arrive par deux cours que sépare l'arc de Gaillon, a été construit en 1832; il renferme un grand nombre de salles décorées dans le goût de la renaissance, et servant aux expositions des envois de Rome et des élèves de l'école. L'une de ces salles renferme les tableaux ou esquisses de tous ceux qui ont remporté les premiers grands prix depuis plus d'un siècle. Dans une salle du rez-de-chaussée, on voit la copie du Jugement dernier de Michel-Ange, exécutée par Sigalon; dans cette même salle sont les tombeaux des Médicis, et les charmants bas-reliefs de Ghiberti.

L'Abbaye, située place de l'Abbaye et rue Ste-Marguerite, n° 22. Ce bâtiment, très-solide et isolé, est la prison de la justice de l'ancien seigneur abbé de St-Germain des Prés, qui avait aussi autrefois, au centre du carrefour, une échelle patibulaire et un pilori. Les cachots de cette prison monacale sont horribles; un prisonnier a peine à s'y tenir debout.

Dans le cours de la révolution, la prison de l'Abbaye, où l'on renfermait une foule de détenus de tout âge et de toutes conditions, fut le théâtre de scènes atrocement sanglantes. Le 30 juin 1789, le peuple en enfonça les portes pour délivrer les soldats des gardes françaises qui avaient été enfermés dans cette prison pour n'avoir pas voulu tourner leurs armes contre leurs concitoyens dans la journée du 14 juillet.— Les 2 et 3 septembre 1792, sur deux cent trente-quatre prisonniers qui étaient renfermés à l'Abbaye, cent trente et un, dont dix-huit prêtres, ont été massacrés, trois se sont suicidés et quatre-vingt-dix-sept ont été mis en liberté. Entre les deux guichets qui séparaient la prison du lieu de l'exécution, il s'était établi un simulacre de tribunal composé de douze hommes qui remplissaient les fonctions de jurés, et qui étaient présidés par le fameux Maillard. Ces jurés improvisés environnaient une table où était le registre des écrous. L'interrogatoire était court et l'instruction sommaire; l'accusé jugé coupable était condamné par une formule mystérieuse qui n'était pas comprise de l'accusé : les juges prononçaient l'arrêt de mort en disant : *A la Force* ; le condamné croyait qu'on allait le conduire dans une autre prison, il suivait ses guides qui le menaient à la porte extérieure, où il était massacré à coups de sabre. Ceux que cet affreux tribunal absolvaient sortaient accompagnés des satellites des massacreurs, qui criaient : *Vive la nation*, et ils se retiraient sans péril.

Au nombre des prisonniers détenus à l'Abbaye, on cite : le duc de Beaujolais, Sombreuil, Cazotte, Journiac de St-Méard, Barnave, Charlotte Corday. L'abbé l'Enfant, l'abbé Chapt de Rastignac et M. de Montmorin, ministre des affaires étrangères sous Louis XVI, y périrent lors des massacres de septembre. Le ministre des finances Clavières se frappa de trois coups de couteau en 1793, pour se soustraire à la peine capitale. Le 18 brumaire an II, Mme Roland sortit de cette prison pour aller à l'échafaud.

Après la révolution, la prison de l'Abbaye redevint comme avant une prison militaire. Le général Malet y séjourna pendant quelque temps. Le brave général Bonnaire, qui défendit si vaillamment la ville de Condé en 1815, condamné à la déportation et dégradé sur la place Vendôme en 1816, mourut de chagrin deux mois après dans la prison de l'Abbaye, où furent aussi enfermés à la même époque : le général Thyard, petit-neveu du cardinal de Bissy, membre de la chambre des représentants pendant les cent jours ; les généraux Belliard et Decaen, et l'aide de camp du général Bonnaire, Miéton, qui n'en sortit que pour être fusillé.

L'hôpital de la Charité, situé rue Jacob, doit son origine à la congrégation des frères de St-Jean de Dieu, association formée dans le but de soigner les malades, dont tous les frères, d'après leurs règlements, devaient être tous chirurgiens ou pharmaciens. Cinq de ces religieux s'établirent en 1602 rue des Petits-Augustins. En 1607, ils vinrent s'installer rue des Sts-Pères, au milieu de plusieurs jardins, près d'une petite chapelle dédie à St-Pierre, où ils firent construire une église et un hôpital. Le nombre de ces religieux ayant considérablement augmenté, l'hôpital de la Charité devint le chef-lieu de toutes les maisons de l'ordre de St-Jean de Dieu, répandues dans toute la France et dans ses colonies.—Pendant la révolution, le nom d'hospice de l'Unité fut donné à cet hôpital, qui reprit sa dénomination primitive sous le consulat. — En juillet 1830, l'hôpital de la Charité reçut cent soixante-cinq blessés, dont cinquante moururent de leurs blessures.

Le fameux Taconet, auteur et acteur à la fois ; Taconet, qui faisait courir la bonne compagnie aux boulevards dans les rôles de paysans et qui excellait tellement dans les rôles de savetiers, que Préville disait de lui qu'il serait déplacé dans les cordonniers, Taconet mourut à l'hôpital de la Charité en 1774, des suites de son intempérance.

En 1795, mourut dans cet hôpital Gaillard de Beaurieu, surnommé *l'Esope moderne*. Boiteux et difforme, d'une figure repoussante, il se fit remarquer par des saillies piquantes et naïves, par des tours aussi neufs que hardis, et par une grande vivacité d'esprit. Aussi bizarre dans sa mise que dans sa personne, il se plaisait à faire revivre le siècle de François Ier; chapeau pointu, manteau à la Crispin, souliers carrés et haut-de-chausses du temps de ce prince, lui prêtaient un aspect si singulier, que partout où il passait les regards se fixaient involontairement sur lui. Tous les ouvrages qu'il a publiés portent l'empreinte de l'originalité de son caractère; cependant les pensées en sont neuves, le plan en est régulier, la marche hardie, mais quelquefois trop systématique.

VARIÉTÉS HISTORIQUES ET BIOGRAPHIQUES.

L'hôtel de Nesle. Sous les règnes de Charles V, de Charles VI et de quelques rois leurs successeurs, l'hôtel de Nesle était une des plus magnifiques habitations de Paris. Philippe le Bel l'acheta en 1308 d'Amaury de Nesle. Il fut donné et aliéné plusieurs fois par ses successeurs, sans toutefois qu'il cessât de faire partie du domaine de la couronne. En 1571, Charles IX le vendit à Louis de Gonzague, duc de Nevers, qui le fit rebâtir en partie. Henri de Guénégaud, secrétaire d'Etat, en étant devenu acquéreur, lui donna son nom et y fit faire de grands changements. Les bâtiments et les jardins de ce vaste hôtel étaient à peu près circonscrits par les rues Mazarine, de Nevers et le quai Conti, autrefois quai de Nesle. A l'extrémité occidentale de cet emplacement, à l'angle formé par le cours de la Seine et le fossé de l'enceinte de Philippe Auguste, étaient la porte et la tour de Nesle. La porte de Nesle, espèce de bastille, existait encore sous le règne de Louis XIV. — La tour de Nesle, située à quelques mètres et au nord de cette porte, était ronde, très-élevée et accouplée à une petite tour plus haute, dans laquelle se trouvait l'escalier : cette tour a acquis une triste célébrité par les crimes d'une reine de France, Jeanne de Bourgogne, épouse de Philippe le Long, accusée par la postérité d'appeler les jeunes gens qui passaient sous ses fenêtres, et, après avoir assouvi avec eux sa luxure effrénée, de les faire jeter du haut de la tour de Nesle dans la Seine. Voici ce que dit Brantôme : « Elle se tenoit à l'hostel de Nesle à Paris, laquelle faisoit le guet aux passants, et ceux qui lui revenoient et agréoient le plus, de quelque sorte de gens que ce fussent, les fesoit appeler et venir à soy, et, après en avoir tiré ce qu'elle en vouloit, les faisoit précipiter du haut de la tour, en bas dans l'eau, et les faisoit noyer. » Un bel écolier de l'université, Jean Buridan, célèbre d'ailleurs par son savoir, fut précipité de la sorte; mais il ne se noya point. Les scènes tragiques dont la tour de Nesle fut le théâtre ont été consacrées par ces vers de Villon :

> Pareillement où est la royne
> Qui commanda que Buridan
> Fust jeté en un sac en Seyne;
> Mais où sont les neiges d'antan ?

Plus tard, sous le nom d'hôtel de Conti, cet hôtel a laissé un touchant souvenir historique. Ce fut là que Henriette de Clèves, femme du duc de Nevers, transporta la tête de Coconas, son amant, décapité avec la Mole, le 30 avril 1574. On prétend qu'elle alla elle-même, au milieu de la nuit, détacher ce sanglant trophée d'un des poteaux de la Grève, qu'elle le fit embaumer, et qu'elle le conserva longtemps dans une armoire pratiquée secrètement derrière son lit. Par un hasard singulier, la même chambre qui fut témoin des inconsolables douleurs de la malheureuse Henriette, fut arrosée, soixante-huit ans après, des larmes de sa petite-fille, Marie-Louise Gonzague de Clèves, amante de Cinq-Mars.

C'est impasse Conti que Monsieur (depuis Louis XVIII), après s'être échappé clandestinement du Luxembourg, rejoignit la voiture dans laquelle il partit pour l'émigration avec Antoine d'Avaray.

La porte, la tour, et ce qui restait de l'hôtel de Nesle, furent démolis en 1663, pour faire place au collége Mazarin. L'emplacement de la tour de Nesle est occupé aujourd'hui par le pavillon qui renferme la bibliothèque Mazarine.

Le Pré aux clercs. Au delà de l'hôtel de Nesle et des murailles de l'abbaye St-Germain des Prés s'étendait une vaste prairie, traversée par un canal qui traversait l'emplacement où se trouvent aujourd'hui les rues St-Benoît et des Petits-Augustins et qui se rendait dans la Seine. La prairie, partagée en deux par ce canal, avait reçu le nom de grand et de petit Pré aux clercs, parce qu'elle fut fréquentée de tout temps par les écoliers appelés autrefois clercs, auxquels François Ier en avait fait don en reconnaissance de ce que le roi de la basoche marcha contre les révoltés de la Guienne en 1547. Le petit Pré aux clercs se trouvait entre la ville et le canal ; le grand Pré aux clercs comprenait tout l'espace où ont été percées les rues des Marais, des Sts-Pères, Jacob, de l'Université, des Petits-Augustins, de Verneuil, de Bourbon, le quai Malaquais, le quai Voltaire et partie du quai d'Orsay.

Le Pré aux clercs était un champ clos appartenant à l'abbaye St-Germain des Prés, où se donnaient les combats judiciaires. Là se trouvait une estrade en bois, servant de siége aux juges du combat. Le 1er décembre 1357, Charles le Mauvais, roi de Navarre, monta sur cette estrade, et, en présence de près de dix mille hommes rassemblés dans le champ clos, il prononça un discours apologétique de sa conduite, ce qui ne l'empêcha pas de quitter Paris peu de temps après.

Le Pré aux clercs, qui a subsisté jusque sous Louis XIV, fut presque toujours un théâtre de tumulte, de galanterie, de combats, de duels, de débauche et de sédition. — En 1557, les réformés ayant été chassés par le peuple de la maison où ils se réunissaient, rue St-Jacques en face du collége de Plessis, choisirent le Pré aux clercs pour y chanter les psaumes de David en vers français. La foule les entoure et prend part à leurs chants; bientôt le concert devient à la mode, il se renouvelle chaque jour, mais l'université a recours à la force armée, qui dissipe ces réunions.

Ce fut dans le grand Pré aux clercs que l'armée de Henri IV campa en 1589, lorsqu'il vint assiéger la ville : « Le mercredi premier jour de novembre, dit l'Etoile, après la prière faite dans le Pré aux clercs, le roi surprit les faubourgs St-Jacques et St-Germain... et sur les sept heures du matin, il se fit faire au faubourg St-Jacques, dans la salle du Petit-Bourbon (à présent le Val-de-Grâce), un lit de paille fraîche sur laquelle il reposa environ trois heures. »

Vers la fin du règne de Henri IV, le petit Pré aux clercs était entièrement couvert de maisons et d'hôtels avec jardins. Le grand Pré aux clercs ne tarda pas à se peupler aussi; en 1629, la cour du parlement permit de vendre à cens et à rente certaines places dudit pré, depuis la rue des Sts-Pères jusqu'à la rue du Bac et au delà. — On commença à bâtir vers la même époque les rues des Petits-Augustins, Jacob, de l'Université, de Verneuil, de Bourbon et des Sts-Pères, qui n'étaient pas encore achevées au commencement du règne de Louis XIV.

Rue Mazarine, en face de la rue Guénégaud, à l'endroit où on a construit en 1823 le passage du Pont-Neuf, il y avait autrefois un jeu de paume qui fut transformé en théâtre pour les premiers essais de l'Opéra. Voici à quelle occasion : en 1659, l'abbé Perrin, attaché à Gaston de France, frère de Louis XIII, hasarda une pastorale que Cambert, beau-père de Lulli, mit en musique. Cette pièce obtint le plus grand succès, et fut d'abord représentée à Issy, ensuite à Vincennes devant le roi. Les applaudissements que les auteurs en reçurent les engagèrent à s'associer avec le marquis de Sourdéac, homme fort riche et grand machiniste. Des lettres patentes du 28 juin 1669 accordèrent aux trois associés la permission d'établir des académies de musique pour chanter en public des pièces de théâtre pendant douze années consécutives. Perrin et Cambert composèrent l'opéra de *Pomone*, qu'ils firent répéter sur le grand théâtre de l'hôtel de Nevers, rue Guénégaud. Au mois de mars 1671 ils en donnèrent une première représentation sur un théâtre qu'ils avaient fait construire à cet effet au jeu de paume de la rue Mazarine, vis-à-vis la rue Guénégaud. « *Pomone*, dit St-Evremond, est le premier opéra français qui ait paru sur le théâtre; la poésie en est fort méchante, la musique belle; on voyait les machines avec surprise, les danses avec plaisir; on entendait les paroles avec dégoût. » Cependant cette pièce fut représentée avec succès pendant huit mois, et fut tellement suivie, que l'abbé Perrin en retira pour sa part plus de trente mille livres. A *Pomone* succéda un autre opéra de Cambert, *les Peines et les Plaisirs de l'amour.* St-Evremond dit que cet opéra « eut quelque chose de plus poli et de plus galant » que le précédent. Lulli, profitant de quelques différends survenus entre les associés de l'Opéra, obtint par le crédit de Mme de Montespan que l'abbé Perrin lui cédât son privilége, dont il fut investi par de nouvelles lettres patentes du mois de mars 1672. Par ces lettres patentes Lulli eut la permission d'établir une académie royale de musique, composée de tel nombre et qualité de personnes qu'il aviserait. Ces mêmes lettres portent que les gentilshommes et les demoiselles pouvaient chanter et danser aux pièces et représentations de ladite académie royale, sans que, pour ce, ils fussent censés déroger au titre de noblesse, ni à leurs priviléges, charges, droits et immunités. Bientôt après, par un scandaleux abus de pouvoir, il fut permis au séducteur puissant de soustraire à l'autorité paternelle la victime de ses séductions, en la faisant inscrire sur le registre de l'Opéra. Ainsi, tandis que la puissance sacerdotale frappait d'excommunication l'acteur qui récitait les vers de Corneille, de Racine et de Molière, cette même excommunication n'atteignait point celui qui chantait les vers si voluptueux, on pourrait même dire si lubriques, de Quinault. — Lulli fit construire un nouveau théâtre dans le jeu de paume du Bel-Air, rue de Vaugirard, près le Luxembourg, qui fut ouvert le 15 novembre 1672 par une pastorale de Quinault, intitulée : *les Fêtes de l'Amour et de Bacchus.* En 1669, les comédiens de l'hôtel de Bourgogne vinrent occuper la salle de la rue Mazarine, qui reçut le nom de *théâtre Guénégaud.* Après la mort de Molière, en 1673, la salle dont il était en possession au Palais-Royal ayant été accordée, aux sollicitations de Lulli, pour y établir l'*académie royale de musique,* les acteurs de la troupe de Molière, qui avaient reçu le titre de *comédiens du roi,* vinrent s'installer au théâtre Guénégaud. Le roi ayant alors déclaré qu'il n'y aurait que deux troupes de comédiens français, l'une au théâtre de la rue Mazarine, l'autre à l'hôtel de Bourgogne, Colbert choisit les meilleurs acteurs de la troupe du Marais, qu'il incorpora dans la troupe des comédiens du roi ; le théâtre du Marais fut fermé, et la nouvelle troupe commença ses représentations sur le théâtre Guénégaud, le 9 juillet 1673, par une représentation de *Tartufe.* Plus tard, le roi ordonna la réunion des comédiens de l'hôtel de Bourgogne à ceux de la rue Mazarine ; la fusion des deux troupes s'opéra le 25 août 1680. Les comédiens français occupèrent le théâtre de la rue Mazarine jusqu'en 1689, époque où ils furent obligés de chercher un autre local pour plaire à messieurs de la Sorbonne, qui, en s'installant aux Quatre-Nations, ne voulurent pas souffrir de comédiens dans leur voisinage ; ils achetèrent alors, rue des Fossés-St-Germain des Prés, le jeu de paume de l'Etoile, où ils firent construire un théâtre qu'ils ouvrirent, le 18 avril 1689, par la tragédie de *Phèdre* et la comédie du *Médecin malgré lui.*

Rue de l'Ancienne-Comédie, n° 14, est une grande maison occupée aujourd'hui par les magasins d'un marchand de papiers en gros, où était autrefois le théâtre de l'ancienne Comédie-Française. Les comédiens français ayant été forcés, par les exigences de la Sorbonne, de quitter le théâtre de la rue Mazarine, acquirent en 1688 le jeu de paume de l'Etoile, situé rue des Fossés-St-Germain des Prés, et y firent élever, sur les dessins de d'Orbay, le *théâtre de la Comédie-Française*, qui ouvrit le 18 avril 1689, par la tragédie de *Phèdre*. Les *comédiens ordinaires du roi* l'occupèrent jusqu'en 1770, époque où ce théâtre menaçant ruine, ils furent obligés de l'abandonner pour aller occuper le théâtre des Tuileries. — En 1699, un arrêt du conseil du roi en date du 1er mars ordonna aux comédiens de donner le sixième de la recette aux pauvres de l'hôpital général, et à dater de ce jour le prix d'entrée fut fixé ainsi : aux premières loges trois livres douze sous, aux secondes trente-six sous, et dix-huit sous au parterre ; on ne payait avant ce temps que dix sous aux galeries et douze sous au parterre.

C'est aussi dans cette maison que demeurait Gros, le plus grand peintre d'histoire après David. La hardiesse de son dessin, la magie de sa couleur, la puissance de sa composition, ne purent toutefois trouver grâce devant une envieuse et basse critique qui fut cause de la mort de ce grand artiste, dont on retira le cadavre de la Seine le 26 juin 1835.

Rue de Bussy était le jeu de paume de la Croix-Blanche, où des jeunes gens de Paris doués de quelque talent se réunirent vers le milieu du XVIIe siècle pour jouer entre eux la comédie. Espérant de tirer profit de leurs représentations, ils transformèrent en 1650 le jeu de paume de la Croix-Blanche en une salle de spectacle, sous le nom de *théâtre illustre*. C'est là que le jeune Poquelin, entraîné par l'amour du théâtre, parut pour la première fois. L'entreprise n'ayant pas obtenu de succès, la troupe, sous la direction de Poquelin, qui prit alors le nom de Molière, partit en 1663 pour parcourir les provinces.

Au carrefour Bussy était le cabaret du fameux traiteur Landelle, qui réunissait chez lui les Collé, les Gresset, les Panard, les Crébillon, et où quelques grands seigneurs sollicitaient chapeau bas la faveur de se glisser incognito : on y servait des dîners depuis trois livres jusqu'à vingt-quatre livres par tête.

En 1792 on éleva au carrefour Bussy un de ces amphithéâtres où l'on recevait l'enrôlement des patriotes pour l'armée. — Le 2 septembre, entre trois et quatre heures du soir, cinq voitures, dans lesquelles se trouvaient des prêtres que l'on conduisait à l'Abbaye, furent arrêtées par la foule près de cet amphithéâtre ; là, un des hommes de l'escorte frappe de son sabre un des prêtres enfermés dans la première voiture. Cet homicide fut le signal de l'égorgement général de tous les prêtres qui se trouvaient dans les voitures au nombre d'une vingtaine, et doit être considéré comme le prélude des horribles massacres de septembre.

Rue Dauphine, n° 50, on lit sur une plaque de marbre noir l'inscription suivante, qui indique l'endroit où était placée la porte Dauphine :

> Du règne de Louis le Grand En l'année M. DCL XXII La Porte Dauphine, qui étoit en cet endroit a été démolie par l'ordre de MM. les Prevost des Marchands et Eschevins, et la présente inscription apposée en exécution de l'arrest du conseil du XXIIII septembre au d. an, pour marquer le lieu ou estoit cette porte et servir ce que de raison.

En passant dans cette même rue devant la maison qui porte le n° 24, et qui fait face à la rue du Pont-de-Lodi, peu de gens savent qu'il y eut là un théâtre : *le théâtre des Jeunes-Élèves*, dont quelques-uns ont jeté un grand éclat sur l'art dramatique. Ce théâtre fut construit, vers 1799, sur un emplacement occupé précédemment par une salle de vente, par un club patriotique et par un corps de garde. La salle, petite, mais fort jolie, contenait seulement deux rangs de loges, un orchestre, des baignoires, un petit parterre et deux loges d'avant-scènes ; on y représentait tous les genres, depuis la tragédie jusqu'au ballet pantomime. Le théâtre des Jeunes-Élèves fut supprimé en 1807 ; la salle, où l'on joua plus tard la comédie bourgeoise, et où l'on donnait aussi des bals, fut démolie en 1826. Cubières Palmézeau, Félix Nogaret, Pelletier de Valmeranges, travaillaient pour ce théâtre, où Firmin et Virginie Déjazet commencèrent leur carrière dramatique.

Rue d'Anjou-Dauphine demeurait, à l'époque de la révolution, le fameux tireur de cartes MARTIN, ignoble cul-de-jatte, dont l'antre, sale et ténébreux, auquel on ne parvenait que par un étroit escalier, était journellement fréquenté par des personnes de tout âge, de tout sexe et de toutes conditions. Tous les jours de la semaine sa maison ne désemplissait pas ; le dimanche seulement il ne recevait personne. Quoiqu'il gagnât beaucoup d'argent, sa demeure avait constamment l'air d'un galetas ; il savait qu'on ne le consulterait plus s'il habitait un appartement propre et superbe ; il avait deviné par instinct que le peuple ne croyait à l'esprit prophétique que dans un lieu ayant un certain air de désordre.

Rue des Marais-St-Germain habitait DES YVETAUX, poëte médiocre du XVII° siècle. « En ce temps-là, dit Tallemant des Réaux, il n'y avait rien de bâti au delà dans le faubourg St-Germain. On l'appelait pour cela le dernier des hommes. Cette maison a l'honneur d'être aussi extravagamment disposée que maison de France. Le grand jardin qu'il y joignait, et auquel on va par une voûte sous terre, avait une porte sur la rue du Colombier. Il se mit à faire là dedans une vie voluptueuse, mais cachée : c'était comme une espèce de grand seigneur dans son sérail » (*Mém. de Tallemant des Réaux*, t. 1, p. 214, éd. in-8). — Le Pré aux clercs se terminait alors à la rue des Marais qui en a porté le nom jusqu'à la fin du xvie siècle. Sous le règne de François II, la rue des Marais n'était habitée que par des protestants, ce qui l'avait fait nommer la *petite Genève*.

Au n° 19 demeurait Racine, qui habita cette maison pendant quarante ans avec toute sa famille ; c'est là qu'il a composé ses immortels ouvrages, là qu'il est mort en 1699. La touchante Lecouvreur a aussi occupé cette maison qu'elle avait ornée avec goût et où elle mourut. Enfin cette maison a encore été habitée vers la fin du xviiie siècle par Mlle Clairon, qui habitait précédemment près du carrefour Bussy, et qui est morte rue de l'Université.

Rue des Petits-Augustins, n° 21, demeurait et est mort ce bon et savant Boulard, l'un des plus fameux *bouquineurs* des temps modernes ; il avait renoncé à son étude de notaire, à toutes ses fonctions civiles, législatives et administratives, afin de se livrer à sa passion pour les vieux livres, et on ne le rencontrait jamais sans qu'il en eût les poches pleines. Forcé de donner congé à tous ses locataires, au fur et à mesure qu'il avait besoin de leurs appartements pour loger ses livres, il avait fini par en encombrer toute sa maison, depuis le rez-de-chaussée jusqu'au grenier.

Rue de Seine. La reine Marguerite de Valois, première femme de Henri IV, revenue à Paris après une absence de près de vingt-cinq ans, avait fait bâtir dans cette rue, en 1606, un hôtel avec de vastes jardins qui régnaient le long de la rivière. Cet hôtel, où Marguerite de Valois s'était formé une nouvelle cour composée des femmes aimables et des hommes les plus spirituels de son temps, et où elle mourut le 27 mars 1615, fut vendu en 1619, et l'on commença de bâtir le quai Malaquais sur une partie des terrains qu'occupaient les jardins.

C'est aussi rue de Seine qu'était l'hôtel de La Rochefoucauld, qui avait son entrée sur la rue de Seine, et dont les jardins se prolongeaient jusqu'à la rue des Petits-Augustins. Il a été abattu en 1824, et la rue des Beaux-Arts a été percée sur son emplacement. — Mercier, auteur du *Tableau de Paris*, y tenait une école pendant la révolution.

Rue Tarane, n° 12, habitait au xviiie siècle le baron d'Holbach, qui réunissait dans son hôtel ce que Jean-Jacques Rousseau appelait la coterie holbachique.

Rue des Boucheries-St-Germain demeurait le boucher Legendre, député de Paris à la convention nationale, mort membre du conseil des cinq cents en 1797, à peine âgé de quarante et un ans. La vie révolutionnaire de Legendre, a dit Prud'homme, sa liaison avec les Lameth, avec Mirabeau, le duc d'Orléans, Robert de Paris, Danton, Marat; sa conduite sur la mort de Danton, le rôle qu'il joua aux Jacobins, le rempart qu'il voulait faire à Robespierre de son corps; sa conduite au 9 thermidor, au 12 germinal, au 4° prairial, au 13 vendémiaire; les clefs qu'il alla chercher pour la fermeture des Jacobins, toute cette longue chaîne d'événements, annoncent un homme d'une capacité tout à fait remarquable, et tout porte à croire en effet, que s'il avait eu plus d'instruction, Legendre aurait été un des orateurs les plus éloquents de la révolution.

Rue des Sts-Pères. Le plus beau caractère des temps modernes, l'honorable Dupont de l'Eure, habitait naguère un modeste entresol de la maison qui porte le n° 13; il a été successivement membre du conseil des anciens, où il défendit la république expirante contre l'empire qui s'installait; président à la cour royale de Rouen sous l'empire; vice-président de la chambre des députés en 1814; vice-président de la chambre des représentants en 1815 et membre de toutes les législatures depuis 1817, et ministre de la justice après la révolution de 1830.

Au n° 46, a longtemps demeuré Augereau, fils d'un fruitier du faubourg St-Marceau; maître d'armes et simple carabinier jusqu'en 1787, général de brigade en 1794; il s'immortalisa à Lodi et à Castiglione; il fut commandant des troupes de Paris au 18 fructidor, devint membre du conseil des cinq cents, et est mort maréchal de l'empire en 1816.

Rue des Petits-Augustins, n° 33, demeurait en 1789 le vicomte de Beauharnais, époux de Joséphine Tascher de la Pagerie (qui fut depuis impératrice); député aux états généraux et à l'assemblée constituante, il présidait cette assemblée lorsqu'on annonça le départ du roi : « Messieurs, dit-il, en ouvrant la séance, le roi est parti cette nuit; passons à l'ordre du jour. » Exilé sous la convention, il fut ensuite décrété d'accusation, transféré dans la prison des Carmes, traduit au tribunal révolutionnaire, condamné à mort et exécuté.

Dans cette rue demeurait et est mort en 1794 le célèbre médecin Vicq-d'Azyr, fondateur de l'académie de médecine.

Quai Malaquais, n° 1, est l'ancien hôtel Mirabeau, où demeurait et est mort en 1818 le célèbre antiquaire Visconti, membre de l'Institut.

Au n° 3 habitait en 1820 le baron de Humboldt, savant voyageur et géologue, membre de l'Institut. — Buzot, membre de la convention nationale, trouvé mort ainsi que Pétion sur la route de Bordeaux, demeurait en 1794 dans cette maison, où est mort en 1809 le célèbre peintre Vien, membre du sénat conservateur.

Au n° 11 est l'hôtel de Juigné, occupé longtemps par le ministre de la police générale.

Au n° 17 est l'hôtel de Bouillon, construit par le duc de Bouillon sur l'emplacement d'un hôtel habité par Marie-Anne de Mancini, duchesse de Bouillon, nièce du cardinal de Mazarin : c'est dans cet hôtel, où elle mourut en 1714, qu'elle tenait un des plus célèbres bureaux d'esprit de son temps; elle avait eu assez de tact pour deviner la Fontaine, à qui elle donna le nom de *fablier*.

Quai Conti est le café de ce nom qui existait déjà vers le commencement du xviii° siècle. En 1754 on s'y réunissait principalement pour lire les gazettes anglaises connues sous le nom de *London Evening Post*, de *Wesminster*, de *Daily Advertiser*. — Non loin de là, sur le quai des Grands-Augustins, le libraire Trudon, qui avait pour enseigne *A l'Image St-Antoine*, avait établi un célèbre cabinet littéraire, où on trouvait les gazettes de Hollande, d'Utrecht, d'Avignon, de Cologne, de Berne, etc., etc.

Rue du Four-St-Germain. Au coin de la rue Neuve-Guillemain était le four banal de l'abbaye St-Germain des Prés. Il y avait jadis dans Paris des fours banaux où les habitants étaient dans l'obligation d'aller faire cuire leur pain, sous peine d'amende et de confiscation. La banalité de ces fours donnait un produit assuré à ceux qui les possédaient, seigneurs laïques, seigneurs ecclésiastiques. L'usage de cette propriété dura longtemps, malgré les plaintes du peuple. Les cris populaires parvinrent enfin à Philippe Auguste, qui, calculant ce que pourrait y gagner sa caisse royale, exempta les habitants de Paris de l'obligation de faire cuire leur pain dans les fours banaux, et autorisa les boulangers à en avoir dans leurs maisons. Il accorda cette permission *pour ce que chacun des boulangers valoit à M. le roy neuf sols trois deniers une obole*.

Le mot *four* avait encore une autre acception. Voici ce qu'on lit à ce sujet dans le Journal de la cour de Louis XIV du 10 janvier 1695, p. 7 : « Il y avait plusieurs soldats, et même des gardes du corps, qui, dans Paris et sur les chemins voisins, prenaient par force des gens qu'ils croyaient en état de servir, et les menaient dans des maisons qu'ils avaient pour cela dans Paris, où ils les enfermaient, et ensuite les vendaient, malgré eux, aux officiers qui faisaient des recrues. Ces maisons s'appelaient *fours*. Le roi, averti de ces violences, commanda qu'on arrêtât tous ces gens-là et qu'on leur fît leur procès. On prétend qu'il y avait vingt-huit de ces fours dans Paris, lesquels fours ne servaient pas seulement à retenir les hommes à vendre comme recrues; ils servaient encore à renfermer des femmes et des enfants des deux sexes, que l'on enlevait pour les vendre et les envoyer en Amérique.

N° 38. QUARTIER ST-THOMAS D'AQUIN.

Ci-devant *section de la Croix-Rouge*, puis *section du Bonnet-Rouge*, et ensuite *section du Bonnet de la Liberté*.

Les limites de ce quartier sont : le mur d'enceinte de la barrière de Vaugirard à la barrière de Sèvres, la rue de Sèvres n°' pairs jusqu'au boulevard, le boulevard des Invalides n°' impairs jusqu'à la rue de Varennes, la rue de Varennes n°' pairs jusqu'à la rue de Bourgogne, la rue de Bourgogne n°' impairs, la rue de Grenelle n°' impairs jusqu'à la Croix-Rouge, la rue du Cherche-Midi n°' pairs jusqu'à la rue du Regard, la rue du Regard n°' pairs, la rue de Vaugirard n°' pairs jusqu'à la barrière de ce nom. — Superficie 1,260,000 m. équivalant à 0,038 de la superficie de Paris.

Les principaux édifices et établissements de ce quartier sont :

L'Abbaye-aux-Bois, située rue de Sèvres, n° 16. L'Abbaye-aux-Bois a été fondée en 1207 dans le diocèse de Noyon. Les religieuses, ruinées par la guerre, ayant été obligées en 1654 de se disperser, obtinrent de Louis XIII la permission de résider à Paris, où elles s'établirent en 1718 sous la protection de la veuve du duc d'Orléans, frère de Louis XIV, qui posa la première pierre de leur église le 8 juin 1718. — L'Abbaye-aux-Bois dépendait de Citeaux, dont elle était fille. C'était une abbaye royale dont l'abbesse était toujours une grande dame; celles qui ont occupé cette dignité avant la révolution étaient une dame de Harlay, une dame de Richelieu et une dame de Chabrillant.

L'ancien local de l'Abbaye-aux-Bois est affecté à un couvent de chanoinesses de St-Augustin de la congrégation de Notre-Dame, comprenant une maison de retraite pour des dames veuves et des demoiselles âgées ; un pensionnat nombreux et une classe gratuite d'externes. De nos jours l'Abbaye-aux-Bois a été le lieu de retraite de plusieurs femmes célèbres, qui sont venues chercher à l'abri de ses murs la paix et la tranquillité. Dans l'impossibilité où nous nous trouvons de les nommer toutes, nous citerons : Mme Récamier, Mme de Seran, Mme de Gouvello, Mme d'Hautpoul, la duchesse d'Abrantès, etc., etc. C'est là, où pendant la restauration le vicomte de Montmorency, chef suprême des congrégations religieuses et des confréries, avait établi son quartier général, au milieu de ce cercle de femmes politiques et littéraires.— Dans ces dernières années ce parti de l'Abbaye-aux-Bois exerçait réellement sur les choses de ce monde, et principalement sur les nominations de l'Académie, un pouvoir occulte qui n'était pas sans importance. Il tenait ses séances dans un petit pavillon situé rue de Sèvres. Là, tous les jours, de midi à minuit, une femme jadis célèbre par sa beauté, et toujours remarquable par sa grâce et par son esprit, Mme Récamier, recevait naguère, et reçoit peut-être encore de nos jours, une société choisie parmi ses contemporains. C'étaient pour la plupart des illustrations oubliées, mais qui tenaient par le passé, par la parenté, par de doux souvenirs ou par de dangereux secrets, à toutes les puissances de l'époque. Rien n'était plus redoutable jadis que le petit salon de Mme Récamier, où l'on causait douze heures par jour ; c'était l'hôtel de Rambouillet de notre siècle. On y faisait des réputations littéraires ; car la littérature était la grande affaire de cette société, qui, par ses alliances avec le parti politique, disposait souverainement des fauteuils de l'Académie. Nul n'arrivait s'il n'avait passé par là ; les plus fiers devaient se soumettre à ce joug, qui du reste ne manquait ni de charmes ni de délicatesse.

L'église de l'Abbaye-aux-Bois est décorée de plusieurs tableaux, parmi lesquels on remarque un *Christ*, par Lebrun ; une *Assomption* ; une *sainte Madeleine*, etc.

L'église des Missions étrangères, située rue de Bac, n° 120. Le séminaire des Missions étrangères fut institué en 1663, par Bernard de Ste-Thérèse, pour propager la religion chrétienne chez les infidèles. Supprimé en 1792, rétabli en 1804, de nouveau supprimé en 1809, il a été rétabli par ordonnance royale du 2 mars 1815, pour envoyer des missionnaires dans les pays étrangers et former un clergé composé de naturels du pays ; ce séminaire envoie des missionnaires en Chine, au Tongking, en Cochinchine, dans l'Inde, etc. L'église, reconstruite en 1633, se compose d'une église supérieure très-ornée, dont l'autel est décoré d'un bas-relief représentant la Foi, l'Espérance et la Charité ; et d'une chapelle basse fort simple, où l'on remarque trois autels.

L'hospice des Ménages, situé rue de la Chaise, n° 28. Cet hospice occupe l'emplacement d'une maladrerie affectée aux lépreux et supprimée en 1544. La ville étant devenue propriétaire des bâtiments de cette maladrerie, les fit abattre en 1557, et les remplaça par le vaste établissement qui existe aujourd'hui et qui a reçu de notables agrandissements en 1844. On y enferma d'abord des indigents vieux et infirmes et des mendiants incorrigibles. Plus tard, on y enferma des libertins, et ensuite des fous des deux sexes, qui étaient placés dans de petites maisons ou loges séparées ; disposition qui donna lieu à l'expression d'envoyer aux petites maisons ceux qu'on supposait privés de leur bon sens. — Une ordonnance de 1801 décida que cet hospice serait désormais affecté aux ménages, et l'année suivante les fous furent transférés dans d'autres maisons. Pour être admis dans cet hospice, l'un des deux époux doit avoir au moins soixante ans et l'autre soixante et dix ans. Les veufs et les veuves y sont reçus à l'âge de soixante ans. — D'importantes constructions ont été ajoutées en 1843 et 1844 à cet établissement, où l'on a disposé d'immenses réfectoires où douze cents vieillards peuvent prendre leurs repas en commun, au lieu de les prendre dans les dortoirs.

L'hospice des Incurables femmes, situé rue de Sèvres, n° 54. Il a été fondé en 1637, par le cardinal de la Rochefoucauld, pour plusieurs infirmes de l'un et de l'autre sexe, affligés de maladies incurables. On n'y reçoit aujourd'hui que des femmes indigentes affectées de maladies incurables ; les hommes sont traités maintenant dans une maison spéciale du faubourg St-Martin.

Le cardinal de la Rochefoucauld a été enterré dans l'église de cet hospice, ainsi que J.-P. Canius, évêque de Belley ; Jean-Baptiste Lembert, conseiller du roi, un des bienfaiteurs de l'hospice ; Matthieu de Morgues, abbé de St-Germain, etc.

Le séminaire de la congrégation des sœurs de la Charité, dites filles de St-Vincent de Paul, occupant une immense étendue de terrain, rue du Bac, n° 132, et rue de Babylone. Cette communauté, fondée en 1633 par saint Vincent de Paul, compte environ deux mille cinq cents filles qui se livrent au soin des malades et à l'instruction des enfants pauvres. L'établissement, que l'on a augmenté en 1843 d'un immense bâtiment à quatre étages de dix-sept fenêtres de face donnant sur un vaste jardin, dessert plus de trois cents maisons dans toute la France ; il reçoit du gouvernement un secours annuel de vingt-cinq mille francs, pour favoriser l'admission d'un plus grand nombre de novices et fournir aux demandes des hôpitaux. A Paris, il dessert les hôpitaux et hospices des Enfants-Trouvés, d'Enghien, des Incurables femmes, des Incurables hommes, de l'hôtel royal des Invalides, de la Rochefoucauld, Leprince, de l'infirmerie de Marie-Thérèse, des Ménages, Necker, et de St-Merry.

La fontaine Grenelle, située rue de Grenelle, n°s 57 et 59. Ce monument, dû au ciseau du célèbre Bouchardon, est décoré de sept statues, dont les trois principales sont groupées, et représentent la ville de Paris, assise sur un piédestal, ayant la Seine d'un côté et la Marne de l'autre. Elles rendent hommage à cette cité, et lui apportent des productions de toutes les saisons, désignées par les figures des quatre Saisons, qui sont autour du groupe.

VARIÉTÉS HISTORIQUES ET BIOGRAPHIQUES.

Rue de Varennes, on voit plusieurs anciens hôtels, parmi lesquels on remarque : **au n° 14** l'HÔTEL DE TINGRY, aujourd'hui DE MONTMORENCY-LUXEMBOURG.

Au n° 22 l'HÔTEL DE CASTRIES, remarquable par la voûte en pierre du grand escalier, si adroitement disposée qu'elle forme les armes du maréchal de Castries.

Au n° 23 le grand et magnifique HÔTEL DE MATIGNON, DE MONACO et DE VALENTINOIS, commencé en 1721, sur les dessins de Jean de Cortone, par le prince de Tingry, plus connu sous le nom de maréchal de Montmorency, et achevé par M. de Matignon en 1723. La façade du côté de la cour offre un aspect imposant ; les deux ailes se raccordent parfaitement avec cette façade et les petits corps de logis du côté de la rue. Les jardins s'étendent jusqu'à la rue de Babylone.

Aux n°˚ **26 et 28** l'hôtel de Tessé, occupé aujourd'hui par le ministère du commerce.

Aux n°˚ **27 et 29** l'hôtel de Rohan-Chabot, aujourd'hui hôtel de Montebello. Dans cet hôtel demeurait en 1829 Mme la princesse de Chimay, autrefois la belle Mme Tallien, qui a habité longtemps une petite maison aux Champs-Elysées, allée des Veuves, où est mort Tallien. — On a raconté bien des choses extravagantes sur le costume un peu théâtral de l'époque du directoire, qui n'a été outré et défiguré que par des femmes de mauvais goût. Mme Tallien, qui en avait donné le modèle, n'en a jamais poussé l'exactitude jusqu'à l'indécence, comme on s'est plu souvent à le répéter. Son costume était l'exacte copie de celui de Camille dans les Horaces, ou d'Iphigénie dans la tragédie de ce nom. — Une séparation de consentement mutuel ayant rendu Mme Tallien à son indépendance, elle reprit le nom de Cabarus, et quitta sa chaumière des Champs-Elysées pour aller habiter une jolie maison entourée d'un fort beau jardin, qui n'avait que le défaut d'être située près des nouveaux boulevards, mais qui, malgré cet éloignement, n'en était pas moins fréquentée chaque jour par l'élite des gens à la mode de tous les quartiers de Paris, et les célébrités de l'époque. C'est dans son salon, fréquenté par Barras, la Reveillère-Lépaux, Bonaparte, Talma, Hoche, Masséna, le marquis de Chauvelin, le comte de Ségur, le chevalier de Boufflers, le chevalier de Panat, Cherubini, Boïeldieu, le peintre Gérard, le danseur Treuitz ; MM^mes Bonaparte, Récamier, de Choiseul, de Noailles, Sophie Gay, d'Ifa***, Mlle Lescot (depuis Mme d'Haudebourg), et par une douzaine d'officiers devenus depuis de grands généraux, qu'on vit renaître par degrés ce luxe de bon goût, ces soins d'une recherche élégante, dont la tradition était presque perdue dans ce temps-là, où les parvenus croyaient satisfaire à tout en rivalisant de prodigalité et de magnificence. Enfin c'est dans ce salon qu'on vit renaître l'élégance, la gaieté et la causerie française.

Au n° **33** l'hôtel de la Rochefoucauld-Doudeauville.

Au n° **35** l'hôtel d'Orsay, habité aujourd'hui par M. le comte Duchatel, dont les vastes jardins s'étendent jusqu'à la rue de Babylone et occupaient tout l'espace où on a percé depuis la rue Barbet-de-Jouy. Cet hôtel était naguère la propriété de M. Armand Seguin, l'un des plus riches et des plus bizarres publicains de notre époque.

Il y avait formé une vaste bibliothèque musicale, et il était âgé de plus de soixante ans, quand le goût de la composition musicale lui vint, comme à Franc-Aleu la manie de faire des vers. Il pria le célèbre compositeur Berton, auteur de la musique de *Montano et Stéphanie*, de lui donner des leçons de fugue et de contre-point : depuis longtemps il recevait les leçons de Berton, lorsqu'un beau jour il lui déclara qu'il s'en tiendrait là, et demanda à son maître quel prix il mettait à ses leçons; le tout s'élevait à dix-huit cents francs. La somme ne parut point trop élevée à M. Seguin ; mais, récapitulant à son tour ce que pouvait lui redevoir M. Berton pour les observations qu'il lui avait données en échange, il déclara que, tout bien compté, ses observations valaient au moins deux mille francs, que c'était donc deux cents francs dont Berton lui restait redevable, mais qu'il lui en faisait volontiers l'abandon, pensant qu'il ne fallait pas y regarder de si près avec un artiste de son mérite. — M. Seguin était aussi propriétaire du château de Jouy; là il avait deux ou trois cents chevaux, qui, livrés à eux-mêmes, allaient des appartements dans le parc, libres de tout faire et ressemblant à ces cavales de la Thrace que Virgile a si bien peintes en plusieurs endroits; il est souvent arrivé que des amateurs de chevaux ont fait exprès le voyage de Paris à Jouy pour admirer cette singulière cavalerie. Un Anglais proposa un jour d'acheter quatre de ces chevaux pour la somme de trente mille francs. M. Seguin, à qui l'on fit part de cette proposition, fit amener les quatre chevaux dans la cour de son hôtel à Paris, et armé d'une paire de pistolets, il les abattit l'un après l'autre; quand ils furent morts, il dit froidement au palefrenier qui les avait amenés : « Va dire à la personne que la peau de ces chevaux est à sa disposition pour les trente mille francs qu'il t'a offerts. » — Tout ce qu'on a dit du célèbre marquis de Brunoy n'est pas plus bizarre que la conduite de M. Seguin; il entretenait constamment dans son hôtel à Paris un certain nombre de maçons, auquel il donnait à construire un mur d'une certaine hauteur et d'une certaine épaisseur ; quand l'ouvrage était achevé, il en ordonnait la démolition, et le faisait refaire sur-le-champ dans d'autres proportions. Un jour il lui prit envie de mettre le feu à son hôtel, et c'était un spectacle curieux que de le voir, les mains pleines de billets de banque, se sauvant au milieu de l'incendie, comme le pieux Énée emportant son père. — Nous avons eu entre les mains un faire part par lequel il annonçait que tel jour, à telle heure, dans telle rue, à la hauteur de tel numéro, il avait fait arrêter un de ses débiteurs pour une somme de soixante millions qu'il soutenait lui être due ; ce ne fut qu'à de grands événements politiques que son débiteur, M. Ouvrard, dut sa liberté, après de longues années de captivité.

Au n° 37, l'hôtel de Broglie, qu'habitait en 1815 Ch.-T. Lebrun, duc de Plaisance, membre de l'Institut, qui fut successivement député aux états généraux, membre de l'assemblée constituante et du conseil des anciens, troisième consul de la république française, architrésorier et prince de l'empire, etc., mort près de Dourdan en 1824.

Aux n°s 39 et 41, l'HÔTEL DE BIRON, l'un des plus magnifiques du quartier, qui a appartenu au maréchal DE MATIGNON. Pendant la révolution il fut converti en maison de détention où l'on envoyait les détenus du Luxembourg qu'on avait l'intention de sauver. Aujourd'hui il est occupé par le couvent du Sacré-Cœur, et ses jardins, qui étaient autrefois cités par leur beauté et par leur étendue, sont encore les plus vastes qui existent dans l'intérieur de Paris.

Rue de Varennes demeurait, à l'époque de la révolution, LE DUC DE LAUZUN, ami de la liberté dont il avait puisé les principes dans la guerre des Etats-Unis d'Amérique; il se distingua dans les guerres de la révolution, aux armées du Nord, du Rhin, du Var, de la Vendée. Traduit au tribunal révolutionnaire; il fut condamné à mort et exécuté le 31 décembre 1793. Un moment avant d'être conduit à l'échafaud, il demanda des huîtres et du vin blanc, et pendant qu'il faisait son dernier repas, il dit à l'exécuteur : — *Mon ami, je suis à vous; mais laissez-moi finir mes huîtres, je ne vous ferai pas attendre longtemps.* — *Au métier que vous faites vous devez avoir besoin de force; vous allez boire un verre de vin avec moi.* Il remplit le verre de l'exécuteur et le sien, but avec lui, monta sur la fatale charrette, et subit la mort avec le courage qu'il avait montré dans les combats.

Rue de Babylone, n° 31, est la caserne de ce nom qui fut le théâtre d'un combat sanglant en 1830. Les Suisses s'y étaient enfermés avec deux pièces de canon. Une forte colonne, commandée par un ancien élève de l'école polytechnique, s'y porte aussitôt et fait sommation aux Suisses d'en ouvrir les portes et de se rendre. Sur leur refus, on se dirige de divers côtés pour cerner toutes les issues. L'action s'engage, et de part et d'autre le feu devient très-vif. Les citoyens perdaient beaucoup de monde et faisaient peu de mal à leurs adversaires, embusqués derrière les embrasures des fenêtres et garantis par des matelas. L'attaque devenant très-périlleuse, on se décide à mettre le feu aux portes, ce qui fut aussitôt exécuté par un jeune homme de dix-huit ans, qui eut l'intrépidité d'aller allumer l'incendie sous une grêle de balles. Au même instant, des sapeurs-pompiers, s'étant joints aux assaillants, parvinrent à couronner les toits de toutes les maisons voisines et à faire taire le feu de la caserne, que battait en brèche une pièce de canon de fer, que, faute de meilleurs projectiles, les jeunes canonniers chargeaient avec des briques. La crainte d'être brûlés vifs détermina les Suisses à évacuer le poste et à prendre la fuite par la rue de Babylone vers le boulevard. Les citoyens entrent dans la caserne, baïonnette en avant, et s'y emparent des deux pièces de canon et des soldats qui n'avaient pas eu le temps de s'échapper et qui continuaient à se défendre. Les vainqueurs emmenèrent en trophées l'artillerie, ainsi que les habits des vaincus, dont des fragments furent distribués sur la place de l'Odéon, à titre de récompense, à tous ceux qui s'étaient le plus distingués pendant l'action.

Rue Monsieur, n° 8, demeurait en 1829 M. DE VILLÈLE, président du conseil des ministres sous Louis XVIII et sous Charles X. Pendant son long ministère, qualifié si justement de *ministère déplorable*, le système politique qu'il suivit et les mesures qu'il employa pour le faire triompher attirèrent sur lui le blâme public, ce qui n'empêche pas toutefois qu'il n'ait montré de grands talents comme financier et comme orateur.

Rue du Bac, n° 25, demeurait avant la révolution le comte D'ANTRAIGUES, élève de l'abbé Maury, membre de l'assemblée constituante. Emigré à Vérone, où il épousa Mlle St-Huberti, chanteuse de l'Opéra, avec qui il vivait depuis longtemps, il y dirigea toutes les critiques fomentées contre la république. « Lorsque nous rentrerons en France, disait-il, il faut que quatre cent mille têtes tombent sous la hache du bourreau; point de grâce pour tous ceux qui ont pris part à la révolution; il ne faut conserver de ce régime que la guillotine; je serai, s'il le faut, le Marat de la royauté. » Il fut assassiné avec sa femme, à Londres, par un domestique anglais.

Dans cette même rue demeurait en 1815 le général LABÉDOYÈRE, alors membre de la chambre des pairs, où il fit la proposition de « déclarer que tout Français qui abandonnera son drapeau sera couvert d'infamie, sa maison rasée, sa famille proscrite; alors plus de traître, plus de ces manœuvres qui ont occasionné les dernières catastrophes, et dont peut-être quelques auteurs siégent ici ! » Ces paroles véhémentes allaient trop directement à leur adresse pour qu'elles ne fussent point interrompues : *A l'ordre ! à l'ordre !* s'écrie-t-on de toute part. Labédoyère demande qu'on l'écoute, et, donnant un libre cours à son indignation patriotique, il ajouta : « Il est donc décidé, *nom de Dieu*, qu'on n'entendra jamais dans cette enceinte que des voix basses. » — « Vous vous croyez au corps de garde, » s'écrie Lameth. — « Plût au ciel que j'y fusse ! dit Labédoyère : là, du moins, de rudes paroles expriment de loyales pensées; mais ici, je le répète, il ne s'est depuis dix ans fait entendre que des voix basses ! » — Traduit devant une commission militaire le 4 août 1815, il fut condamné à mort et fusillé dans la plaine de Grenelle, le 19 du même mois, à six heures et demie du soir.

Aux n°s 75 et 77 était le monastère royal de l'IMMACULÉE-CONCEPTION, dit aussi des Récollettes, établi en 1637, supprimé en 1790, et vendu comme propriété nationale en l'an VIII. Ces religieuses dirigeaient un hospice dont ces bâtiments s'étendaient rue de la Planche, n°s 25 et 27.

Au n° 98 était l'HÔPITAL DES CONVALESCENTS, fondé en 1628, par Mme de Bullion, femme du surintendant des finances de ce nom, pour huit pauvres malades sortis de l'hôpital de la Charité, et supprimé en 1792. C'est aujourd'hui une maison particulière appartenant à l'Etat.

Rue du Bac, n° 110, habite (1845) M. Dupin aîné, député de la Nièvre à la chambre des représentants en 1815, et membre de toutes les législatures depuis cette époque. Sous la restauration, il défendit le maréchal Ney, les généraux Alix, Savary, Caulaincourt et plusieurs autres accusés de crimes ou délits politiques; il défendit aussi l'illustre Béranger, ainsi que les trois Anglais Wilson, Bruce et Hutchinson, qui avaient favorisé l'évasion de Lavalette. Il a été pendant trois années successives président de la chambre des députés.

Au n° 112 de la même rue demeure M. le VICOMTE DE CHATEAU-BRIAND, l'une des plus grandes illustrations de notre époque, qui a été successivement républicain à la fin du xviii° siècle, royaliste pur en 1814, royaliste constitutionnel sous la restauration, et royaliste frondeur après 1830. Ministre des affaires étrangères en 1824, une décision de M. de Villèle, président du conseil, le révoqua brutalement. Il était sur le point de dîner lorsque cette nouvelle lui fut transmise; à l'instant même, il abandonna le repas ministériel, quitta l'hôtel des affaires étrangères, et revint chez lui retrouver sa muse, ses dieux lares et son dîner d'auteur.

Rue de Grenelle, n° 10, est l'ancien HÔTEL DE CONTI, aujourd'hui hôtel du ministère de l'intérieur, dont la porte d'entrée a été décorée d'un ordre dorique par Boffrand.

Rue de la Chaise, n° 10, demeurait en 1830 M. CHARLET, secrétaire des commandements et trésorier de la duchesse d'Angoulême. Le 29 juillet, un avis étant parvenu à l'hôtel de ville que des sommes considérables appartenant à la princesse étaient déposées dans cette maison, sur un ordre de la commission provisoire, M. Hippolyte Bonnelier, assisté de plusieurs élèves de l'école polytechnique, se présente pour s'en emparer. Les valeurs précieuses étaient déposées dans une armoire de fer dont on n'avait pas la clef, et qu'on ne parvint à briser à coups de masse qu'après quatre heures d'un travail opiniâtre. Cette armoire renfermait une inscription de deux millions sur le grand livre, trente mille francs en billets de banque, neuf à dix mille francs en or, quelques piles de pièces de cinq francs, six écrins contenant chacun une parure complète, et une caisse haute de 66 c., pleine de ciboires et de crucifix en argent et en vermeil. Tous ces objets furent transportés à l'hôtel de ville.

Rue du Cherche-Midi, n° 38, était le couvent du BON-PASTEUR. Sous l'emblème du pasteur courant après sa brebis égarée, M"° Marie de Cyz, veuve de Combé, fonda dans cette rue, vers 1688, sous le nom du Bon-Pasteur, une communauté de filles repentantes, dans la maison d'un calviniste qui avait été forcé de sortir du royaume, et que Louis XIV fit réparer. Les lettres patentes qui confirment cette fondation sont de juin 1698. Cette communauté était composée de sœurs dont la conduite n'était susceptible d'aucun reproche, et de filles repentantes, qui ne faisaient point de vœux et qui avaient la liberté de se retirer quand elles voulaient. Les hospitalières de Saint-Thomas de Villeneuve avaient la direction de cette maison, composée d'environ soixante filles et jouissant de dix mille livres de rente. Ce couvent a été supprimé en 1790 et affecté à la manutention militaire des vivres de Paris, dont il est aujourd'hui l'entrepôt.

Au n° 44 demeurait et est mort l'ex-évêque constitutionnel de Blois Grégoire, membre de la convention nationale, du conseil des cinq cents, de l'Institut et du sénat conservateur. On sait que c'est sur la motion de Grégoire, appuyée par Manuel et Collot-d'Herbois, que fut mise en délibération la question de l'abolition de la royauté ; sur l'observation de Bazire de se livrer à une discussion solennelle pour un sujet si important : « Qu'est-il besoin de discuter, reprend Grégoire, lorsque tout le monde est d'accord ? » La clôture de la discussion est en effet prononcée ; il se fait un profond silence ; et, sur la déclaration unanime de l'assemblée, le président déclare que la royauté est abolie (21 septembre 1792).

Au n° 73 de la même rue, demeurait et est mort affecté d'une cécité complète, en 1840, le général Hullin, l'un des vainqueurs de la Bastille, président du conseil de guerre qui condamna à mort, en 1804, le duc d'Enghien, et commandant de la place de Paris de 1806 à 1814.

Au n° 91 demeurait J.-D. Garat, membre de l'Institut, député aux états généraux, à l'assemblée constituante et à la convention. Successeur de Danton au ministère de la justice, lors du procès de Louis XVI il fut désigné pour aller notifier le jugement de la convention au roi, et fut aussi chargé de la pénible mission d'annoncer au prince qu'il fallait se préparer à mourir. Membre du conseil des anciens sous le directoire, sénateur sous l'empire, il fut un des premiers sénateurs qui votèrent la déchéance de Napoléon, et n'eut pas honte de faire l'apologie de Moreau, ainsi que l'éloge d'Alexandre et de Wellington. En 1815 il fit partie de la chambre des représentants. Toutefois on peut dire, à l'avantage de Garat, que s'il a toujours encensé les vainqueurs, il n'a pas spéculé sur sa versatilité pour s'enrichir ; car il est mort dans un état plus voisin de la médiocrité que de l'opulence.

Rue du Cherche-Midi était l'HÔTEL DE BISSY, où décéda en 1723 le comte Claude de Thyard de Bissy.

Rue de Vaugirard, n° 98, est la CONGRÉGATION DES SŒURS DE LA PROVIDENCE et l'établissement charitable de Saint-Nicolas.

Au n° 108 est la CONGRÉGATION DES DAMES DE L'ASSOMPTION.

Au n° 112 est le COUVENT DES DAMES DE LA VISITATION DE SAINTE-MARIE.

Rue de Sèvres, n° 10, était le couvent des PRÉMONTRÉS RÉFORMÉS, établis en ce lieu par les libéralités de la reine Anne d'Autriche, et supprimé en 1790. Avant la révolution il s'y tenait une foire le 28 juillet, ainsi que devant chacune des églises de Paris, le jour du patron.

Au n° 27 est la maison mère de la communauté des FILLES-ST-THOMAS DE VILLENEUVE, établie en 1700 pour soigner les malades dans les hôpitaux, supprimée en 1790, et rétablie en 1816. Cette communauté a dans la même rue, n° 149, une succursale dite maison de l'Enfant-Jésus, hospice pour de pauvres enfants malades. La communauté des filles St-Thomas reçoit du gouvernement un secours annuel de 6,000 francs.

Au n° 95 est la congrégation des PRÊTRES DE LA MISSION (dits lazaristes), qui occupaient autrefois le séminaire St-Firmin, rue St-Victor, supprimé en 1790 et rétabli rue de Sèvres en 1816, sous un seul supérieur général, qui est en même temps celui des filles de la Charité, dont l'établissement principal est rue du Bac, n° 132.

Quelques mois avant la révolution de juillet, cette congrégation fut le but d'une procession qui avait pour objet la translation des reliques de saint Vincent de Paul, qui se fit le dimanche du Bon-Pasteur, 29 avril 1830, de la cathédrale à la chapelle des Lazaristes. Cette procession était ouverte par les habitants de Clichy ayant en tête leur curé, par les associations d'hommes de Ste-Geneviève et de St-Joseph, les frères des écoles chrétiennes, les séminaires de Paris et d'Issy, ceux de St-Nicolas, du St-Esprit, de Picpus et des Irlandais. Venaient ensuite le clergé de Paris, les aumôniers des collèges, des hospices et des couvents, les curés de Paris et ceux de la banlieue en étole ; les prêtres de la Mission, dignes enfants de saint Vincent de Paul, escortaient la châsse de leur patron portée par des membres de l'association de Ste-Geneviève en lévites. Après eux venaient les sœurs de la Charité, les orphelins et enfants trouvés, les chanoines de divers chapitres, ceux de Paris : enfin, dix-sept évêques assistaient à cette solennité, dont on n'avait pas vu une semblable à Paris depuis un siècle, et qui sans doute sera la dernière de ce genre.

Au n° 104 est la maison des DAMES CHANOINESSES DE LA CONGRÉGATION DE NOTRE-DAME (ancienne MAISON DES OISEAUX), affectée à un pensionnat nombreux et à une école gratuite d'externes.

Au n° 108 est la communauté des SOEURS DE LA CROIX-ST-ANDRÉ.

Au n° 151 est l'HÔPITAL NECKER fondé, en 1778 sur l'emplacement du monastère des religieuses de Notre-Dame de Liesse, par Mme Necker, épouse du contrôleur général de ce nom (329 lits).

Rue St-Maur-St-Germain, n° 10, est le couvent des DAMES DE ST-MAUR, fondé en 1666, supprimé en 1792 et rendu à sa destination en 1806. Cet établissement, qui renferme une maison d'éducation pour les jeunes personnes et une école gratuite pour les pauvres, reçoit du gouvernement un secours annuel de 5,000 francs pour lui faciliter les moyens de trouver des novices, sans dot, qui aillent dans les colonies.

Rue du Regard, n° 16, est la CONGRÉGATION DES DAMES DE STE-MARIE-DE-LORETTE, fondée dans le but de procurer de l'ouvrage aux jeunes personnes indigentes.

N° 39. QUARTIER DES INVALIDES.

Ci-devant *section des Invalides*.

Les limites de ce quartier sont : le mur d'enceinte de la barrière de Sèvres à la barrière de la Cunette, le quai d'Orsay jusqu'au pont de la Concorde, la rue de Bourgogne à droite n°' pairs, en traversant la place du palais de la Chambre des députés, la rue de Varennes n°' pairs, le boulevard des Invalides, la rue de Sèvres n°' pairs jusqu'à la barrière de ce nom. — Superficie 2,980,000 m., équivalant à 0,090 de la superficie totale de Paris.

Parmi les nombreux monuments et établissements de ce quartier, on remarque principalement :

Le palais de la chambre des députés. Ce palais est une dépendance de l'ancien palais Bourbon, bâti en 1722 par la duchesse de ce nom, sur les dessins de Girardini, continué sur ceux de Lassurance et successivement sur ceux de Gabriel père et autres architectes. Le prince de Condé, ayant fait l'acquisition de ce palais, y fit exécuter des changements et des augmentations considérables par Belisart, principalement au petit palais Bourbon, qui était l'ancien hôtel Lassay, où le prince avait l'intention de demeurer. Sous la convention nationale, tous les bâtiments de ce palais furent occupés par l'administration des charrois militaires. Le grand bâtiment donnant sur la rue de l'Université n'étant pas achevé, le directoire exécutif y fit construire par Gisors aîné, en l'an III, sur l'emplacement des grands appartements du palais, une salle pour le corps législatif; le conseil des cinq cents y fut installé en l'an VII. De grands travaux y ont été exécutés depuis, tant sous Napoléon que sous Louis XVIII, Charles X et Louis-Philippe Ier. — L'Ecole polytechnique, qui occupe maintenant l'ancien collège de Navarre, fut établie dans le principe dans les bâtiments de l'hôtel Bourbon, qu'elle occupa jusqu'en 1805. C'est dans ce palais qu'eut lieu, en 1806, la quatrième exposition des produits de l'industrie française.

Le péristyle en face du pont a été construit de 1804 à 1807, sur les dessins de M. Poyet; il se compose de douze colonnes corinthiennes d'une belle proportion, et est précédé d'un vaste perron large d'environ 33 m. et de 8 m. d'élévation. Le fronton était autrefois décoré d'un bas-relief par Fragonard, représentant la Loi assise entre les deux tables de la charte, et appuyée sur la Force et la Justice : à droite on voyait l'Abondance suivie des Sciences et des Arts ; à gauche la Paix ramenant le commerce ; aux deux extrémités étaient des figures de fleuves. On a substitué à cette décoration un autre bas-relief sculpté par Cortot, représentant la France entourée de la Liberté et de l'Ordre public, ainsi que de différents génies, tels que le Commerce, l'Agriculture, la Guerre, la Paix, l'Eloquence, etc. Au bas de l'escalier sont quatre figures assises sur des piédestaux, représentant Sully, par M. Beauvalet ; l'Hôpital, par M. Deseine ; d'Aguesseau, par M. Foucon, et Colbert, par M. Dumont.

L'entrée du palais sur la rue est magnifique ; elle consiste en une grande porte accompagnée de chaque côté d'une colonnade d'ordre corinthien. — La salle des séances est de niveau avec la plate-forme du péristyle. Sa forme est semi-circulaire ; elle reçoit le jour d'en haut, et est éclairée pendant la nuit par un lustre magnifique. Les membres de la chambre des députés y siègent sur des bancs s'élevant en gradins dans l'intérieur de l'hémicycle. Au centre s'élève la tribune des orateurs, derrière laquelle est placé le bureau du président. Deux rangs de tribunes, destinées aux différents membres du gouvernement et au public, règnent dans la partie circulaire qui s'élève au-dessus du dernier banc des députés. La salle des conférences, la salle des gardes, la bibliothèque et les salles où se réunissent les bureaux, sont remarquables par leur élégance.

Le président de la chambre des députés occupe l'ancien palais Bourbon, construit par le prince de Condé, dont les jardins, qui s'étendent sur le bord de la Seine jusque vers le boulevard des Invalides, viennent d'être morcelés pour construire sur une partie de leur emplacement l'hôtel du ministère des affaires étrangères.

En face de l'entrée du palais de la chambre est une place où fut érigé, le 14 juillet 1801, un magnifique temple dédié à la Victoire. Ce temple, composé d'un porche de six colonnes, portait un fronton à deux grandes parties latérales, sous le soubassement desquels étaient placés quatre monuments : aux mânes de Desaix, Joubert, Hoche et Kléber. Les quatre armées de la république y étaient indiquées. Au centre de ce temple, un groupe représentait la Victoire présentant la Paix à la France, qui se reposait sur le dieu Mars. — Au milieu de cette place, on a eu un moment l'intention d'ériger une statue en bronze de Louis XVIII offrant la charte aux Français, ainsi que des bas-reliefs analogues. Le sculpteur Bosio fut chargé de l'exécution de ce monument, qui est resté inachevé par suite de la révolution de 1830. Le piédestal seul a été exécuté ; il a été question, après la révolution de juillet, de l'utiliser pour l'érection d'une statue de Mirabeau.

Dans une des maisons de cette place, qui porte le n° 95, demeurait en 1815 le marquis de Boisgelin, colonel de la dixième légion de la garde nationale pendant les cent jours. C'est lui qui, à la tête de quelques gendarmes, d'agents de police et de gardes du corps travestis en gardes nationaux, fit occuper, le 8 juillet 1815, toutes les issues du palais du corps législatif, dont il avait fait fermer les portes et enlever les clefs. Le représentant Dumolard et un grand nombre de ses collègues s'étant présentés pour entrer, furent repoussés à coups de baïonnettes, et se retirèrent en protestant au nom du peuple français contre la violence faite à ses mandataires.

L'hôtel des Invalides, fondé par Louis XIV en 1670. Situé à l'entrée de la plaine de Grenelle, entre le faubourg St-Germain et le Gros-Caillou, il couvre un espace de 32 hectares. Peu distant de la Seine, il domine une grande partie des espaces environnants, et jouit des avantages d'une position salubre et riante. Si l'on y arrive par la rive gauche de la Seine, on est surpris de l'aspect imposant de cet édifice : une immense esplanade, accompagnée de longues allées d'arbres, précède une avant-cour fermée d'une grille et entourée de fossés, au delà de laquelle s'élève une immense façade couronnée d'un dôme jadis éclatant d'or. Des boulevards bien plantés entourent le monument, auquel aboutissent plusieurs avenues.

La façade a 204 m. de longueur : elle est divisée en quatre étages, et percée de cent trente-trois fenêtres, sans compter celles des mansardes; au centre est la porte, surmontée d'une forme cintrée, où l'on voit un bas-relief représentant Louis XIV à cheval. Par cette porte on pénètre dans une cour dont le plan offre un parallélogramme de 130 m. de long sur 65 m. de large. L'architecture de cette cour a le caractère noble, mâle et simple, qui convient à l'institution. — Au centre de la façade opposée à l'entrée, est le portail de l'église, qui se distingue par son autel placé sous une arcade, et communique à une seconde église, dite du *Dôme*. Cet autel est orné de six colonnes torses, groupées trois à trois, dorées, garnies d'épis de blé, de pampre, de feuillages, portant des faisceaux de palmes, qui, se réunissant, soutiennent un superbe baldaquin, surmonté d'un globe et d'une croix. Les figures d'amortissement et les autres ornements sont les ouvrages de Van-Clève et de Coustou l'aîné.— Les victoires de la révolution et de l'empire avaient décoré la nef de neuf cent soixante drapeaux et étendards enlevés à l'ennemi. Ces trophées de notre gloire militaire disparurent en 1814 ; les invalides les réduisirent eux-mêmes en cendres, la veille de l'entrée des étrangers dans Paris.

Au delà, sur la même ligne, est l'église du dôme : construction vaste et magnifique, où Louis XIV a prodigué la richesse, et où les plus habiles artistes ont à l'envi déployé leurs talents. Le pavé de ce dôme, le pompeux baldaquin de l'autel, les sculptures, les peintures, tout est d'un fini précieux ; tout est exécuté avec un soin et un art admirables. — Ce dôme a 17 m. de diamètre. A travers une ouverture circulaire, pratiquée au milieu de la première coupole, ornée de peintures et de caissons, on voit la seconde coupole, éclairée par des jours que l'observateur ne peut apercevoir, et où le peintre Lafosse, un des meilleurs coloristes de l'école française, a représenté la gloire des bienheureux. La troisième coupole forme la toiture extérieure.

Le dôme a son portail particulier du côté d'une large avenue, bordée de quatre rangées d'arbres, et longue d'environ 1,000 m. Ce portail a 60 m. de largeur sur 32 m. de hauteur : il sert pour ainsi dire de soubassement à l'édifice du dôme. Du pavé jusqu'à l'extrémité de la flèche, ce dôme a 105 m. de hauteur ; élévation extraordinaire, qui frappe d'étonnement ou d'admiration l'esprit de l'observateur. Sa forme élégante et pyramidale, ses heureuses proportions ajoutent au premier sentiment un sentiment de plaisir ; mais, si l'on examine les parties de cet édifice, on aperçoit des ornements multipliés sans motif. — Le dôme proprement dit est orné à l'extérieur de quarante colonnes d'ordre composite. Cette ordonnance, dégradée par des ressauts, est couronnée par une balustrade. Au-dessus est un attique, percé de fenêtres, et chargé de huit piliers butants, couronnés en forme de volutes : la coupole, divisée en côtes, est chargée dans les intervalles de trophées militaires. Ces trophées et les côtes avaient été dorés sous l'empire. Au-dessus de la coupole est une lanterne, surmontée par une flèche très-élevée, et terminée par un globe et une croix.

Le 9 février 1800, fut célébrée aux Invalides une cérémonie en l'honneur de Washington. Le général Lannes présenta au ministre de la guerre Berthier quatre-vingt-seize drapeaux pris en Egypte, et prononça une harangue courte et martiale, à laquelle Berthier fit une réponse du même genre. Celui-ci était assis entre deux invalides centenaires, et il avait en face le buste de Washington ombragé de mille drapeaux conquis sur l'Europe par la France républicaine. Non loin de là était une tribune où M. de Fontanes prononça, dans un langage superbe, l'éloge funèbre du héros de l'Amérique.

Le 22 septembre 1800 (v⁰ jour complémentaire an VIII), le corps de Turenne, qui, lors de la violation des tombeaux de St-Denis, avait été transporté au musée des Petits-Augustins, fut solennellement transféré aux Invalides. Sur un char attelé de quatre chevaux blancs était placé le corps et l'épée du héros de la monarchie. Quatre vieux généraux mutilés au service de la république tenaient les cordons du char. Le cortège traversa Paris au milieu d'une foule immense, et se rendit aux Invalides, où l'attendait le premier consul, entouré des envoyés des départements. Le corps de Turenne fut placé sous le dôme. Carnot, ministre de la guerre, prononça un discours simple et convenable, et pendant qu'une musique d'un genre grave remplissait les voûtes de l'édifice, les restes du héros furent déposés dans le monument où il repose encore aujourd'hui. Le tombeau de Turenne est dans l'une des chapelles du dôme. Dans une autre chapelle, un monument funèbre a été consacré en 1807 à la mémoire de Vauban. Enfin, de nos jours, les restes du plus grand guerrier et du premier tacticien des temps modernes, rapportés en 1840 de Ste-Hélène à Paris, ont été déposés le 15 décembre de la même année dans cet asile de la gloire, où on lui érige en ce moment un magnifique tombeau.

Dans l'intérieur des bâtiments, on doit visiter la cuisine et sa fameuse marmite; les quatre réfectoires, ornés de peintures; la pharmacie, la bibliothèque, composée de vingt mille volumes; l'horloge à équation, ouvrage très-estimé de Lepaute; la salle du conseil, etc.

L'hôtel des Invalides est sous la surveillance spéciale du ministre de la guerre. Un maréchal de France en est ordinairement gouverneur; son conseil d'administration est composé de militaires des plus hauts grades, et de personnages les plus éminents de l'Etat; les plus habiles médecins de l'armée y traitent les malades; des sœurs de la Charité les soignent; quatre à cinq mille vieux guerriers reçoivent dans cet honorable asile une nourriture abondante, un traitement et des égards dignes du rang qu'ils occupaient dans l'armée, de leurs services, de leurs infirmités, de leurs blessures. Rien n'y est épargné pour adoucir leurs maux, consoler leur vieillesse et les faire jouir d'un paisible repos. On peut le visiter tous les jours depuis dix heures du matin jusqu'à quatre heures du soir.

Entre l'hôtel des Invalides et la Seine est une immense esplanade, formée de vastes tapis de gazon, bordés d'allées sablées, plantées d'arbres, qui forment de chaque côté de la longueur de cette esplanade une admirable promenade. Au centre de la grande allée qui coupe l'esplanade dans le sens de sa longueur est une place où les membres de la convention nationale se réunirent le 10 août 1793, jour de la fête pour l'acceptation de la constitution de 1793; on avait élevé sur cette place une statue colossale de la Liberté, entourée d'un immense bûcher où l'on avait entassé trône, couronne, sceptre, fleurs de lis, manteau ducal, armoiries, etc. Le président mit le feu à tous ces insignes du despotisme, du foyer desquels s'élevèrent au même instant des milliers d'oiseaux portant des banderoles tricolores, qui, en s'élançant dans les airs, semblaient annoncer que le genre humain venait d'être affranchi. — Sous le gouvernement de la convention, on érigea sur cette même place un monument éphémère représentant la figure d'Hercule, emblème du parti de Robespierre ou de la montagne, frappant à coups de massue les crapauds du marais, c'est-à-dire les ennemis de la terreur. — En 1804, on éleva sur l'emplacement de ce monument un piédestal carré d'où jaillissait une fontaine, et sur lequel on plaça le lion de St-Marc apporté de Venise. Ce lion fut repris par les Autrichiens en 1815; en voulant l'enlever, il fut brisé en éclats, mais les morceaux en furent précieusement recueillis; on les reporta en Italie, où le lion fut restauré et replacé à Venise sur la place St-Marc. — Sous la restauration, une nouvelle fontaine du plus mauvais goût, consistant en une grande vasque, au milieu de laquelle était une pomme de pin en plomb doré, surmontée d'une énorme fleur de lis de pareille matière, remplaça la fontaine du lion de St-Marc. Détruite en 1830, elle a été remplacée par un piédestal carré surmonté du buste en bronze de Lafayette, qui a lui-même été enlevé pour faciliter l'exécution des travaux de la pose d'une statue équestre de Napoléon, qui doit remplacer cette fontaine. — La direction des beaux-arts a commandé une table d'or massive pour être placée dans le piédestal de cette statue. Elle portera tout simplement les états de services suivants de l'empereur :

> Né le 15 août 1769, chef d'escadron d'artillerie au siége de Toulon en 1793, à vingt-quatre ans; commandant d'artillerie en Italie, en 1795, à vingt-cinq ans; général en chef de l'armée d'Italie en 1797, à vingt-huit ans; il fit l'expédition d'Egypte en 1798, à l'âge de vingt-neuf ans; nommé premier consul en 1799, à trente ans; consul à vie après la bataille de Marengo (1800); empereur en 1804, à l'âge de trente-cinq ans; abdiqua après Waterloo, 18 juin 1815, à quarante-six ans; mort le 5 mai 1821, à cinquante-deux ans.

L'église St-Pierre du Gros-Caillou, située rue St-Dominique, n° 190. C'est un édifice fort simple, construit en 1822, décoré de colonnes toscanes, et précédé d'un portail aussi d'ordre toscan.

L'Ecole militaire, située vis-à-vis le Champ-de-Mars. Par édit du mois de janvier 1751, Louis XV ordonna l'érection de l'école royale militaire, en faveur de cinq cents enfants nobles sans fortune, qui y recevraient la même éducation que l'on donne aujourd'hui dans les colléges royaux de Louis le Grand et de Henri IV. Cet hôtel s'étend sur un immense terrain voisin des Invalides; il fut élevé sur les dessins de Gabriel et achevé par Brouguiard. — Le principal bâtiment, en face le Champ-de-Mars, composé de deux étages, est terminé par un entablement corinthien. Dix grandes colonnes du même ordre, et de toute la hauteur du bâtiment, décorent son avant-corps, surmonté d'un attique et d'une statue. Au rez-de-chaussée de ce principal corps de logis, un grand vestibule, percé de trois pièces ornées de colonnes doriques, conduit à la cour royale. Elle était anciennement décorée d'une statue pédestre de Louis XV, tête nue et le corps cuirassé, sculptée par Lemoine. Il avait représenté le monarque indiquant de la main droite des cordons et des croix des différents ordres militaires, qui étaient près de lui sur une colonne tronquée. A droite de ce vestibule est un magnifique escalier qui conduit aux grands appartements. A gauche est la chapelle. Les autres bâtiments, qui sont séparés par plusieurs cours, servaient de logements aux élèves, aux professeurs, pour les salles d'étude, réfectoire, cuisines, etc. Une machine hydraulique, inventée et exécutée par les sieurs Laurent et Gilleron, posée sur quatre grands puits couverts, fournit quarante-quatre muids d'eau par heure. Ces puits, solidement construits, sont creusés 5 m. plus bas que le lit de la rivière. L'eau se décharge dans un réservoir qui contient huit cents muids d'eau, et de là, au moyen de conduits de plomb, elle se distribue dans toute la maison.

Avant la révolution, on voyait dans le vestibule les figures en pied du vicomte de Turenne, du grand Condé, du maréchal de Luxembourg et du maréchal de Saxe. Au milieu de la cour, était une statue pédestre en marbre de Louis XV. Dans la salle du conseil, on voyait quatre tableaux représentant la bataille de Fontenoi, les siéges de Tournai, de Lawfeld et de Fribourg. La chapelle renfermait onze tableaux de la vie de saint Louis.

La grande entrée, du côté de la campagne, est fermée par une grille et par un fossé, en avant duquel a été plantée une belle avenue, qui croise celle des Invalides et va jusqu'à la rue de Sèvres.

L'Ecole militaire, depuis 1792, a servi de caserne et de dépôt de farines. En 1804, elle fut affectée à la garde impériale ; depuis 1814 jusqu'à 1830, elle fut occupée par la garde royale ; elle sert encore aujourd'hui de caserne.

C'est près du chemin de ronde de l'Ecole militaire que furent exécutés le général Malet et treize de ses complices, condamnés à mort par une commission militaire présidée par le général Dejean, le 29 octobre 1812. Le même jour, à quatre heures de l'après-midi, les condamnés, conduits par un peloton de cent vingt hommes et par un peloton de réserve de trente hommes seulement, désignés pour exécuter le jugement, furent placés sur un seul rang, debout, adossés au mur d'enceinte qui sépare le boulevard extérieur du chemin de ronde. Malet s'avance et demande à commander le feu. « Peloton, attention !... s'écrie-t-il d'une voix pleine et sonore. Portez armes !... Apprêtez armes !... Cela ne vaut rien, nous allons recommencer. L'arme au bras tout le monde ! » Plusieurs vétérans sont troublés, quelques armes vacillent. « Attention, cette fois, reprend Malet. Portez armes !... Apprêtez armes !... A la bonne heure, c'est bien, cette fois. Joue, feu !... » Cent vingt balles criblent à la fois ces malheureux. Malet reste debout, il n'est que blessé. « Et moi donc, mes amis, dit-il aux vétérans, vous m'avez oublié ; à moi le peloton de réserve !... » Les soldats s'avancent. A cette seconde décharge, Malet tombe la face contre terre ; il respire encore ! on l'achève à bout portant. — Quelques moments après cette terrible exécution, trois charrettes contenant quatorze cadavres suivaient lentement le chemin qui conduit au cimetière de Clamart !

Le Champ-de-Mars. On nomme ainsi un terrain vaste et régulier qui s'étend en forme de parallélogramme depuis la façade de l'Ecole militaire jusqu'à la Seine, sur une longueur de 874 m., et dont la largeur est d'environ 420 m. Ce terrain est entouré de fossés revêtus en maçonnerie et de terrasses en talus ; les deux côtés de la longueur sont ornés intérieurement et extérieurement de quatre rangées d'arbres, et de cinq grilles de fer aux cinq portes qui servent d'entrées.

Le Champ-de-Mars a été le théâtre de plusieurs événements remarquables : le 27 août 1783, les physiciens Charles et Robert y firent pour la première fois l'expérience d'une machine aérostatique, qui eut lieu avec tout le succès possible, malgré le mauvais temps.

Le 14 juillet 1790, anniversaire de la prise de la Bastille, eut lieu au Champ-de-Mars la première fédération. L'assemblée nationale ayant accepté le plan qui lui avait été présenté de cette fédération patriotique, fixa le contingent qu'auraient à envoyer les gardes nationales et les troupes de terre et de mer. Chaque cent hommes de garde nationale devaient choisir six citoyens, lesquels, réunis au chef-lieu, désigneraient sur deux cents citoyens un député pour venir à Paris assister à la fédération générale ; la dépense était mise à la charge des districts. Chaque régiment d'infanterie devait également fournir six députés ; chaque régiment de cavalerie, quatre. Ces fédérés furent logés chez les habitants de Paris, qui se disputèrent l'honneur de les recevoir, et l'on choisit le Champ-de-Mars comme le lieu le plus convenable pour la fête projetée. —Cette immense esplanade n'était pas bordée comme aujourd'hui de talus en terre. On employa douze mille ouvriers à construire ceux que nous y voyons ; mais, ces douze mille ouvriers ne suffisant pas encore à enlever du centre plusieurs pieds de terre, et à les voiturer sur les bords pour y former des gradins, on craignit que le travail ne fût pas terminé assez à temps : on était aux premiers jours de juillet, et la fédération, comme nous l'avons dit, était fixée au 14. Un citoyen proposa alors à chaque bataillon de la garde nationale de fournir son contingent de travailleurs, afin de soulager les ouvriers, et de prouver, ajouta-t-il, que la peine ne coûte rien aux Français quand il s'agit de consolider leur liberté. Cette idée fut adoptée d'enthousiasme, et non-seulement les districts, les corporations, les Parisiens de tout sexe et de tout âge s'empressèrent de concourir à l'achèvement des travaux, mais encore on vit les habitants des environs arriver d'un rayon de 40 à 48 k. Chaque jour c'était nouveau renfort de bataillons armés de pelles et de bêches ; des familles entières se mettaient en route pour ce saint pèlerinage. Des femmes élégantes et des courtisanes, des jeunes gens de bon ton et des portefaix, des vieillards et des écoliers se réunissaient sur le même terrain, à la même heure, comme s'ils se fussent donné rendez-vous ; des séminaristes, des prêtres, des chartreux, des sœurs de Charité abandonnaient leurs demeures austères pour venir partager un délire patriotique que des pluies continuelles ne pouvaient éteindre. On vit attelés à la même brouette le vicomte de Beauharnais et l'abbé Siéyès, le brasseur Santerre et le duc de Lauzun. Tous ces travailleurs improvisés s'adressaient la parole comme s'ils se fussent connus depuis longtemps. Il n'y avait parmi eux ni police ni baïonnette, et cependant nulle question ne s'élevait ; aucun des objets précieux que chacun confiait à la loyauté publique pour se mettre plus aisément à la besogne n'était dérobé. Si le travail des citoyens ressemblait à une fête, leur retour était un vrai triomphe. Des applaudissements partis de tous les côtés, de toutes les fenêtres, les saluaient sur leur passage. Un enthousiasme commun avait nivelé toutes les conditions, inspiré à tous le même amour de la patrie, rassemblé dans un seul sentiment tant de sentiments divers ! Sur ces entrefaites, les fédérés se réunissaient à Paris et y recevaient l'accueil le plus fraternel ; quelques-uns même arrivaient assez à temps pour partager les travaux des Parisiens.

Enfin le 14 juillet luit sur la France ; mais l'état de l'atmosphère ne semble point favoriser la fête préparée depuis si longtemps. Des averses multipliées dispersent à chaque instant l'immense cortége qui s'achemine du côté du Champ-de-Mars, à travers un peuple ivre de joie. Un arc de triomphe d'une grande dimension était placé à l'entrée de cette vaste enceinte, qu'un pont jeté en quelques jours faisait communiquer à la rive opposée de la Seine (le pont d'Iéna n'existait pas). — Au milieu de ce cirque grandiose se dressait majestueusement l'autel de la patrie. Les fédérés se rangèrent dans la plaine, ou plutôt dans ce lac de boue ; des torrents de pluie venaient de temps en temps les mouiller jusqu'aux os ; mais, loin de chercher à s'abriter, ils formaient alors de longues farandoles, et cet exemple était suivi par tous les assistants. « C'était un spectacle digne de l'observateur philosophe, dit à ce sujet le marquis de Ferrières, dont le témoignage en cette circonstance ne saurait être suspect, que cette foule d'hommes venus des parties les plus opposées de la France, entraînés par l'impulsion du caractère national, bannissant tout souvenir du passé, toute idée du présent, toute crainte de l'avenir ; se livrant à une délicieuse confiance ; et trois cent mille spectateurs de tout âge, de tout sexe, suivant leurs mouvements, battant la mesure avec les mains, oubliant la pluie, la faim et l'ennui d'une longue attente. » L'office divin fut célébré sur l'autel de la patrie par l'évêque d'Autun : au moment de l'élévation, le ciel, jusqu'alors voilé de nuages, laissa échapper comme un sourire ; un rayon de soleil éclaira subitement le prêtre et l'hostie ; il n'en eût pas fallu autant dans le moyen âge pour crier au miracle. Bientôt le serment civique fut prêté par le roi, par les députés, par les fédérés, et répété par la foule des assistants. Rien ne peut rendre la manifestation de l'enthousiasme de la multitude lorsque le roi, debout, la main étendue vers l'autel de la patrie, dit : « Moi, roi des Français, je jure d'employer le pouvoir que m'a délégué l'acte constitutionnel de l'État à maintenir la constitution décrétée par l'assemblée nationale et acceptée par moi. » Les acclamations retentirent au bruit du canon dans toute la vaste étendue du cirque, au bruit de trois cents tambours, au chant des voix et des instruments de douze mille musiciens, aux acclamations multipliées. Les bonnets des grenadiers, les chapeaux des soldats paraissent au bout des baïonnettes ; des milliers de mains se lèvent au ciel, des milliers de bouches répètent le serment, et tous les citoyens s'embrassent avec transport. Dans ce même jour, à la même heure, au même instant, dans toutes les parties du royaume, tous les bras se levaient pour prononcer le même serment.— La cérémonie terminée, les fédérés se rendirent à un banquet de vingt-cinq mille couverts que leur offrait la commune de Paris. Pour perpétuer le souvenir de la fédération, une médaille fut frappée représentant la France, un faisceau d'une main, posant l'autre sur le livre de la loi placé sur l'autel de la patrie et soutenu par le génie de la liberté. Cette médaille avait pour exergue : A PARIS, LE 14 JUILLET 1790, et sur le revers : CONFÉDÉRATION DES FRANÇAIS.

Le 17 juillet 1791, après la fuite du roi à Varennes, un grand nombre de personnes de l'un et de l'autre sexe se rassemblèrent au Champ-de-Mars pour signer une pétition dans laquelle on demandait « que l'assemblée constituante eût à recevoir, au nom de la nation, l'abdication faite le 21 juin, par Louis XVI, de la couronne qui lui avait été déférée, et à pourvoir à son remplacement. » Cette pétition, placée sur l'autel de la patrie, fut revêtue d'une multitude de signatures. La municipalité en ayant eu connaissance, fait publier la loi martiale. Le soir, à six heures, le corps municipal, ayant à sa tête Bailly, maire de Paris, fait tirer sur le rassemblement, qu'il disperse après avoir tué quatre cents personnes, disent quelques écrivains contemporains, nombre que d'autres portent seulement à quarante ou cinquante, ce qui était déjà beaucoup trop.

Le 18 septembre 1791 une fête superbe fut célébrée au Champ-de-Mars, pour la publication et à l'occasion de l'acceptation par le roi de la constitution. A midi, cent pièces de canon annoncèrent l'arrivée des officiers municipaux et de leur cortége. Le maire, Bailly, précédé de hérauts d'armes et environné d'un corps de grenadiers, monta à l'hôtel de la patrie, y éleva et offrit au respect du peuple le code constitutionnel :

« Citoyens, dit-il à haute voix, l'assemblée nationale constituante, aux années 1789, 1790 et 1791, ayant commencé le 17 juin 1789 l'ouvrage de la constitution, l'a heureusement terminé le 3 septembre 1791. L'acte constitutionnel a été solennellement accepté et signé par le roi, le 14 du même mois. L'assemblée nationale constituante en remet le dépôt à la fidélité du corps législatif, du roi et des juges ; à la vigilance des pères de famille, aux épouses et aux mères ; à l'affection des jeunes citoyens et au courage de tous les Français. »

Un orchestre nombreux exécuta ensuite plusieurs morceaux analogues à la circonstance, et notamment le chant populaire dont le refrain est *Ça ira*.

Le 15 avril 1792 on célébra au Champ-de-Mars la fête de la Liberté, où se trouvèrent quarante soldats suisses du régiment de Château-Vieux qui avaient figuré dans l'affaire de Nancy. L'objet le plus apparent du cortége qui défila au Champ-de-Mars était le char de la Liberté, traîné par vingt chevaux attelés sur quatre de front. Au-devant de ce char on voyait la figure de la Renommée, posée sur un globe, annonçant à l'univers la liberté du peuple français et proclamant les droits de l'homme. Sur la cime et à l'arrière du char était la Liberté représentée assise, tenant d'une main le bonnet de la liberté et s'appuyant de l'autre sur une massue. La hauteur de ce char atteignait le second étage des maisons, et l'on fut obligé d'ôter les réverbères dans toutes les rues où il passa. Tout se fit pendant cette fête avec ordre et dignité, quoiqu'on n'y vît ni garde, ni baïonnettes, et que l'ordonnateur des cérémonies n'eût pour arme qu'un épi de blé.

Le 3 juin de la même année, une autre fête fut célébrée au Champ-de-Mars en l'honneur du maire d'Étampes, inhumainement massacré dans cette ville pendant une émeute.

Le 14 juillet 1792 fut célébrée au Champ-de-Mars la fête de la seconde fédération. — L'autel de la patrie était ombragé par un palmier : quatre cassolettes brûlaient sur les angles des parfums, pendant que de demi-heure en demi-heure des salves de soixante pièces d'artillerie se faisaient entendre. Quatre-vingt-trois peupliers portant de larges banderoles indiquaient la place des fédérés des quatre-vingt-trois départements. — Un monument pyramidal élevé au pied de l'autel de la patrie portait cette inscription : *A nos frères d'armes morts sur les frontières pour la défense de la liberté*.

On remarquait aussi à cette fête, entre autres décorations nouvelles, un arbre très-élevé, planté à l'extrémité occidentale du Champ-de-Mars, chargé d'armoiries et d'inscriptions offrant les titres dont se parait la féodalité ; vers la fin de la journée le feu fut mis à cet arbre féodal, et les insignes nobiliaires réduits en cendres.

Le 1er janvier 1793, une fête fut célébrée au Champ-de-Mars à l'occasion de l'abolition de l'esclavage.

Le 10 août 1793, eut lieu au Champ-de-Mars une fête pour la célébration de l'acceptation de la constitution dite de 1793. Le président de la convention y reçut des quatre-vingt-sept commissaires des départements les actes sur lesquels étaient inscrits les votes des assemblées primaires, qu'il déposa sur l'autel de la patrie, au bruit d'une décharge générale d'artillerie, et des cris de joie de tous les citoyens, qui jurèrent avec enthousiasme de défendre la constitution. Cette fête occupera une grande place dans l'histoire ; David en avait été l'ordonnateur, et, grâce à lui, elle réunit le grandiose à la simplicité; elle excita le même enthousiasme que la fête de la première fédération parmi les habitants de Paris et les envoyés des départements.

Le 12 novembre 1793, Sylvain Bailly, ex-maire de Paris, un des hommes les plus honorables qui aient figuré dans la révolution, fut exécuté au Champ-de-Mars avec un raffinement de barbarie digne des plus atroces cannibales.

Le 2 décembre 1793, on célébra au Champ-de-Mars la FÊTE DES VICTOIRES, à l'occasion de la prise de Toulon. Quatorze chars, représentant les quatorze armées françaises, portaient chacun douze défenseurs de la patrie et quarante jeunes filles vêtues en blanc avec une ceinture tricolore, tenant en main une branche de laurier. Après les chars suivaient les membres de la convention, dont l'ensemble était entouré d'un ruban tricolore que tenaient des vétérans. Paraissait ensuite le char de la Victoire, au-devant duquel se voyait le faisceau national et sur le derrière la statue de la Victoire. — Ce cortége, parti du jardin des Tuileries, nommé alors jardin national, se rendit devant l'hôtel des Invalides, surnommé le temple de l'humanité, où, après une station, il arriva au Champ-de-Mars. Les quatorze chars se rangèrent autour de l'autel de la patrie, disposé en forme de temple de l'Immortalité. Les jeunes filles descendirent des chars, et déposèrent entre les mains des défenseurs de la patrie leurs branches de laurier. On exécuta ensuite plusieurs morceaux de musique, et l'on chanta un hymne sur la prise de Toulon.

Le 21 janvier 1794, anniversaire de la mort de Louis XVI, eut lieu au Champ-de-Mars une fête commémorative de cet événement, où chaque membre des autorités supérieures vint renouveler le serment de haine à la royauté.

Le 9 juin 1794, la fête à l'Etre suprême, qui avait été commencée au palais national (Tuileries), se termina au Champ-de-Mars, alors nommé le *champ de la réunion*. Les membres de la convention nationale, suivis du peuple partagé en deux colonnes, y arrivèrent vers deux heures de l'après-midi. Au milieu d'eux s'avançait, traîné par quatre taureaux, un char de forme antique, rempli d'instruments de culture, de fruits, de feuillages et de fleurs. Au centre du Champ-de-Mars s'élevait une montagne d'un bel effet; sur la cime, couronnée par un chêne, se placèrent les membres de la convention nationale, et plus bas s'établirent les musiciens, puis deux mille quatre cents individus de tout sexe et de tout âge choisis par les quarante-huit sections de Paris. On chanta des hymnes composés par Chénier et Desorgues, et mis en musique par Méhul, Chérubini, Lesueur, Gossec; puis, après ces chants entremêlés de symphonies, de roulements de tambours et de décharges d'artillerie, de jeunes républicains, l'épée nue à la main, vinrent jurer devant les vieillards de vaincre et de mourir pour la liberté et pour la patrie. Enfin le cortége retourna au palais national, et la fête fut terminée par des farandoles, des danses et des repas fraternels dans les rues et sur les places publiques.

Le 21 janvier 1796, on célébra au Champ-de-Mars l'anniversaire de la mort de Louis XVI. Toutes les autorités constituées de Paris se rassemblèrent à midi autour d'une grande statue de la Liberté. Le directoire présidait en grand costume. La fête commença par les chants patriotiques de la *Marseillaise*, de *Ça ira*, de *Veillons au salut de l'empire*, du *Chant du départ*, etc. A deux heures tous les fonctionnaires prononcèrent le serment de haine à la royauté, au bruit d'une nombreuse artillerie et aux acclamations des nombreux spectateurs.

Le 10 germinal an IV (30 mars 1796) on célébra au Champ-de-Mars la fête de la Jeunesse, dont le but était d'armer les jeunes gens de l'âge de seize ans, et d'inscrire sur le registre civique ceux qui avaient atteint leur vingtième année.

Le 10 prairial an IV, une salve d'artillerie annonça la FÊTE DE LA RECONNAISSANCE ET DES VICTOIRES, proposée par Carnot. A onze heures les autorités constituées se rendirent en costume au Champ-de-Mars. Peu après arriva le directoire exécutif, précédé de ses gardes, et suivi des ministres, qu'accompagnait le corps diplomatique En arrivant au Champ-de-Mars, on apercevait au centre un monticule régulier, haut de 4 m. sur 60 m. de diamètre; on y montait par quatre rampes, au bas desquelles étaient placées des figures colossales de lions, symbole de la force. La plate-forme était ombragée par quatorze arbres, représentant les quatorze armées qui, avec tant de courage et de succès, avaient défendu la patrie et la liberté. Chaque arbre portait des trophées composés de drapeaux, et au-devant se voyait un bouclier sur lequel on lisait le nom de l'armée que l'arbre désignait : des guirlandes de chêne réunissaient ces arbres. — Sur un piédestal s'élevait la figure de la Liberté, assise, entourée de divers trophées d'armes ; d'une main elle s'appuyait sur la charte constitutionnelle, de l'autre elle tenait une haste, surmontée du bonnet de la liberté. Derrière la Liberté paraissait un grand arbre, chargé des drapeaux pris sur les ennemis de la France. — Des décharges d'artillerie, des évolutions militaires, des couronnes de laurier et de chêne, distribuées par le directoire, et dont il orna les drapeaux des vétérans ; un discours que prononça le président ; des symphonies et des chants, furent les principaux actes de cette fête, qui fut belle, majestueuse et bien ordonnée, comme le furent toutes celles que le directoire donna dans le Champ-de-Mars.

Dans ces fêtes, un amphithéâtre immense s'élevait au milieu du Champ-de-Mars. Là se plaçaient le directoire, les ministres et les premières autorités ; les savants les plus distingués, les orateurs, les militaires qui se trouvaient à Paris, étaient également invités à se réunir autour du directoire, qui dans ces occasions, il faut le dire, n'était pas du tout ridicule, comme on l'a trop souvent répété. Ces fêtes étaient accompagnées de courses à pied et à cheval, en chars ; de luttes et de joutes ; trente orchestres faisaient danser les citoyens de Paris à la lueur de superbes illuminations.

Le 30 pluviôse an VI (20 mars 1798), la fête de la Souveraineté du peuple fut célébrée au Champ-de-Mars, où les citoyens Bordas et Hardy prononcèrent des discours analogues à cette fête.

Le 10 vendémiaire an VI eut lieu au Champ-de-Mars une imposante cérémonie pour le deuil public du général Hoche ; dès l'aube du jour, le canon appelait d'heure en heure tous les citoyens. Là, en présence de ce que l'Etat avait de plus éminent, en face d'un peuple pressé dans cette vaste enceinte, par une belle journée d'automne qui versait sa lumière calme et triste sur cette fête funèbre, après qu'on eut entonné les chants dans lesquels Chénier célébrait les vertus militaires et les actions du glorieux général, M. Daunou, au nom de l'Institut et comme organe des regrets de la patrie, prononça l'éloquent éloge du jeune général, commandant en chef des armées de Sambre-et-Meuse, de Rhin-et-Moselle, du sauveur de Landau, du vainqueur de Weissembourg, de Quiberon, de Neuwied, du libérateur de l'Alsace, du pacificateur de la Vendée, dont les restes venaient si prématurément de rejoindre les restes de Marceau.

Le 10 messidor an VI fut célébrée au Champ-de-Mars la fête de l'Agriculture. Un char antique, traîné par deux bœufs presque blancs, dont les cornes étaient dorées et garnies de banderoles, portait une charrue aussi dorée. Il était suivi d'un autre char plus élevé, attelé de huit bœufs, quatre de front, sur lequel était assise la figure de la Liberté, entourée des attributs de l'agriculture, de fleurs, de fruits, de gerbes de blé, ombragés par des chênes verts ; au-devant du char, deux jeunes filles, vêtues en blanc, entretenaient, comme les vestales de l'antiquité, le feu de deux cassolettes où brûlaient des parfums. — Ces deux chars, partis de l'Ecole militaire, firent le tour du Champ-de-Mars, précédés par des troupes environnées de jeunes filles couronnées de guirlandes, et portant des corbeilles pleines de fleurs et de fruits. Un corps de musique, les autorités constituées et de la cavalerie terminaient la marche. — Arrivé à l'autel de la patrie, le président prononça un discours analogue à la fête, proclama les noms de deux laboureurs recommandables par leur intelligence, leur bonne conduite, leur patriotisme, et posa sur leur front une couronne civique ; puis, saisissant le manche d'une charrue traînée par deux bœufs, il traça un sillon autour de l'autel de la patrie.

L'an VI se termina par des fêtes brillantes, qui eurent un caractère tout à la fois utile et national. Pendant les jours complémentaires, une foire s'établit à grands frais dans la partie septentrionale du Champ de Mars. Les seuls objets manufacturés en France y furent reçus, après avoir été soumis à l'examen du jury spécial. — A cette occasion, nous croyons devoir rappeler quelles étaient les fêtes nationales reconnues par diverses législatures :

Le 1er vendémiaire, fête de la Fondation de la république, établie par la loi du 3 brumaire an IV.

Le 2 pluviôse, anniversaire de la mort du dernier roi des Français, établi par la loi du 18 nivôse an V.

Le 30 ventôse, fête de la Souveraineté du peuple, établie par la loi du 13 pluviôse an VI.

Le 10 germinal, fête de la Jeunesse (loi du 3 brumaire an IV).
Le 10 floréal, fête des Epoux (id.).
Le 10 prairial, fête de la Reconnaissance (id.).
Le 10 messidor, fête de l'Agriculture (id.).

Le 26 messidor, anniversaire de la prise de la Bastille (loi du 10 thermidor an IV).

Les 9 et 10 thermidor, fête de la Liberté (loi du 3 brumaire an IV).

Le 23 thermidor, anniversaire du siége des Tuileries (loi du 10 thermidor an IV).

Le 10 fructidor, fête des Vieillards (loi du 3 brumaire an IV).

Le 18 fructidor, anniversaire du 18 fructidor an V (loi du 2 fructidor an VI).

Sous le consulat, on célébra encore plusieurs fêtes nationales au Champ-de-Mars : la fête de la Fondation de la république en 1801, et la fête pour la Paix générale, le 9 novembre 1801.

Le 10 novembre 1804, Napoléon, après son couronnement, reçut au Champ-de-Mars le serment de fidélité et d'obéissance des députations de tous les corps de l'armée.

Le 7 septembre 1814 eut lieu au Champ-de-Mars la distribution des drapeaux de la restauration à la garde nationale de Paris, dont le motif était de détruire jusqu'au souvenir des aigles de l'empire et du drapeau tricolore de la révolution. Un autel resplendissant d'or et de riches draperies était dressé vers l'École militaire, presque en face du trône que l'on avait élevé pour le roi sous le péristyle de cet hôtel. Le roi, accompagné du comte d'Artois, du duc d'Angoulême et du duc de Berri, après avoir fait le tour du Champ-de-Mars, s'assit sur son trône, ayant près de lui la duchesse d'Angoulême. Un moment après, l'archevêque Talleyrand-Périgord (oncle du fameux évêque d'Autun, qui avait officié dans ce même Champ-de-Mars, vingt-quatre ans auparavant, à une cérémonie bien autrement solennelle), suivi d'une longue procession de prêtres et d'ecclésiastiques de tous ordres et de tous degrés, revêtus de leurs habits sacerdotaux, traversa les rangs de la garde nationale, et vint se placer à l'autel, qui fut immédiatement entouré par les membres nombreux du clergé. Le roi distribua les drapeaux, auxquels la duchesse d'Angoulême attachait une cravate en soie blanche ornée d'une broderie en or. Après la remise des drapeaux, les chefs des légions s'avancèrent vers l'autel, où l'archevêque procéda à la bénédiction de ces étendards. Tout le monde se mit à genoux, on tira le canon, la musique joua les airs de *Vive Henri IV* et de *Charmante Gabrielle*, puis les gardes nationaux défilèrent devant le trône, en riant sous cape de la tournure ridicule d'un monarque à jambes d'éléphant, chaussé de guêtres en velours.

Le 1er juin 1815 eut lieu au Champ-de-Mars la cérémonie du champ de mai. Un amphithéâtre semi-circulaire et divisé en plusieurs corps de tribunes reçut les quinze mille électeurs et les députations militaires, venus de tous les points de l'empire pour assister au dépouillement des votes sur l'acte additionnel, et prêter serment, avec l'empereur, à la nouvelle constitution. A une heure, au milieu des décharges de l'artillerie, Napoléon parut, entouré de ses trois frères et des grands officiers de la couronne, et se plaça sur un trône préparé à cet effet ; il fut accueilli par les acclamations de toutes les tribunes. Après la messe, la députation centrale des collèges électoraux de l'empire, au nombre de cinq cents personnes, sortit des tribunes et monta l'escalier qui conduisait à la plate-forme du trône. M. Dubois (d'Angers) prononça un discours qui fut accueilli par les applaudissements unanimes de l'assemblée. Ensuite Cambacérès fit connaître le dépouillement des votes et l'acceptation de la constitution par le peuple français. Ce dépouillement donnait le résultat suivant : votes recueillis, un million cinq cent trente-sept mille cent cinquante-neuf, dont quatre mille huit cent deux votes négatifs, et un million cinq cent trente-deux mille trois cent cinquante-sept votes affirmatifs. Le grand maître des cérémonies déclara la constitution acceptée par le peuple français. L'empereur prit la plume, signa cet acte, et prononça un discours énergique, qui fut accueilli par un cri unanime de Vive l'empereur, prononcé par plus de deux cent mille voix. L'empereur, et, après lui, tous les fonctionnaires jurèrent d'observer et de faire observer les constitutions de l'empire. Un *Te Deum* fut chanté, puis l'empereur fit la remise des aigles aux députations de l'armée. Ensuite l'empereur vient se placer sur une plate-forme érigée au milieu du Champ-de-Mars, où l'on avait placé un trône découvert ; il s'assit, entouré des maréchaux et de toute la cour. La solennité présenta alors un spectacle dont la magnificence ne peut être qu'imparfaitement décrite. Le monarque sur son trône, qui formait comme une pyramide éclatante d'aigles, d'armes, d'uniformes brillants, une plaine immense de soldats, flanquée d'une multitude si nombreuse, que les talus des deux côtés ne présentaient qu'un tapis de têtes ; l'homme, la conjoncture : tout concourait à donner à ce spectacle un caractère indéfinissable de grandeur, qui rappelait les premières fédérations de la révolution. Au signal donné par l'empereur, toutes les troupes s'ébranlèrent et se concentrèrent à la fois autour de la pyramide ; il se fit un silence solennel ; Napoléon prit la parole, et dit :

« Soldats de la garde nationale de Paris,
» Soldats de la garde impériale,
» je vous confie l'aigle impériale, aux couleurs nationales. Vous jurez de périr, s'il le faut, pour la défendre contre les ennemis de la patrie et du trône. Vous jurez de ne jamais reconnaître d'autres signes de ralliement ! » *Nous le jurons !!* Telle fut la réponse unanime et simultanée de cette masse d'hommes armés... Dix-sept jours après, plus de vingt mille moururent pour acquitter leur serment ! — Les troupes défilèrent ensuite sous les yeux de l'empereur, en le saluant de leurs vivat et en chantant la Marseillaise.

Depuis cette dernière époque, les solennités du Champ-de-Mars n'ont guère consisté qu'en quelques revues de la garde nationale, au nombre desquelles on cite principalement la dernière revue passée par Charles X, où les citoyens manifestèrent leur antipathie contre le ministère, et l'admirable revue passée par le roi Louis-Philippe Ier, après la révolution de juillet.

Aujourd'hui le Champ-de-Mars est particulièrement affecté aux courses de chevaux, qui s'y font depuis l'an III, en présence du ministre de l'intérieur, et dont l'origine remonte à une époque antérieure à la révolution de 1789. — Le goût, ou plutôt la passion des chevaux, qui s'était éteinte en France avec l'usage des tournois, s'y ranima vers la moitié du siècle dernier, et c'est de cette époque que date le premier essai des courses en règle, qu'on voulait établir à l'imitation de celles qui se pratiquent en Angleterre. Cette tentative vint à la suite d'une gageure qu'avait faite à Fontainebleau un gentilhomme anglais, qui avait parié mille louis qu'il ferait en deux heures le trajet de Fontainebleau à la barrière des Gobelins ; il gagna de quelques minutes. L'année suivante, un grand seigneur français, de retour d'Angleterre, fit exécuter plusieurs courses dans la plaine des Sablons ; il essaya d'en fixer le retour périodique ; mais ce projet ne reçut son exécution que plusieurs années après, à l'époque où s'organisèrent les courses du bois de Vincennes, où tous les chevaux qu'on y faisait courir venaient d'Angleterre. Les courses annuelles du Champ-de-Mars, où des prix sont accordés aux vainqueurs, ont été instituées en l'an III pour exciter l'émulation des propriétaires et perfectionner la race des chevaux français ; jusqu'à présent il ne paraît pas prouvé que le gouvernement ait atteint le but qu'il s'était proposé.

L'institution des jeunes aveugles, située boulevard des Invalides. Cet édifice se compose de trois bâtiments principaux reliés par quatre autres bâtiments faisant face au boulevard et à la rue Masseran. L'entrée principale, fermée par une très-jolie grille en fer placée entre deux petits pavillons, est située sur le boulevard, d'où l'on peut admirer le fronton de l'édifice, dû au ciseau de M. Jouffroy, sculpteur. Le sujet choisi par l'artiste est en parfaite harmonie avec l'établissement ; c'est, d'un côté, Valentin Haüy, premier instituteur des jeunes aveugles, enseignant le travail à ses élèves ; de l'autre, une institutrice donnant des leçons aux jeunes filles aveugles ; et au milieu, la Religion les encourageant tous deux.

Les dispositions intérieures du local ont été combinées de manière à isoler les filles des garçons, et les uns comme les autres trouvent les mêmes commodités, les mêmes dispositions dans la partie qui leur est affectée. Le bâtiment du milieu, formant la séparation des deux quartiers, n'a de commun que la chapelle, qui se trouve au premier étage.

Le puits artésien de Grenelle, à l'abattoir de Grenelle. Le forage de ce puits a été commencé le 1er janvier 1834, sous la direction de M. Mulot. Le 26 février 1841, la sonde, après avoir traversé successivement des couches de terre d'alluvions, de sable et un banc de craie d'une puissance extraordinaire, parvint à la partie supérieure des sables dépendant de la formation du grès vert, et rencontra une nappe d'eau abondante, qui donne par minute, à 33 m. 50 c. au-dessus du sol, jusqu'à 800 litres par minute d'une eau de bonne qualité, dont la température est de 28° centigrades. On estime que la puissance d'ascension égale 50 atmosphères, ou 50 fois la force qui fait monter l'eau dans un tube vide à 33 m. Le puits de Grenelle a été foré à 548 m. de profondeur, avec un diamètre de 50 c. à l'ouverture, et 17 c. à l'extrémité ; il a été tubé en tôle galvanisée très-forte, jusqu'à 539 m. Son ouverture est à 31 m. au-dessus du niveau de la mer, tandis que le fond est à 517 m. au-dessous de ce niveau, et bien au-dessous du fond même de la mer à une grande distance des côtes de la Manche.

Le pont d'Iéna. Ce pont, commencé en 1806, et achevé en 1813, communique du Champ-de-Mars à la route de Versailles. Il a 150 m. de long sur 13 m. 65 c. de large, et consiste en six arches de forme elliptique, entre lesquelles sont des corniches imitées du temple de Mars à Rome, ornées de guirlandes de laurier et de la couronne impériale, dont le centre renfermait autrefois la lettre N, initiale du nom de Napoléon. Aux extrémités des parapets, de chaque côté de l'entrée du pont, sont des piédestaux destinés à recevoir des statues.

VARIÉTÉS HISTORIQUES ET BIOGRAPHIQUES.

Rue St-Dominique demeurait la comtesse Fany de Beauharnais, femme galante, faible et bonne, qui rassemblait chez elle les hommes de savoir et les beaux esprits du temps. Chez elle tous les talents se confondaient dans une aimable liberté : on y vit réunis à la fois l'astronome Lalande et l'Aristarque la Harpe, le naturaliste Lacépède, le poëte le Brun, le compositeur Dalayrac, et les étrangers de distinction de tous les pays.

Au n° 117 demeurait en 1816 le comte de SALABERRY, apologiste du despotisme oriental, et l'un des plus fougueux membres de la chambre introuvable, où il surpassait en emportements tous les ennemis de la liberté. Il vota en 1819 les lois d'exception, et fut l'un des plus zélés partisans du ministère Villèle.

Au n° 121 est le magnifique HÔTEL DU CHATELET, construit sur les dessins de Cherpitel, où demeurait en 1784 le duc de Guiche, marié en 1780 à une D^{lle} de Polignac dont la chronique scandaleuse de l'époque a fait l'héroïne de l'aventure suivante. Par une nuit du mois de février 1786, un homme qui se glissait par une corde du château de Versailles dans le jardin, fut aperçu des sentinelles, qui, quoiqu'elles vissent bien que ce n'était pas un voleur, le conduisirent au corps de garde, où l'officier le reconnut pour un neveu de l'archevêque de Reims. Il était couché avec la duchesse de Guiche, dont le mari ne devait pas rentrer, mais qui malheureusement était revenu à l'improviste, et auquel l'amant avait été obligé de céder la place. Cette aventure ayant été répandue, le duc de Guiche ne manqua pas de s'en plaindre à la duchesse de Grammont sa mère, qui lui répondit en plaisantant : « N'est-ce que cela ? Il n'y a pas de quoi vous effaroucher; il fallait vous y attendre : est-ce que vous croyez par hasard être le fils de votre père ? » — Nous ignorons si ce duc de Guiche est le même que le menin du duc d'Angoulême, qui habitait en 1829 rue du Faubourg-St-Honoré, et qui avait une si jolie femme, que l'on s'est permis de la faire figurer dans la *Biographie des femmes de la cour*. — Sous l'empire, cet hôtel était habité par le duc de Cadore; il est occupé aujourd'hui par l'ambassade d'Autriche.

Rue de Grenelle, n° 138, est l'ancien HÔTEL DE BEZENVAL, où l'on voyait avant la première révolution une belle collection de tableaux des plus grands maîtres. A côté de cet hôtel était l'église Ste-Valère, supprimée et démolie en 1840.

N° 40. QUARTIER DU FAUBOURG ST-GERMAIN.

Ci-devant *section de la Fontaine-Grenelle*.

Les limites de ce quartier sont : la rue de Bourgogne n^{os} impairs, le quai d'Orsay, le quai Voltaire, la rue des Sts-Pères n^{os} pairs, la rue de Grenelle n^{os} pairs jusqu'à la rue de Bourgogne.—Superficie 680,000 m., équivalant à 0,021 de la superficie totale de Paris.

On remarque principalement dans ce quartier :

L'église de Pentemont, située rue de Grenelle St-Germain, n° 108. Cette église dépendait de l'abbaye de Notre-Dame de Pentemont, fondée à Beauvais en 1217, et dont les religieuses furent autorisées en 1672 à venir à Paris, où elles achetèrent, rue de Grenelle, le couvent des religieuses du Verbe-Incarné, supprimé en 1671. En 1749 ces religieuses firent reconstruire l'église, dont le dauphin, père de Louis XVI, posa la première pierre. La forme de cette église est singulière. Le portail est orné de deux colonnes qui portent un petit fronton cintré surmonté d'un autre plus grand de forme triangulaire. Le plan de l'église est une petite croix dont les branches sont d'égale longueur. Dès l'entrée on se trouve sous le dôme, placé au centre de cette croix et appuyé sur quatre arceaux en plein cintre, qui naissent des quatre angles de la croisée. Toute l'architecture est d'ordre ionique. Entre les pilastres et les colonnes on a ménagé de petites tribunes portées sur des bandeaux, les uns cintrés et les autres carrés.

L'abbaye de Pentemont a été supprimée en 1790 et convertie en quartier de cavalerie. L'église, après avoir longtemps servi de magasin pour le dépôt des fournitures militaires, a été restaurée récemment pour servir de temple au culte protestant.

L'église St-Thomas d'Aquin, située place de ce nom. Ce n'était dans le principe qu'une chapelle appartenant au noviciat général des jacobins. L'église actuelle a été commencée en 1683, et achevée en 1740, sur les dessins de Pierre Bullet : elle a 42 m. 22 c. de longueur depuis le portail jusqu'au fond du sanctuaire ; la nef a 24 m. de hauteur sous clef ; de grands pilastres corinthiens décorent l'intérieur et soutiennent une corniche enrichie de moulures. La boiserie du chœur est fort belle ; le plafond, peint à fresque par Lemoine, représente la Transfiguration : au-dessus du maître-autel est une gloire environnée de nuages et de chérubins, d'où partent des rayons. Dans la chapelle à droite est une statue de la Vierge, et dans celle de gauche une statue de St-Vincent de Paul. Le portail de l'église St-Thomas d'Aquin offre une ordonnance de colonnes doriques, surmontée d'une autre de colonnes ioniques.

Le musée d'Artillerie, situé place St-Thomas d'Aquin. Ce musée fut établi en 1794, dans l'ancien couvent des Feuillants, d'où il a été transféré en 1797 dans le couvent du noviciat des Jacobins, fondé par le cardinal de Richelieu. Il contient de magnifiques collections d'armes anciennes et modernes, distribuées dans cinq grandes galeries. Les anciennes armes défensives, telles que cottes de mailles, armures de pied en cap, cuirasses, casques, boucliers, et autres, sont placées dans la plus vaste de ces pièces, qui a pris le nom de *Galerie des armures*. Les collections d'armes offensives, les modèles de tous les systèmes d'artillerie, une grande quantité d'autres modèles d'armes de toute espèce, de machines et d'instruments servant à l'artillerie, occupent les quatre autres galeries. Quelques trophées sont composés à la fois d'armes offensives et d'armes défensives.

La galerie des armures se trouve partagée, d'après l'ordonnance de sa colonnade, en trois parties ou travées, séparées l'une de l'autre par des colonnes accolées, surmontées d'arcades. Sur les côtés de cette galerie, et à commencer par la travée du fond, ont été rangées les armures complètes dans l'ordre chronologique, établi d'après l'année de la mort du personnage dont l'armure porte le nom. La travée du milieu appartient tout entière au xvie siècle. A l'une de ses extrémités est l'armure de Louis XII, et à l'autre le casque et les brassards de Henri IV, seules parties qui nous restent de l'armure de ce roi. Dans la travée du fond on trouve les armures les plus anciennes. La troisième travée, près de la porte principale d'entrée, est occupée par les armures les plus modernes, depuis Henri IV jusqu'à Louis XIV; époque à laquelle les armures de pied en cap furent entièrement abandonnées.

Dans chacune des quatre autres galeries est établi, en face des croisées, un râtelier garni d'armes portatives anciennes et modernes, depuis la plus ancienne des armes portatives à feu, l'arquebuse à mèche, jusqu'au fusil à platine percutante dont la découverte appartient à l'époque où nous vivons. Ce qu'il y a de plus précieux en ce genre par la beauté du travail, par la richesse des ornements, par la singularité des formes ou par l'importance historique, est conservé dans trois armoires vitrées placées dans la première, dans la troisième et dans la quatrième galerie.

En face des râteliers d'armes règne une suite de tables destinées à recevoir, 1° les modèles des bouches à feu, des affûts et des voitures qui ont été en usage dans l'artillerie depuis les premiers temps de son introduction à la guerre jusqu'à nos jours; 2° les projets relatifs à l'arme de l'artillerie, qui ont été proposés dans le même espace de temps et qui n'ont pas été adoptés; 3° les modèles des machines et des instruments employés dans le service de l'artillerie; 4° les modèles des machines, des instruments et des outils servant aux constructions des armes de guerre et aux différents métiers qui prennent part à ces constructions. Sur le parquet, sous les porte-crosses des râteliers, et sous les tables, sont placés les modèles de forte proportion.

Sur les murs, entre les croisées, sont suspendus quelques assortiments d'instruments de fabrication ou de vérification, quelques détails de construction pour divers articles de manufacture, et autres objets qui n'ont pu trouver place sur les tables qui garnissent les quatre galeries.

Le 29 juillet 1830, les patriotes s'emparèrent du musée d'artillerie, où l'on trouva quantité d'armes de toute espèce, et ce qui était plus précieux, une grande quantité de moules à balles de divers calibres. Toutes ces armes précieuses, dont on s'était servi avantageusement pour l'attaque du Louvre et de la caserne de Babylone, furent régulièrement rapportées au musée lorsqu'elles eurent cessé d'être nécessaires.

Le palais du quai d'Orsay. Commencé sous l'empire et destiné au ministère des affaires étrangères, ce palais a été achevé sous le règne de Louis-Philippe. Il se compose d'une vaste cour entourée de magnifiques bâtiments, et de deux autres cours plus petites. La principale façade, qui donne sur la rivière, présente une longue ligne de fenêtres formées par des arcs sous une colonnade toscane ; au-dessus est un même nombre de fenêtres et de colonnes d'ordre ionique. La grande cour est entourée par une double série d'arcades italiennes et de galeries ; aux quatre angles de cette cour sont quatre beaux escaliers ; l'escalier d'honneur est magnifique. Le palais d'Orsay est occupé par le conseil d'Etat et par la cour des comptes. L'entrée principale est par la rue de Lille.

Le palais de la Légion d'honneur, situé rue de Lille, n° 70. Cet élégant édifice fut bâti en 1786 pour le prince de Salm-Salm, dont il a porté le nom. Pendant la révolution il devint la propriété d'un escroc habile nommé Lieuthraud, qui, sous le nom emprunté de marquis de Boisregard, y recevait la société la plus élégante de Paris, qui s'y réunissait pour assister aux repas somptueux que donnait l'heureux amphitryon et obtenir un de ses regards. La police interrompit ces joyeux banquets en 1797 ; elle prétendit que le soi-disant marquis était complice de Brottier et de Lavilleheurnois ; il se tira toutefois de ce mauvais pas ; mais, moins heureux l'année suivante, il fut arrêté comme faussaire, mis en jugement, condamné à la marque et à quatre années de fers.

C'est à l'hôtel de Salm que Mme de Staël réunissait, sous le directoire, un conciliabule d'hommes d'Etat où Benjamin Constant fit ses premières armes dans la carrière qu'il était destiné à parcourir plus tard avec tant d'éclat.

Sous l'empire, l'hôtel de Salm fut acquis par l'Etat et donné à l'ordre royal de la Légion d'honneur. La porte d'entrée présente un arc de triomphe décoré de colonnes ioniques. Deux galeries du même ordre partent de la porte et conduisent à deux pavillons en avant-corps, dont l'attique est revêtu de bas-reliefs ; un péristyle ionique règne autour de la cour en forme de promenoir couvert et continu. Le principal corps de logis est au fond de la cour ; sa façade est relevée par un ordre de colonnes corinthiennes. Du côté du quai d'Orsay, ce palais présente l'aspect de deux bâtiments séparés par un avant-corps demi-circulaire, décoré d'un ordre corinthien.

Les appartements de ce palais sont décorés avec une élégante simplicité, soit de stuc, soit de peintures, soit de bois précieux, suivant le caractère des différentes pièces. Le salon principal, qui donne sur le quai et occupe l'avant-corps, s'élève en forme de rotonde sur un plan circulaire dont le diamètre est de 14 m.

VARIÉTÉS HISTORIQUES ET BIOGRAPHIQUES.

Quai Voltaire, nos 19, 21 et 21 bis, était le COUVENT DES THÉATINS, qui se prolongeait jusqu'à la rue de Bourbon (n° 26). Ce couvent, le seul de cet ordre en France, fut fondé en 1642 par le cardinal Mazarin. Louis XIV lui donna le nom de Ste-Anne-la-Royale, en l'honneur d'Anne d'Autriche, qui enrichit l'église de ses dons. Après la mort du cardinal, on y déposa son cœur. Le couvent des Théatins fut supprimé en 1790. Le bâtiment de l'église fut disposé en salle de spectacle où l'on ne joua jamais ; on y donna des bals, des fêtes ; en octobre 1815, on y établit le *café des Muses* ; enfin, de 1821 à 1823, cet édifice fut démoli ; des maisons particulières ont été construites sur son emplacement. — Ce quai portait alors le nom de quai des Théatins ; il a reçu le nom de quai Voltaire par arrêté du corps municipal de Paris, en date du 4 mai 1791.

C'est au bas de ce quai, sur la partie des bords de la Seine qui fait face aux Tuileries, que les restes de la célèbre tragédienne ADRIENNE LECOUVREUR, à laquelle le clergé avait refusé la sépulture, furent enterrés de nuit, le 20 mars 1730, par les soins de quelques portefaix !

Au n° 23, et rue de Beaune, n° 1, est l'HÔTEL DE VILLETTE, que Voltaire vint habiter en 1777, et où il est mort le 30 mai 1778. C'est dans l'appartement du premier étage, donnant sur le quai, que cet immortel écrivain a passé les quatre derniers mois de sa vie. Après sa mort, l'appartement qu'il avait occupé resta inhabité, et les croisées en sont constamment restées fermées pendant plus de trente années. — On assure que le conseil municipal de Paris est dans l'intention (et on ne peut trop le féliciter de cette noble résolution) de faire placer sur la partie la plus apparente de l'ancien hôtel de Villette, cette simple inscription :

```
      Ici est mort
      VOLTAIRE,
     Le 30 mai 1778.
```

Au n° 25, dans une boutique occupée par une cave de marchand de vin, demeurait en 1815 le libraire COLNET, qui a été successivement prêtre, militaire, libraire, critique, archiviste, etc. — Editeur de *Justine* et auteur de l'*Art de dîner en ville, à l'usage des gens de lettres*, sous la restauration il devint un des principaux rédacteurs de la Gazette de France, journal à la prospérité duquel il contribua pendant quinze ans, qu'il alimentait d'articles grotesques, et quelquefois de jolis articles.

Le ministre Corbière l'avait chargé des archives judiciaires, conservées alors dans la sainte chapelle; pendant quinze ans qu'il fut titulaire de cet emploi, il ne visita pas une seule fois ce dépôt, mais il ne négligea pas d'en recevoir le traitement.

Au n° 9 habitait et est mort, le 25 avril 1825, le célèbre Denon, conservateur des musées sous l'empire, directeur de tout le travail artistique de la colonne de la grande armée, et auteur de l'histoire numismatique de l'empereur, qu'il suivit dans la plupart de ses campagnes. Il avait rassemblé dans son hôtel un cabinet digne par sa richesse de devenir une propriété nationale, et qu'un gouvernement peu jaloux de la gloire des arts a laissé vendre aux enchères.

Au n° 5 demeurait en 1812 A.-C. Thibaudeau, qui obtint le plus beau triomphe national de notre première révolution; il fut nommé dans trente-deux départements député à la convention nationale et au conseil des cinq cents.

Quai d'Orsay, n° 3, demeurait vers la fin de sa vie le célèbre peintre de portraits Robert Lefèvre. Ayant perdu à la révolution de juillet les avantages qu'il avait à la cour de Charles X et la place qu'il y occupait, on assure qu'à la suite d'une affection mentale il termina ses jours par une mort volontaire, le 3 octobre 1830.

Au n° 31 est un délicieux petit hôtel construit par M. Collot, sur les dessins de Visconti.

Rue de Lille demeurait, au commencement du règne de Louis XV, Mme de Tencin: c'est chez elle que s'organisa cette cabale financière qui ne contribua pas médiocrement à mettre en vogue le fameux système de Law, ou du moins elle eut le talent de s'enrichir. Devenue plus prudente après la tragique aventure du conseiller de la Fresnaye, qui fut tué dans son appartement, elle se renferma dans la société de quelques gens d'esprit, qu'elle appelait ses bêtes, et auxquels elle donnait tous les ans pour étrennes deux aunes de velours pour leur faire une culotte. Là se rassemblaient Marmontel, Marivaux, Montesquieu, Mairan, Astruc, Fontenelle, Helvétius, et quantité d'autres hommes distingués par leur savoir et par leur esprit; là on attaquait sans façon toute l'antiquité classique, tout le xviiie siècle, et Voltaire lui-même, que Marivaux appelait *la perfection des idées communes.*

Au n° 17 est l'hôtel de Lauraguais, occupé aujourd'hui par une librairie.

Au n° 34 demeurait en 1822 le célèbre peintre Carle Vernet, dont la place est marquée, dans les fastes de la gastronomie, entre le marquis de Cussi et l'illustre Grimod de la Reinière.

Au n° 51 est l'hôtel de Valentinois.

Au n° 52 demeurait en 1822 le maréchal Jourdan, dont la conduite peut se résumer par ces mots prononcés par l'empereur à Ste-Hélène: « En voilà un que j'ai fort maltraité. Eh bien! j'ai appris avec plaisir qu'après ma chute il est demeuré constamment bien ; il a montré là cette élévation d'âme qui honore et classe les gens. Du reste vrai patriote ; et c'est une réponse à bien des choses. »

Au n° 53 est l'hôtel d'Ozembray.

Au n° 54 est l'hôtel de Praslin, bâti en 1721 sur les dessins de Bruant pour le maréchal de Belle-Isle. Cet hôtel, considérable par la quantité des appartements qu'il contient, tant du côté de la rue de Lille, où il a sa principale entrée, que du côté de la rivière, jouit de points de vue charmants sur le château des Tuileries, les Champs-Elysées, Chaillot, Passy, etc. Les façades sont richement décorées de balustrades et de vases sur les combles, avec des balcons en saillie. La terrasse du côté de l'eau est établie sur des voûtes qui forment de vastes souterrains. La cage de l'escalier est immense, et comprend toute la hauteur du bâtiment de l'angle droit de la cour. — Sous le consulat, l'hôtel de Praslin était habité par le comte Demidoff, grand seigneur d'humeur disgracieuse, dont l'épouse était une des plus aimables femmes de Paris, où elle était pour ainsi dire naturalisée, et qu'elle quitta avec la vie, pleurée de tous ceux qui la connurent, pour aller jouir du sommeil du juste au cimetière du Père-Lachaise, où son mari lui a fait élever un fastueux tombeau.

Au n° 60 demeurait en 1793 L. Garnier, député de l'Aube à la convention nationale. Vers la fin de sa vie il perdit la raison, et s'imaginait qu'on voulait l'empoisonner ; poursuivi par cette idée, il se retira dans l'une de ses propriétés, qu'il cultivait armé jusqu'aux dents ; il ne mangeait que le pain qu'il avait pétri et fait cuire lui-même, que les légumes qu'il avait apprêtés, et ne buvait que de l'eau, qu'il allait puiser journellement à une source voisine.

Au n° 73 demeurait et est morte fort avancée en âge, en 1803, Mlle Clairon. D'abord chanteuse à l'Opéra, puis tragédienne célèbre, elle se retira du théâtre de dépit d'avoir été envoyée au For-l'Evêque. Plus tard, elle épousa le prince d'Anspach, dont elle eut un fils, qui devint officier de dragons. Mme de Lalicandrie, qui se disait sa fille, a été son héritière. — Les Mémoires sur sa vie qu'a publiés Mlle Clairon ont été rédigés par feu M. Etienne, membre de la chambre des pairs et de l'Académie française, qui, à cette époque, habitait un modeste entresol, au-dessous de l'appartement de Mlle Clairon.

Au n° 86 est l'hôtel qu'habitait sous l'empire le prince Eugène Beauharnais.

Au n° 90 est l'hôtel de Montmorency, qu'habitait dans ces derniers temps le maréchal Mortier, duc de Trévise.

Au n° **94** demeurait et est mort le maréchal Masséna, grand capitaine qui sauva la France à Zurich contre les entreprises des plus habiles généraux de l'Europe. Dans la mémorable campagne d'Italie, il commandait cette intrépide division qui se distingua principalement aux débouchés du Tyrol et du Frioul, à Lonato, Castiglione, Roveredo, Bassano, St-Georges, Arcole, Rivoli et la Favorite, où elle combattit sur deux champs de bataille à 48 k. de distance, et valut à son intrépide chef le surnom d'*Enfant chéri de la Victoire*. Après la seconde rentrée des Bourbons, le cœur navré des humiliations que subissait la France, désolé de la destruction de l'ancienne armée et de l'anéantissement de ses trophées, de l'ingratitude de tant d'hommes qu'il avait protégés ou servis, Masséna mourut de chagrin le 4 avril 1817, âgé seulement de cinquante-neuf ans. Son convoi réunit, pour la première fois depuis le fatal licenciement, les débris dispersés de la vieille armée française : tous les braves qu'une police ombrageuse n'avait pas chassés de Paris se pressèrent autour des restes de cet illustre guerrier. Auprès et à la suite de son cercueil on voyait tous les grades se confondre, tous les uniformes de la révolution et de toutes les armes. L'émigration seule fit défaut, et, en s'abstenant de paraître à ce patriotique cortège, ne montra que trop qu'elle répudiait à jamais cette gloire dont le souvenir lui était importun.

Au n° **105** était l'hôtel de Forcalquier, où tenait ses séances la pire de toutes les coteries du siècle dernier, celle dite du *Salon vert*, école de satire, de médisance et de noirceur ; on y cabalait contre toute espèce de réputation et de mérite : hommes, femmes, grands et petits, personne n'était épargné. On a cependant une obligation très-grande à cette société, elle nous a valu *le Méchant*.

Rue de l'Université, n° 9, était l'hôtel de Villeroi, sur l'emplacement duquel on a percé en 1843 la rue Neuve-de-l'Université.

Au n° **17** demeurait en 1830 le maréchal Bourmont. Gentilhomme de la chambre de Louis XVI, il émigra en 1791, et entra en France à main armée avec le prince de Condé ; il passa ensuite dans la Vendée, où il prit une part active à la guerre civile. Enfermé au Temple après l'explosion de la machine infernale, et transféré ensuite dans la citadelle de Besançon, il parvint à s'évader et se retira en Portugal, où il fit la connaissance de Junot, qui le fit nommer colonel dans l'armée de Naples et ensuite général. En 1814, il se distingua par sa défense de Nogent-sur-Seine, mais peu après il fut un des premiers généraux qui reconnurent l'autorité du roi. Pendant les cent jours il obtint le commandement de la sixième division du corps d'armée sous les ordres du général Gérard ; le jour qui précéda la bataille de Waterloo, il passa à l'ennemi. Il figura ensuite dans le procès du maréchal Ney, et contribua beaucoup par ses dépositions à le faire condamner. En 1829 il fit partie du ministère Polignac, et eut le portefeuille de la guerre. En 1830 il commandait l'expédition d'Alger, et dut à cette circonstance de n'être pas impliqué dans le procès des ministres après la révolution de juillet. Depuis, il essaya de ranimer la guerre civile dans la Vendée, où il accompagna la duchesse de Berry dans sa folle entreprise. Il mit ensuite son talent militaire au service de don Miguel en Portugal, ce qui lui fit appliquer les dispositions du Code concernant les Français qui servent en pays étranger sans autorisation : en vertu de ces dispositions, M. de Bourmont a cessé d'être Français.

Au n° 18 demeurait en 1808 M. CHAUVEAU-LAGARDE, courageux défenseur de la reine Marie-Antoine, du général Miranda, de Brissot et de Charlotte Corday.

Au n° 26 demeurait en 1817 M. CAPELLE, qui de l'état de comédien s'éleva à une haute fortune politique. Après avoir joué les amoureux avec beaucoup de succès, cet acteur, passant à un emploi plus grave, joua un instant le rôle de ministre dans la *comédie de quinze ans*.

Au n° 57 est l'ancien HÔTEL DE PÉRIGORD qu'occupait sous le directoire Mme de Caseaux, qui y donna les premiers beaux bals qui eurent lieu à Paris après la révolution. C'est aujourd'hui l'hôtel du MARÉCHAL SOULT, qui y a rassemblé une petite collection de magnifiques tableaux de l'école espagnole. — C'est dans cet hôtel que demeurait en 1822 le baron BRUN DE VILLERET, ancien aide de camp du maréchal Soult, sous les ordres duquel il fit les principales campagnes de l'empire, et qu'il sauva en 1815 de la fureur des réactionnaires, qui brûlaient d'immoler un de nos plus illustres guerriers.

Au n° 58 demeurait en 1783 le VICOMTE DE NOAILLES. Après s'être illustré dans les guerres de l'indépendance américaine, il devint l'un des plus célèbres généraux de la république, à la fondation de laquelle il contribua en proposant l'égale distribution des charges, le remboursement des droits féodaux, la suppression sans rachat des corvées seigneuriales et des servitudes personnelles, l'abolition de la noblesse et de tous les genres de survivance.

Au n° 77 demeurait en 1822 M. DUPLESSIS DE GRENEDAN, membre de la fameuse chambre introuvable. Dans la discussion sur l'établissement des cours prévôtales, il proposa de remplacer l'instrument de supplice en usage, et de substituer au supplice de la décollation celui du gibet. Nous devons dire, pour être juste, que la chambre accueillit cette atroce proposition par les cris *à l'ordre ! à l'ordre !* et par les plus violents murmures.

Au n° 82 habite M. ALP. DE LAMARTINE, orateur distingué de la chambre des députés et l'un des plus grands poëtes de notre époque.

Au n° 90 demeurait en 1845 le DUC DE BROGLIE, fils du député de ce nom à l'assemblée nationale. Membre de la chambre des pairs de 1814, son premier vote est un des traits qui honore le plus son caractère. Parvenu à sa trentième année la veille du jour où eut lieu l'inique condamnation du maréchal Ney, il revendiqua son droit délibératif et vota pour un acquittement pur et simple. Pendant toute la restauration il se montra le constant adversaire des mesures réactionnaires, et éleva souvent la voix en faveur des libertés publiques. Nommé président du conseil des ministres le 11 août 1830, il sortit du ministère le 2 novembre suivant, reprit le portefeuille des affaires étrangères le 10 octobre 1832, qu'il quitta le 4 avril 1834.

Rue de Belle-Chasse, n° 22, demeurait en 1825 le COMTE DE LA BOURDONNAYE, l'une des plus fougueuses notabilités réactionnaires de la restauration ; il ne se souvenait plus d'avoir été amnistié par la révolution, et paraissait avoir oublié qu'il s'était fait un titre de gloire auprès de l'empereur d'avoir eu le bonheur d'acclimater la conscription dans le département de Maine-et-Loire.

Dans la partie de la rue de Belle-Chasse comprise entre les rues St-Dominique et de Grenelle, était le couvent des chanoinesses du St-Sépulcre de Jérusalem, dites RELIGIEUSES DE BELLE-CHASSE, prieuré de chanoinesses du St-Sépulcre, transféré de Philippeville en cet endroit en 1636. La communauté qui le composait était formée d'environ vingt religieuses qui suivaient la règle de St-Augustin et qu'on appelait autrefois les filles à Barbier, du nom d'un fameux traitant qui leur avait donné une partie du vaste espace qu'occupait le couvent de Belle-Chasse, sur lequel on a percé les rues Las-Cases, Martignac, Casimir Périer, et où on a formé une place dont une superficie de 3,880 m. a été réservée pour y bâtir une église.

Rue St-Dominique, n° 33, est le magnifique HÔTEL DE LUYNES, autrefois hôtel de Chevreuse, bâti par la duchesse de Chevreuse sur les dessins de Lemuet.

Au n° 51 demeurait et est mort en 1807 le BARON DE BRETEUIL, ambassadeur en Russie, en Suède, en Hollande et à Naples et ministre du département de Paris sous Louis XVI. C'est à ses soins que Paris doit la démolition des maisons qui obstruaient le quai de Gèvres et plusieurs ponts de Paris, et l'établissement du marché des Innocents. Il donna sa démission sous le ministère de Calonne, fut mis à la tête du ministère après le renvoi de Necker, et se retira en Suisse après le 14 juillet.

Au n° 54 est l'ancien HÔTEL CONTI, où demeurait et est mort l'illustre MARÉCHAL KELLERMANN, duc de Valmy.

Aux n°ˢ 58 et 60 est l'ancien HÔTEL MOLÉ, récemment agrandi et restauré, et affecté au ministère des travaux publics.

Au n° 70 demeurait en 1816 le COMTE CHAPTAL, ministre de l'intérieur sous l'empire et l'un des plus savants chimistes de cette époque.

Au n° 72 habite Mme DE MIRBEL, qui depuis plusieurs années occupe le premier rang parmi les peintres en miniature de notre époque.

Aux n°s 82, 84 et 86 était le couvent des FILLES DE ST-JOSEPH DE LA PROVIDENCE, établi en 1638 pour y entretenir de pauvres orphelines, les élever dans la piété et les occuper à des ouvrages convenables à leur sexe. La marquise de Montespan a été une des bienfaitrices de cette maison, qu'elle fit reconstruire en 1684, et à laquelle elle donna de grands biens. Ce couvent fut supprimé en 1790, et les bâtiments ont été affectés aux bureaux du ministère de la guerre.

Au n° 87 est l'HÔTEL DE LIGNERAC, qu'habitait sous l'empire le savant médecin CORVISART.

Aux n°s 88 et 90 est l'ancien HÔTEL DE BRIENNE, où est mort en 1794 M. DE LOMÉNIE DE BRIENNE, ministre de Louis XVI. — Vers la fin du siècle dernier l'hôtel de Brienne fut pendant longtemps le rendez-vous d'hommes supérieurs et même célèbres, parmi lesquels on cite Marmontel, Chamfort, la Harpe, Buffon, Malesherbes, Condorcet, Turgot, Morellet, Suard, Helvétius et sa femme, et plusieurs artistes de mérite, tels que David, Piccini, etc., etc. Après la révolution Lucien Bonaparte acheta cet hôtel, où il avait réuni une belle collection de tableaux, et l'habita jusqu'à son départ en 1804, époque où il le céda à sa mère, Mme Lætitia, qui l'habitait sous l'empire. Il est aujourd'hui affecté au ministère de la guerre.

Au n° 105 demeurait et est mort en 1823 le MARÉCHAL DAVOUST, prince d'Eckmull. Ministre de la guerre pendant les cent jours, il était aux Tuileries lorsque M. de Flahaut, aide de camp de l'empereur, s'y présenta après l'abdication de Napoléon, pour offrir la coopération de ce monarque pour défendre la capitale. Davoust, affectant de ne voir dans cette mission qu'un subterfuge à l'aide duquel l'ex-empereur essayait de différer son départ, répondit au général Flahaut d'un ton brutal et méprisant : « Votre Bonaparte ne veut point partir, mais il faudra bien qu'il nous débarrasse de sa personne ; sa présence nous gêne, nous importune. S'il espère que nous le reprendrons, il se trompe, nous n'en voulons plus. Dites-lui de ma part qu'il faut qu'il s'en aille, et que, s'il ne part à l'instant, je le ferai arrêter ; *que je l'arrêterai moi-même.* » Le général Flahaut fit au maréchal Davoust la seule réponse qu'il méritât : « Je me respecte trop, dit-il, je respecte trop la personne et l'infortune de l'empereur pour lui reporter vos paroles..... Allez-y vous-même, monsieur le maréchal : cela vous convient mieux qu'à moi. »

Aux n° 121 et 123 est le palais du banquier hollandais Hope, qui tient au nord à la rue St-Dominique, au couchant à la rue d'Austerlitz, et au midi à la rue de Grenelle; il couvre l'emplacement de l'ancien hôtel Wagram, jadis hôtel de Monaco, et de l'église Ste-Valère. Il n'existe peut-être pas dans toute l'Europe un particulier qui possède un palais aussi grandiose : tout y est véritablement royal. Ce ne sont partout que bronzes, girandoles, candélabres, lustres, meubles somptueux, porcelaines, cristaux, dorures, tableaux, chefs-d'œuvre des arts en tout genre. Peu de palais offrent un salon comparable au salon cramoisi. On admire aussi la salle à manger, qui a 28 m. de long, 15 m. de large et 12 de hauteur; elle est revêtue jusqu'à la corniche du marbre le plus rare et du plus beau porphyre. Ce palais a été construit de 1838 à 1842, les artistes et les fabricants français seuls ont été admis à concourir à la construction, à l'ornement et à l'ameublement de ce palais.

Au n° 212 est l'hôpital militaire du Gros-Caillou, fondé en 1765 par le duc de Biron pour les gardes françaises (800 lits).

La rue St-Dominique a été le théâtre du premier et de l'un des plus sanglants épisodes de la révolution. En 1788, après la démission du garde des sceaux de Lamoignon, quelques jeunes gens s'étant réunis pour brûler en effigie cet ex-ministre, on les poursuivit jusque dans la rue St-Dominique, où deux corps de troupes entrèrent par les deux extrémités, chargèrent à coups de baïonnettes tout ce qui s'y trouvait, sans aucune distinction, et firent une horrible boucherie de ces malheureux qui, bien loin d'attaquer et de chercher à se défendre, levaient les mains au ciel et demandaient grâce avec les cris déchirants du désespoir. La même scène se répéta dans la rue Meslay, où demeurait le chevalier Dubois, commandant du guet. Après ces massacres, le parlement manda le chevalier Dubois et le maréchal de Biron, gouverneur de Paris. Le commandant du guet comparut, et produisit, pour se justifier, un ordre supérieur ; il fut acquitté : mais le peuple le haïssait tellement, que peu de temps après il dut s'enfuir de Paris. Le maréchal de Biron ne crut pas devoir comparaître, et s'excusa sur l'état de sa santé ; il était vieux et infirme, et mourut peu de temps après, de la peine que lui causa cette malheureuse affaire.

Mlle de Lespinasse, née en 1732, morte en 1776, demeurait dans cette rue, où elle tenait un cercle composé tous les soirs d'hommes et de femmes du premier rang, d'ambassadeurs, de seigneurs étrangers, et de gens de lettres les plus marquants ; c'était presque un titre de considération d'être reçu dans cette société, dont Mlle de Lespinasse faisait le principal agrément; peu de femmes ont eu plus d'esprit naturel, moins d'envie d'en montrer, et plus de talent pour faire valoir celui des autres.

Rue de Grenelle-St-Germain, n° 116, est l'ancien HÔTEL ROCHE-

CHOUART, construit par Cherpitel, et occupé aujourd'hui par le ministère de l'instruction publique.

Aux n°s 122 et 154 est l'HÔTEL DE BRISSAC, occupé aujourd'hui par l'ambassade de Naples.

Rue du Bac, n° 13, était l'hôtel des mousquetaires gris du roi, converti en 1780 en un marché, dit MARCHÉ DE BOULAINVILLIERS, supprimé et converti en maisons particulières en 1843.

Au n° 34 est l'ancien HÔTEL VALBELLE, où demeurait et est mort en 1834 le comte LANJUINAIS, député aux états généraux en 1789, membre de l'assemblée nationale et de la convention, et l'un des caractères les plus honorables de notre première révolution.

Au n° 42 est l'HÔTEL DE BOULOGNE, où sous le consulat on donnait des bals dans l'un des plus beaux salons de Paris. Il est occupé en partie aujourd'hui par les bureaux de la société d'encouragement.

Au n° 58 était le couvent des RELIGIEUSES DE LA VISITATION, fondé en 1673 et supprimé en 1790.

Au n° 84 est un hôtel qui a été longtemps occupé par le ministère des affaires étrangères.

ONZIEME ARRONDISSEMENT.

Les limites de cet arrondissement sont, en partant de la barrière de Vaugirard : la rue de Vaugirard n^{os} impairs jusqu'à la rue du Cherche-Midi ; la rue du Cherche-Midi n^{os} impairs, la rue du Four St-Germain n^{os} impairs, la rue des Boucheries n^{os} impairs, la rue de l'Ancienne-Comédie n^{os} impairs, la rue Dauphine n^{os} impairs, le Pont-Neuf jusqu'au quai de l'Horloge, le quai de l'Horloge, la rue de la Barillerie n^{os} pairs, le quai St-Michel, la rue St-Jacques n^{os} pairs, la rue St-Dominique d'Enfer n^{os} pairs, la rue de l'Est n^{os} pairs, le derrière des bâtiments de l'hospice de la Maternité, le mur d'enceinte de la barrière d'Enfer à la barrière de Vaugirard.

N° 41. QUARTIER DU LUXEMBOURG.

Ci-devant *section de Mutius Scævola.*

Les limites de ce quartier sont : la rue de Vaugirard n^{os} impairs, de la rue des Francs-Bourgeois à la rue de Condé, la rue de Condé n^{os} pairs, la rue des Boucheries n^{os} impairs, la rue du Four St-Germain n^{os} impairs, la rue du Cherche-Midi nos impairs, la rue du Regard nos impairs, la rue de Vaugirard nos impairs jusqu'à la barrière de ce nom, le mur d'enceinte de la barrière de Vaugirard jusqu'au bâtiment de la Maternité, les murs extérieurs de cet établissement et ceux qui entourent le palais, le jardin et dépendances de la chambre des pairs jusqu'au coin de la rue de Vaugirard. — Superficie 1,510,000 m. carrés, équivalant à 0,046 de la superficie totale de Paris.

Les édifices et établissements remarquables de ce quartier sont :

L'église St-Sulpice, située place de ce nom. Cette église occupe l'emplacement d'une chapelle construite en 1211, réédifiée et agrandie en 1646, et remplacée par l'église actuelle en 1655 ; l'architecte Levau en fournit les premiers dessins. Dix-huit années furent employées à la construction du chœur et de ses bas côtés. Cette partie étant achevée en 1672, on continua pendant les années suivantes la construction de la croisée ; mais, en 1678, les travaux furent suspendus par défaut de finances. En 1718, on s'occupa de la continuation de l'édifice. Le curé Languet, à force de quêtes et de sollicitations, pressura les bourses, épuisa la libéralité de ses paroissiens, et se procura des fonds considérables. En 1721, il obtint une loterie, et les profits de cette institution immorale contribuèrent beaucoup à l'achèvement de l'église, dont la nef fut entièrement construite en 1736. Le portail, fondé en 1733, fut élevé sur les dessins de Servandoni, habile architecte qui a laissé dans cette composition un monument de son talent, de la pureté de son goût, de sa belle imagination, et des preuves incontestables de sa supériorité sur les architectes qui, avant lui, avaient travaillé à l'édifice de St-Sulpice ; ce portail fut en grande partie achevé en 1745 ; les tours et quelques autres accessoires s'élevèrent plus tard. La longueur de l'église, depuis la première marche de sa façade principale jusqu'à l'extérieur du mur de la chapelle de la Vierge, est de 109 m.; sa hauteur, du pavé à la voûte, de 32 m.; la longueur du chœur est de 30 m.; la largeur totale de l'édifice est de 56 m. 43 c.; la hauteur des tours est 70 m. Le portique se compose de deux ordonnances, dorique et ionique.

Aux deux extrémités s'élèvent deux corps de bâtiments carrés, unis à leur base par une balustrade, supportant deux tours différentes. Celle du midi, élevée en 1749, par Maclaurin, est composée de deux ordonnances : la première, octogone ; la seconde, circulaire. La tour septentrionale, construite en 1777, par Chalgrin, diffère de la première par une plus grande élévation et une première ordonnance quadrangulaire. Aux extrémités du portail, et à l'aplomb des tours, sont, dans leur rez-de-chaussée, deux chapelles : l'une est un baptistère, l'autre un sanctuaire pour le viatique. Chacune est ornée de quatre statues allégoriques, sculptées par Mouchi et Boizot. Les fonts baptismaux, dessinés par Chalgrin, sont précieux par leur matière et par leur forme. La tribune sur laquelle repose le buffet d'orgue, est soutenue par des colonnes composites. Les piliers de la nef et du chœur sont ornés de pilastres corinthiens et revêtus de marbre jusqu'à 1 m. 66 c. de hauteur. La disposition de l'autel principal, en marbre blanc, avec ornements dorés d'or moulu, placé entre la nef et le chœur, est grande et majestueuse. Une balustrade circulaire, dont les balustres, de bronze, supportent une tablette de marbre précieux, en défend l'accès. Le chœur est orné de douze statues en pierre de Tonnerre, représentant les Apôtres, par Bouchardon. A l'entrée de la nef sont deux valves d'un énorme coquillage, supportées par deux rochers de marbre blanc sculptés par Pigale. L'œil est ensuite frappé de l'ordonnance singulière de la chaire, exhaussée, par son double escalier, entre deux piliers. Sur le pavé de la croisée est tracée, sur une plaque de cuivre, une ligne méridienne se prolongeant au vrai nord, sur un obélisque de marbre blanc de 8 m. 33 c. de hauteur. Le rayon solaire y est introduit par une ouverture de 3 c. de diamètre, pratiquée à 25 m. d'élévation, dans une plaque de laiton placée dans la fenêtre méridionale de la croisée, qui, du reste, est entièrement close. Cette méridienne, établie en 1743 par Henri Sully, a pour objet de fixer d'une manière certaine l'équinoxe du printemps et le jour de Pâques. — Plusieurs chapelles sont ornées de fresques curieuses. Dans la troisième, on remarque à la droite de la porte d'entrée, une Descente de croix d'Abel de Pujol, et diverses circonstances de la vie de saint Roch. Dans la chapelle immédiatement au-dessus, M. Vinchon a retracé le moment où saint Maurice refuse de sacrifier aux faux dieux, puis son martyre, enfin l'instant où il entre dans la félicité céleste. Dans la chapelle suivante, on voit le mausolée de M. Languet de Gergy, curé de cette paroisse, par Slodtz; il est représenté à genoux sur sa tombe, les mains jointes, et regardant le ciel qu'un ange lui montre du doigt; derrière est la Mort, armée de sa faux. Aux côtés de la porte de la sacristie sont les statues de saint Pierre et de saint Jean l'évangéliste, par Pradier. Le tableau de la chapelle au-dessus représente une Prédication de saint Denis. Celui de la suivante, l'Assomption; puis saint Fiacre refusant la couronne d'Ecosse, par de Juine. Dans la chapelle supérieure est un saint Michel terrassant Lucifer, copie de Raphaël, par Mignard. Sur la gauche est la chapelle de saint Vincent de Paul, peinte à fresque par Guillemot.

Le savant Claude du Puy a été enterré dans cette église, ainsi que l'érudit Michel de Marolles; le mathématicien Fr. Blondel; l'orientaliste d'Herbelot; la comtesse d'Aulnoy; Roger de Piles, de l'académie de peinture; Sophie Chéron, qui s'est distinguée également dans la peinture et dans les lettres; le grand peintre Jouvenet; le savant Etienne Baluze; le maréchal et vice-amiral Coetlogon.

On remarquait autrefois dans cette église une statue de la Vierge, d'argent massif, de grandeur naturelle, qui fut portée à la monnaie pendant la révolution et convertie en numéraire. — Le curé de cette paroisse ayant refusé alors de prêter le serment civique imposé à tous les fonctionnaires publics, à cette occasion un officier municipal monta dans la chaire et adressa aux citoyens le discours suivant : « Messieurs, la loi n'oblige point cet homme à prêter serment à la nation, s'il ne lui convient point de la servir. Mais il a encouru par son refus la destitution de l'emploi public qui lui était confié ; il ne sera bientôt plus votre pasteur, et vous serez appelés à en nommer un autre qui soit plus digne de votre confiance. » Ce qui eut lieu quelques jours après.

Pendant le cours de la révolution, l'église St-Sulpice reçut primitivement le nom de *temple de la Raison*, qu'elle changea pour celui de *temple des Victoires;* elle fut alors affectée à la célébration des fêtes civiques. Entre autres fêtes qui y furent célébrées, nous citerons les suivantes :

Le 30 vendémiaire an ix, on y célébra une fête aux vertus de Marc Aurèle.

Le 30 brumaire an ix, on y célébra une fête à l'héroïsme de Guillaume Tell.

Le 20 pluviôse an ix, on y célébra une fête dont la collecte fut destinée au soulagement des victimes de l'attentat du 3 nivôse.

Le 15 brumaire an viii, trois jours avant la révolution du 18 du même mois, un banquet par souscription fut donné dans cette église au général Bonaparte à son retour d'Egypte, et au général Moreau, par les membres du conseil des anciens et du conseil des cinq cents, réunis au nombre de six à sept cents. C'est au sortir de ce banquet que Bonaparte se rendit chez Siéyès pour fixer le lieu et l'heure de la conjuration.

Les théophilanthropes tinrent leurs séances dans cette église sous le directoire, à des heures où le culte catholique n'était point célébré.

L'église des Carmes, située rue de Vaugirard, n° 70. Cette église, dépendait de l'ancien couvent des Carmes déchaussés, fondé par Marie de Médicis en 1631 et supprimé en 1790. C'est maintenant une congrégation de carmélites, établie en 1796 par Mme la comtesse de Soyecourt : on y voit une coupole à fresque représentant Elie enlevé aux cieux dans un char de feu. — La reine Marie de Médicis avait dans cette église une chapelle où elle assistait publiquement aux grandes solennités, et où l'on voyait une belle statue colossale en marbre de la Vierge et de l'enfant Jésus, qui est aujourd'hui à Notre-Dame. — En 1791 on avait fait du couvent des Carmes une maison d'arrêt destinée aux prêtres insermentés. En 1792 on y enferma aussi des laïques. — Lors des massacres de septembre, la bande du féroce Maillard, après avoir égorgé vingt-quatre prêtres à l'Abbaye, se porte à l'église des Carmes, où deux cents prêtres avaient été enfermés, pénètre dans l'intérieur du sanctuaire, et égorge les malheureux prêtres qui priaient le ciel et s'embrassaient les uns et les autres à l'approche de la mort. Les forcenés, après s'être servis de leurs sabres, emploient les armes à feu, et font des décharges générales dans le fond des salles, dans le jardin, sur les murs et sur les arbres, où quelques-unes des victimes cherchaient à se sauver. — Mme Beauharnais, depuis épouse de Napoléon et impératrice des Français, détenue dans cette maison, avait obtenu sa liberté comme par miracle, peu de temps avant ces affreux massacres.

Les carmes déchaussés prétendaient avoir le secret d'une eau à laquelle ils attribuaient des effets merveilleux, et dont ils faisaient un débit considérable, sous le nom d'eau de mélisse des carmes. Ste-Foix, en parlant de ces moines, qui, malgré leurs grands revenus, continuaient toujours à mendier, dit plaisamment : « Les richesses ne les enorgueillissent pas; ils continuent toujours d'envoyer des frères quêteurs dans les maisons. »

Palais du Luxembourg. Jacques Desbrosses commença en 1615 ce palais d'après le modèle du palais Pitti de Florence, sur l'emplacement de l'ancien *hôtel de Neuf*, habité en 1540 par Robert de Harlay de Soucy et acheté plus tard par le duc de Piney-Luxembourg, qui en fit agrandir les jardins en 1583. La reine Marie de Médicis en fit l'acquisition en 1612 afin de dégager le monument et pour agrandir encore le jardin. Cette reine acheta la ferme du pressoir de l'Hôtel-Dieu, les clos de Vigneray appartenant aux chartreux, et une grande propriété faisant partie des fermes d'Antoine Arnaud. — En quelques années le palais fut terminé; de belles sculptures, dues à des artistes du temps, enrichirent la façade du côté de la cour, et parmi les belles décorations qui ornèrent l'intérieur, se trouvèrent les vingt-quatre magnifiques pages de Rubens, que l'on voit maintenant au Louvre. De toutes ces belles peintures primitives, il ne reste plus que l'admirable chambre à coucher de Marie de Médicis, dont les boiseries et les plafonds ont été peints par Rubens et par Philippe de Champagne.

Les propriétaires qui se sont succédé dans cette royale demeure l'ont tous richement dotée d'œuvres d'art plus ou moins remarquables; les tableaux appartenant à la reine douairière d'Espagne, puis un choix des peintures du cabinet du roi trouvèrent place à côté des chefs-d'œuvre de Rubens. Jusqu'en 1780, tous ces ouvrages décoraient les appartements; à cette époque on conçut l'idée de former un musée au Louvre, et on enleva tous les tableaux du Luxembourg, que l'on transporta dans les magasins de la liste civile. Ce projet, arrêté au commencement de son exécution, fut abandonné; on n'ouvrit pas les galeries du Louvre, et l'on ne replaça pas les tableaux du Luxembourg. La révolution éclata; les victoires se succédèrent; la France conquit les chefs-d'œuvre de l'Europe; statues, tableaux arrivèrent à Paris précédés et suivis par nos armées victorieuses. Napoléon remplit l'immense galerie du Louvre du produit de nos conquêtes ; il rendit au Luxembourg son ancienne richesse, et l'augmenta encore de deux importantes collections ; la vie de saint Bruno, de Lesueur, et la collection des ports de France, de Joseph Vernet. En 1815, lorsque les armées étrangères reprirent une grande partie des trophées conquis par nos armes, on dépouilla le Luxembourg de sa riche parure de l'histoire de Marie de Médicis, de saint Bruno et de la collection des ports de France, qui vinrent prendre au Louvre les places restées vides. A cette époque fut créé le musée moderne du Luxembourg, destiné à recevoir les œuvres les plus remarquables des artistes contemporains.

Le palais du Luxembourg, construit par la reine Marie de Médicis, lui servit tour à tour de royale habitation et presque de prison. Cette reine, qui mourut dans l'indigence à Cologne en 1642, légua le Luxembourg à son second fils Gaston d'Orléans. Le *palais Médicis*, devenu le *palais d'Orléans*, passa à la duchesse de Montpensier, qui en fit l'acquisition pour le prix de cinq cent mille francs. En 1672 il devint la propriété de Mme Elisabeth d'Orléans, duchesse de Guise et d'Alençon, qui en fit présent à Louis XIV en 1694, et le Luxembourg passa ainsi du domaine privé à la liste civile. — Après la mort de Louis XIV, le Luxembourg devint le théâtre des galanteries d'une princesse royale, de la duchesse de Berry, à laquelle le régent en avait fait présent. Cette Messaline française y célébra ses dégoûtantes saturnales ; elle fit murer toutes les portes du jardin, une exceptée, pour pouvoir se livrer, sans d'autres témoins que ses complices, à ses honteuses débauches : par les beaux soirs d'été, demi-nue au milieu de ses mignons, elle prostituait la dignité royale, et privait déjà Louis XV, encore enfant, de cette auréole majestueuse qui avait resplendi autour de la tête de son bisaïeul. — Le Luxembourg fut ensuite occupé successivement par la duchesse de Brunswick et par la reine douairière d'Espagne, après la mort de laquelle il rentra au domaine de la couronne. Louis XVI le donna à son frère, le comte de Provence (depuis Louis XVIII), qui l'habita jusqu'à l'époque de son évasion de Paris.

Ce prince avait fait bâtir pour Mme de Balbi, sa maîtresse, une jolie maison avec un jardin anglais, donnant à l'extrémité du Luxembourg, et dont l'entrée se trouve aujourd'hui au n° 41 de la rue Madame; une porte secrète communiquait de cette maison au jardin. L'imagination du comte de Provence faisait tous les frais de cette passion, la constitution physique de ce prince ne lui permettant pas d'autre sentiment. — Mme de Balbi avait un esprit d'ange, une physionomie expressive, des yeux admirables et une taille divine, agréments qui lui attirèrent une foule d'adorateurs, dont le préféré fut le comte d'Artois, frère de l'adorateur en titre ; elle était fille de Mme de Caumont, gouvernante des enfants du comte d'Artois, et avait épousé un comte génois, colonel à la suite du régiment de Bourbon, qui, l'ayant trouvée couchée avec un homme de la cour, voulut la tuer ainsi que son enfant; afin d'éviter les suites de cet éclat, on supposa que cet époux infortuné était fou, on le traita en conséquence, et l'exaspération où le mit un pareil traitement lui fit réellement perdre l'esprit. — Mme de Balbi, dans le plus fort de sa faveur, s'amusait à Hambourg, et prenait si peu de précautions pour cacher ses intrigues, que Monsieur en fut instruit et lui écrivit une longue lettre où se trouvait cette phrase: « Vous êtes innocente, je le sais; mais, ma chère comtesse, *songez que la femme de César ne doit pas même être soupçonnée.* » — L'impudente comtesse répondit par la lettre suivante, qui n'avait que ces trois lignes :

« Je ne comprends rien à tout ce que vous me dites ; car vous n'êtes pas César, et vous savez bien que je n'ai jamais été votre femme. » — Mme de Balbi était une femme de beaucoup d'esprit, qui a été fort liée sur la fin de sa vie avec M. François de Neufchâteau ; elle est morte dans un état voisin de l'indigence vers la fin de 1839.

Pendant la révolution, le Luxembourg fut transformé en prison. On y a enfermé plus de deux mille individus des deux sexes, de tous les rangs, de tous les partis, de toutes les factions. Sous la terreur, cet édifice fut celui qui fournit le plus de victimes au tribunal révolutionnaire. Les premiers détenus furent les députés accusés de fédéralisme, auxquels on joignit bientôt des étrangers des deux sexes. — Le Luxembourg est si étendu et a tant d'issues, qu'un régiment de sentinelles aurait à peine suffi pour s'assurer des prisonniers. La police para à cette difficulté en entourant tout le palais d'une enceinte de planches fort serrées et très-élevées. Des sentinelles placées en dehors empêchaient d'approcher de cette enceinte, autour de laquelle on fit tendre une corde qu'il était défendu de dépasser ; puis, pour plus de sûreté, on fit attacher à chaque arbre cette inscription : « Citoyens, passez vite votre chemin, sans lever les yeux sur cette maison d'arrêt. » Ce fut dans la prison du Luxembourg que furent renfermés Danton, Camille Desmoulins, Thomas Payne, Lacroix, Réal, Philippeaux, Bazire, Hérault de Séchelles, Chabot, Fabre d'Eglantine, Chaumette et toute la bande des cordeliers, Hébert dit le Père Duchesne, les deux comédiens Grammont père et fils, etc., etc. Là furent détenues Mme de Beauharnais, qui fut depuis l'impératrice Joséphine ; elle occupait la même chambre que Mme de Custine ; Mme de Lameth, Mme la duchesse d'Aiguillon. Le célèbre peintre David, arrêté à la suite des événements de prairial an III (20 mai 1795), fut enfermé au Luxembourg, où il fit l'esquisse de son tableau des Sabines.

En 1795, les directeurs choisirent le Luxembourg pour leur demeure, et l'histoire secrète de la révolution a consacré de nombreuses pages aux saturnales et aux fêtes désordonnées qu'y donna Barras ; pendant trois ans, les lois et decrets furent datés de ce palais. Lors de l'installation du directoire, les royalistes exercèrent leurs petites vengeances en écrivant des traits malins ou injurieux jusque dans les guérites des sentinelles. Un jour on lisait non loin du palais directorial : *Manufacture de sires à frotter;* un autre jour : *Nous ne pouvons pas continuer la guerre avec cinq cartouches;* et plus loin : *Les Anglais ne se dé-Pitt-eront que quand les Français seront de-Barras-sés;* mais cette petite guerre de lazzi acérés fut aussi courte que frivole. La position du directoire ne prêtait pas cependant à la plaisanterie; l'état de la France était affreux quand il s'installa; les caisses et les greniers étaient vides, et cependant le gouvernement était chargé de nourrir les grandes villes. On imprimait la nuit les assignats qui, encore humides, devaient solder les dépenses du lendemain. Une pièce des Tuileries était remplie jusqu'au plafond de dépêches qui n'avaient jamais été ouvertes, adressées des armées, de l'étranger, des départements, aux comités de la convention. Le fil de l'administration était rompu, et la dissolution complète. Ce fut dans cet état de choses que, par une froide matinée d'automne, les quatre premiers directeurs se réunirent dans une chambre démeublée du Luxembourg, n'ayant qu'une petite table boiteuse, quelques chaises, un cahier de papier à lettres, un encrier et quelques bûches empruntées au concierge. Ils surmontèrent cependant leur profond découragement, et annoncèrent aux deux conseils que le directoire exécutif était constitué. L'effet de cette nouvelle fut immense : la France avait enfin un gouvernement. Au bout d'un an l'abondance était revenue, le numéraire avait remplacé le papier-monnaie, et l'administration marchait.

Le 20 frimaire an VI (10 décembre 1797), le directoire exécutif donna au Luxembourg une fête triomphale au général Bonaparte pour la remise du traité de Campo-Formio; elle n'eut pas lieu dans la salle des audiences du directoire, mais dans la grande cour du Luxembourg, où tout avait été disposé pour rendre cette solennité l'une des plus imposantes de la révolution. Les directeurs étaient rangés au fond de la cour, sur une estrade, au pied de l'autel de la patrie, et revêtus du costume romain. Autour d'eux, les ministres, les ambassadeurs, les membres des deux conseils, la magistrature, les chefs des administrations, étaient placés sur des siéges, rangés en amphithéâtres. Des trophées magnifiques, formés par les innombrables drapeaux pris sur l'ennemi, s'élevaient de distance en distance, tout autour de la cour; de belles tentures tricolores en ornaient les murailles; des galeries portaient la plus brillante société de la capitale; des corps de musiciens étaient placés dans l'enceinte; une nombreuse artillerie entourait le palais, et ajoutait ses détonations aux sons de la musique et au bruit des acclamations. Lorsque parut le général de l'armée d'Italie, la sensation fut extrême; des acclamations unanimes éclatèrent à la vue du personnage si simple, qu'environnait une telle renommée; les cris de *Vive la république, vive Bonaparte,* éclatèrent de toutes parts. M. de Talleyrand prononça un discours où il s'efforça de rapporter la gloire du général à la révolution, aux armées et à la grande nation. Le vainqueur de l'Italie prononça d'un ton ferme un discours où il félicita le directoire d'être parvenu à triompher de tous les obstacles qu'il avait eus à combattre. Barras répondit au général Bonaparte dans un discours long et diffus. Après ces trois discours, un hymne composé par Chenier fut chanté en chœur avec accompagnement d'un magnifique orchestre. Ensuite Joubert et Andréossy s'avancèrent portant un admirable drapeau dont le directoire avait fait don à l'armée d'Italie, et sur lequel étaient écrits en lettres d'or les noms de dix-huit batailles rangées et de soixante combats. A la fin de la cérémonie, les généraux allèrent recevoir l'accolade du président du directoire. A l'instant où Bonaparte la reçut de Barras, les quatre directeurs se jetèrent par un entrainement involontaire dans les bras du général. Des acclamations unanimes remplissaient l'air; le peuple qui encombrait les rues voisines y joignait ses cris, le canon faisait retentir ses détonations, toutes les têtes étaient dans l'ivresse !...

Le lendemain de la journée du 18 brumaire (11 novembre 1799), où urent pris pour dupes les directeurs qui n'étaient pas dans la confidence des conjurés, les consuls vinrent s'établir au Luxembourg à quatre heures du matin. Le général Bonaparte abandonna sa petite maison de la rue de la Victoire, et vint avec sa femme, ses enfants adoptifs et ses aides de camp, fixer sa demeure au Petit-Luxembourg ; Siéyès et Roger Ducos s'établirent au Luxembourg, et l'on grava en lettres d'or sur une table de marbre noir qui avait déjà reçu tant d'inscriptions diverses les mots : PALAIS DU CONSULAT, qui ne devaient pas être les derniers.

Le 19 février 1800, le premier consul quitta le Luxembourg pour aller s'installer aux Tuileries.

Sous l'empire, le palais du Luxembourg devint PALAIS DU SÉNAT CONSERVATEUR ; en 1814, ce palais reçut le nom de PALAIS DE LA CHAMBRE DES PAIRS. C'est là que fut prononcée en 1814 la déchéance de Napoléon. Ainsi ce palais a été successivement palais du directoire où mourut la république ; palais du sénat où mourut l'empire ; palais de la chambre des pairs où en 1830 mourut la restauration, et quelque peu la pairie elle-même.

Plusieurs souvenirs politiques se rattachent à ce palais. — Le 21 novembre 1815, le maréchal Ney, accusé de haute trahison, comparut devant la chambre des pairs, assemblée pour le juger. A cinq heures du soir l'assemblée entra en délibération. Sur l'accusation de haute trahison, cent cinquante-huit répondirent affirmativement ; une seule réponse fut négative. L'appel nominal sur l'application de la peine donna pour la mort, selon les lois militaires, cent trente-huit voix formant cent vingt et un votes, par suite des réductions pour parents, et dix-sept pour la déportation. Cinq pairs seulement s'abstinrent de voter, se fondant sur ce que la défense n'avait pas été libre. Il était onze heures quand la délibération fut terminée. — Le maréchal était rentré dans sa chambre à l'issue de l'audience, où il dîna avec appétit et avec calme, en homme familiarisé par vingt-cinq années de guerre, avec le voisinage de la mort. Il reçut à onze heures et demie la visite de ses défenseurs, et dans cette entrevue ce ne fut pas lui qui fut le plus ému. Quand ils se furent retirés, il se coucha et s'endormit du plus profond sommeil ; il fallut le réveiller pour lui lire son arrêt de mort : il était alors quatre heures du matin. On lui permit de faire ses adieux à sa femme et à ses enfants ; ils furent introduits aussitôt après la lecture de l'arrêt. Cette entrevue fut déchirante : la maréchale, en entrant dans la chambre, tomba roide sur le plancher ; il la releva et eut beaucoup de peine à la faire revenir de son évanouissement. Puis, après avoir eu un entretien à voix basse avec ses enfants, il les engagea à se retirer, ainsi que leur mère. Le curé de St-Sulpice, qu'il avait consenti à recevoir, à la sollicitation du greffier, s'étant présenté, le maréchal causa quelques instants avec lui et le congédia. Cet ecclésiastique revint vers le matin. Ce fut le signal du départ : « Montez le premier, monsieur le curé, lui dit le maréchal en arrivant à la portière d'un fiacre portant le n° 666, dans lequel il devait faire le trajet, je serai plus tôt que vous là-haut. » Quelques minutes après, il était arrivé à l'endroit fatal. — Comme s'il eût été épouvanté lui-même du crime qu'il allait commettre, le gouvernement des Bourbons avait voulu qu'il eût le moins possible de témoins. Au lieu donc de se diriger vers la plaine de Grenelle, lieu ordinaire des exécutions militaires, la voiture s'arrêta à l'extrémité extérieure de la grande allée du jardin du Luxembourg qui mène à l'Observatoire. Le maréchal en descendit vivement, et se plaçant en face d'un peloton composé de royalistes exagérés qui avaient brigué l'étrange honneur d'être chargés de l'exécution, il posa la main droite sur son cœur, et de la gauche élevant son chapeau au-dessus de sa tête, il dit d'une voix ferme : « Je proteste devant Dieu et devant les hommes contre le jugement qui me condamne. J'en appelle à la patrie et à la postérité. Vive la France ! » et se tournant vers les faux vétérans : « Soldats, droit au cœur ! » Ce furent ses dernières paroles : il tomba percé de douze balles, à neuf heures vingt minutes du matin. Son corps mutilé resta gisant au pied du mur pendant vingt minutes, au bout desquelles des hommes de peine de l'hospice de la Maternité vinrent l'envelopper dans une couverture et le transportèrent dans une salle basse de leur hospice. — En passant le long du mur sur lequel on voit aujourd'hui l'enseigne d'un jardin public, on ne peut contempler sans une émotion profonde cette muraille récrépie, sur laquelle on a essayé vainement de faire disparaître les traces des balles meurtrières ; vingt fois ces traces ont été effacées, et vingt fois elles ont reparu. Le jugement qui réhabilitera la mémoire du brave des braves pourra seul les faire disparaître.

C'est aussi au palais du Luxembourg que furent jugés les ex-ministres de Charles X, ainsi que Fieschi, Pepin, Moret, Alibaud, Lecomte et autres criminels, qui attentèrent à la vie du roi Louis-Philippe Ier.

L'architecture du palais du Luxembourg est d'un style sévère. Le plan forme un carré presque parfait ; il consiste en une très-grande cour environnée de portiques et flanquée de quatre pavillons.

Avant les augmentations qu'on lui a fait subir récemment, la façade donnant sur le jardin offrait à ses extrémités deux pavillons, et au milieu, au-dessus de la porte, s'élevait sur un corps avancé de forme quadrangulaire, un dôme circulaire orné de statues dans les entre-colonnements. Deux pavillons, joints ensemble par un corps avancé décoré de colonnes, ont été ajoutés à ceux qui avaient vue sur le jardin, pour agrandir la salle des séances de la chambre des pairs. La façade du côté de la cour diffère peu de celle du jardin : aux deux portes latérales, on voit dans les impostes les bustes de Marie de Médicis et de Henri IV ; au-dessus, l'avant-corps est décoré de quatre statues colossales. Le bas-relief du fronton circulaire représente la Victoire couronnant le buste d'un héros. — Dans l'aile qui occupe le côté oriental de la cour est la galerie des tableaux : l'aile opposée contient aussi une galerie de tableaux, et de plus le magnifique escalier par lequel on monte à la salle de la chambre des pairs. Cet escalier, majestueux par son étendue, riche par sa décoration, présente plusieurs statues d'hommes illustrés par les services qu'ils ont rendus à leur patrie. Des deux côtés des marches règne un stylobate surmonté de vingt-deux colonnes ioniques qui supportent la voûte décorée de caissons, au milieu desquels sont des bas-reliefs de Duret, représentant Minerve et deux génies offrant des couronnes. Les entablements, non occupés par des croisées, sont alternativement ornés par des trophées militaires sculptés par Hersent ; et par des statues représentant Caffarelli, par Corbet ; Desaix, par Gois jeune ; Marceau, par Dumont ; Joubert, par Stouff ; Kléber et Dugommier, par Rameau. La beauté de cet escalier, au bas duquel est le groupe charmant de Psyché et de l'Amour, par Delaistre, est singulièrement augmentée par huit figures de lions couchés.

Le Petit-Luxembourg, contigu au palais de ce nom, a été bâti par Richelieu en 1629, qui l'habita jusqu'à ce qu'on eût achevé le Palais-Cardinal, qu'il faisait construire. Il le donna ensuite à la duchesse d'Aiguillon, sa nièce. Plus tard, le Petit-Luxembourg passa à titre héréditaire à Henri-Jules de Bourbon-Condé. Après sa mort, la princesse Anne, Palatine de Bavière, le choisit pour sa demeure, et y fit faire des augmentations et des réparations considérables. Ce fut cette princesse qui fit construire de l'autre côté de la rue un autre hôtel pour ses officiers et ses écuries. Avant la révolution, il appartenait au frère de Louis XVI, qui régna par la grâce de Dieu et des puissances étrangères sous le nom de Louis XVIII.

Sous le consulat, le Petit-Luxembourg fut pendant quelque temps la demeure du général Bonaparte. C'est là que le maréchal Ney fut détenu et attendit sa condamnation. Les ministres de Charles X y furent écroués en 1830.

A côté du Petit-Luxembourg était le couvent des religieuses du Calvaire, sur l'emplacement duquel on a construit une prison destinée aux criminels d'Etat mis en jugement devant la chambre des pairs.

Le Petit-Luxembourg est aujourd'hui la demeure de M. le duc Decazes, juge au tribunal de la Seine en 1805, conseiller à la cour royale de Paris en 1810, membre du cabinet du roi de Hollande, secrétaire des commandements de la mère de Napoléon sous l'empire, préfet de police et ensuite ministre de la police sous la restauration, député de la Seine, aujourd'hui grand référendaire de la chambre des pairs. — Membre du conseil privé de Louis XVIII, il devint bientôt un familier du château du commerce le plus agréable. On sait que ce monarque avait plus que tout autre la passion des anecdotes ; chaque matin, chaque soir il lui fallait du neuf, du scandaleux, du piquant : M. Decazes en faisait une ample provision ; il était le conteur attendu avec impatience, il était écouté avec bonheur, et quand la réalité ne lui fournissait rien, il trouvait des ressources dans son imagination. Ainsi se fonda le crédit de M. Decazes et s'établit son influence, qui devint croissante jusqu'au 13 février 1820, époque où le duc de Berry périt de la main de Louvel.

Le JARDIN DU LUXEMBOURG, l'Eden des enfants, des étudiants, des grisettes sentimentales et des rentiers du faubourg St-Germain, planté par Marie de Médicis, a éprouvé plusieurs changements : sa plus grande longueur, de l'est à l'ouest, était de 880 m., et s'étendait jusqu'à l'extrémité orientale du cul-de-sac de Notre-Dame des Champs ; extrémité que l'on a ouverte, et qui a converti ce cul-de-sac en une rue nommée de Fleurus. A la fin de l'an IV (1795), la convention nationale commença l'exécution du projet de la belle avenue qui se dirige depuis le palais jusqu'à l'Observatoire. En 1801, on renouvela tous les arbres de la partie orientale du jardin ; on donna au terrain une pente régulière ; on planta pareillement la partie méridionale qui avoisine la grande pépinière. Le parterre fut entièrement changé en 1801 ; des talus en gazon succédèrent au double mur de terrasse qui le bordait ; il fut élargi considérablement par deux espaces demi-circulaires, établis sur les côtés. Au milieu, on plaça une pièce d'eau plus étendue que l'ancienne, qui présentait un parallélogramme. Le parterre se terminait, du côté méridional, par un vaste escalier, composé de dix marches et orné de statues. Tous ces ouvrages furent exécutés sur les dessins de Chalgrin. Dans les années 1810 et 1811, ce parterre éprouva encore de notables et heureux changements. La route de la grande avenue qui se dirige vers l'Observatoire, à force de dépôts successifs de gravois et de terre, accumulés pendant plus de dix ans, s'était enfin élevée à la hauteur nécessaire. Déjà cette avenue était plantée de quatre rangs d'arbres, et fermée, au midi, par une grille de fer, lorsqu'un nouvel architecte, M. Baraguei, proposa et fit adopter et exécuter le projet de donner au terrain de l'avenue et du parterre, depuis le bâtiment de l'Observatoire jusqu'à la façade du palais du Luxembourg, une seule et même ligne de pente. — Les balustrades qui, à l'extrémité méridionale du parterre, en ouvrent l'entrée à ceux qui descendent par l'avenue, se raccordent avec les talus de gazon qui bordent les parties latérales de ce parterre, lequel est composé de quatre pièces de gazon, bordées de plates-bandes fleuries, entre lesquelles est le bassin octogone, dont la surface est animée par des cygnes.

L'ancien jardin avait été dessiné par Jacques Desbrosses, architecte du palais; il construisit aussi, à l'extrémité orientale de l'allée contiguë à la façade du palais, une fontaine remarquable par ses bossages et ses congélations multipliées.—On arrive dans ce jardin par huit entrées principales, toutes ornées de grilles en fer. La ligne méridionale de l'Observatoire traverse le jardin du Luxembourg, et se dirige sur l'angle ouest du pavillon qui forme l'extrémité de la façade du palais, du côté du jardin; de sorte que l'axe de la grande avenue incline un peu à l'est, et forme, au point d'intersection avec la ligne méridienne, un angle très-obtus.

VARIÉTÉS HISTORIQUES ET BIOGRAPHIQUES.

La Foire St-Germain, remplacée aujourd'hui par le marché St-Germain, a été établie par Louis XI en 1482, et donnée à l'abbaye de St-Germain des Prés. Elle fut construite sur l'emplacement de l'hôtel de Navarre, bâti au milieu de quelques vignes achetées au célèbre Raoul de Presle par Louis de France, fils de Philippe le Hardi et père de Philippe le Bon, qui habita cet hôtel, ainsi que Charles le Mauvais, son fils. L'époque de l'ouverture et la durée de cette foire varièrent souvent; un arrêt du parlement de Paris du 4 mars 1484 ordonna qu'elle commencerait le 3 février, lendemain de la Chandeleur, et qu'elle durerait jusqu'au samedi veille du dimanche des Rameaux. En 1486, les religieux de l'abbaye de St-Germain y firent construire cent quarante loges, qui furent remplacées en 1511 par un des plus hardis morceaux de charpente qu'il fût possible de voir, et que les plus célèbres architectes venaient souvent admirer. C'était un vaste bâtiment, divisé en deux halles différentes, mais contiguës, qui ne composaient qu'une seule et même enceinte. Elles avaient cent trente pas de longueur sur cent de largeur; neuf rues, couvertes, tirées au cordeau et qui se coupaient à angles droits, les partageaient en vingt-quatre parties; elles portaient les noms de rues des Orfèvres, des Merciers, aux Draps, aux Peintres, aux Tabletiers, aux Faïenciers et aux Lingères. Les loges qui formaient et bornaient ces murs étaient composées d'une boutique au rez-de-chaussée, et d'une chambre ou petit magasin au-dessus. Derrière quelques-unes de ces loges on avait ménagé des cours où se trouvait un puits. Au bout d'une des halles était une chapelle où l'on disait la messe tous les jours pendant la durée de la foire. Ces belles halles furent détruites entièrement par un incendie, dans la nuit du 16 au 17 février 1762. On rebâtie les loges la même année, mais d'une manière moins solide et surtout moins commode, puisque les rues n'étaient pas couvertes. — La foire St-Germain était un lieu de franchise, un lieu privilégié, où les ouvriers pouvaient travailler pour leur compte sans avoir été reçus maîtres dans les communautés des métiers qu'ils exerçaient. Elle était fournie d'une grande quantité de toutes sortes de marchandises, et attirait une foule considérable, principalement le soir. On y voyait de nombreux cafés, plusieurs loges de baladins, de danseurs de corde, de faiseurs de tours, et quatre grandes salles de spectacle, où jouaient des comédiens forains ; ces salles portaient les noms de salles des Variétés, de l'Ambigu-Comique, des Grands-Danseurs et des Associés. Les acteurs quittaient leur salle des boulevards pour se rendre à celles-ci, et y jouaient pendant la durée de la foire.

Ce fut à peu près vers 1595 que l'on commença à voir des acteurs à la foire St-Germain. Les frères de la Passion voulurent les en chasser ; mais une sentence du lieutenant civil du 5 février 1596 maintint le nouveau théâtre de la foire, à la charge par lui de payer aux frères de la Passion deux écus par an. La foire St-Germain se trouva pour lors irrévocablement en possession d'un théâtre, et offrit le premier exemple à Paris de l'établissement d'un théâtre forain. Le fameux Brioché y transporta ses machines, et il y fut suivi de beaucoup d'autres dans le même genre. Ensuite parurent les animaux sauvages, tels que les lions, les ours, etc., qu'on faisait voir dans différentes loges. Les géants succédèrent, et après eux vinrent les chiens et les singes savants. On y vit ensuite des joueurs de gobelets, des sauteurs et des danseurs qui attirèrent beaucoup de monde ; ce ne fut qu'en 1678 qu'on commença à y représenter pour la première fois des pièces de théâtre ; la plus ancienne que l'on connaisse est intitulée : *les Forces de l'amour et de la magie*, divertissement comique mêlé de sauts, de machines et de danses. Ces différentes pièces étaient représentées par des danseurs qui formaient différentes troupes. On en comptait trois principales en 1697 : la troupe des frères Allard, la troupe de Maurice et celle d'Alexandre Bertrand. La suppression de l'ancienne troupe des comédiens italiens offrit un vaste champ aux entrepreneurs des jeux de la foire ; ils donnèrent plusieurs fragments de leurs pièces, et le public, qui regrettait les Italiens, courut en foule voir leurs copies ; c'est alors que l'on construisit à la foire St-Germain et à la foire St-Laurent des salles de spectacle en forme avec des théâtres, loges, parquet, etc. Les comédiens français, jaloux de leurs priviléges, s'en plaignirent au lieutenant de police, qui défendit aux entrepreneurs de théâtres forains de jouer la comédie. Ceux-ci obtinrent de l'académie de musique la permission de jouer des petites pièces mises en vaudevilles mêlés de prose et accompagnées de ballets, sorte de spectacles qui prirent le nom d'opéra-comique, et dont Lesage peut être regardé comme le premier auteur.

L'un des théâtres de la foire St-Germain qui eut la plus grande vogue fut celui élevé par Audinot. Il commença par un théâtre de marionnettes, auquel il ajouta un petit nain, propre au rôle d'arlequin, qui lui acquit une certaine vogue. Plus tard il fit bâtir un théâtre charmant, et se constitua directeur d'une troupe d'enfants, qui, par leurs grâces naïves, attirèrent une infinité de monde. Deux auteurs disgraciés comme lui du théâtre italien, Plainchesne et Moline, firent des pièces pour ce théâtre, et la liberté de ce genre de spectacle les engagea d'y glisser beaucoup de polissonneries. Les filles se portèrent alors en foule à ce théâtre, et beaucoup de libertins, d'oisifs et de freluquets avec elles. Ce monde en attira d'un autre genre. Les femmes de la cour, qui en cette qualité se croyaient au-dessus de tous les préjugés, ne dédaignèrent pas d'y paraître, et ce théâtre devint en 1770 la rage du jour. Ce théâtre d'Audinot était surtout fort couru par les allusions que les auteurs des pièces qu'on y représentait se permettaient sur les divers personnages du temps. En 1774 courut une facétie intitulée *les Curiosités de la foire,* où les filles les plus célèbres de Paris étaient désignées allégoriquement sous les noms d'animaux rares. Le sieur Landrin, fournisseur du théâtre d'Audinot, composa sur ce sujet et sous le même titre une pièce qui fut jouée avec succès. Les filles, furieuses, ameutèrent leurs amants contre Audinot, et exigèrent de lui, sous peine de voir mettre son théâtre en cannelle et de périr sous le bâton, la suppression de cette pièce; et, malgré l'approbation de la police, la comédie fut rayée du répertoire, et les filles triomphèrent. La fureur du public pour ce spectacle fut surtout extraordinaire en 1782. La loge était si petite (elle ne contenait guère que quatre cents personnes), et la modicité des places (dont les plus chères étaient à vingt-quatre sous) permettant à tout le monde de se régaler de ce spectacle, il arrivait communément que la duchesse et le savoyard s'y coudoyaient sans distinction. — En 1783, Audinot mit en action la chanson de Malbroug dans une pantomime grivoise intitulée *Malbroug s'en vat-en guerre,* pantomime qui fit courir tout Paris. Il n'est peut-être pas inutile de rappeler l'origine de cette chanson. En 1722, à la mort de Marlborough, général anglais, qui fut si funeste à la France par les batailles d'Hochstet et de Ramillies, on composa en réjouissance de cette mort une de ces chansons bêtes, qui eut alors une vogue considérable. Beaumarchais ayant rajeuni l'air de cette chanson dans les couplets de son *Mariage de Figaro*, on rechercha la chanson composée à l'occasion de la mort de Marlborough, qui fut bientôt chantée par les courtisans, et qui donna à Audinot l'idée de la mettre en scène. Peu après Nicollet en fit une parade encore plus burlesque qui fit courir tout Paris ; le peuple lui-même voulut faire sa partie dans cette parade, et pendant tout le carnaval de 1783 on ne vit que cavalcades et chars funéraires représentant le convoi de Malbroug et diverses farces analogues.

L'Ecluse, directeur du théâtre appelé depuis *Variétés amusantes*, avait obtenu le privilége de jouer ses parades à la foire St-Germain avant de s'installer dans sa nouvelle salle bâtie en 1777. De même, les Italiens et les comédiens de Monsieur, lorsqu'ils quittèrent les Tuileries en octobre 1789, allèrent jouer dans une des salles de la foire jusqu'à la fin de décembre 1790, époque où ils prirent possession du théâtre Feydeau ; c'est à ce théâtre de la foire que Martin débuta, en 1789, dans l'opéra du *Marquis de Tulipano*. — Deux spectacles s'établirent encore en 1791 à la foire St-Germain ; l'un sous le titre de *Variétés comiques et lyriques*, l'autre sous celui de *théâtre de la Liberté*; mais tous deux se ruinèrent au bout de quelques mois. Le premier se releva cependant vers la fin de l'année sous une autre direction, et prit le nom de *théâtre nouveau des Variétés*; mais il n'obtint pas plus de succès. Quant au second, il reparut en 1792 avec son ancien titre, mais il ne vécut pas plus longtemps. Des acteurs ambulants, des comédiens de société, des apprentis artistes jouèrent encore plusieurs fois sur ces deux théâtres pendant les dernières années du xviiie siècle et pendant les premières du xixe, jusqu'à ce qu'enfin les loges et toutes les salles de la foire furent démolies pour faire place à différentes constructions et au marché St-Germain.

Avant l'incendie qui les détruisit dans la nuit du 16 au 17 mars 1762, les halles sous lesquelles se tenait la foire St-Germain, et qui avaient été construites par ordre du cardinal Briçonnet, passaient pour une des plus hardies constructions en charpente qu'il fût possible de voir. Elles étaient divisées en deux halles différentes qui étaient contiguës et ne composaient qu'une seule et même enceinte. Elles avaient 130 pas de long sur 100 de large ; neuf rues, tirées au cordeau et qui se coupaient à angles droits, les partageaient en vingt-quatre parties. Une magnifique charpente soutenait un toit qui mettait à couvert toutes les rues. Les loges étaient composées d'une boutique au rez-de-chaussée et d'une chambre ou petit magasin au-dessus ; il y avait quelques-unes de ces loges derrière lesquelles on avait ménagé des cours. Au bout d'une des halles était une chapelle où on disait la messe tous les jours pendant la durée de la foire. Les rues étaient distinguées par les noms des différents marchands qui y étalaient ; il y avait la rue aux Orfévres, aux Merciers, aux Drapiers, aux Tabletiers, aux Faïenciers, aux Lingers, etc.

21.

Tout cela disparut dans une nuit par un affreux incendie qui répandit l'alarme dans tout le quartier. Un vent du nord, qui soufflait avec une extrême violence, fit faire en peu de temps un si grand progrès aux flammes, qu'en moins de cinq heures toutes les loges de la foire furent consumées. Ces loges furent reconstruites la même année, mais le toit immense qui les abritait ne fut pas rétabli ; on se contenta de placer des châssis vitrés sur quelques-unes des rues. — L'enclos extérieur ou le préau de la foire était très-vaste ; et outre la halle aux draps, la halle à la filasse et le marché fermé que le cardinal de Bissy avait fait construire, il y restait encore de grandes places pour le stationnement des voitures de place et des équipages.

Rue d'Enfer, n° 46, était l'entrée du couvent des Chartreux. Il existait autrefois en ce lieu une maison royale bâtie par Robert II, fils de Hugues Capet, et désignée sous le nom de château de Veauvert. Les diables, dit-on, avaient établi leur demeure dans cette maison, où ils faisaient un tapage d'enfer. Les chartreux, établis par saint Louis à Gentilly, la demandèrent à ce monarque, qui leur en fit l'abandon en 1259, et dès qu'ils y furent installés le tapage cessa. Sur l'emplacement de cette propriété, alors fort délabrée et presque abandonnée, les chartreux construisirent un vaste couvent, dont les jardins, mitoyens avec le jardin du Luxembourg, se prolongeaient jusqu'aux boulevards, et se trouvaient fermés par un mur qui descendait jusqu'à la rue de Vaugirard. Le jardin potager avait seul 340 hectares, la pépinière contenait 180 hectares. Il y avait dans cet immense jardin un moulin à vent pour moudre le blé des moines, et un pressoir pour faire le vin avec le raisin qu'ils récoltaient. Chaque chartreux avait en outre sa maison séparée, composée de plusieurs chambres commodément distribuées et son jardin particulier. Derrière ces jardins était un vaste clos, où, le 2 août 1589, trois ou quatre heures après la mort de Henri III, Jean de Marivaux, du parti du roi, et Claude de Marroles, du parti de la Ligue, se rendirent et combattirent à outrance, après avoir observé toutes les formalités de la chevalerie, en présence de toutes les notabilités du royaume. Au signal des trompettes, ils partirent tous les deux en même temps l'un contre l'autre. Marivaux rompit sa lance contre la cuirasse de Marroles, lequel enfonça le fer de sa lance dans l'œil de Marivaux, qui mourut sur le coup.

Le couvent des Chartreux servit de retraite à Lesueur, alors inspecteur des recettes aux entrées de Paris. Ayant eu à repousser les injures d'un gentilhomme qui voulait frauder les droits, il demanda raison, l'obtint, et tua son adversaire sous le mur de l'enclos des Chartreux, dont le monastère lui servit d'asile après sa funeste victoire. Douloureusement poursuivi du souvenir de cette action, il se consacra à la vie monastique, et c'est à sa retraite que nous devons l'admirable galerie du cloître de

St-Bruno, dont les vingt-deux tableaux furent achevés en trois ans. — Les chartreux ne vivaient que de maigre, et avaient le droit de choisir le poisson à la halle de Paris avant que personne n'eût le droit d'en acheter.

L'église du couvent des Chartreux, bâtie en 1324, était principalement remarquable par sa décoration intérieure. On ne pouvait rien voir de plus parfait que les stalles en menuiserie qui entouraient le chœur, et surtout que celles qui étaient placées de chaque côté de la nef. Le grand autel était orné d'un magnifique tableau de Philippe de Champagne. Au-dessus de chaque stalle on voyait une suite de tableaux représentant la vie de Jésus-Christ, peints par Jouvenet, Bon Boullongne aîné, Louis Boullongne jeune, la Fosse, Audran, Coypel, Corneille jeune, etc. — A côté de l'église se trouvait le cloître, décoré des vingt-deux tableaux représentant la vie de saint Bruno, peints par Lesueur.

Rue de Vaugirard, non loin du Luxembourg, était le jeu de paume du Bel-Air, que Lulli transforma en théâtre, où il donna, le 15 novembre 1672, les *Fêtes de l'Amour et de Bacchus*, pastorale dont il avait fait la musique sur les paroles de Quinault, pièce qui fut suivie de *Cadmus*, représenté en février 1673. Après la mort de Molière, Lulli, ayant obtenu la salle du Palais-Royal, y transféra l'Opéra, qui occupa cette salle jusqu'au 6 avril 1763, époque où elle fut détruite par un incendie.

Un marbre posé sur la muraille extérieure de la maison n° 11 de cette rue indique que le célèbre acteur LEKAIN Y MOURUT LE 8 FÉVRIER 1778, le jour même où Voltaire rentrait à Paris après trente ans d'absence.

Au n° 23 était le COUVENT DES FILLES DU CALVAIRE, supprimé en 1790 et converti en prison pour les accusés politiques traduits devant la chambre des pairs.

Au n° 60 était le COUVENT DES FILLES DU PRÉCIEUX-SANG, supprimé en 1790 et converti en maison particulière.

Au n° 67 est une communauté de DAMES BERNARDINES, ancienne maison de Port-Royal, affectée à un pensionnat.

Rue Madame, n° 17, et rue de Fleurus, n° 6, est le théâtre forain du Luxembourg, fondé par un certain Bobineau, qui était en même temps directeur, acteur, souffleur et aboyeur à la porte. Ainsi que toutes les choses de ce monde, le théâtre de Bobineau est entré dans la voie du progrès; on y joue quelquefois des pièces amusantes qui font pâmer d'aise les enfants et les bonnes qui les conduisent; la société y devient de plus en plus mieux composée; l'étudiant en médecine y conduit sans rougir l'objet de sa tendresse, et l'élève en droit ne dédaigne pas de s'y présenter clandestinement. Et ce qui, pour les intéressés, vaut mieux que tout cela, les administrateurs de ce théâtre donnent annuellement de fort beaux dividendes à leurs actionnaires.

Rue de Tournon, demeurait Mlle Théroigne de Méricourt, qui se fit remarquer parmi les femmes du cortége qui ramena de Versailles à Paris le roi, la reine et le dauphin. C'est elle qui criait le long de la route : *Nous vous ramenons le boulanger, la boulangère et le petit mitron.* Elle demeurait alors rue de la Chaussée-d'Antin, où elle réunissait les hommes qui parurent avec le plus d'éclat au commencement de la révolution, et particulièrement Siéyès et Talma. Après l'affaire du 6 octobre 1791, elle établit chez elle, rue de Tournon, une sorte de club où se réunissaient, entre autres révolutionnaires de l'époque, Danton, Camille Desmoulins, Fabre d'Eglantine, Vincent, Momoro, Ronsin, etc. — Elle combattit bravement dans les rangs du faubourg Saint-Antoine contre Bailly, la Fayette et le drapeau rouge de la municipalité. Le sort ayant trahi le courage des patriotes, Théroigne s'occupa de faire donner la sépulture, dans le cimetière de Vaugirard, aux malheureuses victimes de la loi martiale restées dans le Champ-de-Mars. — On prétend qu'elle fit plusieurs passions. Plus tard, elle devint folle, et est morte à la Salpêtrière en 1827. Depuis longues années, cette femme, qui avait été si recherchée dans sa toilette, ne supportait aucune espèce de vêtements; elle menaçait constamment de jeter ses excréments à la tête des personnes qui la regardaient. Elle est restée plus de trente ans dans cet affreux état d'aliénation mentale.

Dans les premiers jours du mois de messidor an IV, la section de Mucius Scævola (du Luxembourg) imagina de célébrer des repas civiques, et fut spontanément imitée par toutes les autres sections. Les citoyens de la rue de Tournon et des rues adjacentes se distinguèrent particulièrement dans l'ordonnance de ces repas civiques. Devant toutes les maisons étaient dressées des tables chargées de mets plus ou moins abondants ou recherchés. Les convives d'une table passaient à la table voisine et réciproquement. On buvait au salut de la patrie, on entonnait des chants patriotiques, et les cris de *Vive la république!* se faisaient fréquemment entendre ; des guirlandes de fleurs étaient suspendues dans plusieurs rues au-dessus des tables. Aucun désordre ne troubla le calme de ces repas fraternels, qui cependant firent concevoir des craintes à quelques membres de la convention, et furent prohibés par un arrêté de la commune de Paris.

Au n° 5 demeurait et est morte, le 25 juin 1843, Mlle LENORMAND, célèbre tireuse de cartes.

Au n° 6 est l'ancien HÔTEL DE BRANCAS, construit sur les dessins de Bullet pour M. Terrat, chancelier du régent. Il a été habité en 1808 par le célèbre géomètre Laplace.

Au n° 10 est l'HÔTEL DE NIVERNAIS, reconstruit par le duc de Nivernais sur l'emplacement de l'hôtel où demeurait le maréchal d'Ancre. Après son assassinat, on y trouva pour deux cent mille écus de pierreries. Ce fut à M. de Luynes qu'il échut après la confiscation des biens de Concini, ainsi qu'Anet, Lesigny, etc., etc. Plus tard, cet hôtel fut destiné au logement des ambassadeurs extraordinaires. En 1814, il devint l'habitation de la duchesse douairière d'Orléans, et sert aujourd'hui de caserne à une compagnie de la garde municipale.

Au n° 12 est l'hôtel d'Entraigues, où est morte Mme d'Houdetot en 1813.

Rue du Petit-Bourbon, n° 1, et rue de Tournon, n° 2, Louis de Bourbon, duc de Montpensier, avait fait bâtir un hôtel, où sa veuve, fille de François, duc de Lorraine, apprit le meurtre du duc et du cardinal de Guise, ses frères, assassinés à Blois. La nouvelle de ce meurtre l'ayant exaspérée au plus haut degré, elle sortit de son hôtel comme une forcenée avec les enfants de son frère, déclamant de rue en rue contre Henri III et son conseil, et par cette conduite alluma le flambeau fatal de la Ligue, qui embrasa tout le royaume.

Rue de Condé, n° 28, demeurait M. Alquier, membre de l'assemblée constituante et de la convention nationale. Envoyé en Hollande après la conquête de ce pays par Pichegru, il publia une liste qu'il avait trouvée dans le cabinet du stathouder, contenant le nom des hommes ayant figuré dans la révolution française, qui devaient être écartelés, brûlés vifs, pendus ou envoyés aux galères. Plus tard il fut nommé ministre de la république auprès de l'électeur de Bavière; peu de temps après, ambassadeur à Naples. C'est pendant son ambassade dans ce pays que les Bourbons furent précipités du trône. Envoyé en la même qualité à Rome, c'est pendant son ambassade que le pontife romain fut expédié pour Savone. Nommé ambassadeur en Espagne, c'est pendant son ambassade que la branche des Bourbons cessa de régner. Nommé ambassadeur en Suède, c'est pendant son séjour à Stockholm que Gustave IV perdit la couronne. Aussi l'avait-on surnommé l'exécuteur des hautes œuvres diplomatiques. — Après la seconde restauration il fut obligé de quitter la France; mais ses anciens rapports avec M. de Talleyrand, qui le regardait comme un des diplomates les plus adroits de cette époque, et l'amitié étroite qui existait entre lui et M. de la Tour du Pin, ambassadeur auprès du roi des Pays-Bas, obtinrent sa rentrée en France. C'est l'un des hommes les plus remarquables par son esprit et par l'art avec lequel il savait raconter les événements auxquels il avait eu une si grande part, et par la haute position qu'il avait eue pendant plus de vingt ans. L'empereur Napoléon, qui ne l'aimait pas, lui confiait toutes les missions difficiles, et il savait les remplir avec une adresse qui avait fait de lui un homme nécessaire. On croit que c'est M. Alquier que Chauderlos de Laclos avait en vue dans ses Liaisons dangereuses, en peignant le chevalier de Valmont; ils avaient été du reste étroitement liés ensemble.

C'est rue de Condé que fut arrêté Georges Cadoudal. Le 9 mars 1804, vers l'entrée de la nuit, plusieurs officiers de paix ayant entouré une maison devenue suspecte par les allées et venues de gens de mauvaise apparence, Georges, qui l'avait occupée, essaya d'en sortir pour se procurer un asile ailleurs. Il partit vers sept heures du soir, et monta près du Panthéon, dans un cabriolet conduit par un serviteur de confiance, jeune chouan déterminé. Les officiers de paix suivirent ce cabriolet en courant à perte d'haleine jusqu'à la rue de Condé (alors rue de l'Égalité) près de la rue des Quatre-Vents. Georges pressait son compagnon de hâter le pas, lorsque l'un des agents de la police, arrivé le premier, se jeta sur la bride du cheval. D'un coup de pistolet, Georges l'étendit roide mort à ses pieds. Il s'élança ensuite du cabriolet pour s'enfuir, et tira un second coup sur un autre agent qu'il blessa grièvement. Mais enveloppé par le peuple, arrêté malgré ses efforts, il fut livré à la force publique accourue en toute hâte. On le reconnut sur-le-champ pour ce terrible Georges qu'on cherchait depuis si longtemps, ce qui produisit dans Paris une joie générale.

Rue des Boucheries-St-Germain, était la boucherie de ce nom, supprimée à l'époque de la révolution ; mais, jusqu'en 1808, une grande partie des maisons de la rue des Boucheries étaient encore occupées par des bouchers. Chacune de ces maisons formait un abattoir particulier, d'où le sang des animaux tués s'écoulait dans la rue. Cet état de choses ne cessa qu'à l'époque de la construction des abattoirs.

Dans un café de la rue des Boucheries se réunissaient autrefois, pendant la quinzaine de Pâques, les acteurs et les actrices sans emploi, qui y venaient de tous les points de la France pour contracter des engagements avec les directeurs de théâtres de province qui arrivent à Paris à cette époque pour renouveler ou compléter leurs troupes. — La plus ancienne loge de francs-maçons fut établie à Paris, rue des Boucheries, chez Hure, traiteur, par lord Dervent Waters.

Rue des Quatre-Vents. La première maison à porte cochère à main droite en entrant dans cette rue par la rue de Condé, a été bâtie sur l'emplacement d'un petit théâtre établi en 1661, dont la troupe se qualifiait de *comédiens de Mademoiselle*.

Rue Montfaucon (ci-devant rue de Bissy) était l'entrée du marché Saint-Germain ou de Bissy, dont la porte principale était décorée d'un ordre dorique et surmontée d'un attique couronné par les armoiries du cardinal de Bissy, qui fit construire ce marché.

Rue Garancière, n° 10, est l'hôtel de Sourdéac, qui plus tard prit le nom d'hôtel Montagu, construit pour René de Rieux, évêque de Léon ; il est occupé aujourd'hui par la mairie du onzième arrondissement. On remarque la façade qui donne sur la rue Garancière, les chapiteaux des pilastres et la balustrade. A côté est une fontaine construite aux frais de la princesse palatine en 1715.

Rue du Pot-de-Fer, nos 12 et 14, était l'HÔTEL MÉZIÈRES, donné en 1610 par Madeleine de Ste-Beuve aux jésuites pour y établir leur noviciat. L'église fut construite de 1630 à 1642; Henri de Bourbon, duc de Verneuil, bâtard de Henri IV et de Henriette de Balzac d'Entragues, en posa la première pierre : le maître-autel était décoré d'un tableau du Poussin, représentant une résurrection opérée par saint François Xavier. — Après l'expulsion des jésuites, on a construit sur l'emplacement des bâtiments destinés à leur noviciat une loge maçonnique pour le grand Orient de France, où travaillaient plus de vingt loges avant la révolution. C'est dans celle des Neuf-Sœurs, instituée en l'honneur des neuf Muses, que fut reçu Voltaire en 1778.

En face de l'ancien noviciat des jésuites était le COUVENT DES FILLES DE L'INSTRUCTION CHRÉTIENNE, supprimé en 1790 et occupé aujourd'hui par le séminaire St-Sulpice.

Au n° 20 habitait sous l'empire ROGER DUCOS, successivement avocat, député des Landes à la convention nationale, où il vota la mort dans le procès de Louis XVI, membre du conseil des anciens, et juge de paix de canton, modestes fonctions qu'il quitta pour aller remplir la première dignité de la république, celle de directeur. Nommé consul provisoire après le 18 brumaire, il fut ensuite membre du sénat conservateur, et membre de la chambre des pairs pendant les cent jours. Obligé de s'expatrier par la loi dite d'amnistie du 12 janvier 1816, il périt, au mois de mars de la même année, dans les environs d'Ulm, en s'élançant de sa voiture prête à verser.

Rue Palatine, n° 5, demeurait en 1822 le VICOMTE DE BONALD, révolutionnaire en 1790, émigré en 1791, conseiller de l'université sous l'empire, prophète nébuleux du retour des Bourbons pendant son séjour en Allemagne, intrépide ennemi de la raison et grand prêtre des ténèbres, même sous le règne de l'empereur, qui n'avait pas cru payer trop cher sa métaphysique par une pension de douze mille francs. Après la rentrée de Louis XVIII, il fut élu par le département de l'Aveyron à la chambre introuvable, où il vota constamment avec la majorité. Il travaillait à la *Quotidienne* et au *Conservateur*, où il faisait de pompeux éloges de ses ouvrages.

Rue du Vieux-Colombier, vis-à-vis la rue du Gindre, était le couvent des religieuses de NOTRE-DAME DE MISÉRICORDE, supprimé en 1790, et où on établit dans la suite une loge de francs-maçons.

De l'autre côté de la rue, au-dessus de celle du Gindre, était la communauté dite MAISON DE LA MÈRE-DIEU, fondée en 1650 pour les pauvres enfants de la paroisse St-Sulpice.

Rue Cassette, n° **22,** était le couvent des BÉNÉDICTINES DE L'ADO-RATION PERPÉTUELLE DU SAINT-SACREMENT, transféré de la rue Férou en ce lieu en 1669, et supprimé en 1790.

Au n° **7** demeurait en 1843 M. BARTHE, membre de la chambre des pairs, qui rédigea en 1830 à l'hôtel de ville, sur l'invitation de la commission municipale faisant fonction de gouvernement provisoire, la proclamation de déchéance de la branche aînée des Bourbons.

Rue du Cherche-Midi, n°⁸ **23 et 25,** était le prieuré de NOTRE-DAME DE CONSOLATION, dit du Cherche-Midi, établi en ce lieu par des religieuses augustines qui se livraient à l'instruction des jeunes filles. Ce monastère fut supprimé en 1790 et vendu comme propriété nationale le 9 fructidor. La rue d'Assas a été percée sur une partie de son enclos et de celui des Carmes.

Rue du Regard, n° **13,** est l'HOSPICE DES ORPHELINES DE LA PROVIDENCE, fondé en 1809.

Au n° **17** est l'HOSPICE DEVILLAS, fondé en 1836 par Louis Devillas, ancien négociant. Il contient trente lits, dont vingt-quatre attribués aux bureaux de charité des douze arrondissements de Paris, sans distinction de culte, et six aux deux consistoires de l'Eglise réformée de la confession d'Augsbourg.

Rue Notre-Dame des Champs, n° **34,** est un magnifique hôtel que l'ABBÉ TERRAY fit construire et meubler richement en 1773. Il est occupé aujourd'hui par le COLLÉGE STANISLAS, fondé en 1804 et érigé en collège de plein exercice en 1821.

Au n° **12** est une congrégation de sœurs de NOTRE-DAME DE BON-SECOURS, instituée pour garder les malades à domicile.

Boulevard Montparnasse, n° **28,** est le riant jardin public de la GRANDE-CHAUMIÈRE, rendez-vous habituel des étudiants et des jeunes gens du quartier St-Germain. Moins vaste que Beaujon et Tivoli, la Grande-Chaumière se distingue par la fraîcheur de ses bocages et par le soin avec lequel les jardins sont entretenus de fleurs nouvelles et variées selon la saison.

N° 42. QUARTIER DE L'ÉCOLE DE MÉDECINE.

Ci-devant *section de Marseille,* puis *section de Marat,* et ensuite *section du Théâtre-Français.*

Les limites de ce quartier sont : à partir du Pont-Neuf, le quai des Grands-Augustins, la place du Pont-St-Michel, la rue de la Vieille-Bouclerie n°⁸ pairs, la rue de la Harpe n°⁸ pairs, la place St-Michel à droite, la rue des Francs-Bourgeois n°⁸ impairs jusqu'à la rue de Vaugirard, la rue de Vaugirard n°° pairs jusqu'à la rue de Condé, la rue de Condé n°° impairs, la rue de l'Ancienne-Comédie n°° impairs, la rue Dauphine n°° impairs jusqu'au Pont-Neuf. — Superficie 280,000 m. équivalant à 0,009 m. de la superficie totale de Paris.

Les principaux édifices et établissements de ce quartier sont :

Le théâtre de l'Odéon, situé place de l'Odéon.

Le théâtre que les comédiens français occupaient rue des Fossés-St-Germain des Prés menaçant ruine, ils furent obligés de l'abandonner en 1770, et allèrent occuper le théâtre des Tuileries pendant que l'on s'occupait de leur en construire un autre. Les comédiens tenaient à ce que l'on restaurât leur ancien théâtre, mais le corps municipal ayant acheté l'emplacement de l'ancien hôtel de Condé, décida que le nouveau théâtre y serait construit. Suivant le projet de l'architecte Moreau, l'édifice devait être placé à peu près au milieu de la rue de l'Odéon; et on en jeta même en cet endroit les fondations; mais, après plusieurs hésitations, on abandonna ces travaux, et l'on adopta un emplacement plus rapproché du Luxembourg. Les travaux, confiés à deux hommes d'un grand talent, de Wailly et Peyre l'aîné, furent commencés en 1779, et terminés en mars 1782. — C'est, à proprement parler, le premier théâtre digne qui ait été construit à Paris. Jusqu'alors, de chétives constructions élevées à la hâte, de misérables jeux de paume décorés du nom de théâtre, servaient d'abri à la meilleure compagnie rassemblée pour y voir jouer les pièces de Corneille, de Racine et de Molière. Des planches posées sur des tréteaux, des décorations en feuilles de paravents, des galeries en échafaudages, formaient l'ensemble de ces salles de spectacle dont le décor était complété par quelques pièces de tapisseries et deux ou trois lustres en bois doré. C'est ainsi que partout, sous Louis XIV, on donnait la comédie, même à la cour, où toute la différence consistait dans la richesse des ameublements, la multiplicité des bougies, et dans une plus grande perfection des décors et des machines. La salle, construite par Wailly et Peyre, décorée avec beaucoup de richesse et d'élégance, fut ouverte, sous le nom de *Théâtre-Français*, le 9 avril de la même année, par une comédie épisodique de la Harpe, intitulée *Molière à la nouvelle salle;* deux ans après on y donna la première représentation du *Mariage de Figaro*, où assista la reine Marie-Antoinette. Cette pièce, jouée le 26 avril 1784, obtint un éclatant succès, qui se continue de nos jours et durera longtemps encore. On sait que Beaumarchais eut plus de peine à faire jouer sa pièce qu'à la composer, et l'intrigue de son ouvrage, quelque compliquée qu'elle soit, n'est rien auprès de ses démarches et de ses sollicitations. Pour se consoler de l'amertume que leur causait un succès sans exemples, les mécontents, à la cinquième représentation, firent jeter des quatrièmes loges des imprimés contenant les vers suivants, qui se répandirent dans toute la salle. Ce fut à qui en aurait; les femmes en demandaient à grands cris; les gens du parquet en plaçaient au bout de leurs cannes et en présentaient aux loges; des plaisants y mettaient du papier blanc et même des polissonneries.

> Je vis hier du fond d'une coulisse
> L'extravagante nouveauté
> Qui, triomphant de la police,
> Profane des Français le spectacle enchanté.
> Dans ce drame honteux chaque acteur est un vice,
> Bien personnifié dans toute son horreur.
> Bartholo nous peint l'avarice,
> Almaviva le suborneur;
> Sa tendre moitié, l'adultère;
> Le Double-Main, un plat voleur;
> Marceline est une mégère;
> Basile un calomniateur;
> Fanchette... l'innocente est trop apprivoisée!
> Et tout brûlant d'amour, tel qu'un vrai Chérubin,
> Le page est, pour bien dire, un fieffé libertin,
> Protégé par Suzon, fille plus que rusée,
> Prenant aussi sa part du gentil favori,
> Greluchon de la femme, et mignon du mari.
> Quel bon ton! Quelles mœurs cette intrigue rassemble!
> Pour l'esprit de l'ouvrage... il est chez Bride-Oison :
> Et quant à Figaro... le drôle à son patron
> Si scandaleusement ressemble,
> Il est si frappant qu'il fait peur.
> Mais pour voir à la fin tous les vices ensemble,
> Le parterre en chorus a demandé l'auteur.

Ces vers, aujourd'hui totalement oubliés, ne préjudicièrent en rien au succès de la pièce, et n'empêchèrent pas la mode de donner le nom de Figaro à mille objets divers; il y eut des robes à la Figaro, des bijoux à la Figaro, etc., etc., etc.

La troupe du Théâtre-Français offrait alors une étonnante variété de talents remarquables; elle comptait Molé, Larive, Brizard, St-Prix, Monvel, Dugazon, Dazincourt; Mme Vestris, Mme Devienne, Mlle Sainval, Mlle Contat, Mlle Joly, Mlle Clairon, Mlle Duménil, Mlle Raucourt, Mlle Emilie Contat, etc.

Lors de la translation des restes mortels de Voltaire au Panthéon, le 11 juillet 1791, la façade du théâtre de l'Odéon fut magnifiquement décorée de guirlandes, de draperies et de cartels placés sur les colonnes du péristyle, où étaient inscrits les titres de toutes les pièces de théâtre dont Voltaire était l'auteur. Sous le fronton on lisait:

> IL FIT IRÈNE A QUATRE-VINGT-TROIS ANS.

Lors du passage du convoi funèbre, la draperie qui couvrait l'entrée du vestibule s'ouvrit, et laissa voir dans le fond le buste en marbre de Voltaire resplendissant de lumière. Des acteurs de ce théâtre, représentant divers personnages dramatiques, vinrent faire leur offrande à l'objet de la vénération publique : Brutus lui offrit des faisceaux de lauriers, Orosmane les parfums de l'Arabie, et Nanine un bouquet de roses.

Sans les troubles de la révolution, il est probable que les comédiens français n'eussent pas quitté ce théâtre, qui avait pris le titre de *théâtre de la Nation* en 1790 ; mais, à la suite des représentations de *Paméla*, comédie de François de Neufchâteau, jouée pour la première fois le 1er août 1793, l'autorité fit fermer le théâtre de la Nation et mettre tous les acteurs en prison, à l'exception de Molé. Pendant leur *retraite économique*, leur salle, qui avait pris le nom de *Théâtre-Egalité*, fut occupée par une troupe d'opéra-comique. L'ancienne troupe fut obligée, après le 9 thermidor, de s'associer avec ces nouveaux hôtes ; mais ils ne vécurent pas longtemps en bonne intelligence.

Au 19 fructidor, le conseil des cinq cents se réunit dans la salle de l'Odéon pendant que le conseil des anciens s'assemblait à l'école de médecine ; là un décret fut rendu pour proscrire les directeurs Carnot et Barthélemy. — Dans cette salle encore, on établit une commission militaire pour condamner à mort le parti contraire à la réaction du jour.

Après avoir été quelque temps inoccupée, la salle de l'Odéon rouvrit en 1798 sous la direction de Dorfeuille, et reçut alors le nom d'Odéon, parce que les opéras et des pièces mêlées de chants devaient former le fonds du répertoire ; mais le nouveau théâtre se montra bientôt infidèle à cette promesse ; la comédie revint y prendre place. — Le 18 mars 1799, un incendie détruisit le théâtre de l'Odéon, dont il ne resta que les quatre murailles. Il fut réédifié par Chalgrin, et rouvert, sous la direction de Picard, le 7 juin 1808, sous le nom de *théâtre de l'Impératrice;* on y jouait des comédies et des opéras buffa ; c'est là que Mme Barilli fit entendre sa voix, d'une fraîcheur et d'une pureté inaltérable ; auprès d'elle se groupaient le beau tenor Crivelli, la basse taille Porto, Tachinardi à la taille de nain, mais à la voix enchanteresse, etc. — En 1814, le théâtre de l'Odéon échangea son titre de théâtre de l'Impératrice pour celui de *théâtre royal de l'Odéon*, et fut occupé par une troupe d'acteurs qui jouaient des comédies qui ne faisaient point partie du répertoire du Théâtre-Français. — Un second incendie détruisit de nouveau ce théâtre le 20 mars 1818. Louis XVIII ordonna sa reconstruction, et l'érigea en *second Théâtre-Français*. La nouvelle salle, décorée avec magnificence, fut ouverte le 30 septembre 1819. Le répertoire fut composé de toutes les pièces du répertoire de l'ancien Théâtre-Français, et des tragédies et comédies nouvelles que les auteurs composaient pour l'Odéon. Magré quelques brillants succès, l'Odéon devint bientôt désert. Sous la direction de M. Bernard, qui y fit jouer des opéras arrangés sur des partitions étrangères, il prospéra pendant quelque temps sans pouvoir toutefois se soutenir. Dans ces derniers temps, il ne s'ouvrait plus que de loin en loin pour des représentations à bénéfice que venaient y donner d'autres spectacles. Après l'incendie du théâtre Favart, les Italiens s'y installèrent, et y ramenèrent la foule avec le beau monde; mais la salle redevint déserte lorsque l'opéra buffa fut occuper la salle Ventadour.

En résumé, depuis 1782, jour de l'installation des comédiens français dans cet édifice, combien d'ouvertures, et, par conséquent, hélas! combien de clôtures! Fermé en 1793 par le comité du salut public; brûlé en 1799; réédifié en 1808 comme théâtre de l'Impératrice; brûlé encore en 1818; rétabli et reconstitué second Théâtre-Français en 1819; abandonné à tous les genres, tragédies, drames, comédies, opéras, en 1824; puis fermé, puis ouvert, puis refermé.... Il a été de nouveau livré au public, en octobre 1841, sous la direction de M. Dépagny; puis sous celle de M. de Lireux et *tutti quanti*.

Le théâtre de l'Odéon est le plus digne de remarque qu'il y ait à Paris. C'est un monument isolé, décoré du côté de la place d'un grand péristyle de huit colonnes doriques, dont l'entablement règne sur les quatre faces. Celles-ci offrent ensemble quarante-six arcades au rez-de-chaussée et le même nombre de croisées au premier étage; le second et le troisième sont éclairés par des jours pratiqués dans les métopes de la frise et dans l'attique. Trois galeries publiques se lient avec le porche, et font le pourtour de l'édifice. La forme intérieure de la salle est une ellipse dont le grand axe a 18 m. 24 c., et le petit 15 m. 27 c. Le nombre des places qu'elle contient est de 1,756.

Le marché St-Germain, situé entre les rues Félibien, Clément, Lobineau et Mabillon. Il offre un quadrilatère, dont la construction est parfaitement appropriée à son objet; les halles présentent un coup d'œil magnifique; les côtés des rues Félibien et Lobineau sont éclairés extérieurement par seize croisées et par cinq grilles; le côté des rues Clément et Mabillon présente douze croisées et cinq portes. Outre une borne-fontaine et un vaste puits, au centre du marché St-Germain s'élève la fontaine de la Paix, joli monument construit en forme de tombeau antique, et consistant en un massif carré, dont chaque face est surmontée d'un fronton sans support. Il décorait autrefois la place St-Sulpice, et a été transporté dans la cour du nouveau marché St-Germain en 1824. Le but de l'architecte avait été d'élever un monument funéraire à la mémoire de Servandoni; mais, sur les observations qui furent faites sur l'inconvenance d'un tombeau pour orner une place publique, on le décora de quatre charmants bas-reliefs sculptés par Esparcieux, représentant la Paix, l'Agriculture, le Commerce et les Arts. Sur les deux faces sont des conques en marbre, figurant la partie supérieure d'un vase, d'où l'eau tombe dans des cuvettes qui laissent échapper l'eau dans un bassin carré : tous les détails et ornements sont sculptés avec beaucoup de goût.

Une autre fontaine se trouve près des boucheries, du côté de la rue Lobineau. — La première pierre du marché St-Germain a été posée le 15 août 1813, sur le terrain occupé précédemment par les loges de la foire St-Germain; il a été ouvert en 1818. C'est le plus beau marché de détail de la ville de Paris.

L'Ecole de médecine, située rue de l'Ecole-de-médecine, n° 17. Cet édifice, commencé en 1769, sur les dessins de Gondouin, et achevé en 1786, est composé de quatre corps de bâtiments, environnant une cour de 22 m. de profondeur sur 32 m. de largeur. La façade sur la rue en a 66. Le péristyle est formé de quatre rangs de colonnes ioniques. Un second péristyle de six colonnes corinthiennes, surmontées d'un fronton triangulaire sur lequel Berruer a sculpté l'Union allégorique de la théorie à la pratique de la chirurgie, annonce l'entrée de l'amphithéâtre. Sur le mur du fond sont, dans des médaillons, les portraits de J. Pitard, de A. Paré, de G. Mareschal, et de J. de la Peyronie, chirurgiens fameux. Cet amphithéâtre peut contenir douze cents personnes, mais il est trop étroit pour une école qui ne compte jamais moins de trois mille étudiants. L'amphithéâtre est décoré de peintures à fresque par Gibelin, orné des bustes de Lamartinière et de la Peyronie, par le Moine. Dans la salle d'assemblée est un tableau de Girodet, représentant Hippocrate refusant les présents qui lui étaient offerts par les ambassadeurs du roi de Perse, pour aller exercer son art chez les ennemis de son pays. Elle est environnée des bustes des anatomistes et des chirurgiens français les plus habiles. Une bibliothèque de trente mille volumes, placée dans l'aile gauche du bâtiment, est ouverte aux médecins et aux élèves munis d'une carte, tous les jours, de onze à trois heures; aux mêmes heures on voit un magnifique cabinet d'anatomie humaine et comparée, digne en tout de l'attention des curieux. Un cabinet de physique, des salles de dissection, et des hospices de clinique, dépendent de ce magnifique établissement, où de nombreux professeurs enseignent toutes les parties de l'art de guérir.

Le Collége St-Louis, situé rue de la Harpe, n° 94. Cet établissement occupe aujourd'hui une partie de l'emplacement où se trouvaient autrefois les colléges d'Harcourt, de Justin, et le jardin des Cordeliers.

Le COLLÉGE D'HARCOURT, composé dans le principe de deux hôtels situés vis-à-vis l'un de l'autre, fut fondé en 1280 par Raoul d'Harcourt pour vingt-quatre pauvres étudiants des diocèses de Paris, de Rouen, de Coutances et de Bayeux. Son frère, Robert d'Harcourt, évêque de Coutances, le fit achever en 1311. Plusieurs autres personnes augmentèrent la fondation de ce collége en différents temps, entre autres J. Boucard, évêque d'Avranches, confesseur et aumônier de Louis XI; Godefroy Herbert, évêque de Coutances, etc., etc. — Le collége d'Harcourt était l'un des plus anciens de Paris, et le principal collége de la nation de Normandie.

Dans le moyen âge on n'étudiait guère le droit canon ou civil que de vingt-cinq à trente ans. Souvent les supérieurs des couvents envoyaient dans les grandes écoles quelques-uns de leurs religieux, qu'ils y entretenaient à leurs frais. Plus tard, des bulles de Nicolas et de Boniface VIII permirent à plusieurs communautés religieuses d'acquérir des maisons dans la ville et dans les faubourgs de Paris, pour y loger les religieux qu'on y envoyait étudier la théologie et les arts libéraux. Les écoliers du même pays conservaient entre eux, à l'université, des relations très-intimes ; souvent ils mettaient leurs intérêts en commun ; de là vint la division des étudiants par nations ou provinces. On en comptait quatre à l'université de Paris : c'étaient celles de *France*, de *Picardie*, de *Normandie* et d'*Angleterre*, remplacée au xve siècle par celle d'*Allemagne*.

L'existence des écoliers était en général fort dure et fort misérable. Jean de Hauteville, dans son *Architrenius* (lib. III, cap. *de miseriis scholasticorum*), fait un tableau effrayant de la misère et des supplices auxquels quelques-uns de ces malheureux étaient quelquefois exposés. Il les dépeint comme des êtres en proie à toutes les tortures du froid et de la faim, dont le visage pâle et livide, décharné, présentait l'image de la mort, à moitié nus, couchant sur la paille et vivant dans la plus horrible malpropreté.

En 1763, le prix de la pension était de 464 livres, plus pour les précepteurs 520 livres, et pour bois et chandelles 20 livres. Les boursiers avaient un réfectoire particulier, dans lequel on admettait des écoliers qui, sans être pourvus de bourses, vivaient en commun avec eux ; ce qui leur procurait l'avantage de ne payer qu'une modique pension. — Diderot, qui avait commencé ses études chez les jésuites, les acheva au collége d'Harcourt.— Près de la porte Saint-Michel et attenant au collége d'Harcourt, était la maison où Jacques Amyot demeurait en 1574.

Les bâtiments du collége d'Harcourt ont été démolis, et sur leur emplacement on a commencé en 1814 un vaste édifice destiné d'abord à un collége, puis à une maison de correction. En 1820 on lui a rendu sa première destination.

Le COLLÉGE DE JUSTIN avait été fondé en 1354, en exécution du testament de Jean de Justin, dont il a retenu le nom. Il a été supprimé en 1790.

Le marché à la volaille, situé quai des Grands-Augustins, sur l'emplacement du couvent de ce nom. Il consiste en trois nefs ; celle sur le quai est destinée à la vente en détail, et les trois autres à la vente en gros.

Les augustins vinrent s'établir à Paris vers l'an 1250 ; on les nommait alors les ermites de Saint-Augustin. La première maison qu'ils habitèrent était située quartier Montmartre, dans la rue qui porte aujourd'hui le nom de rue des Vieux-Augustins. Quelques auteurs pensent que l'église de Ste-Marie Egyptienne, qu'on nomma plus tard, par corruption, de la Jussienne, leur a servi de chapelle. En 1302, les augustins vinrent demeurer près du couvent des Bernardins. Plus tard, les pénitents du nom de sachets ou sachetins, que saint Louis avait établis sur la rive gauche de la Seine, cédèrent leur place aux augustins, dont l'église et le monastère furent achevés sous le règne de Charles V. Cette église fut dédiée en l'honneur de sainte Anne, sous le règne de Charles VII, en 1443; elle renfermait la chapelle de l'ordre du Saint-Esprit. Plusieurs personnes de distinction ont été inhumées dans cette église, telles que : Philippe de Comines, qui y avait un magnifique mausolée dont les statues ont été placées au musée de Versailles et les bas-reliefs au musée du Louvre; Remy Belleau, poëte du xvi° siècle; Gui Dufaur, seigneur de Pibrac, mort en 1584; Claude Tardif, conseiller au parlement, assassiné par les ligueurs en 1591; le casuiste Sainte-Beuve; le compositeur de musique Eustache de Caurroy, etc., etc. Plusieurs salles étaient ornées des portraits et des armoiries des chevaliers du Saint-Esprit. — C'est dans l'église du couvent des Grands-Augustins que Henri III tint le chapitre des chevaliers de l'ordre du Saint-Esprit, qu'il institua en 1578. Ce fut dans la grande salle de ce couvent que Marie de Médicis fut déclarée régente. Les assemblées du clergé se tenaient ordinairement dans les salles du couvent des Augustins; la cour des comptes a occupé ces salles pendant qu'on reconstruisait le palais de justice. En 1716 le parlement institua aux Grands-Augustins une chambre de justice chargée de poursuivre et de punir les malversations commises dans les finances. Une chambre dite des vacations y fut aussi établie en 1720.

Le monastère des Grands-Augustins, supprimé en 1790, était situé sur le quai de son nom, dans l'emplacement occupé aujourd'hui par la rue du Pont-de-Lodi et par la halle au gibier et à la volaille. — Au coin de la rue Pavée, et à l'angle que formait l'église des Augustins, on voyait un bas-relief gothique représentant une satisfaction faite, en 1440, aux religieux de ce monastère, par des huissiers qui avaient arrêté dans leur cloître un religieux accusé de crimes scandaleux.

VARIÉTÉS HISTORIQUES ET BIOGRAPHIQUES.

Rue de l'Ancienne-Comédie, n° 13, est le café Procope où se rassemblaient les beaux esprits du règne de Louis XV. La renommée de ce café n'est étrangère ni à l'histoire politique du xviii° siècle, ni à la philosophie, comme on peut le voir par la correspondance littéraire de Grimm. Voltaire, Piron, Ste-Foix étaient les habitués de ce café, où l'on s'occupait exclusivement de littérature. L'élite des gens de lettres et des habitués de la Comédier-Fançaise s'y réunissaient sous la présidence de

Piron. C'est là que se décidait le sort des pièces nouvelles, et que le jugement du public était revisé quelquefois avec beaucoup d'irrévérence. C'était à cette école, dont les professeurs avaient tous fait leurs preuves, que se formait le parterre de la comédie française.

C'est au café Procope qu'arriva à Ste-Foix, auteur des Recherches sur Paris, la fameuse aventure de la bavaroise. Entrant un jour dans ce café à une heure après midi (moment de la journée où on dînait alors à Paris), il vit un particulier qui trempait une flûte dans une bavaroise au chocolat. Ce dîner peu substantiel parut extraordinaire à Ste-Foix, qui ne put s'empêcher de dire assez haut pour être entendu. « Voilà un f...u dîner ! » Formalisé de cette apostrophe, le particulier qu'elle concernait se lève et en demande raison à Ste-Foix, qui accepte la partie, tout en lui faisant observer qu'il n'en est pas moins vrai « qu'il venait de faire un f...u dîner. » On sort; Ste-Foix reçoit un coup d'épée, et son adversaire lui témoigne tous ses regrets de l'avoir blessé. « Ce ne sera rien, dit Ste-Foix, je ne vous en veux aucunement ; seulement, avouez que vous faisiez un f...u dîner. »

Zoppi, successeur de Procope, tenait dans ce café un cabinet littéraire très-fréquenté sous le consulat.

Rue et place de l'Odéon, demeurait en 1793 CAMILLE DESMOULINS, fils d'un lieutenant général, élevé à Paris au collège Louis-le-Grand, où son père avait obtenu une bourse pour lui en 1776, et où il fit connaissance de Robespierre et de St-Just.

En 1791, Camille Desmoulins épousa Anne-Philippine-Louise Duplessis Laridon, jeune fille ravissante de beauté, d'esprit et de talents, qui joignait à ces heureux dons l'amour ardent de la liberté. En voyant Camille Desmoulins, en l'écoutant surtout lorsque sa voix appelait au culte de l'auguste et sainte liberté, Mlle Laridon l'aima de tout l'amour qu'elle avait dans l'âme. Encouragé par elle, Camille la demanda et l'obtint. Ils furent mariés par l'abbé Benadier, ancien principal du collège Louis-le-Grand, et les deux témoins de Camille furent deux de ses anciens condisciples, St-Just et Robespierre ; ceux-là même qui plus tard devaient être ses assassins. — Député de Paris à la convention nationale, où il vota la mort de Louis XVI, Camille Desmoulins fut décrété d'accusation, arrêté dans la nuit du 30 au 31 mars, traduit avec Danton, Lacroix, etc., etc., au tribunal révolutionnaire, condamné à mort, et exécuté avec eux le 5 avril 1794.

Au n° 31, demeurait et est mort en 1835 le spirituel et original romancier PIGAULT LEBRUN.

Rue de Vaugirard, n° 20, demeure M. JULES JANIN, surnommé par quelques-uns le prince des critiques de notre époque, et par d'autres le Fréron du xixe siècle.

La place de l'Ecole-de-Médecine a été formée sur l'emplacement du couvent des Cordeliers, fondé au coin de la rue de l'Observance en 1230. L'église, bâtie par les libéralités de saint Louis, fut dédiée en 1262, rebâtie de 1582 à 1606 ; le cloître date de 1683. Le couvent des Cordeliers a été supprimé en 1790, mais les bâtiments ont été en grande partie conservés ; le réfectoire, qui présente la forme d'une église, et qui se trouve en face de la rue Hautefeuille, est dans son entier ; l'église a été démolie, et l'on a converti le terrain en une place qui laisse à découvert l'école de médecine ; les jardins ont été utilisés pour des pavillons de dissection.

La salle d'étude de théologie pour les novices fut occupée en 1790 par le fameux club des Cordeliers, dont Danton et Camille Desmoulins furent les principaux orateurs. Ce club, formé au Palais-Royal, avait aussi tenu ses séances rue Dauphine, dans le local où l'on a vu depuis le théâtre des Jeunes-Elèves. Quand Robespierre eut obtenu les têtes de Danton, de Chabot, de Bazire, de Vincent, de Ronsin, de Momoro et de quelques autres membres influents des cordeliers, ce club perdit toute sa puissance, et bientôt après il cessa d'exister. — Les cordeliers contribuèrent puissamment à l'établissement de la république. C'est de leur club que sortit cette fameuse pétition du Champ-de-Mars (14 juillet 1791), qui demandait la déchéance du roi fugitif.

C'est dans le jardin du couvent des Cordeliers que fut enterré Marat, le 16 juillet 1793.

L'ancienne église des Cordeliers renfermait les tombeaux de Marguerite de France, femme de Philippe le Hardi ; de Jeanne de France et de Navarre, femme de Philippe le Bel ; le cœur de Philippe le Long. Dans la nouvelle église on voyait les tombeaux du savant Nicolas de Lira ; du dialectitien Jean Scot ; de Hales, précepteur de saint Thomas et de saint Bonaventure ; du prince de Carpi ; de l'historien Belleforêts; du connétable de St-Pol, décapité sous Louis XI ; de don Antoine, prétendant à la couronne de Portugal, qui fut chassé de ses Etats, et mourut dans la misère en 1595 ; de Guillaume Lamoignon, premier président au parlement, et de Madeleine de Lamoignon sa fille. — Dans une immense galerie du couvent des Cordeliers, formant le dessus du cloître, du côté de l'église, s'exécutait en 1787 par cinquante à soixante ingénieurs ou dessinateurs, sous les ordres de Verniquet, le plan de Paris ordonné par déclaration du roi du 10 avril 1783. — Dans la partie de ce couvent qui donnait rue de l'Observance était la société du Musée de Paris fondée en 1780, et dont Moreau de St-Méry était président en 1787.

Rue de l'Ecole-de-Médecine, au coin de la rue de la Harpe, était l'église de St-Côme et St-Damien, érigée en paroisse en 1212, et démolie en 1838, lors du percement de la rue Racine. La maison de saint Côme, fondée pour une école spéciale de chirurgie, sous Louis IX, fut rebâtie en 1694, et affectée, en 1765, à une école gratuite de dessin pour les enfants pauvres, école qui existe encore aujourd'hui.

Au n° **4** était le COLLÉGE DE DAINVILLE, fondé en 1380, supprimé en 1790, et converti en maison particulière. C'était un collége de moyen exercice, où l'on prenait des pensionnaires, qui payaient pour leur nourriture cinq sous six deniers par jour et recevaient chacun une voie de bois.

Le collége de Bourgogne, fondé en 1331 par Jeanne de Bourgogne, pour vingt pauvres écoliers de la province et comté de Bourgogne, réuni à l'université en 1764 et vendu en 1769, se trouvait sur l'emplacement où a été construite l'école de médecine.

La porte St-Germain, qui faisait partie de l'enceinte de Philippe Auguste, était à l'extrémité de la rue du Paon, à l'endroit où est l'ancienne fontaine des Cordeliers, construite après la démolition de cette porte en 1673.

Dans la niche d'où sort la fontaine, est gravée, sur une table de marbre noir, cette inscription :

> Du règne de Louis le Grand, la porte St-Germain, qui étoit en ce lieu, a été démolie en l'année 1672, par l'ordre de MM. les prévôt des marchands et échevins, en exécution de l'arrêt du conseil du 19 août audit an, et la présente inscription apposée suivant l'arrêt du conseil du 29 septembre 1673, pour marquer l'endroit où étoit cette porte, et servir ce que de raison.

Au n° **18** est une maison historique, où l'on entre par une porte cochère, en face laquelle se trouve une cour peu aérée. C'est au premier étage que demeurait MARAT, et c'est dans un cabinet qui donne sur cette petite cour, au-dessus du puits, qu'il fut assassiné le 13 juillet 1793, par Charlotte Corday. Cette maison, aujourd'hui si paisible, fut pendant longtemps le centre d'agitations, de fureurs et de délations. C'est de là que partirent les coups les plus rudes qui aient été portés au trône de Louis XVI, au temps où le club des cordeliers était ouvert. Là, Danton, qui demeurait dans la cour du Commerce, venait, en passant, chercher Marat, ou l'appelait d'une voix tonnante, au pied de l'escalier en pierre par lequel on arrivait au modeste appartement du fougueux montagnard. Ici accouraient Collot-d'Herbois, Billaud-Varennes, Chaumette, Chabot, Legendre, St-Just, Robespierre, etc.

Le 13 juillet 1793, Charlotte Corday se présenta chez Marat à cinq heures du soir ; ce jour là sa toilette respirait une sorte de coquetterie simple et sublime ; un large ruban vert retenait ses cheveux lisses et un chignon d'où s'échappaient des boucles onduleuses. A voir cette femme si belle, son front d'une blancheur animée, son air de décence, ses lèvres fraîches, qui se serait imaginé que ses mains délicates allaient être tachées de sang. Marat était au bain : il entend la voix de la jeune fille, qui insiste pour être reçue, et ordonne de l'introduire. Marat l'interroge, et sachant qu'elle arrivait de Caen, lui demande les noms des députés réfugiés dans le Calvados; elle dicte.... « C'est bien, dit Marat, ils iront tous à la guillotine. » Cette menace est la dernière qui sortira de sa bouche : Charlotte Corday tire un couteau caché dans son sein, et le lui enfonce jusqu'au manche dans le cœur. Aux cris de Marat, un commissionnaire qui pliait les journaux de l'*Ami du peuple*, renverse la jeune fille d'un coup de chaise; elle se relève, et se met sous la sauvegarde des membres de la section. — Marat était né à Boudry, comté de Neufchâtel en Suisse, en 1744. Il était de petite stature; la couleur jaune brun de son teint annonçait un tempérament à la fois atrabilaire et colérique; son nez était fortement recourbé; une des pommettes de ses joues étant plus élevée que l'autre, ses yeux par conséquent ne se trouvaient point sur la même ligne horizontale; cette difformité donnait à sa figure un caractère hagard. On ne trouva chez lui après sa mort qu'un assignat de cent sous, qui constituait toute sa fortune. — La sœur de Marat est morte en 1844 rue de la Barillerie.

Au n° 35 demeurait en 1792 le cordonnier SIMON, désigné par la commune de Paris pour remplir auprès du fils de Louis XVI les fonctions de geôlier. Membre du conseil général de la commune de Paris, et mis hors la loi après la chute de Robespierre, il fut exécuté le 28 juillet 1794.

Cour du Commerce demeurait en 1792 DANTON, qui fut successivement avocat, président du district des Cordeliers, où commença sa célébrité, ministre de la justice sous l'assemblée législative et député de Paris à la convention nationale, où il vota la mort de Louis XVI sans sursis. Arrêté dans la nuit du 31 mars avec son ami Lacroix, il en sortit pour être transféré à la Conciergerie. Condamné à mort par le tribunal révolutionnaire, il fut conduit au supplice le 5 avril 1794, et conserva toute son audace sur la fatale charrette. Il avait soutenu les courages pendant les jours de danger; il avait fourni la première idée du tribunal révolutionnaire, de l'armée révolutionnaire, de la réquisition permanente, de l'impôt sur les riches, des quarante sous alloués par séance aux membres des sections; il était l'auteur enfin de toutes les mesures qui, devenues cruelles par l'exécution, avaient néanmoins donné à la révolution l'énergie qui la sauva.

Rue Christine demeurait en 1750 Mme DE LATOUR FRANQUEVILLE, célèbre par sa correspondance avec J.-J. Rousseau. Mme de Franqueville est la seule qui, dans la querelle de David Hume et de Rousseau, prit la plume pour défendre son ami; elle mit dans cette défense une chaleur remarquable. Après la mort de Rousseau, elle écrivit contre ceux qui attaquaient sa mémoire, et, de concert avec du Peyrou, le justifia complètement de l'accusation d'ingratitude envers milord Maréchal. Elle est morte en 1789 à l'hôpital de St-Mandé, conséquemment dans la misère, laissant une fille qui demandait l'aumône et qui a réclamé souvent l'assistance de M. Michaud, éditeur de la correspondance de Mme de Franqueville.

Rue des Poitevins est l'HÔTEL DE THOU, aujourd'hui propriété du libraire Panckoucke, où l'on voyait autrefois la célèbre bibliothèque des savants.

Rue Mignon, n° 2, était le COLLÉGE MIGNON ou de GRANDMONT, fondé en 1343, supprimé en 1790, et converti en une maison particulière, qui a été habitée par ROBERT LINDET, ministre de la guerre sous la convention.

Rue de l'Eperon, entre les rues du Battoir et du Jardinet, était le COLLÉGE DE VENDÔME.

Quai des Grands-Augustins, n° 51, était l'HÔTEL DE NANTOUILLET, connu ensuite sous le nom d'HÔTEL D'HERCULE, à cause des peintures qui le décoraient et qui représentaient les travaux de ce demi-dieu. Cet hôtel fut donné par Louis XII à Antoine Duprat, qui fut chancelier de France sous François Ier et qui occupa cette habitation jusqu'à sa mort. Ce fut dans cette maison que François Ier se saisit, en 1536, de cent mille écus d'or qui y étaient renfermés dans des coffres bardés de fer. Ce fut aussi dans cet hôtel que Henri III, Henri de Bourbon et le roi de Pologne faillirent être traités comme ils le méritaient par le prévôt de Paris. « En septembre 1573, dit *l'Etoile*, j'ai vu nos trois rois, celui de France, celui de Pologne, celui de Navarre; ils mandèrent à Nantouillet, prévôt de Paris, qu'ils vouloient aller prendre la collation chez lui, comme de fait ils y allèrent, quelques excuses que sût alléguer Nantouillet pour ses défenses. Après la collation, la vaisselle d'argent de Nantouillet et ses coffres furent fouillés, et disoit-on dans Paris qu'on lui avoit volé plus de cinquante mille livres. » Sur l'emplacement de l'hôtel d'Hercule on construisit plus tard l'hôtel de Nemours, qui fut démoli en 1671, lorsqu'on ouvrit la rue de Savoie.

Sur le quai des Augustins, au coin de la rue Gît-le-Cœur, était un vaste hôtel qui s'étendait jusqu'à la rue de l'Hirondelle, où était la principale entrée. Cet hôtel appartenait à Louis de Sancerre, connétable de France, dont les prédécesseurs y avaient réuni l'hôtel des évêques de Chartres; Deuvet, maître des requêtes, en étant devenu propriétaire, l'agrandit en y joignant une maison située vis-à-vis une descente qui conduisait à la rivière. Sous François Ier, Anne de Pisseleu, duchesse d'Etampes, occupa cet hôtel, et engagea ce monarque à l'acquérir; il en fit démolir une partie, qui fut rebâtie et ornée de peintures et de devises (V. ci-après RUE DE L'HIRONDELLE). Au commencement du XVIIe siècle, cette habitation portait le nom d'hôtel d'O et appartenait au chancelier Séguier, qui faillit y être assassiné en 1647, en se rendant au parlement pour y faire enregistrer quelques édits bursaux ; assailli par des soldats déguisés en maçons, il se sauva avec beaucoup de peine à l'hôtel d'O, accompagné de son frère, l'évêque de Meaux, qui, par prévision, commença à le confesser dès qu'ils furent entrés. Bientôt la foule qui les avait poursuivis envahit l'hôtel, dont tous les meubles furent brisés ; mais, par un hasard heureux, une petite chambre où les deux fugitifs s'étaient cachés ne fut pas découverte. La fille du chancelier Séguier, ayant épousé le duc de Luynes, lui apporta en dot l'hôtel d'O, qui prit alors le nom d'hôtel de Luynes. Cet hôtel fut démoli en partie en 1671, et vendu à différents particuliers.

Rue de l'Hirondelle, n° 22, est l'entrée de l'ancien hôtel de la duchesse d'Etampes, qui communiquait avec le petit palais que François Ier avait fait bâtir au coin de la rue Git-le-Cœur et de la rue de Hurepoix (aujourd'hui quai des Augustins). Les peintures à fresque, les tableaux, les tapisseries, les salamandres qui faisaient le corps de la devise de François Ier et plusieurs autres devises ingénieuses que l'on a longtemps remarquées dans cet hôtel, annonçaient le dieu et les plaisirs auquel il était consacré. Le cabinet de bains de la duchesse d'Etampes a longtemps servi d'écurie à une auberge qui avait retenu le nom de la Salamandre. Ste-Foix, dans ses *Essais historiques sur Paris*, dit que lorsqu'il alla examiner les restes de cette habitation, un chapelier occupait la chambre du lever de François Ier, et que son salon de délices était habité par une pauvre femme en couches. Une imprimerie en taille-douce était naguère installée dans les appartements de cette maison, où l'on arrive par un escalier dont la porte est encore surmontée d'une salamandre.

Rue St-André-des-Arcs ou des Arts: A l'endroit où l'on a formé la place de ce nom était l'église St-André-des-Arcs, bâtie au commencement de l'an 1000, à la place d'un ancien oratoire, sous l'invocation de saint Andéol. Elle fut rebâtie et érigée en paroisse en 1212, agrandie en 1660, et démolie vers 1807. L'architecture en était agréable, les sculptures délicatement travaillées. Suivant l'abbé Lebeuf, on y voyait encore des parties gothiques du XIIIe siècle. L'église St-André renfermait quelques sculptures importantes, entre autres le mausolée de Jacques-Auguste de Thou, par Prieur ; le buste en marbre d'une rare beauté, de Christophe de Thou, placé aujourd'hui au musée du Louvre ; le mausolée de l'historien Jacques-Auguste de Thou et de sa femme, par Auguier ; le monument en marbre du prince de Conti, par Coustou, et celui de la princesse, son épouse, chef-d'œuvre de Girardon. Il consistait en une belle figure de marbre blanc en demi-bosse, accompagnée des attributs qui désignent la Foi, l'Espérance et la Charité, vertus caractéristiques de cette princesse, ainsi que le prouve l'épitaphe suivante, qui était placée au-dessus de son monument :

> A la gloire de Dieu et à l'éternelle mémoire d'Anne-Marie Martinozzi, princesse de Conti, qui, détrompée du monde dès l'âge de dix-neuf ans, vendit toutes ses pierreries pour nourrir, durant la famine de 1662, les pauvres du Berry, de la Champagne, de la Picardie, etc., etc.

Le célèbre historien André Duchesne, le généalogiste Pierre d'Hozier, le garde des sceaux Montholon, l'académicien Houdard de la Mothe, le président à la cour des monnaies Louis Cousin, le graveur Robert Nanteuil, ont aussi été enterrés dans cette église. Le grand magistrat Henri d'Aguesseau avait été inhumé dans le cimetière ainsi que Claire le Picard de Périgny, son épouse.

A l'extrémité de la rue St-André-des-Arcs, dans une maison sur laquelle on voyait une sculpture représentant un éléphant, demeurait autrefois Jacques Coytier, médecin de Louis XI, dont il est longuement parlé dans Philippe de Comines. On lisait sur la façade de cette maison l'inscription suivante :

> Jacobus Coytier miles et consiliarius ac vice-præses
> Cameræ computorum Parisiensis
> Aream emit, et in ea ædificavit hanc domum
> Anno 1490.

L'hôtel ou séjour d'Orléans occupait, rue St-André-des-Arcs, tout l'espace qui s'étend depuis la rue de l'Eperon jusqu'à la porte Bussy. Cet hôtel avait été habité par Philippe, duc d'Orléans, cinquième fils de Philippe de Valois; après la mort de ce prince, il passa à Louis de France, duc d'Orléans, fils de Charles V, qui le vendit en 1401 à Charles VI, son frère, moyennant 225,000 livres d'or; cet hôtel redevint toutefois sa propriété, car Valentine de Milan, femme de ce prince, y logea lorsqu'elle vint demander justice de sa mort; Louis d'Orléans, son petit-fils, en était propriétaire en 1484, époque où il le vendit à un conseiller au parlement et à deux autres personnes. C'est sur une partie de l'emplacement de cet hôtel que Jacques Coytier avait fait bâtir sa maison.

Au coin de la rue St-André-des-Arcs et de la rue Gît-le-Cœur, dans une maison dont se contenterait à peine aujourd'hui un boulanger ou un marchand de vin, où il n'y avait qu'une salle et une petite cuisine au rez-de-chaussée, deux chambres au premier étage et deux chambres au second, logeait avec toute sa famille, au XVIe siècle, le garde des sceaux Montholon.

Au n° 30 était le COLLÉGE D'AUTUN, fondé en 1340 et réuni au collége Louis-le-Grand en 1764.

Au n° 40 demeurait en 1793 BILLAUD-VARENNES, député de Paris à la convention nationale, déporté à Cayenne en l'an III, mort au Port-au-Prince (île d'Haïti) vers la fin de 1819.

La porte de Bussy ou **Buci**, qui porta ensuite le nom de porte St-Germain, était située au bout de la rue St-André-des-Arcs, près de la rue Contrescarpe. Dans la nuit du 28 au 29 mai 1418, le fils de Périnet Leclerc, ayant pris sous le chevet de son père les clefs de cette porte, l'ouvrit aux troupes du duc de Bourgogne, auxquelles se joignit aussitôt la plus vile populace, qui tuèrent ou emprisonnèrent tous ceux qui étaient opposés à la faction de ce prince, et qu'on appelait les Armagnacs. Le 12 juin le carnage recommença avec plus de fureur. Les bouchers, qui eurent la plus grande part à ce massacre, érigèrent à Périnet Leclerc, au pont St-Michel, une statue, qui fut renversée dès que Charles VII se fut rendu maître de Paris, et dont le tronc mutilé a longtemps servi de borne à la maison qui fait le coin de la rue St-André-des-Arcs et de la Vieille-Boucleric.—Après la trahison de Périnet Leclerc, la porte de Bussy fut murée et condamnée. François Iᵉʳ la fit rouvrir en 1539. Le 24 août 1572, jour de la St-Barthélemy, cette porte arrêta pour un moment la fureur du duc de Guise, acharné à la poursuite des protestants; elle était fermée, et les préposés à sa garde avaient oublié d'en apporter les clefs. Le duc de Guise fit briser cette porte à coups de hache; mais il était trop tard, les protestants avertis avaient pris la fuite, et les troupes lancées à leur poursuite ne purent les atteindre.

Rue Hautefeuille, n° 30, était le COLLÉGE DES PRÉMONTRÉS, fondé en 1252, dans une maison qui portait le nom de Pierre Sarrasin, par l'ordre des Prémontrés. Il était autrefois borné par quatre rues: par la rue des Cordeliers; par la rue des Étuves, qui se trouvait en face de la rue Mignon, dont elle faisait la continuation; par la rue de l'Archevêque de Reims ou du Petit-Paon, dont une partie subsiste encore sous le nom d'impasse du Paon; et par la rue Hautefeuille, où la porte d'entrée du collége existe encore au n° 30 de cette rue. L'église avait été rétablie en 1618.

Rue Serpente, n° 7, était le COLLÉGE DE TOURS, fondé en 1333, et réuni à l'université en 1763. Il y avait aussi dans cette rue le COLLÉGE DE SUÈDE, qui subsistait vers 1333, et dont on ignore l'époque de la destruction.

N° 43. QUARTIER DE LA SORBONNE.

Ci-devant *section de la Sorbonne.*

Les limites de ce quartier sont: à partir du pont St-Michel, la rue de la Vieille-Boucleric nᵒˢ impairs; la rue de la Harpe nᵒˢ impairs; la place St-Michel à gauche, et de plus les nᵒˢ impairs de la rue des Francs-Bourgeois; la rue d'Enfer nᵒˢ pairs et impairs jusqu'à la rue St-Dominique d'Enfer, la rue St-Dominique d'Enfer nᵒˢ pairs, la rue St-Jacques n°' pairs, la rue du Petit-Pont n°' pairs; le quai St-Michel jusqu'au pont de ce nom. — Superficie 211,000 m. carrés, équivalant à 0,006 de la superficie totale de Paris.

On remarque principalement dans ce quartier :

L'église St-Severin, située rue St-Severin entre les n°' 3 et 5. Ce n'était dans l'origine qu'un petit oratoire sous l'invocation de saint Clément. L'église actuelle est un édifice gothique dont plusieurs parties ont été reconstruites en 1347 et en 1489. L'intérieur est remarquable par la belle ordonnance de l'abside, éclairée par un double rang de croisées. Les chapiteaux des colonnes, les nervures des voûtes, à leur point de jonction et d'arrêt, sont surchargés de culs-de-lampes et de sculptures de toute espèce. Les colonnes de la galerie inférieure du chœur sont remarquables par le fini et la légèreté de leur exécution. Des vitraux magnifiques décorent l'abside. La coupole du maître-autel, soutenue par huit colonnes de marbre ornées de bronze doré, a été exécutée par Tubi sur les dessins de Lebrun. — L'entrée de cette église, du côté de la rue St-Severin, a été décorée du joli portail de l'église de St-Pierre aux Bœufs, que l'on a eu l'heureuse idée de greffer sur celle de St-Severin.

Etienne Pasquier, auteur de savantes recherches sur notre histoire nationale, a été enterré dans cette église, ainsi que l'historien André Duchesne; les frères de Ste-Marthe, qui entreprirent le grand recueil de la *Gallia christiana*, le savant Hellies du Pin, etc.

Le cimetière se trouvait derrière l'église, du côté de la rue de la Parcheminerie. On y voyait avant la révolution un tombeau entouré d'une grille de fer, sur lequel était la figure d'un homme couché, ayant la tête appuyée sur une de ses mains et le coude sur des livres ; c'était le tombeau d'Ennon de Linda, seigneur étranger, mort à Paris, où il était venu faire ses études à l'université. — Un peu plus loin était le tombeau d'un homme qui fut enterré vivant. On voyait aussi dans ce cimetière un tableau connu sous le nom de Mlle de Montpensier, placé en ce lieu pour attiser le feu de la Ligue. Ce tableau, qui représentait des exécutions barbares exercées par Elisabeth, reine d'Angleterre, sur les catholiques, fut enlevé le 9 juillet 1587; il avait été exécuté d'après les ordres de Prévôt, curé de St-Severin, un des coryphées intraitables de la Ligue catholique contre les protestants. — Avant la révolution on distribuait tous les ans dans l'église St-Severin un prix de vertu aux cinq filles les plus méritantes de la paroisse.

La Sorbonne. Robert Sorbon, chapelain de saint Louis, nommé en 1250 à un canonicat de Cambrai, et se rappelant les difficultés que, par suite de la pauvreté de sa famille, il avait eues à vaincre pour arriver au grade de docteur en théologie, voulut faciliter aux écoliers sans fortune l'obtention de ce grade en fondant une école destinée à recevoir et entretenir de pauvres écoliers. Saint Louis lui fit don à cet effet, en 1250, d'une maison qui était dans la rue Coupe-Gueule, et deux autres maisons voisines, qui lui appartenaient, et sur leur emplacement Sorbon fonda le collége auquel on a donné son nom. En 1627 les bâtiments de ce collége tombant de vétusté, le cardinal de Richelieu le fit rebâtir avec magnificence en 1629, et fut inhumé au centre de la chapelle sous un dôme orné de belles peintures de Philippe de Champagne. Sur sa tombe, on plaça le superbe mausolée en marbre, chef-d'œuvre de Girardon, qui, transporté pendant la révolution au musée des monuments français de la rue des Petits-Augustins, a été rétabli dans la chapelle de la Sorbonne en 1816. — L'édifice entier se compose de trois corps de bâtiments flanqués dans les encoignures de quatre gros pavillons, qui environnent une grande cour en forme de carré long. Une partie de cette cour est plus élevée que l'autre de plusieurs degrés. — L'église commencée en 1635 fut achevée en 1659. Le portail, du côté de la place, est de deux ordres superposés, le corinthien avec colonnes engagées et le composite. Le portail du côté de la cour est élevé sur un perron de dix marches ; il est d'un seul ordre et composé de dix colonnes isolées couronnées par un fronton. Le dôme est flanqué de quatre campaniles, de statues, et recouvert par des côtes de plomb doré sur lesquelles sont des trophées ou arabesques. La coupole, peinte par Ph. de Champagne, est parfaitement conservée.

L'imprimerie fut introduite en France par Jean de la Pierre et Guillaume Fichet, docteurs en théologie de la faculté de Paris, qui firent venir dans cette capitale pour y exercer leur art Martin Krauts et Michel Friburger, imprimeurs de Mayence, auxquels on fournit un logement commode dans le collége de Sorbonne, où ils formèrent leur premier établissement, qui fut transporté par Gering, en 1483, dans une maison de la rue de Sorbonne, où il resta jusqu'à sa mort. Ce fondateur de la typographie française acquit une fortune considérable, dont il laissa la moitié au collége de Sorbonne, en reconnaissance des bienfaits qu'il en avait reçus. Le premier ouvrage imprimé en France est celui-ci : *Gasparani Barzizic Pergamensis epistolæ*, in-4, 1470. — Henri IV accorda en 1608 aux artistes distingués de son temps des logements dans une partie de la galerie du Louvre qu'il avait fait bâtir, logements qu'ils conservèrent sous les règnes des rois ses successeurs. Lorsque Napoléon fit achever le Louvre, on logea les artistes à la Sorbonne ; mais en 1816 cette maison, tombée dans un état complet de dégradation, fut restaurée et exclusivement consacrée à l'instruction publique. Force fut alors aux artistes de déloger une seconde fois; mais il leur fut accordé une indemnité annuelle et à vie, qui se paye régulièrement. — Aujourd'hui, les salles des bâtiments de l'ancien collége de Sorbonne servent aux leçons des facultés de théologie, des lettres et des sciences, et à l'administration de l'Académie de Paris. — L'église a été restaurée et rendue au culte le 10 juillet 1825. La cloche de cette église, qui sonnait autrefois tous les jours depuis neuf heures jusqu'à neuf heures et demie, était le couvre-feu du quartier de l'Université; de même que la cloche de Notre-Dame, qui sonnait tous les soirs à sept heures, était le couvre-feu du chapitre, après lequel il était défendu aux filles publiques de sortir des lieux affectés à leurs débauches.

Le palais des Thermes et l'hôtel de Cluny. Sous le nom de palais des Thermes on désigne les restes considérables d'un édifice de construction romaine, situé rue de la Harpe et numéroté 53. Le palais des Thermes, dont la construction est attribuée à Constance Chlore, père de Constantin, mort en 306, ou à son petit-fils Julien, comportait, indépendamment des jardins, des bâtiments considérables. Après avoir servi pendant plusieurs siècles de résidence aux rois de France de la première et de la seconde race, ce palais fut réduit au titre de vieux palais, les rois de la troisième race ayant choisi pour leur séjour le palais des comtes de Paris; vers 1340, il fut acquis par Pierre de Chaslus, abbé de Cluny, qui fit commencer sur une partie de son emplacement l'hôtel de Cluny.

Le palais des Thermes, qu'on nomme aussi vulgairement les Thermes de Julien, était d'une grande étendue; les bâtiments et les cours qui en dépendaient s'élevaient, du côté du sud, jusqu'aux environs de la Sorbonne: au delà, et du même côté, devait être aussi la place d'armes; au nord, en partant du point où est aujourd'hui la salle des Thermes, les bâtiments se prolongeaient jusqu'à la rive gauche de la Seine. — La salle qui subsiste encore, unique reste d'un palais aussi vaste, offre, dans son plan, deux parallélogrammes contigus, qui forment ensemble une seule pièce: le plus grand a 20 m. de longueur sur 13 m. 65 c. de largeur; le plus petit a 10 m. sur 6 m. Les voûtes à arêtes et à plein cintre, qui la couvrent, s'élèvent jusqu'à 14 m. au-dessus du sol: elles offrent un genre de couverture peu dispendieux et d'une extrême solidité, puisqu'elles ont résisté à l'action de quinze siècles, et que pendant longtemps, sans éprouver de dégradations sensibles, elles ont supporté une épaisse couche de terre, cultivée en jardin et plantée d'arbres. L'architecture simple et majestueuse de cette salle ne présente que peu d'ornements: les faces des murs sont décorées de trois grandes arcades, dont celle du milieu est la plus élevée. On trouve sous cette salle un double rang en hauteur de caves en berceaux, ou plutôt de larges aqueducs souterrains de 3 m. de large et de 3 m. de haut sous clef; il y avait trois berceaux parallèles, séparés par des murs de 1 m. 29 c. d'épaisseur, et se communiquant par des portes de 1 m. à 1 m. 33 c. de large. En 1544 on découvrit des aqueducs souterrains, qui probablement amenaient, par ces berceaux, l'eau de Rungis ou d'Arcueil au palais des Thermes.

Echappé au marteau des démolisseurs de tous les régimes, l'HÔTEL DE

Cluny est l'un des monuments gothiques les plus élégants et les plus dignes que nous possédions. Le portail et les croisées sont couverts de sculptures très-délicatement travaillées; la chapelle, située au premier étage et donnant sur le jardin, offre une construction aussi remarquable que singulière. La voûte, très-chargée de sculptures, est soutenue par un seul pilier de forme octogone, élevé au milieu, et auquel viennent aboutir toutes les arêtes. Sur les murs de cette chapelle étaient autrefois placés en forme de mausolées, les portraits de la famille de Jacques d'Amboise, entre autres celui du cardinal. Un magnifique groupe en sculpture servait de maître-autel; il fut détruit, et la chapelle servit longtemps à des cours particuliers de pharmacie. A droite en entrant dans la cour, on voit une tourelle octogone, qui a servi aux observations astronomiques de Delisle, de Lalande et de Meslier, et qui renferme un très-bel escalier à vis, bien appareillé, d'une coupe heureuse, conduisant aux divers appartements. — En 1684, une troupe de comédiens de province s'établit dans une grande salle de l'hôtel Cluny, où elle fit construire un théâtre; mais le parlement, sur la réclamation des confrères de la Passion, rendit un arrêt par lequel il était défendu à ces comédiens de continuer leurs représentations. — En 1790, l'hôtel de Cluny devint propriété nationale, et fut aliéné; depuis, divers établissements industriels y furent établis. De tous les locataires de cet hôtel vénérable, M. du Sommerard est celui qui a fait le plus pour en assurer la conservation. Pendant trente années de sa vie, il employa les loisirs que lui laissaient ses fonctions de magistrat à recueillir des objets d'art, dont il forma une collection qui a été acquise par l'Etat et rendue publique le 17 mars 1844. Indépendamment de la chapelle, ce musée occupe huit ou dix salles du rez-de-chaussée et du premier étage de l'hôtel de Cluny.

VARIÉTÉS HISTORIQUES ET BIOGRAPHIQUES.

Rue du Foin-St-Jacques, n° 14, était le COLLÉGE GERVAIS, fondé en 1370, et réuni à l'Université en 1763. Les bâtiments de ce collège ont été affectés en l'an XIII à une caserne d'infanterie.

Au n° 18, à l'angle de la rue Boutebrie, est une maison remarquable par sa construction, qui a donné lieu à beaucoup de conjectures. Au milieu du XVIe siècle elle portait le nom de Henri de Marle, maître des requêtes. Au milieu du XVIIe siècle c'était l'hôtel de Bourbon. La tradition du quartier en fait remonter la construction au règne de Henri II, qui en laissa la propriété à Catherine de Médicis, sa veuve; le peuple désigne cette ancienne habitation sous le nom d'hôtel de la reine Blanche, qui est commun à la plupart des hôtels qu'ont habités les veuves des rois, parce que ce deuil se portait en blanc.

Rue des Mathurins-St-Jacques, n°² 2, 4, 6, 8 et 10, était le couvent des religieux de la Ste-Trinité pour la rédemption des captifs sous l'invocation de St-Mathurin. — C'était autrefois un hôpital sous le titre d'aumônerie de St-Benoît, qui dépendait de l'ancienne abbaye de ce nom, et dont l'église avait pris le nom de St-Mathurin, à l'époque où la châsse de ce saint y avait été déposée pour la soustraire à la rapacité des Normands. En 1228, les religieux de la Ste-Trinité de la rédemption des captifs furent mis en possession de cette église, et prirent le nom de mathurins. — L'ordre des mathurins fut supprimé en 1790. L'église, où l'on voyait le tombeau de l'historien Robert Gaguin et celui du mathématicien Sacro Bosco, a été démolie. Les bâtiments conventuels ont été convertis en maisons particulières.

Place de la Sorbonne était le COLLÉGE DES DIX-HUIT, fondé vers 1171, et démoli à l'époque où on rebâtit la Sorbonne. Non loin de là était le COLLÉGE DE CALVI, fondé en 1271, et sur l'emplacement duquel a été bâtie l'église de la Sorbonne.

Le COLLÉGE DE CLUNY, fondé en 1269, occupait l'espace circonscrit par les rues de Cluny, des Grès, de la Harpe et place de la Sorbonne. Il a été supprimé en 1790, et transformé en maisons particulières. La chapelle a longtemps servi d'atelier au peintre David, qui y a exécuté les belles pages du sacre de Napoléon, de la distribution des aigles, etc.; elle a été démolie en 1833.

Aux n°² 2 et 4 était l'HÔTEL DE THÉOLOGIE, qui possédait trois chaires de fondation royale; deux de théologie positive, fondées par Henri IV en 1598, et une de controverse fondée par Louis XIII en 1616. Dans la classe, qui était vaste et fort élevée, on prononçait chaque année le panégyrique de Louis XIV.

Rue des Maçons-Sorbonne, n° 1, demeurait et est mort en 1810 M. TREILLARD, membre de l'assemblée constituante, de la convention nationale, négociateur du traité de Campo-Formio, ambassadeur à Naples, membre du directoire de la république française, et le principal auteur du code pénal et du code d'instruction criminelle.

Au n° 21 demeurait et est mort le bon et estimable J.-A. DULAURE, membre de la convention nationale, du conseil des cinq cents, et auteur illustre de la meilleure *Histoire de Paris* qui ait encore été publiée. En lisant les noms plus ou moins insignifiants que l'autorité municipale inscrit au coin de quelques-unes des rues de Paris nouvellement percées, on est étonné qu'elle n'ait pas encore songé à donner le nom de ce célèbre historien à une de ces nouvelles communications. Nous avons déjà les rues Félibien et Lobineau; pourquoi n'avons-nous pas encore la rue Dulaure?

Cloître St-Benoît et rue St-Jacques, n° 96, était l'église St-Benoît. Dès avant le ix° siècle, il existait en ce lieu une église dédiée à la Ste-Trinité sous le nom de St-Bache. En 1050, cette église ayant été abandonnée, Henri Ier l'accorda au chapitre de Notre-Dame. Plus tard elle fut érigée en paroisse, et devint une collégiale qui prit dans la suite le nom de St-Benoît, parce que les religieux qui la desservaient suivaient la règle de St-Benoît. Au xii° siècle, le célèbre jurisconsulte René Choppin a été enterré dans cette église, ainsi que J. d'Aurat, poëte du xvi° siècle; J.-B. Cotelier, savant helléniste; Claude Perrault, architecte auquel on doit l'admirable colonnade du Louvre; Ch. Perrault, son frère, de l'Académie française; les graveurs Château, Pitau, Poilly, Roullet et Van-Schuppen; Foy-Vaillant, savant antiquaire; les imprimeurs le Noir, Badius, Voscossan, Morel, Nivelle, le Petit, Martin, Cramoisy, Léonard et Thierry. — L'église St-Benoît fut supprimée en 1790 et vendue comme propriété nationale. Après avoir longtemps servi de magasin, elle a été transformée en 1832 en salle de spectacle, où l'on représente des drames et des comédies-vaudevilles, et qui porte le nom de THÉATRE DU PANTHÉON.

Rue des Cordiers, n° 23. Il y avait, vers la fin du xviii° siècle, une maison garnie d'assez chétive apparence, qui portait le nom d'HÔTEL DE ST - QUENTIN, qu'habitèrent Gresset, Mably, Condillac, et où J.-J. Rousseau descendit la première fois qu'il vint à Paris, dans l'automne de 1741. Il revint habiter cet hôtel à son retour de Venise (en 1743 ou 1744); et c'est là qu'il fit (en 1745) connaissance de Thérèse le Vasseur, liaison indigne de lui, qui eut la plus triste influence sur son sort. On sait que Rousseau quitta l'hôtel St-Quentin pour aller habiter l'hôtel Pontchartrain, rue Neuve-des-Petits-Champs, et ensuite l'hôtel du Languedoc, rue de Grenelle St-Honoré, n° 3.

Rue des Grès, n° 11, était l'entrée du couvent des Jacobins, dont l'enclos s'étendait de la rue St-Jacques à la rue de la Harpe. Les jacobins eurent pour origine une petite communauté commencée en 1217 par le zèle de sept religieux que saint Dominique envoya à Paris, et qui s'établirent hors des murs de la ville, dans l'hôpital du doyen de St-Quentin, où il y avait une chapelle sous l'invocation de saint Jacques. Ils prirent le nom de frères prêcheurs, à cause des prédications auxquelles ils se livraient exclusivement; mais dans la suite on leur donna le nom de jacobins, dérivatif de la chapelle où ils faisaient leurs prédications, et d'où la rue St-Jacques a elle-même tiré son nom. En 1263, saint Louis fit remplacer la chapelle de ces religieux par une magnifique église, et leur fit bâtir un couvent sur l'emplacement où était auparavant le siège de la justice et du conseil de la ville de Paris, appelé alors *le parloir aux Bourgeois*. Le cloître fut reconstruit en 1556. — Il y avait aux Jacobins une confrérie du Rosaire dont faisait partie Louis XIII, qui y fit inscrire son fils encore au berceau; depuis ce temps, la coutume s'était introduite de faire inscrire dans la confrérie des Jacobins les enfants de France encore au berceau! — Durant la Ligue, les fougueuses prédications des Jacobins étaient si courues, qu'ils furent obligés de faire construire une chaire en plein air dans le préau de leur cloître afin de contenir la multitude. — Durant les troubles de la Fronde, la populace furieuse entra dans une des salles du couvent des jacobins où se faisait un cours de théologie, et frappa de trois coups de poignard le portrait du cardinal Mazarin. — Le couvent des Jacobins fut supprimé en 1790. Plus tard on y avait placé la prison des jeunes détenus. Ce qui reste des bâtiments est aujourd'hui consacré à une caserne pour la garde municipale, et à une école primaire qui reçoit les enfants du onzième et du douzième arrondissement. La rue des Grès a été percée sur le passage et sur l'emplacement du couvent des Jacobins. — On voit encore au coin de cette rue et au n° 154 de la rue St-Jacques quelques vestiges de l'église de ce couvent, qui renfermait plusieurs tombeaux de rois, reines, princes et princesses de la famille royale de France, dont voici les noms : Charles de France, comte de Valois, chef de la branche de ce nom ; Charles de Valois, comte d'Alençon ; Agnès de France, fille du duc de Normandie ; Louis de France, comte d'Evreux ; Robert de France, comte de Clermont ; Louis I*er*, duc de Bourbon ; Marguerite de Bourbon, fille de Robert de France ; Pierre, duc de Bourbon et comte de la Marche ; Louis III, fille de Louis II ; B. de Bourbon, fille de Louis I*er* ; Anne de Bourbon, fille de Jean I*er*. — Cette église possédait aussi les cœurs de Philippe III, dit le Hardi, et de Charles IV, rois de France ; de Philippe III, roi de Navarre ; de Charles de France, frère de saint Louis, roi de Naples ; et les entrailles de Philippe V, dit le Long, et de Philippe VI, dit de Valois, rois de France. Devant le maître-autel était le tombeau de Humbert de la Tour du Pin II, dauphin viennois et dernier prince souverain du Dauphiné, lequel fit une donation de ses Etats à Philippe VI, à condition que l'aîné des fils de France porterait le nom de Dauphin. Jean Clopinel, continuateur du roman de *la Rose*, et Jean Passerat, célèbre critique du xvi*e* siècle, ont aussi été inhumés dans cette église.

Rue de la Harpe, n° 85, était le COLLÉGE DE SÉEZ, fondé en 1427, et réuni à l'Université en 1763.

Au n° 89 était le COLLÉGE DE NARBONNE, fondé en 1317, et réuni à l'Université en 1763. On lit encore au-dessus de la porte du bâtiment de ce collège, devenu maison particulière, cette inscription qu'on y plaça en 1760 : *Collegium Narbonnæ fundatum anno 1317, reædificatum anno 1760.*

Au n° 93 était le COLLÉGE DE BAYEUX, fondé en 1308, et réuni à l'Université en 1763.

Entre les n°ˢ **110 et 123** était la PORTE ST-MICHEL D'ENFER, de *Gibar* ou *Gibert*, d'une construction très-simple. Elle était protégée à l'est par une espèce de fortification où le prévôt des marchands et les échevins tenaient leurs assemblées avant la construction de l'hôtel de ville. Cette porte fut abattue en 1684, pour faire place à une fontaine construite sur les dessins de Bullet, qui existe encore au même endroit.

Rue Zacharie, au coin de la rue St-Séverin, existait naguère une maison qui appartenait au xv° siècle à Guillaume Fouquet, écuyer de la reine Isabeau de Bavière. On a vu longtemps au-dessus de la porte de cette maison un bas-relief en pierre placé en cet endroit en l'honneur du sire de Clary, vainqueur dans un combat singulier du chevalier anglais Pierre de Courtenay. Ce bas-relief représentait un homme renversé de cheval à côté d'un autre à qui une dame mettait sur la tête un chapeau de roses avec ces mots. *Au vaillant Clary ; en dépit de l'envie.*

Rue d'Enfer, n° 2, était l'hôtel Marillac, où fut transféré de la rue de Reims en 1683 le COLLÉGE DU MANS, réuni à l'Université en 1764.

N° 44. QUARTIER DU PALAIS DE JUSTICE.

Ci-devant section du Palais de justice.

Les limites de ce quartier sont : la rue de la Barillerie n°ˢ pairs, le quai des Orfévres, le Pont-Neuf et le quai de l'Horloge jusqu'à la rue de la Barillerie.

On remarque dans ce quartier :

Le Palais de justice. Tout porte à croire que ce vaste édifice existait avant l'invasion des Francs dans les Gaules. Il fut réparé, agrandi ou rebâti par les maires qui s'emparèrent du pouvoir sous les rois de la première race. Eudes, comte de Paris, est le premier qui y transporta sa demeure, pour qu'elle fût mieux défendue contre les attaques des Normands ; c'est lui qui fit bâtir toutes les tours qui en fortifiaient l'enceinte, et dont plusieurs existent encore. Robert le Pieux fit construire la chambre de la Conciergerie, qui fut depuis la chambre nuptiale de saint Louis, la chapelle de la Conciergerie et celle de la Chancellerie. Louis le Gros mourut dans ce palais en 1137, et Louis le Jeune en 1180. Philippe Auguste épousa dans ce palais en secondes noces Ingelburghe, sœur du roi de Danemarck. On doit à saint Louis la construction de la Ste-Chapelle, de la grande salle, de la grande chambre et des cuisines qui portent son nom. Philippe le Bel y fit faire plusieurs reconstructions qui furent achevées en 1313 ; depuis, Charles VIII, Louis XI et Louis XII y ajoutèrent encore de nouveaux bâtiments. Plusieurs rois habitèrent encore le Palais, quoique le Louvre fût devenu leur demeure la plus ordinaire pendant leur séjour à Paris. Lorsque, en 1364, Charles V abandonna ce palais pour aller habiter l'hôtel St-Paul, ce n'était encore qu'un assemblage de grosses tours qui communiquaient les unes aux autres par des galeries. — La tour de l'Horloge, ainsi que ses accessoires, décèle le genre d'architecture du xvie siècle.

La vieille grande salle du moyen âge, aujourd'hui salle des Pas perdus, fut consumée par un incendie, ainsi qu'une chapelle et plusieurs corps de bâtiments contigus, dans la nuit du 5 au 6 mars 1618. Dans cette salle, debout, immobiles, appuyés sur leur glaive ou leur sceptre, vêtus de fer ou d'hermine, chevelus ou barbus, figuraient tous les rois de France. Là se trouvait la célèbre table de marbre, qui remplissait tout entière l'une des extrémités de la salle ; cette table où les enfants de Robert le Fort donnaient leurs festins royaux, où la basoche représentait, aux *jours des grands esbattements et joyeusetés*, ses farces, ses moralités, ses sotties. C'était aussi sur cette table que se faisaient avec pompe, en présence du peuple, les noces des enfants de France ; au mariage de Catherine de France avec Henri VI, roi d'Angleterre, il y eut un si grand concours de monde, que plusieurs personnes y furent étouffées, et que le roi Charles VI, père de la mariée, courut lui-même risque de la vie. La table de marbre servait encore de tribunal, quand les maréchaux y rendaient leurs arrêts ; de réfectoire quand les empereurs, rois, reines et princes du sang y siégeaient dans les festins publics ; de pilori, quand on y exposait quelque illustre coupable aux yeux de la foule circulant à l'entour. — Un pavé de marbre blanc et noir, une magnifique voûte en charpente toute peinte en or et en argent, des lambris de bois de chêne sculpté et rehaussé d'or et d'azur, de même que les piliers massifs qui soutenaient les arceaux du plafond, tels étaient les ornements de cette salle, où retentirent pendant trois siècles les pas et les cris de tant de générations. — Jacques Desbrosses fut chargé de la reconstruction de la grande salle, détruite en 1618, et la termina en 1622. Elle se compose de deux immenses nefs parallèles, voûtées en pierres de taille, et séparées par un rang d'arcades qui portent sur des piliers décorés de pilastres doriques. Ce vaste local ne reçoit le jour que par les grands cintres vitrés qui sont à l'extrémité de chaque nef. Cette manière d'éclairer a quelque chose de noble et de grand : peut-être cependant la lumière y est-elle insuffisante pour la longueur de l'édifice, qui dans quelques parties reste un peu sombre.

Au-dessous de la salle des Pas perdus est un étage inférieur aussi étendu qu'elle, que des murs de refend divisent en plusieurs pièces : l'architecture de cet étage inférieur est sarrasine ; les voûtes sont en ogive, avec des nervures qui en dessinent les arêtes. On y trouve une salle très-vaste, bâtie dans le même style, et plus élevée que les pièces contiguës ; aux quatre angles sont quatre cheminées de grandes dimensions, et remarquables par leur construction : cette salle est nommée les Cuisines de saint Louis ; on y voit un escalier par lequel on montait à la salle supérieure, sans doute pour y transporter les mets lorsque les rois y donnaient des festins. Près de ces cuisines, un autre escalier descendait jusqu'à la rivière. — A la salle des Pas perdus aboutissent presque toutes les issues qui conduisent aux divers tribunaux. Tout auprès s'ouvre le long couloir au bout duquel siége la cour de cassation, dont la salle fut, dit-on, la chambre à coucher de saint Louis. Cette pièce était une salle de cérémonie au temps de Louis XII, qui la fit richement décorer à l'occasion de son mariage avec la fille de Henri VIII. Plus tard elle fut restaurée par Louis XIV. C'est là qu'aux jours sanglants de 93 siégeait le tribunal révolutionnaire. C'est seulement depuis l'avénement de Napoléon au trône impérial que cette salle a été consacrée aux audiences de la cour de cassation. — En 1821, on a érigé contre l'arcade du milieu de la salle des Pas perdus, du côté du midi, un monument à la mémoire de Malesherbes. Il se compose d'un soubassement ayant de chaque côté deux piédestaux saillants, supportant les statues allégoriques de la France et de la Fidélité. Au-dessus du soubassement s'élève un stylobate supportant deux colonnes ioniques surmontées d'un fronton. Derrière ces colonnes est une niche dans laquelle est posée, sur un socle, la statue de Malesherbes, représenté debout au moment où il prononce la défense de Louis XVI.

Un terrible incendie, qui éclata le 10 janvier 1776, nécessita la reconstruction d'une partie considérable de l'intérieur du Palais. MM. Moreau, Desmaisons, Couture et Antoine, architectes et membres de l'académie d'architecture, furent chargés d'entreprendre les travaux propres à opérer le raccordement de ce vaste ensemble. Leur plan embrassa non-seulement la cour actuelle, mais le nouvel alignement des rues adjacentes, et le tracé de la place demi-circulaire qui fait face au principal corps de bâtiment. Celui-ci s'élève au fond de la cour, sur un perron auquel on arrive par un grand escalier qui donne assez de noblesse à cette masse, d'ailleurs peu remarquable par le caractère de son architecture. Un corps avancé de quatre colonnes doriques orne la façade, composée, du reste, d'un rang d'arcades à rez-de-chaussée et de fenêtres en attique. Une sorte de dôme quadrangulaire couronne le pavillon central. Au bas du perron, et de chacun de ses côtés, sont deux arcades, dont l'une conduit au tribunal de police, et l'autre donne entrée dans ce qu'on appelle la Conciergerie, prison bâtie sur le terrain qu'occupait anciennement le jardin, et qu'on nommait alors le *Préau du Palais*. On trouve dans l'aile à droite un grand et bel escalier richement orné, qui conduit à la grande salle du palais. Celui de la cour criminelle, construit à la même époque, est également remarquable. Les deux ailes sont réunies sur la rue par une grille qui ferme la cour qu'on appelle encore *cour du mai*.

Jusqu'en 1787 l'entrée du Palais de justice était formée de deux petites portes cintrées en guichet de prison, qui y donnait accès en s'ouvrant sur la rue de la Barillerie, alors ruelle étroite et sombre. A cette époque, Louis XVI fit déblayer les ignobles bâtiments qui encombraient la rue et la place; la façade fut rajustée, la cour s'étendit derrière une grille remarquable par le goût et la richesse; un grand et bel escalier conduisit à la galerie par un péristyle, au front duquel on plaça les figures de la Justice, de la Prudence et de la Force.—C'est au bas du grand escalier que s'exécutaient dans certains cas les sentences rendues contre les accusés. Là fut lacéré et brûlé publiquement par les mains du bourreau, le 11 juin 1762, l'*Emile ou Traité d'éducation* de J.-J. Rousseau, condamné par arrêt du parlement du 9 du même mois. — Le 21 juin 1786, à six heures du matin, la comtesse de la Motte, condamnée le 31 mai pour l'affaire du collier, dans laquelle était compromis le cardinal de Rohan, à être fouettée, marquée sur les deux épaules de la lettre V, à faire amende honorable la corde au cou, et à être enfermée à l'hôpital à perpétuité, fut conduite au pied du grand escalier, où on lui fit lecture de son arrêt. Cette lecture la mit dans une fureur impossible à décrire. Aussitôt cinq à six bourreaux s'emparèrent de sa personne, la jetèrent à terre, et, tant bien que mal, celui de Paris fit son office de la fustiger et de la marquer sur chaque épaule, pendant qu'elle vomissait des imprécations contre les juges et le cardinal. On la conduisit immédiatement après à l'hôpital de la Salpêtrière, d'où elle s'évada en juin 1787. — Avant la révolution, un grand arbre était planté tous les ans, le dernier samedi de mai, par les clercs de la basoche, au bas de cet escalier; des deux côtés de cet arbre se voyaient les armes de la basoche, qui étaient d'azur à trois écritoires d'or, et qui avaient deux anges pour supports. En 1599, le parlement fit faire un montoir de pierre dans la cour du mai, pour que les anciens conseillers pussent remonter plus aisément sur leurs chevaux ou sur leurs mules; alors un conseiller, dit Ste-Foix, offrait à son confrère la croupe de son cheval, comme il lui offre aujourd'hui une place dans son carrosse.— Le 24 juin 1594, jour de la St-Jean, on fit un grand feu de joie au milieu de la cour du Palais, où on brûla la Ligue, le légat et les Seize; on y avait peint toutes sortes de moines, prêtres et gens d'Eglise, dont beaucoup le peuple murmura (*Journal de l'Etoile sous Henri IV*).

LA CONCIERGERIE était la prison du parlement. Les bâtiments actuellement affectés à cette prison sont formés de l'ancien grand préau, autrefois le jardin du palais, de la salle des gardes de saint Louis, des tours de Montgommery et du grand César, de quelques additions modernes et de dispositions antérieures que les anciens bâtiments ont subies postérieurement à l'incendie de 1776. La Conciergerie est une des prisons où furent renfermés les partisans des Armagnacs après la trahison qui livra Paris aux sicaires du duc de Bourgogne. Le 12 juin 1418, tous les prisonniers, parmi lesquels se trouvait le comte d'Armagnac, connétable de France, y furent massacrés et leurs corps exposés aux outrages d'une troupe furieuse, qui massacra également les détenus dans les prisons de St-Eloi, du Grand et du Petit-Châtelet, du For-l'Evêque, de St-Magloire, de St-Martin des Champs, du Temple, de Tyron, etc. — En face de la porte de la Conciergerie est la porte du Dépôt, qui ressemble assez à l'entrée d'un caveau de famille du Père-Lachaise ; elle est surbaissée de même, et porte un fronton d'architecture païenne. Cette porte, fermée par une grille en fer, donne sur un escalier de cave qui débouche dans un corridor ténébreux, éclairé à toute heure du jour et de la nuit par la lueur rougeâtre d'un réverbère. A droite, il y a des murs massifs ; à gauche, les salles du dépôt : ici, la salle des femmes ; là, la salle des enfants ; plus loin, celle des hommes, et enfin la salle du secret. Tous ces dépôts occupent ce qu'on appelait autrefois les cuisines de saint Louis, et portent le nom de *Souricière*. On pénètre dans chacune des souricières par une porte en bois et une grille en fer, séparées l'une de l'autre par un espace quadrangulaire en forme d'antichambre. La souricière du secret, qui peut donner une idée de toutes les autres, tient à la fois de la cave et des cryptes du moyen âge. Elle est longue d'une quinzaine de mètres et large de quatre environ ; sa voûte en arêtes ogivales s'appuie sur quatre colonnes massives, coupées à leur milieu par des cloisons de briques et de pierres de taille qui limitent la salle des deux côtés. Cette souricière est enfoncée à 5 m. au-dessous du sol, à peu près au niveau de la Seine à l'époque des grandes crues. Elle est éclairée par une fenêtre semi-circulaire qui rase le trottoir du quai de l'Horloge, et dont les carreaux dépolis ne laissent passer qu'une faible clarté. — C'est là où l'on dépose le prévenu, qui attend depuis neuf heures du matin jusqu'à dix heures du soir qu'il plaise au juge d'instruction de l'envoyer chercher par un gendarme. Pour peindre fidèlement la Souricière, il faudrait la plume de Lesage ou le pinceau de Calot : ce n'est pas un cachot, c'est plus horrible. Un cachot a pour lui sa paille et son silence ; mais à la Souricière, point de banc pour reposer le corps placé sur lui-même pendant douze heures ; point de silence pour réfléchir ; point d'air pour rafraîchir les poumons infectés de soixante individus qui se remuent à grand'peine dans un espace large de quelques pieds. Ce lieu est pis encore dans ses proportions que l'instrument dont il a emprunté le nom : l'animal que sa gourmandise attire dans le piége que la ruse lui a tendu peut au moins respirer, grâce à l'ouverture grillée qui le retient ; mais la Souricière de la prévention n'offre pas même aux prévenus ce triste avantage ; une étroite lucarne, obstruée par un châssis et des barreaux serrés, donnant sur une cour large comme une cheminée, est le seul accès que puissent trouver les rayons d'un faux jour et le seul passage laissé à l'évaporation des gaz méphitiques qui se forment dans cette sentine. — Voilà le lieu où les prévenus de tous les genres sont entassés, où l'innocent est heurté, froissé par le coupable, s'il n'est corrompu par lui ; où la vieillesse est en butte aux risées et aux outrages d'une jeunesse dégradée ; où l'enfance joue un rôle encore plus dégoûtant. Ce lieu, que renieraient des siècles de barbarie et d'ignorance, est placé immédiatement au-dessous des siéges qu'occupent des magistrats éclairés par de profondes études, par trois révolutions et par les leçons continuelles du présent. — En septembre 1792, cette prison renfermait trois cent quatre-vingt-quinze individus, dont soixante-seize femmes. Une seule femme, la fameuse bouquetière du Palais-Royal, qui, par jalousie, avait fait de son amant un Abélard, fut mise à mort ; les autres furent rendues à la liberté. Des hommes, cinq se suicidèrent, deux cent quatre-vingt-huit furent massacrés ; trente-six furent mis en liberté. — La reine Marie-Antoinette fut enfermée quelques moments à la Conciergerie avant son exécution ; un monument expiatoire a été inauguré, le 16 octobre 1816, dans le cachot qu'elle avait occupé. — Une singularité très-frappante, c'est que Danton, Hébert, Chaumette et Robespierre ont successivement habité le même cachot. Sous le régime de la terreur, cette prison se remplissait sans cesse par les envois des départements, et se vidait sans cesse par le massacre et par le transférement dans d'autres maisons. Vers les derniers mois surtout, c'était l'activité des enfers : soixante personnes arrivaient le soir pour aller à l'échafaud ; le lendemain elles étaient remplacées par cent autres, que le même sort attendait le jour suivant.

La tour de l'Horloge du Palais, qui s'élève à l'angle du quai et de la rue de la Barillerie, doit son nom à la première grosse horloge établie sur les monuments publics de Paris ; elle fut faite par Henri de Vic, que Charles V fit venir d'Allemagne en 1370, et que ce prince fit loger dans cette tour pour en avoir soin, en lui assignant un revenu de six sols parisis par jour sur les revenus de la ville de Paris. Elle était ornée de figures en terre cuite de Germain Pilon, représentant les Lois, la Justice, avec les armes de Henri III. La lanterne de cette tour contenait une cloche appelée Tocsin ; elle jouissait de la prérogative de n'être mise en branle que dans les rares occasions, lors de la naissance ou de la mort des rois et de leurs fils aînés. Cependant elle enfreignit cette loi pour devenir l'instrument d'un des plus horribles attentats que la tyrannie et le fanatisme puissent commettre : elle fut une des deux cloches de Paris qui, dans la nuit du 24 août 1572, donnèrent le signal des massacres de la St-Barthélemy : elle a été, dit-on, pour cette cause, détruite pendant la révolution. — En 1843 on a repris en sous-œuvre la fondation de cette tour, dans l'intérieur de laquelle on a construit un corps de garde pour soixante-cinq hommes, qui se prolonge jusqu'à l'extrémité de l'ancien corps de garde, qui se trouve annexé au nouveau. La porte d'entrée est vitrée dans sa partie supérieure, comme pourra l'être celle d'un vestibule ; mais en cas d'attaque il existe des volets fixés de chaque côté dans les parois du cintre : ces volets en chêne, de cinq centimètres d'épaisseur, sont revêtus dans toute leur étendue d'une forte plaque en fer, et de distance en distance percés de créneaux ; cet appareil est ensuite assujetti et maintenu par une barre de fer fixée aussi dans l'intérieur du mur et qui se place transversalement. Les fenêtres sont garnies également de volets semblables qui se ferment aussi au moyen d'une barre de fer d'environ quatre centimètres d'équarrissage tournant sur un axe. A droite en entrant est une porte qui conduit dans la chambre des officiers, établie dans le local précédemment occupé par la boutique de l'ingénieur Chevalier ; elle est parquetée et boisée en chêne à la hauteur de trois mètres. Elle est percée dans le bas de trois croisées, deux donnant sur le Pont-au-Change et l'autre sur le marché aux fleurs. A la hauteur de la boiserie, il existe dans le pourtour, sur les trois faces du bâtiment donnant à l'extérieur, une galerie par laquelle on arrive par deux échelles de meunier fixées contre la muraille et pouvant se relever ou s'abattre à volonté. Cette galerie correspond à de petites croisées évasées par le dehors et crénelées de la même manière que toutes les autres, au moyen de volets mobiles comme ceux que nous avons décrits plus haut. Dans la saillie du bâtiment donnant sur le quai de l'Horloge, on a pratiqué une meurtrière défendue de même manière. A côté du poêle, situé en entrant à gauche, se trouve un tuyau acoustique, ou porte-voix, qui correspond de cet endroit au faîte de la tour, dans le campanile qui servait d'observatoire à l'ingénieur Chevalier. Là sera placé une sentinelle qui correspondra de cette manière avec le poste, et pourra donner ou recevoir les avertissements nécessaires. Il existe ensuite des sonnettes, l'une dans le haut, l'autre dans le bas, qui serviront à prévenir les soldats du poste, ou la sentinelle, lorsqu'ils auront un avertissement à transmettre ou à recevoir.

Le Palais de justice étant devenu insuffisant pour contenir tous les services judiciaires, on construit en ce moment de nouveaux bâtiments consistant en deux façades neuves : l'une sur la rue ouverte au sud du Palais, l'autre sur la rue et place de Harlay. Lorsque les constructions seront achevées, le Palais de justice renfermera, au nord, sur le quai de l'Horloge, la cour de cassation ; au couchant, attenant et sur la nouvelle place de Harlay, se trouveront les deux salles de la cour d'assises et la cour royale ; au midi, sur le quai des Orfèvres, la préfecture de police ; à la suite, sur la rue nouvelle, les chambres de police correctionnelle ; au levant, rue de la Barillerie, le parquet du procureur du roi et des juges d'instruction ; enfin, attenant à la tour de l'Horloge, les tribunaux de première instance.

Le Palais de justice a été le théâtre d'événements remarquables, dont nous ne citerons que les principaux. Le 6 octobre 1308, il se tint dans le jardin de ce palais une assemblée nombreuse, devant laquelle comparut l'évêque de Troyes Guichard, accusé de magie, d'impiété et de dépravation. Après une longue discussion, l'évêque fut mis en prison au Louvre, où il demeura jusqu'en 1313.

En 1357, Robert de Clermont, maréchal de France, et Jean de Challons, maréchal de Champagne, furent massacrés dans la cour du Palais, en présence de Charles, duc de Normandie, privés même des honneurs de la sépulture, pour avoir fait enlever de l'église Saint-Merry un garçon changeur, meurtrier de Jean Baillet, trésorier du prince, et l'avoir fait pendre à Montfaucon, d'où il fut détaché par ordre de l'évêque de Paris, et ensuite porté en grande cérémonie à St-Merry, où on lui fit de magnifiques funérailles.

Pendant les guerres civiles du règne de Charles VI, dans la nuit du 28 au 29 mai 1418, Perrinet le Clerc, fils d'un quartenier de la ville de Paris, prit sous le chevet du lit de son père les clefs de la porte de Bussy, et l'ouvrit aux troupes du duc de Bourgogne. Ces troupes, auxquelles se joignit la plus vile populace, tuèrent et emprisonnèrent tous ceux qui étaient opposés à la faction de ce prince, et qu'on appelait les Armagnacs. Le 12 juin, le carnage recommença avec une plus grande fureur; la populace se fit ouvrir les prisons, et mit le feu à celles dont elle ne put s'emparer. Les plus notables bourgeois, deux archevêques, six évêques, deux présidents et plusieurs membres du parlement furent assommés, ou précipités des tours de la Conciergerie et du Grand-Châtelet, au bas desquelles on les recevait sur la pointe des piques ou des épées. « Quant ils trouvoient trop fortes prinsons, où ils ne povoient entrer, si boutoient dedans force de feu, et ceux qui dedans étoient, novoient riens de quoi leur aider, si estaingnoient et ardoient là dedans à grant martyre, et ne laissèrent en prinson de Paris, sinon au Louvre, pour ce que le roy y estoit, quelque prinsonnier qu'ils ne tuassent par feu ou par glayve, et tant tuèrent de gens à Paris, que hommes que femmes, depuis celle heure de mynuit jusqu'au lendemain douze heures, qui furent nombrez mille cinq cent dix-huit. Les corps du connétable Bernard d'Armagnac, du chancelier Henri de Marle, du capitaine Remonet de la Guerre, Paris, l'évesque de Coustances, filx de chancelier de France, en la cour de darrière devers la Cousture, et furent deux jours entiers au pié du degré du pallays sur la pierre de marbre, et puis furent enterrez à sept à St-Martin en ladite cour de darrière la Cousture, et tous les autres à la Trinité » (*Journal de Paris sous Charles VI et Charles VII*, p. 41).

C'est au Palais de justice que fut jugé le maréchal de Biron, accusé de haute trahison. Le 27 juillet 1602, entre cinq et six heures du matin, on le fit sortir de la Bastille et on le conduisit dans un bateau couvert de tapisseries, escorté d'un autre bateau renfermant quinze ou seize soldats commandés par le chevalier du guet. On fit descendre le maréchal dans l'île du Palais, et on le conduisit par le jardin du président dans la chambre des enquêtes, dans la grand'chambre, où il fut placé sur la sellette et interrogé pendant deux heures. Sur les neuf heures on le fit reconduire à la Bastille. — Le lendemain, toutes les chambres du parlement assemblées allèrent aux opinions ; par arrêt solennel le maréchal fut condamné par cent vingt-sept juges à être décapité en Grève. Toutefois, sur les instances des parents de Biron, le roi permit que l'exécution eût lieu dans l'intérieur de la Bastille, où Biron fut décapité le 31 juillet, à onze heures du matin.

Le 8 juillet 1617, l'arrêt du parlement qui condamnait la maréchale d'Ancre à avoir la tête tranchée en place de Grève lui fut lu à midi dans la cour du Palais, devant une foule immense accourue pour examiner la contenance de cette favorite naguère si puissante. A genoux, la tête baissée, elle chercha à se cacher le visage dans ses coiffes pour soustraire son humiliation à cette multitude qu'elle avait si longtemps vue à ses pieds ; mais on la contraignit d'entendre l'arrêt à visage découvert.

Dans les commencements de la troisième race, les rois avaient des conseils composés des barons et des évêques, où se traitaient les grands intérêts de l'Etat. On commença, à la fin du xiie siècle, à donner à ces assemblées extraordinaires le nom de parlement. Au commencement du xiiie siècle, les officiers du conseil du roi ne pouvant suffire à juger toutes les causes, on en augmenta le nombre ; alors ce conseil suprême, tout à la fois politique, administratif et judiciaire, continua à porter le nom de parlement. Avant la révolution, la cour du parlement de Paris était composée de la grande chambre, des trois chambres des enquêtes, d'une chambre des enquêtes et d'une chambre de la marée, qui avait la police générale sur la vente du poisson. — François Ier établit dans le parlement une chambre ardente, c'est-à-dire une chambre qui condamnait au feu. Elle était spécialement chargée de la recherche et de la punition des hérétiques, et se composait de juges délégués par le pape. Antoine Mouchi, dont le nom est regardé comme l'étymologie de *mouchard*, était le chef de ce terrible tribunal. « Dans son zèle furibond, il recommandait au frère d'accuser le frère, à la femme d'accuser le mari, au mari d'accuser sa femme. Les pères et les mères étoient induits à déférer leurs propres enfants, voire même à leur servir de bourreaux, à faute d'autres » (*Registres criminels du parlement, arrêts concernant les luthériens*).

Le 3 mai 1788, le parlement ayant rendu un arrêt par lequel il déclara que la nation seule a le droit d'accorder des impôts par l'organe des états généraux, les ministres cassèrent par un arrêt du conseil celui du parlement, et donnèrent l'ordre d'arrêter les conseillers d'Esprémesnil et Goislard. A minuit, trois détachements de gardes françaises, de gardes suisses et de cavalerie, avec leurs sapeurs, marchèrent vers le Palais, l'investirent et en occupèrent les avenues, les corridors et les salles. Le marquis d'Agoult, chef de cette expédition nocturne, pénétra dans la grand'chambre, où il ne put se défendre d'un sentiment de respect à la vue de cent cinquante magistrats et de dix-sept pairs de France, tous revêtus des insignes de leurs dignités ; il lut d'une voix altérée l'ordre du roi de s'emparer sans délai et d'arrêter les conseillers Duval d'Esprémesnil et Goislard de Montsabert, et somma le président de lui désigner ces deux conseillers. Les magistrats répondirent d'une voix unanime : *Nous sommes tous d'Esprémesnil et Goislard ; puisque vous ne les connaissez pas, emmenez-nous tous ou choisissez.* Pour éviter l'emploi de la force, d'Esprémesnil se nomma, se livra lui-même, et Goislard l'imita. Après avoir protesté contre la violation du sanctuaire des lois et s'être arrachés des bras de leurs collègues éplorés, ils furent faits prisonniers, transférés, l'un aux îles Ste-Marguerite et l'autre à Pierre-Encise. Le peuple accompagna ces magistrats en les couvrant d'applaudissements. — C'est au Palais de justice que siégeait à cette époque la cour des aides. Le 18 août, le comte d'Artois, chargé par le roi d'aller faire enregistrer à cette cour l'impôt territorial et l'impôt du timbre, dont le parlement avait refusé l'enregistrement, fut assez mal reçu par le peuple, qui savait que ce prince avait vivement appuyé l'établissement des impôts, et que même en parlant de l'embarras où la résistance des cours souveraines mettait le roi, il s'était écrié : *A sa place, avec six francs de corde, je saurais bien m'en tirer.* Il fut hué et sifflé d'une manière si alarmante, que le comte d'Agoult, son capitaine des gardes, crut devoir crier : *Aux armes!* Les soldats font volte-face, mais aussitôt la multitude se précipite du haut du grand escalier et contraint la force armée à la retraite. Le lendemain, la cour des comptes et la cour des aides protestèrent contre l'enregistrement qui leur avait été imposé.

Le tribunal révolutionnaire fut installé au Palais de justice le 17 août 1792. Avant d'entrer en fonctions, les membres du jury se présentèrent un à un sur une estrade, et, s'adressant au public, proférèrent successivement ces mots : *Peuple, je suis un tel, de telle section, demeurant dans tel endroit, exerçant telle profession : avez-vous quelques reproches à me faire? Jugez-moi avant que j'aie le droit de juger les autres.* Après une minute d'attente, si personne n'élevait la voix, il descendait de l'estrade et faisait place à un autre. — Le tribunal du 17 août fut remplacé le 10 mars 1793 par le *tribunal criminel extraordinaire;* pendant son peu de durée il prononça sur le sort de soixante-deux individus, dont vingt-cinq furent condamnés à mort. — Le 26 septembre 1793, Merlin de Douai présenta au nom des comités de salut public, de sûreté générale et de législation, un projet de décret en soixante-quatorze articles sur l'organisation du tribunal révolutionnaire, qui fut adopté par la convention nationale. Ce tribunal était composé de seize juges, d'un accusateur public, de cinq substituts et de soixante jurés. Il était divisé en quatre sections qui se tiraient au sort tous les trois mois, tant parmi les juges que parmi les jurés. Ce tribunal tenait ses séances au Palais de justice, dans deux salles où deux sections tenaient audience, tandis que les deux autres étaient occupées à l'instruction des procès. Les audiences se tenaient, l'une dans la salle dite de la Liberté, jadis grand'chambre du parlement, l'autre dans la salle dite de l'Egalité, jadis salle St-Louis ou tournelle criminelle du parlement, où siége aujourd'hui la cour de cassation.

L'imprimerie du tribunal révolutionnaire n'était séparée de la salle des séances de ce tribunal que par un mur où l'on avait pratiqué une fenêtre par laquelle on passait les pièces, les notes relatives à l'affaire que l'on jugeait. Souvent le jugement était composé et imprimé dix minutes après qu'il avait été rendu. Dans le procès des dantonistes, les colporteurs vendaient dans les rues leur jugement avant qu'on le leur eût prononcé. Après le 9 thermidor, on trouva dans l'imprimerie du tribunal révolutionnaire des formes de jugement toutes composées, et auxquelles il ne manquait que le nom des condamnés. — C'est au Palais de justice, près de la Conciergerie, que logeait l'accusateur public Fouquier Tinville; il occupa ce logement depuis le 10 mars 1793 jusqu'au 21 thermidor (1795), époque où il fut décrété d'accusation; il ne sortait guère de chez lui que le soir à dix heures, pour aller au comité de salut public rendre compte à Robespierre, à Billaud-Varennes ou à Collot-d'Herbois de l'audience du même jour, prendre leurs ordres définitifs, qu'il faisait exécuter le lendemain.

La Ste-Chapelle du Palais. La profonde vénération de Louis IX pour les reliques qu'il avait acquises de l'empereur Baudouin l'engagea à faire élever un monument spécialement destiné à les contenir; c'est pour satisfaire à ce pieux désir que, par lettres patentes datées de l'an 1245, il fonda la Ste-Chapelle, qui paraît avoir été élevée sur l'emplacement d'une petite chapelle St-Nicolas, fondée par Louis le Gros. Pierre de Montereau, habile architecte de cette époque, fut choisi par saint Louis pour élever ce monument, qu'il termina dans l'espace de trois ans, et pour lequel il dépensa la somme de quarante mille livres tournois (environ sept cent quatre-vingt-dix mille francs). Les reliques et les châsses avaient coûté cent mille livres tournois (environ un million neuf cent soixante-quinze mille francs).

Dans l'origine, ce monument se composait de la grande chapelle à deux étages qui existe encore, et d'une sacristie en forme de chapelle qui se trouvait accolée à la façade du nord; dans l'étage supérieur de cette sacristie se trouvait le trésor des chartres. La chapelle haute n'avait de communication qu'avec le Palais par une large galerie; elle servait uniquement de chapelle royale. La chapelle basse était consacrée aux domestiques du Palais. — En 1783, les constructions faites en remplacement des bâtiments détruits par l'incendie du Palais de 1776, occasionnèrent la démolition de la sacristie de la Ste-Chapelle. Sous Louis XIV on construisit une nouvelle flèche qui, à cause de son mauvais état, fut détruite quelques années avant la révolution de 89.

On peut regarder la Ste-Chapelle comme une église modèle, autant pour la pureté du plan et l'élégance de sa construction que pour la richesse des sculptures qui la décorent. Les plus beaux vitraux, admirables par l'expression du dessin et la vivacité des couleurs, garnissent les croisées; ils représentent l'histoire de l'Ancien et du Nouveau Testament; les douze apôtres, adossés aux principaux piliers, sont remarquables par la pureté du dessin, l'élégance et le bon goût des draperies, ainsi que par la pureté de l'exécution. Derrière le maître-autel, au rond-point de l'église, est une voûte posée sur quatre piliers formant une grande arcade en ogive, ornée de sculptures, de dorures et d'incrustations imitant les pierres précieuses; c'est là que se trouvaient les châsses renfermant les saintes reliques. En l'année 1791, les reliques furent retirées de leurs châsses, qui étaient d'or et garnies des plus belles pierres de couleur que produise l'Orient. Ce dépouillement se fit en présence de Bailly, maire de Paris, de l'évêque de Paris Gobel, du chantre de la Ste-Chapelle, de l'huissier-priseur Poultier, de Doyen, peintre du roi, et de M. Lenoir, commissaire des objets d'arts. Les reliques furent remises à l'évêque de Paris pour être déposées à l'église Notre-Dame; les pierres précieuses furent portées à l'hôtel des monnaies.

Charles VI et Isabeau de Bavière furent couronnés dans la Ste-Chapelle le 23 août 1389. — Le célèbre BOILEAU DESPRÉAUX, né dans une mansarde d'une maison située dans la cour du Palais de justice, fut enterré dans la basse Ste-Chapelle en 1711. Avant la révolution, une cérémonie qui occasionnait des indécences de plus d'un genre s'exécutait de temps immémorial la nuit du vendredi au samedi saint à la Ste-Chapelle. A minuit, tous les soi-disant possédés qui voulaient être guéris du diable qui les tourmentait se rendaient dans cette église, où le grand chantre les touchait avec du bois de la *vraie croix*. Aussitôt leurs hurlements cessaient, leur rage se calmait, leurs contorsions s'arrêtaient, et ils rentraient dans leur état naturel. Ces énergumènes étaient tout bonnement des mendiants qu'on exerçait de longue main et qu'on payait pour jouer un pareil rôle. Cette indécente cérémonie fut définitivement supprimée en 1781. — Sous le directoire, le club, dit *cercle de la Ste-Chapelle*, tenait ses séances dans cet édifice. Plus tard, la Ste-Chapelle servit de magasin à farines. En 1802 elle fut affectée au dépôt des archives judiciaires, qui y sont restées jusqu'à l'époque où fut décidée la restauration de ce charmant édifice, confiée au talent de M. Leduc.

La Préfecture de police, transférée récemment dans l'hôtel de la cour des comptes, construit par ordre de Louis XII, a occupé longtemps l'hôtel des premiers présidents du parlement. Construit sur l'emplacement de l'hôtel du bailliage du Palais, dont parle Corrozet dans ses *Recherches*, l'hôtel des premiers présidents devint tour à tour la demeure d'Achille de Harlay, qui le fit commencer ; de M. de Verdun, qui l'acheva ; de Guillaume de Lamoignon, et de ses successeurs dans cette charge jusqu'en 1789, parmi lesquels on distingue de Mesmes, Maupeou, Matthieu-François Molé, François d'Aligre, Lefèvre d'Ormesson. De 1792 à 1794, les quatre maires de Paris, Pétion, Chambon, Pache et Fleuriot, y demeurèrent, et depuis l'année 1800 jusqu'à ce jour cet hôtel fut habité par vingt préfets de police, à commencer par M. Dubois, et en y comprenant M. Gabriel Delessert. — On doit à M. Vivien un travail du plus grand intérêt sur la préfecture de police de Paris, dont nous avons extrait les passages suivants, qui peuvent donner une idée de cette grande magistrature.

« Surveiller, dit-il, les complots des ennemis du gouvernement et déjouer leurs tentatives, sans aucun pouvoir extraordinaire, sous l'empire d'une législation qui interdit toute arrestation préventive ; assurer l'ordre et entretenir la sécurité dans une ville dont la population, y compris la banlieue, dépasse onze cent mille âmes, où sont rassemblés plus de deux cent mille ouvriers, où fermentent les passions les plus désordonnées, où se donnent rendez-vous les bandits les plus dangereux ; maintenir la liberté de la circulation dans plus de deux mille rues, sillonnées par soixante mille voitures ; conjurer tous les éléments d'insalubrité dans un foyer d'industrie qui agglomère sur quelques kilomètres carrés plus de six mille établissements nuisibles, au sein d'un peuple immense entassé dans d'étroites demeures ; faciliter les approvisionnements, favoriser la distribution régulière des choses nécessaires à la vie dans un centre de consommation où s'engloutissent chaque année cent quarante-cinq mille quintaux métriques de farine, neuf cent cinquante mille hectolitres de vin, quarante-deux mille hectolitres d'eau-de-vie, cent soixante-dix mille bœufs, vaches ou veaux, quatre cent vingt-sept mille moutons, quatre-vingt-trois mille porcs et sangliers, où se dépensent cinq millions de francs en marée, huit millions en volailles et gibiers, douze millions en beurre et cinq millions en œufs : tels sont en substance les devoirs importants et délicats du préfet de police. — Il dispose d'un budget qui excède douze millions ; il a sous ses ordres une garde de plus de deux mille cinq cents fantassins et quatre cents cavaliers, un corps de sapeurs-pompiers de huit cent trente hommes, des bureaux où travaillent, tout le jour et souvent la nuit, près de trois cents employés, un service extérieur de commissaires, d'inspecteurs, de sergents de ville, d'agents de tous ordres, qui comprend plus de deux mille personnes. »

Les archives de la préfecture de police sont extrêmement curieuses. Indépendamment de la collection de tous les journaux, on y trouve la collection la plus considérable qui existe de pièces relatives à la révolution française.

La place Dauphine. Elle a été construite sur le terrain qu'occupaient deux îles séparées par un petit bras de rivière, l'île aux Bureaux et l'île aux Juifs, qui furent réunies lors de la construction du Pont-Neuf. Ce fut dans l'île aux Juifs que, le 11 mars 1314, Jacques Molay, grand maître de l'ordre du Temple, et Guy, dauphin d'Auvergne, prieur de Normandie, furent brûlés vifs après *salut et complies*. En 1315 furent aussi brûlées sur cette place trois femmes, pour avoir composé des breuvages semblables à ceux dont on accusait Pierre de Lattilly, évêque de Châlons et chancelier de France, de s'être servi pour faire périr Philippe le Bel et l'évêque de Châlons, son prédécesseur. — Les maisons qui entourent cette place ont toutes été construites symétriquement en briques, avec des chaînes en pierres de taille, en 1608, par ordre de Henri IV; elle a été nommée Dauphine en l'honneur du dauphin (depuis Louis XIII); sous l'empire elle portait le nom de place Thionville. Au milieu est une fontaine surmontée du buste de Desaix, construite en 1801.

Le premier attroupement de la révolution se forma sur cette place le 28 août 1788. Cet attroupement, qui n'avait rien de menaçant, fut chargé par le commandant du guet, à la tête de vingt-huit cavaliers et de cinquante fantassins; plusieurs personnes furent blessées et même tuées. L'indignation alors s'empare des esprits; des hommes sans armes se précipitent sur la troupe armée, la mettent en fuite; puis, encouragés par ce succès, ils attaquent le corps de garde placé près de la statue de Henri IV, s'emparent des armes qui s'y trouvent et brûlent quelques vêtements militaires. — Le 11 juillet 1792, l'assemblée nationale ayant décrété que la *patrie* était *en danger*, le 19 du même mois la commune de Paris arrêta qu'il serait fait, le 22 et le 23, de cet acte législatif une proclamation solennelle. Le danger de la patrie fut proclamé sur les places principales, et une bannière portant l'inscription énonciative de ce danger fut placée sur la façade de l'hôtel de ville, où elle resta jusqu'à ce que le corps législatif eût déclaré que la patrie n'était plus en danger. On dressa, à la suite de cette cérémonie, sur la place Dauphine, au parvis Notre-Dame, sur la place Royale, à l'Estrapade, sur la place Maubert et sur celles du Théâtre-Français, du Théâtre-Italien et du carré St-Martin, des amphithéâtres sur lesquels étaient des tentes ornées de banderoles tricolores et de couronnes de chêne entrelacées entre elles. Devant chaque amphithéâtre était placée une table portée sur deux tambours; sur cette table on enregistrait les noms des jeunes gens qui se présentaient pour être enrôlés comme défenseurs volontaires de la patrie. Trois officiers municipaux, assistés de six notables, délivraient aux citoyens inscrits le certificat de leur enrôlement. Ces enrôlements furent nombreux et durèrent pendant huit jours ; dans l'espace de quatre jours, le nombre des enrôlés se monta à plus de six mille ; de quart d'heure en quart d'heure une pièce de vingt-quatre, placée sur le terre-plein du Pont-Neuf, mêlait ses détonations au bruit du tambour qui battait dans tous les quartiers de Paris.

La place Dauphine fut pendant longtemps le seul lieu où les peintres qui n'étaient pas membres de l'académie de peinture exposaient annuellement leurs tableaux. Voici comment s'expriment à ce sujet les mémoires secrets du 25 juin 1783. « Tous les ans, jour de la petite Fête-Dieu, il y a une exposition de tableaux à la place Dauphine, qui décorent les environs d'un magnifique reposoir qu'on y construit. C'est là où les jeunes gens qui ne sont encore attachés à aucune académie viennent s'essayer et pressentir le goût du public. Celle-ci a été plus nombreuse que de coutume, et, par une singularité rare, il y avait des morceaux de neuf élèves du sexe, toutes très-jolies : ce qui n'a pas peu contribué à attirer la foule. » — Il paraît que les modèles des portraits exécutés par les artistes et les artistes eux-mêmes assistaient en personne à ces expositions, ainsi que l'indique ce même recueil en parlant de l'exhibition de 1786. « L'exposition des tableaux de la place Dauphine, y est-il dit, qui a eu lieu cette année à l'ordinaire le jour de la petite Fête-Dieu, n'a offert rien de remarquable, que le spectacle d'une demi-douzaine de balcons chargés de jeunes personnes parées, les unes de leurs charmes naturels, les autres de tous les embellissements de la toilette, et c'étaient toutes les demoiselles dont les ouvrages étaient exposés, et surtout les portraits ; en sorte qu'il était facile de juger de la ressemblance en les comparant ensemble. Ce nouveau genre de coquetterie a attiré beaucoup d'amateurs, plus empressés de regarder les originaux que les copies. »

Le Pont-Neuf. Il traverse les deux bras de la Seine, et joint, en s'appuyant sur la pointe de la Cité, les quais de la Mégisserie et de l'Ecole aux quais Conti et des Grands-Augustins. La première pierre en fut posée en 1578, sous le règne de Henri III ; il fut achevé en 1604, sous le règne de Henri IV. Sa longueur totale est de 229 m. 41 c. ; sa largeur entre les têtes est de 23 m. 10 c. La partie méridionale est composée de cinq arches et a, d'une culée à l'autre, 80 m. 49 c. ; la partie septentrionale, plus longue, est composée de sept arches, et a 148 m. 92 c. Toutes les arches sont en plein cintre. A l'aplomb des piles sont vingt loges ou boutiques, qui étaient louées avant la révolution au profit de l'académie royale de peinture et de sculpture. De chaque côté, et dans toute sa longueur, ce pont est orné d'une corniche et supporté par des consoles en forme de masques, de satyres, etc. — A la seconde arche, du côté du quai de l'Ecole, était la SAMARITAINE, bâtiment hydraulique à trois étages, construit sur pilotis vers 1607, reconstruit en 1712

et abattu en 1813. Cette pompe alimentait les bassins et fontaines du palais des Tuileries; elle était ainsi appelée parce qu'on y voyait le Christ assis près du bassin d'une fontaine, demandant à boire à la Samaritaine. Le comble de l'édifice était surmonté par un campanile renfermant un carillon qui exécutait différents airs au moment où chaque heure était près de sonner. — Avant la révolution, Rulhières était gouverneur de la Samaritaine. Le peintre de marine Crepin y a demeuré jusqu'à l'époque de sa destruction, et y a composé ses meilleurs tableaux.
— A la pointe de l'île, nommée aujourd'hui le terre-plein du Pont-Neuf, est la statue équestre en bronze de Henri IV, fondue par Lemot, et érigée le 25 août 1818, pour remplacer celle que Louis XIII avait fait ériger à la même place en 1614, et que le peuple renversa en 1792.
— Le 22 avril 1617, le corps du maréchal d'Ancre, qui avait été enlevé de l'église St-Germain-l'Auxerrois, fut traîné par les rues sur une claie jusqu'au bout du Pont-Neuf, ensuite pendu à une potence, horriblement mutilé et brûlé sur le même pont, devant la statue de Henri IV. La fureur fut si grande, que chacun voulait avoir un morceau de son cadavre : on vendit fort cher ses oreilles, ainsi que ses cendres, qui se payaient un quart d'écu l'once!

Vers 1619, on voyait sur la place du Pont-Neuf, du côté de la place Dauphine, le théâtre de Tabarin, bouffon gagé d'un célèbre vendeur de baume et d'onguent, nommé Mondor; on y représentait des petites pièces à intrigues et des farces dites tabariniques.

Le Pont-Neuf était déjà à cette époque le rendez-vous commun des étrangers, le lieu le plus passant de la ville; on le trouvait constamment couvert d'une foule de curieux, de charlatans qui vendaient du baume et jouaient des farces, de banquistes qui faisaient des tours de gobelets, de marchands de chansons, qui les chantaient sur des airs populaires, auxquels plus tard est resté le nom de *ponts-neufs*. Maître Gonin, fameux joueur de gobelets, y avait ses tréteaux, et Brioché ses marionnettes. — Le Pont-Neuf, si peuplé de marchands et de charlatans, l'était aussi par de nombreux filous, par de hardis voleurs, qui n'appartenaient pas toujours aux dernières classes de la société. C'est là que les *tire-laines* enlevaient violemment les manteaux des bourgeois, et que les coupeurs de bourses tranchaient avec adresse les cordons de celles que les hommes et les femmes portaient alors pendues à leur ceinture. Sur ce théâtre de désordres, de querelles et de rixes continuelles, on voyait pêle-mêle des vagabonds de toutes les classes, de jeunes débauchés appartenant à d'honnêtes familles, des gentilshommes sans argent et des princes échappés aux entraves de l'étiquette, cherchant dans cette bagarre des distractions aux ennuis de la grandeur. Le comte de Rochefort dit dans ses Mémoires que Gaston, duc d'Orléans, frère de Louis XIII, après avoir fait la débauche, prit plaisir à s'embusquer un soir sur le Pont-Neuf, à la tête d'une escouade de détrousseurs, tous bons gentilshommes, où il enleva cinq à six manteaux aux passants : le comte de Rochefort, le comte d'Harcourt et le chevalier de Rieux étaient de la compagnie de monseigneur pour cette noble expédition.

Avant la révolution, des petits marchands dressaient chaque jour sur les trottoirs du Pont-Neuf de petites boutiques qu'ils enlevaient tous les soirs, et qui étaient louées au profit des grands valets de pied du roi.

Sur le terre-plein du Pont-Neuf existait, vers la fin du siècle dernier, un café où chaque soir l'astronome Jérôme de Lalande, Mercier et Rétif de la Bretonne se réunissaient et se livraient à haute voix à une conversation des plus piquantes. — A l'un des angles de ce terre-plein où s'élève la statue de Henri IV, il y avait autrefois un corps de garde où le pauvre Gilbert, mourant de génie et de faim, fut souvent forcé de chercher un refuge ; les soldats, touchés de la douleur et de la misère de cet infortuné jeune homme, partageaient avec lui leur nourriture !

Le Pont-Neuf, jeté pour ainsi dire au confluent des trois divisions principales de Paris, est comme la grande artère où passent tout le sang, tous les éléments de vie de la ville géante. A toutes les heures de la journée une foule considérable y circule, et tandis que les piétons envahissent ses trottoirs, des milliers d'équipages et de voitures industrielles en labourent la voie dans tous les sens.

Quoique par suite de la fermeture de la foire St-Germain, cette grande faute administrative qui centralisa presque tous les amusements publics sur la rive droite de la Seine, le Pont-Neuf, qui faisait pour ainsi dire le complément de cette foire, ait perdu une grande partie de sa vogue, ce pont est encore un des plus beaux et sans contredit un des plus fréquentés de l'Europe.

Le pont St-Michel. Il communique du quai des Orfèvres et du quai du Marché-Neuf aux quais St-Michel et des Grands-Augustins. La construction de ce pont date de 1378. Entraîné par les glaces en 1408 et rebâti la même année, il fut de nouveau emporté par les glaces en 1547, rebâti en bois et détruit une troisième fois le 30 janvier 1616. La même année on commença à reconstruire en pierre le pont qui existe aujourd'hui, sur lequel on éleva trente-deux maisons qui ont été abattues en 1809. Le pont St-Michel se compose de quatre arches à plein cintre ; sa longueur entre les deux culées est de 57 m. 60 c.

DOUZIÈME ARRONDISSEMENT.

Les limites de cet arrondissement sont : le mur d'enceinte de la barrière de la Gare jusqu'à l'hospice de la Maternité, les bâtiments de cet établissement jusqu'au mur du jardin du Palais des pairs, le mur de ce jardin jusqu'à la rue St-Dominique d'Enfer, la rue St-Dominique n°s impairs, la rue St-Jacques n°s impairs, la rue du Petit-Pont n°s impairs, les quais de la rive gauche de la Seine jusqu'à la barrière de la Gare.

N° 45. QUARTIER ST-JACQUES.

Ci-devant *section du Panthéon français*, et ensuite *section de Ste-Geneviève*.

Les limites de ce quartier sont : la rue du Petit-Pont n°s impairs, la rue St-Jacques n°s impairs jusqu'à la rue des Fossés-St-Jacques, la rue des Fossés-St-Jacques n°s impairs, la place de l'Estrapade, la rue de la Vieille-Estrapade n°s pairs, la rue Contrescarpe n°s pairs, la rue Descartes n°s pairs, la rue et impasse Clopin, la rue d'Arras n°s pairs, la rue Traversine n°s pairs, la rue St-Victor n°s pairs et impairs, la rue de Bièvre n°s pairs et impairs, le quai de Montébello et la rue de la Bûcherie jusqu'au Petit-Pont.— Superficie 340,000 m. carrés, équivalant à 0,010 de la superficie totale de Paris.

Les monuments et établissements remarquables de ce quartier sont :

Le Panthéon, situé place du Panthéon. En 1754, l'église de l'ancienne abbaye de Ste-Geneviève menaçant d'une ruine prochaine, Louis XV entreprit la construction d'un nouveau temple où serait révérée la patronne de Paris, et adopta les beaux plans de Soufflot. Les fondations furent commencées en 1757, et la première pierre posée le 6 septembre 1764.

De tous les édifices modernes le Panthéon est certainement le plus magnifique. Le plan est une croix grecque, formant quatre nefs qui se réunissent à un centre commun où est placé le dôme. En y comprenant le péristyle, ce plan a 110 m. 10 c. de longueur sur 82 m. 37 c. de largeur hors d'œuvre. La façade principale, où l'on a prodigué les richesses de l'architecture, se compose d'un perron élevé sur onze marches, et d'un porche en péristyle, imité du Panthéon de Rome. Elle présente six colonnes de face, et en a vingt-deux dans son ensemble, dont dix-huit sont isolées, et les autres engagées. Toutes ces colonnes sont cannelées et de l'ordre corinthien. Chacune d'elles a 18 m. 81 c. de hauteur, y compris base et chapiteau, et 1 m. 78 c. de diamètre. Les feuilles d'acanthe des chapiteaux sont d'un travail très-précieux; mais les profils sont loin de la pureté des beaux modèles de l'antiquité. Ces colonnes supportent un fronton dont le tympan, dans l'origine, représentait en bas-relief une croix entourée de rayons divergents et d'anges adorateurs, sculptés par Coustou. — Après la mort de Mirabeau, l'assemblée nationale changea la destination de cet édifice, et le consacra à la sépulture des Français illustres par leurs talents, leurs vertus et leurs services rendus à la patrie. Les administrateurs du département de Paris chargèrent M. A. Quatremère de la direction des changements à opérer pour transformer ce temple en PANTHÉON FRANÇAIS. Ce savant, distingué par ses talents, son goût et son zèle patriotique, remplit dignement les espérances de l'administration. Tous les signes qui caractérisaient une basilique de chrétiens furent remplacés par les symboles de la liberté et de la morale publique. Sa façade et son intérieur éprouvèrent plusieurs changements. La frise porta en grands caractères de bronze l'inscription suivante, composée par M. Pastoret :

AUX GRANDS HOMMES LA PATRIE RECONNAISSANTE.

En 1822, cette inscription disparut et fit place à une inscription mystique; la première inscription a été replacée après la révolution de juillet.

L'intérieur du Panthéon se compose de quatre nefs qui aboutissent au dôme. Chacune de ces nefs est bornée de bas côtés; un rang de colonnes en marque la séparation : ces colonnes, d'ordre corinthien, cannelées, de 12 m. 23 c. de hauteur, de 1 m. 16 c. de diamètre, sont au nombre de cent trente. Ces péristyles supportent un entablement dont la frise est enrichie de festons formés par des rinceaux et des enroulements découpés en feuilles d'ornement. Au-dessus de l'entablement est une balustrade. Les plafonds des nefs et de leurs bas côtés se font remarquer par le goût et l'élégante simplicité de leur dessin.

Tous les bas-reliefs et ornements qui se rapportaient à la primitive destination de l'édifice ont été supprimés dans ces nefs; et on leur a substitué des sujets analogues à la destination que lui avait donnée l'assemblée nationale.

La longueur totale de l'intérieur du temple, depuis le dedans du mur de la porte d'entrée jusqu'au fond de la niche qui termine la nef orientale, est de 91 m. 65 c.; la largeur ou la dimension, prise intérieurement de l'extrémité d'une nef latérale à l'extrémité de l'autre, est de 77 m. 33 c. La largeur de chacune des nefs, prise entre les deux murs qui forment le fond des péristyles, est de 32 m. 59 c.

Le dôme intérieur s'élève au point de réunion des quatre nefs; il y occuperait un espace carré de 20 m. 14 c. sur chaque face, si ses angles n'étaient pas coupés par de lourds piliers remplaçant chacun trois colonnes trop légères pour soutenir l'énorme poids de ce dôme. Ainsi l'on voit dans son intérieur de simples colonnes engagées remplacer des colonnes isolées. Ces piliers, réunis entre eux par quatre arcades de 13 m. 69 c. de largeur, le sont aussi par quatre pendentifs élevés au-dessus des faces intérieures, ce qui rachète par le haut la forme circulaire du dôme. Ces arcades et ces pendentifs sont couronnés par un entablement circulaire orné de festons de chêne, dont la corniche est chargée de modillons. Le diamètre intérieur du dôme, pris à l'endroit de la frise, est de 20 m. 14 c. Au-dessus de l'entablement s'élève, sur un stylobate intérieur, un péristyle composé de 16 colonnes corinthiennes, de 1 m. 8 c. de diamètre et de 10 m. 72 c. de hauteur. Dans les entre-colonnements s'ouvrent seize croisées, dont les vitraux sont maintenus par des châssis de fer. Au bas de ces croisées sont des tribunes auxquelles on parvient par une galerie circulaire. Le dôme est composé de trois coupoles, dont la première prend naissance au-dessus de l'entablement de la colonnade; elle est décorée de six rangs de caissons octogones et de rosaces. Dans son milieu est une ouverture circulaire de 9 m. 63 c. de diamètre, par laquelle on aperçoit la seconde coupole fort éclairée, sur laquelle M. Gros a peint à fresque l'apothéose de sainte Geneviève.

Le dôme extérieur présente d'abord, au-dessus des combles de trois nefs, un vaste soubassement carré, à pans coupés, où viennent aboutir quatre forts arcs-boutants, sur lesquels sont pratiqués des escaliers découverts, qui servent à monter au dôme. Sur ce soubassement, dont la partie supérieure est élevée de 33 m. 13 c. au-dessus du grand perron du porche, est un second soubassement circulaire, haut de 3 m. 25 c. et dont le diamètre a 33 m. 75 c. Au-dessus s'élève une colonnade dont le plan est pareillement circulaire. Cette colonnade, composée de trente-deux colonnes corinthiennes de 1 m. 11 c. de diamètre et de 11 m. 9 c. de hauteur, compris bases et chapiteaux, supporte un entablement couronné par une galerie découverte et pavée en dalles. Ce péristyle de trente-deux colonnes est divisé en quatre parties par des massifs en avant-corps, correspondant aux quatre piliers du dôme, et dans lesquels on a pratiqué un escalier à vis. Ces massifs, plus utiles que beaux, sont en partie cachés par les colonnes. Derrière ce péristyle, le mur de la tour du dôme est percé par douze grandes croisées, qui correspondent aux entre-colonnements de l'intérieur. Au-dessus de ce péristyle, de l'entablement et de la balustrade qui le couronnent, est un attique formé par l'exhaussement du mur circulaire de la tour du dôme : sa hauteur est de 6 m. en y comprenant sa corniche ; il est percé de seize croisées en arcade garnies de vitraux en fer, ornées d'archivoltes et d'impostes, et placées dans des renfoncements carrés. Sur le socle de la corniche de ces attiques s'appuie la grande voûte formant la troisième coupole du dôme. Son diamètre, à la naissance de cette voûte, est de 23 m. 76 c. Sa hauteur, depuis le dessus de l'attique jusqu'à son amortissement, est de 13 m. 97 c. ; son galbe est divisé en seize côtes saillantes, dont la largeur est égale à la moitié des intervalles : elle est couverte en lames de plomb.

Derrière le temple est un étroit portique fermé de grilles, sous lequel deux escaliers conduisent à l'entrée d'une église souterraine, qui règne sous toute l'étendue de l'édifice. Vingt piliers d'ordre pæstum la soutiennent. La coupe des pierres, le caractère mâle et l'harmonie des parties de cette construction souterraine ne doivent pas échapper à l'attention des curieux. Le sol de cette chapelle est de 6 m. au-dessous de celui de la nef supérieure, dont elle a l'étendue.

Le 4 avril 1791, l'assemblée nationale ayant décrété que le Panthéon français serait affecté à la sépulture des grands hommes, on y transporta le même jour en grande cérémonie le corps de Mirabeau.

Le 11 juillet 1791, les restes de Voltaire, après une cérémonie funèbre des plus imposantes, y furent déposés à dix heures du soir. On lit sur son cercueil cette inscription :

> Poëte, historien, philosophe, il agrandit l'esprit humain ; il lui apprit qu'il devait être libre ;
> Il défendit Calas, Sirven, de la Barre et Montbailly ;
> Combattit les athées et les fanatiques ; il inspira la tolérance ; il réclama les droits de l'homme contre la servitude de la féodalité.

Le 24 janvier 1793, le corps de Michel Lepelletier, assassiné par le garde du corps Paris, fut déposé au Panthéon. La convention tout entière assista à la cérémonie funèbre, où Félix Lepelletier, frère de la victime, prononça un discours très-animé qu'il termina par ces paroles : *Je vote, comme mon frère, la mort de tous les tyrans.*

Le 12 septembre 1792, les honneurs du Panthéon furent décernés au général Beaurepaire.

Le 8 nivôse an II (28 décembre 1793), les honneurs du Panthéon furent décernés au jeune tambour Barra, tué dans la Vendée pour avoir refusé de crier, Vive Louis XVII.

Le cinquième jour complémentaire an II (21 septembre 1794), on y déposa les restes de Marat, et le même jour on en retira ceux de Mirabeau.

Le 20 vendémiaire an III (11 octobre 1794), les restes de J.-J. Rousseau furent transportés en grande cérémonie au Panthéon. Le tombeau qui contient ses dépouilles mortelles a le mérite de rappeler les mœurs et le caractère de Rousseau : la chaumière sous laquelle il trouva ses plus nobles inspirations ; la mère allaitant elle-même ses enfants ; cette main armée d'un flambeau, qui sort d'une porte entr'ouverte, comme pour éclairer le monde dans les âges futurs, sont des allusions aussi ingénieuses que significatives, dont toutes les personnes qui ont lu les œuvres de Rousseau apprécieront la justesse. On y lit cette simple inscription :

> Ici repose l'homme de la nature et de la vérité.

Après la révolution du 9 thermidor, une multitude d'hommes du peuple alla enlever du Panthéon les restes de Marat et les jeta dans l'égout de la rue Montmartre. — Plus tard, les restes de Barra, de Lepelletier et du général Beaurepaire furent également retirés de leur glorieuse tombe.

Le 8 février 1795, la convention nationale rendit un décret portant que les honneurs du Panthéon ne pourraient être décernés à un citoyen que dix ans après sa mort. — Dans la suite, Napoléon, par décret du 20 février 1806, rendit au culte l'édifice du Panthéon, et lui conserva néanmoins la destination que lui avait donnée l'assemblée constituante; mais l'honneur que cette assemblée avait réservé au génie et au mérite éminent, il l'accorda aux titres et aux dignités : il suffisait d'être grand dignitaire, grand officier de l'empire et sénateur, pour usurper la sépulture d'un grand homme. Par suite de ce décret impérial, la chapelle sépulcrale s'est agrandie de tous les autres souterrains de l'édifice. Dans un compartiment particulier de ces vastes souterrains, on voit la tombe du maréchal Lannes, duc de Montébello, mort le 31 mai 1809 : des inscriptions rappellent les exploits de ce guerrier et ses titres et illustrations. Plus loin, dans d'obscurs caveaux et dans des tombeaux en pierre, sont déposés les corps, et, dans des urnes, les cœurs de plusieurs grands dignitaires de l'empire, parmi lesquels on remarque ceux du célèbre navigateur Bougainville et du grand géomètre Lagrange.

Les cendres de Voltaire et de Rousseau et les tombeaux qui les renfermaient furent relégués, le 29 décembre 1821, dans un caveau privé d'air, dont l'entrée fut murée. Cette précaution infernale donna une action telle à l'humidité, que le 20 août 1830, lorsqu'on voulut remettre les sarcophages à leur place d'honneur dans l'église souterraine du Panthéon, les plus grandes précautions purent à peine les préserver d'une ruine totale.

Depuis la révolution de juillet, le Panthéon a repris la destination que lui avait assignée l'assemblée nationale. L'inscription mystique a été remplacée par celle de M. Pastoret, et le bas-relief du fronton représentant le signe de la Rédemption a fait place à un magnifique bas-relief que l'on doit au sculpteur David. Mais on attend toujours qu'on y dépose les restes des grands hommes qui devaient y être placés.

L'église St-Etienne du Mont, située carré Ste-Geneviève. Cette église doit son origine à un oratoire, nommé chapelle du Mont, construit dans le XIIe siècle, près de l'abbaye royale de Ste-Geneviève. Lorsque Philippe Auguste eut fait clore de murs Paris du côté de l'Université, la chapelle du Mont fut renfermée dans l'enceinte de la ville et reçut le titre de paroisse. En 1221, l'augmentation croissante de la population rendant nécessaire la construction d'une nouvelle église, l'abbé et les chanoines réguliers de Ste-Geneviève bâtirent dans leur propre enclos une église paroissiale, qu'ils placèrent sous l'invocation de saint Etienne. L'édifice était contigu à Ste-Geneviève, et pendant longtemps il n'eut d'autre porte pour y entrer que celle de l'église de cette abbaye.

En 1491, l'église de St-Etienne du Mont fut augmentée du côté du chœur de plusieurs bâtiments. Les chapelles et toute l'aile de la nef, du côté du sud, furent bâties en 1538 ; les charniers et la chapelle de la communion ont été construits en 1605 et 1606. La façade principale, qui affecte la forme pyramidale, et où se trouvent mélangés les genres grec et sarrasin, offre un caractère étrange qui n'est pas sans agrément ; quatre colonnes d'ordre composite, qui portent un fronton, forment l'architecture du portail. La première pierre en fut posée en 1610 par Marguerite de Valois, première femme de Henri IV. Une seule tour, qui s'élève au nord de l'édifice, sert de clocher ; elle est fort élevée, et d'une construction peu ordinaire.

L'architecture de cette église est remarquable par sa hardiesse et par sa singularité ; la partie du rond-point est surtout digne de fixer l'attention. Les voûtes de la nef et les bas côtés sont extrêmement élevés et soutenus par des colonnes ou piliers ronds d'environ 1 m. 66 c. de diamètre, dont les bases assez correctes portent sur un piédestal d'environ 1 m. de hauteur. Du sommet de ces piliers très-exhaussés et dépourvus de chapiteaux naissent des faisceaux d'arête, qui forment celle de la voûte. A ces gros piliers ronds et au tiers de leur hauteur sont appuyés des arceaux surbaissés, de 66 c. seulement d'épaisseur, qui soutiennent un passage de la même largeur, faisant le tour de la nef, et dans lequel un homme seulement peut passer. On monte à cette espèce de galerie par deux escaliers, dont les portes sont au-dessous du jubé.

Ce jubé, sculpté avec beaucoup de goût, n'est point assez élevé. La voûte, en cintre très-surbaissé, est dans le goût du temps, où déjà on avait adopté cette forme opposée à celle de l'architecture sarrasine. Aux deux extrémités sont deux tourelles à jour, de formes élégantes et très-délicates, qui s'élèvent d'environ 10 m. au-dessus de son niveau, et renferment les deux escaliers pour arriver à la galerie dont nous venons de parler ; ce qui rend l'aspect de ces escaliers surprenant, c'est qu'étant à jour on voit le dessous des marches portées en l'air par un encorbellement, et le mur de leur tête soutenu seulement par une faible colonne de 16 c. de diamètre placé sur le port extérieur de l'appui de la cage, tourné en limaçon. L'architecture de ces escaliers étonne par la hardiesse et la science qu'on a déployées dans leur construction.

Au milieu de la voûte de la croisée, on remarque une clef pendante qui a plus de 4 m. de saillie hors du nu de la voûte, et où viennent aboutir plusieurs de ses arêtes.

La chaire du prédicateur est un chef-d'œuvre de sculpture en bois. Une statue colossale de Samson semble soutenir l'énorme masse de cette chaire, dont le pourtour est orné de plusieurs Vertus assises, et séparées les unes des autres par d'excellents bas-reliefs dans les panneaux. Sur l'abat-voix est un ange qui tient deux trompettes pour appeler les fidèles.

Vis-à-vis de la porte latérale du chœur est un tableau peint par Largillière, provenant de l'ancienne église Ste-Geneviève; *ex-voto* donné en 1694 par la ville de Paris, après la cessation d'une famine qui, pendant deux ans, affligea la capitale. La sainte est représentée dans une gloire; au bas sont les prévôts des marchands et les officiers de la ville en habits de cérémonie, suivis d'un grand nombre de spectateurs, parmi lesquels l'artiste a représenté le poëte Santeuil, enveloppé de son manteau. Dans le bas côté est le tableau du Martyre de saint Etienne, peint par Charles Lebrun.

Le maître-autel, entièrement construit en marbre, est décoré avec richesse et élégance; derrière cet autel, quatre colonnes d'ordre toscan supportent une châsse ayant la forme d'une église gothique, où sont conservés, dit-on, les reliques de sainte Geneviève.

Dans une chapelle à gauche du chœur est l'ancien tombeau de sainte Geneviève, patronne de Paris, qui a été retiré de l'église souterraine lors de la démolition. La fête de cette sainte attire chaque année à St-Etienne du Mont une nombreuse population des campagnes, et pendant neuf jours une petite foire se tient sur la place de cette église. Durant toute l'année, c'est un pèlerinage continuel vers la pierre de son tombeau. — Cette chapelle est ornée de précieux fragments de vitraux provenant des anciens charniers, dus à Desangives et à Jean Cousin. Ces verrières représentent la Pluie de la manne et le Sacrifice d'Eli au-dessus des emblèmes du Sacrifice moderne; Jésus-Christ lavant les pieds à ses apôtres à côté des prêtres de l'ancienne loi qui font des ablutions; le temple des Juifs et l'église des chrétiens sont en regard, suivant l'usage constant de commenter ainsi l'une par l'autre, et dans un même but, la foi des Israélites et la foi des chrétiens. Ces peintures représentent aussi les miracles opérés dans la maison du juif qui fit bouillir l'hostie, trait d'histoire d'un intérêt particulier pour la ville de Paris. — Malgré le temps et les dévastations des hommes, l'église St-Etienne du Mont a conservé encore beaucoup d'autres vitraux, parmi lesquels on remarque les œuvres de Nicolas Pinagrier et d'Enguerrand le Prince.

C'est dans cette église qu'en 1794, 1795, 96, 97 et 98, se réunissaient, tous les décadis et tous les quintidis, les jeunes gens élevés dans les établissements d'instruction publique de l'*institut des boursiers de l'égalité*, qui fut plus tard le prytanée français, de l'*école centrale du Panthéon*, de l'*école polytechnique* et des *enfants de la patrie*, qu'on a appelés depuis enfants trouvés. Là chacun de ces établissements nommait un orateur qui, en son nom, prononçait dans les circonstances solennelles, telles que la fête de la Jeunesse, la fête de la Vieillesse, l'anniversaire du 10 août, l'anniversaire du 21 janvier, la fondation de la république, etc., prononçait un discours analogue à la circonstance. Le discours des enfants de la patrie se faisait surtout remarquer par l'élévation des sentiments, la simplicité de l'expression et l'originalité des gestes de l'orateur. Chaque décadi, l'un des assistants montait en chaire et lisait le *Bulletin décadaire*, journal où l'on rendait compte des faits les plus remarquables qui avaient eu lieu dans les dix jours. Beaucoup d'hommes, qui professent aujourd'hui des opinions ultra-monarchiques, se faisaient remarquer par la chaleur avec laquelle ils lisaient le récit des belles actions des républicains (Voyez COLLÉGE DE LOUIS-LE-GRAND). — Plus tard les théophilanthropes tinrent leurs assemblées dans cette église à des heures où le culte catholique n'était pas célébré.

St-Etienne du Mont renferme depuis quelques années les épitaphes retrouvées de Racine, de Pascal et de Jacques-Bénigne Winslow. Dans ses cimetières et ses caveaux reposaient autrefois les restes mortels d'hommes plus ou moins célèbres. Des inscriptions historiques sont consacrées à la mémoire d'Eustache le Sueur, de Viguère, de Tognet, de Morin, de Gallois, de Tournefort, de Lemaistre de Sacy, etc.

L'école de droit, située place Ste-Geneviève, n° 8.

L'étude régulière du droit commença à Paris en 1384, et fut réorganisée en 1630 sous Louis XIV. Ses premières leçons se donnèrent rue St-Jean-de-Beauvais. Cette école fut transférée en 1771 dans le bâtiment qu'elle occupe, construit sur les dessins de Soufflot : il se compose d'un vaste amphithéâtre, de salles appropriées à la destination de l'établissement, et de logements particuliers. La façade principale est prise sur l'angle qui répond au Panthéon et interrompt la forme rectangulaire ; cette façade est ornée de quatre colonnes ioniques qui soutiennent un fronton triangulaire. On enseigne dans chacune des deux sections de l'école, formées en 1819, le droit romain, le Code civil, les Pandectes, le Code de procédure et le Code de commerce.

L'école polytechnique. Cette école célèbre occupe l'emplacement du COLLÉGE DE NAVARRE, fondé en 1304 par les libéralités de Jeanne de Navarre, femme de Philippe le Bel ; c'était alors le seul collége de Paris où on enseignât le complément des humanités. Le collége de Navarre fut rebâti sous le règne de Louis XI, mais on avait conservé sur la principale porte d'entrée les statues pédestres de Philippe le Bel et de Jeanne de Navarre, qui furent enlevées en 1792, lorsque la convention affecta à l'école polytechnique le collége de Navarre et ses dépendances. Le collége de Navarre fut fondé originairement pour y faire élever gratuitement soixante-dix pauvres écoliers sous la direction de savants professeurs, dont vingt étudiants en grammaire, trente en philosophie et vingt en théologie. Les princes du sang et les plus grands seigneurs du royaume y mettaient autrefois leurs enfants en pension. Louis de Bourbon y fit ses études au commencement du xvi° siècle; Henri III, étant duc d'Anjou, et Henri IV, avant qu'il fût roi de France, y furent pensionnaires ensemble. Entre un grand nombre d'hommes distingués qui firent leurs études dans ce collége, nous citerons : Nicolas Oresme, qui fut précepteur de Charles V et évêque de Bayeux ; le cardinal Pierre Launoy d'Ailly ; Jean Gerson, chancelier de l'Université ; le cardinal de Richelieu, qui y fonda une chaire de controverse ; Jean de Launoy, auteur de l'histoire de ce collége ; le célèbre Bossuet, évêque de Meaux, etc., etc. — Le collége de Navarre possédait une riche bibliothèque fondée par la reine Jeanne de Navarre et composée des meilleurs manuscrits de ce temps, où l'imprimerie n'existait pas ; ruinée plus tard et dispersée, cette bibliothèque fut rétablie par Louis XI et augmentée en 1637 de la bibliothèque de M. de Pierèse.

Le collége de Navarre fut supprimé en 1790, et devint propriété de l'Etat. Les frères Pyranesi y avaient établi leur calcographie qu'ils transférèrent à la Sorbonne en l'an xiii. — L'ÉCOLE POLYTECHNIQUE, a été fondée, le 28 septembre 1794, sous le nom d'école des travaux publics, qu'elle changea en son nom actuel le 1er septembre 1795. Dans l'origine, elle occupait une partie des bâtiments de l'ancien palais Bourbon, d'où elle a été transférée dans le local où elle est installée aujourd'hui par un décret du 9 germinal an xiii. — Les bureaux occupent le local de l'ancien collége de Boncourt, et les élèves celui du collége de Navarre. Les bâtiments de cette école ont été récemment agrandis vers la rue de la Montagne-Ste-Geneviève, et on a élevé sur le carrefour de ce nom un grand portail décoré de sculptures. Des deux côtés de la voûte sont deux grands bas-reliefs : celui de gauche représente les attributs des mathématiques, de l'astronomie, de la physique, de la chimie et des autres sciences qui font l'objet de l'enseignement de l'institution ; le bas-relief de droite est consacré aux symboles du génie, de la marine et de l'artillerie. Au-dessus sont sculptés cinq médaillons représentant Lagrange, Laplace, Monge, Berthollet et Fourcroy, illustres fondateurs de l'école.

Le collége Louis-le-Grand, situé rue St-Jacques, n° 123. Ce collége a été fondé par les jésuites en 1550, dans un hôtel de la rue de la Harpe que leur donna Guillaume Duprat, évêque de Clermont, avec une forte somme d'argent. En 1564, ils achetèrent l'hôtel de Langres, rue St-Jacques, et donnèrent à leur maison le nom de collége de Clermont de la société de Jésus : au nombre des savants qui y professaient dès le commencement, on compte les PP. Maldonat, Mariana et Sirmond, sous lequel étudia saint François de Sales. Les jésuites ayant été chassés du royaume en 1594, par arrêt du parlement, au sujet de l'at-

tentat de Jean Châtel, leur collége fut fermé jusqu'en 1603, époque où ils furent rappelés, et où Henri IV leur promit de rouvrir leurs classes. En 1641, le cardinal de Richelieu leur donna le collége de Marmoutiers, qui fut alors réuni au collége de Clermont. En 1682, le roi leur accorda le collége du Mans, situé rue d'Enfer, qui fut aussi réuni au collége de Clermont, lequel prit alors le nom de collége de Louis-le-Grand. Les succès de ce collége, qui avait pour professeurs des hommes du plus grand talent, allèrent toujours en croissant jusqu'à l'époque de la suppression des jésuites en 1762, époque où leur collége fut fermé. On lit à ce sujet les réflexions suivantes dans les *Mémoires secrets pour servir à l'histoire de la république des lettres*, t. 1, p. 62 : « 1er avril 1762. Voilà une des plus fameuses époques de la république des lettres; les arrêts du parlement se sont exécutés aujourd'hui, et les jésuites ferment leurs colléges dans le ressort. Les pensionnaires de Louis-le-Grand sont tous sortis aujourd'hui, et ceux qui sont connus sous le nom d'enfants de langue, ou d'Arméniens pensionnés du roi (c'étaient dix jeunes gens élevés aux frais du roi, dans l'étude des langues latine et orientales, pour servir de drogmans et de truchements aux consuls des échelles du Levant), ont été mis, jusqu'à nouvel ordre, dans des maisons voisines du collége. On a fait à l'occasion de l'événement du jour courir la pasquinade suivante : « La troupe de St-Ignace donnera mercredi pro-
» chain 31 mars 1762, pour dernière représentation, *Arlequin jésuite*,
» comédie en cinq actes, du P. Duplessis ; suivie des *Faux Bruits de*
» *Loyola*, par le P. Lainez, petite comédie en un acte. Pour divertisse-
» ment, le *Ballet portugais* : en attendant le *Triomphe de Thémis*. »
Quelques jours après, on fit courir l'épigramme suivante, adressée aux jésuites sur la clôture de leur collége :

> Vous ne savez pas le latin:
> Ne criez pas au sacrilége
> Si l'on ferme votre collége;
> Car vous mettez au masculin
> Ce qu'on ne met qu'au féminin.

Après cet événement, l'Université de Paris choisit le collége Louis-le-Grand pour son chef-lieu ; c'est là que siégea le tribunal académique, que l'on transporta les archives des colléges, la bibliothèque de l'Université, et la halle aux parchemins, dont il se faisait encore une assez grande consommation. Peu après on réunit à Louis-le-Grand les élèves d'un grand nombre de petits colléges, tels que ceux de Dormans, de Beauvais, de Narbonne, de Reims, de Séez, etc., etc.— Au nombre des plus célèbres élèves de l'ancien collége Louis le-Grand, on cite : Viger, N. Caussin, Ph. Labbe, R. Rapin, D. Bouhours, J. Commire, Mich. le Tellier, B. Germon, J. Tarteron, J. Hardouin, V. Houdry, Brumoy, Charlevoix, Lafitau, Berruyer, de Tournemine, Voltaire, qui fut certainement un des plus brillants élèves du collége Louis-le-Grand. Une célébrité d'un autre genre commençait ses études dans ce même collége, à l'époque où Voltaire y faisait les siennes ; tandis que le jeune Arouet accaparait par son esprit les premières places de la classe, Cartouche, assis aux derniers bancs, y exploitait les poches de ses camarades ; un vol, plus audacieux que les autres, et qui lui réussit mal, le força de quitter le collége. — A l'époque de la révolution, le collége Louis-le-Grand comptait six cents pensionnaires, appartenant pour la plupart à la classe riche de la société, et environ autant de jésuites précepteurs. Entre autres élèves de cette époque qui se sont fait un nom, nous citerons Camille Desmoulins et Robespierre.

En 1792, le collége Louis-le-Grand fut réorganisé sous une forme nouvelle, et reçut le nom d'*Institut de l'égalité*. On y a compté jusqu'à sept cent cinquante boursiers, désignés alors sous le nom de boursiers de l'égalité. Au nombre de ces boursiers figuraient, après le 9 thermidor, les fils de Brissot de Warville, de Tronçon du Coudray, de Camille Desmoulins, de Carrier, du général vendéen d'Elbée, de Treillard, de Buffon, de Filangieri, de Pompei, de Casabianca, d'Aréna, d'Arighi, de Tappuli, d'Auguis (les trois fils), de Grouchy, de Condorcet, de Fourcroy, de Louvet, de Desforges, d'Abrial, de Fabre d'Eglantine, de Jean-Bon St-André, de Toussaint Louverture, d'Alvimar, d'Albenas, de Dillon, etc., etc., etc. — Un grand nombre des membres qui siégeaient à la chambre des députés en 1842-1843 ont été élèves de l'Institut de l'égalité, notamment MM. Armand de l'Aube, Auguis, Beaumont de la Somme, Boulay du Var, Brunet de Saône-et-Loire, Champannet, Chasles, Cornudet, Couturier, Defermon, Desjobert, Duval de Fraville, Girod de l'Ain, Herambault, d'Houdelot, Isambert, Jacqueminot, de Lasalle, Lavalette, Legrand de la Manche, Legrand de l'Oise, Mathieu de Saône-et-Loire, Meilheurat, Paganel, Raguet l'Epine, le maréchal Sébastiani, Vieillard, etc., etc., etc. — En 1800, ce collége reçut le nom de *prytanée*, qu'il changea en 1804 pour celui de *lycée impérial*. En 1814, on lui a rendu le nom de collége de Louis-le-Grand.

Le collége de Henri IV, situé rue de Clovis, n° 1. Ce collége, fondé par l'empereur en 1802 sous le nom de *lycée Napoléon*, qu'il changea pour le nom qu'il porte actuellement sous la restauration, occupe les bâtiments de l'ancienne abbaye *Ste-Geneviève*, fondée par Clovis et par la reine Clotilde, son épouse, qui y furent l'un et l'autre enterrés. L'église, incendiée par les Danois en 857, fut reconstruite en 1175. La tour et la crypte seulement présentaient quelques parties de la première construction ; le portail, extrêmement simple, paraissait aussi être plus ancien que la restauration qui se fit sous le roi Robert. Le tombeau de Ste-Geneviève en marbre, entouré d'une grille, était au centre de cette crypte;

son corps en fut retiré et déposé dans une châsse d'un grand prix, qui fut placée derrière le chœur, et supportée par quatre colonnes d'un marbre précieux ; en 1793, cette châsse a été portée à l'hôtel des monnaies pour y être fondue, et les reliques de la sainte ont été brûlées publiquement sur la place de Grève. — Dans une chapelle, près du maitre-autel, était un magnifique tombeau, où l'on voyait la statue en marbre et à genoux du cardinal de la Rochefoucauld. — Sur un des piliers de la nef était un médaillon représentant le portrait de Descartes ; un peu plus loin était l'épitaphe du célèbre cartésien J. Rohault. L'église Ste-Geneviève a été démolie en 1807, à l'exception de la tour qui se trouve engagée dans les bâtiments du collége. — L'abbaye de Ste-Geneviève eut pour origine des chanoines réguliers remplacés en 1148 par des religieux suivant la règle de St-Augustin. C'était le chef-lieu d'une congrégation qui avait en France cent neuf maisons, et qui nommait ses religieux à plus de cinq cents cures. La bibliothèque, qui a été conservée, est construite en forme de croix et éclairée dans le milieu par un dôme dont la coupole a été peinte par Restout, qui a représenté sur le plafond le Triomphe de saint Augustin. L'église Ste-Geneviève était un lieu de refuge ou d'asile pour les criminels : ce fut là que Leudaste, comte de Tours, convaincu d'impostures dans un concile tenu à Brennacum, entre Soissons et Paris, se retira au moment où il sut que son crime était découvert. — Plusieurs conciles ont été tenus dans cette église en 573, 577 et 615 ; le plus fameux est celui de 577, où comparut Prétextat, évêque de Rouen. — Dans le temps où la coutume était que des femmes vécussent en recluses dans une cellule pratiquée dans le corps même de l'église, il y en avait une à Ste-Geneviève, ainsi que le constate l'ancien nécrologe de l'abbaye.

Le collége de France, situé place Cambrai et rue St-Jacques. Ce collége a été fondé en 1346, sous le nom de collége des Trois-Evêques, par les évêques Hugues de Pomare, évêque de Langres, Hugues d'Orcy, évêque de Laon, et Guy d'Aussonne, évêque de Cambrai. Peu de temps après sa fondation, ce collége reçut le nom de collége de Cambrai, parce qu'il fut établi sur l'emplacement de la maison de cet évêque. Dans le même local occupé par ce collége, François Ier fonda en 1530, le collége de France, à la sollicitation de Jean du Bellay, et du savant Guillaume Budé ; mais les guerres civiles et différentes autres circonstances ne permirent de s'occuper de la construction des bâtiments que sous le règne de Louis XIII, qui en posa la première pierre le 28 août 1610. Les bâtiments existèrent jusque vers 1774, époque où il furent démolis et remplacés par le collége existant aujourd'hui, qui fut augmenté en 1774, et auquel on vient d'ajouter de nouvelles constructions qui en font un des plus beaux établissements en ce genre qui existent à Paris. —Au nombre des hommes célèbres qui ont professé et qui honorèrent le plus le collége de France, on cite Vatable, le célèbre Ramus, Charpentier, de Lisle, Astruc, Rollin, l'illustre Gassendi, Tournefort, Daubenton, Lalande, Hallé, Darcet, Portal, Corvisart, Vauquelin, Cuvier, Ampère, Lacroix, Thenard, Batteux, le Beau, de Guignes, Delille, Legouvé, Andrieux, Silvestre de Sacy, etc., etc.

L'école normale, située rue St-Jacques, n° 115. Cette école a été fondée par un décret de la convention en date du 9 brumaire an III, fermée le 30 floréal de la même année, réorganisée en 1808, supprimée en 1822, et réorganisée le 6 août 1830. Elle était établie originairement dans l'amphithéâtre du jardin des plantes, d'où elle fut transférée dans les bâtiments du séminaire du St-Esprit, rue des Postes, et ensuite dans l'ancien collége du Plessis, que cette école occupe encore aujourd'hui ; elle doit être transférée prochainement rue d'Ulm, dans un magnifique local construit spécialement pour cette école.

Le COLLÉGE DU PLESSIS fut fondé vers 1316, par Geoffroi du Plessis-Balison, secrétaire de Philippe le Long. En 1647, ce collége fut réuni à la Sorbonne et prit le nom de Plessis-Sorbonne. Pendant la révolution, le collége du Plessis fut transformé en une prison qui devint une succursale de la Conciergerie; c'était là que l'on déposait les victimes réservées pour le tribunal révolutionnaire, et dont on venait chaque jour chercher un certain nombre. Les prisonniers appelaient *escalier des Parques,* celui par lequel on faisait descendre les malheureux qu'on conduisait à ce tribunal, d'où ils allaient souvent directement à l'échafaud. — Les bâtiments de ce collége ont été réunis au collége Louis-le-Grand, à l'exception de la partie affectée à l'école normale.

Le marché des Carmes, situé rue des Noyers et rue de la Montagne-Ste-Geneviève. Il a été établi en 1818 sur l'emplacement de l'église et des bâtiments de l'ancien couvent des CARMES, construit en 1318, supprimé en 1790, transformé en manufacture d'armes pendant la révolution, et démoli en 1814. L'église, qui était immense, renfermait entre autre tombes celles de Gilles Corrozet, auteur de la première description de Paris. Le cloître des Carmes était un vaste et curieux monument des arts du XIV° siècle ; les peintures qui chargeaient ses murailles représentaient la vie du prophète Elie, écrite au-dessous en vieilles rimes françaises.

VARIÉTÉS HISTORIQUES ET BIOGRAPHIQUES.

Rue St-Jacques, n° 45, au coin septentrional de la rue des Noyers, était la chapelle ST-YVES, bâtie en 1348, et démolie en 1796.

Au n° 143 et rue St-Etienne-des-Grès, n°º 11 et 13, était l'église ST-ETIENNE-DES-GRÈS, bâtie vers la fin du IX° siècle, supprimée en 1790, et démolie deux ans après.

La **porte St-Jacques**, qui faisait partie de l'enceinte de Philippe Auguste, et par où les troupes de Charles VII entrèrent le 13 avril 1436, s'ouvrait dans la rue St-Jacques, à peu près au coin de la rue St-Hyacinthe.

Rue St-Julien-le-Pauvre, n° 11, au fond d'une cour, est l'église de St-Julien le Pauvre, dont il est fait mention dès l'an 580 ; plus tard elle fut reconstruite et érigée en prieuré qui dépendait de l'abbaye de Long-Pont. Cette petite église, du style le plus gracieux et le plus élégant, sert aujourd'hui de chapelle à l'Hôtel-Dieu ; la partie du portail qui existe encore paraît appartenir au xiii° siècle. — A côté de St-Julien le Pauvre était située la chapelle de St-Blaise, démolie à la fin du siècle dernier.

Rue de la Bûcherie, n°° 13 et 15, était autrefois l'école de médecine bâtie en 1472, et dont les cours furent transférés de la rue du Fouarre en ce lieu en 1505. Un chanoine de la cathédrale y fit construire en 1608 un amphithéâtre anatomique, reconstruit en 1744, qui existe encore aujourd'hui ; c'est une rotonde soutenue par huit colonnes d'ordre dorique et terminée en coupole, qui s'élève au coin de la rue de l'hôtel Colbert.

Rue du Fouarre, n° 17, était situé le collége de la nation de Picardie, l'un des quatre de l'Université, qui avait fait bâtir dans cette rue en 1487 une chapelle sous le vocable de la Vierge, de St-Nicolas et de Ste-Catherine, qui ne s'ouvrait que les jours d'assemblée de l'Université.

La faculté de médecine, formée en compagnie vers la fin du xiii° siècle, donna ses leçons dans des écoles qui furent ouvertes rue du Fouarre, jusqu'en 1781, époque où elle commença ses exercices et où elle ouvrit ses cours dans un amphithéâtre qui existe encore rue de la Bûcherie.

Rue de l'hôtel Colbert, n° 20, est une maison bâtie par Colbert au commencement de sa fortune ; sur une plaque en marbre noir on lit encore :

```
HOTEL
COLBERT.
```

L'intérieur offre une belle cour carrée entourée de bâtiments à trois étages, décorés extérieurement de huit grands bas-reliefs ; un large et bel escalier conduit aux appartements supérieurs, qui sont occupés par des ateliers.—Colbert mourut le 6 septembre 1683, à l'âge de soixante-quatre ans. Ses contemporains et le peuple poussèrent à un tel excès la haine et la barbarie, qu'il fallut soustraire à leur fureur, par une inhumation nocturne, les restes du grand ministre, et les placer quelque temps sous la protection d'une garde vigilante.

Impasse d'Amboise était le COLLÉGE GREC OU DE CONSTANTINOPLE, fondé au xiv° siècle, et réuni au collége de la Marche en 1420.

Rue de Bièvre était le COLLÉGE ST-MICHEL, fondé par Guillaume de Chanac en 1348, et supprimé en 1790; les bourses ne pouvaient être données qu'à des Limousins. — Le savant helléniste D'ANSE DE VILLOISON, célèbre par ses vastes connaissances, et l'un des hommes les plus ennuyeux, les plus lourds et les plus fatigants en société, demeurait rue de Bièvre en 1790.

Rue Descartes, n° 21, était le COLLÉGE DE BONCOURT, fondé en 1353, et célèbre au xvi° siècle par un théâtre où furent jouées les premières pièces de Jodelle; les élèves du collége de Boncourt donnèrent sur ce théâtre des représentations où assistait souvent le roi Henri II. Ce collége, dont les bâtiments sont occupés aujourd'hui par l'administration de l'école polytechnique, fut réuni en 1638 au collége de Navarre. — A côté du collége de Boncourt était le COLLÉGE DE TOURNAY, fondé en 1283 et réuni sous Louis XIII au collége de Navarre.

La PORTE BORDET, édifice flanqué de tours, où l'on arrivait par un pont-levis, était située à l'endroit où la rue Descartes débouche dans la rue des Fossés-St-Victor; elle a été démolie en 1683.

Rue de la Montagne-Ste-Geneviève, n° 24, était le COLLÉGE DE LAON, fondé en 1313 et réuni en 1764 au collége Louis-le-Grand; une partie du marché des Carmes a été construite sur son emplacement.

Au n° 37 était le COLLÉGE DE LA MARCHE, fondé en 1420, devenu propriété nationale en 1790, et converti en 1841 en caserne d'infanterie.

Au n° 52 était le SÉMINAIRE DES TRENTE-TROIS, fondé en 1633 dans les bâtiments de l'hôtel d'Albiac. Ce collége, renommé autrefois par la force et la bonté de ses études, a été supprimé en 1790, et les bâtiments aliénés en l'an IV.

La place Maubert, selon une ancienne tradition, a pris son nom d'Albert le Grand, lequel vint de Cologne donner des leçons à Paris. Le nombre de ses auditeurs se trouva si grand, qu'il fut obligé de faire ses leçons au milieu de cette place; ce qui fut cause qu'on la nomma la place de maître Albert, ou place Maubert; origine qui toutefois n'est pas des mieux prouvées. C'était un des principaux lieux où l'on exécutait les criminels; quatre condamnés y furent roués en 1536.

Là fut brûlé vif avec ses livres, à l'âge de trente-sept ans, le célèbre imprimeur Etienne Dolet, traducteur de Platon, condamné « pour blasphèmes, sédition et exposition de livres prohibés et damnés, à être mené dans un tombereau depuis la Conciergerie jusqu'à la place Maubert, où seroit plantée une potence autour de laquelle il y auroit un grand feu, auquel, après avoir été soulevé en ladite potence, il seroit jeté et brûlé avec ses livres, son corps converti en cendres. Et néanmoins est retenu *in mente curiæ* que où ledit Dolet fera aucun scandale ou dira aucun blasphème, sa langue lui sera coupée, et sera brûlé tout vif. » Cette atroce sentence fut exécutée le 3 août 1546, sous le règne de François Ier. On ne peut rien lire de plus touchant que les vers qu'il composa, peu de temps avant sa condamnation, sur la naissance de son fils ; sa femme allaitait encore l'objet de tant de vers louangeurs, où respirent la joie et le bonheur, quand le bûcher de la place Maubert dévora l'estimable citoyen dont tout le crime fut d'avoir eu de l'esprit plus tôt ou plus tard que les autres. — C'est sur la place Maubert que demeurait le procureur ALAIN, où furent clercs Voltaire et son ami Thiriot.

Rue des Carmes, n° 6, était le COLLÉGE DE PRESLES, fondé par Guy, chanoine de Laon, et par Raoul de Presles, secrétaire de Philippe le Bel, sous le nom de collége de Laon, séparé de ce dernier et transféré rue des Carmes en 1323. Lors du massacre de la St-Barthélemy, le célèbre professeur Ramus, protestant, se cacha dans les caves du collége de Presles, où il fut découvert par les assassins, qui, après avoir tiré de lui une forte rançon, le poignardèrent, à l'instigation, dit-on, du professeur Charpentier, son compétiteur et son ennemi. Son cadavre encore palpitant fut jeté par les fenêtres et traîné dans la boue par les écoliers, qui lui firent subir toutes sortes d'outrages. Ramus était si pauvre lorsqu'il vint à Paris, qu'il fut obligé de se mettre domestique au collége de Navarre, où il étudia avec tant de succès, qu'il fut reçu maître ès arts quelques années après. — Le collége de Presles fut réuni au collége Louis-le-Grand en 1734 ; les bâtiments ont été vendus comme propriété nationale, le 3 thermidor an IV. — On payait à ce collége 3 livres par semaine en temps ordinaire, et 4 livres pendant le carême, sans pain ni vin, que l'on se fournissait, ainsi que le linge, le bois et la chandelle.

Au n° 23 était le séminaire des prêtres irlandais ou COLLÉGE DES LOMBARDS, fondé par quatre Italiens en 1334, supprimé en 1792, rétabli sous le consulat et réuni au séminaire des Irlandais, Anglais et Ecossais réunis, situé rue des Irlandais, n° 3. — Les bâtiments de ce collége existent encore, ainsi que la chapelle, qui sert de magasin de librairie.

Rue St-Jean-de-Beauvais, n°^{s} 5 et 7, était le COLLÉGE DE LISIEUX, fondé en 1336, établi dans l'origine rue des Prêtres-St-Séverin, placé au XVe siècle rue St-Etienne-des-Grès, et transféré en 1764 rue St-Jean-de-Beauvais, dans les bâtiments du COLLÉGE DE DORMANS, fondé en ce lieu en 1370, et réuni en 1593 au collége de Presles. L'un des plus illustres écoliers du collége de Lisieux fut l'abbé Delille. Les bâtiments de ce collége existent encore en grande partie, ainsi que la chapelle ; ils servent aujourd'hui de magasin.

Vers 1526, le célèbre Robert Estienne (premier du nom), fonda dans la rue St-Jean-de-Beauvais une imprimerie, à l'*enseigne de l'Olivier*, d'où sont sorties onze éditions complètes de la Bible, en hébreu, en grec ou en latin. La correction typographique était pour lui l'objet d'un soin si minutieux, qu'il affichait, dit-on, ses épreuves avec promesse d'une prime à ceux qui y découvriraient des fautes. Quelquefois, dans cette rue étroite, obscure et montante, où se trouvaient ses ateliers, on voyait venir un cavalier de noble figure, ou bien une belle et élégante dame avec une suite brillante, qui s'arrêtaient à l'enseigne de l'Olivier : le cavalier, c'était François Ier ; la dame, Marguerite d'Angoulême, sa sœur. — La postérité de Robert Estienne soutint dans cette rue la réputation de ce célèbre typographe ; son petit-fils, Robert III, obtint en 1574 le brevet d'imprimeur du roi, y resta établi, et y mourut sans postérité en 1629 ; Antoine Estienne, le fils aîné du frère de Robert III, obtint aussi le titre d'imprimeur du roi ; malgré son activité et ses magnifiques travaux, il éprouva de grands revers, devint infirme et aveugle, et fut enfin réduit à solliciter une place à l'Hôtel-Dieu, où il mourut sans enfants en 1674. En lui s'éteignit l'illustre *dynastie* des Estienne, à laquelle on est redevable de l'impression de près de douze mille ouvrages, qui ont exercé une influence prodigieuse sur les progrès de la littérature, de l'érudition et des sciences.

Rue du Plâtre-St-Jacques, n° 20, était le COLLÉGE DE CORNOUAILLES, fondé en 1317 pour treize pauvres écoliers de Cornouailles, réuni au collége de Louis le Grand en 1763, et dont les bâtiments ont été aliénés en 1806.

Place Cambrai, n° 2, est l'entrée principale de l'enclos de ST-JEAN DE LATRAN, composé de deux vastes cours entourées de masures habitées par des ouvriers de divers états, communiquant entre elles, et ayant une autre entrée rue St-Jean-de-Beauvais. Cet enclos formait autrefois la commanderie des hospitaliers de St-Jean de Jérusalem, dits de St-Jean de Latran, qui avaient pour mission de recevoir les pèlerins dans les villes qu'ils traversaient, de les soigner et de leur fournir les moyens de continuer leur route. Dans la première cour, on voit encore une grande tour carrée à quatre étages, qui étaient jadis garnis de lits pour les pèlerins. L'église, qui renfermait le tombeau du commandeur Jacques de Souvré, auquel on doit la construction du grand hôtel de la Commanderie, existe encore en grande partie ; l'abside et les chapelles attenantes ont seulement été démolies ; la nef est aujourd'hui divisée en deux étages, le premier, dont la voûte est intacte, sert à une école primaire, le rez-de-chaussée est converti en écurie et en magasins ; à côté est une petite chapelle qui renfermait les fonts baptismaux. — C'est dans la grande tour que le célèbre Bichat se livrait à ses travaux anatomiques, et c'est là qu'il mourut le 22 juillet 1802. On a placé sur le devant de cette tour une plaque en marbre noir sur laquelle on a gravé ces mots en lettres d'or :

> TOUR BICHAT.

L'enclos St-Jean de Latran était jadis un endroit privilégié dans lequel les artisans pouvaient travailler pour leur compte sans avoir été reçus maîtres dans les communautés des arts qu'ils exerçaient, et chez lesquels les maîtres ne pouvaient aller faire visite.

Rue St-Hilaire, n° 2, et rue des Sept-Voies, n° 2, était l'église St-Hilaire, connue dès le xii° siècle, érigée en paroisse vers l'an 1200, supprimée et démolie en 1790. — Près de cette église était un hôpital fondé par Philippe le Bel, destiné à recevoir six pauvres femmes de bonne vie. — Dans l'impasse de la cour des Bœufs était le séminaire de St-Hilaire, où l'on recevait de toutes les parties de la France des étudiants en théologie qu'on exerçait aux cérémonies de l'Église.

La rue Froidmentel était une des rues affectées, au xiv° siècle, à la demeure des prostituées. Gabrielle d'Estrées y avait, vers la fin du xvi° siècle, un hôtel où elle reçut souvent Henri IV; dans le contrat de César de Vendôme, son fils, elle fait élection de domicile à Paris en son hôtel rue Froidmentel, qui faisait le coin de cette rue et de la rue Chartière. L'abbé Lebeuf, qui écrivait en 1754, a reconnu cette maison qu'on avait rebâtie en 1606, et où on avait placé cette inscription : Ludovice dumum protege ; dans une niche ménagée au coin des deux rues, on voyait alors la statue de Henri IV en manteau royal.

Rue de Reims, n° 5, est le collége Ste-Barbe, fondé rue de Reims, en 1430, par Jean Hubert, professeur en droit. Dans l'origine, cet établissement n'était pas proprement un collége ; les professeurs qui l'occupaient dirigeaient l'éducation de quelques enfants dans leurs chambres particulières, et donnaient des leçons générales dans les grandes salles. Le nombre de ces régents s'éleva bientôt jusqu'à quatorze, neuf pour les humanités, un pour le grec et quatre pour la philosophie; au-dessus d'eux était un principal qui avait la surveillance de la maison. En 1556, Robert du Guast affecta certains biens pour l'entretien d'un principal, d'un chapelain, d'un procureur et de quatre élèves boursiers. La communauté de Ste-Barbe se fit remarquer par sa discipline et ses bonnes études; au commencement de 1789, indépendamment des anciens boursiers, elle comptait trente-six élèves en théologie, quarante-huit en philosophie et cent douze en humanités. Après la révolution, le collége Ste-Barbe devint une maison particulière d'éducation sous la direction de M. Delanneau. — Inigno, connu depuis sous le nom de saint Ignace, fondateur des jésuites, étudia dans ce collége, où il provoqua souvent la sévérité de ses supérieurs par son insubordination.

Le COLLÉGE DU MANS, qui avait été fondé rue de Reims par dix élèves boursiers du diocèse du Mans, fut transféré en 1682 rue d'Enfer, n° 2, et réuni au collége Louis-le-Grand en 1761.

Rue des Sept-Voies, n° 9, était le COLLÉGE DE LA MERCI, fondé en 1515, et transformé en hospice par les religieux de la Merci en 1750. Il a été supprimé en 1790, et vendu comme propriété nationale en 1793.

Au n° 18 était la principale entrée du COLLÉGE DE REIMS, fondé en 1399, ruiné par les Anglais de la faction du duc de Bourgogne en 1418, et rétabli en 1443 par Charles VII, qui y incorpora le collége de Rhetel. En 1552, Jodelle établit au collége de Reims un théâtre où le roi Henri III assista à plusieurs représentations avec toute sa cour. Les bâtiments de ce collége ont été réunis au collége Ste-Barbe.

Au n° 26 et à l'angle de la place du Panthéon était le COLLÉGE DE MONTAIGU, fondé en 1314. Le célèbre Standoutht, qui, de simple domestique, s'était élevé au grade de régent de la faculté de théologie de Paris, institua dans ce collége, en 1102, une communauté d'ecclésiastiques destinés à l'éducation de la jeunesse, où les pauvres seuls étaient reçus. Les boursiers devaient faire maigre et jeûner tous les jours, excepté un morceau de pain très-léger qu'on leur donnait le matin ; le soir la collation se bornait à une pomme ou à un morceau de fromage. Le célèbre auteur de l'*Eloge de la folie*, Erasme, fut un des élèves du collége Montaigu ; mais, comme nous le lisons dans une de ses lettres, les œufs pourris, les vins gâtés, une chambre sous les combles et blanchie avec de la chaux infecte, ne tardèrent pas à altérer sa constitution, et le forcèrent à entrer dans le monde, où sa vie fut un continuel holocauste à la souffrance et à l'agitation. Jean Calvin était aussi un élève du collége Montaigu. — La chapelle de ce collége renfermait le tombeau du prédicateur Jean Standoutht et celui de l'Allemand Ulrich Gering, un des trois imprimeurs que la Sorbonne fit venir à Paris en 1470, pour y fonder la première imprimerie.

Le collége Montaigu fut supprimé en 1792. Ses bâtiments furent convertis en hôpital, et ensuite en maison d'arrêt pour les militaires ; ils viennent d'être en partie démolis, et sur leur emplacement on a construit les bâtiments de la nouvelle bibliothèque Ste-Geneviève.

Rue des Cholets, n° 2, à l'angle de la rue St-Etienne-des-Grès, était le COLLÉGE DES CHOLETS, fondé en 1291 pour seize élèves en théologie, et réuni au collége Louis-le-Grand en 1678. Une partie des bâtiments de ce collége a été démolie, et leur emplacement forme aujourd'hui la cour du collége Louis-le-Grand. — En face le collége des Cholets était la chapelle St-Symphorien, démolie vers 1662.

Rue des Amandiers-Ste-Geneviève, n° 14, était le COLLÉGE DES GRASSINS, fondé en 1569, supprimé en 1790 et vendu par lots en 1833.

La rue de Clovis a été percée sous l'empire, sur l'emplacement de l'abbaye Ste-Geneviève et sur une partie de la place du carré Ste-Geneviève, dans le milieu de laquelle existait autrefois un poteau où étaient attachées les armes de l'abbaye, pour marquer qu'elle avait droit de haute, moyenne et basse justice dans l'étendue du territoire qui lui appartenait. On voit dans cette rue les restes d'une grande et forte muraille bâtie par encaissement, qui faisait partie de l'enceinte de Philippe Auguste.

Place de l'Estrapade. Il existait jadis un théâtre dont Dulaure raconte ainsi l'origine : « On rapporte, dit-il, que Turlupin, Gautier Garguille et Gros Guillaume, tous trois garçons boulangers du faubourg St-Laurent, liés d'amitié, sans étude, mais doués de beaucoup d'esprit naturel, formèrent le projet de jouer la comédie. Ils louèrent un petit jeu de paume, situé près de l'Estrapade, y bâtirent à la hâte un théâtre, et se firent des décorations avec des toiles grossières. Ils jouaient depuis une heure jusqu'à deux heures des scènes qu'on appelait turlupinades, pour la somme de deux sous six deniers par personne. Les comédiens de l'hôtel de Bourgogne, jaloux du succès de ce théâtre, se plaignirent au cardinal de Richelieu, qui, avant de prononcer sur cette plainte, voulut s'assurer du talent des acteurs dénoncés. Ils jouèrent dans son palais une scène bouffonne qui dérida son éminence : elle ordonna que ces trois acteurs seraient admis à jouer au théâtre de l'hôtel de Bourgogne. » — En 1791 quelques acteurs élevèrent à l'Esplanade un théâtre qui reçut le nom de *Théâtre des Muses*; il fut fermé au bout de quelques mois.

N° 46. QUARTIER ST-MARCEL.

Ci-devant *section du Finistère*, puis *section Lazouski*, et ensuite *section des Gobelins.*

Les limites de ce quartier sont : de la barrière de la Gare le mur d'enceinte de Paris jusqu'à la barrière de la Santé, la rue de la Santé et la rue de Lourcine n°ˢ impairs, la rue Mouffetard n°ˢ impairs jusqu'à la rue de l'Epée-de-bois, la rue de l'Epée-de-bois n°ˢ impairs, la rue Gracieuse à droite jusqu'à la rue du Puits-de-l'Hermite, la rue du Puits-de-l'Hermite n°ˢ impairs, le bâtiment de l'hospice de la Pitié et la rue d'Orléans, la rue du Jardin-du-Roi jusqu'à la rue de Buffon, la rue de Buffon n°⁵ impairs, la rive gauche de la Seine jusqu'à la barrière de la Gare.

On remarque principalement dans ce quartier :

L'église St-Médard, située rue Mouffetard, entre les n°⁵ 161 et 163. Cet édifice, réparé et agrandi à diverses époques, présente des échantillons de plusieurs genres d'architecture. Le sanctuaire est entouré de colonnes cannelées et sans bases, qui supportent des arcades à plein cintre, dont le style diffère de tout le reste de l'édifice. Derrière le chœur était un petit cimetière où fut enterré en 1723 le diacre Pâris, zélé janséniste, sur le tombeau duquel venaient danser et faire des contorsions diaboliques une foule de fanatiques qu'on a désignés depuis sous le nom de convulsionnaires. — Patru fut enterré dans ce lieu en 1681, ainsi que P. Nicolle, auteur des *Essais de morale*. — Auprès de l'église St-Médard il y avait, au xiv° et au xv° siècle, comme en plusieurs autres églises de Paris, un reclusoir, espèce de cellule formée de quatre murs entre lesquels vivait une femme recluse pour le reste de ses jours ; le nécrologe de l'abbaye de Ste-Geneviève, écrit vers le règne de Charles VI, marque au 1ᵉʳ mars l'anniversaire d'Hermensende, recluse de St-Médard. — Le cimetière St-Médard a été supprimé ; sur son emplacement s'élèvent quelques constructions particulières formant le n° 16 de la rue Censier.

L'Hospice de la Vieillesse Femmes, dit Hôpital général ou de la Salpêtrière, situé boulevard de l'Hôpital. Fondé en 1632, pour renfermer les mendiants et les vagabonds, cet établissement a pris son nom d'un endroit où se préparait autrefois le salpêtre. Il s'annonce par une belle façade composée de deux grands corps de bâtiments, terminée par deux pavillons, et se compose de quarante-cinq grands corps de bâtiments occupant une superficie de 29,162 m. On y compte quatre mille six cent quatre-vingt-deux fenêtres. — L'église, sous le vocable de saint Louis, fait honneur aux talents de Libéral Bruant : elle consiste en un dôme octogone de 20 m. de diamètre, percé de huit arcades qui aboutissent à autant de nefs de 24 m. chacune, dont quatre sont terminées par des chapelles ; placé au milieu du dôme, l'autel est vu des différentes nefs. En sortant de l'église à droite et à gauche se développe un bâtiment d'une grande étendue. Deux voûtes ou passages conduisent dans les différentes divisions de cet hospice ; mais les constructions élevées à diverses époques ne présentent point à l'œil un plan régulier ; la façade seule est d'une architecture uniforme. Parmi les anciennes constructions, on remarque le bâtiment Mazarin et le bâtiment Lassay, au centre desquels se trouve l'église ; parmi les constructions nouvelles, on distingue les deux sections affectées aux aliénés en traitement. — On arrive à ce vaste établissement par deux magnifiques chaussées plantées d'arbres, l'une qui commence à la route de Fontainebleau, et l'autre qui s'étend depuis la rue Poliveau jusqu'à la Seine ; c'est une véritable petite ville, où sont rassemblées environ sept mille femmes. D'après les nouveaux règlements donnés en 1802, le service de l'hôpital de la Salpêtrière forme cinq divisions : 1° les reposantes ou femmes qui ont vieilli dans le service ; 2° les indigentes aveugles, paralytiques, infirmes et octogénaires ; 3° les femmes attaquées de plaies incurables, les galeuses, les cancérées et les septuagénaires ; 4° l'infirmerie ; 5° les aliénées et les épileptiques.

Manufacture royale de tapisseries des Gobelins, située rue Mouffetard, n° 270. Jean Gobelin fut le fondateur de cet établissement, qui prospérait déjà en 1450. Louis XIV, sur la proposition de Colbert, l'érigea en manufacture royale pour confectionner des meubles de prix en 1666, et en 1667 Colbert en donna la direction au célèbre peintre Lebrun. — La réputation des produits de cette manufacture est européenne. Par des procédés ingénieux on est parvenu à rendre avec la plus grande exactitude, non-seulement le dessin des plus beaux tableaux dans toute sa pureté, mais encore la magie de leur coloris. Un atelier de teinture, dirigé par d'habiles chimistes, est annexé à cette manufacture, où le public est admis le samedi, depuis deux heures jusqu'à la nuit. — Les Gobelins étaient autrefois un lieu privilégié, où les ouvriers pouvaient travailler pour leur compte sans être astreints à la maîtrise.

Le marché aux chevaux. Il commence au boulevard de l'Hôpital, n° 28, et finit rue du Marché-aux-Chevaux. Ce marché a été établi sur l'emplacement qu'il occupe aujourd'hui en 1642. En 1687 on y transporta l'instrument de supplice de l'estrapade, lorsque le prévôt des marchands de Fourcy fit adoucir la pente de l'Estrapade et des fossés St-Victor. — Le marché aux chevaux se compose de trois parties principales. La première, affectée spécialement à la vente des chevaux, forme une espèce de cirque composé de deux chaussées parallèles, où les chevaux sont attachés à des barrières placées sur quatre rangs, et qui en contiennent chacune trente-quatre. La seconde partie, servant à l'essai des chevaux de trait, présente un plan elliptique et contient deux rampes en fer à cheval. La troisième partie est affectée à la vente des voitures à l'encan par le ministère des commissaires-priseurs.

Chaque dimanche, de neuf heures du matin à trois heures de l'aprèsmidi, le marché aux chevaux se transforme en marché aux chiens. C'est là que vont se pourvoir les chasseurs parisiens, les bouchers et généralement tous les amateurs de l'espèce canine.

Rue des Anglaises, n° 20, était le couvent des BÉNÉDICTINES ANGLAISES, supprimé en 1790 et vendu comme bien national en l'an VIII.

Rue de Lourcine était autrefois une paroisse dédiée à saint Hippolyte, dont la fondation remonte à 1158. A l'entrée de cette même rue se trouvait une maladrerie fondée originairement sous le nom de St-Martial et de Ste-Valère.

Au n° 95 est l'HÔPITAL DE LOURCINE, qui occupe les bâtiments de l'ancienne ABBAYE DES CORDELIÈRES, dite de Ste-Claire et de St-François, dont la fondation en 1294 est attribuée à des cordelières, transférées de Troyes à Paris par les ordres de la reine Marguerite de Provence, qui y passa sa vie après la mort de saint Louis, son époux. Blanche, sa fille aînée, veuve du roi de Castille, s'y fit religieuse et donna de grands biens à cette communauté. Cette princesse avait près de là une maison qui existe encore et se nomme fort mal à propos *maison de la reine Blanche*, parce qu'on a confondu cette princesse avec Blanche, mère de saint Louis. — Les cordelières avaient habité précédemment la rue des Francs-Bourgeois au Marais, et ensuite la rue de Grenelle-St-Germain, où elles avaient transféré leur communauté dans le grand hôtel de Beauvais en 1687. C'est vers le milieu du xviii° siècle qu'elles étaient venues se fixer rue de Lourcine. On a percé sur une partie de l'emplacement de cette abbaye les rues Pascal, Julienne et des Cordelières.

L'hôpital de Lourcine, fondé en 1559, était destiné aux pauvres affectés de la maladie vénérienne, alors fort répandue en France. En 1579 on y transporta l'établissement des Enfants-Rouges, fondé par Houel, bourgeois de Paris, pour l'éducation des enfants dans l'art de soigner les malades. Cet établissement reçut alors le nom d'hôpital de la Charité chrétienne. Houel l'étendit jusqu'à la rue de l'Arbalète, et y établit un jardin de botanique qui existe encore aujourd'hui, et dépend de l'école de pharmacie. Aujourd'hui l'hôpital de Lourcine est une annexe de l'hôpital du Midi, de la rue des Capucins; il est spécialement consacré à la guérison des maladies vénériennes pour les femmes, soit en admettant les malades dans l'hôpital, soit en leur donnant des conseils et des remèdes dont elles font usage chez elles.

La rue de Lourcine était autrefois un lieu privilégié, où les ouvriers et artisans pouvaient travailler pour leur compte sans avoir été reçus maîtres dans les arts et professions qu'ils exerçaient.

Rue Censier, n° 11, était l'HÔPITAL NOTRE-DAME DE LA MISÉRICORDE OU DES CENT-FILLES, fondé en 1624 par Antoine Séguier, pour y recevoir cent pauvres orphelines, et supprimé en 1790. La chapelle et une partie des bâtiments existent encore.

Au n° 22 est une fontaine remarquable : un Satyre, entouré des attributs bachiques, semble offrir de l'eau, avec un sourire moqueur, à la population du faubourg St-Marceau. Le monument se compose d'un massif carré, surmonté d'un fronton triangulaire, et adossé à un mur. Au-devant du soubassement est une cuve carrée, servant de bassin et rejetant l'eau de chaque côté par une tête de lion.

Rue Mouffetard, n° 69, était le couvent des HOSPITALIÈRES DE LA MISÉRICORDE-DE-JÉSUS fondé à Gentilly en 1652, transféré rue Mouffetard en 1653 et réédifié au commencement du XVIIIe siècle par les soins du lieutenant général de police d'Argenson, qui, dégoûté de Mme de Tencin, était devenu amoureux d'une jolie hospitalière de ce couvent, que la supérieure lui abandonna sous la condition qu'il ferait reconstruire les bâtiments de sa communauté. C'est au couvent des hospitalières de la Miséricorde que s'était retirée Mme de Maintenon après la mort de Scarron; elle avait alors pour toute fortune une pension de 2,000 livres que la reine lui avait faite à la recommandation de M. le baron de la Garde. — Cette communauté a été supprimée en 1790, et les bâtiments démolis de 1824 à 1830. On a construit sur leur emplacement une caserne pour la garde municipale.

Place de la Collégiale, n° 4. Au coin de la rue des Francs-Bourgeois était la collégiale de ST-MARCEL, détruite par les Normands, reconstruite au milieu du XIe siècle et abattue vers 1804. Elle avait été construite sur l'emplacement où saint Marcel fut, dit-on, inhumé vers 436.

Aux nos 4 et 6 était l'ÉGLISE ST-MARTIN, supprimée en 1790 et devenue propriété particulière.

Rue de la Reine-Blanche. On remarque les restes de l'ancien hôtel de la reine de ce nom, démoli en 1333 après l'accident qui faillit coûter la vie au roi Charles VI. Ce fut à l'hôtel de la Reine-Blanche, dit Juvénal des Ursins, que le roi se rendit déguisé en sauvage avec quatre jeunes seigneurs qu'il tenait enchaînés, et dont les habits étaient formés de toile enduite de poix-résine sur laquelle on avait collé de la laine et des étoupes. Au milieu du bal, le duc d'Orléans ayant approché un flambeau d'un de ces sauvages, le feu prit à l'habit et se communiqua à celui des trois autres, qui ne pouvaient se séparer à cause de leur chaîne. La duchesse de Berry eut la présence d'esprit d'envelopper le roi avec la queue de sa robe, et d'étouffer le feu. Ce monarque seul échappa; le jeune comte de Joigny, étouffé par la flamme, expira sur-le-champ; le bâtard de Foix, Aymard de Poitiers et Hugues de Guissay ne survécurent que trois jours. Cet accident acheva d'égarer la raison du jeune monarque, et pendant trente ans la France eut un roi fou.

Rue des Fossés-St-Marcel. Il y avait en 1646 un bel hôtel, dit HÔTEL DE CLAMART, à côté duquel se trouvait un cimetière destiné dans l'origine aux classes pauvres, et devenu le dernier asile des infortunés que la loi retranche de la société. Là, plus d'un innocent sur lequel la justice a pu se tromper a mêlé sa poussière à celle des scélérats; là se trouvaient des tombes sur lesquelles on ne répandait ni des larmes ni des fleurs et que ne protégeait pas même le signe de la rédemption chrétienne. — Le général Pichegru a été enterré dans le cimetière Clamart le 5 avril 1804. Depuis, ce cimetière a été fermé, et on a construit sur son emplacement des salles de dissection.

Rue Scipion. On remarque un vaste local connu autrefois sous le nom d'HÔTEL SCIPION, construit sous le règne de Henri III par un gentilhomme italien nommé Scipion Sordini, et converti en hôpital dès 1622. Les bâtiments sont occupés aujourd'hui par la boulangerie des hôpitaux et hospices civils de la ville de Paris.

N° 47. QUARTIER DU JARDIN DU ROI.

Ci-devant *section des Sans-Culottes*, et ensuite *section du Jardin-des-Plantes*.

Les limites de ce quartier sont : à partir du pont d'Austerlitz la rive gauche de la Seine jusqu'au pont de l'Archevêché, la rue des Bernardins n°˚ pairs et impairs, la rue St-Nicolas-du-Chardonneret n°˚ impairs, la rue Traversine n°˚ impairs, la rue d'Arras n°˚ impairs, la rue Clopin n°˚ pairs, la rue Descartes n°˚ impairs, la rue Mouffetard n°˚ impairs, la rue de l'Epée-de-Bois n°˚ pairs, la rue Gracieuse à gauche jusqu'à la rue du Puits-de-l'Hermite, la rue du Puits-de-l'Hermite n°˚ pairs, le bâtiment de l'hôpital de la Pitié et la rue d'Orléans n°˚ pairs et impairs, la rue du Jardin-des-Plantes jusqu'à la rue de Buffon, la rue de Buffon jusqu'au pont d'Austerlitz. — Superficie 780,000 m. équivalant à 0,024 de la superficie totale de Paris.

Les principaux monuments et établissements de ce quartier sont :

L'église de St-Nicolas-du-Chardonneret, située rue St-Victor, entre les n°˚ 104 et 106. Cette église doit son origine à une chapelle fondée en 1230. Sa reconstruction fut entreprise en 1656 ; peu de temps après les travaux furent suspendus ; ils furent repris en 1703, et l'édifice achevé en 1709, à l'exception du portail, qui est resté inachevé. L'intérieur est orné de pilastres composites, dont les chapiteaux n'ont qu'un rang de feuilles d'acanthe, et dont les socles sont revêtus de marbre. Le chœur est pavé de marbre ; le maître-autel est surmonté d'une gloire d'un bon effet. Dans la chapelle St-Charles est le tombeau de la mère du peintre Charles Lebrun, représentée sortant de son tombeau au son d'une trompette embouchée par un ange. Le monument de Lebrun consiste en une pyramide au bas de laquelle est le portrait de ce grand artiste, par Coysevox. Les restes du poëte Santeuil ont été placés dans cette église en 1818, avec son épitaphe par Rollin.

Le garde des sceaux d'Argenson, qui favorisa sous la régence le système de Law, fut inhumé dans cette église le 8 avril 1721. La haine du peuple, qui lui attribuait une grande part dans le désastre de ce système, se manifesta d'une manière violente à la vue de son corps; le tumulte fut grand, et peu s'en fallut que le cercueil ne fût mis en pièces ; ses deux fils qui suivaient dans un carrosse la pompe funèbre furent obligés de se sauver.

Le muséum d'histoire naturelle. La fondation du muséum d'histoire naturelle, sous la dénomination de Jardin du roi, remonte à l'année 1635 où Louis XIII nomma intendant du jardin Guy de la Brosse, son médecin ordinaire. Ce ne fut d'abord qu'un jardin botanique auquel on adjoignit successivement diverses branches de l'histoire naturelle, et malgré les efforts des Tournefort, des Vaillant, des Jussieu, cet établissement languit jusqu'à l'intendance de Dufay, qui le fit entrer dans une voie de progrès suivie constamment jusqu'à ce jour, et enfin proposa et fit agréer Buffon pour son successeur en 1739. Lorsque Buffon arriva au Jardin du roi, le cabinet consistait en deux petites salles ; une autre pièce renfermait des squelettes qu'on ne montrait pas au public ; les herbiers étaient dans l'appartement du démonstrateur de botanique ; le jardin, borné à la hauteur de la pépinière actuelle du côté du levant, à celle des serres du côté du nord, à celle des galeries d'histoire naturelle du côté du couchant, offrait encore des terrains vagues, et l'on n'y voyait ni allées, ni plantations régulières. Buffon renouvela l'école de botanique, qu'il entoura de grilles en fer, forma la pente douce qui sépare actuellement les serres chaudes, doubla le jardin, en y ajoutant les terrains qui le séparaient de la Seine, planta les deux grandes allées de tilleuls et celle des marronniers, fit la rue qui porte son nom, acquit, sur la rue de Seine, l'hôtel de Magny, où il construisit le grand amphithéâtre, et mourut le 16 avril 1788, sans avoir pu terminer une annexe qu'il avait commencée aux galeries d'histoire naturelle. Le marquis de la Billarderie et Bernardin de St-Pierre, qui ne firent que passer, furent les derniers intendants du Jardin du roi. On leur doit, à l'un, une petite serre pour les ficoïdes, à l'autre, une serre qui portait son nom, et qui toutes deux viennent d'être détruites pour faire place aux grandes serres récemment construites.

Le 14 juin 1793, le muséum d'histoire naturelle fut constitué tel qu'il est à présent. A cette époque on y amena la ménagerie de Versailles, et l'on ajouta plusieurs propriétés particulières du côté de la rue de Seine. Successivement agrandi depuis lors jusqu'à nos jours, ce magnifique établissement se compose aujourd'hui du vaste îlot compris entre les rues Neuve-de-Seine, du Jardin-du-Roi, de Buffon, le quai St-Bernard et la place Walhubert. — Le Jardin se divise en haut et bas jardin : le premier était autrefois un monticule que l'on appelait le champ ou la butte des Copeaux, dominé par un moulin à vent et surmonté aujourd'hui d'un joli pavillon en bronze, d'où l'on jouit d'une vue fort étendue. Ce jardin, le plus beau qu'il y ait en Europe, le plus commode, le plus varié dans sa distribution, le plus riche en frais ombrages, en fleurs des quatre parties du monde, offre cependant souvent l'image d'une vaste solitude : parce qu'on n'y va pas pour être vu, mais pour voir, et que notre nature nous porte plus à paraître qu'à connaître ; parce que la mode n'a pas porté son sceptre dans cet endroit, et surtout parce que le Jardin des plantes est situé à une des extrémités de la capitale, et qu'à Paris on se dérange difficilement pour aller où ne se porte pas la foule.

L'hôpital Notre-Dame de Pitié, situé rue Copeau, n° 1. Il a été fondé en 1612 pour recueillir les vieillards indigents, sous le nom d'hôpital des pauvres de Notre-Dame-de-Pitié. Après la construction de l'hôpital général, on y reçut les enfants indigents et des orphelins des deux sexes. La révolution ne changea pas la destination de cet établissement, mais son nom fut remplacé par celui d'hospice des Orphelins et plus tard par celui des Enfants de la patrie. En 1809 les orphelins ayant été transférés à l'hospice du Faubourg St-Antoine, l'hospice de la Pitié devint, sous son premier nom, une dépendance de l'Hôtel-Dieu ; il renferme vingt-trois salles contenant six cents lits. En juillet 1830 on y a reçu cent huit blessés, dont neuf seulement sont morts.

L'entrepôt des vins, situé quai St-Bernard. Ce magnifique entrepôt, dans lequel les liquides ne payent les droits d'octroi auxquels ils sont soumis qu'à leur sortie, occupe une superficie de 134,000 m. carrés sur l'emplacement de l'ancienne abbaye St-Victor et de quelques chantiers adjacents. La première pierre en fut posée le 15 août 1807. Son plan est disposé pour contenir cent soixante-quinze mille pièces de vin. L'aspect sur le quai est du plus bel effet ; la grille s'y développe sur une longueur de 66 m. Deux pavillons sur cette façade sont occupés par l'administration, dont les bureaux y sont placés pour la surveillance de l'entrée et de la sortie des liquides. Dans l'intérieur, s'élèvent cinq grandes masses de bâtiments ; les deux du centre, servant de marchés, sont divisées en sept halles ; les deux placées en arrière contiennent ensemble quarante-deux celliers voûtés en pierre de taille, avec magasins au-dessus. Un cinquième magasin, parallèle à la rue St-Victor, complète cet établissement. La façade a 360 m. de longueur ; sa profondeur est de 88 m. ; il doit contenir quarante-neuf celliers, au-dessus desquels se trouve placé le magasin des eaux-de-vie.

La prison de Ste-Pélagie, située rue de la Clef, n° 14. C'était autrefois une communauté de religieuses, fondée en 1665 par la duchesse d'Aiguillon et par MM^es de Farinvilliers et de Traversée pour renfermer des femmes et des filles repenties ou non repenties ; les bâtiments habités par les premières portaient le nom de refuge, et les autres étaient connus sous le nom de Ste-Pélagie, comédienne d'Antioche, célèbre par sa pénitence.

En 1790 les filles repenties furent mises en liberté, et deux ans plus tard Ste-Pélagie fut convertie en prison publique, où l'on renferma successivement des royalistes avoués, des girondins et des montagnards traqués par la réaction thermidorienne. On y voyait encore, il y a quelques années, au deuxième étage, la chambre dans laquelle fut enfermée, pendant la révolution, Mme de Beauharnais, depuis impératrice des Français. Les prisonniers de cette prison furent transférés à St-Lazare. « Lorsqu'on nous transféra de Ste-Pélagie à St-Lazare, dit Millin, dans des charrettes découvertes au milieu de la nuit, entourés de flambeaux, conduits par des soldats excités par des administrateurs féroces, et poursuivis par un peuple en délire, chacun emportait avec soi ce qui lui était le plus nécessaire, et ne songeait qu'au malheur de sa position; Robert ne prit que son portefeuille et ses crayons, et saisit cette scène d'horreur dont il a fait un tableau remarquable. » Jusqu'au 22 messidor an IV, cette prison reçut à la fois des hommes et des femmes, aussi bien pour causes politiques que pour crimes et délits; des condamnés en même temps que des prévenus. Depuis le 14 mars 1797 jusqu'au 4 janvier 1834, les détenus pour dettes y ont été enfermés : mais dès 1828 la maison fut dédoublée; il y eut deux guichets, deux concierges, deux greffiers, en un mot deux prisons distinctes, l'une de la *détention* et l'autre de la *dette*. Elle servit aussi jusqu'à la même époque de maison de correction pour les petits voleurs, les vagabonds au-dessous de seize ans, et les enfants enfermés sur la demande de leurs parents.

En 1835 les prisonniers pour dettes ont été transférés dans la prison spéciale construite pour eux rue de Clichy. La restauration y fit écrouer un assez grand nombre d'écrivains, parmi lesquels nous citerons Béranger, Barthélemy, Lapelouze, Châtelain, Jay, Jouy, etc.

Le pont d'Austerlitz. Ce pont, commencé en 1802 et achevé en 1806, se compose de cinq arches en fer, supportées par des piliers et des culées en pierres de taille. Il est accessible aux piétons et aux voitures, moyennant un péage, et doit son nom à la célèbre bataille gagnée par les Français sur les Austro-Russes le 2 décembre 1805.

VARIÉTÉS HISTORIQUES ET BIOGRAPHIQUES.

Rue d'Orléans-St-Marcel, n° 11, était la communauté des FILLES DE LA CROIX, établie en 1656 et supprimée en 1790. Cette communauté occupait une partie de l'emplacement d'une maison de plaisance désignée sous le nom de fief ou séjour d'Orléans, qui comprenait tout l'espace renfermé entre les rues d'Orléans, Mouffetard, du Fer-à-Moulin, de la Muette et du Jardin-du-Roi ; à l'exception du terrain occupé par l'église et le cimetière St-Médard et de l'emplacement de l'hôtel Clamart. Vers le milieu du xiii° siècle, cette habitation portait le nom d'hôtel des Carneaux, et appartenait à Jean de Mauconseil. Plus tard elle devint la propriété de Mille de Dormans, évêque de Beauvais, qui la vendit en 1386, au duc de Berry ; celui-ci l'aliéna l'année suivante à Isabeau de Bavière, qui la céda au duc d'Orléans, son beau-frère. Le roi de Sicile possédait cet hôtel au commencement du xv° siècle. C'est là où Marguerite d'Anjou, femme de Henri IV, roi d'Angleterre, se retira après la mort de ce prince.

Rue Contrescarpe-St-Marcel, n° 9, demeurait CATHERINE THÉOS, visionnaire exaltée, dite la Mère de Dieu, condamnée à mort par le tribunal révolutionnaire, et exécutée avec dom Gerle, la marquise Chatenois et Quéviemont, médecin du duc d'Orléans, le 27 prairial an II.

Rue du Puits-de-l'Hermite, au coin du carrefour de la rue de la Clef, était la communauté des PRÊTRES DE ST-FRANÇOIS DE SALES, hospice pour les prêtres vieux et infirmes, qui fut transféré à Issy en 1751.

Rue Neuve-St-Etienne-du-Mont, n° 6, était le couvent des FILLES DE LA CONGRÉGATION DE NOTRE-DAME, supprimé en 1790, et occupé depuis 1821 par la congrégation des dames de la VISITATION DE STE-MARIE.

Au n° 14 est la maison qu'habita près d'un demi-siècle le professeur ROLLIN, occupé aujourd'hui par un nourrisseur de bestiaux. On lit encore au-dessus d'une porte intérieure ce distique qu'il y avait fait placer :

Ante alias dilecta domus quà ruris et urbis
Incola tranquillus mecque Deoque fruor.

Au n° 18 a demeuré, dit-on, DESCARTES.

Rue St-Victor, était la célèbre abbaye de ce nom, qui eut pour origine une communauté de chanoines réguliers, fondée en 1110, sur l'emplacement d'une ancienne chapelle dédiée à St-Victor, par Guillaume de Champeaux, archidiacre de Paris, et dont Louis le Gros se déclara le protecteur. L'abbaye de St-Victor devint très-célèbre peu de temps après sa fondation, tant par l'austérité de la règle que l'on y pratiquait que par ses écoles publiques et par les florissantes études de ceux qui l'habitaient ; le célèbre Abélard fut un des disciples de cette abbaye. Un grand nombre d'évêques se retirèrent dans cette maison, y finirent leurs jours et y furent enterrés : saint Thomas de Cantorbéry habita cette abbaye, où logeait habituellement saint Bernard, quand il venait à Paris. Les bâtiments du monastère furent réparés en 1448, et entièrement reconstruits, ainsi que l'église, sous le règne de François Ier. — Les principaux personnages enterrés dans cette église sont : Hugues de St-Victor, un des premiers abbés ; Pierre Comestor, auteur d'une Histoire ecclésiastique ; le poëte Léonias ; le poëte Santeuil ; Cl. Liset, premier président au parlement ; le père Maimbourg, etc., etc. — Près de l'abbaye il y avait un reclusoir où s'enfermèrent quelques femmes d'une austère piété ; c'est dans ce reclusoir que mourut et que fut enterrée la plus ancienne de toutes les recluses connues, nommée Basilla, dont on a vu longtemps l'épitaphe. On sait qu'il n'y avait jamais qu'une recluse dans la cellule adjacente aux églises ; celle qui voulait lui succéder attendait qu'elle fût morte. — L'abbaye St-Victor et l'enclos qui en dépendait occupaient le vaste emplacement compris entre la rue St-Victor, la rue des Fossés-St-Bernard, le quai St-Bernard et la rue Cuvier (autrefois rue de Seine) ; elle fut supprimée en 1790, et démolie en 1813 pour agrandir l'entrepôt des vins.

Le dernier vestige de cette abbaye, qui a jeté un si vif éclat au moyen âge, a été détruit en 1840. C'était une tourelle carrée par le bas, octogonale par le haut, et dont le sommet était surmonté d'un toit aigu en charpente et couvert d'ardoises. Ce petit monument, qui datait de la fin du xive siècle, servait autrefois d'éperon à l'angle sud-est de la clôture de l'abbaye ; au xviiie siècle, on lui adossa une fontaine, dite fontaine d'Alexandre, dont la décoration consistait en une urne soutenue par deux dauphins et posée sur un piédestal dans le milieu duquel était un masque en bronze ; deux sirènes accompagnaient cette urne, qui était anciennement surmontée des armes de la ville ; un attique, orné d'un fronton brisé, autrefois surmonté des armes de France, formait le couronnement. On y lisait ces deux vers de Santeuil, qui faisaient allusion à la bibliothèque de St-Victor, située dans le voisinage :

Quæ sacros doctrinæ aperit domus intima fontes,
Civibus exterior dividit urbis aquas.

La tour et la fontaine ont été sacrifiées lors des nouveaux alignements de ce quartier, et deux mètres plus loin on a construit une fontaine engagée dans l'angle tronqué de la maison située au coin de la rue Cuvier, et surmontée d'une belle statue en bronze, placée dans une niche magnifiquement ornementée. Aux pieds de cette statue, qui est celle d'une femme nue représentant la nature, on voit une foule d'animaux et de minéraux, de coquillages et de végétaux.

Aux n^{os} **66, 68, 70, 72** et **74** était le COLLÉGE DES BONS-ENFANTS, l'un des plus anciens colléges de Paris, dont saint Vincent de Paul fut principal et chapelain, et qui fut occupé plus tard par le SÉMINAIRE DE ST-FIRMIN, où séjourna quelque temps le célèbre réformateur Calvin. — Le séminaire de St-Firmin fut supprimé en 1790 et converti en prison ; quatre-vingt-onze prêtres y furent égorgés lors des massacres de septembre. — Les maisons portant les n°° 70, 72 et 74 ont été aliénées par l'Etat en l'an IV et en 1808 ; dans les bâtiments portant les n°° 66 et 68 on avait placé l'institution des jeunes aveugles qui a été transférée sur le boulevard des Invalides.

Entre les n°° 68 et 70, 83 et 85 était la PORTE ST-VICTOR, construite vers l'an 1200, rebâtie en 1570, et abattue en 1684.

Au n° 76 était le COLLÉGE DU CARDINAL LEMOINE, de plein exercice, fondé en 1302, par le cardinal Jean Lemoine, qui fut inhumé dans la chapelle, érigée en paroisse en 1308. — Ce collége a été supprimé en 1790, vendu par l'Etat et converti en maison particulière. Les bourses étaient au nombre de vingt-quatre, dont six petites bourses. Les boursiers recevaient une livre et demie de pain par jour ; il y avait un cuisinier établi dans le collége, pour donner aux boursiers seulement des portions à quatre sous par repas. — Ceux qui étaient pourvus de bourses devaient les garder jusqu'à ce qu'ils fussent pourvus d'un bénéfice ou d'une cure. Ils étaient astreints à faire trois ans de théologie, un an de baccalauréat, deux ans de licence et un an de doctorat.

Au n° 102 était le SÉMINAIRE ST-NICOLAS DU CHARDONNERET, fondé par A. Bourdoise, prêtre, et érigé en communauté et séminaire en 1644. Fermée en 1792, cette maison a été rendue à sa première destination comme séminaire diocésain en 1811, et autorisée par ordonnance royale du 30 octobre 1828.

La FOIRE ST-CLAIR se tenait autrefois à la St-Clair et vers le milieu de juillet tout le long de la rue St-Victor, depuis la rue des Fossés-St-Bernard jusqu'au jardin du roi, et sur la place de la Tour-d'Alexandre et de la Pitié. Cette foire, qui durait huit jours, attirait un grand concours de peuple.

Entre les rues St-Victor, Neuve-St-Etienne, des Fossés-St-Victor et des Boulangers, était le CLOS DES ARÈNES, dont il est fait mention dans un titre de l'an 1284.

Rue des Fossés-St-Victor, n° 23, était un couvent de chanoinesses régulières anglaises dit de NOTRE-DAME DE SION, supprimé en 1790, et converti en pensionnat de demoiselles administré par des religieuses anglaises. — Au XVI° siècle, BAÏF avait établi dans cette maison une académie de musique, autorisée par lettres patentes de Charles IX, qui s'en déclara le protecteur et le premier auditeur ; et ce premier essai, tenté pour l'accord de la poésie française et de la musique, a fait regarder Baïf par quelques auteurs comme le créateur de l'opéra français ; mais on attribue, avec plus de raison, la création de l'opéra français à l'abbé Perrin, auteur de la première pastorale, mise en musique par Cambert, et représentée devant Louis XIV à Vincennes en 1659. — Ronsard habitait, sous le règne de Charles IX, une petite maison située dans la rue des Fossés-St-Victor, près des murs de la ville et du collége de Boncourt. Il paraît que Baïf vint s'y établir avec lui, et qu'on y tenait à certains jours de la semaine des conférences littéraires où assistaient avec Ronsard et Baïf, du Bartas, du Bellay, de Ponthus de Thyard et Jodelle; comme ils étaient sept, cette assemblée fut appelée la Pléiade.

Aux n°s 25 et 27 était le séminaire ou COLLÉGE DES ECOSSAIS, supprimé en 1792 et devenu maison particulière. L'église, sous l'invocation de St-André, était petite, mais bien décorée : elle renfermait le monument funéraire de Jacques II, roi d'Angleterre, consistant en une urne en bronze doré élevée sur un socle en marbre.

Au n° 37 était l'HÔTEL DE VERBERIE, où s'établirent en 1628 les pères de la Doctrine chrétienne.

Rue d'Arras, n° 4, était le COLLÉGE D'ARRAS, fondé en 1330, et réuni au collége Louis-le-Grand en 1763.

Rue de Pontoise était le COUVENT DES BERNARDINS, qui y avaient un collége dirigé par des moines de Citeaux. L'église, sous l'invocation de saint Bernard, avait été construite en 1396, et passait pour un chef-d'œuvre ; elle renfermait le tombeau de Guillaume du Vair, évêque de Lisieux. Le couvent des Bernardins fut supprimé en 1790 et devint propriété nationale ; en septembre 1792, il renfermait soixante-dix malfaiteurs condamnés aux galères, qui attendaient le départ de la chaîne, et qui y furent égorgés. — Il reste encore de cet ancien couvent le réfectoire, grande salle qui a trois fois l'étendue du réfectoire de St-Martin des Champs ; moins belle et plus basse que celle de St-Martin, elle est d'un caractère peut-être plus sévère et plus accentué. Elle est divisée par une double rangée de colonnes légères en trois nefs égales. Sous ce réfectoire s'étendent des caves immenses qui suivent le plan des constructions supérieures, en ont les dimensions et sont de même partagées en trois berceaux. Au-dessus règne le dortoir. Enfin, le haut du bâtiment est un rare et bel échantillon de la charpente du xiv° siècle, époque de tout le monument. Les caves sont voûtées en pierre, à plein cintre ; mais, à cause des inondations de la Seine, il a fallu les combler à moitié. Le réfectoire est voûté en pierre, en ogive, à arêtes et à nervures qui retombent sur les colonnes ou sur des consoles sculptées. C'est le seul bâtiment conventuel du xiv° siècle qui soit à Paris ; il est en assez bonne conservation. On a approprié récemment les bâtiments de ce couvent en une caserne de sapeurs pompiers.

Quai de la Tournelle, entre les n°s 1 et 3, appuyée contre l'ancienne forteresse de la Tournelle, était la porte de la Tournelle, depuis nommée PORTE ST-BERNARD, démolie en 1670 ; en 1674, on éleva sur son emplacement une porte triomphale sur les dessins de Blondel, qui fut démolie en 1787. Au delà de la porte St-Bernard, une longue avenue plantée d'arbres s'étendait sur la rive gauche de la Seine, où elle formait une belle promenade jadis très-fréquentée en été par les grandes dames de la capitale. « Tout le monde, dit la Bruyère, connaît cette longue allée qui borde et qui resserre la Seine, du côté où elle entre à Paris avec la Marne qu'elle vient de recevoir. Les hommes s'y baignent au pied pendant les chaleurs de la canicule ; on les voit de fort près se jeter dans l'eau, on en voit sortir ; c'est un amusement. Quand cette saison n'est pas venue, les femmes de la ville ne s'y promènent pas encore ; et, quand elle est passée, elles ne s'y promènent plus. »

Au n° 3 est l'HÔTEL DE NESMOND, habité, sous le ministère du cardinal Mazarin, par le premier président au parlement de Paris DE NESMOND, qui joua un rôle assez important pendant les troubles de la Fronde. Après avoir appartenu aux ducs de Montpensier, cet hôtel était devenu la propriété du fameux danseur de l'opéra Blondi.

Au n° 5 était le COUVENT DES MIRAMIONNES OU FILLES DE STE-GENEVIÈVE, supprimé en 1790 ; on y a établi la pharmacie centrale des hospices et hôpitaux civils de Paris.

N° 48. QUARTIER DE L'OBSERVATOIRE.

Ci-devant *section de l'Observatoire.*

Les limites de ce quartier sont : le mur d'enceinte de la barrière de la Santé jusqu'à l'hospice de la Maternité, les murs de cet établissement, la rue d'Enfer n°s pairs et impairs la rue St-Dominique n°s impairs, la rue St-Jacques n°s impairs jusqu'à la rue des Fossés-St-Jacques, la rue des Fossés-St-Jacques n°s pairs, la place et la rue de la Vieille-Estrapade n°s impairs, la rue Contrescarpe n°s impairs, la rue Mouffetard n°s pairs, la rue de Lourcine n°s pairs, la rue de la Santé n°s pairs jusqu'à la barrière de ce nom. — Superficie 1,030,000 m. carrés, équivalant à 0,031 de la superficie totale de Paris.

Les monuments et établissements de ce quartier sont :

L'Eglise St-Jacques du Haut-Pas, située rue St-Jacques, entre les n°s 252 et 254. Cette église doit son nom à un ancien hôpital situé dans le voisinage (qui prit plus tard le nom d'hôpital St-Magloire), dont la chapelle fut érigée en succursale des paroisses St-Benoît, de St-Médard et de St-Hippolyte, pour les habitants des faubourgs St-Jacques et de Notre-Dame-des-Champs. L'église actuelle fut commencée en 1630 et achevée en 1684; elle renfermait le tombeau du célèbre J.-Dominique Cassini, ainsi que celui de Ph. de la Hire, de l'académie des sciences.

L'Observatoire, situé à l'extrémité de l'avenue de ce nom. Ce monument a été construit par ordre de Louis XIV, sur les dessins de C. Perrault. L'échelle en est grande et son aspect imposant; la simplicité de son ordonnance et des membres qui en forment les détails, les dimensions élevées de ses murs et de ses ouvertures, tout annonce un édifice public du premier ordre, sur une superficie de terrain néanmoins assez resserrée. La masse principale est un plan carré, auquel on a ajouté des tours octogones sur deux angles du côté du sud, et un avant-corps sur la face septentrionale. Ce carré est disposé de manière que les deux faces latérales sont parallèles et les deux autres perpendiculaires au méridien, qui en fait l'axe, et qui est tracé sur le pavé d'une grande salle au centre du bâtiment.

L'intérieur de l'observatoire est divisé en logements particuliers et en salles appropriées aux travaux astronomiques et physiques; six de ces salles ont des ouvertures qui correspondent aux différents points du ciel. Sur la plate-forme sont des cabinets pour les observations et le jeu des instruments. Au centre du bâtiment, on a pratiqué, à travers toutes les voûtes, des ouvertures d'un mètre de diamètre, qui se prolongent jusqu'au bas des caves et qui servent à mesurer les degrés d'accélération de la chute des corps, et pour la vérification des grands baromètres. — Les caves ont une profondeur égale à l'élévation de l'édifice; l'escalier qui y conduit a 360 marches. Elles servent à des expériences sur la réfrigération et la congélation des corps, et à diverses remarques sur la température de l'atmosphère.

C'est dans l'avenue de l'Observatoire que le brave des braves, le maréchal Ney, condamné à mort par la chambre des pairs, sur le réquisitoire du procureur général Bellart, fut fusillé le 7 décembre, à neuf heures vingt minutes du matin (V. Palais des pairs).

Le Val-de-Grâce, hôpital militaire situé rue St-Jacques, entre les nos 275 et 279. En 1621, les religieuses du Val-de-Grâce, abbaye située près de Bièvre-le-Châtel, transférèrent ce monastère dans l'hôtel du Petit-Bourbon de la rue St-Jacques, où elles s'installèrent le 20 septembre de la même année. Anne d'Autriche, qui avait fait vœu, si Dieu lui donnait un fils, de faire construire un temple magnifique, ayant mis au monde un fils, qui depuis fut Louis XIV, entreprit la construction de l'église du Val-de-Grâce, dont Louis XIV posa en grande cérémonie la première pierre le 1er avril 1645, et qui fut entièrement achevée en 1665. Cette église est un des édifices les plus réguliers qu'on ait élevés dans le XVIIe siècle. Le grand portail s'élève sur seize marches, et forme un portique soutenu de huit colonnes corinthiennes, isolées et accompagnées de niches. Le second ordre est formé d'ordre composite, qui se raccorde avec le premier par de grands enroulements aux deux côtés, et se termine par un fronton. Au-dessus du chœur s'élève un dôme d'une élégante proportion et d'un style gracieux, couronné par un campanile surmonté d'un paratonerre. La cour d'entrée est séparée de la rue St-Jacques par une grille de fer artistement travaillée, qui aboutit de chaque côté à un pavillon carré. — L'intérieur offre une nef, séparée des bas côtés par des arcades et des pilastres d'ordre corinthien cannelés. La voûte est chargée de bas-reliefs, et l'on y remarque six médaillons représentant les têtes de la Vierge, de saint Joseph, de sainte Anne, de saint Joachim, de sainte Elisabeth et de saint Zacharie. Sous le dôme, d'élégants pilastres encadrent sept chapelles, dont quatre petites portent chacun sur leur fronton une tribune richement dorée. Le principal autel est couronné par un baldaquin magnifique, supporté par six colonnes torses de marbre noir, d'ordre composite, dont les bases et les chapiteaux sont de bronze doré. Le sol de l'église est couvert de marbre de couleurs variées, représentant sous le dôme une véritable mosaïque avec le chiffre d'Anne d'Autriche en marbre blanc.

La coupe du dôme, peinte par Mignard, est le plus grand morceau à fresque qu'il y ait en Europe ; il représente le séjour des bienheureux, et se compose de deux cents figures, dont les plus grandes ont 5 m. 30 c. à 5 m. 60 c. de haut.

Derrière le maître-autel, on remarque la chapelle du St-Sacrement, terminée en coupole, où Philippe de Champagne et son neveu ont représenté le Christ entouré d'anges et tenant une hostie à la main ; à droite de la chapelle du St-Sacrement est la chapelle du chœur des religieuses; à gauche est la chapelle Ste-Anne, destinée autrefois à recevoir le cœur des membres de la famille royale.

L'abbaye du Val-de-Grâce fut supprimée en 1790. Après le départ des religieuses, l'hospice de la Maternité y fut installé et y resta jusqu'en 1793, époque où la convention affecta les bâtiments de ce monastère à un hôpital militaire.

L'institution des Sourds-Muets, situé rue St-Jacques, n°s 254, 256 et 258. Cet établissement occupe l'emplacement de l'ancienne abbaye de St-Magloire, qui avait remplacé en 1572 les hospitaliers de St-Jacques du Haut-Pas, et qui fut transformée en 1618 en un séminaire, dont la direction fut donnée aux pères de l'Oratoire. — L'institution des Sourds-Muets est due à l'abbé de l'Epée, et remonte à 1774, époque où cet estimable philanthrope entreprit de perfectionner le langage mimique et de le faire servir au développement intellectuel des sourds-muets et à l'interprétation des mots. La première école fut établie en

1785 dans le couvent des Célestins, où mourut l'abbé de l'Epée en 1789. L'année suivante, l'institution fut transférée par une loi dans les bâtiments de l'ancien séminaire St-Magloire, qui ont été entièrement reconstruits et appropriés à leur destination actuelle en 1823. — Le nombre des élèves instruits gratuitement est de quatre-vingts; celui des pensionnaires payants est illimité.

L'école de pharmacie, située rue de l'Arbalète, n° 13. Elle occupe l'emplacement d'un hôpital fondé en 1576 pour un certain nombre d'orphelins, qui étaient instruits pour préparer, fournir et administrer gratuitement toutes sortes de médicaments et remèdes convenables aux pauvres honteux de la ville de Paris. Plus tard, cet établissement subit plusieurs transformations; le jardin, destiné à la culture des plantes médicinales, et la maison qui en dépendait, furent adjugés en 1626 à la communauté des apothicaires. Aujourd'hui il se compose de l'école de pharmacie, qui renferme une belle collection de minéralogie, et d'un vaste jardin de botanique, où les plantes sont classées d'après la méthode de Tournefort, ouvert au public tous les jours non fériés de dix à quatre heures.

L'hospice de la Maternité, située rue de la Bourbe, n° 3. Il occupe l'emplacement d'un ancien monastère de bernardines réformées, provenant d'un démembrement de la fameuse abbaye de PORT-ROYAL DES CHAMPS, établi à Paris dans l'ancien hôtel de Clugny en 1625. Cette abbaye fut supprimée en 1790, et convertie en prison en 1792, sous le nom de *Port-Libre* ou de la Bourbe. Plus de six cents personnes des deux sexes y furent renfermées à la fois. Là on vit paraître et disparaître les fermiers généraux, M. de Malesherbes et sa famille, de Crosne fils, Sombreuil et sa fille, le baron de Marguerite, Châteaugiron, Laval-Montmorency, le comte de Thyard, Lecoulteux de Canteleu, le député Robin, l'acteur Fleury et Mme Devienne, sa camarade, etc., etc. L'institution de la Maternité y fut établie en 1802; l'hospice d'accouchement date de 1814. Dans cet hospice sont admises journellement un grand nombre de filles ou de femmes séduites, et là vient s'achever douloureusement plus d'un roman commencé au sein des plus douces illusions (cinq cent vingt-cinq lits). L'église fut achevée en 1648. Marie-Angélique de Scoraille de Roussille, duchesse de Fontange, maîtresse de Louis XIV, morte à l'âge de vingt-deux ans, a été enterrée dans cette église en 1681. — C'est à l'hospice de la Maternité que fut porté le corps du maréchal Ney, le 7 décembre 1815.

L'hospice du Midi, situé rue des Capucins, n° 39. Cet hospice a été fondé par Godefroy de la Tour, en 1613, dans l'ancien couvent des Capucins, transférés en 1783 rue Ste-Croix-d'Antin. Il renferme six cent cinquante lits, et reçoit près de trois mille malades par an. Attenant est une maison destinée aux vénériens qui payent pour être traités à un prix modique. Dans le xviie siècle, et même au commencement du xviiie siècle, on envoyait les vénériens à Bicêtre, où un lit en contenait quatre ; une partie couchait par terre, depuis huit heures du soir jusqu'à une heure du matin ; ceux-ci faisaient lever les malades couchés et les remplaçaient ; il était en outre ordonné que les malheureux atteints du vice syphilitique seraient fustigés avant et après leur traitement.

VARIÉTÉS HISTORIQUES ET BIOGRAPHIQUES.

Rue de l'Arbalète, n° 24, était le COUVENT DES FILLES DE LA PROVIDENCE, supprimé en 1790 et devenu propriété particulière. — En face de ce couvent était celui des FILLES DE STE-AGATHE OU DU SILENCE, supprimé en 1733.

Au n° 26 est le COUVENT DES DAMES AUGUSTINES, dites du SACRÉ-CŒUR DE MARIE, maison de santé pour les dames infirmes, de retraite pour les dames veuves et demoiselles âgées, et d'éducation pour les jeunes demoiselles.

Au coin de la rue de l'Arbalète et de la rue supprimée des Marionnettes était la COUR ST-BENOÎT, enclos privilégié où les artisans qui n'étaient pas maîtres pouvaient travailler sans être inquiétés par les jurés des métiers de la ville.

Rue Neuve-Ste-Geneviève, n° 12, était l'ancienne COMMUNAUTÉ DE STE-AURE, fondée vers la fin du xviie siècle pour retirer plusieurs jeunes filles que la misère avait conduites au libertinage. Une partie des bâtiments de cette communauté, qui occupait les nos 12, 14, 16, 18 et 20 de la rue Neuve-Ste-Geneviève, est aujourd'hui occupée par la CONGRÉGATION DES DAMES BÉNÉDICTINES DE L'ADORATION PERPÉTUELLE DU ST-SACREMENT, dont la maison principale est rue du Temple, ancien local du Temple.

Au n° 25 est la CONGRÉGATION DES DAMES DE LA MISÉRICORDE, pensionnat pour l'éducation des jeunes demoiselles.

Rue des Postes, n° 6, est le COUVENT DE LA MADELEINE, fondé en 1817 pour retirer des filles repenties qui veulent se faire religieuses.

Au n° 20 était la CONGRÉGATION DES EUDISTES, prêtres destinés à diriger des missionnaires et à faire des missions, et où les ecclésiastiques qui venaient faire quelque séjour à Paris trouvaient, pour un prix modique, un logement convenable. La communauté des Eudistes a été supprimée en 1790. Leur maison, à laquelle on a réuni le n° 18, est occupée aujourd'hui par des religieuses de la VISITATION DE STE-MARIE.

Au n° 22 était le SÉMINAIRE DES ANGLAIS, fondé en 1684 et supprimé en 1790.

Aux n°ˢ 24 et 26 était situé le SÉMINAIRE DU ST-ESPRIT, communauté fondée en 1703 pour former à l'état ecclésiastique des jeunes gens peu fortunés, qui devaient renoncer à toute dignité supérieure de l'Église, et qui devaient se contenter de servir comme prêtres dans les hôpitaux et les paroisses les plus pauvres ; une partie se consacrait aux missions hors du royaume. Supprimé en 1790, rétabli en 1805, supprimé de nouveau en 1811, et réorganisé par ordonnance royale du 3 février 1816, le séminaire du St-Esprit s'établit rue Notre-Dame des Champs, n° 15. En 1819, les pères rachetèrent leur ancienne maison de la rue des Postes, occupée jusque-là par l'école normale, et vinrent en prendre possession en 1823. — Les bâtiments du séminaire du St-Esprit furent exécutés, ainsi que la chapelle, sur les dessins de Chalgrin. La façade extérieure offre, au-dessus de la porte d'entrée de la chapelle, un bas-relief de Duret représentant des missionnaires qui instruisent des nègres. — Le père LORIQUET, ancien supérieur de la maison des jésuites de St-Acheul, est mort dans cette maison en 1845.

Au n° 34 était le COUVENT DE LA PRÉSENTATION DE NOTRE-DAME, établi en 1671 et supprimé en 1790. Les bâtiments sont occupés aujourd'hui par le COLLÉGE ROLLIN, fondé en 1816 par l'abbé Nicole et par d'autres anciens élèves ou professeurs du collége Ste-Barbe.

Aux n°ˢ 38 et 40 était le COUVENT DES FILLES DE ST-MICHEL ou de NOTRE-DAME DE CHARITÉ, établi en 1724 pour recevoir des filles repenties qui se présentaient volontairement ou qu'on y recevait par ordre supérieur. Cette communauté a été supprimée en 1790, et la maison vendue comme propriété nationale.

Impasse des Vignes, n° 1 (rue des Postes), est une succursale de la CONGRÉGATION DES DAMES DE ST-MAUR, maison d'éducation pour les filles et école gratuite des pauvres du quartier.

Au n° 3 est le COUVENT DES DAMES HOSPITALIÈRES DE ST-THOMAS DE VILLENEUVE, où ont été établies les jeunes orphelines du choléra.

Rue St-Jacques, n° 45, est l'HOSPICE COCHIN, fondé en 1779 par J.-D. Cochin, curé de St-Jacques du Haut-Pas, pour trente-huit malades, et dont le nombre peut être porté aujourd'hui à cent trente-cinq.

Aux n°ˢ 193 et 195 est l'ancien COUVENT DES RELIGIEUSES DE LA VISITATION DE STE-MARIE, fondé en 1623, supprimé et vendu en 1790. Les bâtiments sont occupés aujourd'hui par la COMMUNAUTÉ DES DAMES DU REFUGE, dites DE ST-MICHEL, fondée dans le but d'ouvrir dans les grandes villes un asile convenable aux personnes du sexe qui, après quelques écarts, voudraient revenir aux bonnes mœurs, et un asile aux jeunes personnes dont l'innocence se trouve exposée. Cet établissement reçoit du gouvernement un secours annuel de quinze mille francs.

Au n° 269 était le COUVENT DES BÉNÉDICTINS ANGLAIS, établi en ce lieu en 1640, supprimé en 1790, et vendu comme propriété nationale en l'an VII. L'église avait été achevée en 1677 ; en face de la porte d'entrée, dans un enfoncement grillé, était le corps de JACQUES II, roi d'Angleterre, mort en 1701, et de sa fille, LOUISE-MARIE STUART, décédée en 1717.

Impasse des Feuillantines, n° 12 (rue St-Jacques), était le COUVENT DES FEUILLANTINES, établi en ce lieu par la reine Anne d'Autriche en 1622, et supprimé en 1790.

A l'extrémité de la rue St-Jacques est la BARRIÈRE D'ARCUEIL, où se font actuellement les exécutions capitales depuis la révolution de 1830 ; c'est là que furent exécutés Fieschi, Pepin, Morey, Alibaud et plusieurs autres moins connus. Du reste, cet emplacement a presque toujours eu quelque chose de lugubre ; il servait, au milieu du XVIe siècle, de repaire à des voleurs, et plus loin se trouve l'ouverture des catacombes.

Rue d'Enfer, n° 8, était le SÉMINAIRE DE ST-PIERRE ET DE ST-LOUIS, supprimé en 1790, et dont les bâtiments servent de caserne aux vétérans de la chambre des pairs. L'église a été convertie en usine à gaz pour l'éclairage du quartier.

Au n° 20 demeurait et est mort M. ROYER-COLLARD, membre de l'Institut. Avocat au parlement de Paris, il avait embrassé en 1789 les principes de liberté qui dominaient alors ; mais, attaché à la famille des Bourbons, il s'opposa à l'établissement des institutions républicaines. Député au conseil des cinq cents, il se réunit aux royalistes de l'assemblée, qui, sous le prétexte d'attaquer les abus et de maintenir la constitution, ne cherchaient réellement qu'à rétablir la monarchie des Bourbons. Son élection ayant été annulée au 18 fructidor, il devint aussitôt membre du conseil que Louis XVIII avait institué en France, et qui se composait du marquis de Clermont-Gallerande, de l'abbé de Montesquiou, de MM. Becquey et Guillaume Cuvier. Sous l'empire, M. Royer-Collard fut nommé doyen de la faculté des lettres et professeur d'histoire de philosophie moderne. A la restauration, il devint directeur général de l'imprimerie et conseiller d'Etat. Pendant les cent jours, il ne conserva que son titre de professeur, avec lequel il cumulait cependant celui de correspondant de Louis XVIII. Il a été pendant trois sessions président de la chambre des députés.

Au n° 34 est l'HÔTEL DE VENDÔME, dont les principaux appartements ont vue sur le jardin du Luxembourg.

Au n° 45 était le COUVENT DES FEUILLANTS, construit en 1633 et supprimé en 1790.

Au n° 46 est le JARDIN DE BOTANIQUE médicale de l'école de médecine, créé en 1835 dans la partie orientale de la pépinière du Luxembourg.

Au n° 54 est l'ÉCOLE DES MINES.

Au n° 67 était le COUVENT DES DAMES CARMÉLITES, bâti, à ce que l'on présume, sur l'emplacement d'un ancien temple de Mercure, en 1604, supprimé en 1790, et dont une partie des bâtiments sont aujourd'hui affectés à une nouvelle congrégation de dames carmélites. L'église, qui a été démolie, était décorée de six magnifiques tableaux de Philippe de Champagne, de six beaux tableaux de J. Stella, et d'une superbe Salutation angélique du Guide; deux des chapelles offraient de belles peintures de Lebrun; une autre chapelle renfermait la statue à genoux du cardinal de Berulle, par Sarazin; les chapelles de la Vierge et de St-Joseph avaient été peintes par Philippe de Champagne. — La DUCHESSE DE LA VALIÈRE, cette petite violette qui se cachait sous l'herbe, et qui était honteuse d'être maîtresse du roi, d'être mère et d'être duchesse, quitta la cour de Louis XIV et se retira dans le couvent des Carmélites à l'âge de trente et un ans, et s'y soumit, sous le nom de Louise de la Miséricorde, à toutes les austérités de la règle. Elle fut enterrée dans l'église en 1710, ainsi que l'historien Varillas, le duc de Montausier et la belle Julie d'Angennes, son épouse.

Au n° 74 est l'HOSPICE DES ENFANTS-TROUVÉS, destiné à la réception, à l'allaitement et au placement à la campagne des enfants abandonnés. — En 1640, le pieux Vincent de Paul recueillit trois cent douze enfants délaissés, intéressa en leur faveur la sensibilité des mères opulentes, fonda un hospice pour recevoir ces enfants, et institua les sœurs de la Charité pour le desservir. L'évêque et le chapitre de Notre-Dame donnèrent les premiers l'exemple de pourvoir à l'établissement d'un asile pour les enfants trouvés; ils destinèrent à cet usage deux maisons situées au bas du port St-Landry, qu'on nomma la Couche, et dans la cathédrale même on plaça un espèce de berceau où l'on mettait ces enfants, pour exciter la pitié et la libéralité des fidèles. Le nombre de ces enfants ayant considérablement augmenté, et les deux maisons ne suffisant point pour les loger, la reine Anne d'Autriche donna le château de Bicêtre, où ils furent transférés. L'air de ce château s'étant trouvé trop vif, on ramena ces enfants au faubourg St-Denis, où les filles de la Charité en prirent soin. En 1669, on construisit au faubourg St-Antoine pour les enfants trouvés un vaste hospice, dont la reine Marie-Thérèse d'Autriche posa la première pierre. L'année suivante fut construit, sur la place du Parvis-Notre-Dame, un hospice destiné à servir de succursale à celui du faubourg St-Antoine. Plus tard, l'hospice des Enfants-Trouvés a été transféré rue d'Enfer et rue de la Bourbe (sept cents lits).

Au n° 83 est une succursale de la maison des dames hospitalières de St-Thomas de Villeneuve, dite du BON-PASTEUR.

Au n° 86 est l'INFIRMERIE DE MARIE-THÉRÈSE, fondée en 1819 par la duchesse d'Angoulême et par le vicomte et la vicomtesse de Châteaubriand, pour les prêtres âgés ou infirmes (trente-deux lits).

Rue des Irlandais, n° 3, était le SÉMINAIRE DES IRLANDAIS, fondé en 1672, supprimé en 1790, et rétabli en l'an XI sous le nom de collége des Irlandais.

FIN DU DOUZIÈME ARRONDISSEMENT ET DU QUARANTE-HUITIÈME QUARTIER.

BIOGRAPHIE DE PARIS.

Paris est le lieu de naissance d'un grand nombre de personnages célèbres, dont les plus marquants peuvent être classés ainsi :

Administrateurs.

Argenson (le m^{is} Voyer d'), préfet des Deux-Nèthes sous l'empire.
Debelleyme (L.-M.), préfet de police sous la restauration.
Delaitre (le comte), préfet de l'Eure sous la restauration.
Lavalette (le comte de), dir. gén. des postes pendant les cent jours.
Masson de St-Amand, préfet et littérateur.
Romieu (Aug.), préfet de la Dordogne et littérateur.
Méchin (le baron), préfet des Landes, de la Roër, de l'Aisne, du Calvados, d'Ille-et-Vilaine, de l'Oise, etc.
Lenoir, lieutenant de police sous l'ancien régime.
Dubois, préfet de police sous l'empire.
Didelot, ambassadeur, préfet du Cher et de la Dordogne.
Destouches (le b^{on} Hersent), préfet d'Indre-et-L. sous la restaurat.
De Brosses (le comte), préfet de la Loire-Inf., du Doubs et du Rhône.

Agronomes.

Audoin de Géronval (Maurice-Ernest).
Morel-Vindé (Charles-Gilb. vicomte de), et littérateur.

Antiquaires.

Allon (Charles-Nicolas).
Caylus (le comte de).
Clarac (le comte de).
Coquebert de Montbret (le baron), et bibliographe, de l'Institut.
Fauchet (Cl.).
Gault de St-Germain (P.-Marie).
Lesas (Philippe), et littérateur, membre de l'Institut.
Lenoir (Alex.), créateur du musée de sculpture des Petits-Augustins.
Petit-Radel (L.-Ch.-F.).
Quatremère de Quincy, membre de l'Institut.
St-Non (Jean-Claude Richard de).
Silvestre de Sacy (le baron Antoine-Isaac).
Turpin de Crissé (le comte Lancelot-Théodore).

Architectes.

CHALGRIN.
DEBRET, de l'Institut.
GOULET.
HEURTIER.
HUYOT, de l'Institut.
FOURNIER (N.), antiquaire et littérateur.
LEBAS (Hipp.), de l'Institut.
LECLÈRE (Ach.), de l'Institut.
LEGRAND.
MANSARD (Fr.).
MANSARD (J.-H.).
LE NOTRE.
PATTE.
PERRAULT (Cl.).
PEYRE (Ant.-Fr.).
PEYRE (Jos.).
RENARD.
ROBERT COTTE.
TOUSSAINT.
VAUDOYER, de l'Institut.
VIEL (Ch.-Fr.).
WAILLY (Ch. DE),

Artistes dramatiques.

ARNOULD (Sophie), de l'Opéra.
BOURGOIN (Mlle), actrice du Théâtre-Français.
BRANCHU (Mme), célèbre cantatrice de l'Opéra.
BRUNET (MIRA, dit), célèbre acteur comique.
CAILLOT, de la Comédie-Italienne.
CHAMPMESLÉ (C. CHEVILLET DE), et auteur dramatique.
CONTAT (Emilie), du Théâtre-Français.
CONTAT (Louise), actrice du Théâtre-Français.
CHAMEROY (Mlle), célèbre danseuse de l'Opéra.
DESBROSSES (Mlle), de l'Opéra-Comique.
DUMESNIL (Marie-Fr.), de la Comédie-Française.
GAVAUDAN (Mme), de l'Opéra-Comique.
GUIMARD (Mlle), célèbre danseuse de l'Opéra.
GRANDMESNIL, acteur du Théâtre-Français, membre de l'Institut.
JUILLET, de l'Opéra-Comique.
LEKAIN, célèbre acteur tragique.
LA CHASSAIGNE (Mlle), de la Comédie-Française.
LEVERD (Mlle), du Théâtre-Français.
MALIBRAN (Mme), célèbre cantatrice.

Michot, du Théâtre-Français.
Mars (Mlle), inimitable actrice du Théâtre-Français, dont elle a fait les délices pendant près de cinquante ans.
Martin, célèbre acteur de l'Opéra-Comique, qui a conservé la réputation du plus habile chanteur qui ait été entendu à ce théâtre.
Firmin, du Théâtre-Français.
Fœdor-Mainvielle (Mme), célèbre cantatrice.
Molé (F.-René), célèbre comédien.
Nourrit, célèbre chanteur de l'Opéra.
Potier, célèbre acteur comique.
Préville (P.-L. Dubus, dit), le plus grand acteur comique dont s'enorgueillisse la scène française.
St-Aubin (Mme), de la Comédie-Italienne et de l'Opéra-Comique.
St-Prix, du Théâtre-Français.
Talma, célèbre tragédien, la gloire du Théâtre-Français.
Vestris Allard, fameux danseur de l'Opéra.
Volnais (Mlle), du Théâtre-Français.

Assassins et grands criminels.

Cartouche, célèbre voleur, rompu vif en 1721.
Jean Chatel, assassin de Henri IV.

Astronomes.

Biot (J.-B.), et physicien, membre de l'Institut.
Cassini, de l'académie des sciences.
Cassini (le comte de), fils du savant de ce nom.
Condamine (la), de l'académie des sciences.
Delambre, de l'académie des sciences.
Jeaurat.
Lemonnier (P.-C.).
Pingré.

Auteurs dramatiques.

Arnault (Ant.-Vinc.), et littérateur, membre de l'Institut.
Barré (P.-Yon).
Beaumarchais (P.-Aug. Caron de).
Brazier (P.), et chansonnier.
Carmontel, inventeur des petites pièces connues sous le nom de *proverbes dramatiques*, mort de misère en 1806.
La Chaussée (P.-Ch. Hivelle de).
Coupart.
Crébillon (Cl.-Prosp. Jolyot de).
Creuzé de Lesser (le baron Aug.), et littérateur.
Dancourt, et acteur dramatique.
Desforges, et romancier.

Despréaux (J.-E.), et chansonnier.
Dubois (J.-B.).
Du Fresny (Ch. Rivière).
Dupeuty.
Dupin (J.-H.).
Favart (Ch.-Sim.), et artiste dramatique.
Favart (Ch.-Nic.-Just.).
Gentil de Chavagnac.
Guillemain.
Jodelle.
Laujon, et chansonnier, de l'Institut.
Léger (l'abbé), et artiste dramatique.
Legouvé, et poëte, de l'Institut.
Lemercier, et poëte, de l'Institut.
Lourdet de Santerre.
Marivaux, et romancier.
Marsollier des Vivetières.
Mazères.
Mélesville.
Mercier (Louis-Sébastien), et moraliste, de l'Institut.
Molière (J.-Bapt. Poquelin), et artiste dramatique.
Moncrif (Pr.-Augustin, Paradis de).
Pain (Jos.).
Perin (René).
Picard, et romancier.
Piis, et chansonnier.
Poirson (Charles-Gaspard).
Regnard (Jean-François).
Rigaud (Ant.-Fr.).
Rochon de Chabannes.
Scribe (Eug.), de l'Institut.
Sedaine (Michel-Jean).
Vander-Burch (Emile-Louis).
Varner (Antoine-François).
Vial (J.-A.).

Avocats et jurisconsultes.

Agier (P.-J.), jurisconsulte.
Bellart (Nic.-Fr. de), procureur général.
Berriat St-Paix, de l'Institut, jurisconsulte.
Berryer, avocat.
Billecoq, avocat.
Bouchaud, jurisconsulte et littérateur.
Carré (P.-L.), jurisconsulte.

Delvincourt, professeur de droit.
Eprémesnil (Duval d'), conseiller au parlement de Paris.
Lacroix (P.-F. de), jurisconsulte.
Molé (Matth.), premier président au parlement de Paris.
Patru (Olivier), avocat.
Renouard (Ch.-Aug.), avocat.
Séguier (le baron), premier président de la cour royale de Paris, de l'Académie française.
Target, député aux états généraux, de l'Institut.
Tripier, avocat et jurisconsulte.
Tronchet, l'un des défenseurs de Louis XVI, jurisconsulte.

Bibliographes et bibliophiles.

Barbier (Louis-Nicolas).
Beuchot (Adr.-J.-Quentin).
Bossu (le), et critique.
Boulard, bibliophile.
Brunet (J.-Ch.).
Debure (Guill.).
Debure (Guill.-Fr.).
Fournier (Fr.-Ign.).
Fournier (P.-Sim.).
Lelong (Jacques).
Montmerqué, bibliophile, de l'Institut.
Naudé (Gabriel).
Née de la Rochelle (J.-Fr.), et littérateur.
Renouard.

Botanistes.

Bosc (Guill.).
Chomel (J.-B.).
Jussieu (Adrien), de l'Institut.
Lemonnier.
L'Héritier de Brutelle.
Mirbel, de l'Institut.
Richard, de l'Institut.
Thouin (André), de l'Institut.

Cardinaux, archevêques, etc.

Desbois de Rochefort (E.-M.), évêque constitutionnel de la Somme.
Luzerne (le duc de la), cardinal, évêque de Langres.
Paris (le diacre), convulsionnaire mort en 1727.
Quélen (le comte L. de), archevêque de Paris.
Rancé (l'abbé Jean de), fondateur de la Trappe.
Talleyrand-Périgord, archevêque de Paris.

Chimistes.

Beudant (F.-S.).
Bouillon-Lagrange (E.-J.-B.).
Boussingault, de l'Institut.
Cadet de Gassicourt (le chev. Ch.-L.).
Cadet de Vaux (Ant.-Alex.).
Darcet, de l'Institut.
Deyeux, et célèbre pharmacien.
Fourcroy, de l'Institut.
Lavoisier, illustre savant, mort sur l'échafaud révol. le 8 mai 1794.
Payen, de l'Institut.
Pelletier, auteur de la découverte de la quinine.
Sage, créateur du cab. de minéralogie de l'hôtel des monnaies de Paris.

Chorégraphes.

Noverre (Jean-Georges).

Compositeurs de musique.

Berton, de l'Institut.
Clérambault.
Coupigny (Fr. de), fécond auteur de romances.
Halevy (J.-Frumental), de l'Institut.
Hérold.
Lebrun (L.-Séb.).
Laborde (J.-B. de), et littérateur.
Pradher.

Conventionnels.

Aubry, membre du comité de salut public.
Camus (A.-G.), de l'Institut.
Duport (Adrien), connu par son beau travail sur l'organisation du pouvoir judiciaire.
Duhem.
Fréron (Stanislas).
Hérault de Séchellés, mort sur l'échafaud révol. le 5 avril 1794.
Legendre, du conseil des cinq cents, mort en 1797, à l'âge de quarante et un ans, léguant « son corps à la faculté de médecine, afin d'être encore utile aux hommes après sa mort. »
Lepelletier de St-Fargeau, assassiné le 20 janvier 1793.
Louvet de Couvray, littérateur, membre de l'assemblée législative.
Roux (Jacques), ex-prêtre et fougueux révolutionnaire, membre de la commune de Paris au 10 août, et chargé par elle de conduire Louis XVI à l'échafaud. Condamné à mort par le tribunal révolutionnaire le 15 janvier 1794, Roux se frappa de cinq coups de couteau et fut transporté couvert de sang à Bicêtre, où il expira.

QUINETTE (le baron), de l'assemblée législative, mort en exil en 1821.
TALLIEN, mort à Paris, le 16 novembre 1820.
VILLETTE (le marquis DE).

Diplomates.

CHOISEUL-GOUFFIER (le comte), ambassadeur à Constantinople, auteur du grand et magnifique ouvrage du *Voyage en Grèce*.
CHAUMETTE-DESFOSSÉS, consul.
CHAUVELIN (le marquis DE), ambassadeur en Angleterre, membre du tribunat, préfet et député.
GOUY-D'ARSY (le marquis DE), mort sur l'échafaud révolutionnaire le 23 juillet 1794.
FAIN (le baron A.-J.-F.).
HENNIN, auteur du *Journal d'un voyage à Constantinople*.
LA CHATRE (le duc DE), ambassadeur en Angleterre en 1815.
LUZERNE (César DE LA).
TALLEYRAND-PÉRIGORD (Ch.-Maurice DE), prince de Bénévent, archi-chancelier de l'empire français.

Économistes.

AUFFRAY (J.).
BENOISTON DE CHATEAUNEUF, de l'Institut.
DUPONT DE NEMOURS, de l'Institut.
PEUCHET (J.), et statisticien.
ST-SIMON (le comte DE), l'un des plus hardis novateurs du xixe siècle.
VILLERMÉ (L.-R.), de l'Institut.

Femmes célèbres.

ADANSON (Mlle Aglaé), botaniste.
BAWR (Mme la comtesse DE), romancière.
BEAUHARNAIS (la comtesse Fanny), poète et romancière.
BOIS-BÉRENGER (la m{lle} DE), un des plus parfaits modèles d'amour filial.
CAMPAN (Mme), littérateur.
DESHOUILLÈRES (Mme), poète.
DUFRESNOY (Mme), poète, rivale de Bertin et digne émule de Parny.
GACON-DUFOUR (Mme), romancière.
GAY (Mme Sophie), romancière.
GUÉNARD (Mme), baronne de Méré, féconde romancière.
HAUTPOUL (la comtesse D'), l'une des femmes auteurs qui ont le plus marqué dans notre siècle, par le nombre et la variété de leurs ouvrages.
KERALIO-ROBERT (Mme), romancière.
LEBRUN (Mme), célèbre peintre de portraits, l'une des femmes artistes qui aient joui de la célébrité la mieux méritée.
LESCOT (Mme HAUDEBOURG-), peintre d'histoire.

Lussan (Mlle Marguerite de), romancière.
Lambert (marquise de), littérateur et moraliste.
Montpensier (A.-M.-Louise d'Orléans, duchesse de), littérateur.
Ninon de l'Enclos, l'une des plus belles et des plus spirituelles femmes de son temps.
Renneville (Mme de), qui a consacré un fécond talent à l'instruction de l'enfance.
Riccoboni (Mme), l'une des femmes auteurs les plus distinguées du xviiie siècle.
Rolland (Mme), épouse du ministre de ce nom, morte sur l'échafaud révolutionnaire le 8 novembre 1793.
Souza (Adèle Filleul), romancière.
Simons-Candeille (Mme), romancière et auteur dramatique.
Stael-Holstein (Mme de), auteur célèbre de *Corinne*, des *Considérations sur la révolution française*, de *l'Allemagne*, etc.
Ségalas (Mlle Anaïs), poëte élégiaque, l'une des muses les plus distinguées du xixe siècle.

Géographes.

Anville (J.-B. Bourguignon d').
Barbié du Boccage (le chev. J.-Denis).
Bellin (Jacq.-Nic.).
Buache (Ph.).
Coquebert de Montbret (le baron), et géologue, membre de l'Institut.
Delacroix (Jacques-Vincent).
Delamarche (Cl.-Fr.).
Delisle (Guill.).
Herbin (Aug.-Fr.-Jul.).
Lacroix (l'abbé Louis-Ant.-Nicolle de).
Mentelle (Edme).
Robert de Vaugondy.

Géologues.

Brongniart (Alexandre), de l'Institut.
Héron de Villefosse, de l'Institut.

Généraux. — Voyez Maréchaux, etc.

Grammairiens et lexicographes.

Boiste, littérateur et lexicographe, auteur du *Dictionnaire universel de la langue française* qui porte son nom.
Boniface, grammairien.
Dangeau (l'abbé).
Lhomond, latiniste.

Patin, latiniste, de l'Institut.
Salverte (Eusèbe), savant polygraphe.
Wailly (Alfred), lexicographe.

Graveurs.

Basan (P.-Fr.).
Bervic.
Cochin.
Desnoyers (le baron Boucher), de l'Institut.
Massard.
Moreau jeune.
Picart (Bernard).
Ponce (Nicolas).
Richomme, de l'Institut.
Samuel Bernard.
Tardieu, de l'Institut.

Hébraïsants.

Anquetil-Duperron.
Houbigant (le P. Ch.-Fr.).

Hellénistes.

Achaintre.
Barthélemy St-Hilaire (Jules), de l'Institut.
Boissonnade, de l'Institut.
Burnouf père, de l'Institut.
Courier de Méré (Paul-Louis), et célèbre pamphlétaire.
Gail. (J.-B.).
Laporte du Theil, de l'Institut.
Leclerc (Victor), de l'Institut.
Littré, de l'Institut.
Planche (Jean-Baptiste).
Vauvilliers.

Historiens.

Ameilhon (P.), de l'Institut.
Anquetil (L.-P.).
Arnaud d'Andilly.
Artaud de Montor (le chev.), de l'Institut.
Beau (le).
Breul (Jacques du), historien de Paris.
Brice (Germain), auteur d'une description de Paris.
Corrozet (Gilles), premier historien de Paris.
Crevier (J.-B.-L.).
Denis (Alphonse), et littérateur.

Durozoir (Ch.).
Estoile (Pierre de l'), de l'Académie française.
Fabre (le P. Ch.).
Félibien (J.-Fr.).
Fleury (l'abbé Cl.).
Fréret (Nic.).
Halde (du), et géographe.
Menault (Ch.), et chronologiste.
Naudet, de l'Institut.
Norvins (J.-M. Montbreton de).
Petit-Radel (Louis-Charles-François).
Rollin (Charles).
Ségur (le comte Louis-Philippe de), de l'Institut.
Sylvain Maréchal, et antiquaire.
Thou (le président Jacques-Auguste de).
Vitet (Louis).

Ingénieurs.

Bralle (F.-J.).
Cauchy, de l'Institut.
Girard.

Journalistes et publicistes.

Audouin.
Barrière (Jean-François).
Bert, et littérateur.
Bertin l'aîné, fondateur du *Journal des Débats*.
Cauchois-Lemaire (L.-Aug.-F.).
Chaussard (P. de), secrétaire du comité de salut public.
Cormenin (le vicomte de), publiciste et pamphlétaire.
Fiévée.
Jullien de Paris, fondateur de la *Revue encyclopédique*.
Lally-Tollendal (le marquis de), publiciste.
Maton de la Varenne, publiciste.
Mely-Janin.
Renaudot (l'abbé Eusèbe).
St-Marc-Girardin, et littérateur.
Tocqueville (de), publiciste, de l'Institut.

Littérateurs et critiques.

Arnaud (F.-Th.-Mar. de Baculard d'), littérateur.
Aubert de Vitry (F.-J.-Ph.).
Auger (L.-S.), de l'Institut.
Bast (Louis-Amédée).
Béquet (Etienne), et critique.

CARACCIOLI (L.-Ant. DE).
CHABEAUSSIÈRE (POISSON DE LA).
CHASTELLUX (le marquis Fr.-Jean).
CHOISEUL-DAILLECOURT (le comte DE), de l'Institut.
DELRIEU (J.-B.).
DENIS (Ferdinand), auteur d'un ouvrage remarquable sur le Brésil, etc.
DENNE-BARON, et poëte.
DESCHAMPS (Jean-Marie), et chansonnier.
DIXMERIE (DE LA).
DUPRÉ DE ST-MAUR,
DUSSAULT (Jean-Jos.), publiciste et critique.
DUTRAMBLAY (le baron), fabuliste.
FAYOLLE.
GÉRARD (le chanoine), écrivain moraliste.
GRIMOD DE LA REYNIÈRE, et gastronome.
HALEVY (Léon).
HOUDETOT (le comte), pair de France, de l'Institut.
LABORDE (le comte Alex.-Louis-Jos. DE).
LACOMBE (J.).
LACROIX (Paul).
LAHARPE (Jean-Franç. DE), et critique.
LAURAGUAIS (le comte DE), et philanthrope.
LEFEBVRE DE ST-MARC (Ch. LENGUET).
LOÈVE-VEIMARS.
LUYNES (duc DE), de l'Institut.
MALO (Charles).
MARSY (SAUTEREAU DE).
MÉRARD DE ST-JUST (Simon-Pierre).
MICHELET, de l'Institut.
NAIGEON (J.-A.).
NIVERNAIS (le duc DE), de l'Académie française.
NICERON (J.-P.).
POUGENS (Charles).
RAISSON (Horace).
SÉNANCOUR (Etienne-Pierre DE).
VIGÉE.
VILLEMAIN D'ABANCOURT.
VILLEMAREST.

Maréchaux et généraux.

AUGEREAU, maréchal de France.
BARAGUAY D'HILLIERS, lieutenant général.
BARBANTANE PUJET, général.
BARDIN (le baron Etienne-Alexandre), lieutenant général.

Beaufort de Thorigny, lieutenant général.
Beauharnais (le prince Eugène).
Boivin, général.
Bourgevin Violart, général.
Canclaux (le comte), général en chef.
Catinat, maréchal de France.
Cherin, général de division.
Colbert (Edouard-Pierre-David), lieutenant général.
Colbert (Aug.-Marie-François), général.
Colbert (Louis-Pierre-Alphonse), général.
Condé (le grand).
Damas (le baron A.-H.-M.), lieutenant général.
Damas (Fr.-Et.), général.
Dampierre (A.-H.-M. Picot de), général en chef des armées de la république, mort au champ d'honneur le 6 mai 1793.
Delaitre (le baron), général.
Digeon (A.-G.-M.), général de division.
Digeon (le baron A.-J.-H.), lieutenant général.
Durosnel, lieutenant général.
Estrées (le duc L.-C. d'), maréchal de France.
Eugène de Savoie (le prince).
Flahaut de la Billardière (le comte), lieutenant général.
Grouchy (le comte), maréchal de France.
Grundler (le comte), général.
Herville (le baron d'), général.
Hervilly (le comte d'), général vendéen.
Houdetot (le comte d'), lieutenant général.
La Bédoyère (le comte de), général, l'une des victimes des réactions de 1815, fusillé dans la plaine de Grenelle le 19 août 1815.
Lagrange (le marquis de), lieutenant général.
Lameth (Charles de), lieutenant général.
Lameth (le baron Alexandre de), lieutenant général.
Lameth (Théodore de), général.
Lamothe (le baron de), lieutenant général.
Langeron (le comte de), lieutenant général au service de Russie.
Lefebvre-Desnouettes (le comte Ch.), lieutenant général.
Lenoir (le vicomte Aug.-Nic.), général.
Letourneur (le marquis de), lieutenant général.
Leval, lieutenant général.
Meusnier, général.
Montesquiou-Fezensac (le m^{is} de), gén. en chef des arm. de la républ.
Montholon (le comte de), général.
Moustier, lieutenant général.
Partouneaux (le comte), lieutenant général.

Pully (le comte Randon de), lieutenant général.
Rossignol, général des armées de la république, mort en exil en 1802.
St-Morys (le comte de).
Santerre, général de division des armées républicaines.
Ségur (le vicomte J.-P. de), maréchal de camp avant la révolution.
Sillery (le c^{te} de Genlis, m^{is} de), maréchal de camp, membre de la convention nationale, mort sur l'échafaud révolut. le 30 octobre 1793.
Taupin (le baron), général.
Thiard (le comte de), général.
Villette (le marquis de), lieutenant général.

Mathématiciens et géomètres.

Alembert (J. Lerond d').
Clairault (Alexis-Cl.).
Condorcet.
Dionis du Séjour, de l'académie des sciences.
Francoeur, de l'Institut.
Lacroix (Silvestre-François), de l'Institut.
Legendre (Adr.-Marie), de l'Institut.
Mauduit, et littérateur.
Nieuport d'Hailly (le vicomte de).
Poinsot, membre de l'académie des sciences.
Regnaud (le baron Ant.-Andr.-Louis).

Médecins et chirurgiens.

Andral (C.), de l'Institut.
Audoin (le chevalier J.-Vict.).
Chomel, de l'académie des sciences.
Cloquet (Jules).
Cloquet (Hippolyte).
Coquereau, et naturaliste.
Fagon (C.).
Hallé, de l'Institut.
Hérissant (L.-A.-Prosp.), médecin et bibliographe.
Lassus, de l'Institut.
Morand, chirurgien.
Petit (P.), et poëte latin.
Petit (Louis), célèbre chirurgien.
Petit-Radel (Philippe).
Pelletan, célèbre chirurgien.
Rémusat (Jean-Pierre-Abel de).
Sabatier (Raphaël-Bienvenu), chirurgien.
Sédillot (Ch.-Emm.).

Métaphysiciens.

Malebranche (le P. Nicolas).

Minéralogistes.

Beudan.
Brochant de Villiers (P. de), de l'Institut.
Debonnard, de l'Institut.
Lucas (J.-A.-H.).

Ministres.

Clermont-Tonnerre (le m^{is} de), ministre de la guerre sous la restaur.
Cousin, de l'Institut, ex-ministre de l'instruction publique.
Duchatel (le comte), de l'Institut, ministre de l'intérieur.
Ferrand, l'un des plus exagérés réacteurs de 1814, ministre d'Etat et directeur général des postes sous la restauration.
Feutrier (le comte de), évêque de Beauvais, ministre des cultes sous la restauration.
Latour-Maubourg (Ch. Fay de), ministre de la guerre.
Loménie de Brienne (le cardinal), successeur du contrôleur général des finances de Calonne.
Machault (L.-Ch. de), garde des sceaux sous Louis XV.
Mackau (le baron de), amiral, ministre de la marine.
Malesherbes (de), ministre d'Etat et dernier conseil de Louis XVI, mort sur l'échafaud révolutionnaire le 22 avril 1794.
Molé (le c^{te}), de l'Institut, ex-ministre de la marine et des affaires étr.
Montmorency (Matthieu-Jean-Félicité Laval, duc de), ministre des affaires étrangères en 1821.
Pasquier (le duc), de l'Institut, ministre des affaires étrangères en 1822, chancelier de la chambre des pairs.
Pastoret (le m^{is} de), de l'Instit., chancelier de France sous la restaur.
Richelieu (le cardinal de), premier ministre de Louis XIII.
Roland de la Platière, ministre de l'intérieur en 1792.
Turgot (J.), contrôleur général des finances.
Villemain (Abel-Fr.), l'un des professeurs les plus distingués du xixe siècle, secr. perpét. de l'Académie franç., ex-ministre de l'instruct. publ.

Musiciens.

Barre (M. de la), célèbre joueur de flûte.
Boucher, violoniste.
Duport, violoncelliste.
Lafond (Ch.-Philippe), violoniste.
Lahoussaye, violoniste.

Naturalistes.

Brongniart (Adolphe), de l'Institut.

Brongniart (Alexandre), de l'Institut.
Daubanton (Ant.-Grég.).
Daudin.
Deleuze.
Desmarets (A.-G.).
Duhamel (Henri-Louis).
Huot.
Valenciennes.

Navigateurs.

Bougainville, chef d'escadre, célèbre navigateur.
Duperrey (l'amiral), de l'Institut.
Estaing (l'amiral d'), mort sur l'échafaud révolut. le 29 avril 1794.
Gourdon (le comte de), vice-amiral.
Kersaint (le comte de), capitaine de vaisseau, mort sur l'échafaud révolutionnaire le 4 décembre 1793.
Magon, contre-amiral.

Numismates.

Millin, savant antiquaire.
Mionnet (Théod.-Edme).

Orientalistes.

Anquetil-Duperron, de l'Institut.
Burnouf fils, de l'Institut.
Chezy (Ant.-Léon), de l'Institut.
Corancez, et mathématicien.
Grangeret de Lagrange.
Guignes (Ch.-L.-Jos. de).
Herbelot (d').
Herbin (A.-F.-Jul.).
Jourdain.
Marcel.
Petis de la Croix.
Quatremère (Etienne), de l'académie des inscriptions.
Remusat (Abel de), de l'Institut.
Sacy (le baron Silvestre de), de l'Institut.
St-Martin (J.-Ant.).

Peintres.

Bellangé.
Bertin (N.).
Blondel, de l'Institut.
Boucher.
Boullongne (Louis).

Boullongne (Bon).
Bouton.
Charlet, le plus populaire des dessinateurs.
Chéry.
Colson.
Couder, de l'Institut.
Coypel (Noël).
Coypel (Ch.-Ant.).
David, chef de l'école française, député de Paris à la convention nationale, mort en exil en 1825.
Debucourt, et graveur.
Delacroix (Eugène).
Delaroche (Paul), de l'Institut.
Deveria.
Doyen.
Drouais.
Dumont (Aristide), de l'Institut.
Fosse (Ch. de la).
Garnerey.
Gros, de l'Institut.
Gudin (Th.).
Guérin (Louis).
Hersent, de l'Institut.
Hire (L. de la).
Largillière.
Lebrun (Charles).
Lesueur (Jean-François).
Meynier.
Michallon.
Picot, de l'Institut.
Ponce-Camus.
Regnault (J.-B.).
Renou, et littérateur.
Robert (H.).
Vernet (A.-Ch.-Horace, dit Carle), de l'Institut.
Vernet (Horace), de l'Institut.
Vincent (Fr.-André).
Vouet.

Philanthropes.

Appert, écrivain.
Cochin (J.-Denis), curé de St-Jacques du Haut-Pas, fondateur de l'hôpital qui porte son nom.
Rochefoucauld-Liancourt (le duc de la), de l'Institut.

Philosophes.

CHARRON.
HELVÉTIUS (Cl.-Adr.).

Physiciens.

AMONTONS (G.), de l'académie des sciences.
HASSENFRATZ, de l'Institut, membre de la commune révolutionnaire.
LEDRU, plus connu sous le nom de COMUS, prestidigitateur.
LIBES (Ant.).

Poëtes et chansonniers.

ALEXANDRE, poëte du XII° siècle.
BÉRANGER (P.-J. DE), et célèbre chansonnier.
BOILEAU-DESPRÉAUX.
CHAPELAIN, poëte du XVII° siècle.
CHAUSSÉE (NIVELLE DE LA), de l'Académie française.
CHAZET (René Alisan DE), et chansonnier.
COLLÉ (Ch.), et chansonnier.
COYPEAU-D'ASSOUCI, poëte burlesque.
DORAT (Cl.-Jos.).
DU CERCEAU (J.-A.).
DUREAU-DELAMALLE, de l'académie des inscriptions.
LAYA (J.-L.).
LEBRUN (ECOUCHARD), de l'Institut.
LEBRUN (Pierre-Ant.), de l'Institut.
MARTIAL D'AUVERGNE, poëte du XVI° siècle.
MOTTE (HOUDARD DE LA).
PARCEVAL-GRANDMAISON, de l'Académie française.
QUINAULT, poëte lyrique.
RACINE (Louis).
ROUSSEAU (J.-B.).
SANTEUIL (Jean-Baptiste DE), poëte latin.
SCARRON (Paul), poëte burlesque et romancier.
VILLON (T. CORBUEIL).

Romanciers.

BEAUVOIR (E.-Roger DE).
DUCRAY-DUMINIL.
GUEULLETTE (Thom.-Sim.).
LEGAY.
SAINTINE (Boniface).

Savants.

BOUHOURS (le P. Dom.).
BUDÉ, et diplomate.

Dacier.
Devienne (Jean).
Gouget (l'abbé Cl.-P.).
Lancelot (dom Claude).
Lieble.
Letrone, de l'académie des inscriptions.
Magnier, de l'Institut.
Maistre de Sacy (le).
Mignot (l'abbé Etienne), de l'académie des inscriptions.
Pasquier (Etienne).
Quesnel (le P. Pasquier), théologien.
Walckenaer (le baron Ch.-Ath.), de l'académie des inscriptions.

Souverains.

Hortense de Beauharnais, reine de Hollande.
Louis-Philippe Ier d'Orléans, roi des Français.

Statuaires et sculpteurs.

Allegrain.
Cartellier.
Chaudet.
Cortot, de l'Institut.
Coustou.
Dumont (Augustin), de l'Institut.
Falconet (Et.-Maur.).
Goujon (Jean).
Lecomte.
Moitte.
Nanteuil, de l'Institut.
Pajou.
Petitot, de l'Institut.
Pigalle.
Ramey, de l'Institut.
Romagnesi.

Vétérinaires.

Huzard.
Lafosse.
Vatel (Pierre-Isidore).

Typographes.

Anisson Duperron.
Beys (Gilles).
Didot (François-Ambroise), qui a commencé dans l'art de la typographie la célébrité des Didot.

Didot l'aîné (Pierre), fils du précédent, qui conçut et exécuta le plan de la belle collection in-fol. de *Virgile, Horace, Racine, la Fontaine*, etc.

Firmin Didot, deuxième fils de François-Ambroise, qui a fait faire de si grands progrès à l'art de la typographie, et auquel on doit l'impression des *Lusiades*, de *la Henriade*, de *Salluste*, etc., etc.

Didot (Ambr.-Firmin), élégant traducteur de Thucydide, qui continue avec son frère Hyacinthe Didot d'illustrer la typographie française.

Estienne (Robert), mort en 1559.
Estienne (Henri), mort en 1520.
Estienne (Charles), mort en 1564.
Estienne (Robert), mort en 1559.
Estienne (Henri), mort en 1598.
Panckouke (Ch.-J.).

Voyageurs.

Laborde (Léon de), de l'Institut.
Mollien (Gasp.-Th.).
Tavernier (Jean-Baptiste).

INDUSTRIE ET COMMERCE DE PARIS.

Paris n'est pas seulement le chef-lieu politique de la France, un centre de grande consommation ; c'est aussi la plus importante de nos villes de commerce et d'industrie. Trop d'éléments ont concouru à la formation de la cité, trop d'intérêts s'y agitent, pour que l'esprit de clocher, égoïste et mesquin, s'y fasse sentir. L'individu, quelque puissant qu'il soit, s'y briserait trop sûrement contre la force du nombre, pour que toutes les personnalités ne s'y fondent pas dans l'ensemble : aussi peut-on dire, avec une exactitude prouvée par les faits, que l'intérêt général y domine seul, et que l'opinion qui y règne est toujours la plus généreuse, la plus libérale, la plus avancée dans la voie du progrès et de la civilisation. — Le caractère général de l'industrie parisienne est d'offrir un spécimen complet de tous les arts, de tous les travaux, de toutes les fabrications du pays, portés au point de la dernière perfection. Tout y est représenté depuis la culture de la terre, par les nombreux et habiles maraîchers des faubourgs, jusqu'aux grandes manufactures de l'Est par les filatures du quartier Popincourt. On y exerce l'industrie des châles mieux qu'à Lyon, la bonneterie mieux qu'à Troyes et à Nîmes ; la fabrication des machines comme à Arras, à Rouen et en Alsace ; l'épinglerie comme à Laigle, la coutellerie mieux qu'à Châtellerault et à Langres, le tannage, la corroierie, la mégisserie comme à Bordeaux ; la ganterie mieux qu'à Grenoble ; la quincaillerie comme à Molsheim ; l'horlogerie mieux que dans la Franche-Comté ; enfin la librairie, la bijouterie, l'ébénisterie, l'imprimerie, la fonte, comme nulle part ailleurs.

Paris a encore, de plus que toutes les autres villes de France, une industrie spéciale à laquelle il a donné son nom ; — c'est l'article Paris : ce sont les modes, les jouets, la bimbeloterie, la gaînerie, la mallerie ; ce sont aussi les arts de luxe : les bronzes, le plaqué, la lamperie, la papeterie, l'orfévrerie, la joaillerie et mille autres qu'il serait trop long de citer ; c'est enfin, et par-dessus tout, les nombreuses professions qui concourent à l'érection, à l'arrangement et à l'entretien des habitations, depuis la terrasse jusqu'à la tapisserie, en passant par la maçonnerie, la charpente, le parquetage et carrelage, la couverture, la menuiserie, la serrurerie, la fumisterie et la peinture.

Dire combien de millions toutes ces industries mettent en circulation, combien d'ouvriers elles emploient, combien d'existences elles soutiennent, est chose à peu près impossible ; voici cependant quelques chiffres officiels. Lors de la crise de 1831, les conséquences économiques de la révolution se faisant encore sentir, l'autorité supérieure fit faire un recensement de la population ouvrière de la capitale, et il fut constaté que la ville de Paris renfermait à cette époque, malgré l'absence d'un grand nombre d'ouvriers maçons et terrassiers, 96,091 ouvriers du sexe masculin. Quelques agents ayant relevé en même temps le nombre des ouvrières, il fut reconnu qu'il était à celui des hommes dans le rapport de 48 à 100, soit environ 46,124, et ensemble 142,215. D'autres renseignements obtenus par la même voie firent connaître en outre que chaque ouvrier actif représentait 4,38 personnes à nourrir, c'est-à-dire que le salaire des 96,091 ouvriers dont il est question plus haut devait pourvoir à tous les besoins de 420,878 individus de tout âge et de tout sexe. En ajoutant à ce chiffre le nombre des ouvrières et celui des personnes à leur charge, en tenant compte des progrès de la population depuis 1831, et faisant d'ailleurs la part à toutes les erreurs, exagérations et double emploi, on voit que l'armée des travailleurs parisiens, non compris les cadres, c'est-à-dire les généraux ou maitres, et leurs officiers ou commis, compte environ cent cinquante mille soldats, lesquels ont à faire 500,000 parts de leur solde et de leur pain.

Par suite de cette réunion, dans la capitale, de tous les arts et de toutes les industries, il est facile de suivre la marche et les progrès du travail national sans sortir pour ainsi dire des murs de la ville. Nulle part on ne travaille mieux, sinon aussi bien ; nulle part on ne voit éclore autant d'inventions utiles et précieuses; non pas que les Parisiens aient plus que d'autres le monopole du génie ; mais parce que tous les talents du dehors y affluent, s'y réunissent, s'y confondent et s'y associent ; parce que là seulement ils trouvent les ressources et les encouragements dont ils ont besoin, les conseils de la science et l'approbation des juges compétents qui font trouver les capitaux nécessaires. Ce fait explique bien, et explique seul, la prospérité croissante de l'industrie parisienne, malgré les vices de la constitution économique. On ne comprend pas, en effet, au premier abord, comment avec un budget municipal de plus de 40 millions, avec des taxes d'octroi doubles et quelquefois triples de celles qui sont perçues pour le compte du trésor ; taxes qui pèsent de toutes les manières sur l'industrie et sur les travailleurs, et augmentent de plus de 25 pour cent en moyenne tous les objets de consommation, depuis la pierre et le bois des maisons, c'est-à-dire le loyer, jusqu'à la viande et aux boissons, c'est-à-dire la nourriture ; on ne comprend pas, disons-nous, comment elle peut lutter, tant sur son propre marché qu'au dehors, avec ses concurrents placés en position d'avoir tout à beaucoup meilleur marché, le loyer, les salaires, le combustible, etc. — Telle est cependant la supériorité que l'industrie parisienne doit à la réunion, dans la capitale, de tous les talents, de tous les capitaux et de tous les moyens de transport, et aussi à la faveur dont elle jouit à juste titre auprès d'une classe nombreuse et toute spéciale de consommateurs d'élite, dont le goût décide par toute la France et même beaucoup plus loin, de la réputation des produits qu'elle adopte, que non-seulement la fabrique de Paris lutte avec avantage dans l'intérieur de la France, mais qu'elle exporte à l'étranger pour des valeurs considérables et sans cesse croissantes, quelque chose comme cent cinquante millions à peu près. Son habileté est telle qu'elle ne craint aucune concurrence, et que dans toutes les discussions qui ont eu lieu dans ces dernières années à propos de négociations commerciales avec d'autres peuples industriels, elle n'a réclamé pour ses produits ni prohibitions ni encouragements particuliers, mais bien plutôt des réformes de tarifs qui, en laissant entrer les marchandises étrangères, lui fournissent des moyens d'échange pour ses propres produits.

DISTANCE DE PARIS AUX PRINCIPALES VILLES D'EUROPE.

Paris est à :

892 kilomètres S.-S.-E. de Londres ;
211 k. et 11 postes 1/2 de Bruxelles ;
223 k. et 32 postes 3/4 S. d'Amsterdam ;
377 k. et 91 milles 7/8 S.-O. de Berlin ;
211 k., 29 postes 1/4 et 128 milles 1/2 S.-S.-O. de Copenhague ;
211 k. et 198 milles 1/2 S.-S.-O. de Stockholm ;
377 k., 198 milles 1/8 et 807 werstes 1/2 S.-O. de St-Pétersbourg ;
377 k. et 173 milles 3/8 S.-O. de Varsovie ;
377 k., 25 postes et 57 milles 3/8 de Dresde ;
476 k. et 100 milles 1/2 N.-N.-O. de Vienne ;
498 k., 2 postes N.-O. de Genève ;
481 k. et 81 postes 3/4 de Florence ;
493 k. et 115 postes 1/4 N.-N.-O. de Rome ;
454 k. et 75 postes N.-O. de Venise ;
495 k. et 37 postes 3/4 N.-O. de Turin ;
454 k. et 52 postes 3/4 N.-N.-O. de Milan ;
497 k. et 4 postes 1/2 de Chambéry ;
481 k. 136 postes 3/4 et 404 lieues 1/2 de caravane N.-O. de Constantinople ;
495 k. et 137 postes 1/2 N.-N.-O. de Naples ;
811 k. et 105 lieues 1/2 d'Espagne N.-N.-E. de Madrid ;
811 k. et 202 lieues 1/2 d'Espagne et de Portugal N.-E. de Lisbonne.

A 0 de longitude du méridien de l'observatoire de Paris, 20° de longitude du méridien de l'ile de Fer, 48° 50′ 14″ de latitude septentrionale.

TABLE BIOGRAPHIQUE

ET DES MATIÈRES DES PRINCIPAUX ARTICLES.

A

Abbaye (l'),	422
Abbaye-aux-Bois (l'),	434
Abélard,	398
Adanson,	175
Agnan (chapelle St-),	394
Aguado (hôtel),	176
Albuféra (maréchal duc d'),	74
Aligre (d'),	52
Aligre (hôtel d'),	253
Alquier, conventionnel,	493
Amandiers-Popincourt (rue des),	338
Amar,	49
Ambigu-Comique (théâtre de l'),	258
Ambroise (église St-),	336
Amis de la patrie (section des),	274
Ancienne-Comédie (rue de l'),	429, 503
Ancre (la maréchale d'),	224, 371
André-des-Arts,	509
Anjou-au-Marais (rue d'),	309
Anjou (quai d'),	353
Anjou-Dauphine (rue d'),	430
Anjou-St-Honoré (rue d'),	52
Annonciades célestes (couv. des),	332
Anse (d') de Villoison,	550
Antin (la fontaine d'),	188
Antin (Chaussée d'),	91
Antin (quartier de la Chaussée d'),	167
Antoine (abbaye St-),	345
Antoine (faubourg St-),	344
Antoine (hôpital St-),	345
Antoine (rue St-),	317, 334, 413
Antoine (place de la Porte St-),	317, 339
Antoine (quartier du Faub. St-),	338
Antoine (rue du F., porte St-),	342, 348
Antonnelle (ex-marquis),	74
Appoline (rue Ste-),	278
Apport-Paris (l'),	322
Arbalète (rue de l'),	572
Arbre-Sec (rue de l'),	218
Arcade (rue de l'),	48
Arc de triomphe,	70, 121
Archevêché (l'),	397
Archives du royaume (hôtel des),	307
Arcis (quartier, section des),	321
Arcueil (barrière d'),	574
Arènes (los des),	566
Argenson (impasse d'),	320
Argenson (hôtel d'),	320
Argent (hôtel d'),	326
Argenteuil (rue d'),	166
Armagnac (duc de Nemours),	239

Arnould (Sophie),	189, 234
Arras (rue et collége d'),	567
Arsenal (bibliot., jardin de l'),	400, 403
Arsenal (quartier et section de l'),	400
Associés (théâtre des),	298
Assomption (église de l'),	124
Assomption (dames de l'),	443
Audinot,	258
Augereau,	432
Augustins (rue des Petits-),	435
Augustins (rue Neuve-St-),	95, 188
Augustins (quai des Grands-),	502, 508
Aumont (hôtel d'),	378
Autun (collége d'),	510
Ave-Maria (caserne de l'),	415
Avoye (quartier et rue Ste-),	304, 305

B

Babylone (caserne de),	439
Bac (rue du),	441, 474
Balbi (Mme),	479
Balue (évêque de la),	306
Banque de France (quartier de la)	248
Barbe (collége Ste-),	553
Barbette,	311, 333, 416
Bar-du-Bec (rue),	306
Barillerie (rue de la),	394
Barnabites (église et couvent des),	393
Barnave,	67
Barras,	80
Barres (rue des),	378
Barrés (rue des),	415
Barrot (Odillon),	96
Barry (la comtesse du),	67
Barthe, pair,	496
Barthez (médecin),	214
Bassompierre (maréchal de),	404
Bastille (la),	404
Baudoyer (place),	416
Bayeux (collége de),	518
Beaubourg (section de la rue),	304
Beauharnais (Eugène),	468
Beaujon (chapelle, folie),	55, 56, 75
Beaujon (hôpital),	46
Beaumarchais,	343, 497
Beaumarchais (boulevard),	343
Beaumont (le prévôt de),	408
Beauvais (hôtel),	413
Beauveau (hôtel et place),	50
Beauveau (marché),	346
Beaux-Arts (le palais des),	422
Bellart,	311
Bellechasse (rue),	471

Bénédictines anglaises,	557	Bourmont (le maréchal),	469
Bénédictines de la Ville-l'Evêque,	101	Bourse (la),	182
Bénédictines du St-Sacrement,	496	Boursiers de l'Egalité,	546
Bénédictins anglais,	574	Braucas (hôtel),	492
Benoît (église St-),	517	Brault (Emile),	213
Bergère (rue),	195	Brazier (chansonnier),	167, 214
Bernard (porte St-),	568	Breteuil (le baron),	471
Bernardines (dames),	491	Bretonnerie (Ste-Croix de la),	320
Bernardins (couvent des),	567	Bretonvilliers (rue, hôtel),	354
Berry (rue Neuve de),	77	Brillat-Savarin,	192
Berthier (le prince Alex.),	99	Brinvilliers (la),	372
Berthoud,	96	Brionne (hôtel de),	190
Bertin (hôtel),	99, 309	Brise-Miche (la rue),	325
Berton (compositeur de musique),	195	Brissac (hôtel),	474
Berton (le général),	196	Brissot,	191
Béthisy (rue),	284	Broglie (le duc de),	470
Bournonville (comte de),	75	Brouettes,	283
Bibliothèque de la ville,	367	Brun de Villeret (le baron),	470
Bibliothèque du roi,	178	Brunoy (hôtel),	75
Bibliothèque (section de la),	178	Brutus (section de),	201
Bichat,	553	Bûcherie (rue de la),	549
Biez (le maréchal de),	369	Buffaut (rue),	196
Billaud-Varennes, conventionnel,	510	Bullion (hôtel),	205
Billy (quai de)	77	Buonarotti (Michel),	52
Biographie de Paris,	577	Bussy (rue, porte),	429, 511
Biron (le maréchal de),	405	Bussy d'Amboise,	328
Biron (hôtel de),	439	Butte des Moulins (section de la),	143
Bissy (le cardinal de),	418, 494	Buzot,	432
Blancs-Manteaux (église des),	307	C	
Boïeldieu,	166		
Boileau-Despréaux,	530	Cabinet des est. et pl. gravées (le),	182
Bon (chapelle St-),	325	Cabinet des médailles et antiques,	182
Bonald (vicomte de),	495	Cadoudal (Georges),	77, 377, 494
Bonaparte (le gén.),	99, 175, 192, 422	Cadran-Bleu,	296
Bonaparte (Joseph),	74	Cagliostro,	332, 409
Bonaparte (Lucien),	51	Caire (rue et passage du),	267
Bon-Conseil (section de),	270	Calvaire (filles du),	335, 378, 491
Boncourt (collége),	550	Calvi (collége de),	516
Bondy (rue et section de),	257, 263	Cambon,	100
Bonnaire (le général),	89	Cambrai (place),	552
Bonne-Nouvelle (boulevard),	201	Cambry (préfet),	257
Bonne-Nouvelle (sect. et église de),	266	Capelle,	470
Bonne-Nouvelle (quartier de),	266	Capucines (couvent des),	97
Bonnet-de-la-Liberté (section du),	434	Capucines (rue Neuve-des-),	97
Bonnet-Rouge (section du),	434	Capucins (couvent des),	139
Bon-Pasteur (le),	441, 576	Carmélites (couv. des dames),	305, 575
Bons-Enfants (collége des),	253, 565	Carmes (marché, couvent des),	548
Bons-Hommes (les),	78	Carmes (église des),	477
Bordet (porte),	550	Carmes (rue des),	551
Botanique (jardin de),	575	Carmes Billettes,	313
Boucherie St-Germain (la),	432, 494	Carnavalet (hôtel de),	331
Bouillé (le marquis de),	52	Carrousel (cour et place du),	117
Bouillon (hôtel de),	433	Cartouche,	372
Boulard (savant),	431	Cassette (rue),	496
Boulogne (hôtel),	474	Castellane (hôtel de),	80
Bourbon (rue du Petit-),	493	Castiglione (rue de),	128
Bourdonnaye (le comte de la),	471	Castries (hôtel de),	436
Bourdonnais (Mahé de la),	408	Catherine (hôpital Ste-),	291
Bourdonnais (rue des),	218	Catherine (marché Ste-),	335
Bourgogne (hôtel de), 270; collége,	506	Catherine-du-Val-des-Ecoliers,	388
Bourgoin (Mlle),	191	Caveau (société du),	164
Bourreau de Paris (le),	240	Caveau moderne (dîners du),	210

Célestins (couvent et caserne des)	412	Club des Cordeliers,	505
Cerisaie (rue de la),	415	Club des Étrangers,	162, 134, 213
Cerutti,	174	Club des Jacobins,	158
Chabannais (rue),	192	Club des Arcades,	162
Chabot (ex-capucin),	52, 67	Club du Cercle social,	162
Chaillot (village, rue de),	79	Club politique,	136
Chaillot (l'église de),	56, 79	Cluny (hôtel, collége),	516
Chameroy (Mlle),	157	Coblentz (boulevard de),	173
Chamfort.	192	Cochin (hospice),	573
Champcenets (marquis de),	51	Coffinal,	69, 354
Champ-de-Mars,	391, 449	Coislin (marquise de),	73
Champs-Élysées,	57, 75	Colbert (hôtel),	549
Champs-Élysées (quartier des),	53	Collége de France,	547
Champs-Élysées (section des),	44	Colletet,	273
Chancellerie (hôtel de la),	96	Collot-d'Herbois,	191
Chanoinesse (rue),	394	Collégiale (place de la),	559
Chantres (rue des),	398	Colnet, libraire,	466
Chapon (rue),	305	Colonne de juillet,	340
Charité (hôpital de la),	424	Colonne de Médicis,	250
Charlemagne (le collége),	401	Colonne de la grande armée,	89
Charny (hôtel),	378	Côme et St-Damien (église de St-),	505
Charonne (rue),	337	Comédie-Française (théâtre de la),	429
Chartres (café de),	163	Commerce (cour du),	507
Chartres (le duc de),	51	Commerce (ministère du),	437
Chartres-St-Honoré (rue de),	134	Conciergerie (la),	522
Chartreux (couvent des),	490	Concorde (place de la),	60, 72, 122
Châteaubriand (le vicomte de),	441	Concorde (théâtre de la),	306
Château-d'Eau,	137, 258	Condé (rue de),	493
Château-Neuf,	56	Conseil d'État,	465
Châtelet (place du),	321, 391	Conservatoire de musique (le),	194
Châtelet (hôtel du),	462	Conservatoire des arts et métiers,	285
Châtelet (le Grand-),	321	Constant (Benjamin),	52
Châtelet (le Petit-),	391	Constantine (rue, passerelle),	351, 399
Chaume (rue et théâtre du),	309	Consuls (hôtel des),	304
Chaumond (comm. des filles de St-),	276	Contat (Mlle),	76
Chauveau-Lagarde,	470	Conti (quai, hôtel),	433, 441, 471
Cherche-Midi (rue du),	441	Contrat social (section du),	204
Chérubini,	167	Contrescarpe-St-Marcel (rue),	564
Chevalier-du-Guet (la rue du),	247	Convalescents,	440
Chevaux (marché aux),	557	Convention nat. (séances de la),	106
Chiens (marché aux),	557	Coq-St-Honoré (rue du),	217
Chodruc-Duclos,	218	Coquillière (rue, porte),	214
Choiseul-Gouffier (comte),	87	Corday (Charlotte),	65, 506
Cholets (collége des),	555	Cordeliers (couvents des),	505
Christine (rue),	507	Cordiers (rue des),	517
Christophe (église, rue St-),	393	Corneille (P.),	166
Cinquième arrondissement,	254	Cornouailles (collége de),	552
Cirque Olympique (le),	301	Corvisart, médecin,	472
Cité (pont de la),	351	Cottu (M.),	174
Cité (rue de la),	397	Cour de cassation,	521
Cité (quartier, section de la),	379	Cour des comptes,	465
Clairon (Mlle),	431, 468	Cour des poisons,	403
Clamart (hôtel),	559	Courtille,	301
Claude (rue St-),	332	Couthon,	68
Cléry (rue de),	202	Coutures-St-Gervais (rue des),	332
Clichy (rue de),	49, 177	Croix (filles de la),	343
Cloots (Anacharsis),	191	Croix-Blanche (jeu de paume de la),	429
Clovis (rue de),	555	Croix-de-la-Cité (église Ste-),	399
Club de Boston,	162	Croix-des-Petits-Champs (rue),	253
Club de la Ste-Chapelle,	530	Croix-du-Tiroir (place, fontaine),	216
Club de la société olympique,	162	Croix-Rouge (section de la),	434
Club de l'Entresol,	167	Croix-St-André (sœurs de la),	443

Culture-Ste-Catherine (rue), 318, 331

D

Dainville (collége de), 506
Dames de la halle (les), 241
Damiens, 374
Danton, 67, 507
Dauphine (place), 532
Dauphine (porte, rue), 430
Davoust (le maréchal), 472
Delavigne (Casimir), 200
Denis (église St-), 326
Denis (boulevard, porte St-), 254, 257
Denis (quartier de la Porte St-), 274
Denis (quartier du Faubourg St-), 254
Denis (rue St-), 246, 270, 273, 290
Denis (rue Basse-Porte-St-), 201
Denis de la Chatre (St-), 393
Denon, 467
Députés (chambre des), 444
Desaix, 212, 532
Descartes, 550, 564
Desmoulins (Camille), 67, 504
Deuxième arrondissement, 142
Deux-Portes-St-Jean (rue des), 318
Devillas (hospice), 496
Division de Paris, 41, 44
Dix-Huit (collége des), 516
Dixième arrondissement, 416
Dolet (Etienne), 550
Dominique (rue St-), 461, 471
Douzième arrondissement, 536
Droits de l'homme (section des), 312
Ducis (poëte), 203
Dudeffant (Mme), 312
Dulaure (J.-A.), 516
Duphot (rue), 101
Dupin (aîné), 441
Duplay (Maurice), 95
Duplessis de Grenedan, 470
Dupont de l'Eure, 432
Duthé (Mlle), 94

E

Echelle (rue de l'), 135
Echiquier (rue de l'), 200
Ecole de droit, 543
Ecole de médecine (l'), 501, 505, 549
Ecole de Médecine (quartier de l'), 496
Ecole des mines, 575
Ecole militaire, 449
Ecole normale, 548
Ecole polytechnique, 543
Ecossais (collége des), 567
Elbeuf (hôtel d'), 136
Elisabeth (église Ste-), 281
Elisabeth (Mme), 68
Elleviou, 192
Eloi (chapelle, rue St-), 235, 399
Elysée (le palais de l'), 53
Enfants-Rouges (section des), 306
Enfants-Rouges (marché, hospice), 312

Enfants trouvés, 394, 399, 575
Enfer (rue d'), 490, 519, 574
Enghien (hospitalières d'), 348
Entraigues (hôtel d'), 493
Entrepôt des vins, 562
Eperon (rue de l'), 508
Esmenard, 137
Esprit (hôpital du St-), 379
Estienne (Ant.), 388; (Robert), 552
Estrapade (place, théâtre de l'), 555
Estrées (hôtel d'), 215, 284
Estrées (le maréchal d'), 96
Estrées (Gabrielle d'), 137, 319
Etampes (hôtel d'), 509
Etienne-des-Grès (rue St-), 548
Etienne du Mont (église St-), 540
Etoile (arc de triomphe de l'), 70
Etuves, 252
Eugène de Savoie (prince), 230
Eustache (église, quartier St-), 204

F

Fabre d'Eglantine, 68, 214
Fany Beauharnais, 461
Farcy (Jean-Georges), 120
Favart (rue), 191, 265
Favras (le marquis de), 375
Fédérés (section des), 326
Fermes (hôtel des), 251
Ferronnerie (rue de la), 246
Ferronnière (la belle), 334
Fers (rue aux), 245
Feuillantines (couvent des), 574
Feuillants (monastère des), 129, 575
Feydeau (le passage), 193
Feydeau (quartier, théâtre), 178, 185
Feydeau (rue St-Marc-), 185
Fidélité (section de la), 355
Fieschi, 297
Filles de la Croix (les), 343, 563
Filles de la Providence (les), 572
Filles de l'Instruction chrétienne, 495
Filles de St-Joseph, 472
Filles-Dieu (couvent des), 266
Filles St-Magloire (les), 291
Filles de St-Michel (les), 573
Filles du Calvaire (couv. des), 335, 378
Filles du Précieux-Sang (couv. des), 491
Filles du Sauveur (commun. des), 303
Filles Ste-Marguerite (couv. des), 343
Finistère (section du), 355
Firmin (séminaire St-), 565
Fitz-James (le duc de), 51
Fleurs (rue du Marché-aux-), 399
Florentin (rue St-), 127
Foin-St-Jacques (rue du), 515
Foire St-Germain, 486
Foire St-Laurent, 256
Foire St-Ovide, 89
Fontaine Desaix, 532
Fontaine des Innocents, 244
Fontaine Grenelle, 436

Fontaine du Château-d'Eau,	258	Grégoire (l'évêque),	442
Fontaine du Diable,	185	Grenelle (rue de), 441, 462, 473	
Fontaine du Palmier,	322	Grenelle (section de la Fontaine),	462
Fontaine Molière,	159	Grenetat (rue),	275
Fontaine Richelieu,	288	Greniers de réserve (les),	403
Fontanes,	171	Grès (rue des),	517
Forbin des Issarts,	50	Gresset (poëte),	304
Forcalquier (hôtel),	469	Grétry (rue),	191
Force (prison de la),	313	Greuze (peintre),	200
For-l'Evêque (prison du),	235	Grève (place de),	368
Fossés-St-Victor,	566	Grimod de la Reynière,	73
Fouarre (rue du),	549	Guadet (E.) député,	50
Fouquier-Tinville, -	69	Guet (le), 247, 285	
Four-St-Germain (rue du),	433	Guilbert de Pixérécourt,	203
Fourier,	214	Guillaume Tell (section de),	211
Foy (café de),	62	Guilleri (carrefour),	325
Foy (le général),	171	Guillotin (citoyen),	253
Francklin,	51	Guimard (Mlle),	91
François-d'Assise (église),	306		
Francs-Bourgeois (rue des),	319	**H**	
Frascati (jardin),	190	Halle au beurre (la),	241
Fraternité (section de la),	348	Halle au blé (la, section de la),	245
Froidmentel (rue),	553	Halle aux cuirs (la),	270
		Halle au poisson (la),	241
G		Halles (les),	235
Gaillon (rue),	191	Halles (section des),	237
Gand (boulevard de),	173	Hanovre (le pavillon d'),	188
Garancière (rue),	494	Harcourt (collége d'),	501
Garat,	94, 442	Harpe (rue de la),	518
Garde-Meuble de la couronne,	122	Haudriettes (les),	379
Gardes françaises (section des),	215	Hébert,	269
Garnier Pagès,	172	Henri II.	317
Gastine (place),	246	Henri IV, 246; (collége de),	546
Geneviève (Ste-),	546	Henriette de France (reine d'Ang.),	124
Geneviève (section Ste-),	536	Hérault de Séchelles,	67
Geneviève des Ardents (égl. Ste-),	394	Hercule (hôtel d'),	508
Geneviève (rue Neuve-Ste-),	572	Hoche,	196
Genlis (comtesse de),	77	Hoffman,	172
Geoffrin (Mme),	140	Holbach (le baron d'),	431
Geoffroy,	254	Homme-Armé (sect., rue de l'), 306, 312	
Geoffroy-Langevin (rue),	306	Honoré (église de St-),	253
Georges (Mlle),	257	Honoré (quartier St-),	215
Germain (marché, porte St-), 500, 506		Honoré (rue St-), 139, 167, 216, 253	
Germain (quartier du faub. St-),	462	Honoré (rue du Faub. St-), 50, 74	
Germain des Prés (abbaye, égl. St-),	417	Honoré (le marché St-),	157
Germain l'Auxerrois (église St-),	232	Hôpital (hôtel du chancel. de l'),	284
Germain-l'Aux. (r. des Prêt. St-),	236	Hope,	472
Gervais (collége),	515	Horn (le comte de), 289, 374	
Gervais (église St-),	355	Hospitalières (impasse des),	335
Gilbert (le poëte),	389	Hôtel de ville (l', quartier de l'),	355
Girodet-Triosson (peintre),	93	Hôtel-Dieu,	388
Glatigny (rue de),	396	Houdetot (Mme d'),	493
Gobelins (manufacture, section),	555	Hugo (Victor),	330
Godoï,	94	Huitième arrondissement,	325
Gouges (Olympe de),	213	Hullin (le général),	442
Grand-Chantier (rue du),	311	Humboldt (le baron de),	432
Grande-Chaumière,	496		
Granet (conventionnel),	100	**I**	
Grange-Batelière (sect., rue), 167, 176		Ile St-Louis (quartier de l'),	348
Grassins (collége des),	555	Imprimerie royale,	305
Gravilliers (section des),	278	Incurables (femmes),	436
Grec (collége),	550	Incurables (hommes),	263

Indivisibilité (section de l'),	329	**K**	
Infirmerie Marie-Thérèse,	576		
Innocents (le cimetière, marché),	252	Kellerman, duc de Valmy (mar.),	471
Innocents (fontaine, place des),	244		
Institut (palais de l'),	419	**L**	
Institut de l'Egalité,	548	Labat (M.),	36
Invalides (hôtel des),	446	Labédoyère (le général),	440
Invalides (quartier, section des),	444	Lacroix,	67
Irlandais (rue des),	576	Lafayette (général),	52
Isabeau de Bavière, 333, 399,	413	Laffitte (Jacques) (rue),	173
Isle (section de l'),	348	Lagrange (géomètre),	50
Italiens (boulevard des), 173,	189	Laharpe,	95
		Lally Tollendal,	374
J		Lamartine (Alph. de),	470
Jacobins (le couvent des), 157,	517	Lamballe (la princesse de), 249,	314
Jacques (porte, rue St-), 517, 548,	549	Lambert (hôtel), 333,	353
Jacques (quartier St-),	536	Lambert (de St-),	50
Jacques (rue du Faubourg St-), 34,	573	Lamoignon (hôtel),	316
Jacques du Haut-Pas (église St-),	568	Landelle (traiteur),	429
Jacques-Cœur (hôtel de), 270,	312	Landry (église, rue de St-),	399
Jacques-la-Boucherie (tour St-),	287	Lanjuinais (le comte),	474
Jacques-l'Hôpital (rue St-),	273	Lantara,	389
Jardin Boutin,	49	Laon (collège de),	550
Jardin de botanique,	575	Latour Franqueville (Mme de),	507
Jardin de l'Arsenal,	403	Lauraguais (hôtel de),	467
Jardin de Monceau,	47	Laurent (église, foire St-),	254
Jardin des plantes (section du),	560	Lauzun (le duc de),	439
Jardin des Tuileries,	112	Lavoisier, 52,	190
Jardin de Tivoli,	49	Law, 88,	288
Jardin du Luxembourg (le),	485	Lazare (rue de St-), 51,	174
Jardin du Roi (quartier du),	560	Lazare (la prison de St-),	193
Jardin du Temple,	295	Lazouski (section),	555
Jardin Frascati,	190	Lebrun (hôtel),	202
Jardin Mabille,	76	Lebrun (duc de Plaisance),	470
Jardin Marbeuf,	75	Lecamus (hôtel),	333
Jardins-St-Paul (rue des),	410	Lecouvreur,	431
Jardin Turc,	297	Lefebvre,	196
Jean (cimetière St-),	319	Legendre,	432
Jean-de-Beauvais (rue St-),	551	Légion d'honneur (palais de la),	465
Jean de Latran (St-),	552	Lekain,	491
Jean en Grève (église St-),	378	Lemoine (collège du cardinal),	566
Jean-Jacques-Rousseau (rue), 207,	539	Lenormand (Mlle), tireuse de cart.,	192
Jean le Rond (église St-),	394	Lepage (poète),	257
Jean-Robert (rue),	284	Lepelletier (section),	178
Jeunes aveugles,	460	Lepelletier St Fargeau (M.), 89, 164,	539
Jeunes détenus (prison des),	337	Lesdiguières (rue),	415
Jeûneurs (rue des),	201	Lespinasse (Mlle),	473
Jousac (hôtel),	167	Leu (église St-),	286
Joquelet (rue),	214	Leufroy (chapelle St-).	325
Joseph (district, marché St-),	201	Lieutenants de police (hôtel des),	98
Jour (rue du),	207	Liguerac (hôtel de),	472
Jourdan (le maréchal),	467	Lille (rue de),	467
Jouy (rue de),	378	Lisieux (collège de).	551
Joyaux de la couronne,	125	Lombards (collège des),	551
Joyeuse (hôtel de),	336	Lombards (quartier, sect. des), 286,	290
Juigné (hôtel de),	433	Loménie de Brienne, ministre, 68,	472
Julien des Ménétriers (église St-),	305	Longchamps (promenade),	60
Julien le Pauvre (église, rue St-),	519	Longueville (hôtel de),	134
Junot (général, duc d'Abrantès),	74	Louis (collège St-),	501
Jussienne (rue de la), 205,	214	Louis (le baron),	200
Just (St-), 68,	191	Louis-au-Marais (rue St-),	335
Justin (collège),	501	Louis-d'Antin (église St-),	26

26.

Louis-en-l'Ile (église St-),	349
Louis (l'hôpital St-),	260
Louis-le-Grand (collège),	345
Louis et St-Paul (église St-),	400
Louis St-Honoré (rue St-),	137
Louis XIV (section de la place),	211
Louis XVI,	64, 293
Lourcine (hôpital de)	553
Louvois (marquis de),	51, 95
Louvois (rue, place, théâtre),	193
Louvre (galerie, musée du),	230
Louvre (le palais du),	220
Louvre (quartier du),	219
Luthériens (église des),	313
Luxembourg (palais du),	482
Luxembourg (le Petit-),	484
Luxembourg (jardin du),	485
Luxembourg (rue Neuve-),	99
Luxembourg (quartier du),	474
Luynes (hôtel de),	471
Lycée dramatique (le),	297

M

Machault (garde des sceaux de),	311
Maçons-Sorbonne (rue des),	516
Madame (rue),	491
Madeleine (boulevard de la),	101
Madeleine (église de la),	82
Madeleine (couvent de la),	578
Madeleine (porte de la),	397
Madeleine (Ville-l'Evêque de la),	83
Madeleine du Trainel (la),	343
Madelonnettes (les),	282
Mail (quartier, rue du),	211, 213
Maintenon (Mme de),	318
Maison commune (section de la),	355
Malaquais (quai),	432
Malesherbes (de),	317
Manège (cour du),	128
Mans (collège du),	519, 554
Mansard (J.-H.),	321
Manuscrits (les),	182
Marais-St-Germain (rue des),	430
Marais (section du),	306
Marais (quartier du),	326
Marais (rue Pavée au),	315
Marais-du-Temple (rue des),	266
Marat,	306, 339
Marat (section).	496
Marbeuf (jardin, hôtel),	74, 75
Marbres indigènes et exotiques,	77
Marcel (collégiale St-),	559
Marcel (quartier St-),	555
Marchés (quartier, section des),	237
Marché St-Jean (quartier du),	312
Marguerite (église Ste-),	338
Mariage de Figaro,	497
Marie-Antoinette,	66
Marie-de-Lorette (dame Ste-),	444
Marie-l'Egyptienne (la chap. Ste-),	214
Marillac (hôtel),	519
Marillac (le maréchal),	372
Marine (église Ste-),	344
Marion de Lorme,	334
Marie (la fontaine de)	287
Marmont (maréchal),	73, 75
Marmontel (J.-F.)	131
Mars (Mlle), actrice,	52
Marseille (section de),	496
Martial (église St-),	399
Martin (rue St-),	277, 285, 291, 305
Martin (caserne St-),	264
Martin (église St-),	559
Martin (Porte St-),	177, 257
Martin (rue du Faubourg St-),	264
Martin (de l'Opéra-Comique),	60
Martin (tireur de cartes),	430
Martin (quartier de la Porte St-),	237
Martin des Champs (l'abbaye St-),	279
Martin des Champs (quartier St-),	278
Martinville,	218
Masséna (le maréchal),	469
Massiac (hôtel),	214
Maternité (la),	571
Mathurin (couvent de St-),	516
Mathurines,	346
Mathurins-St-Jacques (rue des),	516
Mathurins (rue de la Ferme-des-),	96
Mathurins (rue Neuve-des-),	94, 95
Matignon (hôtel de),	436
Maubert (place),	550
Maubreuil,	90
Mauconseil (rue, section),	270
Maugiron,	328
Maur (dames St-),	444
Mazarin (collège),	419
Mazarine (la bibliothèque),	420
Mazarine (rue),	427
Médard (église St-),	556
Méhul,	201
Méjanes (marquis de),	97
Ménages (hospice des),	435
Ménard (rue de),	191
Ménilmontant (rue Neuve-),	335
Merci (collège de la),	554
Merci (couvent de la),	309
Mère de Dieu (congrég. de la),	317, 493
Merri (église St-),	304
Merri (hospice St-).	306
Meslay (rue),	285
Metherie (J.-C. de la),	136
Mézières (hôtel),	493
Michel (porte St-),	519
Michel (collège St-),	550
Michel-le-Comte (rue),	305
Midi (hospice du),	571
Mignet,	98
Mignon (rue, collège),	508
Mines (école des),	575
Minimes (couvent des),	334
Mirabeau,	170, 205, 339
Miracles (la cour des),	267
Miramiones (couvent des),	568
Miséricorde (hôpital N.-D. de la),	558

Miséricorde (hospitalières de la), 572
Missions étrangères (église des), 435
Molé (hôtel), 471
Molière (maison où est mort), 159
Molière (fontaine), 159
Molière, 208
Molière et la Fontaine (section), 201
Moncey (maréchal), 49
Monnaie (quartier de la), 416
Monnaies (hôtel des), 421
Monsigny, 265
Montagne (section de la), 143
Montagne-Ste-Genev. (rue de la), 550
Montaigu (collége de), 554
Montansier (café), 159, 154, 163
Montbazon (hôtel de), 234
Mont-Blanc (section du), 167
Mont-de-piété (le), 307
Mont-de-piété (quartier du), 306
Montesson (Mme de, hôtel), 156, 171
Montfaucon, 260
Montfaucon (rue), 494
Montgommery, 327, 370
Montmartre (boulevard), 166
Montmartre (portes, rue), 203
Montmartre (quartier), 201
Montmartre (sect., quar. du Faub.), 194
Montmartre (rue des Fossés-), 214
Montmorency (le vicomte de), 99
Montmorency (hôtel), 468
Montmorency (rue de), 304
Montmorency (dist. de la font.) 201
Montmorency-Bouteville, 328, 372
Montmor.-Luxemb. (hôtel de), 192, 436
Montorgueil (quartier), 270
Montparnasse (boulevard), 496
Montreuil (section, rue), 338, 343
Monument Louis XVI, 45
Moreau (rue), 346
Moreau (le général), 52, 77
Morgue, 389
Mouffetard (rue), 572
Musée anglais, 231
Musée d'artillerie, 463
Musée espagnol, 231
Musée des antiques, 230
Musée des Thermes, 514
Musée naval, 232
Muséum (section du), 219
Muséum d'histoire naturelle, 561
Mutius Scævola (section), 474

N

Narbonne (collége de), 518
Navarre (collége de), 543
Necker, 92, 203
Necker (hôpital), 443
Neele (hôtel, tour de), 425
Nesmond (hôtel), 568
Neuvième arrondissement, 348
Ney (le maréchal), 482
Nicaise (rue St-), 136

Nicolas (chapelle St-), 78
Nicolas des Champs (église St-), 278
Nicolas du Chardonn. (St-), 560
Nicolas du Louvre (église St-), 131
Ninon de l'Enclos, 330
Nivernais (hôtel), 492
Nodier (Charles), 403
Nord (section du Faub. du), 254
Notre-Dame (église, section), 379
Notre-Dame (rue Neuve-), 394
Notre-Dame de Bon-Sec. (rel.), 337, 496
Notre-Dame de Consolat. (prieuré), 496
Notre-Dame de la Paix, 56
Notre-Dame de la Pitié (hôpital), 582
Notre-Dame de Lorette (égl. de), 167
Notre-Dame de Miséricorde, 493
Notre-Dame de Nazareth (rue), 285
Notre-Dame de Sion (couv. de ch.), 566
Notre-Dame des Victoires (rue), 193
Notre-Dame des Victoires (église), 211
Nouvelle-France (caserne de la), 186

O

O (hôtel d'), 320
Observatoire (quart., sect. de l'), 565
Odéon (rue et place de l'), 504
Oiseaux (maison des), 443
Onzième arrondissement, 474
Opéra (l'), 103, 194, 427
Opéra-Comique (théâtre de l'), 184
Opportune (place Ste-), 246
Oratoire du Louvre (rue de l'), 217
Oratoire (section de l'), 215
Orfévres (rue des), 235
Orléans (L.-Ph.-Jos., duc d'), 66
Orléans (le duc d'), 310
Orléans-St-Honoré (rue d'), 253
Ormes (quai des) 416
Ormesson (hôtel d'), 413
Orphelines de la Prov. (hosp. des), 496
Orphelins (hospice des), 346
Orsay (hôtel d'), 437
Orsay (palais d'), 465
Ours (rue aux), 277
Ovide (foire de St-), 89
Ozembray (hôtel d'), 468

P

Palais de la Bourse, 183
Palais de la chambre des députés, 444
Palais de la chambre des pairs, 482
Palais de la Légion d'Honneur, 465
Palais de l'Institut, 419
Palais de justice, 319
Palais de justice (sect., quart. du), 319
Palais des Beaux-Arts, 422
Palais des Tuileries, 102
Palais des Thermes, 514
Palais d'Orsay, 465
Palais du Luxembourg, 482
Palais-Royal (le), 143, 160
Palais-Royal (place du), 137

TABLE BIOGRAPHIQUE ET DES MATIÈRES.

Palais-Royal (quartier du), 143
Palais-Royal (théâtre du), 152
Palatine (rue), 495
Panthéon (le, et section du), 536
Panthéon d'hiver, 134
Paradis-Poissonnière (rue de), 201
Parmentier, 338
Parvis Notre-Dame, 387, 388
Passion (confrères de la), 275
Paul (église, hôtel St-), 413, 414
Paul (la porte St-), 416
Pélagie (prison Ste-), 562
Pelet de la Lozère (baron), 78
Pelletier (le quai), 325
Pentemont (église de), 463
Pépinière (rue de la), 52
Pères (rue des Sts-), 432
Pères de Nazareth (église des), 284
Périer (Casimir), 99
Périgord (hôtel de), 470
Périne (maison de retraite de Ste-), 56
Petit-Bourbon (rue, palais du), 233
Petites-Ecuries (rue des), 201
Petit-Musc (rue du), 412
Petit-St-Antoine, 317
Petits-Augustins (rue des), 431
Pharmacie (école de), 571
Philibert Delorme (la maison de), 415
Philippe-du-Roule (église St-), 44
Picardie (collége de), 549
Picpus (cimetière), 347
Pierre-aux-Bœufs (église St-), 392
Pierre-Gros-Caillou (St-), 449
Pierre-Lescot (la rue), 217
Pigault-Lebrun, 504
Piliers des halles, 241
Pilori (place du), 239, 388
Pimodan (hôtel), 355
Piques (section des), 82
Planchette (rue de la), 347
Plâtre-St-Jacques (rue du), 552
Pleignier, 377
Plessis (Mlle), 266
Pois du Roi, 290
Poissonnière (rue et quartier du Faubourg), 167, 196
Poissonnière (section de la rue), 196
Poitevins (rue des), 508
Pol (le connétable de St-), 369
Polignac, 77, 312
Pomme-de-Pin (cabaret de la), 397
Pompadour (marquise de), 54
Ponceau (section du), 274
Pont-au-Change, 322
Pont-au-Double, 392
Pont d'Autin ou des Invalides, 126
Pont d'Arcole, 367
Pont d'Austerlitz, 363
Pont de Constantine, 351
Pont de Damiette, 352
Pont de la Cité, 351
Pont de la Concorde, 125

Pont de la Tournelle, 349
Pont des Arts, 233
Pont d'Iéna, 72, 461
Pont du Carrousel, 126
Pont Louis-Philippe, 367
Pont-Marie, 350
Pont-Neuf, 333
Pont Notre-Dame, 324
Pont (le Petit-), 391
Pont-Royal, 124
Pont St-Charles, 392
Pont St-Michel, 535
Pontoise (rue de), 567
Popincourt (quartier, section), 336
Postes (hôtel des), 206
Postes (rue des), 572
Postes (section des), 204
Pot-de-Fer St-Sulpice (rue du), 495
Poterie-des-Arcis (rue de la), 326
Praslin (hôtel de), 468
Pré aux clercs (le), 426
Préfecture de police, 530
Premier arrondissement, 44
Prémontrés (couvent, collége), 443, 511
Présentation de Notre-Dame, 573
Presles (collége de), 551
Prêtres de la Mission, 443
Prêtres de St-François de Sales, 564
Procope (café), 503
Prouvaires (marché, rue des), 206, 207
Provence (rue de), 171
Providence (sœurs de la), 442
Puits d'Amour, 273
Puits artésien de Grenelle, 461

Q

Quatre-Fils (rue des), 312
Quatre-Nations (collége des), 419
Quatre-Nations (section des), 416
Quatrième arrondissement, 215
Quincampoix (rue), 288
Quentin (hôtel St-), 517
Quinze-Vingts (hospice des), 141, 343
Quinze-Vingts (quartier, sect. des), 344

R

Rabelais, 410
Racine, 431
Rambouillet (hôtel de), 132, 347
Rambuteau (rue), 270
Rameau (rue), 191
Ramponneau, 302
Raoul de Presles, 306
Rapp (général), 85
Raucourt (Mlle), 94, 187
Ravaillac, 246, 371
Réaumur, 338
Récamier (Mme), 92, 187, 434
Récollets (le monastère des), 265
Regard (rue du), 444, 496
Régence (café de la), 188
Regnard, 209

Reims (collège de),	554	Séez (collège de),	518
Reine-Blanche (rue de la),	559	Ségur (le comte L.-Ph. de),	101
Rempart (rue Basse-du-),	93	Seine (rue de),	431
Renard St-Merri (rue du),	306	Séminaire des Anglais,	573
Repas civiques,	493	Séminaire des Irlandais,	575
République (section de la),	53	Séminaire du St-Esprit,	573
Reuilly (château, rue de),	346	Séminaire St-Pierre St-Louis,	574
Réunion (place de la),	113	Séminaire St-Sulpice,	495
Réunion (section de la),	304	Sens (hôtel de),	401
Réveillon,	342	Sentier (rue du),	203
Ribauds (roi des),	217	Septième arrondissement,	303
Richard Lenoir,	337	Sept-Voies (rue des),	584
Richelieu (le maréchal de),	188	Sépulcre (hôpital du St-),	591
Richelieu (rue),	159, 167, 190	Serrurier (le maréchal),	73
Richer (rue),	193	Séverin (église St-),	512
Rivoli (rue de),	128	Sévigné (Mme de),	331
Robert Lefèvre, peintre,	467	Sèvres (rue de),	443
Robert Lindet, ministre,	503	Sicile (section du Roi de),	312
Robespierre,	68, 95	Simon (geôlier),	69, 507
Roch (église St-),	155	Sixième arrondissement,	274
Rochechouart (hôtel),	473	Société d'encouragement,	474
Rochefoucauld (hôtel de la),	431	Société des amis de la const. mon.,	134
Rochefoucauld (rue de la),	177	Sœurs de la Charité,	436
Rochefoucauld (Sosthènes de la),	90	Soissons (hôtel de),	249
Rocher (rue du),	52	Sorbonne (la),	512
Rocher de Cancale (restaurant du),	209	Sorbonne (place de la),	516
Roger Ducos,	495	Sorbonne (quartier, section de la),	511
Rohan (le cardinal de),	409	Soubise (hôtel de),	307
Rohan-Chabot (hôtel de),	437	Soubise (maréchal de),	43
Roland (Mme),	67	Soult (le maréchal),	470
Rollin,	573	Soupers de Momus,	210
Romieu (M. de),	100	Sourdis (impasse),	237
Ronsard,	567	Sourds-muets,	570
Roquette (prison de la),	337	Sourdéac (hôtel),	496
Rothschild (le baron),	173	Souricière (la),	523
Rotonde du Temple,	293	Staël (Mme de),	118, 203
Roule (abattoir du),	46	Stainville (hôtel),	174
Roule (quartier du),	44	Stanislas (collège),	496
Roule (rue du),	218	Statue équestre de Henri IV,	334
Rousseau (J.-J.),	207, 517	— — de Louis XIII,	329
Royale (la place),	327	— — de Louis XIV, 38, 212	
Royale (rue),	72, 128	— — de Louis XV,	61
Royaumont (hôtel de),	207	Suard (J.-B.-A.),	72
Royer-Collard,	574	Suède (collège de),	511
		Suger, ministre,	305
S		Sully (hôtel de),	317
Sacré-Cœur (dames du),	348	Sulpice (église St-),	475
Sade (marquis de),	409	Suresnes (rue de),	101
Ste-Chapelle (la),	529	Symphorien (église St-),	393
Saintine (M. B.),	196	Synagogue,	282
Salabery (le comte),	462		
Sandrier (passage)	94	**T**	
Sans-culotttes (section des),	560	Taconet,	424
Santerre (le général),	348	Talaru (hôtel du marquis de),	190
Sauveur (église St-),	273	Tallard (hôtel de),	212
Savoisi (hôtel),	315	Talleyrand de Périgord (M. de),	127
Savonnerie,	77	Tallien (J.-L.),	76
Say (Jean-Baptiste),	265	Tallien (Mme),	174, 437
Scarron,	318	Talma,	171, 175
Schwartzemberg (le prince),	172	Tarane (rue),	431
Scipion (rue, hôtel),	560	Temple (le),	282
Section de 1792,	178	Temple (boulevard, église du),	286

Temple (église du),	294	Théâtre Feydeau,	185
Temple (le faubourg du),	301	Théâtre-Français,	151
Temple (quartier, section du),	292	Théâtre-Français (section du),	498
Temple (la porte du),	284	Théâtre Guénégaud,	428
Temple (rue du),	285	Théâtre de la Illustre,	429
Templiers.	328	Théâtre-Italien,	187
Tencin (... de),	467	Théâtre Louvois,	193
Ternaux,	214	Théâtre Mareux,	320
Tessé (hôtel de),	437	Théâtre Molière,	291
Théatins (couvent des),	466	Théâtre Montansier,	153, 154
Théâtre Beaujolais,	152	Théâtre Mozart,	396
Théâtre de Doyen,	285	Théâtre Popincourt,	337
Théâtre d'Emulation,	300	Théâtre sans prétention,	298
Théâtre de la Cité,	395	Théâtre Titon du Tillet,	343
Théâtre de la Comédie-Française,	429	Théâtre Ventadour,	187
Théâtre de la Concorde,	306	Thélusson (hôtel),	174
Théâtre de la foire St-Germain,	486	Théos (Catherine),	409, 564
Théâtre de la Gaieté,	299	Thermes (palais des),	514
Théâtre de la Liberté,	151	Théroigne de Mirécourt (Mlle),	492
Théâtre de la Nation,	151	Thiard (le comte de),	68
Théâtre de la République,	151	Thiard (le général comte de),	99, 157
Théâtre de l'hôtel Bertin,	309	Thibaudeau (A.-C.), convention.,	467
Théâtre de l'hôtel d'Argent,	326	Thiers (M.),	177
Théâtre de l'hôtel de Bourgogne,	270	Thomas (couv., rue des filles St-),	191
Théâtre de l'Ambigu-Comique,	258	Thomas d'Aquin (église St-),	463
Théâtre de la foire St-Laurent,	256	Thomas d'Aquin (quartier St-),	434
Théâtre de la Porte-St-Martin,	258	Thomas de Villeneuve (fill. St-),	443, 573
Théâtre de l'Odéon,	497	Thomas-du-Louvre (église, rue St-),	131
Théâtre de l'Opéra,	131, 168, 193, 427	Thorigny (rue de),	333
Théâtre de l'Opéra-Comique,	184	Thou (hôtel de),	508
Théâtre de l'Estrapade,	555	Tillet (hôtel du),	264
Théâtre de Mlle Guimard,	92	Tingry (hôtel de),	436
Théâtre de Mme Saqui,	298	Titon du Tillet (hôtel),	343
Théâtre de Tabarin,	534	Tivoli (jardin de),	49
Théâtre de Thoré,	264	Tixeranderie (rue de la),	318
Théâtre des Associés,	298	Tonnellerie (rue de la),	208
Théâtre des confrères de la Passion,	275	Touchard (café),	218
Théâtre de Délassements-Comiques,	297	Toulouse (hôtel de),	249
Théâtre des élèves de l'Opéra,	296	Tour de l'Horloge du Palais,	524
Théâtre des Folies-Dramatiques,	300	Tournay (collége de),	550
Théâtre des Jeunes-Elèves,	430	Tournelle (la, pont de la),	349
Théâtre des Nouveautés,	187	Tournelle (quai de la),	567
Théâtre des Quatre-Vents,	494	Tournelles (hôtel des),	327
Théâtre des Troubadours,	175	Tournelles (rue des),	330
Théâtre des Tuileries,	106, 108	Tournon (rue de),	492
Théâtre des Variétés,	187	Tours (collége de),	511
Th. des Variétés-Amus.,	152, 264, 297	Transnonain (rue),	285
Théât. du Charnier-des-Innocents,	244	Trémouille (hôtel de la),	219
Théâtre du Cirque-Olympique,	175	Trente-Trois (séminaire des),	550
Théâtre du collége Boncourt,	550	Tribunal révolutionnaire,	528
Théâtre du Gymnase,	200	Trinité (hôpital, enclos de la),	275, 276
Théâtre du Palais-Royal,	152	Troisième arrondissement,	196
Th. du Jeu de paume du Bel-Air,	491	Trois-Pavillons (rue des),	336
Théâtre du Louvre,	224	Tuileries (le palais des),	103, 126
Théâtre du Luxembourg,	494	Tuileries (jardin des),	112
Théâtre du Marais,	310, 318	Tuileries (quartier, section des),	102
Théâtre du Palais-des-Variétés,	395	Turenne (hôtel de),	335
Théât. du Panorama-Dramatique,	297		
Théâtre du Panthéon,	517	**U**	
Théâtre du Petit-Bourbon,	234		
Théâtre du Petit-Lazzari,	297	Unité (section de l'),	416
Théâtre du Vaudeville,	135, 187	Université (rue de l'),	469

Ursins (Juvénal des) (hôtel),	398
Ursulines (les),	303

V

Valbelle (hôtel),	474
Val d'Amour,	396, 416
Val-de-Grâce (le),	569
Valentinois (hôtel),	467
Valois (café),	165
Valois-du-Roule (rue),	51
Valois-Lamotte (la comtesse de),	409
Vannerie (rue de la),	325
Varennes (rue de),	436
Variétés (le théâtre des),	187
Vaugirard (rue de),	442, 491, 505
Vaudeville (dîners du),	210
Vaudeville (théâtre du),	185, 187
Vendôme (collége de),	508
Vendôme (hôtel),	574
Vendôme (la place),	87, 96
Vendôme (quartier de la Place),	82
Vendôme (rue de),	303
Verberie (hôtel de),	567
Vernet (Carle),	467
Verte (Grande-Rue-),	51
Veuves (allée des),	76
Vic (hôtel de),	277
Vicq-d'Azir,	217, 432
Victoires (place des),	212, 214
Victoire (hôtel de la),	175
Victoire de Lépante (dames de la),	347
Victor (abbaye, rue St-),	564
Victor (porte St-),	566
Victor (rue St-),	564
Vieille-du-Temple (rue),	309, 320
Vieilles-Etuves (la rue des),	251
Vieillesse Femmes (hospice de la),	556
Vieux-Colombier (rue du),	495
Vignes (impasse des),	573
Villèle (le ministre de),	442
Ville-l'Evêque (rue de la),	49, 53
Villeroi (hôtel),	469
Villette (hôtel de),	466
Vincent de Paul (église St-),	197
Vins (entrepôt des),	562
Visconti,	432
Visitation Ste-Marie,	79, 80, 401, 443, 474, 564, 573
Vivres de la guerre (manutent. des),	57
Volnais (Mlle),	82
Volney,	177
Voltaire,	103, 339, 407, 466, 498, 539
Voltaire (quai),	466
Voyer-d'Argenson (marquis de),	52
Vrillière (hôtel de la),	127, 248

W

Westermann (général),	67

Y

Yves (église St-),	548
Yvetaux (des),	430

Z

Zacharie (rue),	519

FIN DE LA TABLE BIOGRAPHIQUE ET DES MATIÈRES.

ERRATA.

Page 31, ligne 25, 1er décembre; *lisez*, 2 décembre.
Page 33, — 10, une nouvelle armée; *ajoutez* qui, après s'être immortalisée sur les champs de bataille de Lutzen, de Bautzen, de Dresde, de Leipzig, etc., fut forcée à la retraite, accablée par le nombre et par la défection de l'Autriche, de la Saxe et de la Bavière.
Page 45, — 26, 1815; *lisez*, 1805.
Page 76, — 36, Mme de Barras; *lisez*, de Barral.
Page 94, — 28, Saudrier; *lisez*, Sandrier.
Page 147, — 23, 1797; *lisez*, 1793.
Page 147, — 24, le comte de Bissy; *lisez* le comte de Thiard, grand écuyer du duc d'Orléans.
Page 152, — 8, Volnois; *lisez*, Volnais.
Page 157, — 4, 1800; *lisez*, 1801.
Page 157, — 14, 1800; *lisez*, 1801.
Page 163, — 16, Sourgis; *lisez*, Sourdis.
Page 174, — 14, des victoires; *lisez*, de la victoire.
Page 193, — 40, reportez l'article de la rue de Ménars, p. 191, l. 36.
Page 236, — 22, an VIII; *lisez*, an XIII.
Page 259, — 19, 1792; *lisez*, 1786.
Page 300, — 30, fondé en 1670; *lisez*, en 1770.
Page 317, — 5, Louis XVI; *lisez*, Louis XIV.
Page 382, — 14, arlequinade; *lisez*, capucinade.
Page 382, — 25, 1er décembre; *lisez*, 2 décembre.
Page 458, — 24, le 10 novembre; *lisez*, le 10 décembre.
Page 462, — 9, rue St-Dominique, n° 121; *lisez*, rue de Grenelle.
Page 462, — 24, est le même que le menin; *lisez*, est le père du menin.
Page 573, — 33, rue St-Jacques; *lisez*, rue du Faubourg St-Jacques.

SUPPLÉMENT.

TRAVAUX RÉCEMMENT EXÉCUTÉS
OU EN COURS DE CONSTRUCTION.

Parmi les travaux de construction terminés à Paris avant la fin de la campagne de 1849, l'un des plus importants, sans contredit, c'est la reconstruction ou plutôt la restauration des bâtiments de l'École des Mines, située rue d'Enfer, qui vient d'être opérée aux frais de l'État. Les précieuses collections de cet établissement scientifique, qui s'accroissent chaque jour, occupent aujourd'hui les dépendances de l'ancien hôtel de Vendôme, habité depuis par le duc de Chaulne et par la princesse d'Anhalt. — Dans la construction actuelle, les anciennes constructions ont été habilement raccordées entre elles, d'utiles appendices ont été ajoutés et une façade moderne a été élevée rue d'Enfer. Cette façade, qui règne sur le principal corps du bâtiment, est formée par six arcades en plein cintre et à jour, munie de grilles élégantes qui permettent ainsi à l'œil d'embrasser l'ensemble des bâtiments qui ont été complétement restaurés. Au milieu des arcades s'élève une porte en bossages ou refends d'un style grandiose et parfaitement en harmonie avec celui des anciennes constructions. Cette porte, dont les proportions hardies attirent les regards, est complétement achevée. La grille de fer qui règne jusqu'à la clef de voûte est d'un très-bon goût.

Sur l'emplacement qu'occupait autrefois le couvent de Bellechasse s'élève déjà, jusqu'à la hauteur des voûtes, l'église Sainte-Clotilde, monument gothique qui rappelle les belles constructions religieuses de la fin du treizième siècle.

Les bâtiments du Timbre, en construction rue de la Banque, sont tout près d'être achevés.

Le Musée du Louvre a été complétement rajeuni par les soins de M. Jeanron, aidé de M. Villot. Grâce à une distribution intelligente, des trésors que les précédents directeurs avaient laissé enfouis dans l'ombre ou même dans les greniers de ce monument, ont été remis en lumière. Après la Galerie-Égyptienne, si curieuse, une belle galerie de sculpture, dite de la Renaissance, a été ouverte, le 20 janvier 1850. Elle contient trois statues de Michel-Ange, le *Groupe des trois Grâces* de Jean Goujon, de nombreux ouvrages de Paul Ponce, Barthélemy, Prieur, Jean de Boulogne, Benvenuto Cellini, François Auguier, Jacques Sarrazin, etc., etc. L'arrangement de ce salon fait le plus grand honneur à M. de Longperrier, un des savants conservateurs du Louvre. — On s'occupe de mettre en ordre la galerie consacrée aux artistes du dix-neuvième siècle. — On restaure complétement le grand Salon, la galerie d'Apollon et la grande Salle, dite des Quatre-Cheminées, dont M. Newierkerque, successeur de M. Jeanron, hâte l'ouverture.

L'Assemblée nationale ayant décidé la continuation de la rue de Rivoli et le déblaiement de la place du Carrousel, on a commencé à abattre plusieurs maisons, et tout porte à croire que l'année prochaine cette vaste place sera débarrassée des masures et des ignobles échoppes qui la déshonorent.

Au Palais-de-Justice d'importantes constructions ont été achevées récemment. La partie haute de la Sainte-Chapelle a été habilement et complétement restaurée par M. Lassus, architecte.

D'immenses travaux ont été exécutés pour la réparation extérieure de l'église métropolitaine de Notre-Dame dont les travaux intérieurs de restauration sont en voie d'exécution. Une sacristie monumentale a été construite et liée à Notre-Dame par M. Lassus. Ce sacrilége a été accompli avec tant d'art et un goût si parfait, que, tout en blâmant l'idée première d'une construction nouvelle venant se joindre à ce chef-d'œuvre, on est obligé de rendre justice au talent de l'architecte qui ne pouvait mieux faire une chose par elle-même regrettable.

De nombreuses démolitions ont été opérées dans le quartier des Halles dont on nous fait espérer prochainement la reconstruction sur une place qui en rendra les abords faciles et qui en facilitera l'assainissement.

La partie méridionale de l'église Saint-Eustache a été dégagée des maisons qui l'environnaient. La rue Montmartre a été élargie sur une grande étendue.

Depuis l'Hôtel-Dieu jusqu'au Pont-Neuf d'importants travaux ont été exécutés pour la canalisation du bras gauche de la Seine; des chemins de halage ont été exécutés, et aussitôt que le retrait des eaux le permettra, on commencera la construction d'une grande écluse en amont du Pont-Neuf.

OU EN COURS DE CONSTRUCTION.

Au printemps prochain aura lieu le dégagement complet de la façade orientale de l'Hôtel de Ville. Toutes les maisons circonscrites dans l'angle formé par les rues de la Tixeranderie, Lobau, François Miron, jusqu'à l'église Saint-Gervais, près de la place Baudoyer, seront démolies vers cette époque. Plusieurs de ces maisons sont tout nouvellement construites et ont une assez grande valeur. Il est également question de démolir toute la partie de la rue François Miron, comprise entre la rue de l'Hôtel-de-Ville et celle de Jacques Desbrosses, jusqu'au portail de Saint-Gervais. De cette manière la rue Lobau disparaîtrait presque entièrement.

Les travaux qui avaient été momentanément suspendus pendant l'hiver à la nouvelle BIBLIOTHÈQUE SAINTE-GENEVIÈVE, sur l'emplacement de l'ancien collége de Montaigne, viennent d'être repris et sont poussés avec la plus grande activité. Tout fait espérer que ce monument ne tardera pas à être complétement achevé. Des travaux importants exécutés à l'Institution Sainte-Barbe, qui touche à la bibliothèque, et très-habilement mis en rapport avec ce monument, complètent la symétrie de la place du Panthéon de ce côté.

La commission municipale a décidé que le PASSAGE AU MAIRE, situé dans le sixième arrondissement, dans le voisinage du Conservatoire des Arts et Métiers et du carré Saint-Martin, serait supprimé et converti en une rue large de 10 à 12 mètres, faisant suite à la rue Transnonain.

Une MAISON DE DÉTENTION modèle vient d'être achevée, après cinq ans de travaux, sur le boulevard Mazas; elle est destinée à recevoir les prisonniers détenus à la vieille Force, situé rue des Ballets, quartier Saint-Antoine, dont les bâtiments vont être démolis et sur l'emplacement desquels sera établie une rue qui joindra la rue Saint-Antoine à la rue des Francs-Bourgeois.

Non loin de la nouvelle Force, se trouve l'EMBARCADÈRE DU CHEMIN DE FER DE LYON. Le magnifique EMBARCADÈRE DE STRASBOURG s'élève sur l'emplacement de l'ancienne foire Saint-Laurent, entre les rues des faubourgs Saint-Denis et Saint-Martin.

Des constructions particulières s'élèvent de toute part; quelques-unes ont une véritable valeur d'art : nous citerons la maison qui fait le coin de la rue de la Chaussée-d'Antin et du boulevard, et surtout celle qui fait le coin de la rue Ménars et de la rue Richelieu.

MIETTES D'ACTUALITÉS

QUARTIER

Récente édification de la statue locale de Mlle Duchesnois insulté et amené un tel bout de spéciale chronique.

On le sait, l'actrice beaucoup trop bien partagée d'honneurs dernièrement, expira vers le commencement de 1835, ici, dans la rue Larochefoucauld, proche de celle de la Tour-des-Dames, que Talma et Hippolyte Mars habitèrent également.

Du coup, le site parisien, escarpé, ombreux, discret et retiré, prit et garda le nom de « Nouvelle-Athènes ».

Il formait, pour l'époque, l'espèce de pareille et lutécienne banlieue, coquette, choisie et cherchée... — qui se compose des régions de l'avenue de Villiers, du Parc-Monceau et de l'Arc-de-Triomphe de maintenant.

Artistes et lettrés y abondèrent progressivement et s'y groupèrent.

Quelque peu après, Dumas (père) logeait rue Saint-Lazare, voisin de Marie Allan-Dorval, et, là, donnait un bal masqué, fameux, pittoresque et retentissant.

Eugène Delacroix eut son atelier, non loin, rue Notre-Dame-de-Lorette, où (numéro 46) perchèrent E. Lehmann, auteur du *Parapluie de Damoclès* et du *Tueur de lions*, et encore Louis Lurine (dit de Burgos), écrivain et historien du *Treizième arrondissement* de dates reculées et fabuleuses.

Rue Saint-Georges, alors aussi, et avant M. de Goncourt et feu Koning, appartement d'Esprit Auber et hôtel d'Emile de Girardin et de Delphine de Girardin.

Contre la rue de Provence, outre la sœur d'un poète d'ordre fort inférieur, demeurait certaine Minette, ex-vantée pensionnaire du Vaudeville de la rue de Chartres et devenue la femme d'un haut administrateur du Gaz, appelé Marguerite.

Voies Olivier-Saint-Georges (aujourd'hui, fraction de Châteaudun) et, ensuite, Pigalle, résidait E. Scribe.

Précédemment, la rue de Navarin abritait Louis Desnoyers (fondateur du *Charivari* et du *Siècle*), Alphonse Royer, chantre de *Venetia la bella* (un livre épuisé et introuvable), et — enfin — Théophile Gautier le truculent.

Cette même rue de Navarin, couverte de feuillages et de fleurs, posséda, ultérieurement, la tribu des Marié de l'Isle, Fechter et Mme Anaïs Fargueil.

Karr, Hugo et MM. F. Sarcey et E. Royer peuvent resommander la rue de la Tour d'Auvergne.

Mélesville, Dumas (fils), Altaroche et l'excentrique et l'incompris M. Fornerel occupèrent les parages de la place Vintimille.

Et rue Trézel, fonctionnaient les fourneaux de Dinochau (Brébant de bohême).

Je ne dois point oublier Emmanuel Gonzalès (mort un fidèle de la rue Bréda), A. Fiorentino (rue Taitbout), Laya (rue Blanche)...

Employé infidèle

Les directeurs de la librairie espagnole, MM. Garnier frères, viennent d'être victimes d'un vol important commis par un de leurs anciens employés.

Jules B..., âgé de vingt-huit ans, était entré à la librairie, il y a environ six mois, en qualité de comptable aux appointements de 100 francs par mois. Il était chargé de recevoir les effets de commerce et d'enregistrer l'entrée et la sortie des billets. Grâce à la confiance absolue que le caissier et ses patrons avaient en lui, on ne le surveillait pas, et c'est ainsi qu'en l'espace de trois mois, il put dérober un certain nombre de traites qu'il n'avait pas portées, à leur entrée, sur le registre qu'il était chargé de tenir à jour.

Il y a six semaines, Jules B... quitta la maison en disant qu'il avait trouvé un emploi plus lucratif, ce qui était faux.

L'employé voulait simplement être libre d'aller encaisser, chez les clients, les traites qu'il avait dérobées et sur lesquelles il avait imité la signature de ses patrons. Il encaissa ainsi une trentaine de mille francs, chez divers libraires, entre autres chez MM. Flammarion et Delagrave. En dernier lieu, il s'était présenté chez M. Per-Lamme, libraire, rue Saint-Honoré, pour toucher environ 3,000 francs.

M. Per-Lamme pria l'employé de repasser l'après-midi et alla trouver MM. Garnier frères pour leur demander une prorogation d'échéance. C'est cette démarche qui fit tout découvrir. MM. Garnier prévinrent M. Girard, commissaire de police, et lundi, quand Jules B... revint chez M. Per-Lamme, les agents de la sûreté l'arrêtèrent.

Jules B... menait largement la vie, il avait installé sa femme et ses enfants dans une coquette villa, quai de Marne, à Joinville-le-Pont, et il avait acheté un terrain à Nogent-sur-Marne, avenue de Neptune.

Sur ce terrain, il avait fait élever de légères constructions où il faisait de la photographie. Dans une de ces constructions M. Girard a retrouvé une somme de 6,000 francs en billets de banque. Une grande partie des sommes détournées avait été perdue aux courses par Jules B...

Mme B..., qui ignorait les vols de son mari, a introduit une demande en divorce. B... a été écroué au Dépôt.

Le jeu aux courses

M. Trobert, commissaire de police, vient de mettre en état d'arrestation le nommé P..., âgé de dix-huit ans, employé chez un fabricant de broderies.

Ce jeune homme profitait de l'absence du caissier pour s'emparer des factures déjà faites, mais non encore portées sur les livres et il allait chez les clients en toucher le montant.

Les sommes détournées, dont on ne connaît pas encore exactement l'importance, s'élèvent au moins à 2,000 francs que l'employé aurait perdus aux courses.

Un joli couple

M. Garreton, cordonnier, rue Lepic, faisait arrêter hier une femme, Marie Drion, âgée de cinquante-six ans, au moment où elle volait des chaussures à l'étalage.

www.ingramcontent.com/pod-product-compliance
Lightning Source LLC
Chambersburg PA
CBHW051329230426
43668CB00010B/1200